野村豊弘先生古稀記念論文集

民法の未来

商事法務

編 集 委 員

能見　善久（学習院大学教授）

岡　　孝（学習院大学教授）

樋口　範雄（東京大学教授）

大塚　　直（早稲田大学教授）

沖野　眞已（東京大学教授）

中山　信弘（明治大学特任教授・東京大学名誉教授）

本山　　敦（立命館大学教授）

野村豊弘先生

謹んで古稀をお祝いし

野村豊弘先生に捧げます

執筆者一同

目　　次

スイス新法から日本の任意後見制度を再検討
　　する ………………………………………………岡　　　　孝　　1
集合動産譲渡担保契約の目的動産についての
　　債務者(設定者)の処分行為と再生手続の開始 …渡部　　晃　27
フランスにおける本質的債務論の展開と整合
　　性の原理 …………………………………………石川　博康　63
フランスにおける「弁済の法的性質」論 ……………森田　　修　93
第三者による相殺
　　──事実上の優先弁済とその制限の検討 ………下村　信江　121
契約法から見た双方未履行双務契約
　　──損害賠償を伴う解除権 ………………………中田　裕康　143
契約の数量的一部解除論
　　──売買契約を中心として ………………………平野　裕之　181
法における因果関係と疫学的因果関係 ………………新美　育文　209
危険責任の一般条項
　　──各国民法典における動向 ……………………浦川　道太郎　231
建設アスベスト訴訟における加害行為の競合
　　──横浜地判平成24・5・25判決（横浜建設
　　　アスベスト訴訟判決）を機縁として …………大塚　　直　263

民法 719 条 1 項後段をめぐる共同不法行為
　論の新たな展開
　　——建設アスベスト訴訟を契機として ……………前田　陽一　291
アメリカの医療過誤訴訟と現代的課題 ………………樋口　範雄　331
消費者契約法 10 条による無効判断の方法 ………道垣内　弘人　375
消費者契約法の規律と民法の法理
　——携帯電話利用契約の中途解約に関する
　　裁判例を契機に …………………………………野澤　正充　399
テリーの分析法学と信託理論 …………………………能見　善久　423
受託者の「忠実義務の任意規定化」の意味 …………沖野　眞已　451
信託財産の引渡請求権 …………………………………山下　純司　489
罹災都市借地借家臨時処理法とその廃止 ……………山田　誠一　515
平成 8 年民法改正要綱の再検討………………………本山　　敦　543
親権・懲戒権・監護権——概念整理の試み …………大村　敦志　559
共同相続における遺産である不動産利用に関
　する相続開始後の法律関係
　——使用貸借構成をめぐる分析と提言 …………川　　淳一　583

野村豊弘先生　略歴 ……………………………………………………　605
野村豊弘先生　主要著作目録 …………………………………………　610
あとがき …………………………………………………………………　641

執筆者紹介 (執筆順)

岡　　　　孝（おか　たかし）	学習院大学法学部教授
渡部　　　晃（わたなべ　あきら）	弁護士・東京大学先端科学技術研究センター特任教授
石川　博康（いしかわ　ひろやす）	東京大学社会科学研究所准教授
森田　　修（もりた　おさむ）	東京大学大学院法学政治学研究科教授
下村　信江（しもむら　としえ）	近畿大学大学院法務研究科教授
中田　裕康（なかた　ひろやす）	東京大学大学院法学政治学研究科教授
平野　裕之（ひらの　ひろゆき）	慶應義塾大学大学院法務研究科教授
新美　育文（にいみ　いくふみ）	明治大学法学部教授
浦川道太郎（うらかわ　みちたろう）	早稲田大学法学学術院教授
大塚　　直（おおつか　ただし）	早稲田大学法学部教授
前田　陽一（まえだ　よういち）	立教大学大学院法務研究科教授
樋口　範雄（ひぐち　のりお）	東京大学大学院法学政治学研究科教授
道垣内弘人（どうがうち　ひろと）	東京大学大学院法学政治学研究科教授
野澤　正充（のざわ　まさみち）	立教大学大学院法務研究科教授
能見　善久（のうみ　よしひさ）	学習院大学法務研究科教授
沖野　眞已（おきの　まさみ）	東京大学大学院法学政治学研究科教授
山下　純司（やました　よしかず）	学習院大学法学部教授
山田　誠一（やまだ　せいいち）	神戸大学大学院法学研究科教授
本山　　敦（もとやま　あつし）	立命館大学法学部教授
大村　敦志（おおむら　あつし）	東京大学法学部教授
川　　淳一（かわ　じゅんいち）	成城大学大学院法学研究科教授

スイス新法から日本の任意後見制度を再検討する

岡　孝

Ⅰ　はじめに
Ⅱ　スイス法の概要——法律上の措置・成年者保護庁の措置
Ⅲ　スイス法の「事前支援委託」
Ⅳ　まとめと展望

Ⅰ　はじめに

　判断能力の減退した高齢者などを保護するために、わが国では 2000 年 4 月から成年後見制度が介護保険制度とともに施行されている[1]。成年後見制度には、法定後見と任意後見の 2 つがある。
　任意後見は、任意後見契約法（以下では「後見契約法」と略称する）が規律し

---

1) 東アジアでも高齢化社会が到来し、それに対応するために各国で成年後見制度が整備されている。台湾では 2009 年末から、韓国では 2013 年 7 月から新制度が施行されている。東アジアの成年後見制度の比較をしたものとして、岡「東アジア成年後見制度の将来像——日本の経験が示すもの」前田重行先生古稀記念『企業法・金融法の新潮流』635 頁以下（商事法務、2013）参照。一方、中国では新法は制定されていないが、すでに 4 つの草案が公表されている。これについては、岡「中国成年監護（後見）制度についての梁慧星第二草案を読む——東アジア成年後見制度比較の視点から」学習院法務研究 7 号 1 頁以下（2013）参照。

ている。この任意後見の活用は予想よりもはるかに少ない[2]。その理由として制度設計に問題があり、使い勝手が悪いのではないかと思われる[3]。第1に、契約締結段階での本人（委任者）の意思能力の確保のために、一般市民にとって「敷居の高い」公正証書による契約作成という高いハードルが立ちはだかっている。第2に、日本ですでに問題になっているが、要件が充足しているにもかかわらず、任意後見受任者が効力発生の手続（任意後見監督人の選任手続）をとろうとしないケースが登場している。この場合、任意後見は発効しない[4]。

---

[2] 2012年の1年間で任意後見監督人選任（これによって任意後見が発効する）申立件数は685件である。前年は645件であった。「成年後見関係事件の概況－平成24年1月～12月」の資料1による。これは、http://www.courts.go.jp/vcms_lf/koukengaikyou_h24.pdf で閲覧が可能である。

[3] 実践成年後見45号4頁以下（2013）は「任意後見制度の課題と展望」を特集しているが、以下の指摘はこれとは異なった視点に基づく。

[4] より詳しく述べると、（移行型）任意後見契約の締結時には、本人は通常の判断能力に基づき受任者を信頼して契約を締結する。しかし、いざ発効させる時に至り、任意後見監督人選任につき本人の同意を取ろうとすると（後見契約法4条3項）、判断能力の減退により受任者に対する信頼を失い、かたくなに同意を拒むということが考えられる。そこで、実務上は、本人との信頼関係の構築・維持のために、上記任意後見契約と同時に財産管理の委任契約を締結するようである。ところが、この財産管理の委任契約により受任者が本人の財産管理をはじめ、本人の判断能力が低下して任意後見契約発効の要件が満たされた段階に至っても任意後見監督人の選任を申し立てないという事例が出始めている。この弊害を除去するために、日本司法書士連合会・公益社団法人成年後見センター・リーガルサポートは、2007年2月に「任意後見制度の改善提言と司法書士の任意後見執務に対する提案」を発表し、その中で、任意後見が発効するまでの間の委任契約においては、その代理権の範囲は、「日常生活に必要な預貯金に関する銀行取引や重要書類の保管など保存・管理行為および有料老人ホーム等高額な入居一時金の支払を伴う施設入所契約を除く身上監護事務に限定」すること、他方で、任意後見受任者が「本人の生活状況や判断能力の低下等の健康状態を見守る義務」と「本人の判断能力が低下した場合においては」「本人が同意しない場合を除き任意後見監督人選任の申立義務」を負う旨を任意後見契約法で規定すべきだ、と提言している。このような義務を無視する受任者から本人（委任者）をどうやって保護するのか。義務づけだけでは効果は期待できない。今後早急に対策を考えるべきであろう。

第3に、任意後見人に対しては任意後見監督人による監督が前提で、家庭裁判所は任意後見監督人を通して任意後見人を間接的に監督するにすぎず、監督の実効性に不安が残る。第4に、日本法は法定後見人（保佐人、補助人）と任意後見人の併存を許さない。任意後見人が活動していても必要があれば法定後見人が選任され、任意後見契約は自動的に終了することになっている。法定後見の必要性が任意後見人の不適格性や事務処理のまずさに起因するものでない場合には、法定後見人に求められている職務以外は本人が信頼している任意後見人に活動させて問題はないはずである（法定後見人やそれを監督する家庭裁判所の負担も軽減されるであろう）。

　法定後見にも関係するが、後見人の監督体制、とりわけ家庭裁判所の監督体制は、マンパワーの不足などで、いまや限界に近づいてきているのではないか。それに代わるものとして、家庭裁判所と各地の自治体や社会福祉協議会などとの連携、さらには後者に監督業務の一部を委託することなどが考えられるかもしれない。要するに自治体などとの連携こそが（法定後見であれ任意後見であれ）成年後見制度の活性化の1つの方向のように思われる。

　さて、目を海外に転じてみると、特に2013年1月から施行されたスイスの新制度が注目される。まず制度の名称として「後見」を廃止し、「成年者保護」（Erwachsenenschutz）としていることが注目される。第2に、成年者保護庁（Erwachsenenschutzbehörde. 以下では単に「保護庁」とも称する）が新制度全体にわたって重要な役割を担っている。この保護庁は、カントン（Kanton. 州と訳されることがあるが、ここでは「カントン」としておく）によって行政庁（例えばカントン・チューリヒ）の場合もある。行政との連携を考える者にとっては、この保護庁の役割は検討に値しよう。第3に、スイス新法中の「（成年者）事前支援委託」（Vorsorgeauftrag. 以下では単に「事前支援委託」または「支援委託」と称する）[5]は、上記日本の任意後見制度の問題点を解決する1つの方策を提

---

5) Auftragは本来「委任」と訳すべきであろうが、事前支援委託の場合には受託者との契約関係を前提にしないので（それにもかかわらず、受託者の義務については債務法の委任の規定も適用される）、委任契約と区別するためにあえて「委託」と訳した。

4 民法の未来

供しており、検討に値する注目すべきものである[6],[7]。以下ではスイス法を概観しながら日本法への示唆を考えてみたい。

---

6) スイス法の文献の引用は次のようにする。

　　Aebi-Müller/Bienz, Vorsorgeauftrag und Patientenverfügung in der Schweiz, in: Löhnig/Schwab/Henrich/Gottwald/Kroppenberg (Hrsg.), Vorsorgevollmacht und Erwachsenenschutz in Europa, 2011, S. 57 ff.→ **Aebi-Müller/Bienz**, Seite;

　　Büchler/Häfeli/Leuba/Stettler, Fam Komm Erwachsenenschutz, 2013 → **Fam-Komm Erwachsenenschutz／BEARBEITER**, Art.**ZGB N**

　　Fassbind, Erwachsenenschutz, 2012 → **Fassbind**, Seite;

　　Geiser/Reusser (Hrsg.), Basler Kommentar: Erwachsenenschutz, 2012 → **BSK Erw. Schutz-BEARBEITER/IN**, Art.**N*;

　　Häfeli, Grundriss zum Erwachsenenschutzrecht mit einem Exkurs zum Kindesschutz, 2013 → **Häfeli**, RZ**;

　　Hrubesch-Millauer/Jakob, Das neue Erwachsenenschutzrecht-insbesondere Vorsorgeauftrag und Patientenverfügung, in: Wolf (Hrsg.), Das neue Erwachsenenschutzrecht－insbesondere Urteilsfähigkeit und ihre Prüfung durch die Urkundsperson, 2012, S. 65ff.→ **Hrubesch-Millauer/Jakob**, Seite;

　　KOKES (Hrsg.), Praxisanleitung Erwachsenenschutzrecht (mit Mustern), 2012 → **KOKES/Bearbeiter**, Rz.**;

　　Rosch/Büchler/Jakob (Hrsg.), Das neue Erwachsenschutzrecht, 2011 → **Erwachsenenschutz-Komm, BEARBEITER**, Art.**N*.

　　なお、紙面の制約のために文献を一々引用していない場合でも、スイス法の説明はすべて上記文献に依拠していることをお断りしておく。また、スイス新法の翻訳は梶谷康久氏（田山輝明編著『成年後見制度と障害者権利条約』303頁以下（三省堂、2012）。ただし、成年者保護法全部を翻訳しているわけではない）に依拠するが、一部翻訳を変えている。さらに、後述（注8）の上山氏の訳も参照している。

7) 本稿は、岡「新たな任意後見制度の構築に向けて－スイスの新制度が示唆するもの－」民法研究基金会（台湾）編『民事法之思想啓蒙與立論薪傳』1頁以下（孫森焱前大法官八秩華誕祝寿論文集、新学林、2013）に加筆したものである。なお、右論稿と本稿は、平成25年度科研費（研究代表者：岡孝、研究課題名：「東アジア成年後見法制度の比較法的研究」、研究種目：基盤研究（C）、課題番号：23530107）に基づく研究成果の一部である。

II　スイス法の概要──法律上の措置・成年者保護庁の措置

スイス新法について、いわゆる法定後見（補佐）を含めて概観しておこう[8]（スイス民法[9]の改正だけに限定する）。

1　自己による事前準備（Eigene Vorsorge）

これは、事前支援委託（360条～369条）と事前医療指示[10]（Patientenverfügung. 370条～373条）の総称である。成年者保護法の冒頭に位置づけられている。この「自己による事前準備」は、スイス成年者保護法の主たる目標の1つである自己決定権を強化し、必要性の原則（比例原則）を維持し、さらには国家の負担を軽減するために、民法典に導入された[11]。事前支援委託についてはIIIで詳しく検討する。

2　（判断能力のない者[12]に対する）法律上の措置（Massnahmen von Gesetz wegen）

これには、①配偶者等の代理権、②医療措置の場合の代理権、③老人ホーム・介護施設に入所している者の保護の3つが規定されている。まず①について。本人と同居の（同一の家計はもとより、定期的に身上監護（Beistand）をしている）配偶者または登録されている同性パートナーには、法律上当然に代理権が与えられる（これは事前支援委託に劣後する。374条参照）。代理権の範囲は

---

8) 簡単な紹介として、ロッシュ／上山泰(訳)「スイスにおける成年者保護法の改正」菅富美枝編著『成年後見制度の新たなグランド・デザイン』395頁以下（法政大学出版局、2013）、梶谷康久「スイスにおける被後見人の選挙権」田山編著・前掲書(注6) 290頁以下がある。
9) スイスの項目中の民法の条文は、単に条文だけを引用することにする。
10) 朴仁煥教授（韓国・仁荷大学校法学専門大学院）の訳に依拠する。
11) Fassbind, S. 168.
12) 「理性的に行動する能力に欠ける」者を指す（16条参照）。これは日本法にいう「意思無能力者」を指すであろう。

限定され、扶養に通常必要な範囲の法律行為(賃料、食費、衣類、介護、社会保険料・税金などの支払）と財産・収入の通常の管理（保険給付の受領、賃料の取立など[13])、必要に応じて郵便物の開封と処理だけである(374条2項)。それ以上の財産管理に必要な法的行為の場合には、保護庁の同意を得なければならない(374条3項)。なお、この法的措置をとることができる者は、第1順位の事前医療指示の権限のある者、事前支援の受託者、第2順位の医療行為の代理権を有する補佐人(後述3(1)の見守り型補佐人、同意型補佐人、財産管理に限定された代理型補佐人は除かれる[14])に次いで第3位の者として、②の医療行為の同意（代諾）権を有している（378条1項3号）。

つぎに②は代諾権を有する者に関する規定で、判断能力のない者が事前医療指示をしてなかった場合には、医療措置をする医師は医療措置についての代諾権を有する者を招集して必要な治療の計画を説明する(377条)。その代諾権者は上記のように第1順位から第7順位まで法定されている(378条1項)。同順位の代諾権者が複数いた場合、医師は、善意ならば、それらの者の間で意見が一致していることを前提とすることが許される（378条2項）。

さらに、③老人ホーム等に入所している判断能力のない者の代理人は、入所契約の（書面による）明確化・変更・破棄などを行うことができる（382条1項、3項)。その際、本人の希望をできるだけ考慮しなければならない(同条2項)。この場合の代理人は上記②の者である（同条3項）。

3　成年者保護庁の措置（behördliche Massnahmen）

(1) 類型的保護

この保護庁の措置としては、補佐（Beistandschaft）[15]と施設への強制入所

---

13)　これらの例示については、vgl. KOKES/Philippe, RZ 3.5.
14)　FamKomm Erwachsenenschutz/GUILLOD/HERTIG PEA/IN, Art. 378 ZGB N13.
15)　須永醇教授は、保佐と補助を兼ねる性格を顧慮して「補佐」の訳を当てておられる（2013年8月7日付私信)。本稿ではこれに依拠する。南山大の松倉耕作氏もスイスの旧法につき同様の訳をしている（松倉耕作「スイス後見法（条文訳と概要紹介)」南山法学17巻4号59頁以下（1994）参照)。

(426条~439条）がある。ここでは補佐についてまとめておく。これはいわゆる法定後見のことであり、スイス法では「補佐」という。4類型ある。まず、「見守り型補佐」(Begleitbeistandschaft. 393条）がある。要補助者が特定の事務の処理に見守り的支援（begleitende Unterstützung）が必要な場合に、その者の同意で見守り型補助が発動する（errichten）。これは、被補佐人の行為能力を制限しない（393条2項）。見守り（世話）の内容は事実行為が中心で、例えば、料理、掃除、相談の話し相手になること、孤立化を避けるために団体の活動への参加に同伴することなどである[16]。

次に「代理型補佐」(Vertretungsbeistandschaft. 394条）がある。この場合、保護庁は必要に応じて被補佐人の行為能力を制限できる（394条2項）。また、行為能力を制限しない場合でも、被補佐人は補佐人の行為を承認しなければならない（同条3項参照）。

さらに、「同意型補佐」(Mitwirkungsbeistandschaft. 396条)がある。特定の法律行為には補佐人の同意が必要である。同意は事前でも事後（この場合は追認）でも構わないし、明示でも黙示でも構わない。この場合の補佐人は法定代理権を有していない。補佐人の同意がなければ法律行為は有効とならないので、その限度で法律上被補佐人の行為能力は制限される(396条2項)。補佐人の同意がない場合には、契約の両当事者はなされた給付物の返還を請求できる。被補佐人は、受領物を利用した限度において、あるいは返還時になお利得が存在する限度において、または悪意で利得を放棄した限度において責任を負う（19b条1項の類推適用）[17]。本来（代理型補佐のように）補佐人が代理権を有する場合には、（要保護者が居住していた住居の賃貸借契約の解約告知、かなり高額の金銭の貸借など）一定の法律行為には保護庁の同意が必要であるが(416条1項)、この同意型補佐の場合にはこの保護庁の同意は不要だと解されている[18]。これら見守り型補佐、代理型補佐、同意型補佐は相互に組み合わせても利用できる（397条)。

---

16) Erwachsenenschutz-Komm, ROSCH/IN, Art. 393, N4.
17) BSK Erw. Schutz-HENKEL/IN, Art. 396 N22.

また、日本の成年後見類型に相当する「包括型補佐」(umfassende Beistandschaft. 398条) がある。被補佐人の行為能力は法律上当然喪失する（同3項）。

なお、現在では、成年後見制度を構築・改革する場合に、(2006年に国連総会で採択され) 2008年に発効した国連障害者権利条約[19]（とくに12条）を無視できない。スイスの新制度の中でも包括型補佐では被補佐人の行為能力は当然に喪失するとなっているので、新制度を導入するに当たってこの条約を十分に考慮したようには見えない。ただし、以下で検討する「事前支援委託」は、本人の自己決定に基づいていること、さらには、日韓と同様に、効力が発効した後も委託者（本人）の行為能力を制限していないという点から見て、この国連条約には抵触しないであろう[20]。

(2) 要　件

日本法とほぼ同様に、精神上の障害により自己の事務の全部または一部が処理できない場合に(390条1項1号)、本人あるいは本人の近くにいる者(eine nahestehende Person. その性質上も、さらに通常は親戚・友情といった関係によっても本人の利益を保護することが適切であると思われる者[21])の請求または職権により（同条3項）、補佐が発動する。誰でも、保護を必要としている者がいると判断した場合には成年者保護庁に通知をすることができる (443条1項)。職務上要保護者を知った場合には、その者は通知の義務がある (443条2項1

---

18) ただし、他の類型との組み合わせの場合には、保護庁の同意は必要だと解されている。この同意型補佐の説明は、Erwachsenenschutz-Komm, ROSCH/IN, Art. 396, N3f. に依拠した。

19) さしあたり、松井亮輔＝川島聡編『概説・障害者権利条約』（法律文化社、2010）、田山編著・前掲書（注6）参照。

20) なお、Boente, Reform des Erwachsenenschutzes in der Schweiz, BtPrax 5/2013, S.179 によれば、2006年までに立法作業がほとんど終了したので、この国連条約は考慮されなかったという。ちなみに、日本は2013年12月、国会でこの条約を承認した。

21) 親、兄弟姉妹、子供、親類、配偶者、医師、ソーシャルワーカー、牧師、長年にわたって本人を気にかけてきた (sich kümmern) 者などが例示されている。Vgl. BSK Erw. Schutz-HENKEL/IN, Art. 390 N27.

文)。興味深いのは、一時的判断能力喪失または不在[22]のため、処理しなければならない事務について自ら行為できず代理人も選任しなかった場合も、補佐を利用できることである (390条1項2号)。

(3) 補佐人

被補佐人のための職務にとって個人的にも専門的 (fachlich) にも適切な自然人が任命される。しかも、必要な時間を費やすことができ、自ら職務を遂行できることが要求される(400条1項1文)。法人は不可とされている。ここでいう「専門的」の意味は曖昧であり、保護庁の必要な支援のもとで (400条3項参照)、特別な専門的知識を有しない(が、人生経験や常識があり、補佐人としての社会的能力と良識のある)私人の補佐人が活動することを、法は予定しているという。さしたる財産もなく年金で生活している被補佐人に対してはこのような私人の補佐人が予定される[23]。保護庁は、補佐人を任命するにあたっては、本人、家族、近しい者の希望をできるだけ考慮すべきである(400条)。スイスでは、職業的補佐人 (Berufsbeistand) という概念が日本と異なって使われていることに注意すべきである。すなわち、ここでは、原則として社会福祉法人などの私的団体 (または公的団体) の職員 (もっぱら専門的に補佐人となる場合もあるし、他の業務と並行して補佐業務を行う場合もある)のことを意味するようである。日本でいう専門職は「自由職業的」(freiberuflich) 補佐人と称し、法律上は補佐人になれるが、ほとんど推奨に値しないという[24]。

特別な事情があれば、複数補佐人も可能である(400条1項2文)。この場合は、日本と同様、保護庁が複数の補佐人が共同してまたは事務を分掌して権限を行使すべきことを定める (402条)。

スイス法では、補佐人は任命されれば、重大な理由がない限り補佐を引き受ける義務がある (400条2項。保護庁は、補佐人に必要な指示・助言・支援をす

---

22) 失踪宣告の制度は35条以下に規定がある。
23) BKS Erw. Schutz-REUSSER/IN. Art. 400 N25.
24) BKS Erw. Schutz-REUSSER/IN. Art. 400 N15.

る。同条3項参照）。ただし、義務違反に対する制裁はない。補佐人が職務を行わないかまたは違法に行うことによって損害が発生すれば、（補佐人ではなく）カントンが損害賠償義務を負う（454条3項）。そのうえで、カントンは補佐人に求償することになる（同条4項）[25]。

(4) 職　　務

補佐人の職務は保護庁が本人の必要性に応じて定める（391条1項）。これは身上監護、財産管理、法的取引に及ぶ（同条2項）。保証、財団設立、通常の範囲を超える贈与はできない（412条1項）。本人またはその家族にとって特に価値のある財産はできるだけ譲渡しないこととされている（同条2項）。ただし、本人の生計確保のためにどうしても必要な場合にはこの譲渡は可能だとされている[26]。また、保護庁が必要性を認めてとくに権限を与えた場合に限り、本人の同意なくして補佐人は郵便物を開封し、または住居に入ることが許される（同条3項）。

補佐人は、本人にその者の財産から適切な金額を与えて自由に処分させることができる（409条）。ただし、本人が浪費などをすれば、それを再び制限することもできる[27]。

なお、私人の補佐人[28]は、4年経てば保護庁に（理由を付することなく[29]）辞任の請求ができる（422条1項）。これによって、補佐職務の引受け義務が緩和されているといわれている[30]。重大な理由があれば、4年以内でも辞任を請求できる（422条2項）。

補佐人は、財産目録作成（405条2項）、定期的報告（411条）、計算書の提出

[25]　Vgl. BKS Erw. Schutz-REUSSER/IN. Art. 400 N54.
[26]　Erwachsenenschutz-Komm, HÄFELI/IN, Art. 412 N6.
[27]　FamKomm Erwachsenenschutz/HÄFELI, Art. 409 ZGB N4.
[28]　条文上はともかく、実務的には職業的補佐人（(3)の本文参照）にはこれは当てはまらないとされている。FamKomm Erwachsenenschutz/ROSCH, Art. 422 ZGB N4.
[29]　FamKomm Erwachsenenschutz/ROSCH, Art. 422 ZGB N6.
[30]　FamKomm Erwachsenenschutz/ROSCH, Art. 422 ZGB N2.

(410条)、特定の行為についての保護庁の同意の取得(416条)などの義務がある。ところが、配偶者・近くにいる者などが補佐人に任命された場合にはこれらの義務を免除できるとしている(420条)。これに対して、学説は批判的である。一方で、従来の経験にかんがみると親族などの活動は不適切であり、他方で、私人にこれらの義務を課すことは過大な要求だとは理解できるが、この問題の解決としては補佐人の義務の免除ではなく、相応の支援ではないかというのである[31]。

(5) 報酬・費用

補佐人は報酬請求権、費用償還請求権を有している(404条1項)。報酬額は保護庁が、職務の範囲・複雑さなどを考慮して決める（同条2項）。各カントンは、施行規定を公布して、（本人の資産が少ないために）本人の財産から支払えない場合の報酬・費用について規定する(同条3項。市町村が負担することになる)。スイスでは、補佐の職務は（私人の補佐人であっても）ボランティアではないとされている[32]。

III スイス法の「事前支援委託」

1 契約締結時の本人の意思能力

日本では、民法のレベルで任意後見契約を締結しようとすると、契約締結時の本人の意思能力の確認が問題となる。そのため、後見契約法は公正証書によって任意後見契約を締結することとした(後見契約法3条)。法律の専門家の公証人が事実上本人の意思能力をチェックすることが期待されたのである。しかし、日常生活において公証役場で契約をするという慣行のない一般市民にとっては、ハードルが高すぎる。

---

31) Erwachsenenschutz-Komm, HÄFELI/IN, Art. 420 N7.
32) BSK Erw. Schutz-REUSSER/IN, Art. 404 N17.

これに対して、スイス法では、事前支援委託は委託者の単独行為によるとした[33]。すなわち、「行為能力のある者は、自己の判断能力がなくなった場合に、身上監護または財産管理もしくは取引において代理することを、自然人または法人[34]に委託することができる」(360条1項)。行為能力者とは、判断能力のある (16条) 成年者 (14条。満18歳以上) のことである[35]。受託者たる自然人は、当然ながら完全な行為能力があることが前提である。複数の受託者の指名も可能で、その場合には、各人の権限については、委託者が(委託書で) 明確に定めておかねばならない[36]。

この事前支援委託書は、自筆証書遺言と同じように、(日付も含めて)全文自筆で書かなければならない(署名ももちろん必要である。361条1項)。パソコンなど機械による作成 (または代筆させ、署名だけ自筆で作成したもの) は無効である。これによって作成時の本人の判断能力を推定するのである。このほか、後述のように公証人に作成してもらうことも可能である。

事前支援委託書が書式上適式に作成されていれば、それに付け加えて、単なる希望なり提案なりを委託書に補充したり具体化して記載することは可能である[37]。本人は「受託者に委託しようとする任務を定めなければ (umschreiben) ならない。また、任務の遂行 (Erfüllung) について指示を与えることができる」(360条2項)。

委託者は、事前支援委託書を作成してそれをどこに保管するのか。将来支援委託の効力の発生の要件が満たされた場合に、成年者保護庁はどうやってその書面の存在を知ることができるのか。1つには本人が信頼できる者（医師、弁護士、公証人など）に保管させ、その者から（あるいは、事前支援委託を

---

33) スイスの学説は、日韓のように当事者の契約による委託はできないと考えているようである。Vgl. BSK Erw. Schutz-RUMO-JUNGO/IN, Art. 360 N14.
34) Fassbind, S. 170 は、弁護士法人、信託銀行など例示している。
35) したがって、未成年者や被包括型補佐人は、たとえ事前支援委託につき判断能力があるとしても、この制度を利用することはできない。Vgl. Aebi-Müller/Bienz, S. 70.
36) Aebi-Müller/Bienz, S. 69f.
37) Aebi-Müller/Bienz, S. 71.

知っている本人の周辺の者から) 成年者保護庁に連絡してもらうことが考えられる[38]。さらには、本人が戸籍役場(Zivilstandesamt)に事前支援委託書を(何月何日に)作成したことと保管場所を申告する。役場は、それを中央データバンク (zentrale Datenbank. 名称は Infostar) に登録することになっている (361条3項。登録されるのは委託書作成時と保管場所だけであり、委託書の内容は登録されない[39])。ただし、役場への申告は任意であるので、多くの場合、将来成年者保護庁はこの事前支援委託書の存在を知らずに、必要に応じて保護庁の措置(補佐など)を発動することになろう。この不利益を避けるために、本人(委託者)は、事前支援委託を公証[40]してもらうことも可能である(360条1項)。

受託者は、この委託を承諾する義務はなく、拒絶もできる。(成年者保護庁から照会を受けて) 承諾した場合には、スイス債務法 (以下では「債務法」と略称する)の委任の規定が適用されることになる(363条3項参照。後述3参照)。受託者は、通常は委託者が信頼している者であり、家族、友人、長年交流のある銀行員(Bankberater)、弁護士などである[41]。ちなみに保護庁は、受諾者に指定された者に対して受諾するかどうかについて期限を設定しなければならないとされている。517条2項(遺言執行者として受諾するかどうかの熟慮期間)を類推して14日とされているようである[42]。

委託者が委託後に受託者の適格性を疑問視することもあろう。その場合に備えて、委託者は代替措置(Ersatzverfügung. 例えば代替受託者[43])を記載しておくことも許される (360条3項参照)。

---

38) 信頼できる者に保管させ、事前支援委託の必要が生じたときに成年者保護庁に連絡をさせるのは、委任契約に基づく。Vgl. Fassbind, S. 174.
39) Aebi-Müller/Bienz, S. 72.
40) この方式は、各カントンの法律にゆだねられている (スイス民法最終章〔SchlT〕適用・施行規定55条)。ただし、事前支援委託書作成に際して助言するなど公証する者の職務については、連邦法が最小限度の要件を規定している。Vgl. Aebi-Müller/Bienz, S. 71. なお、公正証書遺言と同様に2名の証人が必要 (499条) かどうかは学説上争いがある。Vgl. Hrubesch-Millauer/Jakobi, S. 85f.; Fassbind, S. 172.
41) BSK Erw. Schutz-RUMO-JUNGO/IN, Art. 360 N26.
42) Häfeli, RZ 08.24.

2　委託内容

日本法では、財産管理はもちろん、身上監護も任意後見契約の内容になりうる(後見契約法2条1号参照)。しかし、医療行為の代諾については、見解が分かれている[44]。

スイスでは、前述のように、身上監護、財産管理、取引上の代理が委託内容である。そのいずれかでもいいし、全部を委託することも可能である。後者の場合は、スイス新法で定められている包括型補佐 (398条) に近づいている。「取引上の代理」(im Rechtsverkehr vertreten) とは、身上監護や財産管理を対外的に行う際に代理権を与えることである。受託者に代理権能が与えられない事前支援委託はほとんど考えられない[45]。チューリヒの市民向け啓蒙パンフレットでは、委託の内容としては、叔母から委託された大学生の甥の職務として、書類の整理、請求書の支払い、猫の世話などが例示されている[46]。

事前支援委託により与えられる代理権は法定代理ではなく、法律行為上の代理である[47]。そして、事前支援委託を規定しているスイス民法に特別の規定がない限り、委任に関する債務法394条以下が適用される (365条1項参照)。また、本人の判断能力の欠如が継続的にかつ長期にわたる場合に、その時

---

43)　代替受託者が意味を持つのは、本文の場合のほかに、受託者が委託を承諾しないとか、(成年者保護庁によって) 職務に不適当だと判断される場合が考えられる。Vgl. Aebi-Müller/Bienz, S. 69 Fn. 73.

44)　否定説は、高橋弘「任意後見制度」新井誠ほか編『成年後見法制の展望』42頁 (日本評論社、2011)、肯定説は須永醇「成年後見制度について」『須永醇・民法論集』241頁 (酒井書店、2011) (須永教授は法定後見の場合にも、日本の現行法として一定の範囲で後見人の代諾を認める立場である。同書234頁以下) 参照。

45)　Hrubesch-Millauer/Jakob, S. 88. しかし、事前支援委託書に代理権が明示されていないときは、債務法396条2項により、委任の範囲内で当然代理権が授権されていると推定される。Vgl. Fassbind, S. 180.

46)　Kessel, Im Bild sein über das Kindes-und Erwachsenenschutzrecht, 2013, S. 12.

47)　Aebi-Müller/Bienz, S. 75.

(判断能力欠如時)から上記の事務を委託する旨が表現されていなければならない(後述3(b)参照)。直接に「判断能力の欠如」という表現を使う必要はなく、他の表現でその趣旨が明確にわかれば十分である、とされている[48]。

　事前支援委託には、事前医療指示も含めることができる。この事前医療指示は、書面で行い、日付を入れ、署名する(371条1項)。この医療指示をしたこと・保管場所については保険証(Versichertenkarte)に登録することができる(371条2項1文)。これによって、医療行為の際に医療指示の存在を知らしめるという効果がある。撤回については事前支援委託の撤回の規定を準用する(371条3項)。医療指示の内容としては、特定の医療措置の同意または拒絶、あるいは自分が決定できない場合に特定の者(自然人に限る。370条2項)に医療措置についての決断をゆだねるという2つの種類がある(同条1項、2項)。指示された者が適任でなかったり、その指示(委託)を承諾しなかったり、あるいは委託を告知する場合に備えて、本人は代替指示(具体的には代わりの者の指名)をすることができる(同条3項)。この代替指示がなければ、前述の「法律上の措置」として規定されている代諾権者(378条1項。II2②参照)が判断をすることになる[49]。医師は、(指示の内容が法律上の規定に反する場合などを除いて)原則としてこの事前医療指示に従わねばならない(372条2項)。医療行為を受けた者(患者)の近親者はだれでも、保護庁に対して書面で、当該医療行為が事前医療指示に従っていないこと、判断能力のない者の利益を害しまたはまったく保護されていないことなどを主張することができる。これに対する保護庁の介入については、支援委託の規定を準用する(373条)。

　事前支援委託書に有償かどうかが記載されていない場合、自己決定権の尊重を強調する新法のもとではまずは委託者の意思を探求することが先決であり、また、原則としてはその意思に従うべきである[50]。そのうえで、成年者保

---

48) Erwachsenenschutz-Komm, LANGENEGGER/IN, Art. 360 N21.
49) BSK Erw. Schutz-WYSS/IN, Art. 370 N26 ; Erwachsenenschutz-Komm, GASSMANN/IN, Art. 370 N14.
50) Hrubesch-Millauer/Jakob, S. 89.

護庁は「職務の範囲を考慮して適切だと思われ、または受託者の給付が通常は有償である場合には」適切な報酬額を定めることができる（366条1項。費用についても同様。報酬・費用は委託者の財産の中から支払うことになる。同条2項）。委託者の財産が少なく、支払いきれない場合には、(事前にわかっていれば)受託者は委託を拒否することもあろう。この場合、保護庁は補佐を発動させて、市町村（Gemeinwesen）が報酬・費用を負担することになる（II 3(5)参照)。受託者が報酬請求権を放棄しない場合には、市町村が社会保障法(Sozialhilferecht) にいう扶養費用の名目で負担しなければならないという[51]。

3　効力発生時

後見契約法では、任意後見監督人の選任時に契約が発効する(後見契約法4条1項)。しかし、現在日本では、任意後見受任者が効力発効の要件が満たされているにもかかわらず、任後見監督人の選任申立てをしないというケースが生じている[52]。任後見受任者は、本人との信頼関係の構築・維持のために任意後見契約法と同時に見守りなどの（民法上の）委任契約を締結することが多い。その際、預貯金通帳などを預かり、本人の指示に応じて払戻しをして金銭を本人に渡す。契約を順守して任意後見監督人の選任申立をすれば、自分の受任者としての権利濫用が露見するおそれを感ずるのであろうか、任意後見受任者は任意後見監督人の選任申立をしようとしないのである。本人、配偶者、四親等内の親族もこの申立ができるが(後見契約法4条1項)、家族がいないか、本人が配偶者等と対立している場合には、誰も任意後見監督人の選任を申し立てない。この問題の1つの解決策としては、韓国民法959条の15のように、第三者(検察官または地方自治体の長)に申立権を与えることであろう。任意後見受任者が申立をしようとしないのに、第三者の申立によって任意後見契約を発効させても、果たしてこの任意後見人が十分に職務を遂行で

---

51)　BSK Erw. Schutz-RUMO-JUNGO/IN, Art. 366 N8. 地方公共団体が負担するという点では、Häfeli, Rz. 08.35 も同旨である。

52)　前注4参照。

きるかどうかは疑問なしとしないが、日本の現状を打破するためには一歩前進の立法論であろう。

　スイスでも、本人(委託者)の判断能力がなくなっていることが前提である(363条1項)。判断能力は、行為・取引ごとに相対的に判断すべきであるので、本人が事前支援委託をする事柄について判断能力がなくなったことが前提となる。成年者保護庁は、本人の判断能力の欠如を確認するために、医師または専門家を活用することができる[53]。成年者保護庁は、本人の判断能力がなくなったことを確認したうえで、事前支援委託が有効に作成されているか、その有効要件が満たされているか、受託者がその職務に適任か、さらにその他の成年者保護措置が必要か、を審査する(363条2項)。保護庁が事前支援委託の存在を知らなければ、戸籍役場に照会することになる (同条1項)。保護庁は、事前支援委託が登録されていないことも十分に考えられるので、例えば本人の近親者に尋ねることも一般的な義務[54]と考えられているようである。

　その結果、保護庁は、事前支援委託書の存在を確認した場合には、以下のようにその有効要件の充足をチェックする。そのうえで、受託者がこの事前支援委託を承諾すれば、保護庁は、債務法上の委任の規定に従って受任者(受託者)の義務が生ずることを指示し、受託者の権限を証した書面を交付する(同条3項)。受託者は、この書面によって第三者に対して代理権の証明ができるわけである。ちなみに、保護庁は、事前支援委託が発行したことを戸籍役場に通知しなければならない (449c条2号)。

　さて、事前支援委託の有効要件は、①本人の判断能力の欠如、②配慮(Sorge)の必要性、③内容についての最小限度の必要性(inhaltliche Mindestanforderungen)である。②の配慮の必要性に関しては、身上監護については委託者の判断能力がなくなっているので通常この要件は当然充足しているが、財産管理については、本人の財産が事前支援委託後すでに処分されていればもはや

---

53) BSK Erw. Schutz-RUMO-JUNGO/IN, Art. 363 N17. 必要に応じて、専門家の鑑定もとる (446条2項)。
54) Häfeli, RZ 08.18.

意味がなくなっており、この配慮の必要性の要件を欠くことになる[55]。③の内容についての最小限の要件としては次の諸点が指摘されている。(a)事前支援委託で委託者、受託者が明確に規定されていること、(b)委託が長期間にわたって判断能力が欠如した状態である場合を前提とすることが事前支援委託で明確になっていること、(c)受託者の職務範囲が少なくとも一般的な方法で記載され、確定されていること。その際、事前支援委託書から、委託者が本当に身上監護および（または）財産管理を望んでいることが認識可能でなければならない[56]。

事前支援委託の内容が不明瞭な場合には、(受託者の要請で)保護庁はそれを解釈し、その内容を明確にすることが許されている。さらに、付帯項目についてではあるが[57]、成年者保護庁は支払委託の内容を補充することも許されている（364条）。

なお、委託者が判断能力を回復したときは、事前支援委託は法律上当然に効力を失う(369条1項)。この場合に委託者はすぐには対処できないこともあるので、それに対する受託者の義務なども手当てされている(同条2項、3項)。

4 受託者（任意後見人）に対する監督

日本では、任意後見契約が発効した後は、もっぱら任意後見監督人が任意後見人を監督する。家庭裁判所は任意後見監督人を監督することによって、間接的に任意後見人を監督することになる（後見契約法7条3項）。

スイスでは、成年者保護庁が受託者を直接監督をする。事前支援委託の場合には、原則として、補佐のように（410条、411条）定期的な（少なくとも2年ごとの）計算書の提出、補佐事務の報告書の提出などについて規定はない。その理由として、成年者保護庁は原則として私的な委任関係には関与しない

---

55) BSK Erw. Schutz-RUMO-JUNGO/IN, Art. 363 N18.
56) BSK Erw. Schutz-RUMO-JUNGO/INn, Art. 363 N20.
57) このような制限があるために、例えば、成年者保護庁が受託者に新たな任務を命ずることは許されない。さらに、この補充をする場合には、受託者に補足的に義務を課すことになるので、その者の同意が必要であるといわれている。Vgl. Aebi-Müller/Bienz, S. 76.

こと、さらには、事前支援委託の有効性の判断の中で予想される問題はほぼ解決済みであることが指摘されている[58]。ただし、成年者保護庁は、本人の近くにいる者[59]の申立または職権で「委託者の利益が危険にさらされ、または守られていない場合には、必要な措置を講ずる」(368条1項)。成年者保護庁は、受任者に対して、種々の指示を与えて、財産目録・定期的な計算書の提出、報告書の作成を命じ、「または、受託者の権限を一部または全部剝奪することができる」(同条2項)。受託者が委託内容の遂行に不適任であることが明確になったときは、成年者保護庁は事前支援委託に代えて補佐 (390条以下) を活用するか[60]、あるいは自ら直接行為することになる (392条)[61]。

ここで、成年者保護庁[62]について簡単にまとめておこう。カントンによって異なるが (440条1項)、成年保護庁は裁判所の場合もあるし (カントン・アールガオ [Aargau] は、地方裁判所 (bezirksgericht) の中に家事部を設置した唯一のカントンだという[63])、行政庁の場合もある[64]。原則として、少なくとも3名

---

58) Fassbind, S. 184. なお、Preisner, Zusammenfassung, in : Löhnig/Schwab/Henrich/Gottwald/Kroppenberg (Hrsg.), Vorsorgevollmacht und Erwachsenenschutz in Europa, 2011, S. 343 は、ヨーロッパの任意後見制度を比較してみて、各国とも受託者の監督は初歩的・不完全 (rudimentär) であるとみている。
59) 前注21およびその本文参照。
60) Aebi-Müller/Bienz, S. 77.
61) Fassbind, S. 180. 392条は、補佐の発動が事務の内容と比較して明らかに過度である (必要性を満たしていない) という場合に、保護庁が直接行為できる事柄を規定している。一例をあげると、老人が住宅を荒れ放題にしている場合にそれを清掃しなければならないとしよう。この問題だけならば、あえて補助の発動は不要である。そこで、392条2号は、このような特定の事務処理について保護庁が第三者に委託することを認めている。Vgl. BSK Erw. Schutz-HENKEL/IN, Art. 392 N11, N22.
62) 児童保護庁の任務も有しているので (440条3項)、正式には「児童・成年者保護庁」という。この項目の説明は、主として Erwachsenenschutz-Komm, WIDER/IN, Art. 440 N6ff. に依拠している。
63) Häfeli, RZ 03.47.
64) 大多数は行政庁だという。ロッシュ/上山訳・前掲 (注8) 406頁参照。

の構成員の合議体（Kollegium）によって決定[65]を行う（440条2項1文。一定の事項についてはカントンが例外を定めることができる[66]。同項2文）。カントン後見庁（2010年1月からは児童・成年者保護庁）会議（KOKES）が成年者保護庁について基準を推奨[67]しているので、それを紹介しておこう。

①成年者保護庁の構成員は法律、社会福祉、教育学、（児童）心理学の分野から選任し（専門に教育を受けたことが原則）、それに専門知識のある事務局がサポートすること。
②医学、精神医学、社会福祉、信託、社会保険の専門家は外部からいつでも招聘できること。
③成年者保護庁の職務は、専門職が行うこと。
④保護庁は人口5万人～10万人あたり最低1つ設置すること。3人の専門職員が職務を遂行できることが前提となっている。そこでは1000件の継続的措置を行いつつ、年間約250件の新規措置を行うと予想されている。

多くのカントンは、④に従って成年者保護庁を設置しているようである[68]。

5　事前支援委託と補佐との併存

日本では、任意後見が発効後に必要があって（任意後見人が権限がないために本人を保護できない場合に）法定後見を発動させる場合には、任意後見契約は自動終了してしまう（後見契約法10条3項）。逆に、法定後見が発動中に任意後見契約を発効させる場合にも、法定後見は取り消されることになる（後見契

---

65) 保護庁の決定に対する抗告は裁判所に対して行う（450条）。それを除いて保護庁に対する監督庁は各カントンが整備する（441条1項）。この監督官庁は、カントンの裁量で裁判所でもいいし、行政官庁でもかまわないという。Vgl. Erwachsenenschutz-Komm, WIDER/IN, Art. 441 N7.

66) 例としては、カントンの権限として、単純な手続については合議体でなく単独で決定を下すような規定を設けることもできるということが指摘されている。Vgl. BSK Erw. Schutz-VOGEL/IN, Art. 440/441 N16ff.

67) Fassbind, S. 91f.；KOKES/Kurt, Rz. 1.66.

68) BSK Erw. Schutz-VOGEL/IN, Art. 440/441 N12.

約法4条2項)。

　この点、スイスはどうなっているのか。事前支援委託が本人の身上監護・財産管理のすべてを対象としていない場合には(これが原則であろう)、この委託の効力が発生したのちに、受託者が本人のために行動(代理行為など)ができないこともありえよう。具体例としては、生活費用の捻出のために委託者所有の土地を売却しなければならないが(通常の任意委任の場合には、土地売却にはそのための特別の授権が必要とされている。債務法396条3項)、その旨の委託はなされていなかったという例が考えられる[69]。

　委託の補充 (364条参照) で対処できない場合には、受託者は遅滞なく成年者保護庁にその旨を通知して、適切な処置を仰ぐことになる(365条2項)。成年者保護庁は、補佐を使うことになる (職権でも可能。390条3項。成年者保護庁は、この受託者を補佐人に任命してその事務を処理させることもできる)。この場合、事前支援委託が対象としている事務については受託者が継続して行動することになる[70](補佐と事前支援委託は併存するが、両者を明確に区別しなければならないという[71])。

6　委託の撤回・告知・終了事由

　任意後見契約が発効する前ならば、本人または任意後見受任者はいつでも無理由で任意後見契約を解除できる(公証人の認証した書面による。後見契約法9条1項)。契約発効後は、本人または任意後見人は、「正当な事由がある限り」家庭裁判所の許可を得て解除ができる (同条2項)。そのほか、任意後見人の解任の規定もある (後見契約法8条参照)。

---

69)　Erwachsenenschutz-Komm, LANGENEGGER/IN, Art. 365 N9. 本文の場合以外に、363条2項4号によれば、保護庁は、支援委託書をチェックする段階で、成年者保護のために更なる措置 (補佐など) が必要かどうかも検討しなければならないとされている。そして、支援委託と補佐の双方を発効させることは可能だと考えられている。Vgl. Fam Komm Erwachsenenschutz/GEISER, Art. 363 ZGB N15.
70)　BSK Erw. Schutz-RUMO-JUNGO/IN, Art. 365 N24.
71)　BSK Erw. Schutz-RUMO-JUNGO/IN, Art. 363 N26.

これに対して、スイス法はどうなっているのか。委託者は、判断能力がある限り、作成に要求された方式に従っていつでも事前支援委託を撤回できる(362条1項)。公証された証書の破棄でも撤回は可能である(同条2項)。委託者が、「以前の事前支援委託書を明確に破棄せずに新たな事前支援委託書を作成した場合には、それが疑いもなく単なる補充だとはいえない限り」以前の委託に代わって新たな委託がなされたものとする(同条3項)。撤回の場合は、支援委託書を作成する場合と異なり、完全な行為能力を要するわけではない。被補佐人(ただし、包括的被補佐人を除くであろう)でも撤回は可能であるという[72]。

委託者が死亡すれば事前支援委託も終了するが、死後の委託・代理権の授権は可能である(債務法35条1項、同405条1項参照)。しかし、この問題は債務法で処理することになるので、成年者保護庁は、委託者の死亡後は受託者に指示したり委託・代理権を剥奪することはできず、相続人や相続庁(Erbschaftsbehörde)が処理することになるという[73]。

事前支援委託は、作成後一定期間が経過したならば状況の変化によりそれは効力を失うとすべきか。準備草案段階では作成後10年経てば効力を失うと規定されていたが、これは非常に批判にさらされ、(自筆証書遺言の場合も何十年も前の遺言が有効とされていることが引き合いに出されて)草案以前の段階で(意識的に)削除された[74]。

受託者は、成年者保護庁に対して、(通常の書式[75]による)書面で2ヶ月間の告知期間を設定して[76]いつでも解約告知ができる(367条1項)。前述の啓蒙パンフレットの設例では、受託者の甥がアメリカの大学に留学するため解約告知をするとなっている[77]。受託者が職務を遂行できなくなるような健康状態

---

72) Vgl. Häfeli, RZ 08.17.
73) Aebi-Müller/Bienz, S. 73.
74) Aebi-Müller/Bienz, S. 73; FamKomm Erwachsenenschutz/GEISER, Art. 362 ZGB N12.
75) 債務法13条〜15条。
76) 通常の委任法とは異なる。債務法404条参照(日本民法651条と同旨)。

の悪化などの重大な事由があるときはいつでも（告知期間を定めずに）解約告知ができる（同条2項）。後者の場合、成年者保護庁は本人保護のための予防措置(例えば口座封鎖、賃貸借契約の締結または告知)を命じることができる(445条1項2文)[78]。

7 終了事由

委託者が判断能力を回復した場合には、事前支援委託は法律上当然にその効力を失う（369条1項）。その場合委託者の利益が危険にさらされる場合には、委託者が自ら利益を守ることができるまで、受託者は従来引き受けていた任務の遂行を継続する義務を負う（同条2項）。受託者が委託の消滅を知る前に行った行為は、委託が継続していた場合と同様の義務を委託者が負担する（同条3項）。

なお、保護庁は、受託者に対しては権限証明書の返還を請求し(債務法36条参照)、支援委託書原本は本人に返すという見解[79]がある一方で、支援委託書原本についてはむしろ委託者が保護庁に返還請求することが望まれるとする見解もある[80]。

支援委託は委託者の死亡によって終了する(債務法405条参照。ただし、死後の委託は可能。前述6参照)。受託者が死亡したり、または行為無能力になった場合には、保護庁は、遅滞なく適切な保護庁処置を行うか、または代替受託者が指名されている場合にはその者の適格性を検討し、問題なければ363条3項により（受託者としての）任務と権限について指導しなければならない[81]。

---

77) Kessel, a.a.O. (Fn. 43), S. 14.
78) BSK Erw. Schutz-RUMO-JUNGO/IN, Art. 367 N9.
79) Erwachsenenschutz-Komm, LANGENEGGER/IN, Art. 369 N2.
80) BSK Erw. Schutz-RUMO-JUNGO/IN, Art. 369 N3.
81) Erwachsenenschutz-Komm, LANGENEGGER/IN, Art. 369 N3.

IV　まとめと展望

　スイスの成年者保護法全体について次のような評価がある。すなわち、スイス国民の多くは家族の役割こそが一番であるとして、上述した近親者の法定代理制度があれば十分である。しかし、近親者間で「正しい」医療行為は何かについて争いがある場合や、配偶者が法定代理人として契約を締結する場合、相手方たる第三者からその代理権（もしくは本人の判断能力の喪失）の証明を求められる場合がありえようから、そのような場合にこそ成年者保護庁の活躍が期待される、というのである[82]。ここでは、そもそも事前支援委託の活用は視野に入っていない。他方では、この事前支援委託の制度が成果を出せるかどうかは、適切な受託者を十分に見つけることができるか、さらには成年者保護庁が助言業務（365条参照）と監督業務（368条参照）をどのように遂行するかにかかっているという見方もある[83]。

　ところで、すでに検討してきたことから明らかなように、スイスの事前支援委託は次の点で特色がある。①まず、出発点のコストが安い。日本と同様に支援委託書を公証してもらう方法もあるが、遺言と同じように自筆でも作成可能である。これによって、本人の作成時の判断能力が推定されるわけで、この判断能力判定のコストが非常に低下することは注目すべきである。そして、誰かに保管させるだけで戸籍役場に届出する義務はない。保管者を信頼するわけで、その者が成年者保護庁に申告しないというリスクもあろうが、自分の周辺の者に事前支援委託の存在を知らせておくことによって、いずれかのルートから保護庁が事前支援委託（書）の存在を知ることは可能である。

　②事前支援委託の内容があいまいな場合には、（受託者の要請で）成年者保護庁が解釈できるということも注目すべきである。保護庁は専門家が合議体で活動するので、一般私人が不明確な支援委託書を作成しても、一概に無効と

---

82) Aebi-Müller/Bienz, S. 86.
83) Häfeli, RZ 08.48.

はしないことによって、その本人の意思（自己決定）を尊重するという姿勢が明確である。自筆による作成ということと成年者保護庁の（委託の）解釈はこの制度の要の1つである。支援委託の内容をチェックし、解釈するという点では、日本の任意後見と異なり、成年者保護庁の後見的役割が前面に出てくる。なお、事前支援委託の効力のチェックを含めると、保護庁の出費を過小評価すべきでない[84]という警告があることに注意すべきである。

③この支援委託は、本人の判断能力がなくなったことが効力発生の第1の要件であり、その判断は成年者保護庁が行うわけで、予想通り人口5万～10万人あたり1つの保護庁で処理できるのかどうかは、今後の実績を待たねばならないであろう。

④支援委託書を作成してから（また他人に保管させてから）判断能力がなくなるまでの間、本人と受託予定者とはどのような関係に立つのであろうか。受託者は、本人の判断能力欠如までなにも行動する義務はない（自分が受託者に指名されていることを知らない場合には、このことは当然である）。ただ、受託者が、一方で、事前支援委託書の保管を委託されながら、戸籍役場にその旨を申告せず、他方で、通常の委任契約を別個に締結して一定の財産管理を行う場合が想定される。この場合、上述のように本人が周辺の者に保管者がだれかを告げておれば、その者から成年者保護庁への通知により保護庁の権限発動が期待できる。保護庁は、場合によってはこのような受託者は適任ではないとして、代替受託者が支援委託書に記載されていれば、その者を受託者とすることが可能であろう。しかし、そもそも事前支援委託で代替受託者を決めていなければ、保護庁は、この支援委託を発効させず必要に応じて補佐（法定後見）を発動させることになろう。

⑤日本法と異なり、支援委託に基づいて受託者が活動していても、補佐人も同時に（異なる）事務を処理できる。両者が併存できるとされている点は注目される。

⑥最後に、成年者保護庁という組織が注目される。法律、社会福祉などの

---

84) Häfeli, RZ 08.48.

専門家が合議によって活動するという。社会福祉の専門家が必ず合議体に入っているという点は注目される。成年後見の問題解決にはこの社会福祉の観点は必要不可欠であるからである。ただ、支援委託によって受託者が活動を開始した後の保護庁の監督はかなり抑制的であるといわざるをえない。受託者に直接監督できるという点では、日本の任意後見制度よりは一歩前進しているといえるが、監督としては、受託者に指示して活動を是正させたり、あるいは権限を一部剥奪したりすることはできるものの、最終的には補佐を発動させるしか方法がない。せいぜい、この成年者支援委託の啓蒙活動で、委託の段階で代替受託者を準備するようにと強調することが、さしあたり有効な対策であろう。

　他方で、身上監護が主たる支援委託の場合には、受託者は親族（素人）であることが多いであろう。事務遂行中にいろいろ問題が生じた場合に、受託者は成年者保護庁に指示・助言を求めるであろう。保護庁のスタッフが充実していれば、この素人受託者のニーズに応えることができるだろう。この保護庁が（委託者が居住している）地域の自治体と連携を密にして活動することによって、受託者に対する監督もかなりの程度充実することが期待できよう。

　このように見てくると、冒頭で指摘した日本の任意後見制度の問題点の多くは、スイスの成年者事前支援委託では解決可能なようにみえる。スイスの学説の中には、中期的には（いわゆる法定後見である）補佐のような「保護庁の措置」は後退していくかもしれないという見方もある[85]。この事前支援委託制度が現実に機能するかどうかは、支援委託書の簡素化と、さらには成年者保護庁の機動力とマンパワーにもかかっているといえよう。その活動状況を今後注意深く見守りたい。

---

85)　Häfeli, RZ 08.48.

集合動産譲渡担保契約の目的動産についての債務者(設定者)の処分行為と再生手続の開始

渡部　晃

I　はじめに
II　事案の概要及び最一小判平成18年7月20日二判決
III　最一小判平成18年7月20日二判決の検討
IV　結　論

I　はじめに

1　集合動産譲渡担保契約の目的動産の「処分行為(売戻特約付売買)」の「後順位譲渡担保契約」への認定換え

　本稿で主たる検討の対象とする、最一小判平成18年7月20日二判決(平成17年(受)第948号事件及び平成17年(受)第283号事件)[1]は、集合動産譲渡担保契約の目的動産の「処分行為(売戻特約付売買)」を「処分行為(後順位譲渡担保契約)」へと「認定換え」を行った。
　その事案の概要は、集合動産譲渡担保契約の目的動産(「いけす」内の養殖魚)について、債務者(譲渡担保権設定者——1審被告)が相手方(1審原告)に対

---

1) 検討の便宜上、以下「平成17年(受)第948号事件」を「甲事件」とし、「平成17年(受)第283号事件」を「乙事件」と呼ぶこととする。

し処分行為（売戻特約付売買）をなし、その後、債務者に民事再生手続が開始した場合において、相手方が、債務者に対して、所有権に基づく当該養殖魚の引渡しを求めたところ（取戻権の行使。民再52条1項）、前掲最一小判平成18年7月20日二判決の各第1審判決は各相手方の請求を棄却し、その各控訴審判決は第1審判決を取り消して、各相手方の各請求を認容した（各第1審及び各控訴審は全て、債務者（設定者）の各処分行為を「売買契約」と認定していた）。

これら各原審に対し、前掲最一小判平成18年7月20日二判決は、「甲事件の一部動産」（契約1対象動産）と「乙事件の動産」の債務者の「処分行為（売戻特約付売買）」を「後順位譲渡担保契約」と認定した上で、当該「後順位譲渡担保契約」に基づく引渡請求は、「配当手続の整備」のない「譲渡担保権の私的実行」であるとしてこれを許さず、平成17年（受）第948号事件（民集60巻6号2499頁、金判1248号22頁）[2]において、原判決を破棄し、相手方の請求のうち前記養殖魚の一部（売戻特約のあるもの、「契約1」の対象動産「物件1」）については自判してその引渡を求める相手方の請求を棄却した第1審判決に対する相手方の控訴を棄却し、前記養殖魚の残部（売戻特約のないもの、「契約2」の対象動産「物件2」）については、相手方が所有権を取得しているか否かを審理させるために当該部分を差し戻し、平成17年（受）第283号事件（金判1248号41頁）[3]においては、原判決を破棄して、主位的請求（売戻特約のある養殖魚の引渡請求）を棄却した第1審判決に対する相手方の控訴を棄却し、予備的請求（飼料代相当額の一般優先債権及び共益債権の請求）については、さらに審理を尽くさせるために、これを差し戻した。

不動産については既に「占有移転を伴わない不動産の買戻特約付売買契約」を「特段の事情のない限り、債権担保の目的で締結されたものと推認され、その性質は譲渡担保契約と解する」のが相当であるとした最三小判平成18年2月7日（平成17年（受）第282号）民集60巻2号480頁、金判1240号24頁）がある。

一方、上記最一小判平成18年7月20日二判決は、いずれも現実の引渡しのない（占有改定はある）動産の「売戻特約付売買」について、例外的場合の説示（「特段の事情のない限り」の説示）をせず「譲渡担保」と認定したのである。

今後の動産取引においては、「売買取引」その他の契約形態をとる事案で、「譲渡担保」と裁判所から認定を受ける場合のあることになることに留意しなければならない。

---

2) 最一小判平成 18 年 7 月 20 日平成 17 年（受）第 948 号事件（民集 60 巻 6 号 2499 頁）の評釈として、渡部晃・金法 1974 号 30 頁（2007）、同・金法 1795 号 54 頁（2007）、池辺吉博・NBL 840 号 4 頁（2006）、花井正志・銀行法務 21・664 号 26 頁（2006）、道垣内弘人・金判 1248 号 1 頁（2006）、佐伯一郎・銀行法務 21・668 号 44 頁（2006）、丸山絵美子・法セミ 623 号 119 頁（2006）、田髙寛貴・法セミ 626 号 80 頁（2007）、小山泰史・法教 318 号別冊附録（判例セレクト 2006）22 頁（2007）、片山直也・法教 314 号 106 頁（2006）、竹内俊雄・駿河台法学 20 巻 2 号 107 頁（2007）、千葉恵美子・平成 18 年度重要判例解説 76 頁（ジュリ臨増 1332 号）（2007）、同・私法判例リマークス 35 号（2007 年〔下〕平成 18 年度判例評釈）18 頁（2007）、古積健三郎・速報判例解説 VOL 1・81 頁（2007）、古積健三郎・民商 136 巻 1 号 24 頁（2007）、田村耕一・熊本法学 111 号 115 頁（2007）、田中克志・静岡大学法政研究 11 巻 1・2・3・4 号 125 頁（2007）、宮坂昌利・ジュリ 1336 号 106 頁（2007）、伊室亜希子・法律科学研究所年報〔明治学院大学〕23 号 105 頁（2007）、小田垣亨・金法 1807 号 2735 頁（2007）、武川幸嗣・判例評論 582（判時 1968 号）199 頁（2007）、渡邊博己・NBL 867 号 22 頁（2007）、片山直也・金法 1812 号 37 頁（2007）、川崎聡子・判タ 1245 号 32 頁（2007）、杉江隆司・専修法研論集 41 号 134 頁（2007）、森田修・法協 124 巻 11 号 25 頁（2007）、池田雅則・金法 1823 号 68 頁（2008）、大島一悟・広島法学(広島大学)31 巻 3 号 71 頁(2008)、今尾真・明治学院大学法科大学院ローレビュー 8 号 57 頁（2008）、今尾真・法律科学研究所年報〔明治学院大学〕24 号 229 頁（2008）、今尾真・月刊登記情報 48 号 10 号 62 頁（2008）、池田雄二・北大法学論集 59 巻 3 号 405 頁（2008）、進士肇・譲渡担保法判例の分析と展開〔金融・商事判例増刊 1286 号〕92 頁（2008）、池田雅則・民法判例百選 I 総則・物権〔第 6 版〕（別冊ジュリ 195 号）198 頁（2009）、宮坂昌利・最高裁判所判例解説民事篇　平成 18 年度㊦ 838 頁（2009）、堀竹学・総合政策論叢 21 号 43 頁（2011）、足立公志朗・行政社会論集〔福島大学〕24 巻 2 号 133 頁（2011）等がある。

3) 平成 17 年（受）第 283 号事件（金判 1248 号 41 頁の評釈として、渡部・前掲（注 2）金法 1794 号 30 頁、同・前掲（注 2）金法 1795 号 54 頁、大島・前掲（注 2）71 頁等がある。

2 債務者の「処分行為（売戻特約付売買又は単純売買）」による「所有権または譲渡担保権の承継取得」と「目的物の引渡請求」

また、上記最一小判平成18年7月20日二判決は、債務者の「処分行為（売戻特約付売買又は単純売買）」の後、再生手続が開始しており、債務者の「処分行為（売戻特約付売買又は単純売買）」の相手方の「所有権の承継取得」が、否定されると、取戻権の行使（民再52条1項[4]）としての所有権に基づく引渡し請求は、棄却されることになる。

取戻権の行使（民再52条1項）としての所有権に基づく引渡し請求が棄却されるとすると、その後、残るのは、「別除権としての行使」（民再53条1項及び2項）[5]としての「引渡請求権」か、債権的請求権としての「引渡請求権」（再生債権）となる。

このうち後者の債権的請求権としての「引渡請求権」（再生債権）は、「再生計画」によって弁済することになるため、再生手続に従って、割合弁済ということになる（民再85条1項、86条1項）[6]。

動産譲渡担保権を「別除権」と準じて取り扱うことについては、会社更生手続の事案ではあるが、最高裁判決[7]があり、現在においては、学説においても支配的見解であろう[8]。

---

4) 民事再生法52条1項は、「再生手続の開始は、再生債務者に属しない財産を再生債務者から取り戻す権利に影響を及ぼさない」と定める。

5) 民事再生法53条1項及び2項は、「1 再生手続開始の時において再生債務者の財産につき存する担保権（特別の先取特権、質権、抵当権又は商法若しくは会社法の規定による留置権をいう。第三項において同じ。）を有する者は、その目的である財産について、別除権を有する。2 別除権は、再生手続によらないで、行使することができる」と定める。

6) 民事再生法85条1項は、「再生債権については、再生手続開始後は、この法律に特別の定めがある場合を除き、再生計画の定めるところによらなければ、弁済をし、弁済を受け、その他これを消滅させる行為（免除を除く。）をすることができない。」と定め、同法86条1項は、「再生債権者は、その有する再生債権をもって再生手続に参加することができる」と定める。なお、民事再生法40条参照。

前掲最一小判平成 18 年 7 月 20 日二判決は、所有権に基づく引渡請求（取戻権の行使）及び「別除権としての行使」としての引渡請求を棄却した。

本稿では、前掲最一小判平成 18 年 7 月 20 日二判決の論理過程を精査したうえ、再生手続開始後の目的動産の引渡請求（取戻権行使、別除権行使）の当否を中心に、関連する論点を検討することとする。

II 事案の概要及び最一小判平成 18 年 7 月 20 日二判決

1 最一小判平成 18 年 7 月 20 日（平成 17 年（受）第 948 号事件）
（民集 60 巻 6 号 2499 頁、金判 1248 号 22 頁、金判 1252 号 4 頁、判時 1944 号 105 頁、判タ 1220 号 90 頁）

(1) Y と訴外 A・B・C（第三者）との間の集合動産譲渡担保契約

Y（上告人・一審被告・被控訴人）は、ブリ、ハマチ、カンパチ等の養殖、加工、販売等を業とする株式会社であるが、①平成 12 年 6 月 30 日、A（飼料業者）との間で、A を譲渡担保権者、Y を譲渡担保設定者とする流動集合動産譲渡担保契約を締結し、占有改定の方法により目的物を引き渡した。当該譲渡担保の目的は、串間漁場（宮崎県串間市沖合、漁業権公示番号区第 53 号）、黒瀬

---

7) 最判昭和 41 年 4 月 28 日民集 20 巻 4 号 900 頁（動産引渡請求事件）（特定譲渡担保設定者に会社更生手続が開始した事例）（上告棄却〔請求棄却〕）。同最判は「譲渡担保権者は、更生担保権者に準じてその権利の届出をなし、更生手続によってのみ権利行使をなすべきものであり、目的物に対する所有権を主張して、その引渡を求めることはできないものというべく、すなわち取戻権を有しないと解するのが相当である」と述べる。

会社更生法 47 条は「更生債権等については、更生手続開始後は、この法律に特別の定めがある場合を除き、更生計画の定めるところによらなければ、弁済をし、弁済を受け、その他これを消滅させる行為（免除を除く。）をすることができない」と定める。「更生債権等」とは、更生債権又は更生担保権をいう（会更 2 条 12 項）。

8) 伊藤眞『破産法・民事再生法〔第 2 版〕』351 頁（有斐閣、2009）、伊藤眞ほか『条解破産法』482 頁以下（弘文堂、2010）等参照。

漁場（同第54号）ほかの漁場のいけす内に存するY所有の養殖魚の全部とするものであり、被担保債権は、養魚用配合飼料の売買契約によりAがYに対して現在及び将来有する売掛債権等一切の債権とし、極度額を25億円とした。②Yは、平成12年12月7日、B（銀行）との間で、Bを譲渡担保権者、Yを譲渡担保設定者とする集合動産譲渡担保契約を締結した（黒瀬漁場のいけす内の養殖魚全部、極度額を10億円（元本））。③Yは、平成15年2月14日、C（Yの順位第2位の大株主）との間で、Cを譲渡担保権者、Yを譲渡担保設定者とする集合動産譲渡担保契約を締結した（串間漁場、黒瀬漁場ほかの漁場のいけす内に存するY所有の養殖魚の全部、極度額を30億円）。

(2) YとX（被上告人・一審原告・控訴人）との間（本件の当事者間）の契約（本件契約1及び2）

① 本件契約1（「売戻特約付売買」）の概要

ア　Yは平成15年4月30日、Yの所有する養殖魚（黒瀬漁場内特定の21生簀内のブリ13万5212尾。「本件物件1」）をXへ売却し、売買代金は、XのYに対する貸金債権で相殺し、本件物件1の所有権は同日移転の上引き渡し（占有改定）、イ　XからYへの原魚を預託し、預託期間は1年間とし、Yが上記預託期間満了日以前に預託原魚全てを買い戻した場合、当該預託期間は満了する。毎月発生する経費は、Yが買い戻す際に精算し、③XはYに対し、平成15年10月1日から平成16年4月30日までの間に売り戻しを行い、当該売買代金額は、①の預託現魚代金額に、預託期間中に預託原魚にかかった経費を加算し算出した金額とし、当該預託原魚をYがフィレ加工してXに販売し、Xがα（量販店）に販売して、売り戻し代金と加工販売代金とを相殺する、④Yに破産等の事由が生じたときは契約を解除でき、又支払不能の場合にはXは預託原魚を第三者に転売できる、とする内容の契約（本件契約1）を、XY間で締結した。上記養殖魚（本件物件1）は、本件契約1の目的物となったものであるが、次の本件物件2と同様、A、BおよびCの上記各譲渡担保の目的物ともなっていた。

② 本件契約2の概要

Yは、平成15年4月30日、Xとの間で、Yの所有する養殖ハマチ（27万2566尾。「本件物件2」）をXに売却する旨の契約（Xは、第三者への売却を目的として、平成15年7月31日までに、全ての対象ハマチを対象生簀より移動する）を締結した（「本件契約2」）。

③　Yは、平成15年7月30日、東京地方裁判所に民事再生手続開始の申立てをし、同年8月4日、同開始決定がされた。

④　Xの本件訴訟の提起

Xは、Yに対し、本件各契約（本件契約1及び同2をいう）により本件各物件(本件物件1及び同2をいう)の所有権を取得したとして、所有権に基づく本件各物件の引渡しを求めた（Xはその他所有権の確認請求等もなしたが、控訴審で取り下げているようである）が、Yは、①本件各契約は譲渡担保契約と解すべきである、②本件各契約に先立って、A、B及びCが本件各物件を含む養殖魚について本件各譲渡担保の設定を受け、対抗要件を備えている以上、Xは、即時取得の要件を満たさない限り、本件各物件の所有権を取得することはあり得ないなどと主張した。

⑤　平成17年（受）第948号事件第1審及び原審判決

ア　第1審（宮崎地裁日南支判平成16年1月30日金判1248号37頁）

宮崎地裁日南支判平成16年1月30日は、Xの請求をいずれも棄却して、次の通り述べた。

「本件各契約は、いずれも売買契約の内容を含むものであると認めるのが相当である。Aは、Yとの間で前記集合物根譲渡担保設定契約を締結し、同契約に基づき、占有改定の方法により、本件各物件の引渡しを受けたことが認められる」。XとYとの間で、「本件契約1及び本件契約2が締結されたのは、本件物件について前記集合物根譲渡担保契約が締結され、同契約に基づいてAが占有改定により本件物件の引き渡しを受けた後であるから、Xが本件物件の所有権を取得するためには、本件物件を民法192条により即時取得するしかないと解されるところ、原告は、即時取得の主張をしていない」。

イ　平成17年（受）第948号事件原審判決（福岡高裁宮崎支判平成17年1月28日金判1248号33頁）

福岡高裁宮崎支判平成17年1月28日は、一審判決取消、Xの本件物件1及び本件物件2の引渡請求を認容して、次の通り述べた。

「本件契約1及び本件契約2は、Yを売主、Xを買主とする本件各物件の売買契約を本体としてこれを含む契約と認められるべきものであって、これをもって、譲渡担保権設定契約と認めることはできない」。

「商品を通常の営業の範囲内で第三者に売却するということは、当該商品の所有権を第三者に確定的に移転取得させることを当然の前提としているのであるから、譲渡担保設定者において譲渡担保の目的物を通常の営業の範囲内で第三者に売却することが許容されている集合動産譲渡担保権にあっては、譲渡担保の目的物の売却によりその所有権を第三者に確定的に移転取得させることができるという物権的地位が設定者にとどめられているものと解さざるを得」ない。

「本件物件につき対抗要件を具備した譲渡担保権であるAら3社の本件各譲渡担保権が設定されているというだけでは、所有権に基づく引渡請求に対する所有権喪失の抗弁たり得ない」。

⑥　最高裁判決（平成17年（受）第948号事件）

最一小判平成18年7月20日（平成17年（受）第948号事件）は、原判決を破棄して、物件11の引渡しを求める部分につき被上告人（X）の控訴を棄却し、その余の部分（物件2の引渡しを求める部分）について原審に差し戻して、次の通り述べた。

ア　本件物件1に係る取引について

a　本件契約1の法的性質

「本件契約1においては、上告人（Y）から被上告人（X）への原魚の売却と同時に、被上告人（X）から上告人（Y）への原魚の預託が行われるため、契約時に目的物に対する直接の占有は移転せず、上告人（Y）が原魚の飼育管理を継続して行うこととされていること、当初の原魚の売買代金は、被上告人（X）の上告人（Y）に対する既存の債権に充当するものとされており、現実の代金の授受は行われないこと、原魚を現実の商品として第三者（イオン株式会社〔α〕）に販売しようとする際には、いったん上告人（Y）が被上

告人（X）から買い戻したうえ、改めて上告人（Y）から被上告人（X）に対し、加工品として販売するものとされており」、「実質的には、この加工販売代金との精算をもって、被上告人（X）の上告人（Y）に対する既存の債権の回収が行われることになること、上告人（Y）が支払不能になった場合には、被上告人（X）が原魚を第三者に売却することで、上記債権の回収が図られることになることが明らかである。これらの点に照らせば、本件契約1は、その目的物を上記債権の担保とする目的で締結されたものにほかならない。そうすると、本件契約1は、再売買が予定されている売買契約の形式を採るものであり、契約時に目的物の所有権が移転する旨の明示の合意(略)がされているものであるが、上記債権を担保するという目的を達成するのに必要な範囲内において目的物の所有権を移転する旨が合意されたにすぎないというべきであり、本件契約1の性質は、譲渡担保契約と解するのが相当である」。

したがって、本件契約1が真正な売買契約であることを前提に、本件物件1の所有権に基づく引渡請求（取戻権の行使）を認めることはできない。

　b　本件契約1に基づく譲渡担保権の実行の可否

「被上告人（X）の主張が、本件契約1が譲渡担保契約であれば、譲渡担保の実行に基づく引渡しを請求する趣旨（別除権の行使）を含むものであるとしても、これを肯認する余地はない。すなわち、本件物件1については、本件契約1に先立って、A、B及びCのために本件各譲渡担保が設定され、占有改定の方法による引渡しをもってその対抗要件が具備されているのであるから、これに劣後する譲渡担保が、被上告人（X）のために重複して設定されたということになる。このように重複して譲渡担保を設定すること自体は許されるとしても、劣後する譲渡担保に独自の私的実行の権限を認めた場合、配当の手続が整備されている民事執行法上の執行手続が行われる場合と異なり、先行する譲渡担保権者には優先権を行使する機会が与えられず、その譲渡担保は有名無実のものとなりかねない。このような結果を招来する後順位譲渡担保権者による私的実行を認めることはできないというべきである。また、被上告人（X）は、本件契約1により本件物件1につき占有改定による

引渡しを受けた旨の主張をするにすぎないところ、占有改定による引渡しを受けたにとどまる者に即時取得を認めることはできないから、被上告人（X）が即時取得により完全な譲渡担保を取得したということもできない」。

　c　本件物件1の引渡請求の当否

「本件物件1の引渡しを求める被上告人（X）の請求は理由がないというべきであり」、原判決は破棄を免れないが、被上告人（X）の請求のうち、本件物件1の引渡しを求める部分については、これを棄却した第1審判決は正当であるから、同部分についての被上告人（X）の控訴を棄却する。

　イ　本件物件2に係る取引について

　a　本件契約2の法的性質

「本件契約2が譲渡担保契約であると解すべき根拠はないから、これが真正な売買契約であることを前提に、被上告人（X）が本件契約2に基づいて本件物件2の所有権を取得したといえるかどうか、検討する」。

　b　本件契約2による契約目的物の所有権取得の可否

「構成部分の変動する集合動産を目的とする譲渡担保においては、集合物の内容が譲渡担保設定者の営業活動を通じて当然に変動することが予定されているのであるから、譲渡担保設定者には、その通常の営業の範囲内で、譲渡担保の目的を構成する動産を処分する権限が付与されており、この権限内でされた処分の相手方は、当該動産について、譲渡担保の拘束を受けることなく確定的に所有権を取得することができると解するのが相当である」。「上告人（Y）とAおよびCとの間の各譲渡担保契約の前記条項（略）は、以上の趣旨を確認的に規定したものと解される」。他方、「対抗要件を備えた集合動産譲渡担保の設定者がその目的物である動産につき通常の営業の範囲を超える売却処分をした場合、当該処分は上記権限に基づかないものである以上、譲渡担保契約に定められた保管場所から搬出されるなどして当該譲渡担保の目的である集合物から離脱したと認められる場合でない限り、当該処分の相手方は目的物の所有権を承継取得することはできないというべきである」。

本件においては、「本件物件2が本件各譲渡担保の目的である集合物から離脱したと解すべき事情はないから、被上告人（X）が本件契約2により本件

物件2の所有権を承継取得したかどうかを判断するためには、本件契約2による本件物件2の売却処分が上告人（Y）の通常の営業の範囲内のものかどうかを確定する必要があるというべきである」。

　c　本件物件2の引渡請求の当否

　本件契約2による本件物件2の売却処分が上告人（Y）の通常の営業の範囲内のものであるか否かを「審理判断することなく、本件物件2の引渡請求を認容した原審の判断には、判決に影響を及ぼすことが明らかな法令の違反があ」り、原判決は破棄を免れないところ、被上告人（X）の請求のうち、「本件物件2の引渡しを求める部分については、更に審理を尽くさせるため、本件を原審に差し戻すこととする」。

2　最一小判平成18年7月20日（平成17年（受）第283号事件）
　　（金判1248号41頁、金判1252号10頁、判時1944号111頁、判タ1220号90頁）

(1)　Yと訴外D・A（第三者）との間の集合動産譲渡担保契約

　①Y（上告人・一審被告・被控訴人兼控訴人）及びβは、D（商社）との間で、平成7年8月10日、Dを譲渡担保権者、Y及びβを譲渡担保設定者とする集合動産譲渡担保契約を締結し、占有改定の方法により目的物を引き渡した。譲渡担保の目的は、串間漁場（宮崎県串間市沖合、漁業権公示番号区第53号）のいけす内に存するY及びβ所有の一切の養殖魚とし、被担保債権は、Dがβに対し現在又は将来有する一切の債権として、極度額を14億円とする（Yは、Dに対し、βの債務を連帯保証する）。②平成12年6月30日、A（飼料業者）との間で、A（飼料業者）を譲渡担保権者、Yを譲渡担保設定者とする集合動産譲渡担保契約を締結し、占有改定の方法により目的物を引き渡した。当該譲渡担保の目的は、串間漁場（宮崎県串間市沖合、漁業権公示番号区第53号）、黒瀬漁場（宮崎県串間市沖合、漁業権公示番号区第54号）ほかの漁場のいけす内に存するY所有の養殖魚の全部とするものであり、被担保債権は、養魚用配合飼料の売買契約によりAがYに対して現在及び将来有する売掛債権等一切の債権とし、極度額を25億円とした（その他、Yの主張によれば、串間漁場の

原魚については、平成12年1月27日にE（飼料業者）が、平成15年2月13日にC（Yの順位第2位の大株主）が、それぞれ譲渡担保権を設定し、また、黒瀬漁場の原魚については、平成12年12月7日にB（銀行）が、平成14年9月27日にE（飼料業者）が、平成15年2月13日にC（Yの順位第2位の大株主）に、それぞれ譲渡担保権を設定していたとする）。

(2) YとZ（被上告人・一審原告・控訴人兼被控訴人）との間（本件の当事者間）の契約

① ア Yは、平成15年3月31日、Yの所有する養殖魚（黒瀬漁場内の特定の17基のいけす内のブリ11万1978尾〔23万1556kg〕及び串間漁場内の特定の12基のいけす内のブリヒラ6万4780尾〔12万3592kg〕）を預託用原魚としてZへ売却する（売買単価は、ブリが1kg当たり620円、ブリヒラが1kg当たり500円とし、売買代金は、YのZに対する同日までの債務〔飼料代金債務等〕に充当〔対当額により相殺〕する。預託用原魚の所有権は、同日、YからZに移転するものとし、各対象いけすにZが所有者であること及び預託期間を表示した標識を設置する）、イ ZからYへの原魚の預託（預託期間は、平成15年3月31日から、ブリについては同年9月30日まで、ブリヒラについては平成16年2月29日までとする。預託用原魚の飼育に要する飼料はZが供給する。YがZから預託された原魚を飼育する際に発生する経費は、ZがYに対し下記のとおりこれを売り戻すときに精算するものとする）、ウ Zは、預託原魚を、売戻期間はブリについては平成15年8月1日から同年9月30日まで、ブリヒラについては平成15年8月1日から平成16年2月29日までとし、Yに売り戻す（売買金額は、売り渡した預託用原魚の金額に飼料費及び経費を加算して算出した原価に対する預託期間中の年4.75％の割合による金利並びにZの口銭の合計額とする。ただし、原価の算定方法及びZの口銭は別途協議して定める）、とするYZ間の契約（以下「本件契約」という）を締結した。本件契約のその他の約定として、期間満了日に被上告人所有の預託用原魚が残留する場合、YはXからその全量を、現金にて買い取ること、Yにつき、破産等の申立てがあったときは、Zは、契約期間中であっても、本件契約を解除し、本件契約の目的物とされている原魚を第三者に販

売する権利を取得することができる、との定めがあった。

串間漁場内のブリヒラ2万4722尾及び黒瀬漁場内のブリ9万3079尾(以下「本件物件」という)は、D及びAの上記各集合動産譲渡担保(以下「本件各譲渡担保」という)の目的物であると同時に、本件契約の目的物ともなっていた。

(3) Yは、上述の通り、平成15年7月30日、東京地方裁判所に民事再生手続開始の申立てをし、同年8月4日、同開始決定がされた。

(4) Zは、平成15年8月9日、Yに対し、本件契約中の原魚の預託及び売戻しに関する部分を解除する旨の意思表示をするとともに、同月21日、宮崎地方裁判所日南支部に対し、本件物件につき、Yを債務者とする占有移転禁止(債権者による保管を許す執行官保管)の仮処分命令の申立てをし、同月25日、これを認容する旨の決定を得た。そして、宮崎地方裁判所執行官は、この仮処分の執行として、同月27日から同年9月1日にかけて、本件物件を串間漁場及び黒瀬漁場から搬出した上、同月30日、民事保全法52条1項、49条3項の規定により本件物件を売却し、その売得金1億3645万4663円を供託した。

(5) Zの本件訴訟の提起

本件は、Zが、Yに対し、主位的に、Zは本件契約により本件物件の所有権を取得したとして、所有権に基づく本件物件の引渡しを求め、予備的に、本件物件につき負担した飼料代金請求権は一般先取特権又は共益債権に当たる旨主張してその支払を求める事案である。これに対し、Xは、①本件契約は譲渡担保契約と解すべきである、②本件契約に先立って、D及びAが本件物件を含む養殖魚について本件各譲渡担保の設定を受け、対抗要件を備えている以上、Zは、即時取得の要件を満たさない限り、本件物件の所有権を取得することはあり得ないなどと主張した。

(6) 平成17年（受）第283号事件第1審及び原審判決
① 第1審（宮崎地裁日南支判平成16年6月11日金判1213号54頁、金法1735号57頁）

宮崎地裁日南支判平成16年6月11日は、Zの主位的請求（本件養魚の引渡請求）を棄却し、予備的請求（飼料代相当額の一般優先債権及び共益債権の請求）を認容して、次の通り述べる。

Zの主位的請求（本件養魚の引渡請求）について

「本件契約が、本件物件を対象とする売買契約の内容を含むものであると認めるのが相当であり、他に、この認定を左右するに足りる証拠はない」

「Dが設定を受けた集合物根譲渡担保権は、対象物の保管場所とされている串間漁場内に存在する養殖魚全部にその効力が及んでおり、串間漁場内に保管されていた本件ブリヒラも、Dの上記集合物根譲渡担保権の対象物となっていたのであるから、その後に、Zが、Yから本件ブリヒラを買い受けたとしても、即時取得（民法192条）の要件を満たさない限り、本件ブリヒラの所有権を取得することはできないと解される」。また、Aが設定を受けた集合物根譲渡担保権も、対象物の保管場所とされている黒瀬漁場内に存在する養殖魚（カンパチ及びハマチ）全部にその効力が及んでいるとして、即時取得の要件を満たさない限り、Zは、本件ブリの所有権を取得することはできない、とした。

Zの予備的請求（飼料代相当額の一般優先債権及び共益債権の請求）について

「民法307条1項所定の『債務者の財産の保存』とは、債務者の財産の現状を維持する行為であって、債権者代位権あるいは債権者取消権の行使、債務者の不動産についての登記、債務者の有する債権の消滅時効の中断等の法律行為のみならず、債務者不在中の財産管理や、債務者の財産が物理的に朽廃破損するのを防ぐ行為などの事実的行為も含むものと解される」。「Zは、Zが負担した飼料費のうち、Yに民事再生手続開始決定がなされる以前のものについて、共益費用として、Yに対し、一般の先取特権を有し（民法306条1項）、上記飼料費は、民事再生手続上、一般優先債権として取り扱われ（民事再生法122条1項）、Yは、随時弁済義務を負う」。

「Yは、Yに民事再生手続開始決定がなされた平成15年8月4日から、本件物件が本件仮処分に基づき串間漁場及び黒瀬漁場から搬出される平成15年8月27日までの間」の飼料費は、「再生債務者の業務ないし財産の管理に関する費用（民事再生法119条2項）にあたる」ものと認められる。本件仮処分執行後、緊急換価までの本件物件に、Zにより供給された飼料費相当額について、Zは、Yに対し、「不当利得返還請求権を有することとなり、Yは、民事再生法119条6号により、随時弁済義務を負う」。

② 平成17年（受）第283号事件原審判決（福岡高裁宮崎支判平成16年10月29日金判1213号45頁、金法1735号47頁）[9]

福岡高裁宮崎支判平成16年10月29日は、一審判決を取り消して、Zの主位的請求（本件養魚の引渡請求）を認容し、次の通り述べた。
Zの主位的請求（本件養魚の引渡請求）について

「本件契約は、1審被告（Y）を売主、1審原告（Z）を買主とする本件物件の売買契約を本体としてこれを含む契約と認められるべきものであって、これをもって、譲渡担保権設定契約と認めることはできない」。「D及びAが本件各譲渡担保権を行使して債権の回収を図らざるを得ないような事態が生じる前に、本件契約を締結し、1審被告（Y）から本件物件を買い受けた1審原告（Z）は、1審被告（Y）が有する上記物権的地位、すなわち、本件物件の所有権を1審原告（Z）に確定的に移転取得させることができるという物権的地位に基づき、本件物件の所有権を承継取得した」。「1審原告（Z）は、本件各譲渡担保権の負担が付着した本件物件の所有権を承継取得したということになる」

(7) 最高裁判決（平成17年（受）第283号事件）
最一小判平成18年7月20日（平成17年（受）第283号事件）は、原判決を

---

[9] 福岡高裁宮崎支判平成16年10月29日の評釈として、角紀代恵「判批」金法1748号53頁（2005）、宮川不可止「判批」金法1751号31頁（2005）、水野信次「判批」銀行法務21・658号41頁（2006）参照。

破棄し、Zの主位的請求（本件養魚の引渡請求）につきZの控訴を棄却し、予備的請求（飼料代相当額の一般優先債権及び共益債権の請求）について原審に差し戻して、次の通り述べた。

　ア　「本件契約は、本件物件を対象物とする売買契約の内容を含むものか」について

　「本件契約においては、前記のとおり、上告人（Y）から被上告人（Z）への原魚の売却と同時に、被上告人（Z）から上告人（Y）への原魚の預託が行われるため、契約時に目的物に対する直接の占有は移転せず、上告人（Y）が原魚の飼育管理を継続して行うこととされている上、当初の原魚の売買代金は、被上告人（Z）の上告人（Y）に対する既存の債権に充当すること、その後の売戻しと称する再売買においては、原価に年4.75％の金利を乗じた金額を加算するなどして売買代金が定められること、上告人（Y）の信用不安を基礎付ける破産の申立て等の事由が生じた場合には、被上告人（Z）が目的物を処分し得ること等が定められているのであって、本件契約は、その目的物を、被上告人（Z）の上告人（Y）に対する既存の債権及び原魚の預託期間中に発生する飼料代金の請求債権の担保とする目的で締結されたものであることが明らかである」。そうすると、「本件契約は、再売買が予定されている売買契約の形式を採るものであり、契約時に目的物の所有権が移転する旨の明示の合意（略）がされているものであるが、上記債権を担保するという目的を達成するのに必要な範囲内において目的物の所有権を移転する旨が合意されたにすぎないというべきであり、本件契約の性質は、譲渡担保契約と解するのが相当である」。したがって、「本件契約が真正な売買契約であることを前提に、所有権に基づく引渡請求（取戻権の行使）を認めることはできない」。

　イ　譲渡担保権に基づく引渡請求について

　「被上告人（Z）の主張が、本件契約が譲渡担保契約であれば、譲渡担保の実行に基づく引渡しを請求する趣旨（別除権の行使）を含むものであるとしても、以下に述べるとおり、これを肯認する余地はない」。すなわち、「本件物件については、本件契約に先立って、D及びAのために本件各譲渡担保が設定され、占有改定の方法による引渡しをもってその対抗要件が具備されて

いるのであるから、これに劣後する譲渡担保が、被上告人（Z）のために重複して設定されたということになる」。「このように重複して譲渡担保を設定すること自体は許されるとしても、劣後する譲渡担保に独自の私的実行の権限を認めた場合、配当の手続が整備されている民事執行法上の執行手続が行われる場合と異なり、先行する譲渡担保権者には優先権を行使する機会が与えられず、その譲渡担保は有名無実のものとなりかねない。このような結果を招来する後順位譲渡担保権者による私的実行を認めることはできないというべきである」。なお、「本件各譲渡担保の目的物につき、第三者のために譲渡担保を設定することが、上告人（Y）にゆだねられた通常の営業の範囲内の処分（略）といえないことは明らかである」。また、「被上告人（Z）は、本件契約により本件物件につき占有改定による引渡しを受けた旨の主張をするにすぎないところ、占有改定による引渡しを受けたにとどまる者に即時取得を認めることはできないから、被上告人（Z）が即時取得により完全な譲渡担保を取得したということもできない」。「被上告人（Z）の主位的請求は理由がない」。そして、以上説示したところによれば、「被上告人（Z）の主位的請求を棄却した第1審判決は正当であるから、主位的請求に関する被上告人（Z）の控訴を棄却し、予備的請求に関する部分につき審理を尽くさせるため本件を原審に差し戻す」。

III 最一小判平成18年7月20日二判決の検討

　筆者は、最一小判平成18年7月20日二判決の判旨の論理過程に問題があり、その結論も妥当ではないと考える。以下、その理由を述べることとする。

1 「動産の売戻特約付売買」は、「特定動産譲渡担保契約」であるのか

　(1)　最一小判平成18年7月20日二判決は、いずれも、甲事件の一部契約（契約1「原魚売戻特約付売買契約」）及び乙事件の「原魚売戻特約付売買契約」を、両事件の事実審である第1審及び原審が「売買契約を含むもの」と認定

したにもかかわらず、「譲渡担保契約」と「認定」した。

つまり、上記最判二判決は、当事者の選択した「契約形式」（「原魚売戻特約付売買契約」）を否定し、当該合意を「譲渡担保契約」との法律行為に変換して、「認定」したことになる。

このような「法律行為」に関する最高裁の判示の手法は、従前から見られたものであるが、直近では、「目的不動産の占有移転を伴わない買戻特約付売買契約」を「不動産譲渡担保契約」と判示した最三小判平成18年2月7日（平成17年（受）第282号）民集60巻2号480頁（金判1240号24頁、判タ1205号124頁、金法1775号43頁）[10]があり、同最判は、「真正な買戻特約付売買契約であれば、売主から買主への目的不動産の占有の移転を伴うのが通常であり、民法も、これを前提に、売主が売買契約を解除した場合、当事者が別段の意思を表示しなかったときは、不動産の果実と代金の利息とは相殺したものとみなしている（579条後段）。そうすると、買戻特約付売買契約の形式が採られていても、目的不動産の占有の移転を伴わない契約は、特段の事情のない限り、債権担保の目的で締結されたものと推認され、その性質は譲渡担保契約と解するのが相当である」（下線部分筆者、以下同じ）と判示する。

すなわち、「買戻特約付売買契約」の法形式がとられていても、「目的不動産の占有の移転」がないときは、「特段の事情のない限り」、「債権担保目的」と推認され、「譲渡担保契約」であると解する[11]というのである。

上記最三小判平成18年2月7日は、不動産の「買戻特約付売買契約」の事例であったが、同種の論理が、①動産の「売戻特約付売買契約」についても適用されうるのか、②適用されるとして、どのような要件であるのかが、問題となるのであるが、本件最一小判平成18年7月20日二判決は、一定の結

---

10) 同最判評釈として、角紀代恵「判批」判タ1219号34頁（2006）、永石一郎「判批」金判1254号6頁（2006）、富永浩明「判批」NBL 829号13頁（2006）、福田剛久・最高裁判所判例解説民事篇　平成18年度(上)240頁（2009）等参照。

11) 角・前掲（注10）37頁は、「本判決のように、目的不動産の占有を売主の下にとどめる買戻特約付売買契約のほとんどは債権担保目的であると言い切ってしまうことには躊躇を覚える」と述べる。

論（①については肯定。②についても(2)に述べる通りの要件を示した）を出したものと評価しうるであろう。

(2) 「動産の売戻特約付売買契約」を「特定動産譲渡担保契約」と解する要件について、甲事件最一小判平成18年7月20日は、次の通り述べる。

本件契約1において、①売主（Y）から買主（X）への原魚の売却と同時に、買主（X）から売主（Y）への原魚の預託が行われるため、契約時に目的物に対する直接の占有が移転せず、売主（Y）が原魚の飼育管理を継続して行うこととされていること、②当初の原魚の売買代金は、買主（X）の売主（Y）に対する既存の債権に充当するものとされており、現実の代金の授受は行われないこと、③原魚を現実の商品として第三者（α）に販売しようとする際には、いったん売主（Y）が買主（X）から買い戻した上、改めて売主（Y）から買主（X）に対し、加工品として販売するものとされており、実質的には、この加工販売代金との精算をもって、買主（X）の売主（Y）に対する既存の債権の回収が行われることになること、④売主（Y）が支払不能になった場合には、買主（X）が原魚を第三者に売却することで、上記債権の回収が図られることになることである。

そして、「本件契約1は、上記債権の担保とする目的で締結されていて」、「その性質は、『譲渡担保契約』と解するのが相当である」とする。

また、乙事件最一小判平成18年7月20日は、次の通り述べる。①売主（Y）から買主（Z）への原魚の売却と同時に、買主（Z）から売主（Y）への原魚の預託が行われるため、契約時に目的物に対する直接の占有は移転せず、売主（Y）が原魚の飼育管理を継続して行うこととされている上、②当初の原魚の売買代金は、買主（Z）の売主（Y）に対する既存の債権に充当すること、③その後の売戻しと称する再売買においては、原価に年4.75％の金利を乗じた金額を加算するなどして売買代金が定められること、④売主（Y）の信用不安を基礎付ける破産の申立て等の事由が生じた場合には、買主（Z）が目的物を処分し得るとしている。そして、「本件契約は、その目的物を、買主（Z）の売主（Y）に対する既存の債権及び原魚の預託期間中に発生する飼料代金の

請求債権の担保とする目的で締結されたものであって」、「本件契約の性質は、『譲渡担保契約』と解する」とする。

(3) 「目的不動産の占有移転を伴わない買戻特約付売買契約」を「不動産譲渡担保契約」と判示した最三小判平成18年2月7日と最一小判平成18年7月20日二判決との共通点は、「目的物の買主」において、いずれも「目的物の直接の占有」を伴わないこと、「既存債権の実質的弁済がなされる」点であろう[12]。

異なる部分は、ⅰ売買目的物(不動産と動産)、ⅱ最一小判平成18年7月20日二判決には、最三小判平成18年2月7日のように「特段の事情のない限り」の説示がない点、ⅲ最一小判平成18年7月20日二判決は、「売戻」などの「再売買」の形式をとるが、最三小判平成18年2月7日は、「民法579条所定の買戻」(解除)の法形式を取っている点、ⅳ最三小判平成18年2月7日には、民法579条との関係で、「譲渡担保の清算金」の説示があるが、最一小判平成18年7月20日二判決にはその説示がない点、ⅴ最三小判平成18年2月7日には、別件高利貸付金(月利三分)回収目的の説示があるが、最一小判平成18年7月20日二判決には、高利貸付金回収などの事情はない点[13]、ⅵ最一小判平成18年7月20日二判決には、上記(2)甲事件③④及び同乙事件の④記載の事項(「売戻」「第三者への処分権」)の定めがあるが、最三小判平成18年2月7日にはない、との点である。

上記のうち、最一小判平成18年7月20日二判決に、「特段の事情のない限り」の説示がない点(上記ⅱ)は、最三小判平成18年2月7日に比して、妥当性を欠くものと思われる。「買主に直接占有がなく、売買代金を既存債権で相殺した場合」の「動産売戻特約付売買契約」を例外なく「債権担保目的で

---

[12] 最一小判平成18年7月20日二判決の事案では、民法183条の「占有改定」はあるようである。

[13] 金利に関しては、乙事件最一小判平成18年7月20日に、「売戻しと称する再売買においては、原価に年4.75％の金利を乗じた金額を加算するなどして売買代金が定められる」との説示がある。

ある」と言い切ってしまうのは、問題があると思われるからである[14]。
　まして、最一小判平成18年7月20日二判決には、最三小判平成18年2月7日のような高利貸付金（月利三分）回収目的はないのである。
　一般に、対等企業間の取引においては、単純な売買であっても「掛売」なのであるから、「信用供与」という何がしかの「金融的機能」があり、又、買受動産にしても売主にそのまま「仕入寄託」することが、特殊な契約形態ではないことは、既に指摘されているところである[15]。
　「動産の売戻特約付売買契約」が、「金融的側面」を持っているからといって、対等企業間でとられた法形式を否定して、一律に、「譲渡担保契約」と「認定」することは、極めて慎重であるべきであろう。
　また、最三小判平成18年2月7日の事例のように、民法579条との関係から、譲渡担保の清算金債権の発生を防止の目的[16]や高利貸付金の回収の目的があるものと、最一小判平成18年7月20日二判決の事例は明らかに異なるのである。
　そして、最一小判平成18年7月20日二判決の両事案における「原魚売戻特約付売買契約」の法形式（契約形態）の選択が、売主（Y――債務者）側の提案によってなされたことを推認させる事情が、両事案の各一審の「契約形態」の中に存するのである[17]。

---

14)　角・前掲（注10）37頁参照。
15)　池辺・前掲（注2）6頁参照。
16)　最三小判平成18年2月7日民集60巻2号480頁は「目的不動産の価額（目的不動産を適正に評価した金額）が買主が支払った代金及び契約の費用を上回る場合も、買主は、譲渡担保契約であれば認められる清算金の支払義務（最高裁昭和42年（オ）第1279号同46年3月25日第一小法廷判決・民集25巻2号208頁参照）を負わない（民法579条前段、580条、583条1項）」と述べる。
17)　甲事件第一審宮崎地裁日南支判平成16年1月30日金判1248号38頁記載のXY間の「原魚売買並びに飼育預託等に関する契約書」と乙事件第一審宮崎地裁日南支判平成16年6月11日金判1213号54頁記載のZY間の「原魚売買並びに飼育預託等に関する契約書」は、「表題」が同一であり、その「章立」「条文配置」が特殊でありながら共通性があり、売主（Y－債務者）側から契約書案が提示されたものと考えるのが自然であろう。

そうすると、少なくとも、最一小判平成18年7月20日二判決の両事案の各「動産の売戻特約付売買契約」締結当時においては、売主及び買主は、自由な立場で、「動産の売戻特約付売買契約」の法形式を選択したことになるはずであり、契約締結当時において、「譲渡担保契約締結の意思」はなかったといって良いのである。

最一小判平成18年7月20日二判決の両事案においては、最三小判平成18年2月7日の事例のように、「清算金債権」を免れる目的や「高利貸金」回収の目的はないのであるから、その面における「債務者救済の目的」も必要がなかったというべきであろう。

つまり、最一小判平成18年7月20日二判決の両事案における「動産の売戻特約付売買契約」との両当事者が選択した法形式を否定したうえでの「特定動産譲渡担保契約」との認定は、X及びZ（買主）の所有権（取戻権）に基づく引渡請求（民事再生法52条1項）を否定する結論を導くためだけに存在することになるのである[18]。

また、最一小判平成18年7月20日二判決のとった、両当事者が選択した法形式を否定したうえでの「特定動産譲渡担保契約」への「認定換え」は、「債務者を保護」したようにも見えるが、今後企業間の取引に少なからぬ影響を与え、債務者のとりうる選択肢を狭める結果をもたらすことになるであろう。

すなわち、本件二事案において両当事者がとった「売戻特約付売買契約」は、前述の通り、売主（債務者）側が主導してとられた法形式であると推認されるところ[19]、最一小判平成18年7月20日二判決のとる「特定動産譲渡担保契約」への「認定換え」によって、今後債権者側が、従前とってきた「仕入

---

[18] 「売戻特約付売買契約」を「動産譲渡担保契約」と変換して、認定することにより、当該譲渡担保契約の締結を「通常の営業の範囲外の取引」とみなすことができ、又後述の通り「後順位譲渡担保権者の私的実行を認めない」との結論をとるからである。

[19] 前掲（注17）参照。売主（債務者）は、養魚業者であったから、飼育委託契約を締結することにより、その営業を継続して、「委託料」で営業利益をあげ、さらに「買戻成魚」の転売等により、利益をあげることができたのである。

寄託」の手法を縮減し、買受けた商品をすぐさま搬出させる（離脱させる）方向性をとることになるからである[20]。

最一小判平成18年7月20日二判決のとった「特定動産譲渡担保契約」への「認定換え」の手法は、「仕入寄託」形態の「売戻特約付売買契約」の法形式の「債務者による選択」の途を閉ざし、それによって再起可能な債務者を、経営破綻に導く可能性を増大させたことになるのである。

消費者と企業間の契約関係で、当事者のとる「契約形式」を変容させて「認定換え」をする場合などとは異なり、対等企業間のとる「法形式」には、それなりの合理性があり、個別の訴訟の解決の視点のみにとらわれて、同様の「認定換え」を行う場合には、その副作用も考慮にいれるべきであり、対等企業間のとる「法形式」への介入は、「法的安定性」、「予測可能性」の観点からも慎重であるべきであろう。

(4) 最一小判平成18年7月20日二判決の両事案の違いについて

乙事件の買主Zは飼料業者であるから、売買代金債権の反対債権は大半が飼料代債権であるが、甲事件の買主Xは、Yの大株主であり、反対債権も貸金債権であったと思われる（上記(2)各②の詳細）。

上記(2)各③についてみると、甲事件の売戻代金は、「預託用原魚の売買金額に経費を加算したもの」であり、乙事件の売戻代金は「原価（預託用原魚の売買金額に飼料費及び経費を加算したもの）に預託期間中の年4.75％の割合による金利相当分及びZY間で別途協議して定める口銭額を加算した金額」であるとする。

これらの各金額は、最一小判平成18年7月20日二判決によって、「売戻条件付売買契約」を「特定譲渡担保契約」と「認定換え」した後は、「譲渡担保の被担保債権」となるはずであるが、最一小判平成18年7月20日二判決の

---

20) 現に、この傾向を示唆するものが、既に、本件事案の評釈のなかに、見られるのである。例えば、花井・前掲（注2）27頁は「保管場所を変更するなどして『集合物から離脱した』状態を作出する必要性も、実務的な見地から検討すべきであろう」と述べる。

判示は、甲事件については、被担保債権を「上記債権を担保する目的」と判示して、「預託用原魚の売買金額に経費を加算したもの」と対応した説示をするが、乙事件については、被担保債権について「既存債権及び原魚の預託期間中に発生する飼料代金の請求債権の担保とする目的」と判示するのみで、「ZY 間で別途協議して定める口銭額」等については、全く説示がないのである。譲渡担保権実行時点において、債務者との任意に「協議して」確定する必要がある「被担保債権」とは、その存在自体が、背理だからであろうか、それとも、確定できない「口銭」部分は除いて、その余の債権部分によって、譲渡担保権を行使すべきであるとするのであろうか、誠に奇妙な「譲渡担保権」である[21]。

2　動産譲渡担保・集合動産譲渡担保の最高裁判例法理と最一小判平成 18 年 7 月 20 日二判決

従前の最高裁判例における「動産譲渡担保」の事案は、「特定動産譲渡担保」にしろ、「集合動産譲渡担保」にしろ、その訴訟類型として、①「譲渡担保権者と設定者」間の類型[22]あるいは、②「譲渡担保権者と第三者」間の類型[23]であった。

---

21)　乙事件の場合、最一小判平成 18 年 7 月 20 日は、認定換えした「特定譲渡担保」の被担保債権を「既存債権及び原魚の預託期間中に発生する飼料代金債権」であるとする。このうち、Z の「既存債権」(「売戻特約付売買契約」の売買代金の「相殺」の用に供したもの) も又「飼料代債権」であり、原魚の「飼料代金債権」は、民事再生法上は、乙事件第 1 審判決 (前掲宮崎地裁日南支判平成 16 年 6 月 11 日) も述べるとおり、民事再生手続開始前のものは、一般優先債権 (民再 122 条、民法 306 条 1 号、307 条) であり、同開始後のものは、共益債権 (民再 119 条 2 号、6 号) であり、いずれも、優先的に「随時弁済される」債権であって (民再 121 条 1 項、2 項、122 条 2 項) 民事再生手続開始前後を問わず、その権利実行が可能なものである。XZ 間の「売戻特約付売買契約」の売買代金をかような反対債権で、相殺ないし充当した場合に、当該「相殺行為」等の効力を否定して、「特定譲渡担保」の被担保債権としたとしても、当該債権自身が、いずれの時点においても「優先弁済」を受けうるものであり、「即時執行可能」なものなのであるから、乙事件の契約を「譲渡担保契約」と上記最判が認定した判示内容の妥当性は、誠に疑問である。

③「集合動産譲渡担保権設定者と目的動産買受人」間の訴訟類型は、最高裁判例の事案としてはなかったところ、最一小判平成18年7月20日二判決の各原審までのレベルは、本件各契約のすべてを「売買契約を含むもの」と理解していたから、「本件各契約に基づく各動産引渡請求」は全て上記③の訴訟類型であったが、最一小判平成18年7月20日二判決は、「甲事件契約1」と「乙事件契約」(売戻特約付売買契約)を「特定動産譲渡担保契約」と認定したため、上記2契約(「甲事件契約1」と「乙事件契約」)に基づく請求との関係では、①の訴訟類型になり、「甲事件契約2」に基づく請求のみが、③の訴訟類型になることになったのである。

さらに、動産(養殖魚)売主(Y)に民事再生手続が開始され、上記①の訴訟類型において「特定譲渡担保権」は「別除権に準じて」取り扱われることになるが[24]、ⅰ)重複譲渡担保権の設定は認められるのか、ⅱ)「別除権」に基づく動産引渡請求は認められるのか(「譲渡担保権の私的実行」は、後順位譲渡担保権者によって、なし得るのか)、ⅲ)後行譲渡担保権者の善意取得(民192条)による完全な譲渡担保権の取得が認められるのか等の論点が問題となり、甲事件契約2に基づく請求において、上記③の訴訟類型に関し、ⅳ)流動集

---

22) 最判昭54・2・15民集33巻1号51頁(物件引渡請求事件)(譲渡担保権者の上告棄却〔請求棄却〕。ただし被告は設定者の寄託を受けた倉庫業者である)、最判昭和41年4月28日民集20巻4号900頁(動産引渡請求事件)(特定譲渡担保設定者に会社更生手続が開始した事例)(上告棄却〔請求棄却〕)。

23) 最判昭57・10・14判時1060号78頁(第三者異議事件)(上告棄却〔請求棄却〕)、最判昭和56年12月17日民集35巻9号1328頁(第三者異議事件)(特定譲渡担保の事例)(上告棄却〔請求認容〕)、最判昭和62年11月10日民集41巻8号1559頁(第三者異議事件)(集合動産譲渡担保と動産売買先取特権の競合)(上告棄却〔請求認容〕)。

24) 民事再生法53条1項、2項。前掲(注7)(注22)最判昭和41年4月28日は会社更生手続において、特定動産譲渡担保権者の当該動産引渡請求(取戻権の行使)において「譲渡担保権者は、更生担保権者に準じてその権利の届出をなし、更生手続によってのみ権利行使をなすべきものであり、目的物に対する所有権を主張して、その引渡を求めることはできない」とした。なお、園生隆司=小林秀之編『条解民事再生法〔第3版〕』268頁〔原強〕(弘文堂、2013)参照。

合動産譲渡担保の目的動産の買受人が、当該動産を承継取得しうるのか（通常の営業の範囲での目的動産の売却〔適正処分〕により、買受人は確定的に所有権を取得しうるのか—取戻権の行使〔民事再生法52条1項〕をなしうるのか）[25]、ⅴ）通常の営業の範囲外での目的動産の売却（不適正処分）と集合動産譲渡担保の対象動産から「離脱」の関係はどうなるのか、などの論点が問題となるのである。

　以下、順次上記論点を検討することとする。

3　重複譲渡担保権設定契約と後順位譲渡担保権者による「私的実行」の可否

　流動集合動産譲渡担保権に関し、「集合物」概念について「集合物論」や「分析論」などの複数の立論が存在するが、最高裁判例及び通説が、集合物を全体として一つの物とみて、その上に譲渡担保権が設定されているとする集合物論的構成（集合物論）をとっていることは、周知の事柄である[26]。

　また、譲渡担保権一般の法的構成について、「担保権的構成」と「所有権的構成」の立場の違いがあるとされている。

　「譲渡担保権の重複設定」の事態は、不動産の場合は所有権移転登記が為されるためほとんど起こりえないが、動産においては、「占有改定」が「引渡し」概念に含まれているため（民178条、183条）、現実に存在しうる状況であり、

25）　甲事件第1審（宮崎地裁日南支判平成16年1月30日金判1248号37頁、41頁）、乙事件第1審（宮崎地裁日南支判平成16年1月30日金判1213号54頁、58頁）は、いずれも、集合動産譲渡担保の目的動産について、適正処分であっても当該動産の買受人は、善意取得（民192条）の要件をみたさなければ、所有権の取得はできないと判示しており、最一小判平成18年7月20日二判決の判旨の論理過程とは、明らかに異なる。

26）　最判昭54・2・15民集33巻1号51頁、最判昭和62年11月10日民集41巻8号1559頁、我妻榮『新訂担保物権法』663頁・664頁（岩波書店、1968）、米倉明『譲渡担保の研究』113頁（有斐閣、1976）、高木多喜男『担保物権法〔第4版〕』368頁（有斐閣、2005）、内田貴『民法Ⅲ〔第3版〕』540頁（東京大学出版会、2005）。なお、伊藤進『集合動産譲渡担保理論の再検討』ジュリ699号92頁以下（1979）は、この点に関し「価値枠説」をとる。

「担保権的構成」の立場からは、先順位と後順位の各譲渡担保権の併存認めることとなり[27]、「所有権的構成」の立場からは、即時取得の成否が問題になるにすぎない[28]。

甲事件最一小判平成18年7月20日判決はこの点につき「本件物件1については、本件契約1に先立って、A、B及びCのために本件各譲渡担保が設定され、占有改定の方法による引渡しをもってその対抗要件が具備されているのであるから、これに劣後する譲渡担保が、被上告人（X）のために重複して設定されたということになる。このように重複して譲渡担保を設定すること自体は許されるとしても、劣後する譲渡担保に独自の私的実行の権限を認めた場合、配当の手続が整備されている民事執行法上の執行手続が行われる場合と異なり、先行する譲渡担保権者には優先権を行使する機会が与えられず、その譲渡担保は有名無実のものとなりかねない。このような結果を招来する後順位譲渡担保権者による私的実行を認めることはできないというべきである」と述べ、乙事件についても同様の判示をしている。

最一小判平成18年7月20日二判決は、「重複して譲渡担保を設定すること自体は許される」としているから、「担保的構成」を宣明したことになる[29]。

しかしながら、最一小判平成18年7月20日二判決は、同時に、「配当の手続」が、整備されていないから、「後順位譲渡担保権者による私的実行を認めることはできない」などと述べる。

一体、実行することのできない「後順位譲渡担保権」を認めることにどれだけの意味があるのであろうか？

---

27) 米倉・前掲（注26）77頁、鈴木禄弥「譲渡担保」谷口知平＝加藤一郎編『新版・民法演習2（物権）』219頁・225頁（有斐閣、1979）。なお、高木・前掲（注26）354頁、内田・前掲（注26）532頁参照。また、「価値枠説」、「債権的効果説」を説明し、自身の見解がそれらに近いとするものとして、道垣内弘人『担保物権法〔第3版〕』328頁（有斐閣、2008）参照。

28) 我妻・前掲（注26）650頁。

29) 従前から、最高裁の判例は、譲渡担保権者と設定者間の訴訟類型については、「担保的構成」をとっていた。前掲（注7）（注22）（注24）最判昭和41年4月28日参照。

動産譲渡担保の物上代位に関して、最二小決平成 11 年 5 月 17 日（民集 53 巻 5 号 863 頁）は、当該動産の売買代金債権について、設定者の破産手続開始後に、民事執行法 193 条 1 項に基づく差押え（物上代位権の行使）を認めている。

そこで、先行する譲渡担保権者には優先権を行使する機会が与えられる「配当手続」の整備がないから、後順位動産譲渡担保権者の物上代位権の行使は認められないのであろうか？

しかしながら、既に前掲最二小決平成 11 年 5 月 17 日は、非典型担保である「動産譲渡担保権」について、物上代位権の行使を認め、典型担保と同様に、民事執行法 193 条 1 項の適用を認めているのである[30]。

後順位動産譲渡担保権者の物上代位権の行使をした後、先順位譲渡担保権者が、同様に民事執行法 193 条 1 項によって差し押さえすれば、当然に配当手続に入る[31]はずであり、「先行する譲渡担保権者」は、優先的に配当を受けうるであろう[32]。

最一小判平成 18 年 7 月 20 日二判決の事例において、後順位譲渡担保権者の存在を認めるのであれば、当然にその実行方法も示すべきであり、少なくとも、民事執行法 190 条による差押えと民事執行法 133 条（配当要求）の類推適用を認めるべきものと思われる。

さらに、後順位動産譲渡担保権者に「私的実行」（動産引渡請求権）を認めても、先順位動産譲渡担保権者に「第三者異議訴訟」（民執 38 条）による執行排

---

30) 集合動産譲渡担保権に基づく物上代位権の行使としての差押えを認めた事例として、最一小決平成 22 年 12 月 2 日民集 64 巻 8 号 1990 頁参照。

31) 物上代位権に基づく差押えが競合した場合、第三債務者に供託義務が生じ（民執 193 条 2 項、156 条 2 項）、第三債務者は供託後、執行裁判所に「事情届」を提出しなければならない（民執 193 条 2 項、156 条 3 項）。執行裁判所は、その後、配当手続を実施することになる（民執 193 条 2 項、166 条 1 項 1 号）。

32) さらに、先順位譲渡担保権者には、民事執行法 154 条の適用ないし類推適用を認めてよいであろう。なお、動産譲渡担保権者に対する民事執行法 133 条の類推適用の可能性について、河邉義典『最高裁判所判例解説民事篇平成 11 年度(上)』450 頁（2002）等参照。

除を認めればよいのであり[33]、設定者（債務者）による「先順位譲渡担保権者の存在」の抗弁の主張を認める結果（動産引渡請求が棄却となる）を招く最一小判平成18年7月20日二判決の判示内容より、はるかに合理的といえるであろう。

　何故なら、甲事件契約1の事例の如く、四重の動産譲渡担保権を設定した設定者（債務者）自身に、第一順位以外の3名の複数譲渡担保権者の動産引渡請求に対し、「先順位譲渡担保権者の存在」の抗弁適格を認め、そのいずれの請求をも棄却すると、当該複数後順位動産譲渡担保権者からすれば、そもそも事情によっては「背任」に近い行為を行った設定者（債務者）自身による「事実上の配当手続」に期待する他ないことになってしまうからである[34]。

　むしろ、後順位動産譲渡担保権者の設定者に対する引渡請求をいずれも認め、不服のある利害関係人の先順位譲渡担保権者による第三者異議訴訟を認める方が、論理的にも簡明で妥当であろうし[35]、設定者自身の不正も防止しうるであろう。

---

33)　動産譲渡担保権の目的動産に対する一般債権者等による差押えについては、既に複数の最高裁判例で、第三者異議訴訟による執行排除を認めている（前掲最判昭和56年12月17日、前掲最判昭和62年11月10日参照）。なお、特定物引渡請求権の強制執行につき執行開始前に民事執行法38条の第三者異議訴訟が提起できることに関し、中野貞一郎『民事執行法〔増補新訂6版〕』320頁（青林書院、2010）参照。

34)　また、甲事件契約1の事例は、Xの「売戻特約付売買契約」（甲事件最判により、「譲渡担保権」とされたもの）を含めると、四重に譲渡担保権の為された事例であり、このような事例で、設定者の「先順位譲渡担保権の存在」の抗弁を認めると、第1順位の譲渡担保権者とのみ協定（担保権不実行の特約、または担保権の放棄）をなしながら、その事実を秘し、後順位譲渡担保権者の引渡請求を全て棄却して、設定者が利得をうるという事態も想定されるのである。

35)　先順位譲渡担保権者も、設定者との間で「担保権不実行合意」、「担保権放棄」または、「同種の内容の別除権協定」などを既になしていれば、「第三者異議訴訟」の提起は躊躇するであろうから、先順位担保権者及び債務者の不正を防止する意味でも、動産引渡執行段階の「第三者異議訴訟」で処理する方が妥当であろう。

4 後行譲渡担保権者の善意取得（民法 192 条）による完全な譲渡担保権の取得

前述の通り、最一小判平成 18 年 7 月 20 日二判決は、「重複して譲渡担保を設定すること自体は許される」としており、「担保的構成」を宣明したが、その後、甲事件上記最判は、次の通り述べる。

「被上告人（X）は、本件契約 1 により本件物件 1 につき占有改定による引渡しを受けた旨の主張をするにすぎないところ、占有改定による引渡しを受けたにとどまる者に即時取得を認めることはできないから、被上告人（X）が即時取得により完全な譲渡担保を取得したということもできない」

乙事件上記最判も YZ 間の契約について全く同じ判示内容を示すところ、上記判示内容は、2 つ結論を示している。

すなわち、まず「占有改定による引渡しを受けたにとどまる者に即時取得を認めることはできない」との判示部分は従前の最高裁判例法理であり[36]、「被上告人（X）が即時取得により完全な譲渡担保を取得したということもできない」との判示部分は、後順位譲渡担保権者が、民法 192 条の要件を満たせば、「完全な譲渡担保」すなわち「第一順位の動産譲渡担保権」を取得するとの結論を示している。

後順位譲渡担保権者が、契約締結時は勿論のこと、当該動産の「現実の引渡し」の時に「先順位担保権の存在」につき「善意無過失」であれば、「第一順位動産譲渡担保権」を取得し、「善意無過失」または「現実の引渡」のいずれかの要件を欠けば、「後順位動産譲渡担保権」を取得することになるのである[37]。

しかし、そもそも、後順位譲渡担保権者が、「現実の引渡し」を受けていれば、本件訴訟は提起されなかったはずであるから、前記の説示は、本件解決には意味のないものであるが、後順位譲渡担保権者による「完全な譲渡担保

---

[36] 最二小判昭和 32 年 12 月 27 日（民集 11 巻 14 号 2485 頁）、最一小判昭和 35 年 2 月 11 日（民集 14 巻 2 号 168 頁）。

権」の善意取得の可能性を認めたところに一般論としての意味があるのかもしれない[38]。

5 「流動集合動産譲渡担保契約」目的動産に対する適正処分と不適正処分

(1) 流動集合動産譲渡担保の目的動産の買受人が、当該動産を承継取得しうるのか（通常の営業の範囲での目的動産の売却〔適正処分〕により、買受人は確定的に所有権を取得しうるのか —— 取戻権の行使〔民事再生法52条1項〕をなしうるのか）

甲事件最一小判平成18年7月20日は、Xの本件契約2に基づく本件物件2動産引渡請求について、「譲渡担保設定者には、その通常の営業の範囲内で、譲渡担保の目的を構成する動産を処分する権限が付与されており、この権限内でされた処分の相手方は、当該動産について、譲渡担保の拘束を受けることなく確定的に所有権を取得することができる」と述べる。

譲渡担保設定者が通常の営業の範囲内で、目的動産を売買した場合、処分の相手方は、「確定的に所有権を取得することができる」というのであるから、少なくともこの場合には、譲渡担保設定者に対し、当該動産の所有権の承継取得をすることができ、取戻権（民再52条1項）を行使して、当該動産の引渡

---

37) 広中俊雄『物権法〔第2版増補版〕』192頁（青林書院、1987）は、後順位譲渡担保契約を締結した者が、占有改定による占有取得の後、善意・無過失でなくなっていても、後順位譲渡担保権を認めてもよく、当該後順位譲渡担保権者が、現実の引渡を受けた時点でなお善意無過失であれば、第一順位の譲渡担保権者を第二順位のそれとして保護する余地があるとする。

38) 一般に二重譲渡担保権設定の問題は、「担保的構成」の場合、特定譲渡担保権が二重に設定された場合の優先劣後の問題で議論されるが、本件は、「先順位流動集合動産譲渡担保権」の対象動産に「特定譲渡担保権」の設定が為された場合であり、この場合には、「集合物からの離脱」の問題がさらに問題になりうる。そのほか、多重集合動産譲渡担保権設定の場合と先順位特定譲渡担保権の目的動産に集合動産譲渡担保権が設定された場合が考えられるところ、上記最判によれば、ともに後順位担保権としては許されるであろうが、「即時取得」の問題の起こる可能性は少ないであろう。

請求ができるということであろう[39]。

　買受人は、譲渡担保設定者が通常の営業の範囲内での目的動産の処分であれば、「確定的に」当該動産の「所有権を取得することができる」というのであるから、買受人は、集合動産譲渡担保権に対する関係でも、「現実の引渡し」や「集合物からの離脱」がなくても、その所有権を主張しうるということであろう。そうであるとすれば、甲事件最一小判平成18年7月20日のこの件に関する説示は、集合動産譲渡担保権者との関係では、傍論ではあるが、集合動産譲渡担保権の対象動産の買受人の地位を、そのかぎりでは、乙事件控訴審判決よりも高めたことになるであろう。乙事件控訴審判決（福岡高裁宮崎支判平成16年10月29日金判1213号54頁）は、「1審原告（Z）は、本件各譲渡担保権の負担が付着した本件物件の所有権を承継取得したということになる」と述べていたからである。

　集合動産譲渡担保権の対象動産の買受人の地位については、最一小判平成18年7月20日二判決において、一審、原審、最高裁において、全て異なる説示をなし、その地位自身もそれぞれ異なることになったようである。今後は、集合動産譲渡担保権者と当該動産の適正処分による買受人間の訴訟事案に対して、どのような論理と結論がとられることになるのか[40]、興味深いところである。

---

39) 民事再生手続（再生債務者の第三者性）との関係で、当該動産の買受人には、少なくとも買受動産の「占有改定」（民178条、183条）が、必要となるであろう。破産管財人の第三者性につき、最三小判昭和58年3月22日（判時1134号75頁）参照。「再生債務者の第三者性」については、園尾隆司＝山本和彦＝中島肇＝池田靖編『最新実務解説一問一答　民事再生法』412頁［山本和彦］（青林書院、2012）参照。

40) 流動集合動産譲渡担保対象動産の適正処分による買受人は、当該動産の所有権を集合動産譲渡担保権者に主張するには、民法178条との関係で、少なくとも「占有改定」による引渡がなされていることが必要であろうが、「集合物からの離脱」なしに「占有改定」だけで足りるのかという問題である。最一小判平成18年7月20日二判決の説示からみると、肯定されることになりそうである。

(2) 通常の営業の範囲外での目的動産の売却（不適正処分）と集合動産譲渡担保の対象動産から「離脱」の関係はどうなるのか

集合動産譲渡担保設定者が通常の営業の範囲を超えて「対抗要件を備えた集合動産譲渡担保の目的動産」の処分した場合には、譲渡担保設定者の約定違反とのなるのであるが、甲事件最一小判平成18年7月20日はこの場合について、「対抗要件を備えた集合動産譲渡担保の設定者がその目的物である動産につき通常の営業の範囲を超える売却処分をした場合、当該処分は上記権限に基づかないものである以上、譲渡担保契約に定められた保管場所から搬出されるなどして当該譲渡担保の目的である集合物から離脱したと認められる場合でない限り、当該処分の相手方は目的物の所有権を承継取得することはできない」と述べて、相手方は不適正処分（譲渡担保設定者の通常の営業の範囲を超えた処分）であっても、「離脱」すれば、当該動産の所有権を承継取得しうるかのごとき説示をしている。

本件物件2は、譲渡担保設定者の直接の占有下にあるのであり、「集合物から離脱」[41]はしていないのであるから、その意味で、上記最判のこの部分の説示も「傍論」ではあるが、きわめて興味深い。

すなわち、「集合物から離脱」前の特定譲渡担保権設定契約によって、特定譲渡担保権者は、「当該動産の所有権を承継取得」しえないが、「集合物から離脱」後は、突如として、「当該動産の所有権を承継取得」しうることになるというのである[42]。

これは、かなりおかしな論理といって良い。

仮に、「集合物から離脱」時に、特定動産譲渡担保権者が、「当該動産の所有権を承継取得」しうるのであれば、意思表示（特定動産譲渡担保契約）時において、不確定ながらも、「当該動産の所有権」を何らか「承継取得」していたと、言わざるを得ないのではないかと思われる。

---

41) 「集合物から離脱」の概念は当事者間の「契約」で定まるが、動産の「現実の引渡し」を含み、それよりも広義の概念である点について、我妻・前掲（注26）665頁参照。
42) 宮坂・前掲（注2）856頁、860頁（注32）の「表」参照。

すなわち、本件特定譲渡担保契約時に、譲渡担保権者は、「担保権によって縮減された所有権」を当該意思表示の時点で承継取得し、「集合物から離脱」時に、完全な所有権者となると解するべきであろうか[43]。しかしながら、最一小判平成18年7月20日二判決は、特定譲渡担保権者の当該動産の引渡請求を「配当手続のない私的実行」として、許さないのであるから、このような事態は、「自力救済」的な事例でしか起こりえないことになる。
　「自力救済」防止の観点からも、本件最判の結論は妥当ではないというべきであろう。
　前述のとおり、本件事案において、特定譲渡担保権者の当該動産の引渡請求（私的実行）を認めても、何らの弊害もないからである[44]。
　そのほかの点で問題となるのは、①不適正処分の場合に、相手方の「離脱による動産所有権の承継取得」と「善意取得」との関係、②不適正処分の場合に、相手方の「離脱による動産所有権の承継取得」と不法行為の成否の問題（譲渡担保権者と相手方との間の「所有権の帰属」以外の法律関係）、③後順位特定譲渡担保の設定は、「不適正処分」の一種であろうが、後順位特定譲渡担保者が「善意取得」の要件をみたさず（先順位集合動産譲渡担保権の存在につき悪意又は有過失）、目的動産を離脱させた場合の法律関係、である。
　結論としては、①について、当該処分の相手方は、「離脱による動産所有権の承継取得」と「善意取得」による原始取得のいずれも主張しうるとすべきであろう。②については、不適正処分の場合に、相手方の「離脱による動産所有権の承継取得」をなしうるが、集合動産譲渡担保権者に損害が生ずれば、相手方は不法行為にもとづく損害賠償義務を負うことになる[45]と思われる。

---

43)　この場合でも、被担保債権との関係で、清算金が生ずる可能性のある場合は、清算金債務が生ずる場合があるであろう。
44)　前掲（注33）参照。なお、前掲（注31）、（注32）も参照。
45)　集合動産譲渡担保の対象動産全部の売却行為について、買受人の不法行為責任を認めたものとして、東京地判平成6年3月28日判時1503号95頁参照。同評釈として、角紀代恵「判批」私法判例リマークス11号56頁（1995）参照。

③については、集合譲渡担保設定者との関係では、譲渡担保権者の立場のままであり、当該特定譲渡担保設定契約の内容として処理される（又は本件最判の傍論によれば、確定的に譲渡担保権者が所有権を取得する）が、集合譲渡担保権者は当該動産について担保権を失うことになるから、特定譲渡担保権者との関係は、②と同様の結論になると思われる。

IV 結 論

最一小判平成18年7月20日二判決は、「売戻特約売買」（売買目的物の直接の占有を移転せず、売買代金を相殺する類型）を、一律「特定譲渡担保」と「認定」したその論理過程や「法的安定性」、「予測可能性」の観点から問題があり、その結論も妥当とはいえない。また、「売戻特約付売買」を「後順位特定動産譲渡担保」と「認定」しながら、配当手続が整備されていないとの理由で、譲渡担保設定者の「先順位譲渡担保権者存在」の事実に抗弁適格を認めて、「私的実行」を認めず、後順位譲渡担保権者の動産引渡請求を棄却した論理過程に問題があり、その結論も妥当とは思われない。しかしながら、一方、流動動産譲渡担保の目的動産について、「通常の営業の範囲内の処分行為」であれば、買受人は当該動産の所有権を確定的に承継取得するとの判示内容は、最高裁として、初めての判断[46]であり、その傍論部分を含めて、きわめて重要

---

46) 最一小判平成18年7月20日（平成17年（受）第948号事件）民集60巻6号2499頁の差戻控訴審である福岡高判平成22年4月15日（平成18年（ネ）第645号事件）（未公表）においては、「本件契約2による本件物件2」について、「差戻し前の控訴審の口頭弁論終結後、被控訴人（Y）が本件物件を第三者に売却したことから、当審において、控訴人（X）は被控訴人（Y）に対し、上記売却処分は債務不履行若しくは不法行為を構成し、又は上記売却処分により被控訴人（Y）に不当利得が発生したと主張して」損害又は損失1億8048万円余及び遅延損害金を請求する旨の新訴を提起して訴えを交換的に変更したところ、被控訴人（Y）は、「本件契約2による本件物件2」について、「通常の営業の範囲」の「売買」ではないとして、「資金取引」、「債権回収の目的」、「目的物の補充でき

な論点を提示しているというべきであろう。

なかったこと」、「その他の事情」等を主張したが、いずれも排斥され、同福岡高判平成22年4月15日は「被控訴人（Y）が指摘する各事情をもってしても、本件契約が被控訴人（Y）の通常の営業の範囲内の行為ではなかったと認めることはできず、ほかにそのように認めるに足りる証拠はない」と判示して、被控訴人（Y）が控訴人（X）にたいして不当利得金5727万円余及び遅延損害金の支払うことを命じた。同差戻控訴審は被控訴人（Y）から再度上告・上告受理申立がなされ、最決平成22年12月24日は「上告棄却、上告審として受理しない」旨の決定をなし（平成22年（オ）第1267号事件、平成22年（受）第1531号事件）（未公表）、同事件は控訴人（X）（被上告人・一審原告）勝訴で確定した。

一方、最一小判平成18年7月20日（平成17年（受）第283号事件）の差戻控訴審（平成18年（ネ）第644号事件）においては、平成19年3月2日、控訴人（Z）（一審原告）の一般優先債権及び共益債権について勝訴的和解がなされた。

フランスにおける本質的債務論の展開と整合性の原理

石川　博康

I　はじめに
II　責任制限条項規制に関する判例法理の展開
III　クロノポスト判決以降における判例の状況
　　　──クロノポスト・サーガ
IV　本質的債務論の決着点としての破毀院商事部 2010 年 6 月 29 日判決（フォルシア 2）
V　本質的債務論と整合性の原理

I　はじめに

　フランスにおける「本質的債務（obligation fondamentale; obligation essentielle）」論とは、責任制限条項に関する民法上の規制方法として判例によって展開された法理であり、本質的債務の違反に際してその責任制限を否定するという機能を担うものである[1]。もっとも、その法理の具体的な内容や論理構成に関しては、判例の展開に伴って幾度かの変遷が見られ、また、むしろそのような変遷の過程にこそ、判例法理としての本質的債務論の特質が顕現しているとも評し得る。とりわけ、コーズの概念に依拠した責任制限条項規

---

1)　フランスにおける本質的債務論については、小粥太郎「フランス法における『契約の本質的債務』について(1)」早法 76 巻 1 号 1 頁 (2000)、窪幸治「条項規制法理の一検討──フランスの『本質的債務』理論を参考にして」比較法 39 号 297 頁 (2002)、石川博康『「契約の本性」の法理論』33 頁以下・410 頁以下（有斐閣、2010）〔初出・法協 122 巻 2 号～124 巻 11 号（2005～2007）〕などを参照のこと。

制法理としての本質的債務論という新たな判例法理へと道を開いたいわゆるクロノポスト判決（破毀院商事部 1996 年 10 月 22 日判決）の出現、さらにその後の破毀院混合部 2005 年 4 月 22 日判決を一つの転回点として破毀院商事部 2010 年 6 月 29 日判決（フォルシア 2）へと至る理論的変遷からは、本質的債務論の理論的基盤やその契約法体系上の位置付けをめぐるいくつかの重要な視点が導かれ得る。本稿では、以上の本質的債務論に関する判例法理の展開を辿りつつ、特に本質的債務論と整合性の原理の関係について、その理論的検討を試みる。

II 責任制限条項規制に関する判例法理の展開

フランスにおける責任制限条項規制に関する判例法理は、それ自体複線的な展開過程を内包するものであるが、重大なフォート（faute lourde）[2]との関係における責任制限条項の効力という問題がその軸となっていたことについては、疑念の余地はない。すなわち、以上の視点に基づいて継時的にその展開を辿るならば、以下のように整理される[3]。

まず、重大なフォートを、詐欺的なフォート、すなわち故意（faute intentionnelle ; faute dolosive）[4]と同視することによってその点に関する責任制限条項

---

[2] フランス法におけるフォートとは、日本の民事責任法における「過失」に類似する概念であるが、法令違反等の事実などによって基礎付けられる「違法性（illicéité）」を含むとともに、外来原因の不存在や事理弁識能力の具備等に基づく「有責性（imputabilité）」をも含む概念である点で、日本における「過失」との間には内容上の相違が認められる（この点に関し、山口俊夫『概説フランス法・下』164 頁以下（東京大学出版会、2004）、廣峰正子「フランス民事責任におけるフォート概念の存在意義」同『民事責任における抑止と制裁——フランス民事責任の一断面』83 頁以下（日本評論社、2010）〔初出・立命 323 号（2009）〕などを参照のこと）。

[3] 本質的債務論に関する判例法理についての以下の整理につき、石川・前掲（注 1）410 頁以下を参照のこと。

[4] 詐欺的なフォートは、判例上、故意による契約違反を意味し、害する意図（intention de nuire）までは必要とされないものとして理解されている（Cass. civ. 1re, 4 févr. 1969, Bull. civ. I, n° 60, D. 1969, p.601, n. J. Mazeaud）。

の効力を否定する判例[5]が現れた（第1段階）。故意による不履行に関しては、損害賠償の範囲に関する民法上の限界付けが及ばないとともに（フランス民法1150条）、合意に基づく責任制限もなされ得ないとされていたところ、その故意と同視される重大なフォートに関しても同様に扱われることとなった。

次に、1960年代以降、重大なフォートの内容が、違反された義務自体あるいは義務違反の結果の重大性として判例上理解されるようになった（第2段階）。すなわち、重大なフォートの概念についてのそれまでの判例上の理解は、債務者の行態（例えば、債務者の義務懈怠の態様の重大性）という主観的な観点から特徴付けられていたが、違反された義務自体あるいは義務違反の結果の重大性によって重大なフォートの存在が基礎付けられるようになり、これによって判例における「重大なフォートの客観化」が生じたとされている。このように、本質的債務に対する違反と重大なフォートが同視されることによって、判例において責任制限条項の効力の否定という効力が本質的債務と結び付けられるようになった[6]。この点に関し、不履行の重大性に基づいてではなく不履行となった債務の重要性に基づいて重大なフォートを特徴付けることによって、判例は重大なフォートの概念を拡張した、と述べられている[7]。もっとも、客観的な基準によって重大なフォートが把握されるようになった後も、従来の主観的な基準に合致する場合について重大なフォートの存在が認められなくなったわけではなく、両者の基準は重大なフォートの存在を基礎付けるものとして併存している状態にあった[8]。このように、重大な

---

5) Cass. civ., 29 juin 1932, DP 1933. I. 49, n. L. Josserand ; Cass. req., 24 oct. 1932, S. 33. I. 289, n. P. Esmein ; Cass. civ., 29 juin 1948, JCP G. 1949. II. 4660, n. R. Rodiere.

6) Cass. civ. 1re, 11 oct. 1966, JCP G. 1967. II. 15193, n. G. de la Pradelle ; Cass. civ. 3e, 24 janv. 1973, JCP G. 1973. II. 17380, n. M. Fabre-Magnan ; Cass. civ. 1re, 18 janv. 1984, JCP G. 1985. II. 20372, n. J. Mouly ; Cass. com., 9 mai 1990, RTD civ. 1990, p.666, n. P. Jourdain.

7) François Terré/Philippe Simler/Yves Lequette, *Droit Civil : Les Obligations*, 11e éd., 2013, n° 615, p.666.

8) この点につき、Bertrand Fages, *Droit des obligations*, 4e éd. 2013, n° 332, p.256を参照のこと。

フォートの概念は、本質的債務の違反とそれが同視され得ることとなった結果、以上の客観的基準と主観的基準のいずれによってもその存在が基礎付けられ得るものとして、責任制限条項の規制との関係におけるその活用領域をさらに拡大するに至った。

以上のように、この段階までの責任制限条項規制に関する判例法理は、重大なフォートの概念を軸としたものであった。これに対し、破毀院商事部1996年10月22日のいわゆるクロノポスト判決[9]では、重大なフォートの概念を経由することなく、本質的債務に対する違反から直接に責任制限条項の効力の否定という効果が導かれており、判例法理の展開において文字通り画期をなす判決となった。クロノポスト判決では、競売への入札参加を企図していた原告会社（バンシュロウ社）が入札関係書類の配達を配達業者である被告会社（クロノポスト社）に依頼したものの、約定の配達期限である発送の翌日正午までに配達がなされなかったため、入札参加ができなかったところ、原告会社による損害賠償請求に対し、被告会社は配達の遅延による損害賠償額を受領した運送料金額に制限する条項の適用を主張した、という事案に関し、破毀院商事部は、「サービスの信頼性と迅速性を保証する速達便の専門業者であるクロノポスト社は、バンシュロウ社に依頼された書類を定められた期限内に配達する義務を負ったのであり、この本質的債務に対する違反を理由として、引き受けられた義務の射程と矛盾する責任制限条項は、書かれざ

---

9) Cass. com., 22 oct. 1996, Bull. civ. IV, n° 261 ; JCP E. 1997. II. 924, n. K. Adom ; Dr. et patr. 1997, n° 1552, n. P. Chauvel ; JCP G. 1997. II. 22881, n. D. Cohen ; D. 1997, Somm. p.175, n. Ph. Delebecque ; Contrats, conc., consom., févr.. 1997, Comm. n° 24, n. L. Leveneur ; JCP G. 1997. I. 4002, n° 1, n. M. Fabre-Magnan ; Defrénois 1997, art. 36516, p.333, n. D. Mazeaud ; Les Petites Affiches, 18 juin 1997, n° 73, p.30, n. D.R. Martin ; Gaz. Pal. 1997. 2. 519, p.12, n. R. Martin ; JCP G. 1997. I. 4025, n° 17, n. G. Viney ; RTD civ. 1997, p.418, n. J. Mestre. クロノポスト判決については、小粥・前掲（注1）22頁、金山直樹『現代における契約と給付』24頁以下（有斐閣、2013）〔初出・判タ1183号（2005）〕、石川・前掲（注1）34頁以下・412頁以下、大澤彩「責任制限条項の効力——クロノポスト判決」松川正毅ほか編『判例にみるフランス民法の軌跡』155頁以下（法律文化社、2012）などを参照のこと。

るものと見なされるべきであったが、控訴院は参照条文(フランス民法1131条〔筆者注〕)に違反した」と判示して、原判決を破毀し原審に差し戻した。このクロノポスト判決に至り、責任制限条項規制に関する判例法理は、本質的債務を重大なフォートに代置することとともに、コーズの理論に基づく責任制限条項規制に関する新たな法理としての本質的債務論を確立することとなった(第3段階)。

III　クロノポスト判決以降における判例の状況
――クロノポスト・サーガ

　クロノポスト判決によって、本質的債務違反を重大なフォートと同視するという論理を経由せずに責任制限条項の適用排除という帰結が判例上導かれ得ることになったが、クロノポスト判決以降においても、本質的債務違反を重大なフォートと同視して責任制限条項の効力を否定する判例は引き続き現れており、クロノポスト判決によってこの点に関する従来の判例法理の意義が失われたわけではない[10]。その意味では、クロノポスト判決の登場によって、本質的債務に関する判例法理は、①本質的債務に対する違反を重大なフォートと同視することにより、本質的債務違反に関する責任を制限または排除する条項の適用を否定するという準則と、②本質的債務に関する責任制限条項につき、コーズの侵害を構成するものとして、それを書かれざるものと見なすという準則からなる複合的な構造を備えることになった、とも表現し得る。

　この点に関し、司法省からの委託を受け、債務法の抜本改正に向けてアンリ・カピタン協会の支援の下で2003年に組織された「債務法改正委員会(Groupe de travail de réforme du droit des obligations)」――委員会の主導者

---

10) クロノポスト判決以降において、本質的債務の違反を重大なフォートと同視して契約上の責任制限条項の効力を否定した判例として、Cass. civ. 1re, 2 déc. 1997, Bull. civ. IV, n° 349 ; D. 1998, Somm. p.200, n. D. Mazeaud ; Les Petites Affiches, 24 juill. 1998, n° 88, p.27, n. M. Briton ; JCP G. 1998. IV. 1158 などがある。

であるカタラ(Catala)の名に因み、カタラ委員会とも呼ばれる ―― は、2005年9月22日に「債務法および時効法に関する改正準備草案(Avant-projet de réforme du droit des obligations et de la prescription)[11]」(カタラ草案〔Projet Catala〕)を司法大臣に提出しており、そのカタラ草案においても、本質的債務論に関する以上の2種類の準則の明文化がともに提案されている。すなわち、①契約の目的とコーズの概念に依拠しつつ、本質的債務と矛盾する契約条項を「書かれざるものと見なす」というクロノポスト判決の示した準則がカタラ草案1121条3項[12]と1125条2項[13]とにおいて規定される一方、②損害賠償責任に関する責任制限条項の効力の否定に関するカタラ草案1382条の2[14]において、その効力が否定される事由として、詐欺的または重大なフォートと並んで、本質的債務に対する違反が挙げられている。この後者の規定は、本質的債務違反を重大なフォートと同視することによってそれに関する責任制限条項の効力を否定するという準則を明文化する趣旨に基づくものであり、本条に関するカタラ草案の注記においても、「この結論は、今日では判例によって承認されている」と述べられている[15]。

---

11) Pierre Catala, *Avant-projet de réforme du droit des obligations et de la prescription*, 2005.
12) カタラ草案1121条「(1) 契約は、当事者がその所有権を譲渡しもしくはその使用を付与する義務を負うもの、または当事者が為しもしくは為さざる債務を負うものを目的とする。物の保持も、特に寄託または担保として、その使用を付与せずに移転することができる。
   (2) そのようにして合意された給付は、権利および義務を確認し、設定し、移転しまたは消滅させるものとして、契約を特徴付ける。
   (3) これらの本質的要素と両立し得ない全ての条項は、書かれざるものと見なされる。」
13) カタラ草案1125条「(1) 債務負担は、合意された反対給付が当初から無内容または無価値であるときは、現実のコーズを欠き、正当化されない。
   (2) コーズの現実性と両立し得ない全ての条項は、書かれざるものと見なされる。」
14) カタラ草案1382条の2第1項「(1) 契約当事者は、詐欺的もしくは重大なフォートによって、または本質的債務のうちの一つに対する違反によって、相手方に生じた損害の賠償を、排除または制限することができない。」

しかし、以上のカタラ草案による提案をめぐっては、カタラ草案が司法大臣に提出される直前に現れた 2005 年 4 月 22 日の破毀院混合部判決によって、本質的債務違反と重大なフォートを同視することによって責任制限条項の適用を排除する判例法理の射程を制限する判例が新たに現れていた点について、留保を付しておく必要がある[16]。この問題に立ち入るためには、1996 年 10 月 22 日のクロノポスト判決（クロノポスト 1）を出発点として、クロノポストを当事者とする同一または同種の事案に関して連続して下された一連の判決——クロノポスト・サーガとも称される——の経過を辿らなければならない。

1 クロノポスト 2 から破毀院混合部 2005 年 4 月 22 日判決へ

1996 年のクロノポスト判決によって責任制限条項が書かれざるものと見なされたことを受けて、当該事案の取扱いをめぐる次なる問題として、法令上の責任制限規定の適用の可否が争われることとなった。すなわち、運送契約の指導に関する 1982 年 12 月 30 日法律（第 82-1153 号）の 8 条 2 項によれば、運送契約における損害賠償額の算定に際しては、当事者の合意がない場合にはデクレによって定められたひな型によって規律されることになり、このひな型に関する 1988 年 5 月 4 日のデクレによれば、3 トン以下の物品の陸上運送に関してその遅延に際し運送人が負う損害賠償額は運送代金額に制限されることとなる（1 条・15 条）。この点に関し、破毀院商事部 2002 年 7 月 9 日判決[17]（クロノポスト 2）は、本質的債務に関する責任制限条項が書かれざるものと見なされた後の責任関係につき、この 1982 年 12 月 30 日法律および 1988 年 5 月 4 日のデクレに基づく法令上の責任制限の適用を認めた上で、そ

---

15) Catala, *supra* note (11) p.187.
16) この点につき、石川・前掲（注 1）457 頁以下を参照のこと。
17) Cass. com., 9 juill. 2002, Bull. civ. IV, n° 121 ; JCP G. 2002. II. 10176, JCP E. 2002, p.1923, n. G. Loiseau/M. Billiau ; D. 2002. Somm. p.2836, n. Ph. Delebecque ; D. 2003, Somm. p.121, n. D. Mazeaud ; Contrats, conc., consom., janv. 2003, Comm. n° 2, n. L. Leveneur.

の責任制限を超えて運送人が責任を負うのは運送人に重大なフォートが存在する場合に限られる旨判示した。

　以上のクロノポスト2判決を受けて、さらに次なる問題として争われたのは、契約上の責任制限条項が書かれざるものと見なされた場合に適用される法令上の責任制限に関し、その適用を排除する「重大なフォート」の有無はいかなる基準によって判断されることになるのか、という点であった。この点について判断したのが、破毀院混合部2005年4月22日判決（同日付け2件[18]；クロノポスト3）である。すなわち、法令上の責任制限規定の適用排除を基礎付ける重大なフォートの内容に関し、（運送契約における本質的債務に対する違反として特徴付けられる）運送の遅滞だけでは重大なフォートは基礎付けられず（①判決および②判決）、重大なフォートは、故意と同程度の、債務者が契約上の任務を実行する能力を欠いていることを示すような、著しく重大な不注意として特徴付けられる（②判決）と判示した。

　この破毀院混合部2005年4月22日判決の先例的意義は、法令上の責任制限の排除を導く重大なフォートに関し、本質的債務に対する違反があったというだけでは足りず、故意と同程度の著しい注意の欠如という主観的な定式――以上の定式は、重大なフォートの客観的な定式が用いられるようになる以前から判例によって用いられていた伝統的な表現に従ったものである[19]――によって基礎付けられなければならないとしたことに存する。すなわち、本質的債務に対する違反を重大なフォートと同視することによって本質的債

---

18)　① Cass. ch. mixte, 22 avr. 2005, n° pourvoi : 02-18.326, Bull. ch. mixte, n° 3 ; ② Cass. ch. mixte, 22 avr. 2005, n° pourvoi : 03-14.112, Bull. ch. mixte, n° 4 ; JCP G. 2005. II. 10066, n. G. Loiseau ; JCP. E. 2005, p.1634, n. Ch. Paulin ; D. 2005, Jur. p.1864, n. J.-P. Tosi ; Dr. et patr. 2005, n° 141, n. G. Viney ; Rev. Lamy dr. aff., sept. 2005, p. 8, n. G. Viney ; RJDA 2005, p.667, n. D. Garban ; Contrats, conc., consom., août-sept. 2005, Comm. n° 150, n. L. Leveneur ; RTD civ. 2005, p.604, n. P. Jourdain, p.779, n. J. Mestre/B. Fages ; RDC 2005, p.651, avis R. de Goutte, p.673, n. D. Mazeaud, p.753, n. Ph. Delebecque.

19)　Cf. Cass. com., 3 mai 1988, Bull. civ. IV, n° 150 ; Cass. com., 3 avr. 1990, Bull. civ. IV, n° 108.

務の違反に関する責任制限を否定するという判例の準則は、少なくとも法令上の責任制限との関係では通用性を有さないこととなった。前述の2つの判例の準則との関係では、本質的債務に対する違反を重大なフォートと同視することによって本質的債務の違反に関する責任制限を否定するという第1の準則に関し、法令上の責任制限の排除をもたらす重大なフォートを以上の主観的基準によって把握することによって、法令上の責任制限との関係におけるその準則の通用性を否定した判決として位置付けられる。法令上の責任制限の排除をもたらす重大なフォートを以上の主観的基準によって把握するという本判決の立場は、その後の破毀院商事部2006年2月21日判決[20]（クロノポスト4）、破毀院商事部2006年6月7日判決[21]（クロノポスト6）、および破毀院商事部2006年6月13日判決[22]（クロノポスト7）においても踏襲された。

以上の破毀院混合部2005年4月22日判決において、法令上の責任制限が否定されるべき場合が重大なフォートの存在する場合に限られるとされた理論的要因の一つとして、次の点を指摘することができる。すなわち、法令上の責任制限規定やそれに基づいて補充的に適用される契約ひな型は、当事者の（個別の）合意に基づくものではないため、それによる責任制限と本質的債務とが矛盾関係にあるとしても、そこから（合意に基づく契約規範の内部における矛盾関係の問題である）コーズに対する侵害を導くことは困難である——従って、クロノポスト判決の本質的債務論の適用対象外となる——と考えられたためであったと解され得る。しかし、以上の帰結は、クロノポスト判決においてコーズに対する侵害にその責任制限条項規制の根拠が見出されていたことから導かれる論理的帰結に過ぎないのであり、それを前提として法令上の責任制限が排除されるべき重大なフォートがどのような場合に認められるのかという問題に関して、本質的債務違反と重大なフォートを同視すると

---

20) Cass. com., 21 févr. 2006, D. 2006, AJ p.717, n. E. Chevrier ; Contrats, conc., consom., juin 2006, Comm. n° 103, n. L. Leveneur ; RTD civ. 2006, p.322, n. P. Jourdain.

21) Cass. com., 7 juin 2006, D. 2006, AJ p.1680, n. X. Delpech.

22) Cass. com., 13 juin 2006, JCP G. 2006. II. 10123, n. G. Loiseau.

いう従来の準則の適用が回避されなければならない理論上の必然性は存しないはずである。それにもかかわらず、破毀院混合部2005年4月22日判決において、法令上の責任制限を排除する重大なフォートは、本質的債務に対する違反があったというだけでなく、故意と同程度の著しい注意の欠如がなければ基礎付けられないとされ、本質的債務違反と重大なフォートを同視するという準則の通用性が限定されたことは、本質的債務と重大なフォートの関係をめぐる判例理論の展開において、また重大なフォートの概念理解に関する判例の立場について考える上で、極めて重要な意味を持っている。ここにおいて、重大なフォートを基礎とした責任制限条項規制が本質的債務論から再び切り離されようとする理論的傾向が、既に示唆されていたものと解され得るためである。

以上の点は、破毀院混合部2005年4月22日判決の射程をめぐる問題と密接に関連する。すなわち、本判決は、1982年12月30日法律と1988年5月4日のデクレに基づく契約ひな型による責任制限に関する事案であったが、当事者が合意によって定めた契約上の責任制限条項との関係においても、本判決において示された重大なフォートの主観的な定式が妥当するのかが問題となる。この点については、確かに破毀院混合部2005年4月22日判決は法令上の責任制限との関係において示された判断であったが、本質的債務に対する違反では基礎付けられない主観的な性質における重大なフォートの概念理解は広い射程を備える一般的な表現によって提示されており、また、重大なフォートの概念の意味内容が法令上の責任制限と契約上のそれとの間で異なって把握されるべき理論的根拠も乏しいと言える。重大なフォートの概念は必然的に唯一のものである、という端的な主張もなされた[23]。そのため、本質的債務の違反だけでは重大なフォートは基礎付けられないという本判決の判断は、契約上の責任制限条項の効力をめぐる問題との関係においても及び得るものと予想された[24]。この点に関して判例によって明確な解答が示され

---

23) Philippe Malaurie/Laurent Aynès/Philippe Stoffel-Munck, *Les obligations*, 4ᵉ éd. 2009, 986°, p.537.

24) Cf. Loiseau, *supra* note (18) p.970s.

たのは —— その結果は、大方の予測通り、本質的債務の違反と重大なフォートはもはや契約上の責任制限条項との関係においても同視されない、というものであったが ——、後に改めて取り上げることになる破毀院商事部 2010 年 6 月 29 日判決（フォルシア 2）においてであった。

2 「引き受けられた義務の射程との矛盾」の要否をめぐる判例の揺らぎ

このように、破毀院混合部 2005 年 4 月 22 日判決は、本質的債務に対する違反だけでは重大なフォートは基礎付けられないという新たな判例の準則の射程に関して、なお不明確な点を残していたが、それにとどまらず、本判決は本質的債務論に関する判例法理をめぐるさらなる問題を惹起することとなった。すなわち、破毀院混合部 2005 年 4 月 22 日判決（上告番号 03－14.112）では、法令上の責任制限の問題に立ち入る前提として、契約上の責任制限条項が書かれざるものと見なされるという効果を導く際に、「契約の本質的債務につき運送人が違反した場合に、賠償額を制限する条項は書かれざるものと見なされる」という表現が用いられていた。この点につき、1996 年のクロノポスト判決において示された定式は、「本質的債務に対する違反を理由として、引き受けられた義務の射程と矛盾する責任制限条項は、書かれざるものと見なされる」というものであり、両判決におけるその定式上の差異が判断基準における実質的な変化をも含意するものであるのか、すなわち、判例においては「引き受けられた義務の射程と矛盾する」という要素はもはや意味を持たないものと考えられているのではないか、という疑念が生じることとなった。

もっとも、そもそも破毀院混合部 2005 年 4 月 22 日判決は、（契約上の責任制限条項が書かれざるものと見なされた後に）法令上の責任制限がどのように適用されるのかという問題を主として扱っていたのであり、従って、義務の射程と矛盾するという要件の要否について具体的な判断を示したものではなく、そのために判決の表現としては以上の点に関する言及がなかったに過ぎないとも解され得る。また、実践的帰結としても、本質的債務に対する違反に際

して常に責任制限条項は書かれざるものと見なされることになるとすれば、本質的債務に関しては一切の責任制限が及び得ないこととなり、責任制限条項の効力に対して極めて強い制約が課されることとなる[25]。この点、破毀院混合部 2005 年 4 月 22 日判決において用いられた文言がそのような帰結を意図したものであったのかはともかく、少なくとも定式上は、その後の判例においても、引き受けられた義務の射程との矛盾について言及せずに責任制限条項を書かれざるものと見なすものが現れていた。特に、破毀院商事部 2006 年 5 月 30 日判決[26]（クロノポスト 5）は、デクレによって定められた契約ひな型に基づかない契約上の契約制限条項の効力に関し、破毀院混合部 2005 年 4 月 22 日判決と同じく、「契約の本質的債務に関する運送人の違反の効果に基づいて、賠償額の制限条項が書かれざるものと見なされる」と明確に述べていた。本質的債務に対する違反に基づいて契約上の責任制限条項を書かれざるものと見なすという準則に関して破毀院混合部 2005 年 4 月 22 日判決によって示された定式は、この準則に関する新たな形式と実質を備えるに至ったようにも思われた。

しかし、その一方で、破毀院商事部 2007 年 12 月 18 日判決[27]によって、このような判例の傾向に対して歯止めがかけられることになる。すなわち、本判決では、フランス電力会社（EDF）との間で締結された電力供給に関する契約において、供給者に重大なフォートのない予想外の停電の場合について賠償額の制限がなされる旨の条項の効力に関する判断の中で、「当条項と引き受けられた義務の射程との間に矛盾が存在しないことを示すことによって、控訴院は、当条項が電力供給にかかる本質的債務からすべての本質を排除するものではないことを基礎付けることができた」と判示されていた。本判決に

---

[25] 破毀院混合部 2005 年 4 月 22 日判決の評釈において、その判決におけるクロノポスト 1 からの定式の変化につき、以上の点に関する懸念を示したものとして、Leveneur, *supra* note (18), p.19 を参照のこと。

[26] Cass. com., 30 mai 2006, Bull. civ. IV, n° 132 ; D. 2006, AJ p.1599, n. X. Delpech ; D. 2006, Jur. p.2288, n. D. Mazeaud ; RDC 2006, p.1075, n. Y.-M. Laithier.

[27] Cass. com., 18 déc. 2007, Bull. civ. IV, n° 265 ; D. 2008, 154, n. X. Delpech.

おける以上の判断は、本質的債務に関する責任制限条項であってもそれが引き受けられた義務の射程と矛盾しない限りその効力は否定されない、という理解がその基礎となっているものと解され得る。従って、責任制限条項と「引き受けられた義務の射程との矛盾」という要素は、破毀院混合部 2005 年 4 月 22 日判決等ではもはや言及されなくなっていたものの、本質的債務に関する責任制限条項が書かれざるものと見なされるために備えなければならない独立の要件としてなお考慮されなければならないという立場が、本判決によって示唆されたこととなる。

以上のように、「引き受けられた義務の射程との矛盾」という要素の位置付けに関し、判例の立場は不透明な状況となっていた。以上の問題につき、判例において明確な答えが示されたのは、この点に関しても、破毀院商事部 2010 年 6 月 29 日判決（フォルシア 2）によってであった。

IV 本質的債務論の決着点としての破毀院商事部 2010 年 6 月 29 日判決（フォルシア 2）

以上において見たように、判例法理としての本質的債務論は、①本質的債務の違反と重大なフォートを同視することによって、それに関する責任制限条項の効力を否定するという準則と、②本質的債務に関する責任制限条項につき、コーズに対する侵害に基づいて書かれざるものと見なすという準則によって支えられてきたが、破毀院混合部 2005 年 4 月 22 日判決以降、そのいずれの準則に関しても動揺が生じていた。この点に関し、破毀院商事部 2010 年 6 月 29 日判決[28]（フォルシア 2）は、本質的債務に関する以上の 2 つの準則をめぐる問題のそれぞれについて、一応の理論的決着をもたらした。1996 年のクロノポスト判決に端を発するクロノポスト・サーガは、このフォルシア 2 判決においていかなるエピローグを迎えることとなったのか、あるいは今後もさらなる続編が期待され得るのか、以下、さらに詳しく見ていくこととする。

1 フォルシア 2 判決に至るまでの経緯とその概要

まず、事案の概要は、以下の通りである。自動車の部品メーカーであるフォルシア社は、生産および取引の管理のためのソフトウェアの提供を受けることを目的として、1998 年 5 月 29 日にオラクル社との間で、ソフトウェアの導入、ライセンス、メンテナンスおよび指導等に関する諸契約を締結した。しかし、オラクル社におけるソフトウェアの開発に遅れが生じ、暫定的なヴァージョンのソフトウェアが提供されたが、その後も最終的なヴァージョンは提供されず、またその暫定的なヴァージョンのシステムに関しても重大な障害が生じたため、フォルシア社は報酬の支払いを取り止め、損害賠償等を求めて訴えを提起した。本件契約においては、オラクル社の責任はクライアントによって支払われる対価の額を超えないものとする旨の責任制限条項が定められていたため、オラクル社はその責任制限条項の適用を主張した。

以上の事案に関し、まず、破毀院商事部 2007 年 2 月 13 日判決[29]（フォルシア 1）は、オラクル社に重大なフォートがないことを理由として責任制限条項の適用を認めたヴェルサイユ控訴院 2005 年 3 月 31 日判決を受け、オラクル

---

28) Cass. com. 29 juin 2010, Bull. civ. IV, n° 115 ; JCP E. 2010, 1790, n. Ph. Stoffel-Munck ; JCP E 2010, 1814, n. B. Daille-Duclos ; JCP G. 2010, 787, n. D. Houtcieff ; D. 2010, p.1832, n. D. Mazeaud ; Les Petites Affiches, 7-8 sept. 2010, n°ˢ 178-179, p.7, n. C. Grimaldi ; Les Petites Affiches, 13 sept. 2010, n° 182, p.6, n. R. Siri ; Les Petites Affiches, 13 oct. 2010, n° 204, p.6, n. M. Burgard ; Contrats, conc., consom., oct. 2010, Comm. n° 220, n. L. Leveneur ; RDC 2010, p.1220, n. Y.-M. Laithier ; RDC 2010, p. 1253, n. O. Deshayes ; RTD civ. 2010, p.555, n. B. Fages ; Gaz. Pal. 4-5 août 2010, jur., p.22, n. D. Houtcieff ; Gaz. Pal. 1-2 sept. 2010, jur., p.11, n. Ph. Glaser/M.-É. Mathieu ; Gaz. Pal. 22-23 oct. 2010, jur., p.33, n. A. Bensoussan/V. Bensoussan-Brulé ; RJDA 2010, p.983, n. D. Mazeaud ; RJDA 2010, p.1059, n. G. Megret ; Responsabilité civile et assurances, octobre 2010, étude 11, p.6, n. L. Bloch.
29) Cass. com. 13 févr. 2007, Bull. civ. IV, n° 43 ; JCP G. 2007. II. 10063, n. Y.-M. Serinet ; JCP G. 2007. I. 185, n° 10, n. Ph. Stoffel-Munck ; D. 2007, p.654, n. X. Delpech ; RDC 2007, p.707, n. D. Mazeaud ; JCP E. 2010, 331, n. I. Gavanon.

社によるソフトウェアの不提供は「賠償の制限条項の適用を妨げる本質的債務に対する違反」であるとして、コーズに関する民法1131条に反したことを理由に控訴院判決を一部破毀し、差し戻した。しかし、移送先のパリ控訴院[30]は、本件の賠償の制限条項はフォルシア社から全ての反対給付を奪うものではなく、オラクル社が負う本質的債務から全ての実質を失わしめるものではないとして、責任制限条項の適用を認める判断を再び下した。

以上の経緯に基づき、再度の上告に対して破毀院商事部2010年6月29日判決（フォルシア2）は、次のように判示して、上告を棄却した。

「書かれざるものと見なされるのは、債務者によって引き受けられた本質的債務の射程と矛盾する賠償の制限条項のみである。原判決は、オラクル社が契約の本質的債務に違反した場合でも、合意された代金額はリスクの分配とそこから生じる責任の制限を反映していることを表明して、条項の文言について交渉された損害賠償の額は、およそ無意味なものとは言えないこと、オラクル社は49％の値引きについて合意していたこと、自動車部門に関してオラクルの製品を展開するための国際的な調査研究を実施する委員会に出席するヨーロッパの主たる代表者をフォルシア社が務める旨、およびオラクルのアプリケーションのヴァージョンV 12に関するオラクルの自動車向けソリューションの継続的な改良に必要な要求定義に際して優先的な地位に関する利益を受ける旨、契約上予定されていたこと、という諸点について指摘する。以上から、控訴院は、賠償の制限条項がオラクル社の本質的債務から全ての本質を失わしめるものではないとしたものであり、その判決を適法に根拠付けた。この点にかかる申立ては、根拠を有しない。」

また、「重大なフォートは、たとえそれが本質的なものであれ、契約上の債務の不履行のみによって基礎付けられ得るものではなく、債務者の行為態様の重大性によって基礎付けられなければならない。この点にかかる申立ては、根拠を有しない。……以上の理由により、上告を棄却す

---

30) CA Paris, 26 nov. 2008, JCP G. 2009. I. 123, n° 11, n. Ph. Stoffel-Munck ; RDC 2009, p.1010, n. T. Génicon.

る。」

　以上のフォルシア2判決における判断の要点は、次の2点である。第1に、責任制限条項が書かれざるものと見なされるためには、単にそれが本質的債務に関する責任制限に関係しているというだけでなく、債務者によって引き受けられた本質的債務の射程と矛盾するものでなければならないとされた点である。これにより、破毀院混合部2005年4月22日判決および(本件事案に関するフォルシア1判決を含む)その後のいくつかの判決において、責任制限条項と「引き受けられた義務の射程との矛盾」という要素がその判断上の定式から欠落していたために生じていた疑念は払拭され、「引き受けられた義務の射程との矛盾」がない限り責任制限条項は書かれざるものと見なされないということが明らかとなった。さらに、第2に、本質的債務の違反と重大なフォートを同視することによってそれに関する責任制限条項の効力を否定するという、本質的債務に関するもう一方の判例の準則につき、法令上の責任制限との関係だけでなく、契約上の責任制限条項との関係においても、以上の準則はもはや妥当せず、故意と同程度の著しい不注意を基礎付けるような債務者の行為態様の重大性という主観的な定式によって重大なフォートの存在が認められない限り、責任制限条項の効力は否定されないこととされた点も、重要である。これにより、重大なフォートは以上の主観的定式によってのみ基礎付けられるとした破毀院混合部2005年4月22日判決は、契約上の責任制限条項との関係についても及び得るより広い射程を伴った判断であったことが明らかとなった。このように、フォルシア2判決は、本質的債務の概念に依拠した責任制限条項の規制に関する2つの判例の準則の双方について重要な先例的意義のある判断を示しており、特に、本質的債務の違反と重大なフォートの同視に関する判例の準則に関し、疑念の余地のないほどに明確な形でその終焉を告げたことは、判例法理としての本質的債務論の展開における一つの大きな転換点として位置付けられなければならない。

2　フォルシア2判決が本質的債務論にもたらしたもの

　もっとも、破毀院混合部2005年4月22日判決およびフォルシア2判決を

通じてその通用性が否定された本質的債務の違反と重大なフォートを同視するという判例の準則に関しては、フォートの概念の元来の性質に鑑みれば重大なフォートは主観的な基準以外によっては基礎付けられ得ないとして、一部の学説からの根強い反対があっただけでなく[31]、クロノポスト判決によって本質的債務論に基づく責任制限条項規制の新たな準則が確立されたことにより、本質的債務の違反と重大なフォートを同視するという従来の準則は実質的にその役目を終えたとも考えられていた。それらの状況を踏まえれば、客観的基準と主観的基準とによって併存的に把握されてきた重大なフォートの概念が主観的な概念へと再び回帰し、本質的債務に関する責任制限条項の規制はクロノポスト判決の準則に一元的に委ねられるという事態は、(クロノポスト判決以降における)重大なフォートや本質的債務の概念とその機能についての体系的な再構成に関するあり得る帰結の一つであったと考えるべきであろう。

　しかし、クロノポスト判決によって確立された本質的債務に関する新たな準則は、コーズ論への依拠や「書かれざるものと見なす」という効果などとの関係において、その新規性と裏腹に理論的には相当に未成熟な段階にとどまるものであったと考えざるを得ない。クロノポスト判決の準則が、本質的債務論に基づく責任制限条項規制に関する判例法理として十分に洗練された内容をもって確立されるに至ったならば、その段階以降において、本質的債務の違反と重大なフォートを同視するという準則が担ってきた責任制限条項規制の機能を全面的に引き受けることも十分に期待され得たかも知れない。この点に鑑みれば、破毀院混合部2005年4月22日判決において、本質的債務の違反と重大なフォートを同視するという準則が(法令上の責任制限との関係において)否定される一方で、本質的債務の違反には責任制限条項は及び得ないという端的な内容の定式が示されたことに、本質的債務論に関する判例の2つの準則の機能をクロノポスト判決の準則に一元的かつ包括的に担わせ

---

31) Christian Larroumet, *Les obligations, le contrat*, 5e éd. 2003, 625°, p.680. この点につき、Mazeaud, *supra* note (18), p.679 を参照のこと。

ようとする傾向を見出すことも可能であろう。しかしながら、フォルシア2判決によって示された理論的帰結を見る限り、クロノポスト判決の準則は、そのような機能を果たすものとはなり得なかったと考えざるを得ない。

　フォルシア2判決は、クロノポスト判決によって示された判例の準則に関し、引き受けられた本質的債務の射程と矛盾する責任制限条項のみが書かれざるものと見なされると判示したが、それによれば、本質的債務に関する責任制限条項の効力に関する問題は、最終的には本質的債務の射程との矛盾が認められるかどうかという実質的かつ個別具体的な判断に委ねられることになる。しかも、以上の判断に際して考慮されているのは、オラクル社が受ける対価に関して49％の値引きがなされていたことや、当該契約の外部において国際的な製品展開に際して一定の便宜が図られることが予定されていたことなどであって、そのような対価関係の実質的内容や契約の背後にある当事者関係の推移といった諸事情は、オラクル社によって引き受けられた本質的債務それ自体の内容とは直接的には関係しないものと考えざるを得ない。「本質的債務の射程との矛盾」という定式が以上のような内容において理解されるならば、そこでは、当該当事者関係における実質的な均衡性や衡平性が単に個別に評価されるに過ぎず、本質的債務論が担っていたはずのその固有の論理構造にはほとんど何らの意味も見出されないことにもなり得る。実際、近時の体系書の中には、フォルシア2判決における判断構造を前提とすれば、もはや本質的債務の概念に依拠すること自体が不要とされるべきであると主張するものもある。すなわち、現実的な反対給付を負担せずに債務を負うこととなる点を理由として責任制限条項が排除されるのであれば、そのような問題は、秘密保持債務などの付随的な債務の不履行に関しても生じ得るのであって、この法理の適用場面が本質的債務との関係に限られる理由はなく、判例は本質的債務に依拠するのを止めるべきである、とされている[32]。フォルシア2判決の示した結末によって暗示される本質的債務論の未来像が、この

---

32) Jacques Flour/Jean-Luc Aubert/Eric Savaux, *Droit civil ; Les obligations t. 3 : Le rapport d'obligation*, 8ᵉ éd. 2013, 235-1°, p.228.

ような本質的債務論の全面的解体でしかあり得ないのかについては、もちろん議論の余地があろう。しかし、本質的債務論の決着点ないしクロノポスト・サーガのエピローグと目されるフォルシア 2 判決が、そのような行く末すら惹起し得るほどの理論構造上の不安定性を本質的債務論にもたらしているということは、確かであるように思われる。

3 本質的債務論の基盤としてのコーズ論とフォルシア 2 判決の必然性

もっとも、本質的債務に対する違反があっただけでその点に関する一切の責任制限条項が効力を否定されるということになれば、責任制限条項の利用可能性の大部分が奪われることとなり、契約内容の決定に関する自由に対する過剰かつ突出した規制として、理論的にも実践的にも到底容認され難い結果となることについても、ほとんど疑念の余地はない。実際、フォルシア 2 判決における実践的帰結に関しては、クロノポスト判決から破毀院混合部 2005 年 4 月 22 日判決への定式の変化に起因した懸念を払拭し、本質的債務に及ぶ場合を含めた責任制限条項の有効性を一定範囲において確保したことにつき、学説上も概ね好意的に評価されている[33]。

また、理論的に見ても、フォルシア 2 判決によって示された判断は、新たな理論展開を提示したものと言うよりは、むしろ 1996 年のクロノポスト判決の定式へと回帰し、その当初の定式において内包されていた「本質的債務の射程との矛盾」という考慮要素の内容と構造を改めて保存したものとして位置付けられ得る。さらに、「本質的債務の射程との矛盾」について判断する際に、対価関係の実質や契約における様々な背景事情が考慮されることもまた、クロノポスト判決がコーズの概念に依拠して新たな本質的債務論の準則を構築していたことから導かれるべき一つの論理的帰結であったと解し得る。すなわち、破毀院第 1 民事部 1996 年 7 月 3 日判決（ビデオクラブ判決）[34]等に見

---

33) Cf. Leveneur, *supra* note (28), p.29; Stoffel-Munck, *supra* note (28), p.29; Flour/Aubert/Savaux, *supra* note (32), 235-1°, p.228.

られるように、近時の判例においては債務のコーズを —— 形式的な反対給付の存在ではなく —— より具体的・主観的な対価構造に基づいて把握するものが現れており、クロノポスト判決(におけるコーズの概念理解)も、そのような判例におけるコーズの主観化・具体化の傾向を反映したものと解されている[35]。従って、フォルシア 2 判決において、「本質的債務の射程との矛盾」の有無に関する判断に際して対価の実質性・現実性が具体的に考慮された点についても、以上の本質的債務論の準則が債務のコーズの侵害をめぐる問題と結び付けられていたということが、その大きな理論的要因となっていたものと考えることができる。その意味において、フォルシア 2 判決の結末は、クロノポスト判決以降におけるコーズ論を基礎とした本質的債務論という壌土から生み出されるべき「必然の果実」であった。

このように、事案の解決としてもまたその理論構成についても、フォルシア 2 判決によって示された立場は、本質的債務論やコーズに関するこれまでの判例の展開の延長線上に自然に位置付けられ得るものであった。しかしながら、そこで行われた判断の実体は、対価関係の実質的内容や契約の背後にある当事者関係の推移といった諸事情を総合的かつ実質的に考慮して責任制限条項の効力を判断するというものであり、もはや本質的債務の概念への依

---

34) Cass. civ. 1re, 3 juill. 1996, Bull. civ. I, n° 286 ; D. 1997, p.500, n. Ph. Reigné ; RTD civ. 1996, p.903, n. J. Mestre. 本件では、ビデオクラブ(レンタルビデオショップ)の開設のために行われたビデオカセットの賃貸借契約に基づく賃料支払請求に関し、その小さな村(人口 1314 人)でのレンタルビデオ店経営という経済的意図の実現不可能性を理由としてコーズの存在が否定され —— ビデオカセットの引渡しによって、賃貸借契約のコーズの存在は形式的には基礎付けられたはずであるにもかかわらず ——、ビデオカセットの賃貸借契約は無効であると判示されている。本判決については、金山・前掲(注 9) 11 頁以下、石川・前掲(注 1) 410 頁以下を参照のこと。

35) クロノポスト判決やビデオクラブ判決などにおける判例のコーズ概念の主観化につき、窪・前掲(注 1) 320 頁以下、金山・前掲(注 9) 11 頁以下、石川・前掲(注 1) 423 頁以下、都筑満雄「複合契約中の契約の消滅の判断枠組に関する序論的考察 —— フランスにおけるコーズの主観化に関する判例の分析を中心に」松久三四彦ほか編『民法学における古典と革新』298 頁以下(成文堂、2011)などを参照のこと。

拠すら必要的ではないとも解され得る内容を伴っていた。クロノポスト判決以降の本質的債務論にとって、そのような決着点がいかに避けられ難いものであったにせよ、責任制限条項規制のための法理としての本質的債務論それ自体は、それとはまた別の方向へと展開され得る理論的可能性を十分に内包しているということについては、改めて強調しておかなければならないであろう。その鍵は、他ならぬフォルシア2判決によってその固有の要件としての意義が再確認されるに至った「本質的債務の射程との矛盾」という要素を、整合性の原理の観点から捉え直すこと――延いては、本質的債務論をコーズ論から再び解き放つこと――に存する。

V　本質的債務論と整合性の原理

1　整合性の原理における2つの側面の区別

　クロノポスト判決における新たな本質的債務論の準則が、整合性（cohérence）の原理によって基礎付けられ得るということは、ウシェフ[36]やドゥニ・マゾー[37]らの主張を通じて既に知られているところである[38]。本質的債務論に関する判例の展開を、「重大なフォートから整合性へ（De la faute lourde à la cohérence）」という構造転換を示すものとして特徴付ける見解もある[39]。そ

---

36) Dimitri Houtcieff, *Le principe de cohérence en matière contractuelle*, thèse Paris XI, 2001.

37) Denis Mazeaud, Les nouveaux instruments de l'équilibre contractuel : Ne risque-t-on pas d'aller trop loin?, in : Christophe Jamin/Denis Mazeaud (dir.), *La nouvelle crise du contrat*, 2003, p.135 ; Denis Mazeaud, Le nouvel ordre contractuel, RDC 2003, p.295 ; Denis Mazeaud, Regards positives et prospectifs sur «Le nouveau monde contractuel», Les Petites Affiches, 7 mai 2004, n° 92, p.47 ; Denis Mazeaud, La Cause, in : *1804-2004 Le Code Civil : Un passé, un present, un avenir*, 2004, p.461s.

38) この点につき、石川・前掲（注1）434頁以下を参照のこと。

39) Philippe Malaurie/Laurent Aynès/Philippe Stoffel-Munck, *Les obligations*, 6ᵉ éd. 2013, 987°, p.527.

もそも、「本質的債務の射程との矛盾」という表現によって、クロノポスト判決やフォルシア2判決の準則と整合性の原理との端的な結び付きが示唆されているとも言える[40]。もっとも、そのように本質的債務論の理論的基盤となり得る整合性の原理をいかなる具体的内容において理解するのかについては必ずしも見解は一致しておらず、例えばウシェフによれば、「整合性」の概念は矛盾や不均衡がないことを意味し、特に契約法においては契約上の規範および当事者の行動に関して矛盾（contradiction）がないことを含意しているとされているのに対し[41]、マゾーによれば、「他人の損失における矛盾行為の禁止の原則[42]」に由来するものとして整合性の原理が特徴付けられている[43]。もっとも、マゾーにおいても、コーズの問題との関連における整合性の原理について論じるに際しては、単なる行動上の無矛盾性という意味ではなく、契約規範の内部における矛盾と不均衡の不許という意味において整合性の原理が理解されており、当事者の行動に関する無矛盾性（契約当事者の行動が一貫性を欠いていないこと）と契約上の規範における無矛盾性（契約規範における各部分が相互に矛盾した内容を含んだものとなっていないこと）という2つの側面を内包するものとして整合性の原理が理解されている。

しかし、ここで問題とされるべきは、契約法における整合性の原理の具体的内容として想定されている以上の2つの側面は、一体的には理解され難い相互に異質の法理をその基盤としてそれぞれ有しているのではないか、とい

---

40) フォルシア2判決に関するウシェフの解説によれば、破毀院においては矛盾性（contradiction）が判断の中心とされるに至っている、と端的に述べられている（Houtcieff, *supra* note (28), JCP G. 2010, p.1451）。

41) ウシェフにおける整合性の原理につき、石川・前掲（注1）436頁以下、山城一真「契約締結過程における『正当な信頼』と契約内容の形成(5)」早法86巻3号106頁以下（2011）を参照のこと。

42) Denis Mazeaud, Les contradiction légitimes au détriment d'autrui en droit des contrats, in : Martine Béhar-Touchais (dir.), *L'interdiction de se contredire au détriment d'autrui*, 2001, p.127.

43) マゾーにおける整合性の原理につき、金山・前掲（注9）13頁以下、石川・前掲（注1）442頁以下を参照のこと。

う点である。当事者の行動に関する無矛盾性は、矛盾行為の禁止（venire contra factum proprium）や禁反言の法理などの法制度を通じてより具体的に表現されているように、先行行為と矛盾した契約当事者の行動に対する否定的評価をもたらす原理であり、実体法のみならず手続法をも含んだ広範な法領域においてその法原理性が承認されている[44]。それに対し、契約規範上の無矛盾性は、当事者によって定められた契約規範の内部における規範的要請の矛盾・不整合を問題とするものであり、そこでは先行する行為や規範の存在は想定されず、従ってそれに基づいて惹起された信頼に反しないように無矛盾性が要請されるという矛盾行為の禁止に関する基本的な構造すら前提とされていない[45]。従って、以上の2つの場面での整合性の原理の具体的な意味内容は質的に異なっていると考えるべきであり、それらを一体として把握することは、厳密な差異の識別を妨げる恐れすら惹起し得る[46]。以上につき、本質的債務論の問題に即して述べるならば、契約締結過程や履行過程における具体的な当事者の行動（およびそれに対する信頼）は、それが契約規範として取り込まれない限り、本質的債務との矛盾の有無の判断には影響し得ないものと言うべきである[47]。従って、本質的債務論は、当事者の具体的な行動によって惹起される個別的信頼にではなく、（本質的債務に関する）当事者の合意に

---

44) 「矛盾行為の禁止」という側面に焦点を当てて、契約締結過程における整合性の原理をめぐるフランス法上の諸問題に関する検討を行うものとして、山城・前掲（注41）106頁以下がある。

45) 行為のレヴェルと契約規範のレヴェルに関する分節的把握の意義との関係では、法律行為を行為（Akt）としての法律行為と規律（Regelung）としての法律行為との重層構造によって把握するフルーメの見解（Werner Flume, *Allgemeiner Teil des bürgerlichen Rechts : Bd.2 Das Rechtsgeschäft*, 4. Aufl. 1992, §6/1, S.78ff.）が特に重要となる。この点につき、石川・前掲（注1）480頁以下を参照のこと。

46) この点につき、石川・前掲（注1）443頁を参照のこと。

47) フォルシア2判決において、本質的債務の射程との矛盾をめぐる判断に際し、当該契約の外部において国際的な製品展開に際して一定の便宜が図られることが契約上予定されていた点が考慮されたことについても、以上の観点からの批判が向けられなければならない。

よって発動する制度的存在としての契約に対する類型的・制度的信頼と関係するものとして、特徴付けられることになる。

　また、契約規範上の無矛盾性という要請の内部においても、その原理によって導かれる法理の理論構造上の特質に照らして、さらなる分節化が考慮されなければならない。すなわち、契約規範上の無矛盾性の要請に基づく具体的な法理としては、主要なものとして、契約における給付相互間や契約当事者の権限配分における過度の不均衡を是正するための法理（レジオン〔lesion〕や均整性〔proportionnalité〕の法理など）や、（責任制限条項規制などと関連して）契約における核心的部分と抵触する付随的条項の効力を否定する法理が想定されるが、前者が契約における中心的な給付の均衡をめぐる問題と関係するのに対し、本質的債務論が関連する後者は、以上の問題とは少なくとも直接には関係しない。本質的債務論は、契約における本質的部分と非本質的部分との階層構造を前提として、契約規範内部における矛盾を（非本質的部分の効力を否定することによって）解消するという理論構造において把握されるべきものであり、契約規範の階層性に依拠した整合性維持の要請は、中心的給付の均衡性を回復するための法的作用に関する理論的基盤とはなり得ない[48]。以上の点を踏まえることによって、契約規範内部の「階層構造」に基づいて規範構造上の不整合性が除去されるという本質的債務論の理論的特質が、より鮮明に認識されることとなる。

　以上の点に関し、近時のいわゆる連帯主義（solidarisme）の論者においては、当事者の定めた契約目的に適った実質的・現実的な対価の存在を保障するための法理として、信義誠実、均整性、整合性といった諸原理の意義が強調され、そこでは、契約規範上の矛盾によって実質的な不均衡が生じることの禁

48）　この点に関し、Sophie Gaudemet, *La clause réputée non écrite*, thèse Paris II, 2006 は、契約条項規制に関する「書かれざるものと見なす」というサンクションは、契約上の不均衡のみによっては基礎付けられ得ず、契約における整合性を確保するため、当該条項と両当事者によって選択された契約類型との不整合性に基づいて——当事者間で意図された目的の実現を妨げる条項を排除するために——、以上のサンクションが導かれ得るとする（p.257s., p.275s.）。

止という意味において、本質的債務やコーズとの関係における整合性の原理の意義が理解されている[49]。しかし、そのような連帯主義という大きな潮流の中で契約法を把握することの是非はともかく、少なくとも本質的債務論については、契約上の均衡性の要請と直ちに関連付けられるべきものではなく、契約規範内部の階層構造を基礎としたその固有の理論構造に基づいて、そしてそれによってのみ、把握されなければならない。

2　本質的債務論とコーズ

さらに、本質的債務論の理論的基盤を契約規範の階層性に基づいた整合性の要請に見出すということは、本質的債務論とコーズ論との関係についても改めて問い直されなければならないということを、即自的に含意する。すなわち、本質的債務論等との関係における判例によるコーズの概念の利用（およびそこでのコーズ概念の主観化・具体化）に関しては、実質的・現実的な対価性および契約上の均衡性の要請に基づくものとして特徴付けられ得るものの——連帯主義者において積極的に評価されているのは、まさにそのような方向性に関してであるが——、以上のように本質的債務論を特徴付ける限り、それはコーズ概念の主観化・具体化をめぐるそれらの動向とは当然には結び付けられ得ないこととなる[50]。本質的債務論は、中心的給付に関する対価的構造とは切り離して、本質的部分と非本質的部分の階層性に依拠した整合性の維持のみを要請する点にその理論的特質があるとすれば、対価の現実性を保障するための諸法理とは異質のものとして、その理論化・構造化がなされなければならない。

以上につき、フォルシア 2 判決に即して述べるならば、本判決ではオラクル社が受ける対価に関して 49％の値引きがなされていた点が考慮されていたが、そのような中心的な反対給付をめぐる諸事情は、オラクル社が負担した本質的債務の内容やそれにより選択された契約類型を確定する限りで斟酌

---

49)　代表的な見解として、マゾーによる一連の主張（Mazeaud, *supra* note (37)）を参照のこと。

されるべき事象であるに過ぎない。責任制限条項の効力に関しては、そのようにして確定されたオラクル社の側の本質的債務との矛盾関係を（次なる段階の問題として）問うという判断過程が辿られなければならないのであって、そこでは中心的な対価に関する事情は直接的には考慮されるべきではない、ということになる。

このように、判例におけるコーズ論が実質的・現実的な対価を要請する思考構造に強く誘引されつつあるとしても、本質的債務論は、それとは異なる理論的基盤——すなわち、本質的要素（substantialia ; essentialia）・本性的要素（naturalia）・偶有的要素（accidentalia）の三分法の理論と、その作用を基礎付ける契約規範の階層構造に基づく整合性の原理——に基づいて構造化を図ることが可能であり、かつそれが試みられなければならない。本質的債務論は、コーズ論からの切断とその固有の理論的基盤の再発見を通じてこそ、対価構造や契約の背景事情などをめぐる実質的・現実的考慮に道を譲る形で

---

50) そもそも、現実的な対価性や契約上の均衡性の観点からのコーズの概念の主観化が、コーズ論の担うべき法原理とは何であるのかといった観点から肯定的に評価されるべきものであるのかについては、十分な留保が必要である。とりわけ、ネオ・コーザリストにおけるコーズの主観的・一元的把握（cf. Henri Capitant, *De la cause des obligation (contrats, engagements unilatéraux, legs)*, 3ᵉ éd. 1927 ; Jacques Maury, *Essai sur le rôle de la notion d'équivalence en droit civil français*, thèse Toulouse, 1920）が、それ以降のコーズ論における基本的思考に対しいかに大きな影響を与えてきたとしても、それは、長きにわたる causa の理論史の表層において現れた一つの現象、causa の理論に関する一つの派生ヴァージョンであるに過ぎない（ネオ・コーザリスト以降のコーズ論に関し、類別コーズ〔cause catégorique〕の理論に焦点を当てて詳細な検討を行うものとして、竹中悟人「契約の成立とコーズ(1)～(8・完)」法協126巻12号～127巻7号〔2009～2010〕がある）。ここでは、中世学識法における契約に関する一般理論としての causa の理論（およびその点に関する教会法理論とローマ法理論との対比）、さらに現代に視点を移しても、非典型契約に関して備えられるべき「保護に値する利益（interessi meritevoli di tutela）」（イタリア民法1322条2項）に関して社会的類型性による枠付けを要請することとも結び付けられるイタリアにおけるカウサの理論など、causa の理論史において示された様々なヴァージョンとの比較に基づいた包括的な研究が、求められざるを得ない。以上につき、石川・前掲（注1）418頁、477頁以下を参照のこと。

の本質的債務論の解体を免れることができよう。もちろん、契約規範内部における階層構造に基づいた内的整合性を考慮することのみから、責任制限条項規制に関して十分に機能し得る判断基準や考慮要素を導出することは、決して容易なことではない[51]。そのためには、本質的債務の概念それ自体のさらなる精緻化が必要であり、またその債務を本質的ならしめる前提的構造としての契約の「類型性」をめぐる理論的諸問題についての応答が求められよう。

　以上との関連において、いくつかの興味深い事象が、近時の債務法改正をめぐる諸草案の推移の中に見出される[52]。すなわち、前述のカタラ草案においては、「合意された反対給付」としてのコーズの概念やクロノポスト判決の準則に関する規律が提案されていたのに対し（カタラ草案 1121 条・1124 条[53]・1125 条）、テレ草案[54]では、コーズの概念を廃し、双務契約・射倖契約・譲与のそれぞれにおけるコーズに関する規律とクロノポスト判決の準則につき、コー

---

51)　この点と関連して、基本的義務の空洞化禁止に関する判例法理を明文化したドイツ民法 307 条 2 項 2 号につき、契約の「内的整合性（innere Stimmigkeit）」の確保——主たる義務に関する契約上の給付約束と付随的な条項とをめぐる不均衡性および不当性の排除——という目的に限定された制度として理解するリープの見解（Manfred Lieb, Das Leitbild des Finanzierungs-Leasing im Spannungsfeld von Vertragsfreiheit und Inhaltskontrolle, DB 1988, S. 946）が示されていたものの、そのような契約内部における矛盾関係のみを規制の対象とするのではドイツ民法 307 条 2 項 2 号による規制の目的を十分に達し得ないとの批判や、任意法規による秩序付け（ドイツ民法 307 条 2 項 1 号）において想定されているような契約外在的な正義性の要請が 307 条 2 項 2 号との関係においても及ぼされるべきであるといった批判がなされ、必ずしも広く受け入れられるには至ってはいない（以上につき、石川・前掲（注 1）391 頁以下を参照のこと）。以上の状況も、契約規範上の整合性の原理という観点のみに基づいて契約条項規制としての本質的債務論を構造化することの困難性を示す証左となろう。

52)　債務法改正に関する各草案（カタラ草案、テレ草案、司法省草案）における本質的債務論およびコーズの概念に関する取扱いについては、石川・前掲（注 1）447 頁以下を参照のこと。

53)　カタラ草案 1124 条「合意は、債務負担がそれを正当化する現実かつ適法なコーズを有するときは、有効である。」（カタラ草案 1121 条および 1125 条については、前掲（注 12）を参照）

ズの概念を用いることなく規定されていた(テレ草案 61 条～64 条[55])。これに関しては、(クロノポスト判決が現れるまでは)本質的債務はコーズと本来的に結び付けられていたわけではなく、本質的債務に依拠することはコーズの概念を廃止することと矛盾するものではない、との解説が付されていた[56]。他方、司法省草案[57]では、2008 年版の草案ではコーズの概念が「契約利益(l'intérêt au contrat)」という新たな概念によって代置され、クロノポスト判決の準則もその契約利益に関する規定として定められていた(司法省草案〔2008 年版〕85 条～87 条[58])。これに対し、2009 年版の司法省草案では、テレ草案におけるのと同様に、(契約利益という概念によって代置されることなく)コー

---

54) テレ草案〔Projet Terré〕は、2006 年 3 月にテレが倫理学・政治学アカデミー(Académie des Sciences morales et politiques)の会長として契約法改正に関する検討についての司法大臣の依頼を受け、同アカデミーの支援の下で組織した検討グループによって起草された改正草案であり、2008 年 11 月に公表されている。

55) テレ草案 61 条「双務契約において、債務のうちの一つが目的を欠くときは、相関する債務は相対無効により無効となる。」

　テレ草案 62 条「射倖契約においては、契約締結時に射倖性が存在しないときは、契約は相対無効により無効となる。」

　テレ草案 63 条「恵与の意図を欠くときは、譲与は存在しない。譲与は、処分することを譲与者に決意させた動機が存在しないときは、相対無効により無効となる。」

　テレ草案 64 条「契約の本質的債務と両立し得ない全ての条項は、書かれざるものと見なされる。」

56) Dimitri Houtcieff, Le contenu du contrat, in: François Terré (dir.), *Pour une réforme du droit des contrats*, 2008, p.212s.

57) 司法省草案(Projet de la Chancellerie)は、カタラ草案を受けて司法省において行われたその内容の再検討作業の成果として示された草案であり、2008 年 7 月のヴァージョンとその改訂版としての 2009 年 5 月のヴァージョンが一般に知られている。

58) 司法省草案(2008 年版)85 条「各当事者は、その債務負担を正当化する契約利益を有さなければならない。」

　司法省草案(2008 年版)86 条「有償契約は、合意された反対給付が義務負担者にとって当初から無内容または無価値であるときは、利益を欠き、無効である。」

　司法省草案(2008 年版)87 条「契約からその利益を失わせる条項は、書かれざるものと見なされる。」

ズの概念が放棄されるに至っているものの（司法省草案〔2009 年版〕77 条[59]参照）、クロノポスト判決の準則についてはなお維持されている（司法省草案〔2009 年版〕78 条[60]）。この司法省草案（2009 年版）78 条では、「引き受けられた義務の射程との矛盾」という要素を盛り込む形でクロノポスト判決の準則が再定式化されており、フォルシア 2 判決によって明らかにされた判例の立場が、既にここにおいて予示されていたものと見ることができる。

　フォルシア 2 判決の位置付けとの関係では以上の点は非常に興味深いものではあるが、ここでは、司法省草案（2009 年版）において、テレ草案と同様、コーズの概念が形式的にも実質的にも放棄されるに至ってもクロノポスト判決の準則についてはなお維持されている、という点がさらに注目される。テレ草案や司法省草案によって示唆されるように、コーズの概念がもはや維持される価値を有しないものであるのかについては、当然のことながら、慎重な検討が尽くされなければならないであろう。しかし、そのようにコーズの概念をめぐる立法論上の帰趨が不明確な状況の中でも、本質的債務論は、契約法体系の中にその地歩を確保し続けているように見える。学説においても、本質的債務論はコーズ論によってではなく整合性の原理によって基礎付けられるべきであるとして、本質的債務論とコーズ論との切断を主張するものが既に存在しているが[61]、本質的債務論が、コーズ論から切り離されてその新たな装いを纏うという帰結も、もはや非現実なものとは言い得ないであろう。しかし、その実質は、砂上の楼閣に等しいものと言わねばならない。本質的債務論において、いかなる根拠と判断構造をもって非本質的な契約条項に対する規制が及ぼされるのかについて明確な理論的基盤が与えられない限り、

---

59) 司法省草案（2009 年版）77 条「有償契約は、合意された反対給付が義務負担者にとって当初から無内容または無価値であるときは、無効である。」

60) 司法省草案（2009 年版）78 条「債務者の本質的債務からその本質を失わしめ、それによりその義務の射程と矛盾する全ての条項は、書かれざるものと見なされる。」

61) Houtcieff, *supra* note (36), 430°s., p.366s.; Anne-Sylvie Courdier-Cuisinier, *Le solidarisme contractuel*, thèse Dijon, 2006, 356°s., p.229s. 以上につき、石川・前掲（注 1）437 頁以下を参照のこと。

たとえコーズ論から切り離されたとしても、本質的債務論がその固有の機能を果たし続けることは困難であろう。従って、問題の核心は、整合性の原理が、本質的債務論を支える法原理としてその役目を果たし得るかどうかである。本質的債務論を基礎付けているのは、規範構造上の階層構造に基づく整合性の原理であり、そしてその意味における整合性の原理に契約法理論としての具体的内容と理論的基盤を与え得るのは、本質的要素・本性的要素・偶有的要素の三分法の理論に他ならない。この岩盤にまで降り立つことこそ、本質的債務論がその実質的解体の危難を乗り越えるための道である。フォルシア2判決は、本質的債務論にその危難をもたらす一方で、クロノポスト判決において既に用意されていた「本質的債務の射程との矛盾」という手がかりの再提示を通じて、整合性の原理と三分法の理論へとつながるその道を、確かに指し示している。

フランスにおける「弁済の法的性質」論

森田　修

はじめに
I　弁済＝合意説と Catala の批判
II　弁済＝単独行為説と Catala の批判
III　折衷説と Catala の批判
小　括

はじめに

　本稿のテーマは、或る体系書が次のように総括している現在の学説状況の下では、いかにも無益なもののように見える。

　「弁済そのものの法律的性質を議論する必要はないと考えるべきである。この点は、かつてドイツ民法学上の議論（フランス民法では弁済者にも弁済受領者にも行為能力が要求されていること〔1238条・1241条〕もあって契約と考えられているのが一般であり、議論は乏しい）の影響の下にわが国でも論じられた。この議論は、ドイツでは弁済を債務解放契約と解する伝統の克服という学説史的意義を有したけれども、かような伝統のないわが国においては、議論する意味は、弁済の意思を要するか、行為能力を要するか、という法技術的意味に限られる。学説はこれらを不要とし、その性質を準法律行為と解すべきことに一致しており、もはや議論すべき問題ではないと考えられている」（平井宜雄『債権総論〔第二版〕』164頁（弘文堂、1994））。

日本において、「弁済の法的性質」論は一時期盛んに議論されたのち、現在では等閑視され、平井説に代表される「弁済の法的性質」論不要論が支配的である。しかし例えば上記引用も法技術的問題として取り上げる「弁済の意思」の要否という問題は、準法律行為説の通説化によって解決済みといえるのであろうか。近時の学説そしてとりわけ最近の判例法による「過払金充当合意」の法理の鋳造に照らすと、弁済をプロセスとして捉え、そこにおける当事者の意思・合意の要素をどのように位置づけるかという問題自体はなお検討を待っているように思われる。

とはいえ、この問題についての検討は、まずは日本における「弁済の法的性質」論の展開を再訪し、そこに手掛かりを求めるべきであろう（この作業については別稿（森田修「『過払金充当合意』と『契約のエコノミー』——日本法における弁済と意思」田原睦夫先生古稀・最高裁判事退官記念論文集『現代民事法の実務と理論〈上巻〉』418頁以下（きんざい、2013）所収（以下、森田・田原記念論文と略す）を参照のこと）。

ではなぜ、本稿はフランス法を取り上げるのか。筆者の関心の焦点は平井・前掲書からの上記引用のうち、カッコ内の注記にある。事実の問題としてフランスでは「弁済の法的性質」論を巡る議論はこの注記が執筆された時点においても（この注記は平井・前掲書初版（1985）117頁にもある）乏しくはなかった。また最近のフランスにおいては、後述する破毀院判決例を巡って「弁済の法的性質」論が活況を呈している。もとよりそれは日本とは異なる実定的構造に発したものではあるが、事実の問題としてこの注記には補正が必要である。フランスにおける議論は、学説継受期には「ドイツ一辺倒」によって、現在では「弁済の法的性質」論そのものへの関心の冷却によって、日本においていわば二重の等閑視を受けてきた。本稿はこの点の資料的補充作業を試みるものである[1]。

I　弁済＝合意説と Catala の批判

フランスでは弁済＝合意説が通説化し、「弁済の法的性質」論が一時期の日

本のように議論されてこなかったのは事実である[2]。

しかし、Nicole Catala, *La nature juridique de payement* [1960]th. Paris（以下 Catala と略す）は、それまでのフランスの議論状況を一変させた。この論文は、イタリア法を比較法の対象として、1865 年のイタリア民法典において採用されていた弁済＝合意説が、1942 年のイタリア民法典において弁済＝事実説に取って代わられる経緯を踏まえ、そこでの議論がフランス法にとって持つ含意を検討するものであるが、自説として当時のフランスにおいては異端的な弁済＝事実説を採って、通説たる弁済＝合意説を批判している。さらに、イタリアの上記の新法典編纂における弁済理論の変更の根底には、ドイツ法における Kretschmar 等の批判理論が参照されており、そこにはドイツ普通法学の通説であった弁済＝合意説が弁済＝事実説に取って代わられる経緯が

---

1) 筆者の根本的問題関心は、しかし、冒頭引用の一節を、その体系書としての制約を離れて比較法的言及としてみた場合にそれが孕む問題性に向けられている。それは、上記引用が（平井・前掲書〔第二版〕における加筆部分でもあるのだが）「弁済の法的性質」論の学説史的意義について、「特にドイツでは弁済を債務解放契約と解する伝統の克服という学説史的意義を有したけれども、かような伝統のないわが国においては」「弁済の法的性質」論を論じることに意味はないとする点に関わる。

　この一節はそれ自体直ちに次のような疑問を誘発するであろう。すなわち、ドイツにおいて克服された債務解放契約としての弁済という伝統は、フランスでは何故克服されずに堅持されているのか？

　さらに、ヨリ深刻な問いは、＜この伝統がわが国にない＞ことが＜日本においてはこの伝統と切り離して弁済の理論的把握を行うべきである、ないし行いうる＞ことを意味するのかという点に向けられる。筆者はそうは考えない。弁済という法制度の背後には、独仏両法の発展がそれぞれ、それとの対決の二つの version を意味するような「伝統」が横たわっているのであり、これを捉えることは民法学の重要な課題と考えるからである。また、この構造の平板化・痕跡消去の経緯を逆に辿ることで、弁済の現代的な展開に新たな理論的視座を得るという法技術的な意義も見いだせる。とはいえ、これらの問題の本格的な検討には、本格的な独仏比較法史を構えざるをえまいから、これもまた別稿に委ねざるをえない。

2) とりわけ後述する Catala 自身が直面した 1960 年当時のフランスの状態はそう評価してもよいであろう（Catala, p.238〜239）。

影響を与えたことが詳細に跡づけられる。この点で、Catala の議論は、学説継受期における日本の「弁済の法的性質」論と遠く祖先を共通にしている。外国法を自国の解釈論にいわば直列につなげる Catala の論法はフランス法の作法に照らすとやや異例の感を与えるが、にも拘わらず、彼女の博士論文はその後の体系書の叙述を見わたせば高い評価を得ており（債権消滅の項で同論文に言及しないものはまず見あたらない）、その分析自体はフランス私法学界の共有資産になっている（A. Sériaux, Conception juridique d'une opération économique : le paiement, RTD civ. 2004, 225（以下、Sériaux と略す）, n. 1 note3, note4）。もとより弁済＝合意説のフランス法における支配的地位が現在もなお動かないことは、後述する判例法状況にも明らかであるが、フランスにおいても日本における論争点の殆どが踏まえられており、学問的議論の無風の中で実定的根拠のみに基づいて弁済＝合意説が墨守されているわけではない。

以下では、Catala の議論に依拠しつつフランスにおける「弁済の法的性質」論の展開を簡単に紹介することとしよう。その前提条件・道筋・帰結は日本とは異なるが、＜弁済のプロセス的理解＞という視点に照らすと、そこには示唆に富む議論が検出される。

1 弁済＝合意説

フランスにおいても、弁済の法性決定には、弁済を法律行為と捉える立場（以下、弁済＝法律行為説と呼ぶ）と、弁済を法律事実と捉える立場(以下、弁済＝事実説と呼ぶ)とがあり、前者はさらにそれを合意とする立場（以下、弁済＝合意説と呼ぶ）と、単独行為と捉える立場（以下、弁済＝単独行為説と呼ぶ）とに分かれる（Catala, p.157〜158）。

1960年の段階では[3]フランスにおいて弁済＝合意説が通説であり（Catala, p.159〜161）、弁済＝事実説を唱える論者はいなかった（Catala, p.238〜239）。例えば Colin/Capitant/Molandière, Cours élémentaire de droit civil, T.1.

---

3) ちなみに現在でも弁済＝合意説は有力である（Terré/Simler/Lequette, Droit civil, Les obligations, 10e éd. [2009]（以下、Terré/Simler/Lequette [2009] と略す）, n. 1315）。

(1957) n. 472 は次のように述べる。「弁済はそれを形作る素材的事実（物の交付や給付の履行）とは別に、法律行為として、ヨリ正確には、一方が物を任意に交付し、他方が、その物を受け取って弁済者を弁済受領者への債務から解放するということに同意する、弁済受領者と弁済者との間での意思の合致として現れる」。

(1) 「弁済の効果意思」

Catala によれば、弁済＝合意説にとって債務の消滅は、なすべき給付の単なる素材的履行の帰結ではなく、さらに両当事者の意思の合致を必要とする。この意思の合致は、債権関係の消滅がそこから生じるものとして、債務者の解放に不可欠とされている。そこでは、弁済時に債権者・債務者の二つの意思表示が協働することが含意されている（Catala, p.177）。

この立場の中核的な論理は、当該弁済対象債務を消滅させるという法律効果に向けられた意思（以下ではこれを「弁済の効果意思」と呼ぼう）を問題にし、弁済には、弁済者と弁済受領者との間でこの「弁済の効果意思」の合致がある、とするものである。

(2) 弁済＝合意説に対する批判と反批判の諸相

弁済＝合意説に対しては、債務の様々な履行態様毎に批判がなされ、またそれに対する反批判も試みられている。まず所有権の移転は、譲渡人と譲受人との合意によって生じるから、権利の移転を目的とする債務すなわち「与える債務」の弁済は、弁済者と弁済受領者との合意なしには生じない。このことは弁済＝合意説の根拠としてまず主張される。しかし、例えば売買契約によって即時に所有権移転が生じる以上、与える債務の発生原因としての合意に重ねて、さらにその弁済たる合意を問題にできるかという批判もそこから生じうる。これに対しては、所有権移転を契約時から後に遅らせている場合にはなお、合意としての弁済を想定できるという反批判がなされる(Catala, p.163)。また不作為債務については、或る行為を差し控えるだけの債務者が、その時点で如何なる合意を債権者としているのかという批判がなされる。こ

れには、当事者の態度の中に黙示的な合意があるとする反批判がありうる[4]（Catala, p.164）。

2 Catala 説

(1) 基軸としての「峻別論」

このように、弁済＝合意説に対する諸々の批判は、要するに、債務の履行態様の中に、弁済者と弁済受領者との間の合意が検出できることもあればできないこともあるのだから、一義的に弁済の法的性質を合意と決めつけるのはおかしいとするものであり[5]、それに対する反批判は、あるいは黙示の意思なるものを擬制し、あるいは当該履行態様を弁済とは異なる債務の消滅として例外扱いする。このような態度は後述する折衷説の隆盛に道を開いていくことになるが、Catala は、一つの債務消滅のメカニズムに一つの法性決定が対応していなくてはならない、として（Catala, p.157）、このような退路を予め塞いでしまう。

Catala の「弁済の法的性質」論の出発点は、何よりもまず、債務関係を、

---

[4] Chevalier, Notes sur la théorie générale des obligations, Le Caire, 1er fascicule, p. 5（未見）。これに対して、Martin de la Moutte, L'acte juridique unilatérale [1949] th. Toulouse, n. 56 のように、一般論として弁済＝合意説を採りつつ、この場合は例外として合意を検出することを断念し、不作為債務の弁済は通常の弁済とは異なるとするものもある。

[5] なお弁済＝合意説に対しては、弁済時の当事者の弁済をするという合意には、定義上債権の発生原因たる契約が先行して存在する以上、それは余儀なくされているのであって、合意を検出するのに不可欠の意思自由が欠けているから、合意の名に値しない、とする批判も存在する（Catala, p.162〜163。最近の議論状況については Laurent Siguoire, La prevue du paimement des obligeations monétaires [2010]th. Paris. I, (以下 Siguoire と略す) n. 31 参照)。しかし、この点に関して Catala は、債務者が履行か不履行か、すなわち債務から解放されるか債務不履行の制裁を受けるかの選択権を持っている以上、債務者の自由は制約されているがなお存在はしている、として、このような弁済＝合意説批判の論法自体には与しない。

なお、この論点は弁済＝単独行為説を巡っても生じるが、それに対する Catala のスタンスはやはり、弁済＝合意説に対するスタンスと同じである（Catala, p.209〜212）。

債権者の満足と債務者の履行行為という二つの要素に分析するところにある（Catala, p.14）。そして債権者の満足が債権の目的であり、債務者の履行行為はその手段であり、後者が「債務の objet」（フランスの契約規範論における債務の objet の古典的な定義については拙稿「Pimont の『契約のエコノミー』論(1)」法協 127 巻 1 号 134 頁以下（2010）を参照のこと）を形成している、とする（Catala, p.16）。

その上でイタリア法学説（Scuto, Sulla natura giuridica del pagamento, Rivista diritto commerciale 1915, p.353）を参照しつつ、次のように論じる。たしかに、弁済は例えば権利移転効を伴う契約を含むことがある。しかしこのときこの契約が基礎づけているのは当該権利移転であって、債務の消滅は、この権利移転という事実によってもたらされる。債務の消滅自体に向けられた合意が存在しているわけではない（Catala, p.175～176）。言い換えれば、債務の履行が、合意を含んでなされるか、当事者の意思の検出されない事実行為によってなされるかは、債務の内容毎に様々であるが、それは債務の履行のレヴェルの問題である。弁済は、債務の履行があったこと（ないし債権者の満足）という法律事実を要件として、別のレヴェルで生じる法現象であって、債務の履行のレヴェルの合意の要否は、弁済の法的性質には関わりがない。この議論の枠組を以下では「峻別論」と呼ぼう。そして債権者の満足という法律事実を法律要件として債務の消滅という法律効果をもたらすものとして、弁済＝法律事実説を Catala は宣言する（Catala, p.239）。

(2) 弁済＝法律事実説
(a) 「弁済の法的性質」論への解答

Catala は、上記の「峻別論」を踏まえての弁済＝法律事実説を次のように端的に表明している。「履行（exécution）の観点からは、給付（prestation）は、素材的事実ないしは法律事実であることもあれば、法律行為であることもある。しかし、債務の消滅（extinction）という観点からは常にそれは法律事実である。債務の消滅は実際、法的意思の表示の結果ではない。それは履行の自動的な帰結である」（Catala, p.240。原文では傍点部はイタリック）。「債権者の

意思、債務者の意思がどうであれ、債権者が満足したとたんに債務の消滅が生じる。債務の消滅の要件は、債務の履行の有効要件とは異なる。履行が素材的に債権者を満足させた場合にはそれが意図的なものではないということも、無能力者によって為されたということも重要ではない」(p.240～241)。「債務者の解放の本当の原因は、当事者一方または双方の意思ではなく、為すべきところを実効的に履行したことである、と認めなければならない。債務の消滅は、法律が債権者の満足という事実状態（situation de fait）に結びつけた法律効果であるから、弁済は法律事実である」(p.241)。

(b) Catala 説の淵源

Catala 説の淵源は、ドイツ法学説およびそれを継受したイタリア法学説である。Catala はまず、20 世紀前半のドイツにおいて、弁済＝法律行為説が否定され、弁済＝法律事実説が通説化した経緯[6]を紹介する。この通説の転舵のプロセスを画するのは Kretschmar, *Die Erfüllung* [1906] とされ (Catala, p.223)、さらにこの新しい方向の追随者として Gierke, Siber, Kohler, Oertmann、等々が重引されている (p.224. n. 1)。Kretschmar もまた、弁済総体を消滅メカニズムとして捉え、これを履行行為と区別した[7]とされ (Catala, p.221)、履行行為の達成を債権の消滅に結びつける要件として弁済意思の表示を不要としたとされる (Catala, p.222)。この議論は、Catala に、弁済の法性決定を履行行為の法性決定と切り離す「峻別論」を可能にし[8]、弁済＝法律事実説を採用させた点で、直接の影響を与えている。さらに Catala は、イタリアにおいて、Martorana 等[9]によるドイツからの学説継受によって弁済＝法律事実説が既に 1942 年以前に有力となっていたこと (Catala, p.226～227)、そ

---

6) Kretschmar の議論やこの時期のドイツ法の旋回については、既に日本でも紹介されている（磯村哲編集『注釈民法(12)』1 頁以下（有斐閣、1970））。

7) Kretschmar のこの弁済理解を可能にしたものは、普通法学のローマ法理解の批判的検討、特にそこでの Solutio と弁済との混同の指摘 (Kretschmar, S. 82) であるとされる (Catala, p.221)。

8) このような弁済理解が石坂説においてもほぼ採用されていることは別稿（森田・田原記念論文）において述べるとおりである。

れを踏まえて1942年に民法典自体が弁済＝法律行為説から弁済＝法律事実説に態度を変更されたことを紹介する。このように、Catalaはイタリアの法学説を介してドイツ法学説を理解し、また1942年のイタリア民法典改正の実定的インパクトがCatalaには大きな意味が与えられている。

(3)　「弁済のコーズ」論

このように、Catalaの考える弁済の有効要件には、債務者の意思の存在は含まれないが、だからといって弁済の有効要件は「債務のobjetに適合的な給付が為される」という客観的要件[10],[11]のみからなるのではない。そこにはさらに「弁済のコーズ」の要件が付加されている（p.267〜268）。

その場合、弁済の有効要件から排除された当事者意思が、コーズの要件を介して裏口から忍び込むことが直ちに予想される。この点でCatalaの所説がどのように弁済＝法律行為説と対立し得ているかを見るには、その「弁済のコーズ」の要件論の内実を吟味しておく必要があるが、結論を先取りして

---

9) なお、Catalaは、弁済対象債権が発生した時の意思と消滅する時の意思とが不変であることが、イタリアにおける弁済＝法律行為論の批判の論拠とされているとして、ある判例評釈（Musatti, note sous Corte d'appello di Roma, 23 febbraio 1928, Rivista di diritto processuale civile, 1928 II, 244）を次のように要約している。「債務関係が正常なルートを離れる場合には、新たな意思表示が必要であり、債務を消滅させるのに新たな契約が必要となる。しかしこれに対して弁済は、この債務消滅契約とは対置される。それは法的紐帯の力の表現であって、この紐帯は目指す効果を実現することで自らを消尽する。契約の履行はこの契約に胚胎していたものであって、契約の、したがって当事者の当初意思の要請であり、それ以外に何の意思表示も必要ではない。もし意思があるならばそれは余計であり、それは債務関係を作り出した当の意思の影に存在しているだけである」（Catala, p.226〜227）。この弁済＝法律事実説は「現在化」（presentiation）の考え方（拙稿「合意による契約の修正(1)」法協128巻12号2972頁（2011）参照）を明らかに前提にしている。このことは「弁済の法的性質」論における合意説を否定する副作用として、債務消滅のメカニズム総体としての「弁済」に、当初契約意思に解消できない当事者の意思的交互作用があることを消去してしまう危険を一見示す。しかし、後述するとおり、Catalaの議論はこの危険は免れており、合意説に対して、プロセス的な観点から、Catalaはむしろ不満を表明しているとも見うる（p.227）。

いえば、Catalaは「弁済のコーズ」の要件を端的に「有効な債務が先行していること」という最も客観化されたものとし、意思の要素はここでも弁済の有効要件から遮断されている。

(a) 「弁済のコーズ」への主観的・折衷的アプローチ

Catalaも「弁済のコーズ」の捉え方として幾つかのものがあり得ることは認める（p.247〜248）。

第一は、それを主観的に捉えて、目的因としてのコーズとする立場である。そこでは「弁済のコーズ」は、弁済に際して念頭に置かれた意欲という心理的な先行物の中に求められることになる。法律行為のコーズについての有力説であるCapitantの立場を前提にすると、「弁済のコーズ」も、このような負債の消滅に向けられた債権者の意思に求められることになる（Catala, p.246）。

これに対して「弁済のコーズ」をヨリ客観的に捉える方向が想定される。例えば「弁済のコーズ」を「反対方向に供給され念頭に置かれている価値の移動」という意味での「反対給付」として捉える第二の立場が考えられる。次のように述べるLoussouarnはこの立場に立つ。「弁済のコーズは、私見における意味では、弁済者が自らなすべき給付を実現することで、既存債権の履行を追求するという所為（fait）である」（Loussouarn, La condition d'erreur du solvens dans la répétition de l'indu, RTD. civ. 1949, p.212）。そこでは、「弁済のコーズ」は、当該反対債権の存在のみならず、その消滅に求められることになる。さらにそこでは給付が反対給付として念頭に置かれるという論理

---

10) 「債務のobjetと適合的な給付」は、債権者に満足をもたらすものであれば、それが法律上無効であっても生じうるとされる（Catala, p.259）。このように弁済における債務者の給付の役割は純粋に客観的なものと理解されているので、無能力者の弁済も有効とされるべきであるとされるが、これは立法論のようでもある。

11) 「債務のobjetとの適合性」の要件は厳格なものであって、例えば、誰がその給付を行ったかという属人性もその契機を形成するとされている。その結果、第三者弁済は「債務のobjetと適合的な給付」とはされず、従って第三者弁済はCatalaのいう弁済のカテゴリーに入らず、それは法律行為とされる。従って第三者が他人の債務を弁済するという意欲なしにした弁済は、錯誤に基づいて返還請求できることになる（Catala, p.265）。

関係を介して、「弁済のコーズ」が主観性と客観性との二重性を帯びるということに注意すべきである。事実、Catala も、この立場に立てば「負債の存在という客観的契機に、それを消滅させるという主観的契機が結びつくことになろう」（Catala, p.247）として距離を置いている。

(b) Catala の客観的アプローチ

しかし、第二の立場のように価値の反対方向の移動によって補償されなくても、完全に合法な価値の移動が存在するとし、「弁済のコーズ」を反対給付ヨリも一歩進んで単にその弁済対象となる債務の存在という「権原」にまで客観して捉える、第三の立場がさらに登場する。Catala はこれを採り、Capitant のような主観説も Loussouarn のような折衷説も退けて、「弁済のコーズ」を、＜弁済対象債務の存在＞として純粋客観的に捉える[12]。その結果、弁済意思は「弁済のコーズ」からも駆逐される（Catala, p.216）。

弁済＝合意説は、弁済に必要となるコーズを、契約にコーズが必要となるのと同一レヴェルで捉えるが（Catala, p.164）、弁済＝法律事実説に立つCatala は、「弁済のコーズ」の要件性と法律行為にとってのコーズの要件性とは異なるとする（p.245）。

(4) 弁済における当事者の意思の契機の位置づけ

(a) プロセスとしての弁済理解

しかし、弁済＝合意説を退け弁済＝事実説を採るからといって、そのことが Catala を、弁済という法現象の中で当事者の合意ないし意思的な作用を等閑視する態度へと導くものではない。むしろ逆であるということに注意すべきである。

Catala がイタリア法学から得た、債務の履行それ自体と弁済とを峻別する

---

12) ただし、この債務の存在という要件は、自然債務を含まない、とされていることには注意すべきである。自然債務の弁済には、法律行為が必要とされ、従って、弁済の埒外に置かれる（Catala, p.253）。そして「自然債務の弁済」にあたっては、弁済者が自然債務を弁済しているということを認識していることが、「自然債務の弁済」という法律行為のコーズとして要求される（p.255）。

視点は、債務消滅のメカニズムの一つとしての弁済をプロセスとして捉えることを可能にする。すなわち Catala によれば弁済は債務関係消滅のメカニズムであり、債務者の履行行為は弁済の要件効果の一つの局面を方向づけているだけである (p.239〜240)。「弁済の本質は債務者の紐帯を消滅させることに向けられたメカニズムである。このメカニズムの下では、債務者の給付は債務の消滅を開始する契機である。」

他方 Catala は、弁済＝法律事実説を宣言するところが示すとおり、プロセスとしての弁済それ自体の法性決定を(例えば冒頭で見た平井説とは異なり)無用のものとはしない。彼は言う。「極めて多様な履行行為に適用される法性決定は様々である。しかし一つの消滅のメカニズムには、一つの法性決定が対応していなくてはならない。債権の消滅態様としての弁済の概念は、本質的に同質的である。それはこの制度を包括的に認識することを現している。消滅行為としての弁済の法的性質を検討することは、如何なる給付が実現しようと常に同一な一つのメカニズムの性質を検討することである。給付はそれを超える内容を持つ法律効果を実現する道具に過ぎない。給付それ自体の性質は判然としない。ここで法性決定しようとしている行為は給付それ自体ではなく、給付もその一部をなすに過ぎないプロセス全体である」(Catala, p. 157)。

(b) **弁済を支える法律行為**

プロセスとして弁済を理解する態度は、そこにおける当事者の合意の作用を具体的に捉えることを可能にする。そのための鍵が「弁済に伴う法律行為」(les actes qui peuvent accompagner le payement) の概念である。Catala は直接には弁済＝合意説を批判する準備作業として「弁済に隣接し、また弁済を変形する、二次的な行為」を取り出す。これらの行為を、弁済＝合意説は弁済を法律行為と法性決定する根拠とするのに対して、Catala はこれらが弁済そのものとは区別されると指摘する (Catala, p.177)。しかしこの指摘の意義は単に弁済＝合意説への反論には留まらない。それはさらに進んで、この種の法律行為が、プロセスとしての弁済の中に現れ、本来の契約と複合して、弁済を支えていることを意識させる。Catala のこの議論からは、弁済のプロ

セスの中で当事者の意思が果たす役割を整理するのに有益な＜弁済を支える法律行為＞の枠組[13]を取り出せる。

まず、Catala は「弁済に伴う法律行為」を、「法関係の基本的所与を修正する法律行為」と「債務の履行を用意し確認する法律行為」の二種類に分類する (Catala, p.178)。

(ア) 契約規範の修正を含む＜弁済を支える法律行為＞

このうち「法関係の基本的所与を修正する法律行為」は、＜弁済を支える法律行為＞のうち、契約規範の修正を含むものといえよう。その例としてCatala は、代物弁済契約を挙げる[14]。

代物弁済契約を、弁済を支える法律行為と位置づけることは、代物弁済契約によって進行するところを弁済のプロセスと見るべきことになるので、フランスにおいて多彩に展開している代物弁済の法性決定論に関して Catala は、Mazeaud のような特殊弁済説(フランスにおける代物弁済の法的性質論の展開については、拙稿「合意による契約の修正(5)」法協 130 巻 1 号 118 頁以下 (2013)。特殊弁済説についてはとくに 134 頁以下参照) を採ることになる。すなわち、代物弁済には、「債務の objet」を修正する合意と単なる弁済という二つの契機があるとする (Catala, p.179)。言い換えれば、代物弁済でも、その合意が債務解放自体の原因ではないとされ、そこでの債務消滅原因も弁済に他ならないということが、特殊弁済説の決め手の論理である (Catala, p.180)。＜代物弁済は契約と法性決定される債務消滅原因であるのに対し、弁済は契約とは法性決定されない債務消滅原因である＞という図式はここでは否定される。

---

13) このような視点は、日本の「弁済の法的性質」論にはなかった。それはそこでの問題設定が、弁済をプロセスではなくいわば点として捉えてその法性決定を行おうとする問題設定にとらわれていたからであろう。この点で弁済のプロセス的理解に支えられた＜弁済を支える法律行為＞という視点は、現代の日本の解釈論に対し示唆に富むものと思われる。

14) この他、第三者による弁済を基礎づける合意についても言及している(Catala, p.179)が、当初の債権者の合意によらずに広く第三者弁済が認められている場合には、この合意に特段の意味はなくなる。

Catala によれば、債務消滅原因としては代物弁済も弁済もともに契約ではない。両者は、「弁済を支える合意」の存在様式を異にしているだけである。代物弁済においては、契約規範を修正する合意が先行しているだけであり、それがもたらす債務消滅効自体には合意の要素はない[15]。

　(イ)　**契約規範の修正を含まない＜弁済を支える法律行為＞**

　＜弁済を支える法律行為＞のもう一つのタイプは、債務そのものには関わらず当該債務の履行にのみ関わる法律行為という類型である。それは「履行に伴い、履行に先立ってはその諸条件を定め、履行の後ではそれを確認するといった、ある種の意思の表示」とされ、また「給付を明確化する合意」と呼ばれる (Catala, p.180～181)。

　Catala の主旨は、このような合意があるからといって、それらは弁済とは区別される合意であるから弁済＝合意説の根拠にはならないとするところにあるが (Catala, p.182)、弁済＝法律事実説を前提とすることで逆に、弁済というプロセスが当事者の意思・合意によって支えられた如何に豊富な法現象であるか、ということが具体的に一望される。

　このタイプの＜弁済を支える法律行為＞の例としては様々なものが挙げられている。まずＡ．「債務の履行される条件を定める意思の表示」として、①支払手段に関する約定 (Catala, p.181)、②弁済が「債務の objet」に厳格には適合していない場合の、債務消滅の条件となる意思表示 (Catala, p.182。例えば一部弁済の受領についての1244条の受領拒絶をしない意思表示)、③「転換」(conversion) の意思表示 (Catala, p.182。扶養義務の金銭形式の弁済に変えて、現物形式の弁済を受領する場合等に見られる債務の存在と内容とに拘わらずその

---

15)　Catala 自身の見解をさらに進めると、弁済をプロセス的に捉えた上で、さらにそこで当初の契約規範が修正されていくことを正面から認める立場（「合意による契約の修正」を重視する立場）も想定される。この立場では、このタイプの＜弁済を支える法律行為＞は、代物弁済契約に留まらないヨリ豊富なカタログを加えていくことになろう。しかし、本文で見た Catala の分析からは、債務消滅効自体が、それらの多様な合意によってもたらされると見るべきことにはならない。つまり、プロセス的弁済理解は、この意味でも弁済＝合意説を志向するものではないのである。

対象を明確化したり、その性質を変更する合意）[16]、④損害賠償の形式に関する合意（Catala, p.182。日本民法典417条の意思表示に対応する）、⑤選択債務における選択の意思表示および選択権を債権者に与える合意（Catala, p.183）。⑥種類物の特定（Catala, p.184〜185）。さらにB．「債務の履行と同時またはそれに後続する意思の表示」として、⑦指定充当の意思表示および合意充当（Catala, p.186）。⑧弁済の証明に関する合意（Catala, p.186〜188。例えば請負などに見られる仕事の受領による履行確認）が挙げられる。

II 弁済＝単独行為説とCatalaの批判

　弁済に両当事者の合意までは必要ないが、債務者が債務消滅に向けた効果意思を持つことは必要であるとする立場が、弁済＝単独行為説である。Catalaは弁済＝合意説に続けてこの立場も批判する。

1 弁済＝単独行為説と「弁済意思」

　債務の履行には、それ自体に債務者の意思は多くの場合存在している。履行の対象（「給付」はこの意味で用いられる）が事実行為であっても、そこにはそのようなものとしての行為に向けられた債務者の意思は、多くの場合（ただし確かに不作為債務の場合には問題となる）存在する。これを「給付意思」（animus praestandi）と呼べば、Catalaはこの存在を争うものではない。しかし、「峻別論」に従えば、債務者の給付意思が必要な場合であっても、弁済に債務者の法的な意思が不可欠とはならない。

　これに対して弁済＝単独行為説は、素材的な給付に留まらずに債務者の意思そのものまでが「債務のobjet」であるとし、この意思的なプロセスが履行行為とともに債務の内容の一部を形成する、とする（Catala, p.202〜203）。そ

---

[16] この合意が契約規範に変更を加えないかについては議論の余地がある。さしあたり拙稿「合意による契約の修正(2)」法協129巻1号54頁（2012）および同頁（注38）の「転換」（conversion）についての叙述（96頁）を参照のこと。

の代表として Catala が取り上げるのはイタリアにおける Andreoli の立場である（Giuseppe Andreoli, *Contributo alla teoria dell'adempimento* [1937]（未見）。全て引用は Catala からの重引による）[17]。Andreoli は、弁済の要件要素として、債務者の法的意思としての（「給付意思」とは区別されるものとしての）「弁済意思」（animus solvendi）と債務適合的給付とを要求する。「弁済意思」とは、「債務の objet」の実現という債権者の満足による債務の消滅に向けられているものであって、Andreoli によれば、弁済ありとされるためには、或る行為がそのようなものとして意欲されていること（つまりこれが「給付意思」である）では足りず、履行行為として意欲されていること（これが「弁済意思」（animus solvendi））が必要であるとされる（Catala, p.204）。ただ、弁済＝単独行為説もこの弁済意思は黙示で足り、客観的な解釈によって推認される、という（Catala, p.204）。

これに対して Catala はまず、原理的に、給付が債務を消滅させるためになされることに向けられた弁済意思は必要ではない、とする。既述したとおり「弁済を支える法律行為」の中に、債務者の単独行為があることが、弁済＝単独行為説を根拠づけるものでないことは、弁済＝合意説に対するのと同型の批判の対象となる（例えば指定充当に関して Catala, p.216 参照）。また弁済意思を語るために必要な意思自由が弁済者にはないとする批判についても弁済＝合意説についてみたところと同じ議論があり得る（本稿前掲注(4)参照）。しかし、Catala が弁済＝単独行為説批判の主戦場として選ぶのは、このような原理論のレヴェルではなく、具体的な場面での説明力・法律構成としての妥当性のレヴェルである。

2 法技術的具体論と弁済＝単独行為説

(1) 貸付・贈与と弁済との法性識別

まず、債権者 A に債務者 B が明示の意思表示なしに、金銭を交付した場合

---

17) ちなみに、例えば現在の学説としては例えば Bénabent, Droit civil, Les obligations, 11e éd. [2007]（以下、Bénabent [2007] と略す）n. 783 が弁済＝単独行為説を明示的に採る。

に、それがBからAへの新規の貸付金の交付あるいは贈与なのか、それともBのAに対する既存債務の弁済なのかという法性決定をどのように行うかという問題が取り上げられる。

弁済＝単独行為説は、これをBの黙示の弁済意思の推認ができるか否かという問題として処理できるところに自説のメリットがあるという（Andreoliの主張としてCatala, p.214～215が紹介する）。

しかし、Catalaによれば、このような場合にBからAへの金銭交付を弁済と法性決定して債務に充当するために、そのような黙示の弁済意思を想定してその認定に依存する必要はないとする。当該金銭交付を新規貸し付けないし債務とは別途の贈与と主張して、既存債権の消滅を否定しようとする者が、そのような法律行為を基礎づけるBの意思表示の存在を主張立証すべしとすれば足りるとする（Catala, p.215）。

(2) 制限能力者の弁済

フランス民法典1238条1項は、弁済者の処分能力を弁済の有効要件として明示する。このことは、弁済が債務者にとっては法律行為であることを根拠づけ、弁済＝単独行為説を採用している証左として援用される。フランス民法典と同様に弁済者の能力を弁済の有効要件としていた1863年のイタリア民法典1240条を、Andreoliも自説の根拠としていた。

しかしこれに対してCatalaは、その後イタリアでも1942年の新民法典1191条が弁済者の能力は弁済の有効要件ではないとし、Andreoliの主張に実定的根拠はなくなったとする（Catala, p.216）。そしてさらに、この法改正の背後に、債権者にとって重要なことは債権の満足を受けるというメリットであって債務者の行為はその手段でしかないという考え方の隆盛を見る（Catala, p.235～236は、Lodovico Barassi, La teoria generale delle obbligazioni [1948]（未見）p.33～を引く）。

とはいえフランスでは民法典1238条の存在が法律事実説の実定的な制約となる。Catalaはこれについてはまず、おそらくは金銭その他の物を善意で費消した債権者に返還義務を免除するフランス民法典1238条2項が適用さ

れた場合の実際の帰結を念頭に置いて「理論上の取消可能性は実際上の実益を持たない」とする（Catala, p.259）。ただ、これに直ちに続けて、フランスにおいてもイタリア民法典1191条と同様の法改正が望ましいとするところから、法律事実説のこの実定的難点を自認するようではある。

しかし、それではCatalaは法律事実説を立法論として主張するものであって、解釈論としては成り立たないと考えているかと言えば、そうではあるまい。Catalaの立場からは、金銭債務、特定物債務のような「与える債務」において、「債務のobjet」である所有権の移転には両当事者の合意が必要である以上、債務者が制限能力者である場合には所有権移転が有効とはならないが、それはあくまで履行のレヴェルのことであり、債務の消滅のレヴェルで、弁済が意思を必要とするために無効となるわけではない、という理解が導かれる。つまり与える債務においては、給付が法律行為であるから、履行のレヴェルで債権者の満足が法律事実として生じないが故に、弁済は有効とならないのである。Catalaの所説に基づけば、フランス民法典1238条が処分能力のない債務者による弁済を有効と扱っていないことは、法律事実説とこのように整合される余地がある[18]。

---

[18] この点に関して、興味深いのは日本民法典476条・477条に関する次のような主張である。日本民法典には、フランス民法典1238条1項のような、弁済に行為能力が必要であるとする明文の規定は存在しない（例えば13条の列挙の対象には弁済受領のみが挙げられている）。しかし弁済に関する476条・477条によってフランス民法典1238条2項と類似した規律が実現されている。しかし、これらの条文の解釈として、制限能力が弁済自体の効力を直接左右することが問題となっているのではなく、そこでは弁済とは区別される履行行為の効力が問題とされているという立場が有力に主張されている（平井・前掲書〔第二版〕178～180頁参照）。それによれば476条のいう「弁済の取消」とは、この、履行行為としての所有権移転という法律行為についてその取消をいうものであり、それによって制限能力者＝弁済者に返還請求権を認めた上で、同条は制限能力者の取引相手方たる弁済受領者＝債権者保護のために、特殊な留置権を認めたものとする。この理解は、債権の消滅のレヴェルと債務の履行のレヴェルとを峻別する点で、Catalaと共通しているといえよう。

(3) 不作為債務の弁済

不作為債務は、その履行が消極的事実であるため、そもそも履行のレヴェルで給付意思すら観念しない立場も想定され、弁済＝法律行為説の鬼門である。例えば、Andreoli は、履行行為としての不作為に、あえて給付意思も弁済意思もあると論じて、不作為債務の履行もまた、あくまで単独行為としての弁済に包摂されるとする（Andreoli, op.cit.n. 17～, Catala, p.205 より重引）。他方これを例外扱いして弁済とは異なる特殊な債務消滅原因（「偶然による債権者の満足」と呼ぶ）に配置することで、原則としての弁済＝単独行為説を維持する立場も想定される（Catala, p.205）。

このうち後者の立場について、Catala は、意思によらない場合であるにせよ債務者の行動態様を、それが負債の objet と合致している場合にも、何故「偶然の満足」と見なすのかは疑問であるとする。債務者とは関わりなく生じた事象が、債権者にとっての「偶然の満足」の原因となることもあるというのはわかる。しかし不作為という行為態様はまさしく債権者の求めているものなのであって、満足が契約時に念頭に置かれていた行態自体の結果であれば、それは偶然のものではなく、真の弁済の結果ではないか、というのである（Catala, p.216）。

III 折衷説と Catala の批判

以上に見た「弁済の法的性質」論に関する学説の分岐は、いずれも、弁済に一つの法性決定を与える点では共通しているが、これらに対して、そのような一意的な法性決定ではなく、場合に応じて弁済の法的性質を決定し分ける折衷説の立場が存在する。特に、弁済対象債務の履行内容毎に法性決定を行う立場が、後述するようにフランスにおいても、日本と同じく有力に主張されている。Catala も折衷説がドイツ・イタリアでは優勢であることを認めている（Catala, p.169, p.174）。また次述する近時の「弁済の法的性質」論の隆盛の中で、折衷説が相対的に支持を集めているようにも思われる（Malaurie/Aynès/Stoffel-Munck, Droit civil, Les obligations, 4e éd.（以下 Malaurie/

Aynès/Stoffel-Munck [2009] と略す) n. 1075, Ghestin/Billiau/Loiseau, Traité de droit civil, Le régime des créances et des dettes（以下 Ghestin/Billiau/Loiseau [2005] と略す), n. 532)。しかし Catala の所説には折衷説に対する原理的な批判が顕著である。

1 「弁済の証明」を巡る判例の展開

近時フランス法においては、「弁済の法的性質」論が俄に活況を呈している。それは弁済の証明に関する2004年の破毀院の判例変更が発端である。

(1) 前　提

フランスでは、弁済の証明には書証主義が取られている。すなわちフランス民法典1341条は書証主義を採り[19]、同条は法律行為についてのみ適用があるとされている[20]。他方で弁済についての立証責任は債務者にあるとされている[21]が、弁済＝法律行為説に立って、債務者が弁済の抗弁を提出する際に書

---

19) 1341条（1980年7月12日法律による改正。上限額の訂正）
   第1項　政令に定める価額ないし価値を超える全ての物については、任意寄託の目的である場合も含め、公証人の面前で作成される証書ないし私署証書が作成されなければならない。これらの証書の内容に反しまたはそれを越えては、たとえ上記の価値価額を下回る場合であっても、証書作成の前後を問わず述べられたと主張される事柄について、如何なる人証も受理されない。
   第2項　このことは、商事に関連する法律に規定された事項については妨げない。
20) 体系書の多くにおいて前提とされており、編別構成上も同条は多くの場合、「契約の成立要件」に関して言及されている（Ripert/Boulanger, Traité de Droit Civil, t. II [1956] n. 362, Terré/Simler/Lequette [2009] n. 153, Malaurie/Aynès/Stoffel-Munck [2009] n. 560, Bénabent [2007] n. 109, Flour/Aubert/Savaux, Droit civil, Les obligations, 1.L'acte juridique, 13e éd. [2008] n. 316)。
21) 1315条
   債務の履行を請求する者は、債務を立証しなくてはならない。
   それに見合って、債務から解放されていることを主張する者は、弁済その他債務の消滅をもたらす事実を立証しなくてはならない。

証主義の制約を受けることが安定した判例法[22]を形成してきた（Siguoire, n. 189, Ghestin/Billiau/Loiseau［2005］n. 648）。

(2) 破毀院判例の展開

ところが、この点に重大な変更をもたらす判決が破毀院民事第一部によって下された。

破毀院民事第一部 2004 年 7 月 6 日 Bull.civ.I.n. 202
【事実】

　1991 年 10 月 16 日、Y（CCSJL 銀行）は X（ヤンゲラ夫妻）に 80 万フランの不動産融資を行う消費貸借契約を締結した。XY はその後貸付条件について再交渉を行い、1994 年 4 月 8 日の修正合意によれば両当事者は、当初 11% とされていた利率を 8.8% とした。Y 銀行が X に対して本件貸付に付き不動産執行を開始し、差押えを行ったのに対して X は異議を申し立てた。X の主張は、1996 年 7 月 23 日に該銀行の窓口で 200 万ペセタ＝80 万フランの弁済をし、そのことは受取証書からも明らかであるのに、Y 銀行に開設した X 名義の口座には 8000 フランの支払いしか記帳されていないというところにある。また、Y 銀行は再交渉に際して消費法典 312-8 条によって課された方式要件を充足していないので、X に対する利息請求権を失う、と主張する。

　原審（ポウ裁判所 2001 年 6 月 5 日は次のように判示して、X の主張を認めた。すなわち(1) Y 銀行は、X の 7 月 23 日の弁済が 8000 フランについてのみなされたことを明らかにする複数の口座明細書を作成し、この口座明細書受領時に X が沈黙していたことを以て、その黙示の承認をしている X は弁済額が

---

22) 例えば破毀院民事第一部 1982 年 12 月 15 日判決（Bull.civ.I.n. 365）は、貸金返還請求に対する弁済の抗弁が問題となった事案である。債務者は、返済額の範囲は単なる事実であるから、それは自由な証明が認められるとし、原審が借入の返済の証明に書証を要求しているのは 1341 条の解釈を誤っているとして上告したが、破毀院は金銭の支払いについて抗弁を主張する者は 1341 条の証明方法によるべく、債務者は小切手による返済分以外については書証を提出していないから、これらの額について弁済の抗弁を退けた原審の 1341 条の適用に誤りはないとした。

8000フランにとどまるということを示すと主張するが、これによって1347条の「書証の端緒」の存在は正当化されない。(2) 1999年6月25日法律公布以前の貸し付けの再交渉は、それが利息の引き下げをしたと読み取れる場合には、消費法典312-8条に該当していると評価され、1994年4月8日の修正合意は利率の縮減を内容としているにもかかわらず、同条の要件を充足していないとし、1994年4月8日以降の利息請求権は失効するとした。

　Y銀行より上告。その理由第一は原審判旨(1)について、フランス民法典1347条違反に当たるというものである。また原審判旨(2)について1999年法律115条2項に違背している、とする。

【判旨】上告棄却

　上告理由第一については「弁済は事実であって、その証明は如何なる手段によっても為されうる」としてこれを退けた。上告理由第二については、再交渉がヨリ有利な性格をもつか否かは、交渉の対象となった全ての要素を考慮に入れて評価されるべきであり、1999年法律115条2項の列挙するものに限定されない。本件修正合意は利率の引き下げのみならず、借手に期限前償還に際しての賠償責任を義務づける条項を導入して、その義務負担を重くしたのであるから、銀行が消費法典312-8条の要件を遵守していないとして、利息請求権は失効するとした原審は判示は正確である、とした。

　弁済の証明について書証主義を否定したこの裁判例の一般論は第一民事部においては直ちに踏襲されたものの[23]、破毀院の他の部では必ずしも前提とされていない。すなわち民事第三部は同種事案につき同部2008年2月27日 D.2008, Act.p.783判決において、同部1993年3月10日（JCP.N.1994.II.p.25）に示された書証主義の立場を堅持している。破毀院社会部2006年1月11日 Bull.civ V.n.6も破毀院民事第三部と同様に、弁済の立証を書証主義から解放していない。

---

23) 破毀院民事第一部2005年7月5日（pourvoi n. 03-18.109. Inédit）。ただしこの判決も、その一般論は2004年判決の文理を踏襲しているものの、上告理由との関係では、書証主義の採否自体を争点とするものではない。

2　現在の学説状況

このような状況をもって破毀院の分裂であるとするのが学説の多数の受け止めである（Grégoire Loiseau, Réflexion sur la nature juridique du paiement, JCP.G. 2006．Ⅰ.171（以下、Loiseauと略す）n. 2, Siguoire, n. 7, n. 31, Terré/Simler/Lequette [2009], n. 135）。学説は当然、これを問題視するが、分裂状態からの脱却には二つの方向性が生じてきている。

(1)　証明論における「弁済の法的性質」論不要論

一つの方向は、「弁済の証明」の問題を「弁済の法的性質」論と切り離して論じようとする方向である（Sériaux, n. 2）。日本法になじんだ頭からは、自然な方向性のように思われるが、例えばSériauxの論文が、2004年判決以前に発表されたものであることもあり、この方向を採った上で金銭債務について端的に書証主義を適用せよと論じることについては、弁済者に何故受取証書の取得が、その権利であることを越えて義務づけられるに至るかについての説明がない等という批判がなされている（Siguoire, n. 29[24]）。また、弁済＝法律行為＝書証主義という、フランス法特有のカテゴリカルなリンクを、解釈論上断ち切ることは容易ではあるまい。この点で、いわゆるカタラ草案が、金銭債務にとって合理的であることを念頭に置きつつ、その1231条で端的に「弁済は如何なる手段によっても立証される」としたことは[25]、同草案が、「弁済の法的性質」論について沈黙している（Siguoire, n. 679, note. 2）ところに照らして、立法論によってはじめてこのリンクを切断することができることを示してもいる。

---

24) ただし、Siguoire自身は、「弁済の法的性質」論と弁済の証明方法とを直結させることに批判的である（n. 642）。

25) *Avant-projet de réforme du droit des obligations et de la prescription* [2006] art. 1231. 特にp.68, [par François et Libchaber] も参照。ちなみにカタラ草案の起草代表者P. Catalaと本稿で取り扱った論文の筆者N. Catalaとは別人（きょうだい）である。

(2) 折衷説的方向

もう一つの方向は、上記のリンクを維持しつつ、「弁済の法的性質」論を柔軟化して、弁済の証明の実際のニーズに応じようとするものであり、そこでは、債務の履行内容に即して、弁済を法性決定し分けることが志向され、折衷説が唱道される。例えば Loiseau は、債務履行行為が、法律行為か単なる事実かに従って法性決定をする、弁済についての臨機的・二元的な立場を採れば、破毀院の分裂をもたらしている深刻な対立をやり過ごせるとする (Loiseau, n. 3)。Loiseau 自身は金銭債務の弁済については、所有権移転を内容とする法律行為であるとして弁済＝合意説を採りさえするから、結局書証主義によるべきことになり、2004 年判決を整合的に理解することはできない[26]。しかし、この主張の問題性は Catala が既に指摘していた[27]。

3 Catala の折衷説批判

(1) サンクレティスム批判

Catala は、折衷説を、法性決定の議論におけるサンクレティスム (syncrétisme 混合主義) 的な態度として、退ける。折衷説に魅力がないわけではないが、弁済の理論の内部に分断を持ち込むものであるとし (Catala, p.169)、既述したとおり、債務消滅の一つのメカニズムには、一つの法性決定が対応していなくてはならない、とするのである (Catala, p.157)。

(2) 「峻別論」の平板化

加えて、このような折衷説には、上述した Catala の理論的前提と相容れな

---

26) この点で Siguoire は、金銭債務に 1341 条の適用があるとしても、1341 条の解釈、特に判例法の中に顕著な 1347 条を活用する「書証の端緒」の法理による書証主義の緩和の進展に依拠して、適切な解決を導こうとしている (Siguoire, n. 189～194)。2004 年判決もその流れの中に位置づけられている (n. 191)。

27) 事実、同様の折衷説を標榜して明示的に Catala の主張を批判するテーゼが近時公表されている (Dominguez, L'indication de paiement [2004]th. Valenciennes, n. 177, Siguoire, n. 30 より重引)。

い面があることも重要である。というのはこうである。折衷説の中では例えば、与える債務はその履行が所有権移転に関する両当事者の合意を含み、法律行為に当たるから、与える債務の弁済は法律行為と法性決定されるのに対し、為す債務・為さざる債務の履行は事実行為であるから、為す債務・為さざる債務の弁済は事実行為と法性決定されるという立場が比較的有力である（既述したSiguoireの立場に他ならない）[28]。しかしこの立場は、債務の履行内容と弁済の法的性質とを直結している点で、この二つのレヴェルを区別するというCatalaの「弁済の法的性質」論に対する既述した基本的アプローチである「峻別論」を否定するものに他ならない。

実際Catalaは、Kretschmarについて、一方で彼がこの「峻別論」を提示したことを評価しながら、他方で、彼が履行の内容に即した折衷説を採ることで（Catala, p.172）、彼本来の弁済＝法律事実説の立場を緩和していることを批判している（Catala, p.222～223）。

小　括

本稿では、従来等閑に付されていたフランスにおける「弁済の法的性質」論の展開につきCatalaの所説を軸として紹介した。しかし、Catalaの議論にはフランスの学説史上の意義に留まらない次のような含意を見い出すことができる。

1　現在のフランスの法状況にとっての含意

Catalaの議論を、2004年判決以後のフランスにおける「弁済の証明」論の

---

28) 既にCatala論文当時に、この立場を採るものとして、Catalaは、Dupeyrouxを挙げる（Dupeyroux, La contribution à la théorie générale de l'acte à titre gratuit, th. Toulouse [1955], p.279 Catala, p.168～169）。このタイプの折衷説以外に、債権者の協力の要否によって折衷的な態度をもたらす学説も紹介されているが（Catala, p.173はWindscheidを引いている）、弁済が権利移転を内包するか否かを基準とする折衷説が最も成功を収めたとする（Catala, p.174）。

理論状況の下において読み直すと、そこには二つの異なった展開可能性が見い出せる。

　一方で、Catala の分析の結果に端的に着目すれば、その帰結である弁済＝法律事実説を採用することで、弁済の証明方法と「弁済の法的性質」論とを直結させるその意味では古典的な枠組を前提としたままで、弁済の証明方法の自由化のニーズが図れることになる。

　他方で、Catala の分析の方法的含意を重視するならば、その前提である「峻別論」にたったプロセス的な理解を推し進めて、既述した「リンク」そのものを断ち切り、そもそも弁済の証明方法の在り方を「弁済の法的性質」論と結びつける論法自体を否定して、弁済の証明方法の在り方をしかるべく設計していく方向が根拠づけられることになろう。Siguoire はこの方向に属し、簡単に紹介したカタラ草案をこの方向において理解することも可能であるように思われる（Siguoire, n. 679）。

2　日本法にとっての含意

　Catala の議論の基軸とも言える「峻別論」は、日本法においても、「弁済の法的性質」論におけるカテゴリー志向への拒否反応を別とすれば、有力説の中に検出できる(平井説。前掲注(18)参照)。また弁済をプロセスとして捉える志向は日本法の中でも有力となっているように思われる（奥田昌道『債権総論〔増補版〕』487 頁以下（悠々社、1992）、平井・前掲書〔第二版〕164 頁以下、潮見佳男『債権総論Ⅱ〔第三版〕』183 頁以下（信山社、2005））。なお、この点で Catala の議論には、「峻別論」・「弁済の法的性質」論・「プロセスとしての弁済」論が、論理的に緊密に連関したものとして組み合わさっているという特徴がある。従来の日本の「弁済の法的性質」論は、時間の幅を持たない一個の法現象として弁済を措定し、そこに債務消滅に向けた効果意思があるかという抽象的問題設定を専らにしてきた。そこでは、当初の契約意思によって設定された債務内容の実現という「presentation の呪縛」の埒内に止められた上で、弁済はいわば抽象的な点として捉えられていた。このような論じ方を脱却して、プロセスとしての弁済において、そこに様々に現われる当事者のどのような

合意が、どのような機能を営むか、という具体的な分析を行いうる、新しい「弁済の法的性質」論が、「過払金充当合意」を巡る事案のような検討対象の蓄積に照らしても、いまや必要であり、また可能となっているように思われる。この点でCatalaの採る弁済＝法律事実説が、弁済＝法律行為説に対して、債務の消滅のプロセスにおける当事者の意思・合意の契機を軽視するものではないことに注意すべきである。とりわけ、プロセスとしての弁済を具体的に構造化して捉える上でその「弁済を支える法律行為」の概念が法技術的な分析概念として有用であろうと思われる[29]。しかしこのような視点を日本法の分析として具体化する作業についてはさしあたり別稿の参照を乞いたい（森田・田原記念論文参照）。

---

29) なお、この他、フランスの「弁済のコーズ」論を弁済における意思のあり方という角度から検討することも、日本法上有益な示唆を含むと思われる。「給付と当該債務との結合関係」が弁済の有効要件か否かについては日本でも議論が分かれているように思われるが、この要件の要否、およびそれを表現する法律構成如何に関しては、本文で見たCatalaの客観的コーズ説を批判的に検討することが手掛かりを与えると思われる。

第三者による相殺
―― 事実上の優先弁済とその制限の検討

下村　信江

Ⅰ　はじめに
Ⅱ　「第三者による相殺」が問題となる場面
Ⅲ　従来の判例・学説の状況
Ⅳ　法制審議会での議論の状況
Ⅴ　「第三者による相殺」の制限の必要性
Ⅵ　おわりに

Ⅰ　はじめに

　民法は、「二人が互いに……債務を負担する場合において」、相殺（法定相殺）によって債務を免れることができる旨を定める（民法505条1項本文）。そこで、法定相殺がなされるためには、原則として、同一当事者間に債権が対立していることが必要であるが、同一当事者間における債権の対立なしに、例外的に相殺が認められる場合があるかが問題とされてきている。特に、民法のうち債権関係の規定の改正作業が進められる過程において、「第三者による相殺」に関する規定の創設が検討され、かかる相殺を認めることの必要性及びその問題点が改めて論じられるようになっている。「第三者による相殺」の規定を設けることについては、すでに、法制審議会民法（債権関係）部会における審議の議事録が公表されている。また、「民法（債権関係）の改正に関する中間試案」も公表されている段階である。そこで、本稿では、従来の学説における議論を参照し、なぜ、かかる規定の創設が民法（債権関係）部会

の審議の俎上に載せられたのかを確認し、審議会等での議論状況を整理したうえで、「第三者による相殺」を認めることから生じうる問題を検討する。このような作業によって、相殺による事実上の優先弁済効のもたらす問題を浮き彫りにし、かかる相殺の限界を探ることができるのではないかと思われるからである。

II 「第三者による相殺」が問題となる場面

民法は、二当事者間に対立する債権が存在することを相殺の要件としている(505条1項)。しかし、同一当事者間に、債権の対立がない場合にも相殺が認められる例外的な場合が存在することが考えられうるし、実際に、民法は、二当事者間に債権の対立がない場合の相殺を例外的に規定している。

第一は、第三者の有する債権による相殺である。例えば、AのBに対する丙債権を保証するために、AがCに対して保証債権としての乙債権を有しているという関係にある場合に、Cが主たる債務者Bの有する甲債権による相殺を主張するという場面である[1](図1)。民法457条2項は、このような場合に、「保証人は、主たる債務者の債権による相殺をもって債権者に対抗することができる」と規定している。

もっとも、この規定については、他人（B）の権利を処分することを認めたものか、債権者Aからの請求に対して他人（B）が債権を有することを理由に、履行拒絶ができるということを定めたものであるかについて議論がある[2]。また、457条2項を、他人の有する債権による相殺の例として掲げることは正確ではないとの指摘がある[3]。連帯債務に関する436条2項について

---

1) 本稿では、以下での説明の便宜上、法制審議会で用いられている図や記号を使用するものとする。
2) 我妻榮『新訂債権総論』482頁、483頁（岩波書店、1964）、潮見佳男『債権総論II〔第3版〕』441頁（信山社、2005）、中田裕康『債権総論〔第3版〕』496頁、497頁（岩波書店、2013）等。
3) 中田・前掲（注2）397頁。

も同様の問題が存する。

【図1】

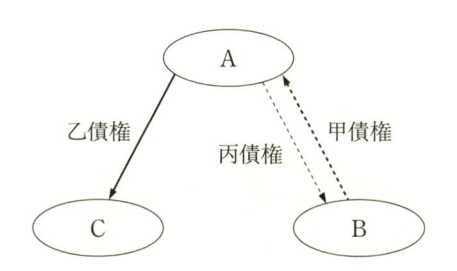

```
       A
      ↙ ↖
   乙債権  甲債権
    ↓  丙債権  ↑
    C         B
```

　第二は、第三者に対する債権による相殺である。たとえば、CがAに対して甲債権を有していたところ、CがBに対して甲債権を譲渡し、BがAに対して甲債権の履行を請求した場合に、AがBに対して、相殺の抗弁を主張することができるかという場面である（図2）。民法468条2項によると、債務者は通知を受けるまでに譲渡人に対して生じた事由をもって譲受人に対抗することができるから、Aは、Cに対して有する乙債権を自働債権として、BがAに対して有する甲債権を相殺することができる[4]。

【図2】

```
         A
        ↙ ↖
    乙債権   甲債権
      ↓       ↑
      C ══債権譲渡══▶ B
```

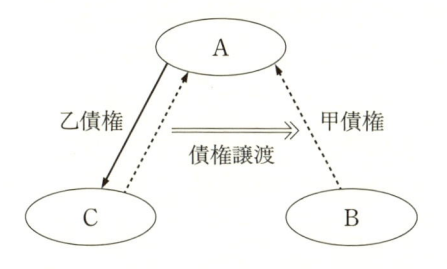

4)　なお、債権譲渡と相殺の優劣に関しては、潮見佳男「『相殺権者』としての債務者」潮見佳男＝山本敬三＝森田宏樹編『特別法と民法法理』39頁以下（有斐閣、2006）を参照。また、債権譲渡と相殺について論じるものとして、髙橋眞「債権譲渡と相殺——判例を読み直す」田原睦夫先生古稀・最高裁判事退官記念論文集『現代民事法の実務と理論＜上巻＞』211頁以下（きんざい、2013）がある。

これらの場合に加えて、第三の場合として、相殺の相手方が第三者に対して有する債権を受働債権とする相殺（第三者の債務による相殺）が可能であるかが議論されている。たとえば、BがAに対して、甲債権を有し、AがCに対して乙債権を有し、Bが乙債権を担保するために、自己の不動産に抵当権を設定している場合である（図3）。このような場合には、Bは、利害関係のある第三者として乙債権の弁済ができるが（民法474条）、甲債権を自働債権とする相殺をすることが可能かが議論されてきている。

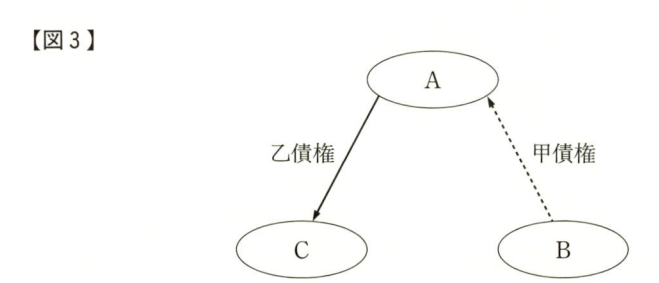

【図3】

```
            A
         ╱    ╲
      乙債権   甲債権
       ↓       ⋮
       C       B
```

そして、法制審議会民法（債権関係）部会では、上記の第三の場合について、一定の要件の下で「第三者による相殺」を可能とする規定を設けるべきであるか否かが検討されていた。そこで、以下では、従来の学説における議論、法制審議会における議論状況等を整理、検討したうえ、「第三者による相殺」を可能とする制度を設けるべきか否かを検討する。なお、以下、本稿において、「第三者による相殺」とは、上記「第三の場合」、すなわち、「相手方が第三者に対して有する債権を受働債権とする相殺」を指すものとする。

III　従来の判例・学説の状況

1　議論されていた場面

相殺の相手方が第三者に対して有する債権を受働債権とする相殺（第三者の債務による相殺）が可能か。前述の通り、BがAに対して、甲債権を有し、

AがCに対して乙債権を有し、Bが乙債権を担保するために、自己の不動産に抵当権を設定している場合に、Bは甲債権を自働債権、乙債権を受働債権とする相殺をなしうるのか。従来の議論はこのような場面について相殺の可否を論じていたと言ってよいだろう。

【図4】

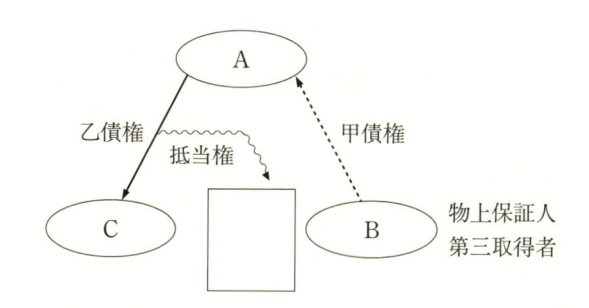

2 判例・裁判例の状況

(1) 判例（大判昭和8年12月5日民集12巻2818頁[5]）は、抵当不動産の第三取得者が、債権者（抵当権者）に対して、債権を有していた場合に、この債権を自働債権とし、抵当権者の債務者に対する債権（抵当権の被担保債権）を受働債権とする相殺を認めなかった。「相殺ハ当事者互ニ同種ノ目的ヲ有スル債権ヲ有スル場合ニ於テ互ニ給付ヲ為サスシテ其ノ対当額ニ於テ債権ヲ消滅セシムルモノニシテ弁済ト其ノ性質ヲ異ニスル」ことをその理由とする。

(2) なお、本稿が検討対象とする「第三者による相殺」が問題となる事案とは異なるが[6]、関連する裁判例として、大阪高判昭和56年6月23日判時1023号65頁がある。本判決は[7]、民法457条2項を類推適用することにより、物上保証人が、被担保債権を消滅させる限度において、被担保債権の債務者

---

[5] 本件評釈として、山田晟・判評民事法昭和8年度・197事件がある。
[6] 前記の「第三者の有する債権による相殺」の場合である。
[7] 本件評釈として、椿寿夫・判評295号（判時1082号）183頁（1983）、坂本武憲・ジュリ777号86頁（1982）、古館清吾・金法1035号21頁（1983）、平井一雄・法時55巻6号145頁（1983）、椿久美子・担保法の判例II（ジュリ増刊）305頁（1994）等がある。

が抵当権者に対して有する債権を自働債権として相殺することを認めている[8]。その理由として、①物上保証人は当該担保物件の価格の範囲に限られるとはいえ、他人の債務について責任を負い、その責任が他人の債務に付従するという点で保証人と異なるところはないこと、②物上保証人も保証人と同様に求償権を有するから、このような相殺を認めることは同様に求償関係を簡明にするものであること、③他人の債務について責任を負った物上保証人も保証人と同様に、実際上は債務者の提供した担保と類似した効果を有している債権の対立関係について、相殺による利益を受けさせてこれを保護する必要があり、同条の立法趣旨である保証人保護の要請は、そのまま物上保証人にも妥当するものであること、④実質的にみても、保証人の場合は債務名義取得ののちに強制執行がなされるのに対し、物上保証人の場合は直ちに競売がなされるのであるから保証人よりも切迫した立場にあり、相殺による保護の要請がむしろ強いものというべきであること、⑤物上保証人に同条の類推適用を認めても物上保証の性格に反するものではなく、これによる弊害も考えられないことをあげる。

3 学　　説

学説では、前掲大判昭和8年12月5日を前提として、「第三者による相殺」の可否を論じていると思われる。多くの見解は、結論として、一定の場合には、「第三者による相殺」を認めているといえよう。

まず、相殺の簡易な決済方法という点を捉えて、第三者弁済と同様に解し、第三者弁済を行うことができる者について、「第三者による相殺」を肯定する説がある[9]。ただし、第三者弁済が許される場合であっても、債権者が破産状

---

[8] 鈴木禄弥『物的担保制度をめぐる論集』59頁、60頁（テイハン、2000）は、物上債務論の立場から、457条2項の類推適用を説明する。

[9] 澤井裕『テキストブック債権総論』192頁（有斐閣、1980）、星野英一『民法概論III（債権総論）〔補訂版〕』293頁（良書普及会、1992）、平井宜雄『債権総論〔第2版〕』222頁（弘文堂、1994）、潮見・前掲（注2）355頁、356頁、近江幸治『民法講義IV　債権総論〔第3版〕』292頁、293頁（成文堂、2005）。

態である場合には、他の競合債権者間の公平を図る必要があることを理由に、かかる相殺を否定する見解がある[10]。すなわち、【図4】のケースにおいて、Bによる相殺を認めると、Aの他の債権者との関係で、Bが優先することになり、また、Bによる相殺を認めると、Bは、Cに対する求償権を取得するが、Cの資力が十分であれば、BはAの無資力の危険の負担を回避できることになり、債権者間の公平が図られない結果となる[11]。したがって、Aが破産状態である場合には、「第三者による相殺」を認めないとするものである。

また、Bが物上保証人や第三取得者である場合には、Bによる相殺(甲債権を自働債権、乙債権を受働債権とする相殺)を肯定する見解がみられる[12]。物上保証人や抵当不動産の第三取得者は、他人の債務について責任を負担するが、他人の債務を負担するものではなく、相殺は、責任と債務の間で行われるものではない。そこで、原則としては、第三者の債務を受働債権とする相殺は否定されるが、例外的に、Bが自分の責任を免れるために、かかる相殺をす

---

10) 於保不二雄『債権総論〔新版〕』353頁（有斐閣、1979）、奥田昌道『債権総論〔増補版〕』494頁（悠々社、1992）。

なお、平野裕之『債権総論』129頁、130頁（信山社、2005）は、債権者が無資力でない場合にのみ、相殺を認めるが、物上保証人や保証人については、保証人とのバランス論、責任を負担する立場を考慮して、債権者の無資力を問わずに、相殺を認めても良いとする。

11) 角紀代恵『基本講義 債権総論』78頁（新世社、2008）。

12) 我妻・前掲（注2）323頁、324頁、松坂佐一『民法提要 債権総論〔第4版〕』277頁（有斐閣、1982）、前田達明『口述債権総論〔第3版〕』501頁（成文堂、1993）、林良平（安永正昭補訂）＝石田喜久夫＝高木多喜男『債権総論〔第3版〕』334頁（青林書院、1996）、淡路剛久『債権総論』390頁、391頁（有斐閣、2002）、内田貴『民法Ⅲ 債権総論・担保物権〔第3版〕』37頁、38頁、250頁、251頁（東京大学出版会、2005）。

なお、鈴木・前掲（注8）59頁、60頁は、弁済の往復の手数を避けるためにも、このような相殺は可能であるとし、我妻説のような有力説の結論は妥当であるとするが、責任を負う者がこのような場合にのみ相殺が許されるかの根拠が妥当性以外には求められないことになるとし、「担保物所有者が担保権者に対し物上債務を負うことを前提として、かれが担保権者に対して債権をも有する場合には、これを自働債権として物上債務との相殺をすることにより、担保権を消滅せしめうる」と説明する。

ることは認められるべきであるとするものである。

これに対して、「第三者による相殺」を否定する見解もある[13]。理由としては、他人のため自己の不動産に担保を設定したということにより、自己の有する債権につきなんら優先権を確保することにならないし、他人の債務を弁済する正当な利益は法定代位の根拠であり、法定代位権者であれば、後順位抵当権者も含まれることをあげる見解[14]や相殺の可否は形式に判断してこれを認めず、債権者（A）は、自らが倒産状態にない場合には、甲債権によるBの代物弁済を承認しないことが信義則上、認められないと解すれば足りる、とする見解がある[15]。

4 債権法改正の基本方針

民法（債権法）改正検討委員会は、「第三者による相殺」を提案していた[16]。【3.1.3.23】（債務者以外の者による相殺）では、「相殺は、第三者のする弁済の例により、債権者に対し債権を有する第三者もすることができるものとする」とされている[17]。この提案においても、相殺の相手方（Aにあたる）が無資力である場合に生じる問題点が意識されており、「第三者による相殺は、受働債権を担保する担保権の負担を受けているなど法律上の利害を有する者がする場合に限ることが相当である」とされている[18]。

---

13) 勝本正晃『債権総論中巻之3』448頁（巌松堂書店、1936）。
14) 船越隆司『債権総論』502頁、503頁（尚学社、1999）。
15) 中田・前掲（注2）396頁、397頁。
16) 民法（債権法）改正検討委員会編『詳解・債権法改正の基本方針Ⅲ』46～48頁（【3.1.3.23】）（商事法務、2009）。
17) 民法（債権法）改正検討委員会の提案を検討するものとして、三上徹「相殺」金法1874号41頁以下（2009）、中舎寛樹「多数当事者間決済の対外的効力」法時83巻2号70頁（2011）。
18) 民法（債権法）改正検討委員会編・前掲（注16）47頁。なお、本提案の適用事例として、多数当事者間の相殺を実質的に可能とすることもあげられているが、本稿は、この問題について論じるものではないため、省略する。

IV 法制審議会での議論の状況

1 第1読会での議論

　平成21年(2009年)10月に、民法改正について、法制審議会への諮問がなされ、これを受けて、民法(債権関係)部会が設置され、2009年11月から、民法(債権関係)の改正について審議が重ねられている。そこで、民法改正に際して、「第三者による相殺」がどのように考えられているかについて、簡単に確認しておくこととする。

　平成22年(2010年)4月27日に開催された法制審議会民法(債権関係)部会第8回会議において、第三者による相殺が認められることについて明文の規定を置くべきか否かが議論されている[19]。ここでは、かかる相殺を認める場合に生じる次のような問題点が指摘されていた。まず、かかる相殺を認めると、Aが無資力の場合、Aの他の債権者に損害を与えるおそれがあるという問題である。具体的には、Aの従業員の労働債権には一般先取特権が認められていて、Bの債権よりも優先するはずであるところ、Bによる相殺が認められると、労働債権の回収原資を失わせるという問題や、Aが無資力の場合には、Bの有する甲債権の価値は券面額以下であるにもかかわらず、これをもって乙債権に代物弁済をすることを強制することになり妥当ではないという問題が指摘された。

　また、Bが無資力の場合に、たとえば、Aが銀行で、Bが甲債権(預金債権)を有していた場合に、AはBに対して丙債権という反対債権を有しており、甲債権との相殺により丙債権を回収することを期待していたところ、Bが甲債権と乙債権とを相殺することによって、Aには不良債権である丙債権だけが残ってしまうという問題が生じることも指摘されている。

---

[19] 法制審議会民法(債権関係)部会第8回会議議事録38頁、39頁。

2 「民法(債権関係)の改正に関する中間的な論点整理」とパブリックコメント

　平成23年(2011年)4月12日に開催された法制審議会民法(債権関係)部会第26回会議において、「民法(債権関係)の改正に関する中間的な論点整理」(以下、「中間的な論点整理」という。)が決定された。そして、平成23年6月1日から同年8月1日までの期間に、パブリックコメントが実施されることに伴い、法務省民事局参事官室から「民法(債権関係)の改正に関する中間的な論点整理の補足説明」が公表された。

　「中間的な論点整理」は、「自己の債権で他人の債務を消滅させるという第三者による相殺」(Bが甲債権を自働債権、乙債権を受働債権としてする相殺)「についても、その者が『弁済をするについて正当な利益を有する者』である場合には認められる旨の明文の規定を設けるべきであるという考え方がある。このような考え方については、第三者による相殺が認められることによって、①Bが無資力のAから事実上の優先弁済を受け、B以外のAの債権者の利益が害されるという問題や、②Aが無資力のBに対して反対債権を有する場合に、Bが甲債権をあえて乙債権と相殺することを認めると、AのBとの相殺の期待が害されるという問題のように、弁済と相殺との問題状況の違いに応じて、その要件を第三者による弁済の場合よりも制限する必要があるという指摘があることにも留意しつつ、更に検討してはどうか。また、規定を設ける場合には、受働債権の債権者」(A)「が無資力となる前に三者間の合意により相殺権が付与されていた場合の当該合意の効力に関する規定の要否についても、検討してはどうか。」とする。

　この「中間的な論点整理」に関するパブリックコメントに出された意見をみると[20]、「第三者による相殺」を認める規定を設けるべきであるとの積極的な意見はみられない。むしろ、「第三者による相殺」を可能とする規定を設け

---

20) 法制審議会民法(債権関係)部会・部会資料33-3「中間論点整理第13から第21までに関する意見」332〜342頁。

ることにつき、反対する意見、あるいは慎重であるべきであるとする意見が多く、また、かかる規定を設けるとしても、第三者の要件に絞りをかけることなどによって、相殺が認められるための要件の明確化を望む意見が多いといえる。

　従来、議論されてきた物上保証人や抵当不動産の第三取得者については、相殺を認めてもよいとする意見がみられるが、これらの者以外の者が問題となる場合については、慎重な意見が多くみられる。また、すでに、「中間的な論点整理」において指摘されている問題点以外の問題点を指摘する意見としては、実務上、規定を導入すべき需要が乏しい[21]、紛争が長期化するおそれがある[22]、第三者相殺の要件に無資力を問題とする場合、平時の実体法である民法において債権者の公平の視点から規定を置く必要があるのか[23]、第三者の相殺が競合する場合の問題[24]がある。

3　第2読会での議論

　平成24年（2012年）5月22日に開催された同部会第47回会議において、第三者による相殺に関する審議が行われている[25]。

　第2読会では、次のような案が提示され[26]、これをもとに、議論が行われていた。

---

[21]　法制審議会民法（債権関係）部会・部会資料33-3「中間論点整理第13から第21までに関する意見」335頁（森・濱田松本法律事務所有志意見）。

[22]　法制審議会民法（債権関係）部会・部会資料33-3「中間論点整理第13から第21までに関する意見」335頁（最高裁判所意見）。

[23]　法制審議会民法（債権関係）部会・部会資料33-3「中間論点整理第13から第21までに関する意見」335頁（最高裁判所意見）。

[24]　法制審議会民法（債権関係）部会・部会資料33-3「中間論点整理第13から第21までに関する意見」334頁（経営法友会意見、日本消費者金融協会意見）等。

[25]　法制審議会民法（債権関係）部会第47回会議議事録33～40頁。

[26]　法制審議会民法（債権関係）部会・部会資料39「民法（債権関係）の改正に関する論点の検討(11)」65～69頁。

ア　第三者による相殺の可否について、下図のBは、「利害関係」(民法第474条第2項参照)を有する場合には、Aが無資力でないときに限り、甲債権を自働債権とし、乙債権を受働債権として、相殺することができる旨の規定を設けるという考え方があり得るが、どのように考えるか。

　イ　上記アの考え方を採用する場合には、併せて以下のような規定を設けるという考え方があり得るが、どのように考えるか。

　　①　上記アにかかわらず、乙債権の債権者及び債務者が反対の意思を表示していた場合には、Bは、上記アの相殺をすることができないものとする。

　　②　Bが上記アに基づく相殺をする場合に、Aが丙債権を有しているときは、Bの相殺の意思表示に対して、Aは甲債権と丙債権による相殺をBに対抗することができる旨の規定を設けるものとする。

　　③　乙債権について差押えがあった後は、Bは、甲債権を自働債権とし、乙債権を受働債権とする相殺をしても、これをもって差押債権者に対抗することができない旨の規定を設けるものとする。

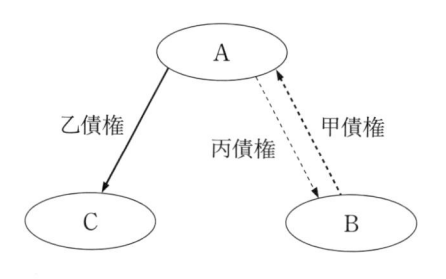

```
              A
           ╱    ╲
     乙債権   丙債権  甲債権
        ╱           ╲
       C             B
```

　「ア」は、従来、主張されていた考え方の一つである。

　また、法制審議会民法(債権関係)部会第8回会議では、Bが無資力の場合の問題が指摘されていたが、「イ①②」は、この問題に対する対応策である

とされている[27]。すなわち、イ①は、乙債権について、第三者による相殺を禁止する特約を付しておくことによって、Ａの相殺への期待を保護することができるとする[28]。また、イ②は、Ｂが甲債権と乙債権による相殺の意思表示をする時点で、ＡがＢに対して反対債権(丙債権)を有している場合には、Ｂの主張する相殺(第三者による相殺)に対してＡは甲債権と丙債権による相殺(二当事者間の相殺)を対抗できるとすることにより、Ａの相殺への期待を保護するものである[29]。そして、イ③は、511条の潜脱を防止するためのものであるとされている[30]。

法制審議会民法（債権関係）部会第47回会議では、上記の案に対して、第三者相殺のみ無資力の場合に許されなくなるのはなぜか、イ①、②、③が必要であることが、すでに第三者相殺の問題点を示しているのではないか[31]との意見が述べられている。また、物上保証人、抵当不動産の第三取得者のよ

---

27) 法制審議会民法（債権関係）部会・部会資料39「民法（債権関係）の改正に関する論点の検討(11)」68頁。

28) 法制審議会民法（債権関係）部会・部会資料39「民法（債権関係）の改正に関する論点の検討(11)」68頁。

29) 法制審議会民法（債権関係）部会・部会資料39「民法（債権関係）の改正に関する論点の検討(11)」68頁では、「債権譲渡と相殺の問題について、抗弁切断の基準時に反対債権を取得していれば足り、自働債権と受働債権の弁済期の到来の有無及び両者の先後を問わないという立場に立つのとパラレルに考えるとすれば、Ｂが第三者による相殺の意思表示をする時点（甲債権のＣへの債権譲渡プラスＣの相殺の意思表示に対応する。）で、Ａが丙債権を取得していた場合には、Ａには保護されるべき相殺の期待があると言えるからである。その結果、Ａの甲丙債権の相殺の意思表示がＢの甲乙債権の相殺の意思表示より遅れたとしても、甲丙債権の相殺が優先する。もっとも、Ａの相殺の意思表示がＢの相殺に対抗できるためには、Ａの相殺が効果を生ずる必要があるから、丙債権の弁済期が未到来で相殺適状が生じていなければ、結果的に甲乙債権の相殺が優先することになろう。」と説明されている。

30) 法制審議会民法（債権関係）部会・部会資料39「民法（債権関係）の改正に関する論点の検討(11)」68頁。

31) 法制審議会民法（債権関係）部会第47回会議議事録37頁（中井委員発言）。

うに相殺を認める必要がある場合にどのような規定を設けるべきかを論じる必要があるのではないか[32]との意見、あるいは、ここでの問題は、基本的には物上保証人についても保証人と同じような権利を与えるかということであり、これは、「抵当権の仕組みの根本論に関わってくる話であって、担保物権法について手を付けていないときに考え得るのかという点に根本的な疑問」があることも示されている[33]。

そこで、第三者による相殺の制度の必要性も含めて、さらに分科会で審議するものとされた。

平成24年10月9日に開催された法制審議会民法（債権関係）部会第1分科会第6回会議において、「第三者による相殺」の問題が審議されている[34]。規定を設ける場合にどのような要件にするか（Aの無資力、Bを物上保証人や抵当不動産の第三取得者に限定するか）ということが論じられている。「第三者による相殺」の規定を設けようとした出発点が、Bが物上保証人・抵当不動産の第三取得者である場合に相殺を認めることにあったことからすると、Bがどのような資格を有していれば相殺ができるかという要件立てを考えることになるという意見や[35]、第三者の相殺を認めることに付随する不都合な結果を回避するための例外条項を設けてしまうと、ほかも同じように変えなければならないところが発生するといった問題点が再び指摘されている[36]。

4　民法（債権関係）の改正に関する中間試案

法制審議会民法（債権関係）部会は、平成25年（2013年）2月26日に開催

---

32) 法制審議会民法（債権関係）部会第47回会議議事録38頁（深山幹事、鹿野幹事発言）。
33) 法制審議会民法（債権関係）部会第47回会議議事録39頁（道垣内幹事発言）。
34) 法制審議会民法（債権関係）部会第1分科会第6回会議議事録6～8頁を参照。
35) 法制審議会民法（債権関係）部会第1分科会第6回会議議事録6頁、7頁（中井委員発言）。
36) 法制審議会民法（債権関係）部会第1分科会第6回会議議事録8頁（三上委員発言）。

された第 71 回会議において、「民法（債権関係）の改正に関する中間試案」を決定した（以下、「中間試案」という）[37]。この中間試案においては、「第三者による相殺」は取り上げられていない[38]。

V　「第三者による相殺」の制限の必要性

1　「Ⅲ」及び「Ⅳ」でみたとおり、従前の学説を前提として、法制審議会民法（債権関係）部会では、「第三者による相殺」を認める規定を設けることが検討されたが、中間試案では取り上げられておらず、かかる規定の明文化は見送られたと考えられる。明文化されないことは妥当な結論であると考えるが、これまでの議論を概観し、「第三者による相殺」をめぐる議論の意義を確認しておきたい。

2　Ｂが物上保証人や抵当不動産の第三取得者である場合には、抵当権の実行を阻止するために相殺を認める必要があるのではないかというのが、「第三者による相殺」を認める見解が主張されるようになった所以であるといってよいだろう。このような場合以外に、「第三者による相殺」を認めることが必要と思われる場合、あるいは、認めることに一定の意義が認められる場合は存在しないのだろうか。

ＢとＣがグループ企業であるような場合に、債権譲渡と相殺という二段階の手続を経なくても、簡便な債権回収が可能になることから、「第三者による相殺」を認めることに、一定の意義があり、債権回収手段の多様化の観点か

---

37)　http://www.moj.go.jp/content/000108853.pdf
　　また、この中間試案に関しては、法務省民事局参事官室の文責における「民法（債権関係）の改正に関する中間試案の補足説明」が公表されている（http://www.moj.go.jp/content/000112247.pdf（平成 25 年 7 月 4 日補訂））。
38)　法制審議会民法（債権関係）部会・部会資料 58「民法（債権関係）の改正に関する中間試案のたたき台(1)(2)(3)（概要付き）【改訂版】」117 頁において、「取り上げなかった論点」の一つとして、「第三者による相殺」があげられている。

ら検討に値するとの見解がある[39]。

　また、相殺の簡易決済機能を活用すべきであるとして、法的利害関係を有する者による場合、あるいは、Aの反対の意思表示がない場合には、第三者による相殺が認められるとする提言もみられる[40]。

　3　しかしながら、「第三者による相殺」を可能にする規定を設けることについては、パブリックコメント等に現れているように、これを否定する見解が多数を占めたと思われる。仮に、規定を設ける場合でも、無制限にかかる相殺を肯定することを主張する見解はみられず、なんらかの合理的な制限のもとに、これを認める必要があるという点では、一致していたといってよいだろう。すでにみたように、法制審議会民法（債権関係）部会では、Bが「利害関係」(474条2項)を有し、また、Aが無資力でない場合に限って認める考え方が示されていた。このような考え方は、すでに従来の学説において有力であった考え方と一致するものと考えられる。

　民法474条2項の規定する、債務者の意思に反しても第三者の弁済が認められる「利害関係」を有する者と弁済によって当然に債権者に代位することが認められる「正当な利益を有する者」（民法500条）との関係については、法制審議会民法（債権関係）部会でも検討されていた[41]。従前、474条2項の「利害関係」のある第三者とは、「法律上の利害関係」を意味するとされ、具体的には、物上保証人、担保不動産の第三取得者、同一不動産の後順位抵当権者があげられる[42]。そこで、第2読会で検討されていた考え方（Bが「利害関係」

---

39) 上田晴康＝石山誠也「相殺制度に対する実務上の期待──相殺の担保的機能」ジュリ1432号74頁以下（2011）。
40) 深川裕佳「債務者以外の者による相殺（第三者の相殺）について」法時84巻8号50頁以下（2012）。なお、第三者による相殺の第三者対抗力（担保的機能）については、債務間の牽連性を基準にすることを主張されている。詳細は、深川裕佳『多数当事者間相殺の研究』（信山社、2012）を参照。
41) 法制審議会民法（債権関係）部会・部会資料39「民法（債権関係）の改正に関する論点の検討(11)」2〜4頁。

を有する場合には、Aが無資力でないときに限り、甲債権を自働債権とし、乙債権を受働債権として相殺できる）[43]によれば、これらの者は、たとえば、Aが抵当権者である場合に、Aが無資力でない限り、甲債権を自働債権とし、乙債権を受働債権とする相殺が許されることになる。

　もっとも、物上保証人や抵当不動産の第三取得者については、抵当権者Aが無資力であっても、相殺を認めるべきであるとの見解が存在していた[44]。また、法制審議会民法（債権関係）部会でも、Aが無資力ではないことを要件とすることによって、本来、Bが責任を負う場合に相殺を認めようとした趣旨に矛盾するのではないかとの指摘がされていた[45]。Bが責任を負担しているからといって、Aの他の債権者に優先する理由にはならないと考えることも可能かもしれないが、前掲大判昭和8年12月5日に対する批判がここでの議論の出発点であると捉えるならば、Aの無資力によって、物上保証人や抵当不動産の第三取得者による相殺が否定されることは、当初、意図されたところとは異なる結論であるようにみえる。

　さらに、「第三者による相殺」の要件として、「無資力」を問題とする場合には、債権者取消権等と同様の「無資力」を意味するのかという疑問が生じるし、その主張立証責任の問題が生じることにもなろう。そして、倒産手続との関係も検討すべきことになってくる[46]。

　また、Bが「利害関係」を有する場合には、Aが無資力でないときに限り、Bが甲債権を自働債権、乙債権を受働債権とする相殺ができる旨の規定を置

---

42)　潮見佳男『プラクティス民法債権総論〔第4版〕』327頁（信山社、2012）等。

43)　法制審議会民法（債権関係）部会・部会資料39「民法（債権関係）の改正に関する論点の検討(11)」65頁。

44)　平野・前掲（注10）130頁参照。

45)　法制審議会民法（債権関係）部会第47回会議議事録37頁（中井委員発言）。

46)　法制審議会民法（債権関係）部会第8回会議（平成22年4月27日）において、民法で原則となる規定を設けた上で、必要に応じて倒産法で関連する規定を設けることが望ましいという意見が述べられていた（法制審議会民法（債権関係）部会第8回会議議事録39頁（山本和彦幹事発言））。

く場合には、かかる相殺のもたらす不都合を回避するための規定が必要となることも示されていた。ひとつは、第三者相殺禁止特約によって、Aの相殺に対する期待を保護する考え方であるが[47]、第三者相殺禁止特約が、現行民法505条2項ただし書と同様に、善意の第三者に対抗できない場合には、Aの不利益は解消されないことになる[48]。また、「Aが丙債権を有しているときは、Bの相殺の意思表示に対して、Aは甲債権と丙債権による相殺をBに対抗することができる旨の規定を設ける」との案に対しては、すでに、「Aの相殺の意思表示がBの相殺に対抗できるためには、Aの相殺が効果を生ずる必要があるから、丙債権の弁済期が未到来で相殺適状が生じていなければ、結果的に甲乙債権の相殺が優先する」とされていた[49]。このように、「第三者による相殺」を認める場合には、相殺の相手方（A）や相殺の相手方の債権者の利害を調整するための規律が必要となることが民法改正のための議論を通して改めて意識されたといえるのではないだろうか。

4　相殺は、民法においては、債権の消滅原因として規定されており、この観点から、相殺の簡易決済的機能と当事者間の公平保持機能が説明される。そして、これが本来、立法者により考えられていた相殺の機能である[50]。これらの機能ゆえに、当事者が自働債権の弁済を確保するために、受働債権を引き当てにすることができることになり、相殺の担保的機能が承認されるに至っている。自働債権の債権者は、受働債権の範囲内で、他の一般債権者に優先して、自己の債権を回収できることになるからである。

相殺に関しては、かかる相殺の担保的機能[51]が強調されてきているが、近時

---

47)　法制審議会民法（債権関係）部会・部会資料39「民法（債権関係）の改正に関する論点の検討(11)」65頁。

48)　上田＝石山・前掲（注39）78頁。

49)　法制審議会民法（債権関係）部会・部会資料39「民法（債権関係）の改正に関する論点の検討(11)」68頁。

50)　潮見・前掲（注2）344頁、中田・前掲（注2）390頁、磯村哲編集『注釈民法(12)』375～377頁［乾昭三］（有斐閣、1970）。

は、担保的機能に関する疑問もきかれるようになっている[52]。それは、当事者間に担保設定の合意はなく、被担保債権（自働債権）、担保目的物（受働債権）の特定性もなく[53]、しかも、公示手段もないからである[54]。そこで、第三者との関係において、このような担保的機能の限界を検討することが必要となる。相殺の担保的機能は、「機能」であって、相殺を行う者がなんらかの物的担保を有するわけではないため、その優先的な債権回収には限界があるものと思われる。

5　民法改正を契機とする「第三者による相殺」を認める規定の明文化に関する議論においては、Aが無資力の場合に、「第三者による相殺」を認めることによって、BがAの他の債権者に優先して債権を回収することの是非、Bの相殺に対する合理的期待の保護が論点のひとつとされていたと考えられる。これは、相殺の担保的機能をどこまで認めるかの問題であろう。従前の学説において、物上保証人や抵当不動産の第三取得者のする相殺（「第三者による相殺」）の可否についての議論に際し、第三者弁済との対比が行われていたことからすると、この場面で問題とされていたのは、相殺の簡易決済機能及び当事者間の公平保持機能であって、これらの責任を負担する者が他の一般債権者との関係において優先的に債権を回収することを可能とすることまでをも企図していたものではなかったと思われる。

---

51)　相殺の担保的機能に関しては、林良平「相殺の機能と効力」加藤一郎＝林良平編集代表『担保法大系＜第5巻＞』532頁以下（きんざい、1984）、北居功「相殺の担保的機能」別冊NBL60号『倒産手続と民事実体法』200頁以下（商事法務研究会、2000）、髙橋眞「『相殺の担保的機能』について ── 判例を読み直す」髙橋眞＝島川勝編著『市場社会の変容と金融・財産法』34頁以下（成文堂、2009）、深川裕佳『相殺の担保的機能』（信山社、2008）、古積健三郎「『相殺の担保的機能』の問題」法教397号116頁以下（2013）等を参照。

52)　潮見・前掲（注2）345頁、346頁、中田・前掲（注2）391頁等。

53)　鳥谷部茂「相殺の第三者効は、現状のままでよいか」椿寿夫編集『現代契約と現代債権の展望　第2巻　債権総論2』323頁以下（日本評論社、1991）。

54)　潮見・前掲（注2）346頁等。

「第三者による相殺」は、現行民法505条以下の相殺とは異なるものであって[55]、この明文化は債権の簡易な決済手段を新たに創設するに等しいものではないかと思われる[56]。「第三者による相殺」を明文化した場合の利害調整が難しいものであることが明らかにされ、現段階では、このような規定の導入は予定されていない。したがって、「第三者による相殺」に関する問題は、依然として残された問題の一つということになるだろう。

物上保証人や抵当不動産の第三取得者において、抵当権者が無資力であるか否かを問わず、いわゆる「第三者による相殺」を主張することが認められるか否かを論じるためには、これらの者の法的な性格が改めて問われるべきではないかと思われる。他人の債務のために責任を負担する者が相殺の担保的「機能」によって、担保権を有するのと同様の立場にあると解しうるかが問題となると考えられるからである。また、このような検討を進めた場合には、物上保証人については、保証人と同じような権利を付与するかという視点からの検討も必要となるはずであり、物上保証人に「第三者による相殺」を認めるという問題は、むしろ、担保物権法の見直しが行われることがあれば、その際に検討されるべき論点の一つとなるのではないだろうか。抵当不動産の第三取得者についても、同様であるといってよいだろう。

VI おわりに

すでにみたとおり、「中間試案」においては、「第三者による相殺」に関する規定は論点として取り上げられていない。かかる規定を設けると、多くの問題が生じることが懸念されるから、明文化が見送られたことは首肯しうる。

---

55) 深川・前掲（注40）法時84巻8号51頁は、これを「特別の法定相殺」として認めることを主張する。
56) 法制審議会民法（債権関係）部会第47回会議議事録34頁では、これが「従来の相殺や相殺適状の概念よりも拡張した、創設的な制度設計の提案がなされているという論点の性質は認識しておく必要がある」という意見が述べられている（山野目幹事発言）。

「第三者による相殺」を認めることは、相殺の担保的機能の働く場面を拡大させることを意味する。このような拡大を正当化するためには、競合する第三者との利害調整が必要となり、これが非常に困難であることが確認されたといえる。ここに、相殺の担保的機能活用の限界が示されているように思われる。もっとも、かかる規定を設けることの意義も説かれていたことから、この問題については、今後も検討が続けられることになろう[57]。

また、この問題は、物上保証人や抵当不動産の第三取得者の地位について、担保物権制度において明確にされるべき問題が存在することを明らかにしたように思われる。この点については、これまでの議論を参照しつつ[58]、今後もさらなる検討を重ねることが必要となろう。

---

57) 深川・前掲（注40）法時84巻8号51頁、52頁は、第三者による相殺の規定を創設することには、「保証人や連帯債務者以外の者、たとえば物上保証人や不動産の第三取得者についても第三者の相殺ができることを明確にする」意義があるとする。
58) 物上保証人等の法的地位を検討するものとして、淡路剛久＝新美育文＝椿久美子「保証法理の物上保証人等への適用可能性(1)～(5・完)」金法1263号6頁以下、1264号28頁以下、1266号16頁以下、1267号19頁以下、1268号18頁以下（1990）がある。なお、Ⅲ2(2)において紹介した大阪高判昭和56年6月23日のように、保証に関する規定の類推適用で処理することの意義が再び検討されるべきであろう。

契約法から見た双方未履行双務契約
――損害賠償を伴う解除権

中田　裕康

I　問題の所在
II　双方未履行双務契約に関する破産法上の制度の趣旨・目的
III　双方未履行双務契約の制度の検討
IV　本規律の射程
V　おわりに

I　問題の所在

1　破産手続における双方未履行双務契約

　本稿は、双方未履行双務契約に関する破産法の規律について、契約法の観点から検討するものである。

　双方未履行双務契約とは、破産手続開始の時において、破産者と相手方がどちらもその履行を完了していない双務契約である。これについては、破産法53条・54条・78条2項9号・148条1項7号から成る次のような規律（以下「本規律」という）がある。すなわち、破産管財人は、破産者の債務を履行して相手方の債務の履行を請求するか、又は、契約の解除をすることができる（破53条1項）。破産管財人が履行の請求をする場合は、裁判所の許可を得なければならない（破78条2項9号）。許可があると、破産管財人は相手方に

履行の請求をし、また、履行もすることになるが、この場合、相手方の請求権は財団債権となる（破148条1項7号）[1]。破産管財人が解除をする場合は、裁判所の許可は不要である。破産管財人が解除すると、破産管財人は、相手方から原状回復を受け（民545条1項）、相手方は、破産者の受けた反対給付が破産財団中に現存するときはその返還を請求することができ、現存しないときはその価額について財団債権者として権利を行使することができる（破54条2項）。破産管財人が履行の請求も解除もしない場合、相手方は、破産管財人に対し、相当の期間を定め、いずれにするかをその期間内に確答せよと催告することができ、破産管財人が期間内に確答しないときは、契約の解除をしたものとみなされる（破53条2項）。破産管財人が契約を解除した場合、又は、確答をしなかったために解除したとみなされた場合、相手方は、損害賠償請求権を破産債権として行使することができる（破54条1項）。

民事再生及び会社更生においてもおおむね同じ規律があるが、再生型倒産手続であることによる若干の相違がある[2]。

2 本稿の目的と構成

双方未履行双務契約に関する上記の制度は、一方で、破産管財人に平時実体法にはない解除権を新たに与え、他方で、相手方には、破産管財人の選択（履行請求か解除か）のいかんにかかわらず、財団債権者ないし取戻権者として

---

1) その債権額等（破148条3項・103条2項・3項）、破産財団不足の場合に財団債権の中で優先的なものに後れること（破152条2項）について、定められている。
2) 再生債務者等又は管財人が裁判所の許可を得なければならないのは、履行請求ではなく解除を選択する場合であり（民再41条1項4号、会社更生72条2項4号）、また、履行請求か解除かの確答を求める催告において、期間内に確答がないときは、再生債務者等又は管財人は解除権を放棄したものとみなされる（民再49条2項、会社更生61条2項）。清算型では解除が原則であるのに対し、再生型では履行が原則となる。なお、特別清算（会社510条〜574条）では、このような制度はなく、契約法の原則（後出Ⅲ2(2)(b)参照）に従って処理される。簡易な清算手続としての特質が考慮されたものである（伊藤眞ほか『条解破産法』382頁（弘文堂、2010）〔以下「条解」として引用する〕）。

の処遇を与え、また、契約が解除された場合（みなし解除の場合を含む）の損害賠償請求権を認めるものである。

　この制度は旧破産法（大正11年法律第71号）を踏襲するものだが、旧破産法時代から、制度の趣旨・目的や適用範囲に関する議論が活発だった。制度の趣旨・目的に関する議論は、契約法と倒産実体法との関係、倒産法秩序の位置づけ、さらには倒産法の目的にまで及ぶ、やや抽象的な議論へと広がっていった。また、外国法の検討や法と経済学の観点から、破産管財人に解除権ではなく履行拒絶権を与える制度の方が良いという議論など、立法論も盛んであった[3]。これらの議論は、現破産法の下でも引き継がれ、さらに新たな検討が重ねられている。他方、適用範囲に関する議論は、①この制度はどのような種類の契約に適用されるのか（適用対象となる契約類型）、②対象となる契約がどの段階にある場合に適用されるのか（「双方未履行」の意義）、③上記①②を満たす場合でも破産管財人の解除権がなお制限されることはないのか（解除権の制限）、という具体的な形で展開されている。

　このように倒産法学においては2つの方向の議論があるが、いずれも収束に至っていない。本稿は、この問題を契約法の観点から検討するものである。具体的には、「契約の相手方の利益とは何か」を分析したうえ、それとの関係で破産管財人の「損害賠償（義務）を伴う解除権」のもつ意味を考察する。

　以下では、まず、本規律の趣旨につき、学説・判例・沿革を確認する（Ⅱ）。続いて、契約法の観点から本規律を検討し（Ⅲ）、本規律の射程を考察する（Ⅳ）。Ⅲ以下が本稿の中心部分である。

---

[3]　水元宏典『倒産法における一般実体法の規制原理』155頁以下（有斐閣、2002）、松下淳一「契約関係の処理」福永有利ほか『倒産実体法――改正のあり方を探る』別冊NBL69号44頁（2002）参照。

II 双方未履行双務契約に関する破産法上の制度の趣旨・目的

1 議論の概観

　まず、双方未履行双務契約の破産法上の取扱いに関する制度の趣旨・目的（以下「本制度の趣旨」という）をどのように理解するかについて、諸見解を確認する。この制度の基本となる破産法53条等は、旧破産法59条等を踏襲しているので、旧破産法の下での諸見解も取り上げる（法律の条数等は、適宜、現破産法に置き換えて紹介する）。この作業は、既に丹念にされているので[4]、以下では簡単な記述に留める。

　双務契約において、当事者双方の債務が法律上・経済上相互に関連性をもち、互いに担保視し合っていること[5]は、議論の共通の前提となっている。双務契約の一方又は双方の債務が履行済みである場合には、債権債務に関する破産法上の一般的規律に従うことにも異論がない。問題は、双務契約の双方の債務の全部又は一部が未履行である状態で、当事者の一方について破産手続が開始された場合である。本規律は、この場合を対象とする。本規律の理解については、大別して3つの考え方がある。①本規律は双務契約の当事者間の公平のために同時履行の抗弁権を認めたのと同様の保護を相手方に与えるものであり、また、破産清算の迅速な終結のためのものでもあるという見解（甲説）、②本規律は破産管財人に解除権を認めることが眼目であるという見解（乙説）、③本規律は破産管財人と相手方とが互いに履行を拒絶するという「両すくみ状態」が生じるのを解消するためのものであるという見解（丙説）である。順次検討する。

---

[4]　水元宏典「破産および会社更生における未履行双務契約法理の目的」志林93巻2号63頁・3号69頁（1995～96）（特に2号68頁以下）、宮川知法「破産法59条等の基本的理解——全体的公平の考慮による覚え書き」法雑37巻1号40頁・46頁以下（1990）。

[5]　加藤正治『新訂増補破産法要論〔第16版〕』129頁（有斐閣、1952）。

2 本規律の趣旨に関する学説

(1) 双務契約当事者間の公平と破産清算の迅速な終結を重視する見解
(a) 内　容

　甲説は、破産手続においては、平時における同時履行の抗弁権の存在する規律に代えて、本規律が置かれたと理解する。次の通りである。もし本規律がなければ、破産管財人は相手方に未履行の債権の履行を請求できるのに対し、相手方の債権は破産的配当を受けるに留まることになる。しかし、それでは双務契約の性質に反し、相手方に酷な結果となるので、平時において同時履行の抗弁権が与えられたのと同じ趣旨から、本規律が置かれた[6]。破産管財人が履行を請求した場合に相手方の債権が財団債権となるのは、本規律がなければ破産債権となるべきところ、上記の考慮により、財団債権に格上げしたものである。破産管財人に履行請求か解除かの選択権を与えたのは、破産債権者の利益を図るとともに相手方の権利を害しない範囲において破産手続の終結を速やかにするためである[7]。破産管財人が解除した場合に、相手方の原状回復請求権が取戻権ないし財団債権となるのは、破産財団に不当利得をさせず、相手方を保護するためである。相手方の損害賠償請求権については、初期の学説は、破産する人と取引した以上、完全には取れないが、権利を全然認めないのはいかにも不当なので、破産債権として権利を行使できることにしたと説明していた[8]。近年では、それは破産手続開始後の原因に基づいて生じたものだから、本来は劣後的処遇を受けるべきだが（会社更生134条、旧会社更生121条1項4号参照）、破産債権に格上げしたと説明される[9]。つまり、解除の場合の規律は、相手方保護のためである。このように、本制度は、当事者双方を公平に保護すると同時に破産手続の終結を迅速にさせるためのものである（加藤・前掲（注5）130頁）。

---

6) 中田淳一『破産法・和議法』101頁（有斐閣、1959）。
7) 加藤正治『破産法講義〔第14版〕』182頁（巌松堂書店・有斐閣書房、1929）。
8) 加藤正治『破産法研究第6巻』471頁（有斐閣、1927）。
9) 谷口安平『倒産処理法〔第2版〕』176頁（筑摩書房、1980）。

甲説を補足する見解として、相手方の同時履行の抗弁権の帰趨と本規律との関係を検討する学説がある。すなわち、破産手続が開始されると同時履行の抗弁権が否定(停止)される理由は、破産債権の個別的取立てを禁止する規定(破100条1項)により、相手方はそもそも履行請求ができないので抗弁権行使の前提を欠いていること、また仮にその行使を認めると、相手方の請求権の履行を破産管財人に迫る間接的取立ての効果をもつ結果になり適当ではないことを指摘する。このように相手方の同時履行の抗弁権が否定(停止)されるにもかかわらず、本規律がなお相手方の利益を保護する理由は、相手方が財団に新たな利益をもたらす地位にあるからだという。すなわち、相手方の権利は、財団の受ける新たな利益の対価であるがゆえに、特に保護されると説明する(宮川・前掲(注4)70頁)。

(b) 検討課題

甲説(補足的見解も含む)においては、破産手続の開始によって相手方の同時履行の抗弁権がどうなるのかは、必ずしも明確ではない。「理論上に於ては」破産によってこの権利が妨げられるべきではないというもの[10]、民法が同時履行の抗弁権を与えたのと「同じ趣旨から」、破産法も本規律を置いたというもの(中田・前掲(注6)101頁)、相手方の債権は棚上げとなるので、同時履行の抗弁権は「喪失せしめられ」るというもの(谷口・前掲(注9)174頁)などである。前記の補足的見解においても、同時履行の抗弁権の取扱いについては、「否定」「否定(停止)」「停止」などと述べられており(宮川・前掲(注4)46頁・70頁)、曖昧である。不明確である理由は、①甲説は、双方未履行双務契約については、破産手続においても、同時履行の抗弁権があるのと同様の処遇をするということに眼目があり、同時履行の抗弁権はいったん消滅

---

10) 加藤・前掲(注5)130頁。水元・前掲(注4)2号68頁は、加藤博士が履行請求の場合の相手方の債権が財団債権とされることの説明において、相手方がその権利は破産的配当に甘んじるのに、その義務は完全に履行すべきであるとしていることから、同博士は破産宣告後同時履行の抗弁権を認めない立場であると評価する。しかし、一方が破産的配当となり、他方が完全な履行となることと、同時履行の抗弁権の存否とは、別の問題であろう(「破産的配当」の意味にもよるが)。

したうえでそれと同じ趣旨の本規律が置かれたというのか、同時履行の抗弁権が破産手続において変容したものが本規律だというのかについては、それほど関心がないようであること、②「本規律がなかったとしたら」という仮定的考察をするに際して、仮定的法律関係がどのようなものであるのかが十分に詰め切れられていないこと[11]、によると思われる。

解除された相手方の損害賠償請求権の意義については、初期にやや実質的な説明もあったものの、近年ではそれほど関心を呼んでいない。

なお、甲説が破産手続の迅速な終結を本規律の目的の1つとして挙げる点については、そうすると、同様の規律が設けられている再生型倒産手続においては解除権のために別の議論をする必要が生じるので、その分普遍性に乏しい論拠であるとの評価がある[12]。しかし、再生型倒産手続においても手続の迅速な進行は望ましいところであろうから、なおある程度の普遍性を認めることは可能であろう。

(2) 破産管財人の解除権を重視する見解

(a) 内　容

乙説は、本規律の眼目は、破産管財人に解除権を認めるところにあると考える。破産法によりこの特別の解除権が付与される結果、破産管財人は従来

---

11) たとえば、同時履行の抗弁権が破産手続においては否定(停止)されると考え、また、本規律はなく、破産債権の個別行使禁止の規律(破100条1項)のみがあると仮定する。この場合、破産管財人は、履行の請求ができるが、相手方が履行しなければ、催告をしたうえで、債務不履行による契約解除(民541条)ができるのかが問題となる。その可否は、履行遅滞を理由とする契約解除において債務者の帰責事由を必要とするか否か(必要説が伝統的な見解だが、現在の民法学説では不要説が有力である。山本敬三『民法講義IV-1 契約』172頁以下(有斐閣、2005)参照)、必要とするなら、ここでの相手方の不履行に帰責事由があると評価するか否か、によることになる。債務不履行解除が認められると解する場合、民法541条の規律と本規律との相違は、催告の要否、つまり、相手方に履行の機会を与えるか否かの違いに帰着することになる。この観点からの詰めが期待される。

12) 竹下守夫編集代表『大コンメンタール破産法』206頁[松下淳一](青林書院、2007)(以下「大コンメ」として引用する)。

の契約上の地位よりも有利な法的地位が与えられることになるので、相手方との公平を図るため、次の措置がとられる。まず、解除が選択された場合、相手方の原状回復請求権は、公平を考慮して取戻権又は財団債権の地位が与えられる。これは、解除による各当事者の原状回復請求権が同時履行の関係に立つこと（民546条）から、当然のことである。破産管財人の解除によって相手方に与えられる損害賠償請求権は、破産管財人の行為により生じた債権として財団債権とすることも考えられるが（破148条1項4号参照）、そうすると破産財団にとっての負担が重大になり、破産管財人に解除権を付与した趣旨が没却されるので、破産債権とされた。次に、履行請求が選択された場合、相手方の債権が財団債権とされるのは、従来の法律関係における相手方の地位である同時履行の抗弁権が認められるべきであるという趣旨によるものであり、言い換えると、相手方が債務を履行することにより破産債権者全体が利益を受けるので、その対価たる相手方への債務の履行も破産債権者が共同で負担すべきものだからである。履行の請求にあたり、裁判所の許可が要求されるのは、履行選択が破産財団に新たな負担を生じさせる可能性があるからである[13]。

(b) **検討課題**

乙説に対しては、次の指摘がなされうる。

第1に、破産管財人に解除権が与えられる理由が明確でない。倒産処理手続の目的に鑑みて財団に合理的利益をもたらすため、ということのようだが[14]、抽象的である。乙説は、この点は、結局は、立法的選択の問題であるというようである（伊藤・前掲（注13）269頁注41）。そうすると、立法論として、破産管財人に履行拒絶権のみを与える制度[15]や、破産管財人が履行を請求すれば相手方の債権が財団債権になるが、しなければそのまま破産手続開始の

---

13) 伊藤眞『破産法・民事再生法〔第2版〕』268頁以下（有斐閣、2009）。
14) 伊藤眞『債務者更生手続の研究』438頁以下（西神田編集室、1984）、伊藤・前掲（注13）268頁）。
15) 田頭章一「倒産法における契約の処理——双方未履行双務契約の基本原則、賃貸借・請負・雇用」ジュリ1111号107頁（1997）、水元・前掲（注3）199頁参照。

一般的効果に服するという制度[16]との比較がなされるべきことになる。しかし、乙説は、履行拒絶権構成の問題点を指摘し、現行法が解除構成をとったことを強調するので、議論はすれ違い気味になる。そこで、同じく破産管財人の解除権を重視しつつ、その根拠の理論的説明を試みる学説が登場する。すなわち、破産管財人の解除権の根拠は、「支払不能発生時の債務者財産の価値を破産債権者全体の利益のために拘束し、これを破産債権者に分配するという基本原則」であり、破産財団にとって履行することが不利な契約（取引）について、危機否認の対象とならない場合であっても、その履行を許さない趣旨である（したがって、解除の効果は、原則として未履行の債権債務のみの消滅となる）という[17]。この説明は、本制度を否認制度と関連づけ、破産手続開始前の債務者の状態も考察対象とする視野の広いものである。もっとも、①「支払不能発生時の債務者財産の価値」には、債務者にとって不利な契約による不利益性も含まれているはずであり、総債権者はそれを負担すべきではないのか、②支払不能時の債務者にとっての「不利」とその後の破産管財人にとっての「不利」とは異なりうるのではないか、という疑問も提起されうるであろう。

　第2に、同時履行の抗弁権を重視し、履行選択の場合の相手方の債権が本来は財団債権であるという評価について、次の批判がある。

　批判のその1は、同時履行の抗弁権があるとしても、債権自体は（同時履行の抗弁権の付着した）破産債権にすぎないはずであるというものである[18]。乙説は、これに対し、①同時履行の抗弁権は、契約関係から派生するものであり、債権に付着するものではない、②破産債権だとするとなぜ財団債権に変

---

16) 水元・前掲（注3）198頁・179頁。田村耕一「ドイツにおける瑕疵担保責任の債務不履行化と倒産管財人の履行選択権」熊本法学116号51頁（2009）も参照。

17) 中西正「双方未履行双務契約の破産法上の取り扱い」谷口安平先生古稀祝賀『現代民事司法の諸相』497頁・520頁以下・534頁以下（成文堂、2005）。

18) 福永有利「破産法第59条の目的と破産管財人の選択権」北法39巻5＝6号（上）133頁・166頁（1989）〔同『倒産法研究』（信山社、2004）所収〕、宮川・前掲（注4）48頁、水元・前掲（注4）3号90頁、同・前掲（注3）165頁）。

更されるかの理論的根拠が不明である、と反論する(伊藤・前掲(注13)271頁)。

批判のその2は、民法において同時履行の抗弁権の認められる場合と、破産法において双方未履行双務契約であると認められる場合との間には「ずれ」があり、本規律は同時履行の抗弁権が認められない場合をも対象としているというものである（福永・前掲（注18）134頁、中田・後掲（注19）13頁）。乙説は、これに対し、未履行義務が名目的であったり実質的な対価関係が認められない場合の破産管財人の解除については、権利濫用法理[19]や破産法53条の制限的解釈で対処できると反論する（伊藤・前掲（注13）272頁）。また、履行請求の場合に財団債権となることについて、同時履行の抗弁権の存在だけでなく、破産債権者全体の利益に対する対価という実質論を補強する[20]。

批判のその3は、同時履行の抗弁権が尊重される根拠が明確でないというものである（中西・前掲（注17）501頁）。この点については、対価関係を保護すること(相手方が損失負担を強制されないこと)の根拠を、同時履行である「同時交換的取引」と異時履行である「信用供与型取引」に分けて検討し、前者については信用状態の低下した債務者の取引機会の確保及びリスクを引き受けていない相手方の保護という観点から、後者については信用取引制度の保護という観点から、それぞれ説明する見解がある（中西・前掲（注17）504頁以下・533頁以下）。より一般的には、「相対的価値保障原理」による説明も考えられる[21]。

第3に、破産管財人が解除した場合に相手方の有する損害賠償請求権は、民法上の解除に伴う損害賠償請求権（民545条3項）とは異なる特別のものだということ（伊藤・前掲（注13）270頁注43）について、次の課題がある。民

---

19) 権利濫用法理による解決は、破産法53条の「双務契約」を機能主義的に把握すること（伊藤・前掲（注14）439頁）との関係が問題となりうることにつき、中田裕康「契約当事者の倒産」野村豊弘ほか『倒産手続と民事実体法』別冊NBL60号4頁・14頁注(22)(2000)。

20) 伊藤眞『破産法』174頁（有斐閣、1988）と伊藤・前掲（注13）270頁を比較参照。

21) 水元・前掲（注3）52頁以下。但し、水元説は双方未履行双務契約についての解除構成に反対する立場である。

法545条3項は、相手方の債務不履行を理由として解除した者が損害賠償も請求できるという規定であるのに対し、破産法54条1項は、債務不履行もないのに解除された相手方が損害賠償を請求できるという規定であり、両者はそもそも異なる場面のものである[22]。後者が特別のものだという指摘はその通りだが、そうすると、そのような特別の損害賠償請求権がなぜ認められたのかの説明が必要になる。この点については、これを認めないと破産管財人に契約の履行と解除の選択を許したのに対し、公平を失する嫌いがあるからという説明[23]が参照されるに留まっている（伊藤・前掲（注13）270頁注43）。

以上の第1から第3の課題をまとめると、一方で民法における同時履行の抗弁権を破産手続において尊重すること（平時実体法の尊重）、他方で破産管財人に対する解除権の付与及び相手方に対する損害賠償請求権の付与を特に認めること（倒産実体法の独自性）を、どのように統一的に説明するのかという課題が乙説にはあることになる。

(3) 「両すくみ状態」の解消が目的であるという見解

(a) 内　　容

丙説は、本規律の目的は、破産管財人と相手方とが互いに履行を拒絶するという「両すくみ状態」が生じるのを解消することにあるという。次の通りである。双方未履行双務契約の相手方の債権は、本来は破産債権であるところ、相手方が同時履行の抗弁権ないし不安の抗弁権を有していたときは、破産手続が開始されても、これらの抗弁権はなくならない。このため、もし本規律がなかったとすると、破産管財人の履行請求に対して相手方はこれらの

---

[22] 兼子一監修『条解会社更生法（中）』325頁（弘文堂、1973）が、旧会社更生法103条による解除に伴う同104条による損害賠償について、「実質的には会社の責に帰すべき事由による履行不能に基づくとみられる」と述べることや、宮川・前掲（注4）67頁が、旧破産法59条1項の破産管財人の解除について、「管財人（財団）側の責めに帰する解除で、債務不履行に等しい」ので、同60条1項の損害賠償請求権が民法545条3項のそれと異ならない、と理解することには、賛成できない。

[23] 井上直三郎『破産法綱要第一巻実体破産法〔増訂第6版〕』71頁（弘文堂書房、1930）。

抗弁権によって履行を拒絶できるし、相手方が破産手続に参加し配当を求めても、破産管財人は配当の交付を拒否できることになる。これが「両すくみ」状態であるが、破産手続が破産者の一切の財産関係の清算手続である以上、これらの抗弁権のついた契約関係を手続から除外する理由がない。そこで、双方未履行双務契約を破産手続の中で処理できるようにするための特別の措置として、本規律が置かれたのであり、それは両当事者の公平や相手方の地位の保護を十分に考慮するという基本的態度に基づくものである。履行の請求とその効果は、当該契約関係から当然に出てくるものではなく、立法により特別に認められた解決方法であり、それにより破産財団を実質的に増大させる途を開くことを第1の目的とする。解除については、（旧破産法の）立法者は、履行請求がされない場合の措置として解除が最も簡明であり、関係者の利害の調整方法としてそれほど問題がなく公平であると考えたものであり、さらに損害賠償請求権を認めることによってより公平を図ることになると考えたものであって、それは正当である。もっとも、解除という処理により関係者間に著しい不公平が生じる場合には、それを制限するための解釈上の操作をして具体的妥当性を図る努力をすべきである[24]。

(b) **検討課題**

丙説には、次の特徴がある。第1に、同時履行の抗弁権が破産手続開始後も存続するという。これは乙説と同様である。第2に、それとともに、不安の抗弁権も存続するという。これは同時履行の抗弁権の成立する場合と双方未履行双務契約とされる場合との「ずれ」を明確に示したうえ、その部分を埋めようとする試みである[25]。第3に、履行の請求に着目し、それが当然のものではなく、法定の特別の解決方法であると考える。第4に、本規律の目的との関係で、破産管財人の解除権の制限の理論構成を提示する。特に、相手方の残債務の履行による解除権の排除の試みが注目される。

丙説に対しては、次の批判ないし指摘がある。

まず、同時履行の抗弁権は、契約関係から派生するものであり、債権に付着するものではないという批判がある（伊藤・前掲（注13）271頁）。

次に、相手方の債権が破産債権から財団債権に変更されることについての

理論的根拠が明らかでないという批判がある (伊藤・前掲 (注13) 271頁)。
　また、不安の抗弁権がいわば「不安」が現実となった破産手続開始の後もなお存続することをどのように説明するのかは、必ずしも明確ではない、という指摘もできよう。
　最後に、丙説は、契約の相手方が破産管財人に履行をすることにより破産管財人の解除権の行使を防ぎうるというが、これには破産法53条1項の文理上の難点(「破産手続開始の時において」双方未履行であったこと)がある。さらに、破産管財人が解除の意思表示をしてから後、相当の期間内であれば、相手方はその解除を否定し、進んで自分の方の債務の履行をなすことができるという点 (福永・前掲 (注24) 25頁) については、解除権が行使されると契約

24) 福永有利「破産法第59条による契約解除と相手方の保護」曹時41巻6号1頁・16頁以下 (1989)〔同『倒産法研究』(信山社、2004) 所収〕、福永・前掲 (注18) 166頁以下。丙説と同様、相手方のもつ同時履行の抗弁権ゆえに破産手続において生じる支障を解決するために本規律が置かれたとする見解は、他にもある。1つの見解は、次のようにいう。破産手続において、双方未履行双務契約の当事者間には「にらみあい」が生じるが、破産管財人がこれを解消しようとすると、結局は、相手方にイニシャティブを取られてしまうことになる。そこで、「倒産処理の利益の角度から管財人のイニシャチブにおいて法律関係に決着をつけることを可能ならしめ」るために、本規律が置かれた (霜島甲一『倒産法体系』381頁 (勁草書房、1990))。もう1つの見解は、次のようにいう。破産手続において双方未履行双務契約がある場合、本規律がなかったとすると、破産管財人は、破産者のなすべき給付を履行して、反対給付を財団に取り込むことはできない。他方、相手方は、給付と反対給付の差額を破産債権として届け出ることができる。このように「片すくみ」が生じる。そこで、本規律は、この不都合を回避するため、「管財人のイニシャチブで反対給付を財団に取り込むことを可能にし、よって破産者の債権の価値を配当源資として利用できるようにする」ために置かれた。この目的達成の手段として、相手方の破産債権を財団債権に格上げする特別の権能が管財人に付与されたものであり、旧破産法59条1項〔現53条1項〕に基づく破産管財人の履行選択は、形成権の行使に他ならない (水元・前掲 (注4) 3号94頁以下・100頁)。
25) 同時履行の抗弁権も不安の抗弁権もない例外的場合についても、当事者間の公平の要請や破産手続を簡易迅速に終了させる要請により、特に除外しないことにしたと説明する (福永・前掲 (注24) 21頁注7)。

は終了し、その後、相手方が履行して解除の効果を覆すことは、もはやできなくなるのではないかとの疑問もある（中田・前掲（注19）15頁）。

丙説については、以上の批判ないし指摘があるが、本規律の目的論と破産管財人の解除権の制限論とを連結すること自体の意義については、見解の相違を超えて認められている[26]。

3 判　　例

本規律の趣旨について、一般的な表現で述べる最高裁判決として、次のものがある[27]。

最判昭和62年11月26日民集41巻8号1585頁は、請負人が破産した場合に旧破産法59条〔現破産法53条〕が原則として適用されると判断するにあたり、こう述べる。「同条は、双務契約における双方の債務が、法律上及び経済上相互に関連性をもち、原則として互いに担保視しあっているものであることにかんがみ、双方未履行の双務契約の当事者の一方が破産した場合に、法60条〔現破産法54条〕と相まって、破産管財人に右契約の解除をするか又は相手方の債務の履行を請求するかの選択権を認めることにより破産財団の利益を守ると同時に、破産管財人のした選択に対応した相手方の保護を図る趣旨の双務契約に関する通則である」。

最判平成12年2月29日民集54巻2号553頁は、預託金会員制ゴルフクラブの会員が破産したため、破産管財人が旧破産法59条1項〔現破産法53条

---

26) 伊藤眞「破産管財人の職務再考——破産清算による社会正義の実現を求めて」判タ1183号35頁・37頁（2005）。
27) このほか、旧会社更生法103条〔現会社更生法61条〕に関するものだが、最判平成7年4月14日民集49巻4号1063頁は、フルペイアウト方式によるファイナンス・リース契約でユーザーについて会社更生手続が開始した場合、未払リース料債権は全額が更生債権になると判断するにあたり、「〔旧会社更生〕法103条1項の規定は、双務契約の当事者間で相互にけん連関係に立つ双方の債務の履行がいずれも完了していない場合に関するものであ」るという。山本克己編『破産法・民事再生法概論』212頁以下〔佐藤鉄男〕（商事法務、2012）参照。

1項〕によりゴルフクラブの会員契約を解除し、ゴルフ場経営会社に預託金の返還を請求した事案において、解除により同社に著しく不公平な状況が生じるとして、破産管財人は解除できないと判断するにあたり、こう述べる。「破産法59条1項が破産宣告当時双務契約の当事者双方に未履行の債務がある場合に破産管財人が契約を解除することができるとしているのは、契約当事者双方の公平を図りつつ、破産手続の迅速な終結を図るためである」。ここでの旧破産法59条1項〔現53条1項〕の趣旨の説明は、伝統的な学説(加藤・前掲（注7）181頁、同・前掲（注5）130頁）の表現に近い。

4 本規律の沿革

(1) 沿革の概観

本制度の趣旨の探究の最後に、本規律の沿革を見ておこう。

破産手続における双方未履行双務契約に関する規律は、日本では、ロエスレル草案（1884年）1047条[28]を受けた旧商法（1890年公布、第3編破産は1893年施行）993条に始まる。同条1項は、破産宣告時に双方未履行であった双務契約につき「孰レノ方ヨリモ無賠償ニテ其解約ヲ申入ル」ことができると規定した。この解約権の付与は、破産宣告を受けた契約者に対しては「到底完全ノ履行ヲ望ムヘカラサルコト其常ナリトスル」こと（磯部・前掲（注28）93頁）、契約を維持すると破産管財人は不要な給付の受領を強いられるし、相手方は破産的配当しか受けられないのに自らの義務は履行しなければならず不

---

28) ロエスレルは、草案1047条（旧商法破産編993条）は、破産管財人にのみ契約を履行するか否かの選択権を与える1877年ドイツ破産法15条と、相手方は解約に同意する権利はあるが義務はないとする1855年旧プロイセン破産法15条・16条を検討したうえ、双方に解約権を与えることにしたという（Hermann Roesler, Entwurf eines Handels-Gesetzbuches für Japan mit Commentar, Bd. III, Tokio, 1884, S. 288. ロエスレル『商法草案下巻』884頁（司法省、出版年不明））。このように、破産管財人の選択権という発想は、少なくとも履行の選択という面では、当時から存在したようである（磯部四郎『大日本商法破産法釈義』93頁（長嶋書房、1893〔1996年信山社復刻版〕）、杉本好央「ロェスレル草案における解除構想」高橋眞＝島川勝編『市場社会の変容と金融・財産法』77頁・85頁以下（成文堂、2009）も参照）。

利益を受けること[29]が理由とされていた。これらの理由は、ロエスレルの説明を踏襲するものである。また、同条2項は、賃貸借契約と雇用契約における解約申入期間について規定していた。

その後、民法（前3編は1896年公布、1898年施行）は、賃借人の破産（621条）、使用者の破産（631条）、注文者の破産（642条）についての規定を置き、各契約の相手方及び破産管財人の解約申入れ又は解除を認めるとともに、それによる損害賠償を相互に請求できないものとした。民法起草者がこれらの規定において無賠償の解消権限を認めたのは、破産管財人については、財団にとって不要な契約関係を解消する必要があること、相手方については、反対給付を完全に受けられないまま契約に拘束しておくことは適当でないことを理由とする[30]。なお、起草者は、同時履行の抗弁権は破産宣告後も残存すると考えていた[31]。

旧破産法（1922年公布、1923年施行）は、旧商法993条の無賠償で双方が解消しうる制度に代え、前述の59条以下の規律を設けた。また、この一般的規律のほかに、各種の契約に関する特則を規定した（61条以下）。

---

29) 長谷川喬『改正破産法正義』74頁（新法注釈会、1893〔1996年信山社復刻版〕）。

30) 法典調査会において、起草委員は、賃借人破産については破産宣告により賃借人の信用がなくなること、使用者破産については破産の配当しか受けられない労務者の人身の自由を束縛するのは不都合であることを指摘していた（法務大臣官房司法法制調査部監修『日本近代立法資料叢書4 法典調査会民法議事速記録四』448頁［梅謙次郎発言］・516頁［穂積陳重発言］（商事法務研究会、1984））。梅謙次郎『民法要義巻之三債権編〔訂正増補第33版〕』680頁（私立法政大学、有斐閣書房、1912（初版は1897年））は、賃借人破産について、ロエスレル以来の説明を敷衍する。

31) 起草者は、民法621条は旧商法破産編993条に修正を加えたものであること、旧商法993条のような規定は民法に置く方が適当であること、しかし、「既成法典」のように一般に規定するのではなくその必要があるごとに規定するのがよいこと、消費貸借・賃貸借・雇傭の場合がそうであることを述べ、民法621条がそのような特別規定の1つであると説明する。ここで、双務契約全体について規定を設ける必要がないのは、破産の場合にも、相手方は同時履行の抗弁権によって履行を拒絶できるからであるという（広中俊雄編著『民法修正案（前三編）の理由書』593頁（有斐閣、1987）、法務大臣官房司法法制調査部監修・前掲（注30）446頁［梅謙次郎発言］）。

そして、現行破産法(2004年公布、2005年施行)は、旧破産法59条以下を踏襲する53条以下の本規律を置くとともに、各種の契約に関する特則を整備した(55条以下)。民法では、賃借人破産に関する規定は削除され、使用者破産に関する規定は維持され、注文者破産に関する規定は改正された[32]。

(2) 注目される点

以上の経緯について、次の2点が注目される。

第1点は、双方未履行双務契約に関する規律が、旧破産法の段階で大きく変わったことである。すなわち、「破産管財人及び契約の相手方の双方から無賠償で解消できる」制度から、「破産管財人が履行請求又は解除の選択ができ、いずれの場合も相手方の債権は保護されるとともに、解除の場合は相手方の損害が賠償される」制度へと転換した。これは、相手方の無賠償解約権を奪う一方で、相手方の債権の財団債権化等及び相手方に解除による損害の賠償請求権を与えることにより、バランスをとることにしたものである(加藤・前掲(注8) 470頁、加藤・前掲(注7) 149頁・183頁、福永・前掲(注24) 19頁)。これについては、「無賠償解除における相手方の地位の不利を修正しようとして、反対の極端に近い立場を採った」という評価(霜島・前掲(注24) 383頁)もあるが、旧制度において相手方が有していた無賠償解約権を剥奪することによって失われた均衡を、別の形で回復したと見ることもできるだろう。

第2点は、双方未履行契約に関する規律は、旧商法破産編から現破産法に至るまで一貫して、一般原則と各種契約に関する個別規定の組み合わせという構造をとってきたことである。この組み合わせにより、日本の破産法は、破産手続における双方未履行双務契約全体について、適切な取扱いをすることを企図してきたといえよう。

このように、日本の破産法における双方未履行双務契約の取扱いは、契約

---

[32] 小川秀樹編著『一問一答　新しい破産法』77頁以下(商事法務、2004)、佐藤鉄男「双方未履行の双務契約」山本克己ほか編『新破産法の理論と実務』193頁(判例タイムズ社、2008)。

の相手方との公平を図り、かつ、契約類型に応じた対応をするよう配慮してきたものといえる。それにもかかわらず、現在も議論が収束しないのは、なぜだろうか。これを次項で検討する。

III 双方未履行双務契約の制度の検討

1 分析視角の設定

本規律については様々な論点がある。破産管財人が履行請求をすると相手方の債権が財団債権になる理由とその範囲、破産管財人に解除権が与えられた理由、破産管財人が解除すると相手方の原状回復請求権が財団債権になる理由とその範囲、破産管財人が解除すると相手方に損害賠償請求権が破産債権として認められる理由、破産管財人の解除権の制限などであり、これらについて活発な議論がある。それは旧破産法時代に「59条論争」と称されたほどの活況であるが、議論の背景には、各論者の前提におけるいくつかの相違ないし対立があるようである。ここで従来の議論の課題を整理し、本稿の分析視角を確定することにしよう。

まず、本制度の趣旨に関する議論は、旧破産法「59条論争」の根底に倒産法の制度理念の対立があるとの指摘[33]もあり、平時の契約法と倒産実体法との関係の検討を促した。「相対的価値保障原理」を「作業仮説」とする検討（水元・前掲（注3）141頁以下）は、その最も本格的な成果であり、解除構成不当論に基づく立法論の提示は、新しい破産法で採られなかったとはいえ、改正作業に寄与した。そのほか、「倒産法と契約」と「契約法と倒産」という2つの視点、「債権起点思考」と「契約起点思考」の対比、「契約法秩序」と「倒産法秩序」の関係などを検討する作業もある（中田・前掲（注19）5頁以下・30頁以下）。これらの検討は、しかし、破産法の解釈を直ちに定めるという性

---

33) 中野貞一郎＝道下徹編『基本法コンメンタール第二版／破産法』別冊法セミ151号88頁［宮川知法］（1997）。

質のものではない。

　契約法と倒産実体法との関係については、もう少し具体的なレベルでの論争もあった。その象徴ともいうべき問題は、同時履行の抗弁権が破産手続開始後も存続するのか否かである。この問題は、また、「もし破産法53条がなかったとしたらどうなるのか」、あるいは「本来はどうであるのか」という仮定的考察と結びついた形で検討された。この検討は、従来の学説が曖昧にしていた点を明確に指摘し、議論を深化させた。しかし、それでもなお決着がつかないことには、いくつかの原因がありそうである。

　第1に、同時履行の抗弁権が破産手続開始後も存続するかどうかは、実際の結論には、それほど影響を及ぼしていないことがある。すなわち、同時履行の抗弁権が破産手続開始後も存続するといっても、契約相手方の債権が破産債権の定義（破2条5項）に該当することを認めるのであれば（福永・前掲（注18）166頁、伊藤・前掲（注13）271頁参照）、相手方は個別的な権利行使をすることができず（破100条1項）、破産配当（破193条以下）を受けるだけであるので、平時の法律関係と同じにはならない。他方、同時履行の抗弁権が消滅するといっても、従来の通説はそれと同じ趣旨から契約の相手方を保護しようとする（中田・前掲（注6）101頁など）ので、結論的には、同様のところにたどりつく。相手方の債権が財団債権となる範囲や破産管財人の解除権の制限という具体的問題は、いずれの立場をとるかによって一義的に定まるものではない。

　第2に、上記の仮定的考察に基づく仮定的法律関係の内容がはっきりしないことがある。前述（Ⅱ2）の甲説においては、仮定的法律関係の帰結が詰め切れられていないし（Ⅱ2(1)(b)）、乙説と丙説では、破産手続における双方未履行双務契約の取扱いについて見解が分かれる（水元・前掲（注4）3号92頁以下参照）。論争においてしばしば現れる「本来はこうなるはずである」という表現についても、想定する「本来」が論者によって異なり、そのために議論がかみ合わないように見える。だとすると、そもそも上記の仮定的考察自体に無理があるのではなかろうか。「本規律のない破産法」を想定するよりも、端的に、平時の契約法の規律と本規律とを比較し、その違いについて検討す

る方が問題点が明確になるのではないか。

　第3は、本制度によって保護されるべき利益について論者によって関心の対象に相違があることである。まず、主として契約当事者間の公平に注目するのか、破産債権者全体の公平を重視するのかという違いがある。当事者間の公平に注目する立場の中でも、さらに分かれる。すなわち、双方未履行双務契約においては、破産者の債権（破産財団に帰属する債権）と契約相手方の債権のそれぞれについて、未履行部分（他方当事者の未受領部分）と既履行部分（他方当事者の既受領部分）があり、したがって4つの部分があるのだが、そのうちのどの部分に関心をもつのか、あるいは、どの部分とどの部分との関係に関心をもつのかが異なっている[34]。破産債権者全体の公平を重視する

34）　中田・前掲（注19）10頁・16頁で、この観点から双務契約当事者間の利益を分析した。すなわち、破産者の債権のうち相手方の未履行部分（破産者の未受領部分）をA_1、破産者の既受領部分（相手方の既履行部分）をA_2とし、相手方の債権のうち破産者の未履行部分（相手方の未受領部分）をB_1、相手方の既受領部分（破産者の既履行部分）をB_2とする。破産者の債権の目的の総体はA_1+A_2、相手方の債権の目的の総体はB_1+B_2である。契約が維持される場合、破産者が相手方の未履行部分A_1の給付を求める債権を$f(A_1)$、相手方が破産者の未履行部分B_1の給付を求める債権を$f(B_1)$とする。契約が解除される場合、破産者が相手方の既受領部分B_2の返還を求める債権を$f(B_2)$、相手方が破産者の既受領部分A_2の返還を求める債権を$f(A_2)$とする。$f(A_1)$と$f(B_1)$は、破産者と相手方のそれぞれの元の債権の一部（未履行部分）である。

　双方未履行双務契約の処理にあたって、学説が重視するところは一様ではない。通説は、債権$f(A_1)$と$f(B_1)$の間、$f(A_2)$と$f(B_2)$の間の各均衡を重視するが、同時履行の抗弁権が消滅するという前提で考えると、相手方の既受領給付B_2を財団が取り戻す機会の増大（相手方がB_2を確保する機会の縮減）という意味をもつことになる。伊藤説は、相手方の債権の未履行部分B_1の保護に厚い。福永説は、相手方の既受領給付B_2の保護に厚い。霜島説は、相手方が債権の目的B_1、B_2を取得しうる選択を事実上できることを防止しようとする。水元説は、財団がその債権の目的の未受領部分A_1を取得しうる機能を重視する。竹内康二『倒産実体法の契約処理』117頁以下（商事法務、2011）は、双方の既履行部分であるA_2とB_2の重なり合う範囲でのみ財団債権とすべきであるという。なお、金子宏直「破産法59条1項による解除権の制限と基準」竹下守夫先生古稀祝賀『権利実現過程の基本構造』545頁（有斐閣、2002）は、各部分の経済的価値の大小の組み合わせによる利益状況を分析する。

立場では、破産手続開始時を基準として考えるもの（宮川・前掲（注4）42頁）と、支払不能時にまでさかのぼって考えるもの（中西・前掲（注17）522頁以下）がある。

このように、論者の前提ないし関心が異なるため、議論が収束しにくいように思われる。もっとも、どの立場からも契約の相手方の利益の保護には言及される。ただ、その利益がどのようなものであって、本規律でいかなる意義をもつのかは、具体的には必ずしも明らかではない。そこで、本稿では、「契約の相手方の利益」を分析視角として設定し、分析の方法は「平時の契約法の規律と本規律との比較」によることにしたい。

2　契約の相手方の利益の分析

(1)　考慮されうる利益と破産法の対応

倒産法の下での双務契約について、考慮の対象となりうる利益は多様である。これを次の3種に整理する。

第1は、双務契約の相手方の利益である（①）。これには、ⓐ平時における双務契約の履行過程の規律によって保障される利益（双務契約上の相手方の利益）と、ⓑ各種の契約の特性に応じて考慮される利益（契約類型に応じた相手方の利益）がある。ⓑについては、雇用契約、借家契約など社会的・経済的状況に関する考慮が問題となる契約類型や、継続的契約、団体型契約など契約の構造に特色のある横断的類型がある（中田・前掲（注19）20頁以下参照）。

第2は、破産債権者全体の利益である（②）。ⓐ全体的公平（宮川・前掲（注4）42頁以下）と、ⓑ迅速な破産手続の遂行がある。これは、多くの場合、①を制約する機能をもつ。

第3は、社会の一般的利益である（③）。これは、①ⓑや②ⓑに既に取り込まれているものも多いが、合理的な信用供与による苦境にある企業の維持・再生、信用供与制度の保護（以上、中西・前掲（注17）508頁・514頁以下）、破産管財人の職務遂行に求められる公益性ないし社会正義（伊藤・前掲（注26）35頁以下）など、より広いものもある。これは、結果として、相手方の利益（①）と同じ方向で機能することもあれば、これを制約することもある。

破産法は、これらの利益の保護と調整を、次の2つの方法で図った。1つには、双方未履行双務契約の一般原則において、破産管財人による履行請求と解除の選択及びそれぞれの場合の相手方の保護の組み合わせから成る本規律を定め、①ⓐ（双務契約上の相手方の利益）と②（破産債権者全体の利益）に対応した。もう1つには、双方未履行双務契約の一般原則のほかに個別契約類型についての特則を置き、①ⓑ（契約類型に応じた相手方の利益）に対応した。前者は、旧商法破産編から旧破産法に移る際に新たにとられた方法であり、後者は、旧商法以来一貫してとられてきた方法である。

それにもかかわらず、本規律について、なお論争が収まらない。ここに、③（社会の一般的利益）への配慮論も加わり、議論はさらに複雑化している。そこで、いったん出発点に戻り、まずは、①ⓐ（双務契約上の相手方の利益）と②（破産債権者全体の利益）との関係を確認したい。

(2) 双方未履行双務契約の平時における取扱いと破産手続における取扱いの比較

(a) 比較の意義

双務契約上の相手方の利益を具体的に考えるため、双方未履行双務契約の平時における取扱いと破産手続における取扱いとを比較する。従来、「本規律がなかったとしたら、破産手続において、どうなるのか」が検討されてきたが、仮定的法律関係についての理解の相違があり、議論が収束しなかった。そこで、紛れを少なくするため、まず上記の比較をし、そのうえで、両者の相違のうちどの部分が破産手続開始に伴う一般的な効果であり、どの部分が本規律による特別の効果であるのかを検討してみたい。

(b) 平時における取扱い

平時において、AB間の双務契約において、どちらもその履行を完了していない場合、次のようになる（単純化のため、AとBの債権は、同時履行関係にあり、いずれも履行期が到来し、履行は可能だとする。また、解除は、債務不履行による解除のみを対象とする）。

〔Ⅰ①〕AはBに対し、Aの債務の履行の提供をして、Bの債務の履行を請

求することができる（民414条1項・533条）。

〔Ⅰ②〕Bが履行しない場合、Aは、相当の期間を定めて履行の催告をし、その期間内に履行がないときは、契約を解除することができる（民541条）。

〔Ⅰ③〕Aが契約を解除すると、AとBは相互に原状回復義務を負う（民545条1項本文）。

〔Ⅰ④〕AはBに対し、②の解除をするとともに、債務不履行による損害賠償を請求することもできる（民545条3項・415条前段）。

〔Ⅰ⑤〕Bは、②のAの催告に対し、履行の提供をすれば、Aの解除を免れることができる。より一般的にいうと、Bは、①のAの請求の有無にかかわらず、Aの解除前に履行の提供をすることにより、Aの解除を封じることができる（民492条）。

〔Ⅰ⑥〕BがAに対し、②の催告期間満了後、Aが解除するかどうかの確答を求める催告をすることにより、Aの解除権が消滅することがある（民547条）[35]。

〔Ⅰ⑦〕Bは、②のAの解除に対し、損害賠償を請求することはできない。

〔Ⅰ⑧〕Bの側からも、Aと同様に、履行の請求や解除をすることができる。

(c) **破産手続における取扱い**

AとBの間の双務契約において、どちらもその履行を完了していない段階で、Aについて破産手続が開始した場合、次のようになる。Aの破産管財人をA′とする。

〔Ⅱ①〕A′は、裁判所の許可を得て、Bに履行を請求することができる（破53条1項・78条2項9号）。この場合、Bの債権は財団債権となり（破148条1項7号）、A′の行使する債権との間では、同時履行の抗弁権が認められる[36]。

〔Ⅱ②〕A′は、Bに催告をすることなく、直ちに契約を解除することができる（破53条1項）。

---

35) 谷口知平＝五十嵐清編『新版注釈民法⒀〔補訂版〕』905頁〔山下末人〕（有斐閣、2006）。
36) 中田・前掲（注6）101頁、伊藤・前掲（注13）270頁、福永・前掲（注18）169頁。

〔II③〕A'が②の解除をすると、A'とBは相互に原状回復義務を負う。具体的には、A'はBから原状回復を受け（民545条1項）、Bは、Aの受けた反対給付が破産財団中に現存するときはその返還を請求することができ、現存しないときはその価額について財団債権者として権利を行使することができる（破54条2項）。

〔II④〕A'は、Bに債務不履行があった場合は、損害賠償を請求することができる（民415条前段）。ただし、②の解除はBの債務不履行を理由とするものではないので、それとは別の問題である。

〔II⑤〕A'による②の解除は、催告を要件としないので、それに対する履行の提供は問題とならない。より一般的にいうと、破産手続開始後にBが債務の履行の提供をしたとしても、少なくとも破産法の文理上は、②の解除は妨げられない[37]。

〔II⑥〕A'が履行の請求も解除もしない場合、BはA'に対し、相当の期間を定め、いずれにするかをその期間内に確答せよと催告することができ、A'が期間内に確答をしないときは、契約を解除したものとみなされる（破53条2項）。

〔II⑦〕A'が②により契約を解除した場合、又は、⑥の確答をしなかったために解除したとみなされた場合、Bは、損害賠償請求権を破産債権として行使することができる（破54条1項）。

〔II⑧〕Bは、自らの債権を破産手続によらなければ行使することができず、配当を受けることができるのみである（破100条1項・193条以下）。Bは、自らの債務の履行を提供し、催告のうえ、契約を解除することはできない[38]。

　(d)　比較検討

(b)と(c)を比較し、相手方の利益の保護という観点から整理すると、次のようになる（AとA'を併せてAと表記する）。

---

37)　破産法53条1項は「破産手続開始の時において」と規定する。これに対し、福永・前掲（注24）24頁以下は、解除権排除の可能性があるとの解釈論を展開する。前出II 2 (3) (b)参照。

38)　伊藤・前掲（注13）273頁、条解389頁参照。

まず、平時と破産手続の間で、相手方の利益の保護が同程度のものとして、①（Aの履行請求）、③（Aの解除の効果）、④（Bに債務不履行がある場合のAの損害賠償請求権）がある。もっとも、①と④は破産財団に属する債権に係る債務者としてのBの立場の問題であるにすぎず、他の破産債権者の立場との比較が問題となるのは、③のみである。

　次に、破産手続において、相手方が平時よりも不利になるものとして、②（Aの解除の要件）、⑤（Bの履行の提供によるAの解除の阻止）、⑧（Bからの債権の行使）がある。もっとも、このうちの⑧は、破産債権者一般に関する規律によるものであり、本規律によるものではない。

　また、破産手続において、相手方が平時よりも有利になるものとして、⑦（解除されたBのAに対する損害賠償請求権）がある。

　なお、⑥（Aの解除権行使についてのBの催告）は、解除権の消滅（I⑥）とみなし解除（II⑥）とで、相手方にとってどちらが有利かは場合によるだろう。

　以上の比較により、当事者間の公平という観点からは、相手方が有利になる⑦と不利になる②⑤⑧との均衡がとれているかどうかの問題となる。しかし、破産法における全体的公平の観点からは、破産手続における一般的な帰結である⑧は考慮する必要はないので、相手方が有利になる⑦及び平時とほぼ同程度に保護される③と、相手方が特に不利になる②⑤との間で均衡がとれているかどうかの問題となる。

(3)　**本規律の意義**

(a)　**2つの公平のバランス**

　双務契約上の相手方の利益という観点からの分析を整理すると、本規律は、平時の規律と比較した場合、一方で、破産管財人に解除権を与え、相手方が自ら履行することによってその契約を維持する利益を奪い、他方で、相手方には、破産管財人が履行の請求をした場合と解除した場合とを通じて、相手方の債権を他の破産債権者よりも優遇し、かつ、新たに破産債権としての損害賠償債権を与えることにより、双務契約上の相手方の利益の保護（契約当事者間の公平）と破産債権者全体の利益の保護（全体的公平）を実現しようとし

たものだということになる。すなわち、本規律は、破産管財人に損害賠償を伴う解除権を与え、その代償として相手方の債権を他の破産債権者よりも優遇するという組み合わせによって、上記の2つの公平を実現しようとするものだということになる。これは、破産管財人と相手方の双方に無賠償解約権を与えるという旧商法破産編における組み合わせよりも、一層きめ細かい調整をしたものといえよう。

契約当事者の一方に損害賠償を伴う任意解除権を与えることは、いくつかの例がある。代表的なものは、請負契約における注文者の解除権（民641条）である。この解除権の趣旨は、注文者がすでに必要としなくなった仕事を強いて完成させることは、注文者にとっても、社会的にも無意味なことだから、請負人に損失を蒙らせないことを条件として自由に解除することができるものとした[39]などといわれる[40]。同様の規律は、運送に関してもある（商582条）。異なる場面では、他人の権利の売買における善意の売主の解除権（民562条1項）がある。また、任意解除権を原則としつつ、相手方に不利な時期の解除については解除者に損害賠償をさせる委任契約の例もある（民651条）[41]。民法改

---

39) 我妻栄『債権各論中巻二』650頁（岩波書店、1962）。

40) 坂口甲「ドイツにおける注文者の任意解除権の理論的展開（2・完）」民商135巻2号62頁・84頁以下（2006）は、この「仕事続行の無益性」と「注文者利益の指向」のほか、ドイツの議論を参照して、「仕事完成利益の偏在性」も正当化根拠として挙げる。学説の詳細は、幾代通＝広中俊雄『新版注釈民法(16)』160頁以下［打田畯一＝生熊長幸］（有斐閣、1989）を参照。なお、丸山絵美子「契約における信頼要素と契約解消の自由（7・完）」専修法学論集96号51頁・74頁以下（2006）は、有償役務提供型契約において、民法641条の規律を出発点とするのが良いという。「役務提供契約」について、損害賠償を伴う任意解除権を認める立法提案もある（民法（債権法）改正検討委員会編『詳解・債権法改正の基本方針Ⅴ──各種の契約(2)』37頁以下（商事法務、2010））。

41) その趣旨については、丸山絵美子「契約における信頼要素と契約解消の自由(6)」専修法学論集95号75頁・103頁以下（2005）、丸山・前掲（注40）74頁以下。このほか、在学契約の学生からの解除についての最判平成18年11月27日民集60巻9号3437頁など。視野を広げると、継続的契約において、相手方に金銭を支払うことを条件として当事者の解消（解約申入れ、更新拒絶を含む）を認める例もある（立退料等）。

正の審議では、現行法の要物契約の諾成的成立を認めたうえ、目的物受取り前の当事者の解除権と相手方に対する損害賠償を認める規律が検討されている[42]。これらは、契約の相手方（B）には落ち度がないが、他方の当事者（A）を契約の拘束から解放するのが適当であるという理由がある場合に、Aに解除権を与えつつ、Bの利益を損害賠償によって補填しようとするものである[43]。

本規律も、破産法上の要請を理由として、破産管財人にこのような解除権を与えたものと理解することができる。問題は、①破産法上の要請とは何か、②本規律によって公平が実現されているか、である。

破産管財人に解除権を与える理由となる破産法上の要請については、Ⅱ2で紹介した各説がそれぞれの立場から説明する。公平、簡明、合理的といった抽象的説明のほか、破産手続の迅速な終結（加藤・前掲（注7）182頁、加藤・前掲（注5）130頁）、支払不能発生時の債務者財産の価値を破産債権者に分配すること（中西・前掲（注17）520頁以下）などの実質的説明もある。本稿では、この説明を破産法の目的（破1条）に求めたい。すなわち、双方未履行双務契約の一方当事者が破産した場合、破産管財人をその契約に拘束し続け、未履行部分の履行又は受領を強いることが「債務者の財産等の適正かつ公平な清算」及び「債務者について経済生活の再生の機会の確保」を図るという破産法の目的に合致しない結果となることがある。まず、破産管財人にとって相手方から未履行部分の履行を受けることがもはや無意味であることもあるし、履行を受けても結局は目的物を換価しなければならずその処分価格が取

---

[42] 消費貸借の借主につき、法制審議会民法（債権関係）部会「民法（債権関係）の改正に関する中間試案」第37、1(4)(2013年)、同「資料70A民法（債権関係）の改正に関する要綱案のたたき台(5)」第4、1(4)(2013年)、有償寄託の寄託者につき、上記中間試案第43、1(1)イ。

[43] 補填される利益が履行利益か、いわゆる信頼利益かは、各制度によって一様ではない。なお、「損害賠償を伴う解除権」について、解除権者による相手方の利益を配慮する義務を想定するか、また、一部解除との関係をどう理解するか、という理論的関心を小粥太郎教授からお示し頂いた。制定法の制度趣旨と併せて検討されるべき課題である。

得価格よりも低くなると見込まれることもある（II 4(1)参照）。また、破産管財人の側に未履行部分の履行をさせることについては、それが事実上困難であったり、履行に高価な費用を要することがある。特に、契約期間が長いなど履行に長期間を要する場合には、その間、破産手続を終結させることができないことにもなる。これらの場合には、契約に破産管財人を拘束することが、上記の目的に沿わないことがある。そこで、破産管財人に解除権を与えるとともに、相手方の利益は損害賠償で補塡することにしたのが本規律であると理解することができる[44]。

では、本規律によって公平は実現されているのか。解除に伴う原状回復について相手方を財団債権者又は取戻権者としたうえ、相手方の損害賠償請求権[45]も財団債権とするのであれば、当事者間の公平はおおむね保たれることになる[46]。しかし、そうすると、双方未履行双務契約による相手方は、解除されても平時における利益バランスをおおむね維持しうることになり、他の破産債権者（特に、双務契約の相手方の債務が既履行である場合）と比較すると、その保護が手厚いことになる。これでは全体的公平が損なわれるのではないかが問題となる。そこで、全体的公平の観点から双方未履行双務契約の相手方の保護を若干後退させることが求められる。その際、破産管財人が履行請求をする場合の双方の債権の処遇との均衡を考えると、破産管財人が解除した場合にも、双方の既履行部分の原状回復については、相手方の保護を維持

---

[44] 再生型倒産手続においても、損害賠償を伴う解除権は、「債務者とその債権者との間の民事上の権利関係を適切に調整し、もって当該債務者の事業又は経済生活の再生を図る」という目的（民再1条）、「債権者、株主その他の利害関係人の利害を適切に調整し、もって当該株式会社の事業の維持更生を図る」という目的（会社更生1条）から、説明できるだろう。ただし、事業が継続する以上、解除権の行使は例外的なものと位置づけられ、解除の選択については、より慎重な配慮がされることになる（前掲（注2）参照）。

[45] この損害賠償の内容は、いわゆる「信頼利益」に限定されるのではなく、解除権者が契約によって負っていた債務の内容によって定まると考える。加藤・前掲（注5）130頁、大コンメ222頁［松下淳一］、条解406頁も参照。

[46] 損害賠償請求権を財団債権とすることは、解除が破産管財人の行為であることからも説明することができる（破148条1項4号。伊藤・前掲（注13）269頁以下参照）。

することが望ましい。こうして、相手方の損害賠償請求権を破産債権とすることにより、全体的公平が図られることになる。

(b) バランスの評価

このように、本規律は、破産法の目的から導かれる特別の解除権の破産管財人への付与とそれにより相手方の被る不利益に対する補償（相手方の債権の優遇と損害賠償請求権の付与）を組み合わせて当事者間の公平を図りつつ、全体的公平を考慮して相手方の保護を若干後退させること（損害賠償請求権を財団債権でなく破産債権とすること）により、2つの公平のバランスをとり、調和を図ったものだと理解することができる。

しかし、バランス論に対しては、双方からの批判が生じうる。相手方の債権を優遇することについては、全体的公平の見地からの批判がありうる。II 2で示した乙説と丙説は、同時履行の抗弁権を強調することにより、この批判に応えようとするが、甲説の補足的説明は、全体的公平をなお強調する。他方、破産管財人に解除権を与えたことについては、当事者間の公平の見地から、相手方の保護に欠けるという批判がありうる。乙説は、破産管財人の解除権の意義を強調することにより、この批判を抑える機能をもつ。また、丙説は、相手方の契約維持利益に配慮することにより、この批判を緩和する機能をもつ。両説とも損害賠償請求権についてはそれほど重視していないが、上述の通り、これを破産債権としたことの意味は小さくはない。

本規律の狙いとする契約当事者間の公平と全体的公平のバランスについては、各説はそれぞれの立場から、一応は評価をしたうえ、批判や補完をする。しかし、このバランスがうまく機能しない場合、特に、相手方の利益の保護が十分でないと感じられる場合が生じる。そこでは、破産管財人の解除権行使が相手方の利益を不当に害するのではないかが問題となる。では、そのような場合において、破産管財人の解除権が制限されるべきときはあるのか、もしあるとして、その制限はどのような方法によるべきか。これは、本規律の射程を問うことである。これを次項で検討する。

IV　本規律の射程

1　本規律の制限

　本規律は、当事者間の公平と全体的公平とのバランスを考慮したものだが、相手方にとって不利益が特に過大であると考えられる場合がある。前掲最判平成 12 年 2 月 29 日は、「破産宣告当時双務契約の当事者双方に未履行の債務が存在していても、契約を解除することによって相手方に著しく不公平な状況が生じるような場合には、破産管財人は同項に基づく解除権を行使することができない」という。この判決の理解については微妙な見解の相違もあるが[47]、「著しい不公平」があるときは、なんらかの方法で本規律を制限することについては、大きな異論はないと思われる。そこで、まず、相手方にとって不利益が特に大きいと考えられる場合を整理する（2）。その後、その是正の要否と是正方法を検討する（3）。

2　相手方にとって不利益が特に大きいと考えられる場合

　双方未履行双務契約の相手方が本規律によってその利益を害される程度が

---

47)　調査官は、「本判決は、破産管財人の解除権を制約する法理を、権利濫用や信義則等の一般法理ではなく、破産法 59 条 1 項〔現 53 条 1 項〕の立法趣旨（契約当事者双方の公平を図りつつ、破産手続の迅速な終結を図ること）から導き、規定に内在するものと考えている」と説明する（『最高裁判所判例解説民事篇平成 12 年度（上）』109 頁〔尾島明〕（法曹会、2003）。学説では、相手方の「不利益が、解除によって破産債権者に生じる利益との関係で、著しい不公平という程度に達する場合にのみ、信義則に照らして、解除権が否定されるとするのが、判例の正しい理解」だというもの（条解 387 頁）、解釈論としては疑問を投じつつ、契約当事者間の公平の確保という問題提起の重要性を指摘するもの（田頭章一『企業倒産処理法の理論的課題』134 頁（有斐閣、2005〔初出 2001〕））などがある。本稿の観点からは、本判決が「著しく不公平」かどうかの判断要素の 1 つとして「破産法 60 条〔現 54 条〕等の規定により相手方の不利益がどの程度回復されるか」を挙げている点が注目される。

特に大きいと考えられる場合として、次のようなものがある。破産者・破産管財人をA、契約の相手方をBとする。

①両債権の目的（物、権利、役務、金銭等）の価値（客観的価値又はBにとっての主観的価値）に差があり、かつ、未履行部分が僅かである場合。Bの債権の目的の価値がAの債権の目的の価値よりも高いとき、Bには自らの債務を履行して、両価値の差を確保する利益がある。本規律によりAが解除すると、Bはこの利益を一方的に奪われる。Bには、その代償として損害賠償請求権を与えられているが、全体的公平の観点から、これは破産債権に留められている。別の角度からいうと、破産管財人が履行を請求したときは、Bの利益は財団不足のない限り全部が保護されるのに対し、破産管財人が解除したときはBの利益のうち原状回復によっては満たされない部分（損害賠償の対象となる部分）については破産配当しか与えられず、全部の保護はされないという不均衡がある。以上のことは、本規律の予定するBの不利益であり、やむをえない。しかし、未履行部分が僅かであったり、付随的なものにすぎない場合にまで本規律を貫くと、Bにとって不当だと感じられることがある。

②既履行部分を確保する利益がBにとって重要である場合。AとBの各債権の目的の価値全体の差（①）とは別に、BのAに対する債権について、BがAから既に履行を受けた部分の価値を保持し続けることがBにとって重要である場合がある。これは、継続的契約において多く現れる。たとえば、石油製品を2年間にわたって継続的に供給する契約で、既に1年分の供給がされ、支払もされた段階でAが破産した場合、石油製品の市況によっては、破産管財人にとっては解除して原状回復をすることが利益であるが、相手方Bにとっては過去の分にまで遡及するのは不当だと感じられることがある。

③未履行部分を確保する利益がBにとって重要である場合。AとBの各債権の目的の価値全体の差（①）とは別に、BのAに対する債権について、Bが将来にわたって給付を受け続けることがBにとって重要である場合がある。これも継続的契約において多く現れる。たとえば、賃借人Bが賃貸借の目的物を将来にわたって利用し続ける利益、ライセンシーBがAの特許権を将来にわたって利用し続ける利益である。

④なお、BのAに対する債務については、Bの利益が独立して問題となることは多くない。双務契約であるので、BのAに対する債権について検討する際に、併せて考慮されるからである（①〜③）。もっとも、Bの契約上の債務が解除によって原状回復義務に変わることに伴うBの不利益はありうる。たとえば、Bの金銭債務について、契約が存続していれば契約条件（履行期、利息等）に従って履行すればよいのに、契約を解除されると原状回復義務として、直ちに履行しなければならず、履行しないと法定利率（約定利率よりも高いことがある。民419条1項参照）による遅延損害金が発生する場合がある。

3　是正の要否と方法

以上のように相手方にとって不利益が特に大きいと考えられる場合であって、本規律をそのまま適用すると「著しい不公平」が生じるときは、その是正が要請されるであろう。そのためには、次の方法が考えられる。すなわち、契約の履行過程の中で本規律の適用範囲を限定する方法、各種の契約について本規律の特則を置く方法、本規律による破産管財人の解除権の行使を一般原則によって制限する方法である。順次検討する。

(1)　契約の履行過程と本規律の適用

双方未履行双務契約の一般的規律が適用されるべき契約類型であっても、履行過程との関係で、本規律をそのまま適用することが妥当でないと考えられる場合に、本規律の適用範囲を限定する方法がある。2つの場合がある。

第1は、一方の（特に破産者の）未履行義務が僅かなものである場合である（2①参照）。未履行義務が名目的なものであったり、実質的な対価関係が認められないときは、権利濫用の法理や破産法53条の制限的解釈により、破産管財人の解除が認められないというもの（伊藤・前掲（注13）272頁）、未履行部分が僅かであったり、従たる給付の未履行であるときは、信義則上解除権が発生せず、又はその行使が権利濫用として認められないことがあるというもの（福永・前掲（注24）22頁）がある。前掲最判平成12年2月29日も、破産管財人の解除権の行使が許されないとされるための考慮事情の1つとして

「破産者の側の未履行債務が双務契約において本質的・中核的なものかそれとも付随的なものにすぎないか」を挙げている。本判決に関与した奥田裁判官は、本件では巨視的には破産者の側の主要な債務は履行済みであり、「双方未履行」の要件にあてはまらないと言いたかったという[48]。

これは、「双方未履行」の実質を欠いており、「既履行」と同様に取り扱っても全体的公平を害することはない（他の破産債権者はそこまでを期待しうるものではない）と考えられる場合であり、本規律の1つの可能な制限方法といえる。

なお、相手方の未履行債務については、破産手続開始後に相手方がこれを履行をすることによって、破産管財人の解除権を剥奪できるという見解がある（福永・前掲（注24）24頁以下）。破産法53条1項の文理及び破産管財人の解除権の意義についての本稿の理解に照らし、これには賛同できないが、この見解の目的とするところは、「双方未履行」の実質を欠き「既履行」と同様に取り扱いうる場合を認めることによって、相当程度、実現することができると考える[49]。

第2は、解除の効力を既履行部分に及ぼすことが不適当だと考えられる場合である（2②参照）。学説では、可分的給付を目的とする契約において、破産手続開始決定前にいずれかの当事者が一部を履行していた場合、その既履行部分には破産管財人による解除の効果は及ばないとするもの（福永・前掲（注24）35頁）、より広く、一般に解除権の効果は既になされた履行には及ばない（不可分の取引の一部のみが履行された場合などを除く）というもの（中西・前掲（注17）535頁）がある。これらは、継続的履行契約や分割履行契約について、既履行部分は区分され、そこには解除の効力が及ばないと構成するものである。双務契約における各当事者の債権が全体として対価関係が認められると

---

[48] 奥田昌道『紛争解決と規範創造――最高裁判所で学んだこと、感じたこと』63頁（有斐閣、2009）。

[49] 大コンメ214頁［松下淳一］も、この問題は解除権行使の制約の議論の枠内で考えうるという。

しても、可分的給付においては各期の給付ごとに対価関係を考え、その結果、破産管財人の解除の効力を制限するとしても、全体的公平を害することはないと考えることになる。

このように、「双方未履行」の要件を実質的には欠いている契約について契約の履行レベルでの操作（「双方未履行」の制限的理解）をしたり、1つの双務契約であっても複数回なされる給付ごとに対価関係を考えるのが適当な契約について対象となる契約レベルでの操作（契約の分節化による、解除の効果の既履行部分への遡及の遮断）をしたりすることにより、破産管財人の解除権の行使を制限する方法がある。

(2) 各種の契約に関する特則

次の方法は、各種の契約に関する特則を置くことである。破産手続における双方未履行双務契約の取扱いについて、一般的な規律と各種の契約に関する特則的な規律を並置することは、旧商法破産編以来とられてきた方法である。一般的な規律においては当事者間の公平と全体的公平のバランスが図られるが、そこでは取り込めなかった諸利益に対する配慮から、各種の契約に関する特則が配置されれる。

この特則については、その適用又は類推適用により、結果として本規律の適用領域が制限されることになる。そこで、適用又は類推適用の可否及び範囲が問題となる（2の各場合に関わるが特に③参照）。たとえば、賃貸借についての規律（破56条）が権利の利用契約にも及ぶかという問題である。その判断にあたっては、その種類の契約に関する特則が全体的公平を後退させてでも相手方当事者の利益を保護することにした実質的根拠の検討が必要になる。その際、当事者間の具体的な利益を超える、より一般的な利益が考慮されることもある（中田・前掲（注19）27頁以下）。類推適用については、類推により特別に扱うべき契約の範囲の画定基準の明確性も重要な考慮要素となる。

(3) 一般原則による破産管財人の解除権の制限

最後に、一般原則による破産管財人の解除権の制限という方法がある（2の各場合に関わる）。信義則[50]、権利濫用法理（福永・前掲（注24）22頁、伊藤・前掲（注13）272頁）による制限であるが、このほか、諸事情の総合的考慮により制限する方法もある。前掲最判平成12年2月29日は、「契約を解除することによって相手方に著しく不公平な状況が生じるような場合」には、破産管財人は解除権を行使できないとし、「相手方に著しく不公平な状況が生じるかどうかは、解除によって契約当事者双方が原状回復等としてすべきことになる給付内容が均衡しているかどうか、破産法60条〔現54条〕等の規定により相手方の不利益がどの程度回復されるか、破産者の側の未履行債務が双務契約において本質的・中核的なものかそれとも付随的なものにすぎないかなどの諸般の事情を総合的に考慮して決すべきである」という。この総合的考慮の方法については、不明確さが指摘され、「判断基準の可視化」が求められている（大コンメ214頁［松下淳一］）。同様の指摘は、信義則や権利濫用による制限にも当てはまるだろう。その意味で、この方法による制限は、最後のもの、あるいは、具体的な下位規範が確立されるまでの経過的なものとして位置づけるのが相当である。もっとも、最高裁の示す上記の3要素が、本規律の限界を画するうえで重要な意味をもつものであることは、本稿の検討からも肯定することができる。

4 解除権制限の理由

本規律による破産管財人の解除権を制限する3つの方法（3(1)〜(3)）を検討した。では、それらに通底する解除権制限の理由は何か。これは、全体的公平を後退させてでも、契約相手方の利益やその他の利益を保護すべきであるのは一般的にいってどのような場合なのか、ということである。次の2つの場合がある。

第1は、本規律の基礎にある2つの公平（契約当事者間の公平と全体的公平）

---

50) 竹野竹三郎『破産法原論』271頁（巖松堂書店、1923）、福永・前掲（注24）22頁。

のバランスの前提となる事実が欠けているか又は乏しい場合である。破産管財人の解除権の趣旨を未履行部分の履行及び受領を強いることが破産法の目的に反する場合があることから説明するとすれば、未履行部分が僅かである場合などは解除権を認めるべき前提を欠いていることになる。

　第2は、本規律によって実現されるべき諸価値及びその間のバランスを凌駕する価値が存在する場合である。本規律においては2つの公平のバランスが図られているが、そこでは十分に考慮されていない価値もある。そのような価値には、各種の契約に係る特則に反映されているものと、より広いものとがある。後者については、大きくいうと「経済原則だけでなく、その他の様々な社会的価値や個々のケースの特別事情」（中野＝道下編・前掲（注33）88頁[宮川知法]）、「社会正義」「社会的相当性」「破産管財人の職務遂行に求められる公益性」（伊藤・前掲（注26）35頁以下）、「社会的利益」（中田・前掲（注19）32頁以下）などへの配慮をどうするかという問題がある。これらの価値を反映することについては、基準が不明確であるという批判が容易に予想されるほか、「再分配論」に対する批判（水元・前掲（注3）83頁以下）が投じられる可能性もある。そもそも、上記の「社会的価値」「社会的相当性」「社会的利益」の内容も一致しているわけではない。これらの概念をそのままの形で判断基準として解釈論に持ち込むことには、困難があるだろう。おそらく、共通の理解がより形成されやすいのは、各当事者の個別的利益や破産債権者の共通の利益を越える、より大きな利益のうち、実定法によって認められている利益（中田・前掲（注19）29頁）やそれに比肩する利益については、倒産法においても保護するという判断である。その利益は、契約の内容や当事者に着目した類型（借地借家契約、労働契約、消費者契約など）においても、また、契約の構造に着目した類型（継続的契約、団体的契約など）においても、見出すことができるだろう。

　このように、本規律の前提となる事実が欠けていること、又は、本規律を凌駕する価値の存在することが、解除権制限の理由である。

V　おわりに

　本稿では、本制度の趣旨について従来の学説・判例及び本規律の沿革の検討をした後（Ⅱ）、契約の相手方の利益を分析視角として設定し（Ⅲ1）、双方未履行双務契約についての平時の契約法の規律と本規律を比較する方法により、両者における相手方利益の保護の相違を分析した（Ⅲ2(1)(2)）。そのうえで、本制度の意義について、破産法の目的によって説明される破産管財人の「損害賠償を伴う解除権」に着目して検討した。すなわち、本規律は、破産法の目的から導かれる特別の解除権の破産管財人への付与とそれによる相手方の不利益に対する補償（相手方の債権の優遇と相手方への損害賠償請求権の付与）を組み合わせて当事者間の公平を図りつつ、全体的公平を考慮して相手方の保護を若干後退させること（損害賠償請求権の破産債権化）により、2つの公平（契約当事者間の公平と全体的公平）のバランスを図ったものであることを示した（Ⅲ2(3)）。さらに、このバランスがうまく機能しない場合について本規律の射程を検討することとし（Ⅳ1）、本規律をそのまま適用することが相手方にとって特に不利益であると考えられる状況を挙げたうえ（Ⅳ2）、本規律の射程を、契約の履行過程、各種の契約の特則、一般原則による破産管財人の解除権の制限という観点から検討した（Ⅳ3）。最後に、破産管財人の解除権が制限されうる根拠を検討したが、その際、双務契約の相手方の利益と破産債権者全体の利益以外の、より広い利益や価値についても言及した（Ⅳ4）。

　本規律をめぐる活発な議論において、本稿が1つの視点を示すことができたとしたら幸いである。

〔後記〕　野村豊弘先生には様々な場面でご指導を賜ってきた。その1つとして、先生が責任者を務められた2000年10月の日本私法学会シンポジウム「倒産手続と民事実体法」がある（前掲（注19）参照）。本稿は、その際の私の報告の延長線上にある。先生の古稀のお祝いとするにはまことに不十分なものだが、ご海容をお願いする次第である。

契約の数量的一部解除論
——売買契約を中心として

平野　裕之

Ⅰ　はじめに
Ⅱ　売主の数量的な一部不履行
Ⅲ　買主の代金債務の一部不履行
Ⅳ　おわりに

Ⅰ　はじめに

1　一部解除をめぐる問題点

(1)　債務不履行の効果から契約目的不達成の効果へ

　契約解除は、債務者に対して債務不履行を理由とした損害塡補を求める制度ではない。履行（給付）を受けられず契約をした目的を達し得ない債権者を契約から解放する制度である。現行法においても、民法は各所において契約解除の要件として、契約をした目的を達成できなくなること（以下、契約目的不達成という）を要求している（民法563条2項[以下、民法は条文数のみで引用]、566条1項、607条、611条2項、635条）[1]。解除のためには契約目的不到達があればよく、解除権の成立は債務不履行の効果ではなく、契約目的不達成の効果なので、契約目的不達成の原因が相手方の債務不履行である必要さえない。契約目的不達成の状況にあれば、給付義務の不履行によるか付随義務の違反によるかは問わず、また、債務不履行につき債務者の帰責事由の有無も問わ

ないのである[2]。但し、解除の認否の考察に際しては、解除によって害される相手方の契約を保持する利益（以下、契約保持利益という）の保護との調整を考えなければならず、解除の要件の設定・解除の内容はこの観点から判断されるべきである[3]（契約目的不達成からの債権者保護と相手方の契約保持利益保護との調整が、解除の要件論の真髄）。

契約目的不達成を契約解除の根拠とする限り、2つの契約が密接不可分な目的達成のために締結されている場合、相手方の契約保持利益保障との調整という観点から要件を設定し（少なくとも認識可能性が必要）それをクリアできれば、不履行にない契約を含めて全部の契約の解除を認めてよい（複合契約論[4]）。反対に、1つの契約でも、全部の給付がされなければ契約をした目的が

---

1) 契約目的不達成の場合に契約解除を認める必要性があることは説明を要しないが、契約拘束力の原則に対して解除を法理論としてどのように根拠づけるのかという疑問（また、「契約目的」の外延）への解答を用意する必要がある。しかし、筆者は現在その回答を持ちあわせておらず、必要性だけを確認するに止め、将来の課題とする（フランスの議論については、福本忍「現代フランス債務法における法定解除の法的基礎（fondement juridique）の構造変容」立命館法学309号167頁（2006）参照。①特殊な解除条件として理解する立場、②コーズ理論に依拠する立場、③双務契約における両給付の交互関係ないし両債務の履行上の均衡・牽連性に根拠づける立場、④賠償の一方式ないし民事責任訴権の特別適用と理解する立場、⑤複合的な法的基礎を示す立場に分類する）。

2) 従来は、解除を債務不履行の効果と位置付けまた債務者の帰責事由を必要とする学説が有力であった。この点について数多くの文献があるが、近時のものとして、遠山純弘「不履行と解除(1)～(3・完)」北海学園大学法学研究42巻1号1頁、43巻1号47頁、43巻3号31頁（2006～2007）、松井和彦「法定解除権の正当化根拠と催告解除(1)(2・完)」阪大法学61巻1号55頁、2号113頁（2011）をあげておく。

3) 半田吉信「危険負担制度廃止論批判」千葉大学法学論集25巻2号14頁（2010）は、解除の前提として、債権者が契約をした目的を達し得ないことが求められることを指摘する。解除ができるためには「重大な」債務不履行と制限するのはこのような観点から理解できる。瑕疵があっても修補ができれば契約をした目的を達し得るように、履行が遅滞していても履行がされれば契約をした目的を達し得るので、履行遅滞において契約目的不達成というためには何らかの基準が設定される必要がある（それが、日本の場合には、542条の定期行為または541条の催告＋相当期間の経過である）。

達成できないといった不可分的な目的達成が意図されているのではない限り、一部履行がされその部分につき契約の目的が達成されている限り、残部に不履行があっても、相手方の契約保持利益保障との調和等を考えて、解除は残部の不履行部分に限られるべきである（解除ができる範囲をめぐるこの議論を一部解除論[5]と呼んでおく）。

契約解除の可否をめぐっては、上記の相手方の契約保持利益保障との調整の他、原理・原則として契約拘束力の原則また契約尊重の原則（favor contractusの原則[6]）の要請との調整も考えなければならない。これまでこれらの調整は解除の要件論において議論がされてきた[7]。催告が必ず必要か、付随義務違反を理由として解除ができるかといった議論である。解除できる範囲をめぐる一部解除論は、要件論の一種ではあるがこれに関連した問題であり、

---

4) リゾートマンションの購入と併設されているスポーツ施設の入会契約とについて複合契約論を認めた最判平8・11・12民集50巻10号2673頁を契機として複合契約論が議論されている。この問題については、複数人間の問題も含めて、都筑満雄『複合取引の法的構造』（成文堂、2007）、同「複合契約中の契約の消滅の判断枠組に関する序論的考察」藤岡康宏先生古稀記念『民法学における古典と革新』293頁以下（成文堂、2011）参照。

5) 一部解除めぐる問題点ないし議論を一部解除論といい、これを解決する法理を一部解除法理と呼んでおく。なお、一部取消しについては、道垣内弘人「一部の追認・一部の取消」星野英一先生古稀祝賀（上）『日本民法学の形成と課題』293頁以下（有斐閣、1996）参照。

6) favor contractus（契約尊重）の原則とは、人が費用と時間をかけて契約をし、また途中まで履行をしたのに安易に契約解除を認めるのは社会経済上の損失であり、なるべく契約を維持する方向で運用がされるべきであるという原則である（円谷峻「ファヴォール・コントラクトス（契約の尊重）」好美清光先生古稀記念『現代契約法の展開』3頁以下（経済法令研究会、2000）、森田修「契約の尊重（favor contractus）について」『実務法学における現代的諸問題』199頁以下（遠藤光男元最高裁判所判事喜寿記念文集編集委員会、2007）、森田修ほか「契約の基本原則」加藤雅信＝加藤新太郎編著『現代民法学と実務（中）』（判例タイムズ社、2008）、三枝健治「UCC第2編改正作業における『契約の尊重（favor contractus）』」早稲田法学84巻3号191頁（2009）、曽野和夫「Favor contractusのヴァリエーション――CISGと債権法改正論議の比較を通じて」藤岡康宏先生古稀記念『民法学における古典と革新』255頁以下（成文堂、2011）参照）。

本稿は一部解除論を、契約解除を契約目的不達成に根拠づける観点から再検証しようとするものである。

(2) 一部解除が問題となる事例

付随義務違反においてはその付随義務(例えば、買主が検査員を派遣して合格した物の引渡しを受ける合意の場合の、受領義務の一種である検査員派遣義務)の部分だけの一部解除ということはありえず[8]（付随的給付義務[オプションの部品の購入等]とは異なる）、一部解除を問題にできるのは数量的に「給付の」不履行が測れる場合に限られる。契約の一部解除が問題となる事例を以下のように整理してみると、下記❷においては数量的一部解除が問題になり、❶は継続的契約関係の終了の問題に解消され、❸では一部解除の法理を適用してよいかが問題になる。

❶ 「時と共に流れる給付」を目的とする継続的契約関係

賃貸借や雇用契約といった典型的な継続的契約関係だけでなく、1ヶ月のホテル客室の清掃契約のような準委任ないし準委任類似の無名契約では、初めから時を離れて給付が想定できるものではなく、枠が契約で定められ時の経過と共に履行があれば契約がその時々の分充たされていくものである。契約上の「給付」が砂時計のように充たされていく「流れ」が考えられ、どこかで「終了」させることが想定できる。例えば、1年という契約期間が定まっていても、途中で解除をする場合それは給付の流れを「終了」させる告知であり、一部解除ではない。そのため、この事例は本稿では考察対象とはしない。

---

7) この点につき、山田到史子「契約解除における『重大な契約違反』と帰責事由(1)(2・完)」民商110巻2号273頁、3号462頁（1994）、同「解除における『重大な契約違反』と『付加期間設定』要件の関係」法と政治62巻上1号177頁（2011）参照。

8) この場合には、受領遅滞による解除を問題にするまでもなく、付随義務違反による契約解除が認められる（東京控判昭和14年6月24日評論29巻民57頁）。

❷ 売主等の数量的な供給義務

セメント10ｔの売買契約では、数量的に一部解除が考えられるが（代金債務の一部不履行も考えられる）、この事例も、①分割給付の特約がある場合[9]と（ⓐ途中まで給付をした場合とⓑ初めから一切給付をしない場合とが考えられる）、②分割給付の特約がないが、一部履行がされ残部について債務不履行がある場合とが考えられる。そして、いずれについても、一部でも履行として意味があり、その部分だけでも契約をした目的が独立して実現できる場合、及び、組み立てて完成させる部品を何回かに分けて供給するように、一部だけの履行では契約をした目的が達し得ない場合とが考えられる。

❸ 請負契約の仕事完成義務

請負人の仕事完成義務について一部解除が問題となるのは、①複数の物の製作物供給契約のみならず、一定の範囲の鉄道の敷設や道路の舗装のように数量的に可分な目的達成を考えることができる場合と、②１つの物やプログラムなどの製作物供給契約や建物の建築請負契約のように、本来完成しなければ契約をした目的を達成できないが、途中までの工事を利用して続行工事をして完成させ目的を達成する余地がある場合とが考えられる。①の事例は❷の事例とパラレルに扱ってよいが、②の事例については問題がある。この検討は別稿に委ねる[10]。

2　検討から除外する関連問題

本稿では１(2)のように検討対象を制限する他、本来ならば関連問題との限界づけも明らかにするべきであろうが、この点は後日の検討に委ね、以下のコメントだけに止めておく。

---

9) ❶のような時と不可分の給付（４月分の賃貸等）とは異なり、売買契約における分割給付は便宜上分割して給付をし、それぞれの給付の期日が定められているだけに過ぎない。
10) この点については、拙稿「請負契約における債務の一部不履行と契約解除」慶應法学25号121頁以下（2013）に公表した。

(1) 契約の個数論

まず「契約の個数」の問題がある。例えばビール3本注文したのに2本しか持ってこない場合には、残りの1本の注文を解除できる。ビール1本毎に契約があり3つの契約と構成すれば一部解除ではないが、ビール3本を注文する1つの契約と構成すれば一部解除となる。この事例は常識的にみて1つの契約であり一部解除と構成すべきであるが[11]、このような数量的な事例ではなく、内容の異なるいくつかの内容の契約が同時にされている場合、例えば宝石の裸石の購入とそのカットの依頼のように、単なるある契約の特約（売買契約をして、一定期間預かってもらったり自宅まで配達してもらう等）とは異なり、2つの契約か1つの契約（混同契約ないし無名契約）かが問題になるような事例は少なくない[12]。この議論は本稿では扱わない[13]。

(2) 全部不履行の場合の一部解除

一部不履行の場合につき、契約全部の解除ができるのか不履行部分の一部解除に限られるのかを議論することが本稿の検討対象である。全部不履行があり全部解除ができる場合に（一部の不履行で全部解除ができる場合でもよい）、一部解除を選択できるか——例えば米100 kgの売買契約で、履行が遅滞しているため急遽他から40 kg仕入れてしのいだので、40 kg分を一部解除して残りの60 kgの履行を請求することができるのか——、という問題は扱わない[14]。

---

11) 二筆の土地の賃貸借の事例について、最判昭和39年6月19日民集18巻5号806頁は、「原判決が『本件賃貸借は所論二筆の土地を一括して賃貸借の目的としたものであり、かつ、Yが本件第一の土地上に所論石油貯蔵庫を建築したのは本件第二の土地及びその地上の事務所その他の建物とともに石油類販売のため右二筆の土地を総合的に利用しようとするにあること』を認定し、この事実に原判示の本件賃貸借の本来の趣旨やXの拒絶にもかかわらずYが右石油貯蔵庫を建築したこと等を考えあわせると、<u>右石油貯蔵庫建築による用法違反は本件借地全体に対する解除原因とするに妨げない</u>と判断したことは、原判決挙示の証拠関係に徴し首肯できるところであって、<u>目的物が複数存する場合には、その数だけの契約の存在を認めるべきが経験則に合する旨をいう所論は、独自の見解として採用できない</u>」と述べる。

(3) 解除権不可分の原則

また、複数人で1つの契約をし、その1人によりまたはその1人に対してのみ債務不履行がある場合に、民法上解除権不可分の原則（544条）があるた

---

12) 但し、契約を1つとするか2つとするかで結論に差が生じないようにすべきである。例えば、Aから隣接する甲地と乙地とをBが、工場用地とする目的で購入したが、甲地に大量の産業廃棄物が発見された場合、結論としてはAがBによって全部の土地が契約目的達成のためには必ず必要なことを説明され、一部の履行不能の瑕疵により全部の解除がされることを覚悟していたならば（平成8年判決は売主側がセットで勧誘していたので、買主が不可分一体の目的で2つの契約をすることが当然に予見できた。なお、付随義務論であるが、最判平成11年11月30日判時1701号69頁も、ゴルフ場の附属施設としてホテル等の附属施設を宣伝していたので、これを重視して契約をする者がいることはゴルフ場経営者は予見できたので、そのような者が付随義務違反で会員契約を解除することを予見し覚悟すべきであった）、乙地も含めてBに解除を認め、そうでない限りAの計算可能性を確保するために甲地のみの解除しかできないと考えるべきである。契約が1つだとしても、一部解除への制限を否定し契約全部の解除を認め、また、契約が2つだとしても、複合契約論により解除権を別の契約に拡大することを認め、結果に差を設けるべきではない。

13) 結論だけ述べておくと、契約を2つとするか1つとするかは、当事者が自由に決められるというべきであり、ただ当事者がいずれを選択しても解決が異ならないように調整を心がければよいと考えている（注12参照）。

14) 先のビール3本注文した事例でいうと、全くビールを持ってこない場合に、1本分だけ解除して2本でよいとすることができるかという問題である。このような形での一部解除は、有効に存在している契約内容の変更に等しく、相手方の同意がない限りはできず、原則として解除するかしないか all or nothing の処理しかできないと考えるべきである。但し、本文の他から40kg仕入れて契約目的を自ら一部達した特別事情がある場合には、その部分のみの解除を認めてよいと思われる。なお、分割払いの代金債務につき、遅滞している分につきその都度何度も一部解除することができるのは当然である。判例も、「所論は、同一契約において前後二回の契約解除は許されないという見解に立って原判決を非難するが、売買の目的物と代金との関係が互いに可分であり、その一部につき契約解除の要件を具備するときは、その一部の解除を妨げるものでないから、一個の売買につき数回に解除が行われることをなんら妨げるものではない」と述べる（最判昭和30年3月22日民集9巻3号321頁）。

め、契約解除は全部できるか一切できないかだけである。この場合に、不可分的な給付が契約内容とされている場合(数人で1つの物を購入した場合等)にはよいが、可分な数量的給付が契約内容とされている場合、分割主義の原則(427条)からいえば、代金債務(債権)も種類債務(債権)も分割債務(債権)になるはずである。例えば、ABが共同でCからセメント20 kgを2万円で購入すると、10 kgのセメントの引渡しと1万円の代金の支払がそれぞれAC・BC間で問題になるだけであり、(1)の契約の個数論とも関係するが、例えばAC間だけ契約を解除することを認めてもよいようにも見える。この問題は契約の取消権にもあてはまるが、別稿で検討したい。

II 売主の数量的な一部不履行[15]

売買契約であっても、新聞の購読や雑誌の定期購読のように、1月に○○年1月号、2月に同2月号、月曜に○年○月○日月曜の朝刊・夕刊、火曜に同火曜の朝刊・夕刊が供給されるというその時期にその時期のための指定された給付がされる場合には、賃貸借契約で4月に4月分の使用収益をさせる「時と共に流れる給付」(→ I 1(2)❶)とは異なるが、その時その時の給付として時間と結びついた給付を目的とする点では共通している(その時点でないと「ニュース」の提供にならない)。この場合には途中で給付がされなくなったならば継続的契約関係に準じて告知を問題にすることもできるが、後述の逓次給付と同様に一部解除という制限を適用することも考えられる。とりあえずこの事例は検討対象から除いておく。

---

15) 我妻栄『債権各論(上)』157頁(岩波書店、1954)は、売主の給付が不可分の場合には、一部の給付がされても、売主は契約全部を解除できるのが原則であるが、不履行の部分が給付全体からみて軽小であり、全部の解除を認めることが信義則に反するときは、解除ができないという。

1　同一給付の数量的一部遅滞[16]

(1) 分割給付（逓次給付）の場合
❶ 初めから給付をしない場合 ── 全部解除可能

　玄米の売買契約で、玄米を3月、4月及び5月の3回に分けて給付するという約束であったが第1回目から給付がされなかった事例[17]で、大判明治39年11月17日民録12輯1479頁は、「契約は唯1〔つ〕にして3箇に非ざる」、「契約の解除は特別の規定若しくは特別の意思表示あらざる限りは当然全部に及ぶべきことは民法第543条及び第544条の規定に徴して自ら推断するを得べし。然れば即ち契約に因りて生じたる債務を一時に弁済することを要する場合と、2回若しくは数回に分ちて之を弁済すべき場合とを分たず一部の不履行に因りて全部の解除するを得べきこと多言を待たず」という（大判大正7年9月5日民録24輯1619頁[18]、大判大正8年7月8日民録25輯1270頁[19]も同旨）。学説もこの結論に異論はない[20]。

---

16) 履行不能についても同様に考えられている（詳しくは3）。債務の内容が可分であれば不能になった部分だけ解除ができ、不可分である場合には、不能な部分の重要性によって決するという（我妻・前掲（注15）173頁）。後者についていえば、残りだけで契約目的を達し得るか否かが基準となろう（一部他人物売買についての563条2項も同様である）。不完全履行についても同様であり、給付の内容が不可分な場合には、追完を催告し、その瑕疵が重大であれば全部の解除ができるという（我妻・前掲（注15）176頁）。
17) 特定した数量を分割給付する事例は、継続的供給契約といった基本契約に基づいてその都度発注による数量について売買契約がなされる基本契約としての継続的契約関係とは異なる（中田裕康『継続的売買の解消』35頁以下（有斐閣、1994）参照）。
18) 同判決は、「契約の解除は特別の規定若しくは意思表示なければ当然全部に及ぶべきものなるを以て、数回に分ち債務の履行を為すべき場合に於ても債権者は一部の不履行に因り全部の契約を解除し得べきことは夙に當院判例の示す所なり」、「而して本件に於て契約解除に関し当事者間に特別の意思表示ありたることは原審の確定せる所なれば、原審が上告人の一部の不履行に因り全部契約を解除したる被上告人の意思表示は有効なりと判示したるは相當」と判示する。全部解除できる理由の説明はなく、明治39年判決を援用するだけである。

上記判例では、3月の段階では、3月分の債務の不履行があるが、未だ不履行にない4月分と5月分まで解除ができることにつき、契約は1つであり3つではないという理由づけがされている。例えば新聞購読契約の場合には、給付がされなければ「1つの」新聞購読契約を解除でき、不履行部分をいちいち解除していく必要はない（賃貸借と同様）。それと同様に考えたのかもしれない。しかし、4月及び5月分の解除が認められた理由は別に求めるべきである。この場合に、一部解除の法理を無制限にあてはめれば、不履行の部分毎にいちいち一部解除を繰り返す必要がある。しかし、債務者に信頼関係を失わせ、残りの給付もされない高い蓋然性また危惧を生じさせている場合に

---

19) 大判大正8年7月8日民録25輯1270頁は、逓次供給契約の一部不履行の場合に、その不履行の部分だけを解除するか契約全部を解除するかは債権者（買主）の自由であると認めた判決である。「本件売買の如く種類に従ひ定めたる物を一定期間毎に分割して供給し各部分に対し各別に代金を支払ふべき場合は所謂逓次供給契約に属し、其契約は単一なる契約なれば各部分の不履行は即契約の不履行にして、債権者は民法第541条に依り契約全部の解除を為すことを得べし。債権者は必ずしも契約全部を解除するを要せず。債務者の履行せざる部分のみに付き契約を解除することは固より妨げざる所なりと雖も、之れ債権者の選択し得べき所にして必ずしも契約一部の解除を為さざる可らざるものに非ず」という。

瑕疵担保の事例において、目的物が可分な場合には、買主は全部解除をするか、一部について解除をしそれ以外については損害賠償を請求するかの選択は自由であるとされている（大判大正10年2月10日民録27輯255頁）。「民法第570条に依り準用したる第566条に依れば、売買の目的に隠れたる瑕疵ありたるか為め契約を為したる目的を達すること能わさる場合に於て、買主は契約の解除を為し得べき権能を有するに止まり解除せざるべからざる義務を課したるものにあらず。従て買主は其選択する所に従い或は契約を解除し又は損害賠償を請求し得べき自由を有するのみならず、契約の目的か分割を為すに適する場合に於ては、其一部に対し契約を解除し他の一部に対し損害賠償を請求するも亦其任意に属するを以て、原審か本訴売買物件に存したる隠れたる瑕的か契約の目的を達する能わさるものなりしことを認定しなから其一部の解除及ひ一部の賠償を認めたるは相当」という。

20) 山中康雄『総合判例研究叢書民法(10)』46頁以下（一粒社、1963）、我妻・前掲（注15）156頁、柚木馨『債権各論（契約総論）』240頁（青林書院、1956）、近江幸治『民法講義Ⅴ　契約法〔第3版〕』81頁（成文堂、2006）等。

は、「契約目的不達成」の危惧をもたらしているので、いちいち解除する手間を省いて手誠実な債務者との関係を打ち切ることを認める必要性がある。期限前の解除の法理[21]が適用されて然るべきである。従って、常に全部解除ができるものと考えるべきではない。

❷ 途中から給付をしなくなった場合──既履行分は解除できない(一部解除)

上記の玄米を3月、4月及び5月に分けて給付するという約束の場合に、3月分は引き渡したが、4月分を持ってこない場合、①の契約は1つであり3つではないという論理でいえば(しかも継続的契約関係ではない)、4月分だけでなく5月分のみでなく履行済みの3月分まで解除できてしまいそうである。しかし、判例は、既履行分の3月分については解除を否定し、4月及び5月分の解除のみを認めた。

即ち、大判大正14年2月19日民録4輯64頁は、「其契約上定まりたる時期に於て一定数量の給付行はれたるときは、其部分に付ては契約の本旨に従ひたる履行ありしものと為さざるべからず。従て其後に於て為すべき履行を遅滞したるとき、債権者は其遅滞に係る部分は勿論未だ履行期の到来せざる部分に付ても契約を解除し得べしと雖、其の既に履行を終りたる部分に付ては、此一部のみにては契約を為したる目的を達することを得ざる等の特別なる事情の存せざる限り之を解除すること能はざるものと解するを妥当とす」と判示した(原審は全部解除を認めた)。

既履行分の解除ができない点については、①その部分は履行があることを理由とし、②全部の履行がなければ「契約を為した目的」を達し得ない特別事情がない限りという制限が加えられている(その存在を主張する債権者=買主に証明責任あり)[22]。①については履行があれば債務が消滅するので既履行

---

21) 期限前の解除については、石崎泰雄「履行期前の不履行と解除」早稲田法学74巻4号189頁以下(1999)参照。
22) ドイツ民法323条5項1文には「給付の一部では利益がないときにのみ」全部解除ができるが、そうでない限り不履行部分のみの解除に限定されることが明記されている。

分は解除ができないというのであろう。不履行になっていない5月分についてまで解除できることについては依然として根拠が示されていない[23]。

①の契約が1つだからという理由づけは無視してよく、判例は履行があり債務が消滅していればその部分は解除ができないのを原則とすると考えてよい。これは債権者の契約からの解放 vs 債務者の利益保護との調整＋契約拘束力の原則また favor contractus の原則からして妥当な解決である[24]。

---

23) ドイツにおいてはこの点が議論されており、野田和裕「分割履行契約の不履行と一部解除（2・完）」広島法学31巻4号40頁以下（2008）参照。
24) CISG 73条は、「物品を複数回に分けて引き渡す契約において、いずれかの引渡部分についての当事者の一方による義務の不履行が当該引渡部分についての重大な契約違反となる場合には、相手方は、当該引渡部分について契約の解除の意思表示をすることができる」（1項）。「いずれかの引渡部分についての当事者の一方による義務の不履行が将来の引渡部分について重大な契約違反が生ずると判断する十分な根拠を相手方に与える場合には、当該相手方は、将来の引渡部分について契約の解除の意思表示をすることができる。ただし、この意思表示を合理的な期間内に行う場合に限る」（2項）。「いずれかの引渡部分について契約の解除の意思表示をする買主は、当該引渡部分が既に引き渡された部分又は将来の引渡部分と相互依存関係にあることにより、契約の締結時に当事者双方が想定していた目的のために既に引き渡された部分又は将来の引渡部分を使用することができなくなった場合には、それらの引渡部分についても同時に契約の解除の意思表示をすることができる」（3項）と規定する（外務省公定訳による）。

1項は売主・買主等異なり一部解除が「できる」ことのみを規定しているが、3項の反対解釈から、既に履行された部分がある場合には3項に該当しない限りその部分の解除はできないことになる。2項は、未だ不履行にない期限前の部分も解除できることを明記するものであるが、これは72条の履行期前の解除とは異なると考えられている（野田和裕「分割履行契約の不履行と一部解除(1)」広島法学30巻1号61頁（2006））。3項は密接的な関係（相互依存関係）があれば、既に一部の履行がされていてもそれを含めて全部解除ができることを明らかにしている。その例としては、特別仕様の機械を買主による組立てを前提として3つの分割部分に分けて供給する場合が挙げられている（野田・前掲論文62頁）。3項については、1964年のハーグ条約75条では、「買主にとって無意味になる」とされていたのを「契約の締結時に当事者双方が想定していた目的のために」と客観化したものである（73条3項についての判例・仲裁事例は未だ現れていないということである［野田・前掲論文63頁］）。

❸ 若干の考察

筆者も判例・通説の結論に異論はない。契約解除の可否のみならず範囲を決める中核的基準は、契約目的の不達成の有無・範囲であり、この基準からいえば次のようになるからである。

数量的な給付を目的とする契約における一部履行は、始めから分割給付の合意があったか否かを問わず、原則としてその給付だけでも<u>数量的に可分に契約目的を達することができる</u>。米を 10 kg 注文して 5 kg の引渡しを受けようと、5 kg を注文して 5 kg の引渡しを受けようと、それにより 5 kg について契約をした目的は達成されているといえるからである。債権者（買主）は、残部の引渡しがない場合に、<u>残部の分につき契約をした目的が達し得ない</u>だけであり、その分だけの契約の一部解除ができるに過ぎない。一部分だけでも目的達成不能なのか、それとも全部揃わないと目的達成できないかが、全部解除の可否を決める基準になる。

①全部の履行が必要であることだけでなく、②残部を他から容易に調達できない状況にあることまで充たされて、全部の目的達成不能という要件が充たされるが、債務者の利益との調整のために、解除ができるためには更に、③債務者が契約締結時において①を認識しているないし認識しえたことが必要であると考えるべきである。債務者の契約保持利益保障、契約拘束力の原則また favor contractus の原則との調和という観点から、これらの要件も充たすことが必要である。②については、不完全履行ないし瑕疵担保責任における、他の業者による修補の可能性・容易性が契約目的達成に関して考慮されているのと足並みをそろえた解決である。

なお、分割給付の場合の履行期未到来の部分も含めて契約全部（残りの部分の契約全部）を解除できることについては、契約は 1 つという理由により解決すべきではなく、期限前解除論を適用すべきことは先に述べた。

(2) 一時に全部を給付すべき場合
❶ 受領拒絶して全部解除可

例えば、タイル 100 枚を目的とする売買契約（代金 10 万円）がなされ、100

枚を一時に引き渡す約束であるのに売主が50枚分しかもってこないときは、買主は 50 枚の受取りを拒絶して（一部の提供では債務の本旨に従わず提供としての効力は認められない）100 枚持ってくるよう催告し、それでも履行がされなければ契約を（全部）解除することができる。この場合には、一部不履行ではなく全部不履行と扱ってよいからである。解除する買主側が、代金の一部または全部を支払っていても変わらない。

❷ 一部を受領した場合 —— 一部履行遅滞

i 判例の状況

a 原則としての一部解除　❶の事例では、買主は任意に 50 枚を受け取ることもでき、その場合には履行された 50 枚分の引渡義務は「弁済」（履行）の効果として消滅し[25]、50 枚の引渡義務が残される。そして、残されている 50 枚の引渡義務についてのみ債務不履行になり、買主は、原則としてこの部分についてのみ 541 条に基づいて契約の解除（一部解除）ができるだけである[26]。逐次給付の場合と基本的に同様の規律があてはまる[27]。なお、解除による代金債務の消滅についての計算が問題になる事例も考えられる[28]。

①まずこの場合には、契約の目的が可分であり一部の債務が既に履行（弁済）により消滅している、②相手方の契約保持利益保障との調整、③契約拘束力の原則や favor contractus の原則にかなっている等の点からみて、上記のような解決は妥当である。

判例も、「契約の目的が可分なる場合には、既に履行の終りたる部分を除き其の履行なき残部に付てのみ契約解除を為し得べきことは本院判例の是認す

---

25) 債務の本旨に従わない履行でも、事前（典型例が分割給付の特約）または事後に債権者がそれを認容していたならば、一部の履行でも有効になる（金銭の場合に一部供託は無効であるが、一方的な一部振込も無効なはずであるが、誤振込でも有効に預金が成立するのでここでも有効に預金が成立することまた相殺により結局清算されることを考えれば、便宜的に金銭の場合には有効としてもよいであろう）。全部の履行を受けることが必要な特殊事例でも、後述のようにその部分の債務は消滅するが、全部解除が可能でありその効果が覆される可能性があると考えればよいであろう。債権者（買主）がそれだけでも「履行として認容」して、残部の一部解除をする選択は認めてよいと思われる。

る所に係る」(大判大正10年6月2日を参照として援用)、本件契約は「521本の木材を売買の目的とし契約は可分的の性質を有すること疑ふべきものなきを以て、原審が本件契約の目的物の中其の未だ履行を終らざる部分のみに付為したる被上告人の契約解除を有効と判示したるは正当なり」と判示して

---

26) 当初、一部解除ができるかは問題とされていた。東京地判大正2年12月25日評論2巻民法732頁は、特別の意思表示により契約の目的物の一部分についてのみ契約を解除する権利を留保している場合には、当事者は目的物の一部分についてのみ契約を解除できるが、「斯る意思表示のあらざる限りは仮令契約の目的が可分なる場合と雖も解除権其ものは不可分なりと解するを相当とするが故に当事者は目的物の一部分のみに付契約を解除し他の部分に付契約を在総せしむること能はざるものと謂わざるべからず」とした。これに対して、東京控判大正9年3月17日評論9巻商法631頁は、買主が「不履行の部分に付てのみ解除の意思を表示した」が、「可分の給付を内容とする本件契約は右解除に因り不履行に係る部分のみ適法に解除せられたるものと謂はざるべからず」と、一部解除を認める。全部解除を主張することは考えられないので、一部不履行なのに全部解除ができるかどうかという議論は、実際には登場しない机上の議論にすぎない。

27) 近江・前掲(注20)81頁。但し、我妻・前掲(注15)157頁は、一時に給付すべき場合には、全部の給付がなければ債権者にとって契約の目的を達し得ない場合が多いと評している。

28) 例えば1kg単価1000円の商品を、100kgまとめ買いしたために10万円ではなく、8万円に割り引いてもらった場合に、50kgしか持って来ないため、買主が残り50kg分を解除した場合、①8万円の半分の4万円の債務が消滅するのか(支払うのは4万円でよい)、それとも、②100kg買わないので1kg1000円単価で計算により履行を受けた50kgにつき5万円を支払うべきであり5万円を支払うことになり3万円のみが消滅するのであろうか。売主としては履行をしないとこのような不利益を覚悟すべきであり、①のように考えてよいであろう。買主が4万円しか支払わず、売主が解除する場合には、①全部解除を認めて、受け取った物が返還不能ならばそれにつき1kg1000円単価で計算して価格賠償を認めるか、②一部解除に限定しつつ、半分の50kgの引渡しをしなければならないが、本来の定価との差額(1万円)を損害賠償請求できるとするか、③一部解除に限定しつつ、半分の50kgの引渡しをしなければならず、かつ、差額も賠償請求はできないとするか(そのような契約をした以上、100キロの場合にキロ単価は800円となるのであり、キロ単価1000円で2万円の割引をしたとは考えない)、いずれかの処理が考えられる。

いる[29]）（大判昭和 2 年 6 月 13 日全集 16 巻民法 990 頁）。

　　b　全部解除ができる例外的場合――判例の傍論　　上記判例は、傍論として売買の目的が「可分」でなければ一部解除はできないことを認める。性質上可分でなければ、そもそも一部給付ができないので、性質は可分な給付であるが全部給付でないと契約目的不達成となる場合が問題になる[30]。例えば、特殊なタイルであり他から入手が困難なものであり全部同じタイルを使用することが必要な場合、たとえ売主が一部を受け取ったとしても、それだけで履行として認容する意思表示がない限り、全部の引渡しがないと不可分的に<u>契約をした目的を達成しえない</u>ので、契約全部の解除が可能である。

---

29)　東京地判大正 13 年 4 月 1 日評論 13 巻民法 502 頁は、石炭の売買契約の一部不履行の事例において、売主（被告）側が、特に一部解除と明言していないので契約全部の解除の意思表示であり、そうすると引き渡した物品を買主（原告）が他に売却をして返還不能にしているため 548 条により解除権は消滅したと主張したのに対して、売買の目的物が可分の場合には、契約の一部解除をすることができ、「反対の意思表示なき限りは不履行の部分のみを解除するものと認むるを相当とすべ」きであるとして、売主の抗弁を排斥している。その控訴審判決である東京控判大正 14 年 11 月 28 日評論 15 巻民法 674 頁は、控訴人（被告・売主）の上記の抗弁を同様に以下のように排除する。

　「本件売買の目的物たる粉炭の如く性質上給付の可分なる場合に在りては、各当事者は其一部に付契約を解除し得るものにして、既に一部の履行終りたる後に於て当事者の一方より契約解除の意思表示ありたるときは、該意思表示が特に契約全部に対する解除なる旨明示せらるる等特別の事情なき限り其意思表示は履行未了の部分に対するものと解するを妥当とすべく」、「契約全部の解除の意思表示ありたることを前提とする控訴人の右抗弁も亦理由なし」。

　本判決は、意思表示解釈で一部解除ができかつ一部解除の意思表示がされているという事実認定により解決したが、可分の場合には 548 条 1 項を履行部分にのみ適用するという解決も考えられる。契約は 1 つで全部解除できるという原則を貫けば、548 条 1 項が適用にならない限り全部解除ができそうであるが、履行が終わった部分は解除ができないという法理であれば、返還が可能であっても意思表示解釈によることなく一部解除しかできないことになる。

30)　判例に全部解除を認めた例外的事例はない。例を考えようとしてもなかなか良い例は思いつかない。

正確に言うと、性質や意思表示により「給付」が不可分というよりは（必ずしも不可分債務という必要はない）、不可分的に給付全部の取得が契約「目的」とされているとでもいうべきである（「給付」の不可分と契約「目的」の不可分とを区別すべき）。

ii 学説の状況

学説は表現に微妙な差はあるものの、判例を容認している。例えば、山下教授は、一部履行遅滞につき、解除の趣旨と信義則に従い判断すべきであり、一部履行遅滞によって「契約をなした目的が達せられぬ場合のみ」契約全部の解除ができるとし、契約目的の達成の可否を基準とする。そして、給付が不可分な場合には、債権者にとって一部の履行は価値がないため原則として全部の解除ができるが、不履行の部分が全体からみて軽微なものであり、全部解除を認めることが信義則に反する場合には解除は認められないとする。他方、給付が可分な場合には、原則としてそれだけで債権者にとって価値があるので一部解除しか認められないが、一部遅滞が重要な意義を有するときは全部解除が認められるという[31]。

ほぼ同様であるが、半田教授は、不給付の部分がなければ債権者にとって契約を締結した目的を達し得ない場合には、その部分の解除を認めるが、例外として、不給付の部分が給付全体からみて些細なものであるか、または、給付全体の割合的一部分にすぎず、残部の給付の価値に影響を及ぼさないときは、全部解除はできず未給付の部分についてのみ解除できるに過ぎないという[32]。その他、学説は微妙な説明の差はあるがほぼ同様といってよい[33]。但し、全く異説がないわけではない[34]。なお、通説・判例の一部解除の規律の法理を、**数量的一部解除の法理**といっておく[35]。

iii 全部解除ができる場合の説明

契約全部の解除ができるための説明であるが[36]、附随義務の不履行により、

---

31) 谷口知平＝五十嵐清編『新版注釈民法(13)債権(4)〔補訂版〕』818頁［山下末人］（有斐閣、2006）。
32) 半田吉信『契約法講義〔第2版〕』135頁（信山社、2005）。

未だ主たる給付義務の不履行がなくても（更には履行されていても）契約を解除できるのかという議論とパラレルに論じられることもあるが、契約目的不達成ということが究極的な基準として持ち出されている。また、例えば、遅

---

33) ①契約が可分であるときは残余部分のみ解除できるに過ぎないが、契約全部の履行がないと契約をした目的を達し得ない場合には全部解除ができるという説明（磯谷幸次郎『債権法論（各論）上巻』256頁［巌松堂書店、1926］）、②契約目的という表現を持ち出さず、可分か不可分かで分ける説明（中川善之助＝打田畯一『契約』235頁以下（青林書院新社、1962）は、可分である場合には顕著、不可分の場合にはそれだけでは価値がないから全部解除できるが、不履行の部分が給付全体からみて軽少なものである場合には、全部の解除を認めることが信義則に反するときは解除はできないという）。他方で、③可分・不可分ということに言及せず、一部の給付で契約をした目的を達し得るか否かを全部解除できるか否かの基準として述べる説明が多い（鳩山秀夫『日本債権法各論（上）』210頁（岩波書店、1924）、岡村玄治『債権法各論』119頁（巌松堂書店、1929）、林信雄『判例を中心としたる債権法各論』86頁（凡進社、1935）、中村萬吉『債権法概論（各論）〔増訂再版〕』145頁（早稲田法政學會、1936）、小池隆一『債権法各論新稿（上）』245頁（清水書店、1939）、永田菊四郎『新民法要義第3巻下　債権各論』79頁（帝国判例法規出版社、1959））。④異例な説明として、川添清吉『民法講義（債権分則）』89～90頁（巌松堂書店、1936）は、可分な場合は、契約目的は可分的に達し得るので解除権は不履行の部分のみ、不可分の場合には目的は可分的に達し得ないので契約の全部について解除権が認められるというだけで、可分な場合に全部解除ができる点について言及しない説明もある。⑤水本浩『契約法』89頁（有斐閣、1995）は、全部解除ができるかどうかの基準として、契約締結目的、給付が可分か否か、不履行部分の全体に及ぼす影響等を考慮して、信義則に従って判断すべきであると、種々の要素を持ち出し信義則を終局的に援用する。このような説明が近時は多い（松坂佐一『民法提要債権各論〔第5版〕』59頁（有斐閣、1993）、末川博『契約法上（総論）』148頁（岩波書店、1970）、三宅正男『契約法（総論）』186頁（青林書院新社、1978）、石田穰『契約法』81頁（青林書院新社、1982）、北川善太郎『債権総論〔第3版〕』180頁（有斐閣、2004）［契約の趣旨、給付の内容や信義則に照らして判断されるという］、道垣内弘人「解除の要件（民法☆かゆいところ4）」法教286号39頁以下（2004）も同様］。

34) 三瀦信三『契約法』90～91頁（日本評論社、1940）は、「一部の履行は、本旨に従った履行ではないから、原則としては、全部の解除権ありと見るべきであるが、当事者の意思は、多くは、多数説の如く解釈されるであらう」という。全部解除できるが解除の意思表示解釈により一部解除の意思表示として処理されることが多いという趣旨であろう。

次給付を目的とする新聞購読契約では、1つの新聞購読契約という基本契約があるのであり、その不履行があれば契約を解除できるといったのと同様の思考をあてはめているようにも見える（判例の「契約は唯1つ」という説明）。

　先の100枚のタイルの例でいうと、①50枚分の引渡しがあっても弁済の効力は100枚全部の引渡しがなければ一切発生せず[37]、債務は一切消滅していないとして全面的な債務不履行を認めてそれ故に全部の解除を認めるか、それとも、②50枚分の債務は弁済の効果として消滅しているが、一部でも不履

---

35)　前述のCISGは売買契約についてのみの規程であるが、PECLは全ての契約についての一般原理として、「分割履行契約」についての規程を置いている（9：302条［ランドー＝ビール編、潮見佳男ほか監訳『ヨーロッパ契約法原則Ⅰ・Ⅱ』429頁（法律文化社、2006）による］）。それは、「分割して履行されるものとされている契約において、ある部分について重大な不履行が存在し、その部分に反対履行を割り当てることができるときは、被害当事者は、その部分について、本節の規定に基づく解消権を行使することができる。契約全体との関係で不履行が重大なものである場合にかぎり、被害当事者は、契約全体を解消することができる」という規定である。

　　例として挙げられている事例には継続的契約関係もここに含まれており、週100ポンドで50週にわたってビルの清掃をすることが合意されたが、清掃業者の従業員のストライキにより1日清掃がされなかった場合に、依頼者はこの部分の解除ができるが、ストライキが繰り返されて重大な不履行が生じることが明かではない限り契約全体を解消することはできない。しかし、清掃業者がビルの清掃をまかなうにはあまりにも少ない人員で作業しようとし増員の要請を拒んでいる場合には、依頼者は契約全体を解消することができるものとされる（ランドー＝ビール・前掲書429頁）。

　　一部不履行により将来の部分も解除できることについては、その不履行が契約全体に影響を及ぼす場合には、残りについても解除が認められており、その例として、デンマーク動産売買法22条、29条及び46条、フィンランド及びスウェーデン動産売買法43条、44条、アイルランド1893年動産売買法31条2項、イギリス1979年動産売買法31条2項、ギリシャ民法386条が挙げられている。

36)　この場合、既に引渡しを受けたセメントで一部の工事をした場合には、解除してもそのセメントは返還不能なので547条1項による解除制限が適用にならないかという疑問がある。しかし、全部同じセメントで工事をしなければいけないのであれば、既施工工事を撤去して新たに別のセメントを取得して工事をし直すことになるので、547条1項はこのような場合には適用にならないと考えるべきであろう。

行があれば契約をした目的を不可分的に実現できないため、契約全部を解除できるというか、2つの説明が可能である。この点、何度もいうように解除の根拠が債務不履行ではなく契約目的不達成であることを考えれば、債務不履行に拘泥する必要はなく②のように考えてよい。なお、全部の給付を受けなければ契約をした目的を達し得ない場合でも、債権者が一部の引渡しに対して履行認容し一部解除のみを行うことは許されるというべきである。

2　複数の異なる給付の一部不履行

(1)　給付に主従の関係がない場合

例えば、八百屋に人参とジャガイモを注文し、八百屋が人参は配達したがジャガイモは持ってこなかった場合についても、数量的一部解除の法理を適用できる。全てがそろわなければ契約をした目的が達成できないというだけでなく、例えば注文者がカレー店であり注文したすべての材料がなければカレーが作れないとしても、給付されないジャガイモを他から容易に調達できる場合には、不履行部分しか解除することはできない。

(2)　給付に主従の関係がある場合[38]

2つの契約として締結すれば複合契約論が問題になるが、1つの混合契約として締結すれば、2つの給付に主従の関係が認められる場合には一部解除論が問題になる。例えば、ある商品の従として別の商品を購入した場合(例えば、パソコンを購入しそのための専用のオプションの部品も注文した場合)である。売買と他の契約との組合せも考えられ（2つの契約か混合契約かは問題が残さ

---

37)　末川・前掲（注33）148頁以下は、一部の履行は債務の本旨に従った履行ではないので常に契約全部の解除権が発生させるかのようであるが、履行に応じてそれだけで契約の目的が達せられる場合には、契約全部の解除を認めることは、解除制度の趣旨に反しまた事務取引の上で不必要な破綻を招来せしめると説明する。

38)　ここでも、複数の異なる給付内容を持つ1つの契約（混合契約）と構成するか、2つの契約が同時に締結されているだけなのか、契約の個数の認定が問題になり、当事者がどのような形式で契約をしたかにより結論に差がでるのは好ましくない。

れる)、例えば、ある商品を購入し、その加工を依頼(宝石の購入とカットの依頼)した場合が考えられる。いずれも中心である商品が引き渡されなかったり履行不能になれば、付属品だけ引渡しを受けても契約をした目的が達成できず、また、目的物がなくなれば附随的なサービス給付を目的とした契約も不能になるなど、1つの契約の一部の給付の履行遅滞や履行不能により契約全部の解除が認められる。

　主たる商品の引渡しがされたが従たる部品が渡されなかったり、商品が引き渡されたが加工がされていなかった場合には、それを他から調達できたりまたは他によって加工が可能(容易に調達や加工できること)であれば、不履行部分だけの一部解除ができるにすぎないが、他では附属品が調達できずかつその付属品を備えることが契約目的の達成上不可欠であったり、加工が他の業者ではできないものである場合には、契約目的が達成できないため契約全部を解除できてよい[39]。

　判例としては、製麺機械装置一式の売買の事例で、売主Xによる代金支払請求に対して、買主Yから債務不履行(不完全履行)による売買契約一部解除の抗弁が出された事例で、「給付の内容が可分の場合、右不完全履行の部分につき一部解除をなし得るものと解すべきところ、<u>本件茹釜、水洗機は本件機械の他の部分と分離独立したものである</u>ことは明らかである。従ってYは右につき一部解除をなし得るものであり、Yにおいて既に完全な履行を求めて再三Xに対し催告をなしているから、……右一部解除がなされたと認めるのが相当である」と判示されている(岡山地判昭和57年6月29日判タ489号120頁)。全部解除できるかどうかが問題となり一部解除に制限したのではなく、一部解除の意思表示がされているという認定がされたに過ぎない。この事例では全部解除はできないと考えるべきである。

---

39) 学説上は議論があまり見られないところであるが、異説として、村上恭一『債権各論』292〜293頁(巌松堂書店、1914)は、全部の履行不能か一部の履行不能かを問わず契約の全部を解除できる。一部について解除することができるに過ぎないとなると複雑なる関係を生じることなどが理由。

3 数量的な履行不能

民法は履行遅滞については特に一部か全部か履行遅滞について規定していないのに対して、履行不能についての543条本文は「履行の全部又は一部が不能となったときは、債権者は、契約の解除をすることができる」と規定している。一部の履行不能でも「契約の解除」ができるというのであるが、この「契約の解除」が、一部解除か全部解除かは明記されていない。しかし、以上の数量的一部解除の法理が、ほぼパラレルに履行不能についても同様にあてはまるものと考えられる（判例はない）。

甲斐教授は、学説のほぼ一致した見解という整理として次の①②のような解決が認められており、かつそれはドイツ民法の旧325条1項[40]とほぼ同様であり、また、一部不能のケースである売主の担保責任の規定(563条、566条、570条)との均衡からも、信義則からも妥当であると評している[41]。

---

40) 一部不能の場合には、一部遅滞と同様に利益欠損が認められれば契約全部についての救済手段を行使することができ（325条1項2文）、給付が可分でも契約内容・目的から全部履行のみに利益があると認められる場合には、全部不能と扱う準全部不能といった概念が認められている（中川敏宏「ドイツ法における『契約結合（Vertragsverbindungen）』の問題」一橋法学1巻3号884頁以下(2002)）。日本では一部の履行では契約をした目的が達し得ないということを問題とし、ドイツでは、一部の履行に債権者が利益を有しているかということを問題にするが、利益を有していないから契約をした目的を達し得ないのであり、内容に食い違いは生じないといえる。

41) 谷口＝五十嵐編・前掲（注31）863～864頁［甲斐道太郎］。微妙な表現の差はあるが、学説に異論はないであろう（水本・前掲（注33）97頁）。三宅・前掲（注33）215頁、半田・前掲（注32）143頁は、一部不能の場合には、契約をした目的を達成しえなくなる場合に契約全部の解除ができ、そうでなければ不能部分だけの解除というだけである。契約目的の達成の可否を基準とするのは、古くからの通説である（鳩山・前掲（注33）223～224頁、磯谷・前掲（注33）272～273頁［ドイツ民法325条に同趣旨の規定あり、全部解除を認めるのは取引の安全と円満を害するものであり条理上到底認容できないという］、小池・前掲（注33）261頁、柚木・前掲（注20）267頁、岡村・前掲（注33）128頁も引用する。

①給付の内容が可分であって、一部の履行が不能であっても残部の履行が可能なときは、原則として不能になった部分についてのみ解除ができる。但し、残部のみの履行では契約の目的を達し得ない場合には(不能部分を他から同等の給付を容易に取得できるならば目的達成可能)、契約全部の解除ができる。②給付が不可分のときは、その不能となった部分を除いた残部のみの履行では契約の目的を達し得ない場合に限って契約全部の解除が許される。そうではない場合には、債権者は解除ができず、不能になった部分について損害賠償を請求しうるに止まる。

　例えば、2匹の競走馬の売買、ある樽の中のワイン全部の売買で、1匹が引渡前に死亡したり、樽が壊れて半分漏れてしまったとしても、履行可能な残部については解除ができないことになる。但し、雌雄2匹の希少種の動物をブリーダーが繁殖用に購入したが、1匹が引渡前に死亡し繁殖という契約目的が達し得なくなれば全部解除ができる。種類物売買であれば、上記のように雄を引き渡したが雌を渡さない場合に、他から容易に雌を調達できれば全部解除はできず、特定物でも、希少種ではなく他から容易にいくらでも入手可能であれば、特にその2匹の個性に着目して購入したといった特別事情がなければ、全部解除はできないであろう。

III　買主の代金債務の一部不履行

1　反対給付が不可分な場合

　売主側の給付の一部不履行の場合には、反対給付が金銭債務であり両債務共可分なので、契約の一部解除を問題にできるが、買主側の代金債務の一部不履行については、売主による解除については反対給付が不可分か可分かで分けて考える必要がある。まず、売主の給付が不可分の場合を考えてみよう。

　売主の反対給付が不可分な場合には、契約の一部解除ということはありえない。買主が代金債務の一部不履行の状態にある場合、即ち、分割払いで一部のみを支払った後、残部を支払わない場合、または、一括払いであるが一

部のみを支払い残額を支払わない場合、売主は債務不履行を理由に売買契約を解除することができるが、一部解除は不可能であり（売主が選択することもできない）、全部解除か解除を否定するか all or nothing 的処理しか考えられない[42]。どの程度まで代金が支払われていれば、残部の不履行があっても解除ができない —— 同時履行の抗弁権も否定されようか —— のかは、信義則により決めるしかない[43]。なお、ログハウスの部品を何回かに分けて引き渡す約束の場合（製作は自分で行う）、1つの自動車や1匹の動物の引渡しのような不可分性はないが、全部の引渡しがされないと契約をした目的を達し得ないので、分割給付が約束されていても不可分給付に準じて考えてよい。

2 反対給付が可分な場合

　反対給付が数量的に可分な場合、例えば、量的な事例ではタール1トンの売買、数的な事例ではパソコン10台の売買契約で、代金の一部のみが支払われ、代金の残額について債務不履行がある場合に、売主により解除できる売買契約の範囲が問題になる[44]。数的な場合には、商品が同一ではなく異なった種類の商品で構成されている場合、例えば、不特定物ではジャガイモ10 kg 5000円分と玉葱5 kg 5000円分を合計1万円で注文する場合、特定物では古本を ABC それぞれ1万円の価格のものを合計3万円で注文する場合のように、複数の契約に分解できる内容を1つの契約で行っている場合も考えられる。

---

42) 岡村・前掲（注33）119頁、石外克喜編『現代民法講義5　契約法〔改訂版〕』106頁［松本恒雄］（法律文化社、1994）。

43) 所有権留保がされている場合には、留保所有権の実行の問題となり（実務上は解除という方法を採るようであるが）、よほどの僅少の残額ではない限り実行が権利濫用等により否定されることはない。

44) 大判昭和21年6月27日判例総覧民事編1巻22頁は、数個の不動産を目的とする売買契約において、買主の代金一部不払を理由に契約全部を解除しうるためには、売主が代金全部の支払を受けられぬ以上は、本来の契約目的を達しえないという要件が具備されなければならないと判示した判決であるが、未確認である。

(1) 既払代金分目的物が引き渡された場合

　商品ごとに別々の契約の成立を認めると、複数の債務が成立し、全部を弁済するに足りない場合には充当によって弁済された債務が決められることになる。1つの契約であるとしても、既に一部について商品の引渡しがなされまたその代金と指定して代金が支払われている場合には、残りの商品の代金が支払われない場合、売主は残りの商品について一部解除ができるだけと考えるべきである。当事者の合意でどの商品の代金の支払ということを指定することができると考えてよい。このことは、次のように目的物が既に引き渡されているか否かを問わない。

(2) 目的物が引き渡されていない場合

　目的物が未だ引き渡されていないが、代金が例えば10台のパソコンの5台分が既に支払われ、残部について代金債務の不履行がある場合に、売主がなす契約解除はどう考えるべきであろうか。(1)と同様に、当事者が合意で5台分の支払と決めたならば、残り5台分を支払わないとその部分だけの解除ができるだけと考えるべきである。解除されても、買主は支払った5台分については売主に対して引渡しを請求できる。

　では、そのような合意がない場合はどう考えるべきであろうか。例えば、5回の分割払いで10台のパソコンを購入したが、1回目の支払をしたのみで残額の支払をしない場合には、売主による解除はどう考えたらよいであろうか[45]。合意がない以上、全部解除を認めるという解決も考えられる。しかし、

---

45) 売主は自分の方が履行をしていたとしても解除ができなくなるわけではない。例えば、売主が一部を履行しているが、買主が代金を一切支払っていない場合に、売主は自分が履行しても解除ができなくなるわけではない。傍論であるが、東京控判大正15年9月23日新聞2628号12頁は、「一個ノ売買契約ノ目的物中既ニ引渡完了シタル部分ノ代金ニ付支払遅滞アルモ之ニ基キ未タ引渡ヲ了ラサル部分ノミニ関スル売買契約ヲ解除シ得ヘキモノニ非ス卜解スルヲ至当卜スル」と判示し、全部の解除を認めている。代金が支払われていない以上は、売主側から一部の引渡しがあっても、その部分も含めて契約全部の解除ができることになる。目的物が返還請求できない場合には、その価格賠償（実質的には代金請求と同じ）になるので、実際には一部解除に制限するのと等しいことになる。

特に売主に不利益をもたらさない限り favor contractus の原則に則り、買主にいわば充当権を認める解決も考えられる。特に、複数の異なった商品が1つの売買契約の対象になっている場合には、解除を受ける買主に充当権を認める必要性が高い。例えば ABC それぞれ1万円の古本を合計3万円で購入した先の事例でいうと、分割払いで1万 5000 円を支払ったが残額を支払わない場合、売主の解除の意思表示に対して、買主は例えば A の代金に弁済を充当指定して A の分の売買契約の解除を阻止することを認めるべきである（差額 5000 円は返還）。従って、買主は、A の引渡しを求めることができる。

(3) 目的物全部が引き渡された場合

買主が代金を一部しか支払わないが、売主が目的物を全部ないし既払い代金分よりも多く引き渡した場合も、やはり特に売主に不利益をもたらさない限り favor contractus の原則に則り、買主に充当権を認める余地がある。先の例で、売主が ABC 全ての古本を引き渡したが、買主が1万円しか支払っていない場合、売主の解除に対して、買主は A を指定して BC のみを返還することができると考えるべきである。結局、(1)(2)の事例と同じ解決をあてはめてよい。

IV おわりに

本稿では、契約解除の根拠また基準を契約目的不達成に求め、解除の運用につき、契約目的を達し得ない状態にある債権者を契約から解放する必要性と、相手方たる債務者の契約を維持する利益の保障との調整を指針とすべきこと、そして、それを一部解除論にあてはめて考察した。これまでの判例・学説に異論を唱えるものではなく、数量的一部解除論を再検証したに過ぎない。ここで導かれた基準は、一部他人物売買における担保責任（563条2項）、数量指示売買における数量不足または一部減失における担保責任（565条・563条2項）、売買契約ではないが賃貸借における一部減失の場合（611条）においても採用されているところである。数量的一部解除の法理はこれらの規定と

パラレルな解決を追及するものであり、民法の規定との整合性も保たれている。

　本稿においては売買契約を題材として検討したが、数量的一部解除の法理は、その他の契約、更には継続的契約関係にもあてはまるものである。例えば、請負契約で一定量の製作物供給契約だけでなく、一定範囲の土地の造成工事といった量的請負、2棟の建物の建築といった数的な請負においてその一部が履行されない場合に、その部分だけの一部解除が原則とされ、不可分的に1つの契約が目的とされている場合にのみ全部解除が許されることになる。賃貸借の場合も同様であり、民法の規定しているのは一部滅失による一部履行不能の事例であるが（敢えてその一部の解除をする必要はなく、契約全部が解除できるかということだけが規定されている）、複数の目的物の賃貸借契約において、一部について賃貸人に債務不履行がある場合も同様に考えてよい。便宜上複数の目的物を1つの賃貸借契約の対象にしただけの場合には、それぞれ1つ1つで契約の目的を達成でき、不履行になっている目的物についてのみ賃貸借契約を一部解除できるだけである。ところが、すべてそろわなければ意味がない場合には、2つの土地を賃借して工場を建築する場合、○○コレクションとして骨董品一式を展覧会用に賃借しそれを既に宣伝してしまっている場合など、全部解除が認められてよい。更には、請負契約特に建物建築請負契約において請負人が途中まで工事をして残りの工事をしない場合に、注文者が契約を全部解除できるのか、また、それと関連して、契約目的不達成ということの内容の研究として、売買や請負の目的物に瑕疵がある場合について別稿で検討してみたい[46]。

---

46) この点については、拙稿「瑕疵担保責任における解除及び修補に代わる損害賠償請求」森征一＝池田真朗編『私権の創設とその展開　内池慶四郎先生追悼論文集』（慶應義塾大学出版会、2013）に先に公表した。

法における因果関係と疫学的因果関係

新美　育文

　I　はじめに
　II　疫学的因果関係
　III　法における因果関係の証明と疫学的因果関係
　IV　おわりに

I　はじめに

　法における因果関係は、ある事象について法的責任を負わせるために、当該事象を惹起した法主体を確定するための法的概念である[1]。

　法において、どのような関係を因果関係として捉えるかは、それぞれの目的に応じて変わりうる。たとえば、不法行為事例として、ある薬剤投与の後に、薬剤の副作用としての疾病が発症し、後遺障害を残した事例を想定しよう[2]。薬剤投与の過失を理由に当該後遺障害についての不法行為責任を問う場合には、当該薬剤の投与と当該疾病発症及び後遺障害との因果関係が追究されよう。これに対して、副作用としての疾病の発症を予防しなかったこと、あるいは、当該疾病について適切な治療を怠ったことを理由に責任を問う場

---

1) 本稿では、民事責任を念頭に議論を進めるが、そこでの考察は基本的には刑事責任においても同様に妥当しよう。
2) 設例は、顆粒球減少症の不法行為責任について判断した最判平成9年2月25日民集51巻2号502頁を単純化したものである。

合には、発症予防の措置をとらなかったこと又は当該疾病に対する適切な治療を怠ったことと当該疾病発症ないし後遺障害との因果関係が追究されることになろう。しかし、法においてある関係が因果関係として捉えられた後は、当該関係が存在するかどうかは事実の問題である。いわゆる事実的因果関係である。

どのような関係を事実的因果関係として捉えるべきかは、別の機会に譲り、本稿では、結果発生の機序が不確実である事案における事実的因果関係の認定において、しばしば利用される疫学的因果関係を取り上げ、疫学的因果関係が事実的因果関係の認定においてどのような意義を有し、どのような限界を有するのかを考察する。

この問題に関して、かつて筆者は、疫学的因果関係は集団現象を対象とするものであって、法が対象とする個別の事案における因果関係認定において直接的に証拠となるものではなく、せいぜい、疫学的因果関係を導き出した疫学的知見において示される相対リスク（Relative Risk：以下、RR）又は寄与リスク（Attributable Risk：以下、AR）として算出される確率に応じた因果関係を認定することで公正な結論を得るしかないと論じたことがある[3]。この考えを発表してから四半世紀を過ぎたが、確率に応じた因果関係を認定するよりもリスクの増加を損害として把握する方が適切であると修正すべきこと[4]を除いては、現時点においても、疫学的因果関係に対する評価を変更する必要性は見い出せない。むしろ、この間、法における因果関係の認定に疫学的因果関係がどのように利用可能かについては、欧米を中心として議論が積み重ねられてきており[5]、その議論の内容は我が国においても極めて有用であるとともに、上述した私見を補強するものとなっている。以下においては、

---

3) 新美育文「疫学的手法による因果関係の証明（上・下）」ジュリ 866 号 74 頁、871 号 89 頁（1986）。

4) その後、因果関係を確率的に捉えるのではなく、「可能性の喪失」と同次元のもの「リスクの増大」を非侵害利益として捉えることで対応すべきであるとの見解に改説した。新美育文「西淀川公害（第二次ないし第四次）訴訟第一審判決にみる因果関係論」ジュリ 1081 号 36 頁（1995）。

アメリカ合衆国での議論の現時点の到達点を示すと評価できる連邦司法センター (Federal Judicial Center)[6]と全米科学アカデミー研究評議会 (NRC: The National Academies of National Research Council)[7]との協働作業による『科学的証拠に関する参照マニュアル』[8]を参照しつつ、法における因果関係と疫学的因果関係との関係を考察する[9]。

---

[5] 最近の動きとしては、2009年6月に、イギリスのアバディーン大学で開催されたシンポジウム「因果関係論の展望 (Perspectives on Causation)」を挙げることができる。このシンポジウムの成果は、R. Goldberg (ed.), PERSPECTIVES ON CAUSATION (2011) として公表されている。同書には、法における因果関係の認定において疫学的因果関係がどのように利用可能なのかを直接に論じる論文として、A. David, "The Role of Scientific and Statistical Evidence in Assessing Causality," id., 133-148 ; R. Goldberg, "Using Scientific Evidence to Resolve Causation Problems in Product Liability: UK, US and Frence Experiences," id., 149-178 : P. Feldschreiber, L.-A. Mulcahy and S. Day, "Biostatistics and Causation in Medical Product Liability Suite," id., 179-194 などが収録されている。なお、傍論ながら、疫学的因果関係を法における因果関係の認定に用いることの意義と限界について述べる最近のイギリスの判例として、Siekiewicz v. Greif [2011] UKSC 10, [2011] 2 WLR 523 が挙げられる。本判決については、新美育文「アスベスト被曝と中皮腫罹患との因果関係及び疫学的証拠の意義」法律論叢85巻6号421頁以下 (2013) 参照。

[6] アメリカ合衆国の裁判所における司法行政における改善を促進するために連邦議会が1967年に設立した連邦裁判所のための教育・研究機関である。

[7] 1916年、全米科学アカデミー (NAS) によって設立され、その実務を担う機関である。

[8] Federal Judicial Center and National Research Center, REFERENCE MANUAL ON SCIENTIFIC EVIDENCE (3rd Ed.) (2011) (*hereinafter* REFERENCE MANUAL).

[9] ちなみに、リスクの増大の立証だけで具体的因果関係の存在を認定してきたイタリアにおいても、このREFERENCE MANUAL の初版が刊行されたことをきっかけに、一般的因果関係が具体的因果関係の認定にどのような意義を有するのかについて自覚的な議論が展開されるようになっている。*See* F. Stella, "Causation in Products Liability and Exposure to Toxic Substances: A European View," in M.S. Madden (ed.), EXPLORING TORT LAW 403, 411-5 (2005).

II 疫学的因果関係

1 疫学とは

疫学とは、ヒトの集団における疾患の罹患率、分布及び病因を調査・研究する公衆衛生学・医学の学問分野に属しており、その目的は、疾患の因果関係への知見を深め、公衆における疾患を予防することにある[10]。なお、疫学においては、疾患はランダムに分布するのではなく、特定の作用因子に被曝した者等の特定の部分集団が特定の疾患への罹患リスクを増大させているとの前提がとられることに留意すべきである。

2 疫学的知見と裁判所

我が国では、薬害あるいは公害などの事案において、そして、アメリカ合衆国や英国などでは、アスベストなどの有害物質による健康被害や薬害などの事案において、ある作用因子への被曝が有害な健康影響や疾患を惹起したかどうかを立証するために、しばしば疫学的知見が証拠として法廷に提出される[11]。疫学的証拠は、公衆のうちの一定の集団において増大した疾患リスクに関連する作用因子を同定し、作用因子に関連する過剰疾患を定量化し、作用因子への被曝後に罹患の可能性が高まるのはどんなタイプの個人であるかを示す知見を提供するものである。そこでは、特定の個人の疾患の原因(以下、

---

10) REFERENCE MANUAL, *supra note* 8, 551.
11) ただし、我が国では、四日市公害判決以来、疫学調査は因果関係を肯定するために用いられる傾向が見られるのに対して、米国では、*Daubert v. Merrell Dow Pharmaceuticals*, 509 U.S. 579 (1993)「*Daubert I*」以来、原告側の主張を支える専門家の中にしばしば見られる、いわゆる「くず」専門家の証言を排除するために用いられてきた。しかし、近時、原告の立証を積極的に支えるために利用される傾向が見られるようになっている。これに対して、イギリスや他のコモン・ロー諸国では、そうした傾向ははっきりとは見られない。

具体的因果関係という）ではなく、当該作用因子が疾患の原因となるかどうか（以下、一般的因果関係という）に焦点が当てられている[12]。

　疫学的知見において、ある作用因子とある疾病罹患との間に有意な関連性が同定された場合、因果関係があると判定されることもある。しかし、関連性と因果性とは同じではなく、関連性が因果的である場合もあれば、そうでない場合もある。関連性が偶然であると想定される以上の頻度で併発する2つの事象の関係を示す概念であるのに対して、因果性とは、ある事象が特定の結果をもたらす一連の事象に不可欠な連結（以下、因果的連結という）がある場合に、その2つの事象の関連性を表現する概念である。疫学的に因果関係(すなわち、一般的因果関係)があると判定するためには、当該知見をもたらした疫学研究のデザインや実施方法の長所・短所を把握するとともに、他の科学的知見との整合性を考える必要がある[13]。

　そして、疫学的な観点から因果関係（疫学的因果関係）が肯定できるとしても、それはあくまでも集団をベースにしたリスクに関する知見に基づくものであり、具体的因果関係を当然に肯定するものではないし、その判断は疫学の守備範囲ではない。疫学的因果関係をどう活用するかは、専ら法的判断に係っている[14]。

3　裁判所が疫学を用いる場合の基本的問題

　裁判所において疫学が用いられる場合、以下の3つの基本的な問題が生じ、研究の方法論的な健全性及びその研究が因果関係の判断に及ぼす影響を評価する必要があるといわれる[15]。

　①当該疫学的知見は、作用因子と疾患との関連性を明らかにするものであ

---

12) 一般的因果関係と具体的因果関係の区別は、米国の裁判所においては広く認識されている。*Eg. Norris v. Baxter Healthcare Corp.*, 397 F. 3d 878 (10th Cir. 2005).

13) REFERENCE MANUAL, *supra note* 8, 555.

14) REFERENCE MANUAL, *supra note* 8, 555. See also *Merrell Dow Pharmaceuticals Inc. v. Havner*, 953 S.W. 2d 706, 718 (Tex. 1997).

15) REFERENCE MANUAL, *supra note* 8, 557.

るか。
②その関連性は、バイアスや誤差などの研究の限界から生じた可能性がありはしないか。あるとすれば、それはどのような限界に由来するのか。
③上記②の限界の分析及び他の証拠に基づいて、その関連性について因果的に解釈することはどの程度説得的であるか。

4　疫学的知見の解釈

　疫学の最終的な関心は、作用因子と疾患との間の因果関係(一般的因果関係)の有無にある。しかし、その判断のためには、まず、当該作用因子への被曝と当該疾患への罹患との間に関連性があるかどうかが探究される。

　作用因子への被曝とある疾患への罹患とが偶然的に期待される以上の頻度で併発する場合に両者に関連があるとされる。前述したように、因果関係という概念は、この関連に関する1つの説明である。被曝と疾患への罹患との関連の強度は、相対リスク（RR）、オッズ比、寄与リスク（AR）など様々な方法で示される。

　関連の有無を検討するに当たっては、研究結果に潜む誤差に留意しなければならないことは疫学の常識とされる。誤差によって、偽りの関連を同定するおそれがあるからである。偽りの関連をもたらす3つの一般的現象が存在することもよく指摘される。その3つとは、偶然(又はランダム誤差)、バイアス、交絡である。

　ランダム誤差とは、サンプルの選択において偶然に存在する事象が研究結果を左右し、誤った関連をもたらすものである。これを無くすことは不可能であるが、サンプル数を増やせばランダム誤差は減少できる。なお、ランダム誤差の程度は、統計的優位性や信頼区間などの統計学的手法で評価することができる。

　バイアス（又は系統的誤差）も研究結果に誤りをもたらす。バイアスとは研究に系統的（非ランダム）な誤差をもたらすすべてのものをいう。たとえば、医療機関における治療成績の評価分析をする場合において、予後不良の患者が専門的医療機関に集積しやすいという事情のような、疫学試験の対象者と

非対象者の特徴の系統的な違いに起因する誤差をいう選択バイアスや、飲酒歴や喫煙歴の自己申告は過少申告の傾向があるというような、疫学試験の対象者に関する情報の不正確さなどから生じる情報バイアスなどがバイアスの典型的なものである。疫学においては、データ収集プロトコールを含めて、試験デザインによってバイアスを最小限に抑えようと努めるのが常識とされる。バイアスに関しては、分析ツールを用いてバイアス要因を評価することが多く、バイアスの確認を通じて、疫学者は、研究の結論の妥当性を評価することができるとされる[16]。

作用因子と疾患に関連性があるにもかかわらず、その作用因子が真の因果的因子でないために、因果関係について誤った結論になる場合もある。その作用因子は真の作用因子である他の作用因子と関連を有する可能性があり、後者の作用因子が調査対象となっている相関関係に交絡をもたらすといわれる。たとえば、コーヒー摂取と心筋梗塞との間に関連が認められたとしよう。この場合、コーヒーをよく飲む者は喫煙者であることが多く、実際は、喫煙と心筋梗塞とが真の因果的因子であるとするならば、コーヒー摂取と心筋梗塞との関連は見せかけの関連であり、喫煙が交絡しているといわれる。このように、関連があるとされる因子の双方に影響を与えている因子を交絡因子という。ある作用因子と疾患との間に相関が認められた場合、それが因果関係なのか交絡の結果なのかを判断することは不可欠である。交絡を防止、制御するためには、デザインの選定が慎重に行われる必要があるといわれる。

5 疫学的因果関係の判定 ―― ヒル指針（ヒル基準）

関連性が同定できた場合、つぎに、それが因果関係を示すものかどうかの検討に入ることになる。疫学的因果関係においても、法における事実的因果関係の判定で用いられる「あれなければこれなし」テストと類似した基準が用いられる。「あれなければこれなし」テストは必要条件を表現するものであるが、疫学においては、「当該作用因子への被曝なしに曝露群に疾患増加が生

---

16) REFERENCE MANUAL, *supra note* 8, 574.

じなかったであろう」というテストによって因果関係の有無が判定される。つまり、作用因子への被曝が疾患罹患率増加の必要条件である場合に、疫学的な因果関係が肯定されるのである。この因果関係は、疫学自体によっては証明できず、疫学データを解釈する疫学者その他の者による判断によって疫学的因果関係の有無が決定されるといわれる[17]。

疫学的因果関係の判断指針として定説的地位を得ているのがヒル指針である。ヒル指針は、1964年、アメリカ合衆国医務総監が喫煙と肺がんの相関関係を評価するに際して提案した基準を基に、1965年にオースティン・ヒルが確立したものであり[18]、以下の9つの要素を因果関係判定に用いる。

1．時間的な関係
2．関連性の強度
3．用量反応関係
4．結果の再現性
5．生物学的妥当性（既存知識との整合性）
6．別の説明の検討
7．曝露中止
8．関連性の特異性
9．他の知識との一貫性

ただし、これら9つの要素は、あくまでも判定に際しての考慮要素であって[19]、この指針に沿って行われる因果関係推定の適切性を評価するための公式ないしアルゴリズムが存在するわけではないとされる点は留意されねばな

---

17) RESTATEMENT (THIRD) OF TORTS: LIABILITY FOR PHYSICAL AND EMOTIONAL HARM (*hereinafter* RESTATEMENT (THIRD) OF TORTS) § 28 comment. c (2010).

18) A. Hill, "The Environment and Disease: Association or Causation?," 58 *Proc. Royal Sci'y Med*. 295-300 (1965).

19) Hill自身、自らが提案した諸要素が推論プロセスを補助するものにすぎないことを理解していた。彼は、「観察的であるか実験的であるかにかかわらず、すべての科学的業績は不完全である」と述べ、彼の提示する基準がチェック・シートのように用いられるべきでないとする。

らない[20]。すなわち、複数の要素のいくつかが欠けていても、真の因果関係が存在することもあれば、それら複数要素を満足しても因果関係の存在が保証されるわけでもない[21]。そして、これら複数要素の充足状況に照らして[22]、因果関係を推測するために、生物学に基づいた判断と探索的分析が求められる[23]。結局、疫学的データは、因果関係判断にとって必要ではあるが、十分な証拠ではない[24]。以下、ヒル指針に挙げられる諸要素について若干の考察をしておこう。

　因果関係が存在するためには、原因と結果との間に時系列的な関係が不可欠である[25]。作用因子への被曝が疾患の原因であるならば、作用因子への被曝は疾患への罹患に先行しなければならない。この時間的関係が具体的因果関係の存在を裏付ける場合もある。競合する作用因子が判明しており、それを除外できる場合で、問題となる作用因子への曝露から発症までの潜伏期間が判っている場合などにおいては、当該作用因子への曝露状況がそうした発症

---

20) *See* Douglas L. Weed, "Epidemiologic Evidence and Causal Inference," 14 *Hermatology/Oncology Clinics N. Am.* 797 (2000).

21) *Cook v. Rockwell Int'l Corp.*, 580 F. Supp. 2d 1071, 1098 (D. Colo. 2006) は、ヒル基準の示す要素のうち4つを満たさなかったことを理由に因果関係に関する証拠としては不十分であるとする主張を却け、次のように判示した。「科学的なコンセンサスでは、被告が挙げた諸要素を疫学者が因果関係を判断する際に指針とする9つの要素又は視点の一部と捉えている。〈中略〉これらの要素は、研究の信頼性や、そこから得られた因果的推論を確認するためのテストではない。」

22) これら諸要素それぞれの重みづけに関する考察については、L. Godris, EPIDEMIOLOGY 263-66 (4th ed. 2009) 参照。

23) Morabio, "On the Origin of Hill's Criteria," 2 *Epidemiology* 367-69 (1991) は、因果関係の推論においては、非論理性をチェックし、発見できた事項と知りたい事項との重大な矛盾を排除することが決定的に重要であるとする。

24) P. Feldscreiber, L.-A. Mulcahy and S. Day, "Biostatistics and Causation in Medical Product Liability Suits," *supra note* 5, 182.

25) *See Carroll v. Litton Sys., Inc.*, No. B-C-88-253, 1990 U.S. Dis. LEXIS 16833, *29 (W.D.N.C 1990).

経緯に適合しているならば、具体的な因果関係が存在したことの信憑性は高まるであろう[26]。しかし、潜伏期間にバラツキがあったり、潜伏期間が不明であり、疾患の病因の大半が未知である場合、時間的な関係は、原因が結果に先行するという要件を満たすだけである[27]。「前後即因果」の誤謬を避けるために更なる検討が求められる。

関連性の強さは、多くの場合、相対リスク（RR）によって表されるが、その値が大きいほど、因果的である可能性は高くなる。また、関連性の強さは、具体的な因果関係を推論する場合にも重要な役割を果たす。なお、相対リスクが 10.0 を超えるような場合には、バイアスの存在や交絡因子の存在を想定することが困難である。逆に、相対リスクが低くとも、因果関係が存在することもあるが、交絡やバイアスによって生じた可能性も高いため、注意深い精査が必要になるとされる[28]。

用量反応関係とは、作用因子への被曝量が多いほど罹患リスクが高くなることをいう。しかし、閾値が存在する場合など、用量反応関係を示さない作用因子もある。低用量での用量反応関係は、医学界において意見の対立が激しい問題である。現時点では、用量反応曲線の形状（直線か曲線か、曲線であればその形）ですら仮説と憶測にすぎないといわれる。したがって、用量反応関係は、一般的因果関係を示す強力な証拠ではあるが、必要不可欠ではないといわれている[29]。

結果の再現性は、ほとんどの科学分野において要求される要素である。と

---

26) *Bonner v. ISP Technologies, Inc.*, 259 F. 3d 924, 930-31 (8th cir. 2001) は、時間的関係を根拠に、原告が併発した慢性疾患よりも、急性反応の因果関係に関する鑑定の方が信憑性が高いと判示した。

27) *Moore v. Ashland Chem. Inc.*, 151 F. 3d 269, 278 (5th Cir. 1998) は、原告の疾病について複数の競合する病因がある事案において、時間的な関係を重視しなかった。また、我が国においても、顆粒球減少症最高裁判決（平成 9 年 2 月 25 日民集 51 巻 2 号 502 頁）が、顆粒球減少症の原因と考えられる多数の薬剤が投与されていた事例において、時間的な関係から原因薬剤を特定した鑑定意見を排斥する。

28) REFERENCE MANUAL, *supra note* 8, 602.

くに、観察を手法とする科学研究ではそうである。1回の研究で得られた知見でもって、因果関係が説得的に証明されることは極めて稀とされる[30]。複数の研究者による複数の異なる集団を対象とした研究によって、同様の結果が再現されることが重要とされる[31]。

生物学的妥当性は重要ではあるが、疾病発症の機序に関する既存の知見に左右されるため、その適用は簡単ではないとされる[32]。

別の説明の検討とは、バイアスや交絡によって得られた関連ではないのかどうかを検討することをいうが、その重要性は前述した。

曝露中止の影響とは、作用因子が除去ないし軽減された場合の結果を検討することをいい、疾患の原因が当該作用因子への被曝にあるのであれば、それを中止した場合には疾患への罹患リスクが低減するとの予想に基礎を置く。しかし、多くの場合、それに関する有用なデータは乏しいとされる。

大部分の作用因子は、限定された影響しかもたず、それほど幅広い影響はもたない。したがって、多くの場合、作用因子への被曝は、1つの疾患あるいは1つの類型の疾患と関連を有するのであり、その関連は特異性を示す。つまり、ある作用因子がある疾患との間に関連性を示したとしても、別の疾患についての関連を示すことにはならないのである。それ故に、1つの作用因子と多くの疾患との間の関連を見い出した研究に対しては、懐疑的に検討すべきだといわれる。ただし、煙草の煙のように、現象的には1つではあるが、その中に多様な作用因子を含んでいるような場合には、特異性が示され

---

29) ただし、一般的因果関係の推論の妥当性に影響するところの、用量反応関係に関する証拠が存在することと、具体的因果関係を立証するための、原告の被曝量に関する証拠が必要か否かという判断とは、分析上、別物である。See RESTATEMENT (THIRD) OF TORTS, *supra note* 17, §28 cmt. c(2) & rptrs. note.

30) *See Kehm v. Procter & Gamble Co.*, 580 F. Supp. 890, 901 (N.D. Iowa 1982).

31) *See Cararian v. Merrell Dow Pharms., Inc.*, 745 F. Supp. 409, 412 (E.D. Mich. 1989).

32) 米国での有害物訴訟の因果関係に関する議論において、裁判所の多くがこの事柄を論じている。*Eg. Phenylpropanolamine (PPA) Prods. Liab. Litig.*, 289 F. Supp. 2d 1230, 1247-48 (W.D. Wash. 2003).

ることがなく、したがって、特異性がないことを理由に因果関係を直ちに否定することには慎重でなければならないとされる。

　他の知識との整合性は、因果関係を認定した場合に検証されるべき要素である。たとえば、喫煙と肺がんとの因果関係を認定した場合、煙草の売り上げと肺がん死亡率との関連との整合性があるかどうかが検証されるべきであろう。たとえば、煙草の売り上げが減少したにもかかわらず、肺がん死亡率が増大していたならば、喫煙と肺がんとの因果関係は疑わしいものになるといえよう。我が国でいうならば、大気中の硫黄酸化物が大幅に減少したにもかかわらず、閉塞性呼吸器疾患患者の数が増大したという事実は、大気中の硫黄酸化物への被曝と閉塞性呼吸器系疾患との因果関係を疑わせるものであろう。

III　法における因果関係の証明と疫学的因果関係

1　疫学の守備範囲

　既に述べたように、疫学は、集団での疾病罹患率に関する学問であり、特定個人の疾患の原因は扱わない[33]。疫学は、作用因子と結果との関連に関する推論が因果的であり、かつ、その作用因子が寄与する過剰リスクの大きさを確定するだけである。この点について、科学的・統計的証拠は「原因の結果 (Effect of Cause)」について確率的な命題で言明するだけであり、不法行為法における証明は「結果の原因 (Cause of Effect)」について優越的蓋然性をもってなされることが求められるともいわれる[34]。換言すれば、両者には、確率論

---

33) *Deluca v. Merrell Dow Pharms.*, 911 F. 2d 941, 945 & n. 6 (3d. Cir. 1990), *Viagra Prods. Liab. Litig.*, 572 F. Supp. 2d 1071, 1078 (D. Minn. 2008), *Asbesots Litg.*, 900 A. 2d 120, 133 (Del. Super. Ct. 2006).

34) *See* A. Dawid, "The Role of Scientific and Statistical Evidence in Assessing Causality," in R. Goldberg (ed.) PERSPECTIVES ON CAUSATION 133-147 (2011).

的な「未来予測的 (prospective)」なものであるか、優越的蓋然性の有無で絶対的に確定される「回顧的 (retrospective)」なものであるか、という大きな違いがあるのである。

しかしながら、多くの公害訴訟あるいは有害物質訴訟では、具体的因果関係を立証するために疫学的因果関係に関する証拠が提出されるのが通例である。裁判所は、そのような疫学的証拠が具体的因果関係の立証のために果たす役割がどのようなものであるのかという法的な問題に対峙せざるをえなくなっている。

具体的因果関係を証明するうえでの疫学の役割に関しては、アメリカ合衆国では、2つの法的問題が指摘されている。証拠の許容性と十分性である。

2 証拠の許容性と疫学

アメリカ合衆国では、伝聞証拠禁止の原則は民事訴訟でも原則として維持されており、かつては、直接体験に基づかない専門家の見解はこれに該当するとされ、証拠として許容されなかった。しかし、近時においては、専門的知見の単独での証拠能力については制限される可能性はあるが、専門家が法廷で意見を述べるに当たって、それを援用することはできるとされている。連邦証拠規則第703条[35]はこの点について規定する[36]。したがって、疫学研究ないし疫学的知見でも、専門家が証言においてそれを援用する場合には証拠

---

35) 同条は、「専門家は、自らが発見し、又は個人的に観察した事例における事実若しくはデータに基づいて意見を述べることができる。ある特定の分野における専門家が対象問題に関する意見の形成においてそのような類の事実又はデータに依拠している場合には、それら専門家の意見は許容するに及ばない。ただし、当該事実又はデータが許容されない場合であっても、その意見を陪審が評価することの助けとなるという点での証明上の価値がそれらの有するところの偏見を抱かせる効果を上回る場合に限って、当該意見を主張する者は、それらを陪審に開示することができる。」と定める。
36) 専門家証言の扱いに関する連邦証拠規則703条の立法推移については、I. Volek, "Federal Rule of Evidence 703 : The Back Door and the Confrontation Clause, Ten Years Later," 80 *Fordham L. Rev.* 959 (2011) 参照。

能力が認められる。また、疫学研究自体の証拠能力を認める裁判例も登場している[37]。我が国では、アメリカ合衆国と異なり、民事訴訟では伝聞証拠も許されており、以上に述べたことはさほど重要ではないかもしれない。しかし、アメリカ合衆国の裁判実務は、伝聞証拠禁止の原則がない我が国においても、書証として疫学的知見が出された場合、専門家証人あるいは鑑定人の意見を求めることの必要性があることを示唆する。

3　証拠の十分性と疫学

証拠の十分性に関して疫学が担う役割については、多くの裁判所で論じられてきている。アメリカ合衆国の民事訴訟においては、証明対象の事実の存在について、「真実でないことよりも真実である可能性が高い」という心証を事実認定者に抱かせることが求められる。いわゆる「証拠の優越」あるいは「優越的蓋然性」という考えであり、50％を超える心証の原則（以下、50％超原則という）ともいわれる[38]。

ところで、疫学的知見の相対リスクを基に、作用因子が個人の疾患の原因となる確率又は可能性を算出して、この50％超原則に当てはめることは可能である[39]。すなわち、相対リスクが2.0を超えるならば、個人の疾患罹患率は50％を超えることになり、50％超原則の下、優越的蓋然性が認められ、具体的因果関係が肯定できる（リスク倍増論）とするのである。このリスク倍増論

---

37)　*Eg. Ellis v. International Playtex, Inc.*, 745 F. 2d 292, 303 (4th Cir. 1984).
38)　証拠優越の原則ないし優越的蓋然性は、元来、説得責任（客観的証明責任）の場面において機能してきたが、証拠提出責任（主観的証明責任）の場面でも用いられるようになっている。そして、疫学的証拠に関連して優越的蓋然性が論じられるのは、主として、証拠提出責任の場面である。すなわち、疫学的証拠が提出されることによって、因果関係の一応の証明（prima facie）があったものとして扱うに十分であるかどうかが論じられる。ちなみに、冒頭に挙げた『科学的証拠に関する参照マニュアル』は、証拠提出責任場面における優越的蓋然性の議論を念頭に、疫学的証拠の意義を論じている。
39)　統計学的頻度論者は、このような適用には消極的である。「確率に関する記述が個別事例に関して何を意味するのかについて、論理的に厳密な定義は存在しない」というのである。See L. Loevinger, "On Logic and Sociology," 32 *Jurimetrics J*. 527, 530 (1992).

は、1960年には、アメリカ合衆国のロー・レビューで発表されていたが[40]、それが裁判所で広く論じられるきっかけになったのは、おそらくは、1976年に流行した豚インフルエンザの予防のために連邦政府が豚インフルエンザ・ワクチン接種を実施したところ、被接種者が原因不明の神経系の自己免疫疾患であるギラン・バレー症候群を発症したため、その患者らが連邦政府に対して損害賠償を請求した一連の訴訟であろうといわれる[41]。そして、それら訴訟の判決が下される3年ほど前には、生物統計学及び疫学の領域でも、同様の考えが主張されるようになっていった[42]。さらに、そこから数年後には、寄与リスク概念を用いて疫学的因果関係から具体的因果関係を推論する見解が数多く発表された[43]。

そして、1995年、連邦最高裁が、*Daubert v. Merrell Dow Pharmaceuticals Inc.* 判決[44]において、原告は Bendectin が被害発生の確率を増大させることだけでなく、被害を発生させることについても優越的蓋然性をもって証明しなければならず、統計的な証明との関連では、原告らの Bendectin 服用が彼女らの児の先天的障害を発生させた可能性を2倍以上にしたことが示されなければならないと判示して、リスク倍増論を採用することを明らかにした。

---

40) S. Estep, "Radiation Injuries and Statistics: The Need for a New Approach to Injury Litigation," 59 *Mich. L. Rev.* 259 (1960).

41) *See Cook v. United States*, 545 F. Supp. 306 (N.D. Cal. 1982); *Iglarsh v. United States*, No. 79 C 2148, 1983 U.S. Dist. LEXIS 10950 (N.D. Ill. Dec. 9, 1983).

42) P. Enterline, "Attributability in the Face of Uncertainty," 78 *(Supp.) Chest* 377 (1980).

43) *See eg.* D. Lilienfeld and B. Black, "The Epidemiologist in Court," 123 *Am. J. Epidem.* 961 (1986); O. Wong, "Using Epidemiology to Determin Causation in Disease," 3 *Natural Resources & Env't* 20 (1988); M. Cullen & L. Rosenstock, "Principles and Practice of Occupational and Environmental Medicine," in L. Rosenstock & M. Cullen (ed.), TEXTBOOK OF OCCUPATIONAL AND ENVIRONMENTAL MEDICINE (Phila. 1994).

44) *Daubert v. Merrell Dow Pharmaceuticals Inc.*, 43 F. 3d 1311 (9th Cir. 1995), *cer. denied*, 116 SCt. 189, (1995) [*Daubert II*].

さらに、1997年に、前掲 *Daubert v. Merrell Dow Pharmaceuticals Inc.* 判決に呼応して、テキサス州最高裁が、*Merrell Dow Pharmaceuticals v. Havner* 判決[45]において、「科学的に信頼できる疫学的研究の活用とリスク倍増の要件とが我が法システムの要求と科学の限界とのバランスをとるものである」と判示した。以来、相対リスクが2.0以上となることが判明した場合、同様の状況に置かれた個人がその作用因子に被曝したとき、当該個人が当該疾患を発症させる確率は50％以上となるとして、具体的因果関係の存在について優越的蓋然性が認められるとするリスク倍増論がアメリカ合衆国の多くの裁判区の判例として形成されるに至っている[46]。

しかし、リスク倍増論に対しては、根強い批判も展開されている[47]。とりわけ、証拠の許容性の判断枠組みの中で因果関係に関するコモン・ローを実質的に変更するものであるとか[48]、証拠の許容性判断及び証拠の十分性判断とをしばしば混同している[49]などの批判がなされる。したがって、アメリカ合衆国において、リスク倍増論を支持する裁判区が増加している一方、他方では、リスク倍増論を採用するかどうかは、疫学的因果関係、相対リスクあるいは

---

45) *Merrell Dow Pharmaceuticals v. Havner*, 953 S.W. 2d 706, 718 (1997).
46) RESTATEMENT (THIRD) OF TORTS, *supra note* 17, §28 cmt. c(4) rptrs. note がリスク倍増論を採用する裁判例を一覧しているので、参照されたい。
47) *See eg.* L. Finely, "Guarding the Gate to the Courthouse: How Trial Judge Are Using Their Evidentioary Screening Role to Remake Tort Causation Rules," 49 *DePaul L. Rev*. 335, 336, 348 (1999); M. Berger, "Upsetting the Balance Between Adverse Interests: The Impact of the Supreme Court's Trilogy on Expert Testimony in Toxic Tort Litigation," 64 *Law & Contemporary Problems* 289, 304-06 (2001); S. Greenland & J. Robins, "Epidemiology, Justice, and the Probability of Causation," 40 *Jurimetircis J*. 321, 325 (2000).
48) S. Greenland & J. Robins, *id*., 336, 337.
49) *Ibid*. 336. *See also* J. Eggen, "Clinical Medical Evidence of Causation in Toxic Tort Cases: Into the Crucible of Daubert," 38 *Houston L. Rev*. 369 (2001), 378-79; M. Green, "The Future of Proportional Liability: The Lessons of Toxic Substances Causation," in S. Madden (ed.) EXPLORING TORT LAW 352, 368-69 (2005).

一般的因果関係と具体的因果関係の証明責任とを同視する法的ポリシーを採用するかどうかの判断をすることであるとの認識の下に、リスク倍増論を証拠の許容性及び十分性の判断において用いることを拒否する裁判所も存在する[50]。そこにおいては、リスク倍増論のような、相対リスク2.0以上という閾値を設けることは拒絶されるし、そのような閾値の意義を承認することも否定される。

以上のように裁判区によって見解が異なることを率直に認めたうえで、第三次不法行為法リステイトメント（物理的及び精神的危害に関する責任）の報告者は、具体的因果関係の証明責任を果たすために集団を対象とした研究におけるリスク増加の閾値又は被害発生率の倍増を証明することを原告に負わせることは「通常、不適切である」との消極的な態度を示す[51]。

そして、このような議論の現状を前提に、冒頭に紹介した『科学的証拠に関する参照マニュアル』は、リスク倍増論は成り立ちうる1つの考えではあるとしつつも、関連や相対リスクないし寄与リスクに基づいて具体的因果関係に関する確率を論じる前に、その関連が真の（一般的）因果関係を示すものかどうかの検討が必要であり、以下のような注意すべき点がいくつかあるとする[52]。

第一に、リスク倍増論の正当性は、真の因果関係を特定した集団的研究の質や、リスク増加の判定に合理的に信頼できる評価尺度が用いられたかどうかに係っている[53]。これに応えるためには、ランダム誤差やバイアス、交絡が関連の原因となっているかどうかの精査が必要である。

なお、一般的因果関係を示す詳しい証拠がない場合、病因鑑別によって具

---

50) *See* R. Carruth & R. Goldstein, "Relative Risk Greater than Two in Proof of Causation in Toxic Tort Litigation," 41 *Jurimetrics J*. 195, 199, 202-03 (2001).
51) RESTATEMENT (THIRD) OF TORTS, *supra note* 17, §28(a) cmt. c(4) & rprtrs. note.
52) REFERENCE MANUAL, *supra note* 8, 611.
53) ちなみに、M. Green, *supra note* 49, 369-71 は、相対リスク2.0未満の研究は因果関係の証明に十分でないと主張する。

体的因果関係を推論することは十分ではないといわれる[54]。

　第二に、疫学研究における被験者と当該原告について、対象の作用因子以外のリスク因子が類似している場合に限って、研究に基づくリスク推定を個人に適用することの妥当性が得られるであろうことである。たとえば、石綿への被曝歴がない場合の喫煙による肺がんリスクに関する研究における相対リスクを石綿への被曝歴のある喫煙者にそのまま適用することはできないし、逆もそうである。また、用量反応関係が強固であるという前提がないかぎり、同じリスク因子を対象にした疫学研究でも、低用量の場合の相対リスクを高用量の場合に外挿すること、あるいは、逆に、高用量の場合の相対リスクを低用量の場合に外挿することはできない[55]。

　第三に、集団的研究によるリスク知見を用いて個人における疾患罹患の因果関係の確率を決定する場合には、対象疾患が曝露なくしては発症し得ない疾患（＝疾患の非促進性）であるという前提がとられていることが留意されなければならない[56]。つまり、当該作用因子が当該疾患への罹患についての生涯リスクに影響することなく、単に疾患発症を促すだけというものではないと

---

54) この点に関して、*Cavallo v. Star Enterprises*, 892 F. Supp. 756 (E.D. Va. 1995) (原判決一部維持) 100 F. 3d 1150 (4th Cir. 1996) は次のように判示する。「鑑別診断（＝病因鑑別：筆者注）というプロセスは、『具体的因果関係』の問題にとって明らかに重要である。被害について想定しうる他の原因を排除できない場合、又は少なくとも他の原因が因果関係に寄与する可能性を最小限に抑えることができない場合、因果関係立証において50％超基準を満たせない。しかし、この方法の根底には、他の要因を排除した後に最終的に残るところの疑わしい『原因』に、実際に被害を引き起こす能力がなければならないという基本的前提があることも認識する必要がある。すなわち、専門家は、想定しうる他の原因を『排除』すると同時に、疑われる原因を『受容』しなければならない。そして、当然、この『一般的因果関係』の問題に関する専門家の意見は、科学的に妥当な方法で得られなければならない。」

55) *Bextra & Celebrex Mktg. Sales Practices & Prod. Liab. Litig.*, 524 F. Supp. 2d 1166, 1175-76 (N.D. Cal. 2007) は、一般の人の倍の用量を摂取した群を対象とする研究から得られた相対リスクを用いることによって、一般の人の集団に関する因果関係についての専門家の意見を裏付けることはできないとした。

56) REFERENCE MANUAL, *supra note* 8, 614.

いう前提である。促進性がない典型例としては、先天性欠損が挙げられる。成人の慢性疾患の大半は、疾患の促進性と新たな罹患の原因とを疫学的研究で区別することは不可能である。促進性が関与している場合には、研究で得られた相対リスクは作用因子への被曝による疾病罹患の確率を過小評価している可能性がある[57]。なお、促進性がある場合、被害をどのように捉えるかは法的問題としても重要である。原告が被曝した作用因子が慢性腰痛という危害の発生を促すのみにとどまり、後に、原告がその被曝とは無関係に慢性腰痛を発症していた可能性がある場合、被告はどこまで責任を負うべきなのかは、議論の余地がある。さらには、多くの場合、その慢性腰痛が当該作用因子への被曝によるものなのか、被曝以外の原因によるものなのかは、鑑別不可能であり、これをどのように処理するのかはより深刻な問題である[58]。

第四に、作用因子と他の原因との相互作用によって、個々の作用因子それぞれに起因する罹患率増加分を合計した以上の罹患が増加している場合、個々の作用因子のみの相対リスクを用いて具体的因果関係を判断するのは適切ではない[59]。ただし、相互作用があるかどうかの判断は容易ではない[60]。

---

57) REFERENCE MANUAL, *supra note* 8, 615.
58) 周知のように、交通事故損害賠償における「むち打ち症」をめぐって、特に脊柱に加齢性の顕著な変成が見られる高齢者が被害者である場合などに、同様の問題が存在する。
59) RESTATEMENT (THIRD) OF TORTS, *supra note* 17, §28 cmt. c(5).
相互作用の例としてしばしば引用されるのが、アスベスト被曝と喫煙とによる肺がん罹患の例である。両者の相互作用による肺がん罹患についての疫学研究が公表され、耳目を集めた。そして、それを前提にアスベスト被曝による損害として、肺がんに罹患した喫煙者への賠償あるいは補償がなされてきた。しかし、最近のいくつかの疫学的研究においては、相互作用を肯定できるかどうか微妙であり、仮に肯定できるとしても、そこでの相互作用の程度は小さいとの見解が広まりつつあり、アスベスト被曝と肺がんとの因果関係が不明であるとの理由で、喫煙歴のある肺がん患者に対するアスベスト排出者の責任を否定する裁判例が外国において登場していることは留意しておくべきである。肺がんに関するアスベスト被曝と喫煙との相互作用に関する疫学的研究に関しては、新美育文「アスベストに被曝した喫煙者の肺がん罹患と因果関係」法律論叢85巻1号254頁以下（2012）参照。

第五に、以上の他に、対象作用因子が当該疾患以外の致死的疾患の原因ではないこと[61]と、対象作用因子が研究対象となる部分集団において、結果に対する保護作用を有さないこととが挙げられる。いずれも、真の罹患率上昇値を隠してしまうからである。

　以上述べてきたことを別にして、相対リスクが2.0未満であっても、個別の因果関係の判断に影響を及ぼす追加的な証拠があれば証拠提出責任は果たされたとすることはありうる[62]。たとえば、仮に罹患原因として当該作用因子の他に遺伝があり、それが原因の50％を占めているとした場合、個々の事例で遺伝の可能性が排除できたならば、当該作用因子への被曝の相対リスクが1.5でも優越的蓋然性を満足する余地がある。

　このように、既知の競合する原因を排除することは、アメリカ合衆国の法学界では鑑別診断と呼ばれるのが通常であるが、治療のために必要な限度で疾患の種類ないし性質は鑑別するが、病因まで鑑別しないという臨床医学における鑑別診断とは異なっており、病因鑑別（ないしは原因鑑別）と呼ぶ方が適切であるといわれる[63]。病因鑑別は、その論理は正当であり、具体的因果関係を論じるにおいて、他の競合する原因を排除することによって、当該作用因子への被曝が原因であるとの蓋然性が高まることは当然であろう。ただし、この病因鑑別が有用なのは、一般的因果関係が存在し、かつ競合する原因が既知である場合に限られる[64]。もっとも、アメリカ合衆国の裁判所は、伝統的に、考えられる競合原因のすべてを排除することを原告に求めることはしていない[65]。しかし、競合原因が当該疾病の原因であるとするに十分な証拠があ

---

60) 前注 (59) 参照。

61) 対象疾患に罹患する前に死亡する場合、他の疾患プロセスによる死亡が対象疾患の罹患率上昇の真の大きさを隠蔽してしまうことになる。

62) *See eg. Hanford Nuclear Reservation Litig.*, 292 F. 3d 1124, 1137 (9th Cir. 2002); *Magistrini v. One Hour Marinizing Dry Cleaning*, 180 F. Supp. 2d 584, 606 (D.N.J. 2002); *Pafford v. Sec'y, Dept. of Health & Human Servs.*, 64 Fed. Cl. (2005).

63) REFERENCE MANUAL, *supra note* 8, 617.

64) REFERENCE MANUAL, *supra note* 8, 619.

る場合には、競合原因は病因鑑別によって排除される必要があるとされる[66]。そして、原因が不明な疾患の場合は、病因鑑別の有用性はないとされる[67]。また、科学的に見て信頼性のない病因鑑別もないわけではない[68]。

---

65) *Stubbs v. City of Rochester*, 134 N.E. 137, 140 (N.Y. 1919).
66) *See Cooper v. Smith & Nephew, Inc.*, 259 F. 3d 194, 202 (4th Cir. 2001) ; *Ranes v. Adams Labs., Inc.*, 778 N.W. 2d 677, 690 (Iowa 2010).
67) *Perry v. Novartis Pharms. Corp.*, 564 F. Supp. 2d 452, 469 (E.D Pa. 2008) は、病因鑑別において突発性の原因を説明できなかった専門家証言の証拠能力を否定した。また、*Magistrini v. One Hour Martinizing Dry Cleaning*, 180 F. Supp. 2d 584, 609 (D.N.J. 2002) は、白血病の 90-95％が原因不明であるとの認定をしたが、原告には、他によるベンゼンへの被曝と被告によるベンゼンへの被曝との重合が原告の白血病の原因ではなく、被告によるベンゼンへの被曝が原因であることの証明責任があるとの不適切な訴訟指揮を行った。なお、これらに対して、*Ruff v. Ensign-bickford Indus., Inc.*, 168 F. Supp. 2d 1271, 1286 (D. Utah 2001) は、ほとんどの疾患事例が原因不明であるとの被告の証拠に対して、そのような事項は証拠の許容性の問題ではなく、原告側の専門家証言の重み付けの問題であるとした。
68) *See eg. Glastetter v. Novartis Pharms. Corp.*, 252 F. 3d 986, 989 (8th Cir. 2001) ［母乳に依らない育児を選んだ原告女性が被告医師の処方した産後の母乳分泌抑制を目的として Parlodel という医薬品を服用した 2 週間後、左脳内出血（脳卒中）を発症した。担当医は原因不明であるとしたものの、原告は、当該医薬品を製造した製薬会社を訴えた。当該医薬品は FDA の認可を受けていたが、原告の訴え提起の 6 ヶ月後に、（一定類型の女性における卒中の可能性を含む）有害性が母乳分泌抑制という利益を上回り、有用性が認められないとして認可が取り消された。原告側の専門家は、いくつかの科学的データに基づく彼らの血管収縮理論に依拠して、当該医薬品が原告の脳動脈を圧迫し、血圧を上昇させ、当該脳内出血を発症させたと証言した。また、原告は、FDA の当該医薬品の認可取消はその専門家証言を補強するものであるとも主張した。裁判所は、FDA の認可取消が、予防的な目的の下、不法行為法によって伝統的に求められる基準とは異なった、より緩和された基準によってなされるものであり、原告側の専門家証言を補強するものにはならないとしたうえで、当該専門家の用いたデータが科学的に信頼しうるものではなく、許容できないとして、専門家証言を受け入れなかった。］

IV　おわりに

　法における因果関係の認定において疫学的因果関係を利用することは、疾患の機序が不明確な場合には、有用である。しかし、疫学は、統計学的手法を用いて、間接証拠を分析し、疾病の原因を探る学問であり、そこでは、一般的因果関係の証明が目的とされていることは改めて認識されるべきである。ただ、疫学的因果関係があるというためのヒル基準とその適用における留意点は、間接証拠を活用して行われる法における具体的因果関係認定においても大いに参考になると思われる。そして、疫学的因果関係が肯定された場合、悉無率を維持するかぎり、優越的蓋然性を採用する場合にあっては、法における因果関係の認定のためには、原則として相対リスクが 2.0 を超えることが求められることに一定の妥当性が認められること、ただし、相対リスク 2.0 以下の場合でも、疫学的因果関係とともに病因鑑別を活用することによって具体的因果関係を適切に認定しうることが指摘できる。なお、悉無率を採用せず、確率に応じた因果関係認定ないし損害概念の理解を行うことについては、本稿では触れなかったが、仮にそのような方法を採用するとした場合、疫学における相対リスクないし過剰リスクの持つ特性と限界からして、それらによって示される数値に手放しで依拠できるのかを慎重に検討すべきことが示唆されたといえる。

〔2013 年 4 月 30 日脱稿〕

危険責任の一般条項
―― 各国民法典における動向

浦川　道太郎

Ⅰ　はじめに
Ⅱ　各国民法典及び民法典改正法案における危険責任一般条項
Ⅲ　結語 ―― わが国に対する示唆

Ⅰ　はじめに

　わが国のみならず、各国の不法行為法においては、過失責任の原則が強固に維持されてきた。過失責任主義は、市民と企業の自由な発展にとって適合的な帰責原理であり、この間、過失の客観化（客観的解釈）を通して帰責要件としての柔軟性を獲得してきたこともあって、不法行為法における確固たる帰責原則であることに変動はない。

　しかしながら、過失責任主義の下に不法行為法の帰責原則を完全に一元化している国はなく、市民に対して高度の危険を及ぼす施設・機器、危険な活動から生じる事故被害については、無過失でも施設・機器保有者、活動実施者に対して損害賠償責任を課すことが行われている。この危険責任と呼ばれる無過失損害賠償責任は、19世紀に制定された民法典の中では例外的な地位を与えられていたものの、20世紀以降の科学技術の急速な発展による潜在的危険の増大にともない領域を拡張し、もはや例外的な帰責原理とはいえない状態になってきている。

　わが国でも、民法典の中では工作物責任（民法717条。以下、外国法を含めて、

民法典の条文は条数のみで引用する。）のみが危険責任に基づく無過失責任（瑕疵を要件とする責任）として規定されていたが、危険責任を定める特別法は、第２次大戦前に制定された旧鉱業法74条（1939年［現行・鉱業法109条］）を嚆矢として、自動車損害賠償保障法3条(1955年)、水洗炭業法16条(1958年)、原子力損害賠償法3条（1961年)、水質汚濁防止法19条（1972年)、大気汚染防止法25条（1972年)、製造物責任法3条（1994年）と数を増し、日常的な自動車人身事故、欠陥製品事故や近時の東日本大震災にともなう福島第一原子力発電所の原子力災害の損害賠償では大きな役割を演じている。

　ところで、わが国を含む多くの国々では、過失責任は、権利・法益侵害の行為一般に包括的に適用可能なのに対して、危険責任は、特別法により具体的に規定された個々的な危険源を対象にしており、同一・同程度の危険源であっても、特別法により特に把握されていない限り、その責任原則を適用することが制限された形になっている。

　上記のように、危険責任が独自の帰責原理として過失責任と並ぶまでに成長し、日々の事故損害における賠償責任の基準として重要な役割を演じていながら、それが私法の一般法である民法典の中に位置づけられておらず、また、その適用領域が特別法により具体的に規定された特定の危険施設・機器、事業活動だけに限定されている現状については、わが国を含む各国において、疑問視する見解が強く表明されている[1]。そして、このような疑問に基づいて、危険責任の一般条項化とそれを私法の一般法である民法典の中に位置づける試みが諸国において企画され、一部は既に実現している。

---

1) わが国民法典の中で一般に無過失責任（危険責任）を定めるものと解釈されている工作物責任について、その狭隘さを指摘して、近代的企業の惹起する事故損害一般に工作物責任を拡張・類推適用する解釈が我妻栄博士から提案されたことがあり（我妻栄『事務管理・不当利得・不法行為』180頁（日本評論社、新法学全集10巻、1937）また、加藤一郎博士も危険な企業設備一般に対する無過失責任（危険責任）の立法による拡張の必要性を認めている（加藤一郎『不法行為〔増補版〕』195頁（有斐閣、法律学全集22-Ⅱ巻、1974）。しかしながら、わが国では、無過失責任（危険責任）の研究は相対的に遅れており、危険責任の一般条項について深く検討する論文はない。

筆者は、これまで危険責任について検討し、研究成果を断続的に発表してきたが[2]、その過程で、各国における危険責任の一般条項制定の動向についても関心を持って観察してきた。危険責任の一般条項に関する全般的な立ち入った検討は今後の課題としたいが、本稿では、その前作業として、諸国で企画され、進行している不法行為法の制定・改定の中で条文(案)として規定された危険責任の一般条項を紹介し、また、危険責任の一般条項ではどのような点が問題になるか、若干の考察を加えることにしたい。

II　各国民法典及び民法典改正法案における危険責任一般条項

　一般条項について語る場合には、まずその定義が必要になろう。ここでいう危険責任の一般条項とは、具体的・個別的な危険源に対してのみ適用される拡張不能な制限的・列挙的な規定(特別構成要件)ではなく、その責任原則が妥当する危険源を包括的に対象にして、個別的事例に応じて責任ルール適用の権限を裁判官に与えるような規定を指す[3]。

　ところで、危険責任の一般条項という視点から、参照できる範囲で諸国民法典を概観すると、民法典上に危険責任の一般条項を保有している国(下記1)、既存の民法典の条文に基づき解釈を通して危険責任を一般条項に近い形で拡張している国(下記2)、拡張解釈不能な危険責任特別法の限界を打破し

---

[2]　ドイツの危険責任に関して、浦川道太郎「ドイツにおける危険責任の発展(1)(2)(3・完)」民商70巻3号458頁以下、4号601頁以下、5号773頁以下 (1974) (以下「発展」として引用。)、同「ドイツ危険責任法の基礎」比較法学11巻2号81頁以下 (1977) (以下「基礎」として引用。)、同「ドイツにおける危険責任の一断面」民商78巻臨時増刊・法と権利Ⅰ 449頁以下 (1978) (以下「一断面」として引用。)、同「ドイツ危険責任法の新展開」ジュリ672号117頁以下 (1978) (以下「新展開」として引用。)。わが国の無過失責任(危険責任)に関して、同「無過失損害賠償責任」星野英一編『民法講座6』191頁以下 (有斐閣、1985) (以下「無過失」として引用。)、同「無過失損害賠償責任[民法の基本問題 〔14〕]」法教119号74頁以下 (1990) など。

[3]　Will, M.R., Qellen erhöhter Gefahr, 1980, S. 244.

て立法により一般条項を形成しようと試みている国（下記3）に分けることができる。

　危険責任一般条項を保有せず、特別法の制定を通して個々的に適用領域を拡大している現状からすると、私たちにとっては、上記の第3グループに属する国における試みが最も興味深い。したがって、以下では、第3グループに属する危険責任一般条項形成の試みを中心に検討するが、その前に、第1グループ、第2グループに属する国における危険責任の現状についても確認しておくことにしたい。

1　危険責任一般条項を保有する国の一般条項

(1)　オランダ

　オランダは、戦後に新法制定ともいえる民法典の全面的改正を実施し、改正された各編を逐次施行してきた[4]。不法行為に関する規定は、オランダ民法第6編「債務法総則」の第3章「不法行為（162条～192条）」に定められ、その第2節「人及び物に関する責任（169条～184条）」に危険責任に関する条項が存在している。

　周知のように、オランダ旧民法典（1838年）はフランス民法典（Code civil）の強い影響を受けて制定され、フランス民法典と同様の規定を多く含んでいた。しかし、後に述べるように、物に関する責任を定めるフランス民法1384条1項が解釈を通して危険物を含む物を対象にした無過失責任的な一般条項として機能しているのに対して、オランダの最高裁は同趣旨の条文（旧1403条）の類推的拡張解釈を一貫して拒否していた[5]。このため、新たな民法典の

---

[4]　オランダ民法典の制定過程については、アーサー・S・ハートカンプ著/平林美紀訳「オランダ民法典の公布」民法改正研究会『民法改正と世界の民法典』381頁以下（信山社、2009）及びそこに引用された文献を参照。オランダ民法典の不法行為関係条文については、クリスティアン・フォン・バール著/窪田充見編訳『ヨーロッパ不法行為法(1)』528頁以下（弘文堂、1998）に翻訳があるが、危険物質等に対する危険責任に関する175-178条は原書出版時には未だ立法化されていなかったため、その部分は欠けている。

[5]　Hoge Raad 22. Juni 1979, Nederlandse Jurisprudentie 1979, 535.

制定において、フランス法との比較においても、危険物を対象にした危険責任一般条項の導入が期待されていたのである[6]。

この期待に応えるものとして規定された条文が、下記の175条である[7]。

第175条
(1) 重大な種類の特別な危険を人又は物に対して与えるような性質が物質について存在していることを知りながら、職業又は営業の遂行において物質を使用し又は支配下に置く者は、当該危険が現実化した場合に、責任を負う。営業を遂行する者には、物質を活動の実施において使用し又は支配下に置く法人も含まれる。環境危険物質に関する法律（stb. 1985, 639）34条3項に基づき規定されている基準と方法により、当該物質が爆発性があり、酸化性があり、引火性があり、容易若しくは極めて容易に引火する性質があり又は有毒性若しくは猛毒性があることは、いずれにせよ、重大な特別の危険と認められる。
……

(4) 損害が当該物質による空気、水又は土壌の汚染の結果である場合には、1項に基づく責任は汚染となる事件の開始時において本条により責任者として定められる者に適用される。物質が梱包された状態で水若しくは土壌に投与され又は土地上に置き去りにされたことにより汚染が生じた場合には、事件は既にこの時点で開始したものとみなされる。［以下略］

---

6) Braams, W. Th., Auf dem Wege zu einem europäischen Haftungsrecht-Beitrag der Niederlande-, Vorträge Reden und Berichte aus dem Europa-Institut/Nr. 162, 1989, S. 22ff.
7) 危険物に対する基本的な責任ルールを示す目的で、紙幅の関係もあり、6項から成る175条の第1項と第4項のみを引用した。なお、本条の翻訳は、F. Nieper, A.S. Westerdijk (Red.), Niederländisches Bürgerliches Gesetzbuch. Buch 6, Allgemeiner Teil des Schuldrechts; Bücher 7 und 7A, Besondere Verträge, 1995, S. 76ff. のドイツ語訳を基にした。現在でも、本条の内容に変更はないが、本文中に引用した1項末尾の危険物を例示する根拠法がEU指令に変更されているようである。

オランダ民法第6編第3章第2節では、上記の175条のほかにも、物に関する責任として、製造物責任が適用されない瑕疵ある危険な動産の自主占有者の責任（173条）、建物・施設・道路等の工作物に関する危険責任（174条）、環境汚染に関する廃棄物処理場事業者の無過失責任（176条）、地下鉱物の放出損害に対するボーリング坑の事業者の無過失責任（177条）、動物占有者責任（179条）が定められている[8]。

このようにみると、オランダ民法の危険責任は、危険「物・物質」に集中して規定され、個別・具体的な工作物責任、環境責任、鉱害責任、動物占有者責任と、その隙間を補充する「重大な種類の特別な危険」を及ぼす「物質」に関する上記の包括的な事業者責任（175条）の組合せで構成されていることが分かる。この方法は、1カ条の一般条項で危険責任を包摂するのではなく、類型的な危険「物」に関する危険責任の条文（173、174、176、177、179条）とともに、特別な危険性を有する物質に関する包括的な一般条項に近似する条文（175条）[9]を配置するものであり、また、危険か否かを問わず「物」一般に危険責任を及ぼすフランス判例法の立場と特定の危険物に危険責任の拡張を限定しようと試みているドイツ法の伝統的立場との中間の方法を選択したものであると評価できる[10]。

(2) ロシア連邦

ロシア連邦は、ソヴィエト連邦の崩壊(1991年)により成立したが、その後、

---

[8] 危険責任の一種でもある製造物責任は、第2節「人及び物に関する責任」とは別に第3節に規定されている。

[9] Hondius, E., Neukodifikation des Niederländischen Zivilrechts, Beiträge zum Haftungs-und Versicherungsrecht/25 Jahre Karlsruher Forum, 1983, S. 45. 175条の「重大な種類の特別な危険」の解釈では、問題となっている物質がそれに該当するか否かの判断を裁判官の完全に自由な裁量に委ねていないが、法律規定をいわばガイドラインとして法定の危険物質を含めて同種・同程度の危険物質に危険責任を拡張して適用することが可能になっており、その意味では、危険責任の一般条項に近似するものといえる。

[10] Braams, aaO (Anm. 6), S. 30ff.

市場経済に対応した法整備の必要性に基づき、ロシアにおける第3番目の民法典を 1994 年以降に逐次制定した[11]。この民法典は、比較的強く前出のオランダ民法の影響を受けているといわれているが、不法行為法に関しては、従来の民法典の構成と条文をほぼ踏襲している[12]。

例えば、現行ロシア連邦民法の一般的不法行為要件（1064 条［責任の一般的基礎］）は、1964 年ロシア共和国民法 444 条に定めた推定過失責任主義を採用しており、それと同様に、危険責任に関しても、1964 年民法 454 条の「高度な危険源により惹起せしめられた損害に対する責任」を骨格にして、より詳細化した次の一般条項を規定している。

第 1079 条［周囲に危険を及ぼす際の責任］
(1) 損害が不可抗力で生じた場合又は被害者により故意に損害が惹起されたことを証明する場合を除き、周囲に対して高度の危険を伴う活動（輸送手段、機器、高圧電流、原子力、爆発物、有毒物等の使用；建設作業及びそれ

---

11) ソ連時代のロシア共和国では、1922 年と 1964 年に民法典が制定されている。前者の不法行為法については、末川博「ソヴィエト・ロシア民法における不法行為」同『権利侵害と権利濫用』629 頁以下（岩波書店、1970）［初出：論叢 16 巻 3 号（1926）］に概説があり、後者については、五十嵐清＝佐保雅子「ロシア共和国民法典邦訳(1)-(9)」北法 16 巻 1 号 137 頁以下、17 巻 1 号 73 頁以下、17 巻 4 号 135 頁以下、18 巻 3 号 147 頁以下、18 巻 4 号 158 頁以下、19 巻 3 号 126 頁以下、22 巻 2 号 63 頁以下、22 巻 4 号 177 頁以下、23 巻 4 号 84 頁以下（1965-1973）及び宮崎昇訳『ロシア共和国民法典』法務資料 392 号（1965）に翻訳と解説がある。なお、ソ連崩壊後の新法典は、第 1 編～第 4 編が 1994、1996、2001、2006 年に制定されている。

12) ロシア連邦民法典は、オランダ民法や西欧諸国の民法の影響を受けているだけでなく、旧来のロシアの法的伝統に忠実であり、その構成、内容に関しては、ソ連末期の 1991 年に市場経済への移行を保障するために制定された「ソ連および連邦構成共和国の民事法令の原則」（本原則の翻訳としては、伊藤知義訳「『ペレストロイカの新民法』邦訳」札院 9 巻 2 号 113 頁以下（1992）がある）を基礎にしている。Solotych, S., Das Zivilgesetzbuch der Russischen Föderation Teil 1, 1996, S. 15 ; ders., Das Zivilgesetzbuch der Russischen Föderation Teil 2, 2001, S. 25. ロシア連邦民法典の不法行為規定及び条文については、本書を参考にした。

に係わる活動の遂行)をする法人及び市民は、高度の危険源により他人に与えた損害を賠償しなければならない。裁判所は、危険源の占有者について、第1083条第2項及び第3項に定められた原則［被害者の重過失、加害者の財産状況——筆者注記］に基づき責任を免除することもできる。

所有者として、経営権、実効的管理又はその他の適法な根拠(使用・用益賃貸借、自動車の運転に対する委託、危険源の譲渡に関する権限ある機関の処分等)に基づき危険源を占有する法人又は市民は、損害賠償の義務を負う。

(2) 高度の危険源の占有者は、占有が他の者の違法行為により奪われたことを立証した場合には、その危険源により生じた損害に責任を負わない。この場合に、危険源が惹起した損害については、違法に危険源の占有を得た者が責任を負う。危険源の占有者が占有の違法な喪失に有責である場合には、当該占有者とともに違法に自らを占有状態に置いた者に責任が課される。

(3) 高度の危険源の占有者は、第1項に定められた理由に基づき、この危険源との共同作用(輸送手段の衝突等)により第三者に生じる損害に対して連帯債務者として責任を負う。

その共同作用により危険源の占有者に生じる損害は、一般規定(第1064条)［責任の一般的基礎に基づく完全賠償——筆者注記］により賠償されねばならない。

上記のロシア連邦民法に定める危険責任一般条項は、法技術的には、「高度の危険」という概念により1カ条で高度の危険を伴う活動に無過失責任を課しているところに特徴がある。また、高度の危険をもたらす「施設・物」を例示するとともに、責任要件として高度の危険を伴う「活動」を要件に挙げていることから、本条の責任の対象には、危険物に係わる活動と危険施設・物から生じる損害も含むものであると理解できる[13]。

このようなロシアの危険責任一般条項は、前述した1964年民法のみならず、1922年民法の中に既に規定されていたものである[14]。したがって、この

---

13) Küpper, H., Deliktsrecht in Osteuropa, OER 2003, 518.

条項の導入には、社会主義社会における技術発展に関する理解と企業の在り方が反映されており[15]、その下で成立した法原則の成果を伝統的に現行法も維持しているものといえよう。そして、ロシアにおける危険責任一般条項は、東欧やアジアの(旧)社会主義諸国で制定された民法にも影響を与え、市場経済への移行後も、これらの国々の民法で危険責任一般条項を規定するものが多い結果をもたらしている[16]。

(3) 中　国

中華人民共和国は、将来的に民法典に統合する計画の下に不法行為に関する単行法である「侵権責任法」を 2009 年に公布したが、その第9章では「高度危険責任」と題して危険責任を定めた。そして冒頭には、包括的な高度危険作業に関する危険責任一般条項（69条）が規定された。

> 第 69 条　高度危険作業に従事して他人に損害を生じさせたときは、権利侵害責任を負わなければならない。

侵権責任法の危険責任に関する章は、上記の極めて包括的な危険責任一般条項（69条）に続いて、民用核施設（70条）、民用航空機（71条）、高度危険物（72条）、高所・高圧・地下の発掘作業・高速軌道運送手段（73条）に関する個別的な危険責任規定が定められている。

侵権責任法の制定前の中国では、1986 年に公布された民法通則が不法行為

---

14)　末川・前掲（注11）630 頁。なお、1922 年ロシア共和国民法は革命以前の民法諸草案及びドイツ民法典に依拠する部分が多いといわれるが、この点と不法行為規定との関係では、なお研究の余地がある。K・ツヴァイゲルト＝H・ケッツ著／大木雅夫訳『比較法概論　原論（下）』567 頁（東京大学出版会、1974）。

15)　社会主義社会では、技術発展と経済的利益増進に対して好意的であり、国営企業の下で、望ましい高度技術の利用の結果に伴う事故損害のリスクは社会全体が負担する建前であったため、資本主義国におけるような危険責任に対する産業側からの大きな抵抗もなく、危険責任一般条項も容易に導入できたと考えられる。Küpper, aaO (Anm. 13), 517.

16) ソ連解体後に成立した独立国家共同体（CIS）の加盟国は、ソ連時代の民法の伝統を維持しており、ウズベキスタン民法999条に見られるように、ロシア連邦と近似する危険責任一般条項を保有している。ウズベキスタン民法については、名古屋大学法政国際教育協力研究センター『ウズベキスタン民法典（邦訳）』301頁（同センター、2004）参照。東欧諸国の大多数の国が危険責任一般条項を保有していること、及びその内容の概略については、Küpper, aaO (Anm. 13), 517ff. 参照。アジアでも、モンゴル民法は、簡単ではあるが危険責任一般条項と解釈できる規定（502.1条-502.3条）を保有しており、ドイモイ政策の下で1996年に民法を制定したベトナムもロシア連邦民法の規定と相似する危険責任一般条項を定め、わが国の法整備支援のもとで2005年に改正された民法でもその規定を引き継いでいる。モンゴル民法の不法行為規定については、瀬々敦子「（和訳）モンゴル民法(22)」国際商事法務36巻4号508頁以下（2008）参照。改正前ベトナム民法については、鈴木康二訳・著『ベトナム民法』（日本貿易振興会、1996）参照。なお、国際協力機構（JICA）から提供された現行ベトナム民法（邦文・英文）の条文では、危険責任一般条項は下記のような規定である。

　ベトナム民法第623条　高度危険源が起こした損害の賠償
　1．高度危険源には、機械化された交通輸送手段・送電システム・稼働している製造工場、武器、爆発物、可燃物、毒物、放射物、猛獣および法律で定められる他の高度危険源を含む。
　　　高度危険源の所有者は、法律の規定に従って、高度危険源の保管・保持・運送・使用に関する規則を遵守しなければならない。
　2．高度危険源の所有者は、高度危険源により生じた損害を賠償しなければならない。その所有者がその高度危険源に対する占有・使用権を他人に引き渡した場合、他の合意がある場合を除き、それらの人は、損害を賠償しなければならない。
　3．高度危険源の所有者、高度危険源に対する占有・使用権を所有者から引き渡された人は、過失がない場合でも生じた損害を賠償しなければならない。ただし、以下の場合を除く。
　　a）被害者の故意によって生じた損害。
　　b）法律に他の定めがある場合を除き、不可抗力または緊急状態において生じた損害。
　4．高度危険源が違法に占有され、使用される場合、その高度危険源を違法に占有し、使用している者は、損害を賠償しなければならない。
　　　高度危険源の所有者、高度危険源に対する占有・使用権を所有者から引き渡された者も、高度危険源が違法に占有され、使用されることにおいて過失がある場合には、損害を連帯して賠償しなければならない。

法の法源となっており、そこでも123条に危険責任一般条項が定められていた。これと比較すると、侵権責任法第9章の規定は、危険責任の一般原則を冒頭に置くとともに、民法通則123条の規定内容を詳細かつ具体化したものであり、責任成立要件を抽象化するのではなく、事故類型を具体的に条文として把握する傾向が示されている[17]。

内容的に見ると、侵権責任法に定める危険責任は、ソヴィエト法の影響を受けた民法通則の危険責任一般条項(123条)を受け継いで72条に高度危険物に関する条項を定めており、さらに包括的な一般条項(69条)には、ヨーロッパ不法行為法グループ(The European Group on Tort Law)が作成した「ヨーロッパ不法行為法原則(PETL)」の危険責任一般条項(5：101条)(この条項については、後述3(4))やアメリカのリステイトメントの厳格責任[18]との近似性が表れているといえよう。

2　フランスにおける解釈による危険責任一般条項の創造と現在の動向

(1)　物の行為の責任

危険責任一般条項を比較法的に検討するうえで見逃せないのは、フランスの事例である。

フランス民法1384条1項は、「自己の行為によって生じさせる損害だけでなく、自己が責任を負うべき他人の行為又は自己が保管する物の行為から生

---

17) 侵権責任法を巡っては、不法行為法を大陸法のように債権各論の中に吸収する見解と民事権利救済法として債権法から切り離す見解の対立があったと伝えられており、成立した侵権責任法の構成と内容を見る限りでは、不法行為法を英米法の「Torts」のように債権法から独立した編として構成する方向が選択されたように思われる。この点については、梁慧星著/但見亮訳「中国権利侵害責任法の制定」早稲田大学孔子学院編『日中民法論壇』17頁以下(早稲田大学出版部、2010)。なお、侵権責任法の邦訳については、森脇章=石黒昭吉訳「中華人民共和国不法行為法」法時82巻2号69頁以下(2010)を参照した。

18) Restatement of the law (Third); Torts, -Liability for Physical and Emotional Harm, §20, p.229.

じる損害についても、責任を負う。」と規定している。

　この「物の行為の責任（responsabilité du fait des choses）」は、立法者によれば、固有の意味を持たず、次に来る動物所有者等に関する責任の導入の意味しかないと考えられていた。しかし、フランスの破毀院は、19世紀末における産業事故の多発に直面して、1896年に蒸気船の爆発による労災事故に本条を適用したのを嚆矢として[19]、広く物の保管者(gardien)に対して無過失責任を課する根拠として本条の適用範囲を拡張していった[20]。

　現在の1384条1項の物の行為の責任（無生物責任）では、動産・不動産を問わず、危険物か否かを問わず、また、動作・静止を問わず、物一般から生じた損害に対して、保管者は責任を負い、極めて厳格に解釈される不可抗力を除いて免責が認められていない。

　このように、フランスでは、危険物に限定されない、危険責任よりも広範囲に及ぶ物に関する厳格責任の一般条項が存在しているといえるが、新たな立法動向としては、危険な活動に着目して危険責任の一般条項を創設しようとする見解も示されている。

(2)　カタラ草案における危険活動に関する事業者責任の提案

　2004年のフランス民法施行200年を契機に、フランスでは民法典改正の気運が高まり、担保法改正と債務法改正の2つの委員会が発足した。後者の委員会はパリ第二大学のカタラ（Pierre Catala）教授を委員長とするものであり、現行法との継続性を維持しつつ、判例による補充・修正と散在する特別法を再度民法典に統合的に組み入れることにより、フランス民法典を現代化して影響力を維持することを目的にしていた[21]。

　この委員会において2005年に公表された「カタラ草案」[22]は、不法行為法に

---

[19]　Civ. 16 juin 1896 : D. 1897, I, 433.
[20]　フランスの物の行為の責任（無生物責任）に関しては、新関輝夫教授の一連の労作を集成した新関輝夫『フランス不法行為責任の研究』（法律文化社、1991）がある。また、後藤巻則「フランスにおける『物の行為についての責任』の責任原理」早大法研論集22号93頁以下（1980）も参照。

ついても抜本的な見直しをしたが、その中には、現行民法の無生物責任を補完して、危険活動を行う事業者に対する次の危険責任一般条項も提案されている[23]。

第1362条
(1) 特別規定は別として、異常に危険な活動を実施する事業者は、たとえ適法であっても、この活動の結果として生じた損害を塡補する責任を負う。
(2) 同時に多くの人を害しうる重大な損害の危険を生み出す活動は、異常に危険な活動とみなされる。
(3) 事業者は、第1349条ないし第1351-1条が定める要件のもとで被害者のフォートの存在を証明した場合にのみ免責される。

前述したように、現行1384条1項は、危険か否かにかかわらず物の保管、取扱いに対して、過失を要件としない（無過失免責を認めない）厳格な責任法理を展開している。このような「物」に着目した責任の厳格化を図る判例法は他国に例を見ないものであるが、事業者の「活動」に目を転じると、そこに法の欠缺があることが分かる。この点を埋めようとしたのがカタラ草案

---

21) フランス民法改正については、金山直樹「フランス民法典改正の動向」石井三記編『コード・シヴィルの200年』289頁以下（創文社、2007）、平野裕之「フランス民法改正動向から日本民法改正をどのようにみるか」椿寿夫ほか編『法律時報増刊 民法改正を考える』31頁以下（2008）。カタラ委員会の作業については、ピエール・カタラ著/野澤正充訳「フランス――民法典から債務法改正草案へ」ジュリ1357号136頁以下（2008）、廣峰正子『民事責任における抑止と制裁』107頁以下（日本評論社、2010）参照。
22) Ministre de la Justice, Avant-projet de réforme du droit des obligations et du droit de la prescription, 2006. カタラ草案の条文の翻訳として、上井長十「［資料］フランス債務法及び時効法改正草案構想（avant-projet）－カタラ草案－試訳(1)(2)(3)（4・完）」三重26巻2号145頁以下、27巻1号21頁以下、28巻1号47頁以下、28巻2号127頁以下（2009-2010）がある。廣峰・前掲（注21）にも同草案の不法行為規定の翻訳がある。
23) 条文の訳については前掲（注21）（注22）掲示の上井訳と廣峰訳を参考にした。

1362条であるといえよう[24]。しかし、当然のことながら、「異常に危険な活動」という要件は判例により具体的に確定していかねばならず、特別法による対応の方が明確性の点で勝っているとの指摘や、本条のような規定は責任の問題を超えて被害者の補償の観点が優先し過ぎているとの批判もある[25]。

3 危険責任一般条項を立法化する試み

上述したごとく、フランスのように判例法により危険責任一般条項を事実上形成した国や、フランスのCode civilを継受しながらフランスとの間の判例法上のギャップを意識させられていたオランダ、あるいは、社会主義体制の中で危険責任一般条項が確立・規定され、それを伝統的に維持しているロシア及び旧社会主義圏に属する諸国においては、危険責任一般条項は、所与のことであり、また受け容れやすいものであった。

これに対して、ドイツ法圏に属するドイツ、オーストリア、スイスは、民法典の不法行為規定を過失責任主義に基づきほぼ一貫して形成し、必要に応じて具体的な危険物や危険活動を対象に危険責任特別法を制定し、程度の差はあるものの、判例による危険責任原則の拡張解釈を否定してきた[26]。このため、危険責任が過失責任と並ぶ不法行為法上の帰責原則として認知されながら、特別法により把握されていない危険物や危険活動が生じることになり、

---

24) カタラ草案1362条の立法事実としては、2001年にトゥールーズの化学肥料工場の爆発事故により29名が死亡、2,400名以上が負傷、家屋4,000棟以上に被害が及んだAZF工場事故がある。

25) Giliker, P., The Role of la faute in the Avant-projet de réforme: in Cartwright, J. et al. (ed.), Reforming the French Law of Obligations, 2009, pp.299ff. カタラ草案1362条の「異常に危険な活動」という要件は、アメリカの不法行為リステイトメントの危険責任条項(前掲(注18)参照)にも存在するが、ここでも解釈上の困難が指摘されている。

26) ツェッペリン飛行船の緊急着陸による傷害事故に対して、危険責任特別法が存在しない領域での無過失責任の拡張適用を拒否した事例として、RG 11．1．1912 RGZ 78, 171, 172. 本判例については、ハイン・ケッツ＝ゲルハルト・ヴァーグナー著/吉村良一ほか監訳『ドイツ不法行為法』248頁（法律文化社、2011）も参照。

事故被害者救済に欠缺が生じ、また、過失責任の技巧的な解釈[27]を通して辛うじて帰責が確保されるという被害者救済にとっては不十分な現象が生じている。したがって、これらの国々では、立法により危険責任一般条項を創出しようとする動きが以前よりあり、今日また活性化してきている。

以下では、これら諸国の中で、ドイツを中心に危険責任一般条項立法化を巡る動向を検討し、オーストリア、スイスについては、近時の損害賠償法改正案での本問題の扱いを述べることにしたい。なお、近年のヨーロッパでは、ヨーロッパ私法統一への動きの中で不法行為法に関しても2つの提案が公表されている。この提案における危険責任一般条項に関する相違する見解についても検討することにしよう。

(1) ドイツにおける危険責任一般条項制定の試み
① 民法典制定前

ドイツにおける最初の危険責任特別法は、1838年のプロイセン鉄道法25条に遡る。この規定は、パンデクテン法学の下で過失責任主義が優勢であった中で、鉄道に対する民衆の素朴な不安を解消するためにプロイセン司法官僚により起草された原案を枢密院議員であったサヴィニー（Friedrich Carl von Savigny）がローマ法のレセプツム責任を手掛かりに支持したことから成立したものである[28]。

プロイセン鉄道法25条の危険責任の内容は、1871年のドイツ帝国（Deutsches Kaiserreich）の成立とともに帝国全土に適用される法律であるライヒ損害賠償責任法（Reichshaftpflichtgesetz）に変容しつつ受け継がれた。しかしこの法律の危険責任も鉄道の人身事故のみを対象にした緊急立法であり、過失責任主義と相違する危険責任に関する本格的な検討は、民法典制定作業の中

---

27) わが国における、このような過失責任の技巧的な解釈について、徳本鎮「過失の衣を着た無過失責任」同『企業の不法行為責任の研究』106頁以下（一粒社、1974）参照。

28) Baums, T., Die Einführung der Gefährdungshaftung durch F.C. von Savigny, SZGerm, 1987, 277ff. ドイツ危険責任の成立及び発展に関しては、浦川・前掲（注2）の諸論文を参照。

で行うという確認により見送られることになった。

② 民法典制定時の議論[29]

　危険責任に関する本格的検討の期待に反して、成立したドイツ民法典（BGB）の不法行為法では、過失責任主義による強度の一元化が図られたため、動物保有者責任（BGB 833条）、野獣責任（BGB 835条）という限定されたものを除いて危険責任は法典から排除される結果となった[30]。もっとも、制定時の議論の中で危険責任に関する検討がなかったわけではない。不法行為法を過失責任主義のもとに一元化した第一草案に対して、その経済自由主義的・個人主義的性格、学問的中立・抽象的性格へのギールケ（Otto von Gierke）やメンガー（Anton Menger）ら学者の批判や、あるいは産業化が進行した社会の現実に疎遠な態度に対する批判を受けて行われた帝国司法庁（Reichsjustizamt）準備委員会及び第二委員会の審議では、民法典に「社会的」要素を取り入れることが検討され、この中で、産業社会の事故損害に対応する危険責任と中間責任に基づく次のような包括的・一般的な条項が提案されるのである。

第743b条
(1)　可燃物又は爆発物を保有する者は、その発火又は爆発により、人の生命、身体若しくは健康を損傷し、又は物を毀損した場合には、被害者に対して、それによって生じた損害を賠償する責任を負う。ただし、その損害が被害者の過失又は不可抗力の結果として生じた場合はこの限りではない。第743条第2項（多数保有者間の連帯責任）、第3項（求償権）の規定は本項で準用される。
(2)　略

---

[29]　浦川「基礎」・前掲（注2）107頁以下参照。
[30]　もっとも、ドイツ法の現在の通説的見解では、危険責任は許された危険から生じる責任であり、違法な行為に対する責任ではないため、許されない行為＝不法行為（Unerlaubte Handlungen）という標題のもとに過失責任と並べて規定するには相応しくないとの考え方もある。

第735 c 条

(1) 蒸気又は圧縮物質で作動する機械を運営する者は、機械が瑕疵ある構造、欠陥ある管理又は誤った操作の結果爆発し、それにより人の生命、身体若しくは健康が損傷され、又は物が破壊された場合には、被害者に対して、それによって生じた損害を賠償する責任を負う。ただし、その者が爆発の危険を避けるために社会生活上必要な注意を払った場合は、この限りではない。

(2) 略

しかしながら、上記の提案は、いずれも他の危険物との限界づけが困難であるなどの理由で委員会により排斥されたが、民法典外の特別法の方法を考慮すべきだとの意見が付されており、ここにドイツ法の特色である民法典外の特別法により危険責任が制定される起点が置かれたのである[31]。

③ ドイツ法アカデミーの議論

民法典成立後に、特別法の制定により、新たに発明・利用された自動車、航空機に危険責任は拡張されたが、このような技術的発展を後追いする形での対処では不十分であるとの認識は高まった。そして危険責任が過失責任と並ぶ帰責原理であるとの意識にも支えられ、ナチス政権下の民族法典(Volksgesetzbuch)編纂事業の一環として損害賠償法を新たに起草する試みの中で、危険責任の一般条項の提案が行われる。このドイツ法アカデミーの民族法典編纂に関しては、それがナチズムのイデオロギー的表現なのか、ドイツ私法学の発展過程に位置づけられるものかという問題があるが[32]、損害賠償法に関する議論と内容を見る限り、後者の見解が妥当するといえよう[33]。

---

31) Protokolle der Kommission für die zweite Lesung des Entwurfs des Bürgerlichen Gesetzbuchs, Band II, 1897-1899, S. 648ff. Jakobs/Schubert, Die Beratung des BGB §§ 652-853, 1983, S. 990ff.

32) ナチス政権下での民族法典編纂事業については、五十嵐清「ナチス民族法典の性格」同『現代比較法学の諸相』115頁以下(信山社、2002)[初出：北大36巻1・2号(1985)]、中村哲也「ナチス時代の民法学における実質的判断要求と規準構成」新潟14巻2号47頁(1981) など。

ドイツ法アカデミーにおける民族法典編纂作業は戦争の激化の中で未完に終わったが、部分草案の形で公表された「第4編契約及び責任秩序(債務法)」の「第2部責任秩序(Haftungsordnung)」における「第4章危険責任」は、鉄道、自動車、航空機などの特別法による無過失責任規定を存続させるとともに、電気・ガス施設、爆発物、動物、建造物に関する個々的な危険責任規定と併存させる次のような一般条項を置くものであった[34]。

第39条(一般的危険責任)
(1) 生活経験によれば他人に対して特有の危険をもたらす事業を営む者は、特別規定が存在しない場合でも、この危険の結果として生じた人的及び

---

33) 民族法典における不法行為(損害賠償)法改正に関しては、夙に川島武宜「ナチの不法行為法改正論」法協59巻4号85頁(1941)により、「そこには、ナチスの『血』のミュトスは少なくとも私には見出されない」との評価がある。

34) 民族法典の損害賠償法は、ヘーデマン(Justus Wilhelm Hedemann)教授を委員長とする人法・団体法・債務法委員会においてニッパーダイ(Hans Carl Nipperdey)教授を主任として起草された。Schubert, W.u.a. (Hrsg.), Akademie für Deutsches Recht 1933-1945 : Protokolle der Ausschüsse, Bd. III 1 S. 145. 本文の危険責任一般条項の翻訳は、五十嵐・前掲(注32) 128頁注(12)を参考にした。なお、民族法典編纂作業時の発言として注目すべきものとして、現在に至るドイツの危険責任理論に多大の影響を与えたエッサー(Josef Esser)教授の次のような危険責任一般条項に関する素描的な提案がある。

事故(Unglück)に対する責任
(1) 責任非難のないときでも、自己の事業、施設、人員及び動物により生じた損害につき、各人は下記の場合に責任を負う。
 1．事故が組織、安全装置、監視、物の性質又は機能により生じた場合(欠陥による危険[Mangelgefährdung])。
 2．事故が性質上又は運営上、事業、催事若しくは施設の固有の危険から生じ、当該事業等が通常の状態及び通常の運営において危険源となり、あるいはその性質上危険源となる場合(継続的危険[Dauergefährdung])。
(2) 裁判所は、危険及び一方における欠陥の程度と他方における危険に曝す価値と理由に基づき責任を加減し、かつ、加害者と被害者の原因への寄与に応じて損害を分割することができる。

物的損害に対して賠償をしなければならない。

(2) 事業者は不可抗力に対しては責任を負わない。

(3) 責任は、被害者及び責任を負うべき者の利害並びに全体経済を考慮して適切に限定されねばならない。

④ 1960 年代後半以降の議論

社会に生起する新たな危険による事故に損害賠償法が十分に対処できていないという認識は、第二次大戦後も継続しており、1967 年に、連邦司法省 (Bundesjustizministerium)は、「損害賠償法改正及び補充のための参事官草案」の主要部分として危険責任拡充の提案を行った[35]。この草案は、ライヒ損害賠償責任法の改正により新たに危険施設及び危険物質の保有・占有等に危険責任を拡大するものであったが、その対象たる危険物を命令により列挙される物に限り、当初のリストでも 100 を超えるものが示されていた。

連邦司法省の危険責任拡充の計画に対しては、それが民法典＝過失責任・特別法＝危険責任の構造を維持し、危険責任の適用を法令の限定のもとに置き、解釈による拡張可能性を奪っている点に学界からの批判が集中した。そして有力な多数の不法行為法研究者から危険責任一般条項の立法提案が出されることになった。これら提案については既に検討を加えているものもあり、紙幅も限られているので、ここでは各提案（責任要件）のみを示すことにする[36]。

(a) ヴァイトナウア (Hermann Weitnauer) の提案[37]
(1) 占有、利用又は運営により特別に大きな危険と結びついている施設又

---

35) Referentenentwurf eines Gesetzes zur Änderung und Ergänzung schadensersatzrechtlicher Vorschriften, 1967. 本草案の内容については、浦川「発展(2)」・前掲（注 2）619 頁以下参照。
36) 浦川「発展(3)」・前掲（注 2）773 頁以下。
37) Weitnauer, H., Haftung für gefährliche Anlage, in: Kölner Schriften zum Europarecht, Bd. 11, S. 158.

は物の保有者は、その危険の発現により人を死亡させ、又は人の身体若しくは健康を侵害し、又は物を毀損した場合には、被害者に対してそれによって生じた損害を賠償する責任を負う。

(2) 加害事件が外部から招来した状況、特に危険を制御するための物的手段の性質上の欠陥にも、その施設の故障にも基づかず、かつ、保有者及び保有者のために従事している者が事情に応じて必要とされる注意を尽くしていた場合には、賠償義務は生じない。

(3) 社会生活において必要とされる注意（im Verkehr erforderliche Sorgfalt）を尽くしたときでも物質又は力の危険性に関して制御が確保できないことが予測される場合に、上記の意味で、危険は特別に大きいといえる。

(b) ドイチュ（Erwin Deutsch）の提案[38]

第1条

(1) 特別な危険を創造し支配する者は、その危険が現実化することにより生ずる人損又は物損を賠償する義務を負う。

(2) 特別な危険は次の場合に存在する。危険自体が不可避であり、異常であり、支配しがたい、又はきわめて大きい場合。あるいは、危険が社会生活において損害がないものとしてのみ許容される程、その危険から予想される損害が異常に大きく、又は頻繁なる場合。

(3) 特別な危険は、特に、自動車及びモーターボート、航空機、機械及び動力機、銃器、電気、ガス、高圧・有毒・腐蝕・爆発・発火性又は放射性ある物質について存在する。

(c1) ケッツ（Hein Kötz）の提案1（1970年）[39]

(1) その運営が特別の危険と結びつく施設の保有者は、その危険が現実化し、それにより人が死亡又は人の身体若しくは健康が侵害され、又は物が毀

---

38) Deutsch, E., Generalklausel für Gefährdungshaftung, Karlsruher Forum 1968.
39) Kötz, H., Haftung für besondere Gefahr, AcP, 1970, 41.

損された場合は、それにより生じた損害を賠償する責任を負う。同様の責任は、特別の危険を生ずる物又は物質の占有者にも適用される。

(2) 損害が不可抗力で生じたときは、損害賠償義務は免れる。

(c 2) ケッツの提案 2 (1981 年)[40]

第 835 条

(1) 軌道鉄道、懸垂鉄道、自動車、航空機、船舶、人又は物の運送を目的としたモーターによるその他の運送機関の保有者は、運送機関の運行に際して、人が死亡し、身体若しくは健康を侵害し、又は物を毀損したときは、被害者に対し、これによって生じた損害を賠償しなければならない。

(2) 以下、略

第 835 a 条

(1) 施設の中で製造され、貯蔵され、若しくは輸送されるエネルギーにより、又は発火性、爆発性、有毒性若しくは腐蝕性の物により、施設から特別な危険が生ずるときは、その施設の保有者は、その危険の実現によって、人が死亡し、身体若しくは健康を侵害し、又は物を毀損したときは、被害者に対し、これによって発生した損害を賠償しなければならない。発火性、爆発

---

40) Kötz, H., Gefährdungshaftung, in: Gutachten und Vorschläge zur Überarbeitung des Schuldrechts, Bd. II, 1981, S. 1832. 1967 年の連邦司法省の参事官草案に関しては、危険責任を含む小さな改正に結実したにとどまり、当初の大きな改革は見送られた(浦川「新展開」・前掲(注 2)参照)。しかしドイツ損害賠償法規定の見直しの気運は止むことがなく、1981 年に公表された『債務法改正のための鑑定と提案』により鑑定者となった諸学者の手で全体的な検討とそれに基づく立法提案が行われた(下森定ほか編著『西ドイツ債務法改正鑑定意見の研究』法政大学現代法研究所叢書 9 (日本評論社、1988)参照)。この鑑定意見書の中で、危険責任についてはケッツ教授が担当し、フォン・ケメラー提案(フォン・ケメラー・後掲(注 41))に即して、1970 年に提案した試案(ケッツ・前掲(注 39))を改訂し、本文に述べるような提案を行っている。なお、鑑定意見書におけるケッツ提案については、青野博之「西ドイツにおける危険責任論の動向と日本法への示唆」前掲・叢書 9、585 頁以下参照。

性、有毒性又は腐蝕性という性質から特別な危険が生じる物の占有者も、同様の責任を負う。

(2) 施設又は物から第1項に掲げる理由と異なる理由により特別な危険が生ずるときは、その施設の保有者又はその物の占有者は、第1項と同様に、危険の実現によって発生した損害を賠償しなければならない。

(3) 施設の保有者の占有する建物又は囲まれた土地において損害が発生したときは、第1項の賠償義務は、生じない。

(4) 損害が不可抗力によって惹起されたときは、第1項及び第2項の賠償義務は、生じない。ただし、電気、エネルギーの供給に用いられている架線の落下により、又は石油、石油製品若しくはガスの隔地間のパイプラインの折損その他の毀損に基因する損害については、この限りでない。

(d) フォン・ケメラー（v. Caemmerer）の提案[41]

フォン・ケメラーは、危険責任一般条項を巡っては立法提案の形では提案をしていないが、講演の中で、危険責任改正のあり方について、次のような危険責任として争いのない事例から類型化により類推解釈可能な構成要件を形成する見解を述べている。

(1) 建造物以外の工作物にも拡張できる建造物等の建築・保存の瑕疵と結びついた危険責任（スイス債務法58条を模範に改めた民法836条、特に現行民法836条の無過失立証による免責を除去する）

(2) 技術的危険についての固有の危険責任は、さらに2つに分けられる。
　　a．輸送手段や機械・動力機に対する危険責任類型、
　　b．電力、ガス、高圧・有毒・腐蝕性・可燃性・放射性物質等の危険物を利用・保存又は輸送する施設・企業に対する危険責任類型―これらの責任類型においては、施設・企業の保有者ばかりか占有者の責任も必要とされる。つまり、これらの物を他人のために保管する者や運送のため占有する運送人も責任を負担することになる。

---

41) v. Caemmerer, E., Reform der Gefährdungshaftung, 1970, S. 19ff.

(3) 動物保有者責任の類型——ただし、ケメラーは、現行民法833条2文の無過失立証による免責の余地をなくし、家畜の場合にも無過失責任を及ぼすべきだとする。

(e) ヴィル（Michael R. Will）の提案[42]
高められた危険源（Quelle erhöhter Gefahr）により人が死亡し、又は人の身体若しくは健康が侵害され、又は物が毀損された場合には、危険源の保有者は生じた損害を賠償する責任を負う。

⑤ ドイツにおける危険責任一般条項制定の試み
上記のドイツにおける危険責任一般条項に関する諸提案の概観から分かるように、ドイツでは民法典外に多数の単行の危険責任特別法が制定され、特別法間の要件・効果に整合性がない状態が発生しているため、危険責任を民法典に収容するとともに、危険責任の原理を抽出して一般条項を作成しようとする動きが継続している。しかしながら、現在に至るまで、その試みは成功していない。これに関しては、戦時や緊急立法の優先など立法時期における制約も理由に挙げられるが、危険責任の原理に関する共通理解が形成できないことも大きな理由である。特に、責任の成立要件として、危険責任を施設、物責任として形成するか、人の行為をも対象にするかについては危険責任の原理に関わる問題であり、今日まで議論が続いている。

(2) オーストリア
オーストリア一般民法典（ABGB）は、自然法思想に基づき起草されて1811年に施行され、BGBの影響下に1914年から1916年にかけて3次の部分改正（Teilnovelle）を経て現在に至っている、最も生命力のある民法典である。「高齢」の法典だけに、産業革命を経て新たに発明・利用に供された新技術から生じる事故損害に対する法規定は不十分であり、この分野については、ドイ

---

42) Will・前掲（注3），S. 328.

ツ法と同様に特別法で対処してきた。その結果、ドイツと同様に、損害賠償法の中で ABGB の規定する過失責任と特別法の規定する危険責任が分裂した形になり、相互間の整合性がなくなるとともに、また特別法間の整合性に欠ける点が多々発生している。そのため、これらの問題点を含む時代遅れになった部分を判例法の展開を踏まえて整序し、特に保護の必要性が高まっている精神的法益等の新たな法益の強化を図ることを目的として損害賠償法規定改正が連邦司法大臣から提議され、司法省内の作業グループで検討され、2005 年に新オーストリア損害賠償法草案が公表された。この草案に対しては批判があり、その批判を踏まえて、2007 年に改訂草案が提示されている[43]。以下に示すものは、改訂草案における危険責任一般条項である[44]。

第 1304 条（高度の危険源に対する責任）

(1) 高度の危険源の保有者は、それが損害の形で発現する場合には責任を負う。

(2) 誰が保有者であるかは、誰が危険源につき特別の利益を有するか、費用を負担するか、そして事実上の支配力を行使するかにより決まる。

(3) 物それ自体、その物の使用又は活動が必要な注意を尽くしたにもかかわらず高い頻度の損害又は重大な損害を齎す場合に、高度の危険源は存在する。特に原子力施設、ダム、製油、ガス輸送管及び送電線、航空機、鉄道、鋼索鉄道、自動車及びモーターボート並びに鉱山及び爆発物は高度の危険源である。

(4) 損害が不可抗力により又は物の欠陥なき状態及び可能な限り高い注意（不可避の事件）にもかかわらず発生した場合には責任は排除される：特に被害者、事業に従事していない第三者又は動物の行為に原因がある場合には不

---

[43] オーストリア損害賠償法改正動向については、堀川信一ほか「翻訳　新オーストリア損害賠償法草案(1)(2)(3)」大東 56 号 1 頁、57 号 1 頁、58 号 21 頁（未完）(2010-2011) に詳しい。

[44] Diskussionsentwurf der beim BMJ eingerichteten Arbeitsgruppe für ein neues österreiches Schadensersatzrecht, ZVR 2008, 168ff.

可避の事件といえる。原子力施設、ダム、航空機、自動車又は弾薬製造工場のように、特に高度の危険性がある場合には、責任は、危険性の程度に応じて、ただ単に縮減できるにとどまる。不可避の事件が物の危険性を具体的な状況下で実質的に高める場合（異常な事業危険）も同様である。

オーストリア損害賠償法草案における危険責任一般条項の特色は、判例法が危険責任の類推解釈を認めていること[45]を追認し、損害賠償法改正の基礎理論としているヴィルブルク（Walter Wilburg）の動的システム理論[46]に基づき、過失責任と危険責任の間を流動化させるとともに、危険責任の内部でも危険性の強度等により帰責と免減責を弾力化させて裁判官による解釈の余地を大幅に認めているところにある。

(3) **スイス**

スイスの損害賠償法は、1911年以来、債務法（OR）第41条〜61条に規定され、それ以降ほぼ変更ない状態である。それと並んで、危険責任を規定する多数の特別法が存在している。この法の分散状態を憂慮して、1967年スイス法曹大会は、スイス損害賠償法の統一を決議した。これに基づきスイス連邦司法・警察省は、1988年に、シュヴァイツァーハレ（Schweizerhalle）のサンド社の化学工場火災事故（1986年）を契機に政治的圧力の下でヴィドマー（Pierre Widmer）教授を委員長とする「検討委員会」を設置し、損害賠償法の包括的改正の準備を委託し、同委員会は連邦法の損害賠償規定を対象にした。この検討委員会の報告に基づき、連邦司法庁はヴィドマー教授とヴェスナー（Pierre Wessner）教授に立法草案の起草を委託し、同教授らは1999年に前草

---

45) OHG 11.10.1995, Ob 508/93（JBl 1996, 4462ff. など）．なお、堀川ほか(2)・前掲（注43）4頁参照。

46) ヴィルブルクの動的システム論については、山本敬三「民法における動的システム論の検討」論叢138巻1・2・3号208頁以下（1995）、藤原正則「法ドグマーティクの伝統と発展」瀬川信久編『私法学の再構築』55頁以下（北海道大学図書刊行会、1999）など参照。

案及び報告書を提出した。下記に示すものは、その前草案の危険責任一般条項である[47]。

債務法（OR）第50条（Ⅲ．危険責任）
(1) 特に危険な活動に特異的なリスクが現実化することにより損害が惹起したときには、法令により認容された活動である場合であっても、活動を実施する者が責任を負う。
(2) その存在において、又は使用される物質、器具若しくは動力の種類により、活動が専門家に期待されるあらゆる注意を用いても頻繁かつ重大な損害をもたらすような場合には、活動は特に危険である；比較可能なリスクに対して既に法律が特別の責任を定めている場合に、このことは特に認められる。
(3) 特定の特異なリスクに対する特別の責任規定は留保される。

この提案は、既存の危険責任特別法を存続させながら、特別法に定める危険物、危険活動と同等の危険性のある活動一般に危険責任を及ぼそうとするものである。

(4) ヨーロッパ統一不法行為法の動向
これまで諸外国の不法行為法改正（案）における危険責任一般条項について検討してきたが、近年の不法行為法に関するさらに注目すべき動向として、ヨーロッパ統一不法行為法の企図がある。この企画では2つのプロジェクトがあるが、公表された危険責任規定については対照的な立場が示されている。

---

[47] Vorentwurf für ein Bundesgesetz über die Revision und Vereinheitlichung des Haftpflichtrechts は内閣に当たる連邦参事会（Bundesrat）により公聴手続（Vernehmlassung）に付された。しかし最終的には、連邦参事会は、2009年に、不法行為法の包括的改正を断念し、ただ時効期間の延長のみを目指す決定を下している（http://www.ejpd.admin.ch/content/ejpd/de/home/themen/wirtschaft/ref_gesetzgebung/ref_abgeschlossene_projekte/ref_haftplicht.html）。

ヨーロッパ統一不法行為法に向けての取組みの1つは、コツィオール（Helmut Koziol）教授を中心とするヨーロッパ不法行為法グループ（European Group on Tort Law）であるが、同グループは2005年にヨーロッパ不法行為法原則（Principles of European Tort Law。以下「PETL」という。）を公表した。PETLにおいては、広範かつ多様なリスクをカバーするとともにリスクの重大性に応じて対応可能な危険責任一般条項を選択しなかったものの、ヨーロッパ諸国で共通に認められている異常の危険を対象にした危険責任の一般条項を作成し、それ以外は各国法に委ねる次のように表現される方法を採用した[48]。

PETL
5：101条　異常に危険な活動
(1) 異常に危険な活動を遂行する者は、その活動によって惹起されたリスクに固有のものであり、かつ、それによって生じた損害について、厳格責任を負う。
(2) ある活動が異常に危険であるのは、次の各号のいずれにも該当する場合である。
　(a) その活動を遂行する際にあらゆる相当の注意が尽くされても、なおその活動が予見可能かつきわめて重大な損害リスクを作出すること
　(b) その活動が一般的慣行にあたらないこと
(3) 損害リスクを評価するためには、損害の重大性又は蓋然性を考慮することが重要となりうる。

---

48) European Group on Tort Law, Principles of European Tort Law, 2005, S. 104ff. PETLの危険責任については、若林三奈「ヘルムート・コツィオル著『「ヨーロッパ不法行為法グループ」による『ヨーロッパ不法行為法原則』」龍法38巻2号92頁以下（2005）、ヘルムート・コツィオール（若林三奈訳）「ヨーロッパにおける損害賠償法の改革II（2・完）」民商144巻6号678頁以下（2011）、山本周平「不法行為法における法的評価の構造と方法(3)」論叢169巻4号45頁以下（2011）など参照。なお、PETLの危険責任（厳格責任）の条文の翻訳は、山本・前掲論文（論叢169巻4号46頁）を使用した。

(4) 本条は、本原則の他の規定、その他の国内法又は国際条約によって特別に厳格責任に服する活動には、適用されない。

PETL に対して、フォン・バール（Christian von Bar）教授に代表されるヨーロッパ民法典スタディー・グループ（Study Group on a European Civil Code）により起草された共通参照枠草案（Draft Common Frame of Reference. 以下「DCFR」という。）では、無過失責任は伝統的な使用者責任、土地・建造物責任、動物保有者責任、製造物責任、自動車保有者責任、環境責任に限定され、それを超える厳格責任の制定を加盟各国の国内法に委ねて、危険責任一般条項は放棄されている[49]。

DCFR が危険責任の一般条項の形成を断念し、その拡張を各国法に委ねた点については、ヨーロッパ不法行為法グループのコツィオール教授[50]や DCFR の不法行為規定に対するコメントをしたヴァーグナー（Gerhard Wagner）教授[51]は、ヨーロッパの法的統一の理念と構想を無にするものと批判している。

4　危険責任一般条項形成をめぐる確認点と問題点

以上、世界の各国で進んでいる不法行為法改正の動向と、そこにおける危険責任一般条項を形成する試みについて検討してきた。この検討を概観すると、以下の点を確認できよう。

① 先進国も発展途上国も、ともに高度な現代的技術の利用と社会的発展を考慮して、事故被害者救済に役立つ不法行為法改正について積極的に取り

---

49) DCFR の故意・過失のない責任（Accountability without intention or negligence）については、Study Group on a European Civil Code (v. Bar, C. et al.), Non-Contractual Liability Arising out of Damage Caused to Another, 2009, S. 632ff., 735.ff.

50) Koziol, Außervertragliche Schuldverhältnisse im CFR, in: Schmidt-Kessel, M. (Hrsg.), Der Gemeinsame Referenzrahmen, 2009, S. 93, 97ff.

51) Wagner, G., Deliktsrecht, in: Schulze, R. u. a. (Hrsg.), Der akademische Entwurf für einen Gemeinsamen Referenzrahmen, 2008, S. 191ff.

組んでおり、その中では、危険責任が過失責任と同等の地位を占めて併存する帰責原理であることが確認されている。そして、それを一般条項の形で規定化し、過失責任と完全に同等の地位に置こうとする試みが行われ、一部の国では既にそれを達成している。なお、紙幅の関係から理論的な部分に踏み込んだ検討ができなかったが、過失責任と危険責任の関係については、それを完全に分断する見解はほとんどなく、両者の関係は接続的であることを認め[52]、さらに特別法の中で展開してきた危険責任の内部でも各種のタイプがあることが承認されてきている[53]。

② 特別法の中で制定されてきた各種の危険責任を包摂する一般条項は、抽象的な規範的要件である「高度な危険」「特別な危険」あるいは「異常な危険」を要件要素としており、いずれにせよ「通常の危険」を超えるものに対する損害賠償責任を強化しようとする意図を有している。しかし「高度な危険」「特別な危険」あるいは「異常な危険」は、抽象的であるとの批判があり、ドイツ、フランス、オーストリア、スイスでは、この点も理由となって立法に頓挫している[54]。しかし不法行為法の有力な学者は、ほぼこぞって危険責任の一般条項化に賛意を示しており、将来的に不法行為法改正が具体化するならば、未だ危険責任一般条項を保有しない欧州諸国でも、その導入は十分に実現可能な状況である。

③ 危険責任一般条項の立法化においては、ヴィル教授のように極めて包括的な条文を提唱する者もいるが、それは少数であり、「高度な危険」「特別

---

[52] 過失責任と危険責任を理論的に完全に異なるものとし、両責任間に断絶を認める見解（複線性［Zweispurichtkeit］論）はエッサー（Josef Esser）教授が一貫して主張していたが、現在の主要な学説は、帰責原理の両極に過失責任主義と危険責任主義があることを認めながら、その間に重なり合い共通して移行する領域があることを承認している。Esser, J., Zweispurichtkeit unseres Haftungsrechts, JZ 1953, 129. Deutsch, E., Allgemeines Haftungsrecht 2., völlig neugestaltete und erw. Aufl., 1996, S. 407f., 411ff. など。

[53] Deutsch, E., Das neue System der Gefährdungshaftungen, NJW 1992, 73ff. など。

[54] もっとも過失責任においても「過失」「違法性」は抽象的な法概念であり、法概念の抽象性だけから危険責任が排斥される理由はない。Koziol, aaO (Anm. 50), S. 98.

な危険」あるいは「異常な危険」という要件の抽象性を払拭し、適用範囲を示す努力を払うものもある。例えば、オランダやロシアの立法例では、危険責任の適用例を列挙することで解釈指針を示そうとしており、オーストリアやPETLでは、動的システム論を応用することで危険責任の適用範囲を明確化する試みが行われている。また、フォン・ケメラー教授やケッツ教授は、従来の危険責任特別法をもとに類推可能な類型的要件を形成する見解を提示している。いずれにせよ、立法に当たっての条文化については、それぞれの国の裁判所の法解釈に対する姿勢もあり、困難な問題を含んでいる。

④ 危険責任の一般条項を考える上で重要な点は、その対象である。「物質・物」「施設」「事業」を対象にするか、「(人間の行為を含む) 危険な活動一般」を対象にするかである。この点を巡っては、ドイツでは意識的に議論されており、ドイチュ教授は、危険責任の本質には「許された危険」があると述べ、危険責任の根拠を危険行為を許容された者とその危険に曝される者との間の不平等性に求め、後者の見解を強く主張して、危険なスポーツ活動等の人間の行為も危険責任一般条項の対象に入れるべきであると主張する(この方向に同調する者としてヴィル教授)。これに対して、ケッツ教授らは、現実的な見解を採用し、現行の特別法を存続させるとともに、その間隙を埋めるために、施設・物の保有者に危険責任を及ぼすための一般条項を提唱している。理論的整合性を追求するか、立法の実現可能性を優先するかという側面もあるが、危険責任の理論的な根拠については、なお考察する余地も存在している。

III 結語 —— わが国に対する示唆

本稿は、はじめにでも述べたように、諸外国における不法行為法改革の中での危険責任一般条項について素描することが目的であり、わが国における危険責任のあり方を論じることは後日の課題である。

しかし、これまで検討してきたところから、わが国の不法行為法に関して若干の意見を述べておきたい。

ところで、わが国では現在「民法（債権関係）改正」が議論されているが、対象となっている法律行為、債権総論や契約に関する部分は基本的に契約自由の原則の下にあるため、本質的に改正の影響力は弱く、強い影響力を及ぼす改正を目指すならば形成された実務慣行に無用の混乱を招く可能性も大きい。したがって、この部分の改正の緊急性は低いものと、いわざるを得ない。これに対して、法定債務関係である不法行為法の領域は、改正による実社会への影響力は大きく、即効性もある部分である。それゆえ、不法行為法の改正は十分に検討されて良い問題である。

　改正の必要性という観点から不法行為法を検討すると、過失責任における実質的な責任要件の多元化[55]、差止め、素因減額を含む過失相殺、定期金賠償等々改正を考慮すべき問題が多数存在しているように思われる。そして本稿で取り扱った危険責任における一般条項もその1つであろう。すなわち、自動車事故では自賠法により実質的無過失責任（危険責任）が存在しているのに対して、鉄道、航空機等の大量高速交通手段には厳格な責任が欠けており、また、危険な物質や施設に関しても過失責任主義で対処せざるを得ず、工作物責任（717条）による拡張解釈をするにしても「瑕疵」要件の立証において困難があるなど、実社会における技術革新に対応して、責任のあり方を改善した方が良いと思われる箇所が目につく。それゆえ、不法行為法の新たな展開においては、わが国でも危険責任一般条項については避けて通れない課題であり、本稿が検討した諸外国の動向は十分に参考にすべきものと思われる[56]。

〔2013年5月脱稿〕

---

55) 過失責任（709条）における補充的ルールの形成については、浦川道太郎「一般的不法行為責任の成立要件の見直しは必要か」椿寿夫ほか編『法時増刊　民法改正を考える』342頁（2008）。
56) 加藤雅信教授らの民法改正研究会では危険物質の環境への影響に関する環境責任を検討しているが（大塚直「差止と損害賠償」民法改正研究会『民法改正と世界の民法典』139頁（信山社、2009））、世界の動向と比べると、危険責任に関する議論は低調である。

建設アスベスト訴訟における加害行為の競合
―― 横浜地判平成24・5・25判決
（横浜建設アスベスト訴訟判決）
を機縁として

大塚　直

I　はじめに
II　横浜建設アスベスト訴訟判決における企業の責任についての論点
III　719条1項後段関連事案等の展開
IV　結びに代えて ―― 検討の要約と試論

I　はじめに

　横浜地判平成24・5・25（横浜建設アスベスト訴訟判決。以下では、「本判決」という）は、建設アスベスト訴訟における企業の責任を問題とした。本件は、アスベスト含有建材を使用する建設現場で作業をした元(現)建設作業員と遺族87名(X_1ら)が、アスベスト疾患に罹患し、死亡又は疾病を被ったとして、国(Y_1)及びアスベスト含有建材メーカー44社(Y_2ら)に対して損害賠償を請求した事件である。横浜地裁は、原告の国に対する請求も建材メーカーに対する請求も棄却した。
　アスベスト訴訟には、①職場の汚染によって労働者が被害を受ける製造業労災型、②労働者の家族が被害を受ける製造業労災関連型、③アスベスト関連事業場の近隣住民が被害を受ける製造業公害型、④関連事業場が周辺にな

いが、アスベストが含まれた環境に暴露された環境型とともに、⑤建設作業員がアスベスト含有建材によって被害を受ける市場労災型があるといわれる[1]。本件は⑤の類型が問題となったケースである。

本件のように市場を通じた不法行為が問題となるケースにおいては、個々の原告との関係でどの建材メーカーが製造したアスベスト含有製品が損害を発生させたかを証明することは不可能に近い。しかも、加害者といえる建材メーカーの数は本件においても80社を超える。このような市場労災型のアスベスト訴訟では、被害者の法的救済についてどのように考えたらよいのか。被告の加害行為の競合についてどのように考えるべきか。

本判決では国家賠償と建材メーカーの賠償の双方が問題とされたが、本稿では建材メーカーの責任に絞って論ずることにしたい。また、紙幅の関係から、共同不法行為、競合的不法行為の一般論を展開することは極力控え、末尾に試論を提示するに留める。本判決に対しては既に判例批評等もいくつか出されている[2]。それらを踏まえつつ、また、アメリカ法における市場占有率責任論を参照しつつ、検討することにしたい（なお、東京地判平成24・12・5判時2183号194頁についても一言する）。

II 横浜建設アスベスト訴訟判決における企業の責任についての論点

1 本件事案の特色

石綿含有建材を製造販売した建材メーカーは多数存在し、建設現場ではこ

---

1) 宮本憲一「史上最大の社会的災害か――アスベスト災害問題の責任」環境と公害35巻3号37頁（2005）、淡路剛久「首都圏建設アスベスト訴訟判決と企業の責任」環境と公害42巻2号39頁（2012）、吉村良一「『市場媒介型』被害における共同不法行為論」立命館法学344号213頁（2012）など参照。
2) 淡路・前掲（注1）、吉村良一「建設アスベスト訴訟における国と建材メーカーの責任」立命館法学347号21頁（2013）。

れら建材メーカーによって製造された極めて多くの種類(本件では、37種と主張された)と量の石綿建材が使われており、原告の一人ひとりにとって石綿疾患罹患の原因となった建材とそのメーカーを「特定」することは極めて困難である。また、建設作業従事者は複数の作業現場を転々とするため、上記の「特定」はさらに困難になる。このような「市場媒介型」の加害行為が石綿含有建材について競合した場合、被害者原告をどのように法的に救済することが適切だろうか。

もっとも、「特定」といっても、2つの意味がある。a 従来この語は、特に719条1項後段の適用（ないし類推適用）の際に、潜在的な加害者の全員を被告として訴えていることを示すために用いられてきた[3]。しかし、本判決では、b 特定の加害者が製造した石綿に個々の被害者原告が暴露されたこと、すなわち、個々の原告と個々の加害者の行為との間に個別的因果関係があることを示すために用いられている。a は、真の加害者が被告に入っていない場合の不公平性を重視するものであり、b とは相当に意味が異なる。

b について個別的因果関係を要求したのでは1項後段の意味は全く失われてしまう。従ってb の意味での「特定」は、1項後段の適用（ないし類推適用）によって証明責任を転換するために必要とされる各被告の行為の危険性はどの程度のものかという問題として構成されるべきである[4]。他方で、この点については、アスベストの建材メーカーが原告被害者が働いていた建設現場でのアスベスト汚染という危険状態を作り出していたことは事実であり、原告がどの建材メーカーの石綿含有建材から飛散したアスベストに暴露されて被害が発生したかを証明することは不可能に近い中で、被害者の救済をいかに図るかが問題となる。

本件原告は、①（主位的に）被告企業らの行為を719条1項前段の共同不

---

[3] a の意味の特定を必要であるとするものとして、幾代通＝徳本伸一補訂『不法行為法』229頁注3（有斐閣、1993）、四宮和夫『不法行為』794頁（青林書院、1987）、平井宜雄『不法行為』210頁以下（弘文堂、1992）（必ずしも明確でないが、その趣旨であろう）、澤井裕『テキストブック事務管理・不当利得・不法行為〔第3版〕』358頁（有斐閣、2001）。

[4] 前田達明＝原田剛『共同不法行為法論』263頁以下（成文堂、2012）参照。

法行為であると主張し、②（予備的に）国交省アスベスト含有建材データベースによって特定した被告企業らが製造等した石綿含有建材は、市場占有率が高く、同条1項後段の行為者の特定を満たすと主張した。

これに対し、本件被告は、ⅰ）各被告企業が製造・販売した石綿建材と各原告の死亡や疾病の原因との間に個別の因果関係がなければ不法行為は成立しない、各被告が製造、販売したアスベスト建材が各原告が作業をした現場に到達したことが加害行為となるのであり、到達の証明が必要となると主張した。また、ⅱ）同条1項前段についてもⅲ）1項後段についても共同行為者の全員の範囲を特定する必要があると主張し、原告側主張の一体性では同条1項前段の要件を満たさないと主張した。ⅱ）、ⅲ）は①、②と対応しているが、ⅰ）は別の論点である。

以下、各論点について横浜地裁がどう判断したかを見つつ、筆者の考えを付記し（Ⅱ）、特に719条1項後段に関連する裁判例の展開を振り返り（Ⅲ）、適切と考えられる解決について検討したい。本件の最大の論点は、問題A「加害者らの行為を1つのまとまりのある行為（「当該権利侵害を惹起しうる危険性を含んでいる行為」5)）と捉えられるか」、問題B「真の責任者が被告から漏れていないか」、問題C「各被告の行為の危険性としてどの程度のものが要求されるか」、問題D「加害者が80社以上の多数に上ることをどう考慮するか」の4点にあると思われる。

2　本件における加害行為

本件における加害行為については、各被告が製造、販売したアスベスト建材が各原告が作業をした現場に到達しないと「加害行為」があるといえないか、が問題とされた。

「加害行為」とは、被告がアスベスト建材を①製造販売し、流通においたことなのか、それとも、②製造販売した石綿建材が作業現場に到達したことなのか。本判決は、後述するように、719条1項前段の関連共同性の議論におい

---

5) 前田達明『不法行為法』191頁（青林書院新社、1980）。

て、本件では被告らに「汚染源と損害との一体不可分性等の一体性」を認めることができないが、仮に認めることができたとしても、それは「加害行為そのものの一体性」とは異なるとし、「加害行為そのものの一体性」を主張するためには、「まず、建設現場やそこで使用された建材を特定することが必要となる」とする。これは②を採用したと考えられる[6]。

　しかし、この点については、被告企業の行為は、販売のために市場においたことであり、その後は因果の経過の問題というべきである[7]。製品を製造し販売する市場媒介型不法行為の事案では、販売後は被告企業の行為が及ばない問題であり、加害行為は製造販売行為であるというほかない。このような考え方は製造物責任の事例ではむしろ通常である。そして、アスベストの製造販売行為は、原告らを地域やアスベストの使用目的等でグループ分けし、被告企業らについても同様にグループ分けをすれば、市場を通じた集積・暴露によって被害を発生させる具体的危険性を帯びた行為と構成することが可能であると考えられる（問題C）。これに対しては、薬害について「当該被告の承認・製造・販売した薬品を当該原告が服用したこと」を具体的危険と見る見解もあるが[8]、これは原告に被害について自らが服用した被告の薬品の製造販売行為との間の個別的因果関係を要求することであり、具体的危険性の問題ではないと考えられる。東京大気汚染訴訟判決（東京地判平成14・10・29判時1885号23頁）では、自動車メーカーは、販売された自動車が集中・集

---

6) 淡路・前掲（注1）40頁は、本判決が「共同不法行為の成否の判断に入っているので」①を採用したと見ているが、本判決は「建設現場やそこで使用された建材」の「特定」が「加害行為そのものの一体性」の主張の前提であるとしているところから、②と見られるのではないか（吉村教授も同趣旨の指摘をされている。吉村・前掲（注2）23頁、35頁注26）。

7) 淡路・前掲（注1）40頁もこの点を因果関係の問題とする。

8) 前田＝原田・前掲（注4）263頁以下。吉村・前掲（注1）253頁はこれを手厳しく批判する。なお、前田＝原田・前掲は、弱い関連共同性に基づく責任が際限なく広がることを懸念されていると思われるが、このような懸念に対しては、後述するように、重合的競合の場合には全額連帯という効果を再検討すれば足りると考えられることを指摘しておきたい。

積する地域において局所的な大気汚染を発生させ、沿道地域住民が呼吸器系疾患に罹患するおそれがあることについて、予見可能性があるとしたが(結果回避義務については否定)、その際、製造販売自体が加害行為となりうることを前提とした判断枠組みを用いている。アスベスト含有建材についても、市場で流通・使用させるためそれを製造・販売すれば、建設労働者が多く働く建設現場で局所的に建設労働者がアスベストに暴露し、被害が生ずる蓋然性があることが明らかになってからは、アスベストの危険性についての十分な指示・警告のない製造販売行為自体を加害行為として予見可能性、予見義務を認めることができる。その上で、加害者らの行為の危険性としては、東京地判平成24・12・5判時2183号194頁のように、「加害行為が到達する相当程度の可能性を有する行為をした者」とするのが1つの考え方である。上記のように、裁判所において原告ら及び被告企業らをグループ分けし、暴露可能性が否定される者を除外すれば、このような認定は可能であると考える。

なお、bの意味の「特定」について完全な特定を要求するときは個別的因果関係を要求することになり、1項後段の適用ないし類推の意味を失わせるものであるから、この場合に「特定」の語を用いること自体に問題があり、議論を歪めるおそれがあることを指摘しておきたい。

3 719条1項前段

本件被告らには、719条1項前段の適用はあるか。

本判決は、伝統的通説・判例のように、1項前段の適用に当たり、「各行為者の行為に関連共同性があることのほかに、各人の行為がそれぞれ個別に不法行為の要件を備えることを要求する立場」にたてば、原告の主張は「およそ成立しない」としつつ、「①各人の行為の関連共同性と②共同行為と損害発生との間の因果関係があれば」1項前段の共同不法行為が成立するとの下級審判例・有力説にたっても、「本件では、被告企業44社の行為に関連共同性を認めることはできない」とした。

すなわち、本判決は、1項前段の責任を課するためには、「共同行為者の側にも責任を生じさせるだけの帰責性が必要である」とし、本件被告44社の行

為について強い関連共同性を必要とし、本件についてこれを否定する。本判決は、被告らの行為が1項前段の強い関連共同性を満たすには「複数の行為が社会観念上全体として一個の行為と評価することができ」る関係にあることを要するとしつつ、そのための事情として原告らが主張する「汚染源と損害の一体不可分性等の一体性」が被告企業らには認められないとした。すなわち、本判決は、①汚染源と損害の一体不可分性、②危険回避のための一体的行為、③利益共同体としての一体性、④業界団体を通じての一体性、⑤被告国の産業保護育成政策を通じての一体性、のすべてを否定した。被告企業44社が製造等した石綿建材の種類が様々であり時期も違うこと（①、②）、被告らはそれぞれの利益の発生について条件的ないし相互補完的関係にないこと（③）、原告らが被告らの行為の一体性として主張している事実は加害行為との関係で抽象的であること（④、⑤）を理由とする。

さらに、本判決は、上述したように、本件では被告らに「汚染源と損害との一体不可分性等の一体性」を認めることができないが、仮に認めることができたとしても、原告らが主張する内容は「加害行為そのものの一体性」とは異なるため、関連共同性を認めることができるかは「次」の問題であるとする。「加害行為そのものの一体性」を主張するためには、「建設現場やそこで使用された建材を特定することが必要となる」が、原告らはそのような主張はできないというのである。

上記の点については、いくつかの問題がある。

第1に、1項前段の強い関連共同性が満たされるために、個々の原告被害者ごとに加害者をすべて「特定」（aの意味の「特定」）することが必要かという点である。

従来この特定性の問題は1項後段に関して論じられてきたのに対し、1項前段に関してはあまり論じられてこなかった。しかし、次の2点において、1項前段との関係では特定性が厳密に必要ではないと解する。

まず、西淀川第2－4次訴訟判決（大阪地判平成7・7・5判時1538号17頁）は、重合的競合の場合について、719条全体について特定性の要件を必要としつつ、特定性の要件を満たさない場合のうち一定の場合について、同条（1

項前段も含まれる）の類推適用を認めた。「一定の場合」とは、①競合的行為者の行為が客観的に共同していること、②特定することが極めて困難であり、これを要求すると被害者が損害賠償を求めることができなくなるおそれが強いこと、③寄与の程度によって損害を合理的に判定できることの3要件を満たす場合である。

次に、少なくとも意思的共同不法行為の場合には、特定性が欠けていても、意思の連絡があった者のうち特定された共同被告のみで全額の連帯責任を負うべきことがありうると考えられる。意思をもって共同不法行為を行った以上、その被告は全額の連帯責任を負うべきであると考えられるからである[9]。

もっとも、本件では、上述したように、個々の原告被害者にとって加害者は同じではなく、それを認定することが極めて困難であるという問題があり、本判決ではこちらが重視されている。これは、本件の、従来の公害事例とは異なる特質である。このような特定性は、1項前段の被告について必要だろうか。この点は、ⅰ原告に個々の被告加害者との個別的な因果関係の証明を要求するか、という問題と、ⅱ本件において、加害者らの行為をひとまとまりの行為と捉えることができるか、という問題（この問題は、後述する1項後段の問題とも関連するが、前段と後段では趣旨が異なることになる）に関連しているといえよう。

本判決は本件被告らはｂの特定性を満たさないとする。しかし、1項前段の共同不法行為についてⅰを要求する立場は伝統的判例、通説の考え方ではあるものの、有力説及び近時の下級審裁判例の立場はこれを要求しておらず、有力説に立つ以上、この点を問題とする必要はない。ⅱは冒頭に触れた問題Ａであり、これに関してはより仔細な検討を必要とするが、上述したように、（危険性についての十分な指示・警告のない）アスベストの製造販売行為を——場合によってはグループ分けをしつつ——建設現場にアスベスト含有建材が集積する状況を作り出すという同種の、危険性のある行為と見る場合には、

---

9) 大塚直「共同不法行為論」淡路剛久＝寺西俊一編『公害環境法理論の新たな展開』176頁（日本評論社、1997）。

ⅱを肯定し、その上で仮に、加害行為者に緊密な一体性（四日市訴訟判決（津地四日市支判昭和47・7・24判時672号30頁）参照[10]）がある場合には、1項前段の適用を受ける場合もありうるというべきであろう。

第2に、本判決は、強い関連共同性が認められるためには、同判決のいう「加害行為」そのものに一体性が必要であるとする。しかし、これに対しては、判例上、水争い事件での実力行使の決議をした者と、実力行使をした者の関係（大判昭和9・10・15民集13巻1874頁）、木材を窃取した者とそれを知りながら販売した者の関係（最判昭和32・3・26民集11巻3号543頁）について、「強い関連共同性」が認められているという批判がなされている[11]。本件では、上記のように、（グループ分けされた）製造・販売行為が加害行為であり、これについて緊密な一体性があるか否かを判断すれば十分であるといえよう。

第3に、本件において被告間にはそもそも1項前段の関連共同性が認められるか。

本件については、被告企業らの製造・販売行為が問題とされたのであり、仮にそれを社会通念上1個の行為と見る余地があったとしても、それについて緊密の一体性を認めたり、「各自が他人の行為を利用し、他方、自己の行為を他人に利用されるのを認容する意思をもつ」[12]ものと認定することは難しいだろう。

もっとも、吉村良一教授は、この点について、「アスベスト含有建材の危険性の認識が高まり、相互の防止行為が必要になることを認識しうる段階」、「各メーカーに共同の利益享受がある場合、あるいは、業界団体を通じた密接な関係がある場合等」（たとえば、「アスベストの危険性の認識が社会的にも一般化し、法令や行政指導などにより、関係業界一体となってアスベスト含有建材の低減

---

10) 前田＝原田・前掲（注4）251頁は、四日市訴訟判決等を考慮しつつ、「人的資本的に密接な関係のある人格間に『意思的関与』があれば、その行為には『一体性』が認められ」るとするが、これは、四日市訴訟判決等よりもさらに1項前段の適用範囲を狭めた見解といえよう。

11) 淡路・前掲（注1）42頁。

12) 前田・前掲（注5）180頁以下。

やアスベスト含有による危険性の表示・警告の強化等を行って被害発生の防止や縮減に努めるべきであるとされるようになった場合」、「各メーカーが業界団体などを通じてアスベスト含有建材の普及を行ったり、それへの規制の緩和を行政に働きかけていたような場合」、「メーカー間で製品の開発・販売・普及について協力し合っていたような場合」)には強い関連共同性が認められるとする[13]。

これらのうち、「アスベスト含有建材の危険性の認識が高まり、相互の防止行為が必要になることを認識しうる段階」というのは、西淀川第1次訴訟判決（大阪地判平成3・3・29判時1383号22頁）における1項前段についての判断と類似しているが、同判決は、1970年からの大阪府等の規制を基礎としており、（共同行為と損害の因果関係が認められれば個別的因果関係を擬制する）1項前段の関連共同性が認められるためには、その程度の基礎は必要となると見ることもできる。

本件については、事実認定に係る問題であるが、——被告全員がこのような関係にあると見ることはできないと考えられるものの——、被告の一部について上記のような一体性のある関係があれば、西淀川第1次訴訟判決の（それらの者の）「寄与度に応じた共同不法行為法理の適用（連帯責任）」の考え方を採用する余地はあろう。

4　719条1項後段

本件被告らに対して、719条1項後段を適用又は類推適用できるか。

この点について、本判決は次の3点を判示する。

①本件は択一的競合の事案であり、「共同行為者とされる者以外に疑いをかけることのできる者はいない」（＝潜在的加害者は被告として全員訴える）ことの立証を要するが、本件ではこの要件が満たされていないとして、被告企業らが製造等した石綿含有建材が市場占有率が高く、同条1項後段の行為者の特定を満たすとする原告の主張を否定した。

さらに、②「一部の競合行為しか特定できない場合でも一定の割合で特定

---

13)　吉村・前掲（注2）20頁。

された競合行為者の連帯責任を認め得るとの立場」[14]についても検討するが、「被告企業44社の石綿含有建材の製造の種類、時期、数量、主な販売先等は異なり、一方で、各原告……の職種、就労時期、就労態様は異なる」のであり、「各原告……の損害を発生させる可能性の程度は、各被告ごとに大きく変わり得る」ことからすると、本件においては、製造企業であればどの原告に対しても「等価値に損害を発生させる可能性」があるとはいえず、「択一的競合関係にある共同行為者の範囲を画していない」から、この立場を本件に用いることはできないとした。

③原告は、「各被告企業が、単独では被害を発生させない石綿含有建材を流通させたにとどまるとしても、他の被告企業らの行為との相加的累積（客観的共同）と自己の同様の行為の累積による危険の認識（主観的要件）があれば、719条1項後段が類推される」と主張したが（筑豊じん肺訴訟2審判決（福岡高判平成13・7・19判時1785号89頁）と類似する）、これに対しても、被告企業らが「客観的共同関係にあるというのであれば、それには、①、②と同様の問題がある」ため、1項後段の類推適用はできないとした。

①は従来から1項後段についての「特定性」の問題として論じられてきた、潜在的な加害者の全員を被告として訴えているか（ａの特定の問題）という点を問うものである。これに対し、②は等価値性を否定しているが、より重要なのは、②が、本件において、被告らの行為が（その一部についてであるが）ひとまとまりの行為、直接には、719条1項後段の「共同の行為」と言えるかという問題と関連していることである。1項後段に関する本判決の問題点については、項を改めて論じたい[15]。

5 719条1項後段に関連する本判決の問題点

本判決の719条1項後段に関連する部分については、3つの問題点を指摘できよう。

(ア) 第1は、②に関連するが、冒頭に述べた問題Ａである。本件においては、被告の製造するアスベストの種類により有害性が異なるし、原告の就労

---

14) 西淀川第2－4次訴訟判決の考えに従ったものである。

態様も異なるところから、建材メーカーらが719条1項後段の「共同行為」をしたといえるかが問題であるといえよう。

もっとも、この点については、西淀川第1次訴訟判決[16)]は、各原告がどこに居住していたか等によって被害の程度や暴露された排出物質の種類・程度が異なっており、各被告の加害の仕方も異なっていた事案について被告10社の行為を1項後段の共同行為と捉えていた。

また、市場媒介型の共同不法行為についても、複数の製薬会社が同一の製剤や同一の注射液を製造販売したため、患者によっては複数社の製剤を服用し、また、複数社の注射液を注射されたと考えられる場合において、719条1項後段を適用する下級審裁判例が多いが（福島地白河支判昭和58・3・30判時1075号28頁、東京地判昭和60・3・27判時1148号3頁、東京高判昭和63・3・11判時1271号3頁）、これも患者が服用した各社の製剤等の量は患者によって大いに異なるのであり、各社に当然に共同行為があると捉えられるわけではないが、その中で社会的に見て共同行為がなされたと見ているのである[16-2)]。

---

15) なお、東京地判平成24・12・5は、本件と類似の事案について、被告企業らに1項前段の全部責任を正当化するに足るだけの法的結びつきがあったとは認められないとし、1項後段については適用の前提として、①加害行為が到達する相当程度の可能性を有する行為をした者が②被害者ごとに個別に特定される必要があるとし、被告企業らの中には、加害行為が到達した相当程度の可能性に欠けるどころか、可能性が極めて低いと考えられるものも多く含まれており、そのいずれもが、全ての被害者との関係で、加害行為が到達する相当程度の可能性を有する行為をしたと認めることができないとして、1項後段の適用または類推適用を否定した。1項前段の判示については基本的には支持できるが、1項後段の判示については、①は適切であるが、②については、原告らを地域や使用目的等でグループ分けし、被告らについても同様にグループ分けするなどして救済を図ることが可能なのではないか。

16) なお、西淀川第2－4次訴訟判決では、道路間の関係について、719条1項後段に基づいて寄与度減責を認めるのではなく、道路ごとに寄与度に基づく賠償（限度責任）が認められている。

16-2) なお、各被告の行為の危険性がこれらの判決と本件とでは異なると見ることはできるが、本件についてもY_2らが「加害行為が到達する相当程度の可能性を有する行為をした」と構成することは可能であると考えられる。

結局、問題は、グループ分けされたアスベスト製造販売によって、建設現場にアスベスト含有建材が集積するという危険な状態を作り出した行為を1項後段にいう「共同行為」と見ることができるか否かである。この点は論者によって考え方が分かれるであろうが、アスベストという同種の危険性の高い物質を含有する建材を製造・販売し、その暴露を受けた者に危険を与え、それによって中皮腫、肺癌、石綿肺、びまん性胸膜肥厚という1つのカテゴリーの疾病にかからせたことから、1項後段にいう「共同行為」をしたと見ることは可能だと思われる（個々の被告が減免責の主張立証をすることは可能である）。上記の例の中でも、複数の製薬会社が製造販売した薬品が市場を通じて薬害の発生の危険を惹き起こした事例が、最も近いといえよう[17]。

　この点は、問題Cとも密接に関連する。これに関し、719条1項後段の適用ないし類推適用の要件として、「現実に発生した損害の原因となった『可能性』があること」、つまり、加害行為に現実的危険性があることが必要であるとし、アスベストの製造販売だけではこの要件を満たさないとする見解がある[18]。しかし、薬害においてどのメーカーの薬を服用したか明らかでないケースではまさに719条1項後段の適用の必要が学説上主張されてきたのであり[19]、この要件において、「当該被告」の薬を「当該原告」が服用したことを求める（前田達明教授及び原田剛教授はこれを「具体的危険性」とする）ことは適切ではないと考えられる[20]。前記東京地判が示した「加害行為が到達する相当程度の可能性を有する行為をした者」という要件は、前田教授、原田教授のいわれる「具体的危険性」よりは緩やかであると見られる。

---

17) 吉村・前掲（注1）244頁。
18) 前田＝原田・前掲（注4）263頁以下。
19) 淡路剛久「投薬証明のないスモン患者と製薬企業の共同不法行為責任」ジュリ733号116頁以下（1981）、森嶌昭夫「スモン訴訟判決の総合的検討(2)」ジュリ712号150頁（1980）。
20) じん肺訴訟では、前田＝原田・前掲（注4）264頁が指摘する「具体的危険性」は存在する場合が多いであろうが、本件は、どの薬を服用したか明らかでないケースに近いといえよう。

なお、この問題については、個々の原告に過去にどのメーカーのアスベスト暴露を受けたかを証明させるのはほとんど不可能である上に、原告はどのメーカーのアスベストに暴露したかについて記録を持っていないとしても、アスベスト暴露について自らの帰責はなく、また、原告らがコントロールできた事情はないのであるから、致し方ないのに対し、被告は──危険な製品を製造・販売したことからすると──自らが製造・販売した製品からのアスベストが現場で、他のメーカーの製品からのアスベストとどのように合わさって建設作業者に暴露するかを把握する必要性はあったともいえるし、それができない形で製造販売したのは被告であるという事情がある[21]。裁判所は、原告らとともに、被告企業らを「加害行為が到達する相当程度の可能性を有する行為をした者」とするために、従来の公害判決を参照しつつ、原告ら、被告らのそれぞれをグループ分けをする作業を行うべきであったと考えられる。

こうして、建材メーカーについて719条1項後段の適用ないし類推適用をすることが考えられるが、ただ、その上で問題となるのは、本件は加害者が極めて多く、(すぐ後に述べるように)重合的競合である可能性も高いが、この点をどう見るかという点(問題D)である。この点については後述することにしたい。

(イ) 第2に、本判決がアスベスト被害をもっぱら択一的競合の問題とした点は、既に指摘されている[22]ように、アスベスト被害の実態と乖離している。

理論的には1本のアスベストの吸引でも中皮腫等になりうることを考えると、アスベストに起因する被害は択一的競合の場合もあるが、1本の吸引で中皮腫等が発症する可能性は極めて小さく、本数が多いほど発症しやすいのであり、中皮腫、肺癌については、択一的競合の場合、累積的競合、重合的競合の場合があり、さらに、重畳的競合の場合もありうる[23]。淡路教授の指摘されるように、裁判所は「困難な事実の認定と判断を避けた」とも考えられ

---

21) このような解釈の仕方は「法の正義に適う」(淡路・前掲(注19)116頁以下)ものであると見ることができる。

22) 淡路・前掲(注1) 43頁。

23) 淡路・前掲(注1) 43頁。

るが[24]、アスベスト被害に即した判断をしなければならない。

なお、本判決は、②において「一定の割合で特定された競合行為者の連帯責任を認め得るとの立場」に立った場合を想定しているが、この立場を採用した西淀川第2－4次訴訟判決は、累積的競合（その中でも重合的競合）の事例を扱っていた。本判決がこの立場を択一的競合関係にある共同行為者についての問題として扱うことは疑問である。

(ウ)　第3に、①に関連して、719条1項後段の適用において、従来から論じられてきた、加害者の――加害者が全て被告として訴えられているか、という意味での――「特定」(特定aの問題)についてどう考えるべきか。冒頭に触れた問題Bである。

本判決は、アスベスト被害を択一的競合としつつ、この要件を厳格に適用する。学説上はこの特定を必要とするものが多いが、1項後段は文理上、択一的競合に限定されるものではないとし、aの意味の「特定」を要件とすることを否定する学説もある[25]。

1項後段については起草者が択一的競合を想定していたことは明らかであり[26]、そして、確かに択一的競合の場合には、加害者の全員を被告として訴える必要があると考えられる。すなわち、択一的競合の場合には、加害者の全員を被告として訴えないと、真の加害者が被告から漏れ、真の加害者以外の者だけを被告にして賠償させることがありうるが、これはあまりにも不公平と考えられるからである[27]。

これに対し、累積的競合の場合には、7、8割の蓋然性で認められる程度に被告を訴えれば十分であると考えられる。すなわち、累積的競合の場合には、被告らだけでこれだけの割合の現実的な寄与をしているのであり、真の加害者が被告ら以外にのみ存在しているとはいえないため、7、8割の蓋然

---

24)　淡路・前掲（注1）43頁。
25)　松本克美「侵害行為者の特定と共同不法行為責任の成否」立命館法学333＝334号1395頁以下（2010）。
26)　梅謙次郎『民法要義巻之三債権各論〔訂正増補〕』907頁（和仏法律学校、1899）。
27)　『民法判例百選II〔第5版〕』179頁〔徳本伸一〕（2001）。

性で損害を発生させる危険をもつ者たちを被告にして全額賠償させても問題は少ない。被告とされた者だけで損害が発生する高度の蓋然性は必要であるが、この程度で足りるといえよう[28]。

　本件については確かに択一的競合の場合もありうるが、むしろ累積的競合や重合的競合である可能性が高く、しかも、原告の主張によれば被告らだけで販売量全体の8割程度に達しているのであり、——仮にこれが正しいとすると——真の加害者が被告に含まれない可能性があるという問題については、高度の蓋然性があると考えられる。

　他方、本判決が問題としているのはｂの意味の特定性（問題Ｃ）であり、これについては1項後段の適用（ないし類推適用）によって証明責任を転換するために必要とされる行為の危険性をどの程度のものとするかを検討すべきである。上記の東京地判が参考になる。本件に関してはY_2らの全国的な市場占有率は7、8割を超えているが、神奈川県及びその周辺で労働してきた原告ら（あるいはそのうちのグループ）にとってのY_2らの行為の危険性を検討する必要があろう。具体的には、Y_2らの中で、地域（神奈川県ないしその周辺に建材を販売しているメーカーであるか）やアスベストの使用目的との関係でX_1ら（の一部）との関係でグループをつくり、また、X_1らについても地域やアスベスト使用目的等でグループ分けをし、一部の被告らの行為が一部の原告らとの関係で「加害行為が到達する相当程度の可能性」があったことを証明することが必要となる。

　本判決が①で本件を択一的競合関係の場合に限定して捉え、また、ａの意味の特定とｂの意味の特定（各被告の行為の危険性）を区別しなかったことには問題があると思われる。

　(エ)　このように、建材含有アスベストによる作業員への被曝に対する本件事案については、とりあえず、——本件が重合的競合や累積的競合である可

---

[28]　ａの特定に匹敵する要件を立てるのであれば、被告とされた者だけで損害が発生する高度の蓋然性が必要であると考えられる（吉村・前掲（注1）259頁は同旨であると思われる）。

能性が高いとすると、「寄与度不明」の場合について──1項後段の（適用ではなく）類推適用の可能性があると考えられるが[29]（ただし、都市型複合汚染に関する西淀川第1次訴訟判決のように、加害者らの一部に1項前段の関連共同性がある場合には、それらを被告として損害の一部について寄与度に応じた連帯責任を課することが考えられる）、本件において加害者の数が非常に多く、主要な結果を惹起した加害者を想定できないことをどう見るかという問題をさらに精査する必要がある。これは淡路教授が、本判決（前述の4②）について、「仮に石綿建材メーカーが5～6社など数社であり、原告らが……市場占有率のほぼ全部を占める4～5社を訴えたとしても同様の判断をするであろうか」[30]とされている点と関連する。

そこで、従来、1項後段に関連する事案について、わが国（やアメリカ）の裁判例がどのように解して来たかを振り返り、それを踏まえてこの問題をさらに検討しておきたい。

III 719条1項後段関連事案等の展開

ここで、719条1項後段関連事案が下級審判決でどのように展開してきたかを見てみることにしたい。なお、アメリカで問題となったDES訴訟についても一言する。アメリカの裁判例については、それをわが国の解釈に直輸入することは避けるべきであるが、同じ先進国における問題の解決として何らかの示唆が得られるかを考察することにしたい。

1 寄与度不明の場合についての1項後段類推適用説

西淀川第1次訴訟判決及び西淀川第2－4次訴訟判決は、「寄与度不明」の場合にも1項後段を適用（類推適用というべきである）した。寄与度不明の場合

---

[29] 因果関係についての被害者の立証の困難は、択一的競合（加害者不明）の場合と異ならず、証明の困難は加害者側の事情に由来することを理由とする。

[30] 淡路・前掲（注1）44頁。

に1項後段を用いることは、特に都市型複合汚染に対処する際には極めて重要な論理であった。これを認めないときには、各企業の709条に基づく責任の競合のみを問題とすることになるが、個々の企業との関係で個別的因果関係を証明することは不可能に近いからである。

また両判決は、操業開始時期が相当に異なり、西淀川区全体に工場等が散在した場合、すなわち、場所的・時間的関連性が乏しい事案において、719条の責任（1次訴訟判決は719条1項前段、後段の適用、2－4次訴訟判決は719条の類推適用）を認めた[31]。本件建設アスベスト訴訟において719条1項後段を類推適用する場合に、本件被告らに場所的・時間的関連性が乏しいことをどう見るかという問題があるが、都市型複合汚染についての下級審裁判例と比較すると、── 本件横浜地裁が問題とするほどは ── 場所的・時間的な関連性は重視されていなかったと見られる[32]（この点は、薬品の製造販売における共同不法行為の場合においても同様である（東京高判昭和63・3・11判時1271号3頁など））。

なお、学説上は、四宮博士は、寄与度不明の場合を分類し、①必要的競合の場合（水質汚濁の場合、交通事故の後続侵害と医療事故が競合する場合など）及び②分別し難い複数損害の場合（交通事故と医療事故が連鎖的に生起した場合な

---

31) 平井教授は、物理的・時間的近接性は、競合的不法行為の要件ではないとしつつ、択一的競合の結果として生じるとする（平井・前掲（注3）211頁）。択一的競合の場合に物理的・時間的近接性が常に必要かは問題であろう。

32) 吉村・前掲（注1）256頁、大塚直「原因競合における割合的責任論に関する基礎的考察 ── 競合的不法行為を中心として ── 」星野英一先生古稀祝賀『日本民法学の形成と課題（下）』883頁（有斐閣、1996）はこの要件を不要とし、前田陽一「共同不法行為論・競合的不法行為論の再検討」加藤一郎先生追悼『変動する日本社会と法』538頁（有斐閣、2011）も本質的要素ではないとする。これに対し、潮見佳男教授は、競合的不法行為に対する1項後段の類推適用が無限定になされないよう、侵害行為と行為者の範囲の特定だけでなく、場所的・時間的近接性を要件とする（最低限必要とする）ことを主張される（潮見佳男『不法行為法II〔第2版〕』209頁（信山社、2011）。前田達明・前掲（注5）191頁も、「物理的近接度、時間的近接度などが考慮される」としていたが、要件としていたわけではないとも解される。

ど)については、各人が全額の責任を負うべきものとすると「自己の行為の危険性が及ばないことの明らかな損害に対しても責任を負うことになって、不当」であるから寄与度不明の場合に「頭割り」にすることを主張する一方、③択一的競合か必要的競合かが不明の場合（2つの製薬会社が販売した薬の服用の結果病気になったが、どの会社の薬を服用したか確定できない場合など）は、「関係者のうちの誰かの行為が全損害を惹起した可能性がある」から、「719条1項後段を拡張解釈して、関係者たちの全額責任とすること」が「公平」であるとする[33]。この立場からすると、本件のようなアスベストの市場媒介型のケースは③に当たるともいえるが、本件のように加害者が多く、重合的競合の可能性が高い場合にどう考えるかが問題となろう。

2 都市型複合汚染についての、西淀川訴訟における寄与度に応じた連帯責任の考え方

さらに、西淀川第1次訴訟判決は、都市型複合汚染について、寄与度に応じた連帯責任の考え方を適用した。同判決は、ａの意味の特定性（被告となるべき者全員が訴えられること）の要件を満たさず、また被告らだけでは全体の寄与度の35％に達するにすぎなかった事案を扱っており、同判決がこのようなケースについて、被告として訴えられた者全体の寄与度の範囲で連帯責任を認める方法をとった点が注目された。

このような方法によっても被告となるべき者全員を訴えるという意味での特定性は満たされないが、①公害が累積的競合（の中でも重合的競合）と考えられること、②加害者らの数が多く、③原告らは大気を吸っており、加害者らが発生した損害を全ての者が被っていると見られ、④寄与度がシミュレーションによって算定できた事案において、寄与度に応じた連帯（寄与度の範囲では1項前段の責任を認めた）の考え方を用いたものと解される。

これに対し、西淀川第2－4次訴訟判決は、都市型複合汚染が重合的競合の場合であることを重視し、上述した（Ⅱ.3）3要件の下に、719条の類推適

---

[33] 四宮・前掲（注3）796頁。

用をするとし、一部被告について寄与度に応じた連帯責任を課しつつ、被告が弱い共同関係にあること及び自らの寄与度を証明した場合には、寄与度減責を認めるものとした。3要件の中には、被告らの寄与度が判明することという上記要件④と同一の要件が含まれていた。

本件建設アスベスト訴訟では、④の要件が認められにくい点が、西淀川第2－4次訴訟と異なっている。

また、西淀川両訴訟との関係では、本件で③が満たされない点も異なっている。この点については、本件建設アスベスト訴訟においても、X_1ら（の一部）が Y_2ら（の一部）が製造販売したアスベスト含有建材に暴露した可能性が相当程度あることを証明する必要があろう。

3 アメリカにおける DES 訴訟

DES 訴訟は、妊婦が DES を服用したために生まれてきた女児が後に癌に罹患したケースである。これは、ⓘ一種の択一的競合の事例であるが、ⓘⓘ加害者である製薬会社が約 300 に上る中、各被害者原告がどのメーカーの DES を服用したか証拠が残されていないこと、ⓘⓘⓘ DES はどのメーカーが製造したものも同質であること（そのため、一種の寄与度を算定することは可能であったこと）などの特色を有していた。殆どの判決は、共同行為（concert of action わが国の 719 条 1 項前段の共同不法行為）の法理にも（アメリカの一部の判例で認められている）業界責任の法理にも当たらないとした。そして、相当数の判決がいわゆる市場占有率責任（market share liability）を採用した。ただ、市場占有率責任論も、カリフォルニア州最高裁の Sindell v. Abbott Laboratories 判決（被告とされた者の市場占有率が「相当の割合」に達していれば、これらの者に全額賠償をさせる）[34]、ニューヨーク州最高裁の Hymowitz v. Eli Lilly & Co. 判決（全国の市場占有率に基づく分割責任）[35]、ワシントン州最高裁判決の Martin v. Abbott Laboratories 判決（地域への市場独占率に基づく分割責任。

---

34) 26 Cal. 3d. 588, 163 Cal. Rptr. 132, 607 P.2d 924, 2 A.L.R. 4th 1061 (1980).
35) 73 N.Y.2 d 487、539 N.E.2 d 1069、541 N.Y.S.2 d 941 (1989)。大塚直「割合的責任」樋口範雄ほか編『アメリカ法判例百選』170 頁（2012）。

記録がない場合は、市場占有率は推定される。1社でも被告として訴えうるとしつつ、被告の減免責の主張立証を認める)[36]などに分かれており、それぞれについて相当の議論が蓄積されている[37]。

あくまでアメリカ法における議論であることには注意を要するが、市場においてメーカーが販売行為を同時にしただけでは「共同行為」には当たらないとする判決が多いことは、わが国でも類似の議論がなされている(本判決、東京地判平成24・12・5)など、参考になる点は多いと考える。

市場占有率責任論の中で分割責任を採用する裁判例が多い理由は、加害者たる製薬会社が極めて多い中で択一的競合の連帯責任を機械的に適用するときには、寄与度が小さく(当該原告との関係では)無辜の被告らにも全額についての連帯責任という極めて重い責任を課することになる(原告がどの製薬会社のDESを服用したか証明困難であるのと同時に、被告製薬会社も当該原告が服用したDESが自らの販売したDESでないことを証明することが困難である)からである(上記の⑪)。これは択一的競合であっても特に加害者が多いことに着目したものといえよう。そして、DES訴訟において分割責任の考え方を最も徹底したのが、統計的処理に基づく賠償を命ずるHymowitz判決であった。

また、市場占有率責任論を採用する判決は、——その多くが分割責任としているのであるが、その前提として——1)加害行為とは、(一般的な)製造・販売行為であり、具体的な原告に到達したこととはしていないこと、2)販売行為について時間的・場所的な関連性は問題としていないことが見て取れる。

1)については、製薬会社の行為は(一般的な)販売行為であり、その後は因果の経過と見るべきであるとする私見と軌を一にするものである。

また、加害者が著しく多数の場合に、競合する加害者の賠償をどのように行わせるべきかという観点からは、本判決とも大いに関連する裁判例であるといえよう。

---

36) 102 Wash. 2d 581, 689 P.2d 368 (1984).
37) 最近のものとして、新美育文「リスクと民事責任における因果関係」加藤一郎先生追悼『変動する日本社会と法』321頁以下(有斐閣、2011)参照。

4 建設作業者のアスベスト訴訟

　DES 訴訟がわが国で提起されたら裁判所がどのような判断をするかは興味深いところであるが、わが国ではこの問題よりも、建設作業者のアスベスト訴訟が先に提起された。

　上記との関連を考慮しつつ、建設作業者のアスベスト事件をみると、①択一的競合か累積的競合か重合的競合か重畳的競合かが明らかでないこと、②加害者である建材メーカーの数が多く、各被害者原告がどのメーカーの建材によって石綿の被害を受けたかについて証拠が残されていないこと[38]、③石綿含有建材の1つ1つの有毒性や原告らの暴露の仕方が相違していることという特質がある。

　本件の②の特徴は、市場占有率責任論が示されたのと同様の問題状況であることを指摘できる。冒頭に触れた D の問題である。さらに、本件は①択一的競合、累積的競合、重合的競合、重畳的競合のいずれかが明らかでない事例であり、(択一的競合の事例である)DES 事件よりも分割責任を認めることに対するハードルは低い。累積的競合、重合的競合の場合には、上述したように、被告らの寄与度の割合についてまでは賠償すべき者が確保されているからである。

　本件において、問題となるのは③である。すなわち、アスベストは、1つ1つの建材における毒性や原告らの暴露の仕方が相違している[39]。アメリカでも、アスベスト含有製品について、ⅰ製品に組み込まれたアスベスト繊維のタイプ、ⅱ製品それ自体の物質的特性、ⅲ製品に用いられたアスベストの割合によって、相違が生ずることが指摘されている。さらに、個々の繊維の形状・形態、採掘場所にもよる相違、飛散繊維を放出する程度の相違も問題

---

[38] 個別的因果関係の証明は、薬害(投薬証明書等が残っていれば証明可能である)、大気汚染(工場等の大気汚染についてはシミュレーションが可能である)以上に難しいことになろう。

[39] M.A. Geistfeld, The Doctrinal unity of Alternative Liability and Market-Share Liability, 155 U. Pa. L. Rev. 447 (2006) at 490.

とされる。そのため、アスベストについて —— 分割責任による —— 市場占有率責任を肯定した判決は殆どない状況にある[40]。

本判決は、「被告企業44社の石綿含有建材の製造の種類、時期、数量、主な販売先等は異なり、一方で、各原告又は被相続人の職種、就労時期、就労場所、就労態様は異なる。そうであれば、各原告又は被相続人の損害を発生させる可能性の程度は、各被告ごとに大きく変わりうる」とするが、このうち真に問題となるのは、被告企業の石綿含有建材の種類と、各原告の就労態様、就労頻度が異なることであろう(時期、数量、販売先等については、薬害や公害においても異なっていたものの、1項後段の適用ないし類推適用が認められてきたのであり、本件に特有の問題ではない)。被告ら全体の寄与度に応じた連帯責任を課そうとしても(さらに、被告ごとに分割責任を認めようとしても)、「寄与度」の算定が容易ではない。

もっとも、アメリカでも、アスベストについて市場占有率責任を肯定した判決がほとんどないという傾向に対し、学説上、等価性の要件を満たさない場合に損害の賠償を否定することに甘んじるのでなく、市場占有率のデータ以外の情報を用いて割合的責任を課することができるかを積極的に考慮すべきであるとする見解も見られる[41]・[42]ことが注目される。

5 小 括

わが国では、DES訴訟は提起されていないが、建設作業者のアスベスト訴訟は、加害者が極めて多数である点でDES訴訟に、重合的競合の可能性が高い点で都市型複合汚染訴訟にかなり類似している。

---

40) S.D. Schonfeld, Establishing the Causal Link in Asbestos Litigation: An Alternative Approach, 68 Brook. L. Rev. 379 (2002) at 387.
41) A. Rostron, Beyond Market Share Liability: A Theory of Proportional Share Liability for Nonfungible Products, 52 UCLA L. Rev. 151 (2004).
42) この場合、必要的競合と考え、さらに、連帯債務とするよりは被告にとって有利である点に着目すれば、頭割りとすることも全く考えられないわけではない(四宮・前掲(注3) 797頁参照)。

では、本件において加害者が極めて多数のケースであること（冒頭の問題D）、重合的競合である可能性が高いことを考慮すると、IIの末尾で保留していた結論はどうなるか。

一般的には、市場占有率責任に関する多くの判決のように、寄与度が小さく、（当該原告との関係では）無辜の可能性が高い被告らにも全額連帯責任を課することが不当であると解すれば、各被告について寄与度に応じた分割責任を課することが考えられる[43]。わが国の大気汚染防止法25条の2、水質汚濁防止法20条の規定もこれと類似の考え方に基づく規定である。

これについては、2つの考え方を用いることが考えられる。

第1に、重合的競合の場合に、719条1項後段を累積的競合の場合と同じ意味で類推することはできないとし（条文との関係では加害者が「数人」ではないため、累積的競合とは類推適用の意味が異なってくる）、1項後段の趣旨を用いて「共同の行為」に基づく責任として被告らの行為を1つのまとまりのある行為と捉えた上で、大気汚染防止法25条の2の趣旨を用いて、Y_2らの寄与度に基づく分割責任を課することとする。寄与度については裁判所による法的評価が必要となるため、規範的要件とし[44]、その評価根拠事実と評価障害事実を原告ら及び被告らにそれぞれ主張立証させる。原告らは、市場占有率等、各被告のリスク寄与度を根拠づける事実を主張立証し、被告らは地域等による個別的事情を主張立証するのである。このような解釈により、原告らにも賠償請求の道を残しつつ、被告らに不公平な責任を課することを回避できると考えられる。

第2に、西淀川第1次訴訟判決のように、加害者らの一部に1項前段の関

---

[43] なお、市場占有率責任に関するSindell判決は、上述のように、相当の割合（市場占有率）の加害者を被告として訴えることができれば、被告らについて全額に対しての連帯責任を課し、各被告の立証による免責を認めている。ただ、Sindell判決は、被告が多数であり、個々の被告の寄与度が小さいことにあまり配慮しておらず、その点には問題があると思われる。

[44] 事実的因果関係についても法的評価である点から規範的要件と解する見解もあるが（河村浩「環境訴訟と予測的因果関係の要件事実」伊藤滋夫編『環境法の要件事実』161頁（日本評論社、2009））、ここでは「寄与度」に限ってこのように解しておきたい。

連共同性がある場合には、それらを被告として損害の一部について寄与度に応じた連帯責任の考え方を用いる（これについては被告の減免責の主張は認めない）ことも考えられる。

ちなみに、西淀川第2－4次訴訟判決とほぼ同様に、加害者らの一部に1項後段の弱い関連共同性がある場合には、それらを被告として損害の一部について寄与度に応じた連帯責任の考え方を採用し、その上で、各被告にはその減免を基礎づける事実を主張立証させることも考えられるが[45]、この場合において被告ら全体の寄与度が大きくなると、個々の被告の寄与度が小さいのに全部連帯に近い責任を負わされることをどう考えるかという問題を生ずるであろう。

なお、西淀川第2－4次訴訟判決の第3要件との関係で見れば、重合的競合の可能性が高い本件訴訟では、寄与度が判明しにくいとしても、原告被告間の公平の観点から、裁判所による寄与度の認定を促進すべきであると考えられる。

IV 結びに代えて —— 検討の要約と試論

1 以上検討したことを要約すると、以下のとおりである。

第1に、建設アスベスト訴訟は共同不法行為・競合的不法行為の事案群の中では最も応用的な問題を扱っていることである。その解決のためには、従来の都市型複合汚染訴訟、アメリカのDES訴訟などを参照しつつ、問題点の整理が必要である。

第2に、第1点の前提として、本件のような建設アスベスト訴訟について

---

45) 西淀川第2－4次訴訟判決は、弱い共同関係にあることを被告に主張立証させることとしているが、「弱い共同関係にあること」については、通常の1項後段の考え方からすると、原告が主張立証すべきであろう。上記第1点の寄与度についての判断の仕方は、Hymowitz判決に近いものの、不法行為責任である以上、被告が個別的因果関係がないか一部ないことを主張立証する場合には減免責を認めるべきであると考えられるため、同判決とは異なる結論を採用する。

は、アスベストの被曝は1本の吸入でも中皮腫等になりうるとする見解もあるが、可能性は低く、大量吸入の場合に中皮腫等になりやすくなる傾向があるため、択一的競合がそのままあてはまるわけではない。択一的競合か累積的競合か重合的競合か重畳的競合かは明らかでないが、重合的競合の可能性が高いとみられ、そのようなケースをどう扱うかという問題と捉える必要がある。

第3に、本判決がいう、アスベスト被曝が等価値性に乏しい点については、寄与度が算定しにくいという意味で確かに問題であるが、これは寄与度を規範的要件と構成することによって何とか裁判所が判断すべきであると考える。等価値性に乏しいという問題は、製品の種類と原告の就労態様が特に関連するであろう。

第4に、本件の製造販売行為のように、加害者が多数で寄与度が小さいケースにおいては、寄与度が小さく、当該原告との関係では無辜の可能性が高い被告らに全額連帯責任を課すことは適切ではないと考えられる。市場占有率責任に関する多くの判決を参考にしつつ、各被告の分割責任を問うことが考えられる。

2　以上を踏まえつつ、試論として、719条1項前段の緊密な一体性がある場合以外の加害行為の競合のケースを次の4つの場合に整理しておきたい。

1）　少数潜在的加害者の択一的競合の場合。1項後段の典型的ケースである。真の加害者を逃さないため、潜在的加害者すべてについて被告の特定が必要となる。

2）　累積的競合、部分的重畳的競合等の場合。従来「寄与度不明」とされてきた（弱い関連共同性が認められる）場合である。1項後段が類推適用される[46]。真の加害者を逃さないため、潜在的加害者が被告に含まれている蓋然

---

46)　効果としては被告が寄与度を主張立証すれば減免責が可能である。なお、必要条件的競合、重畳的競合の場合には被告の減免責の余地はない（前田・前掲（注32）515頁参照）。これらの場合には、719条の問題とする必要はなく、全部義務となるとする考え方が一般である。

性が高度なものである必要がある。なお、一部に強い関連共同性があれば、それらについて1項前段が適用され、それらの被告らだけで被告らの寄与度について連帯となる。

　3）　重合的競合の場合（その可能性が高い場合）。1項後段及び大気汚染防止法25条の2の趣旨を用い、リスク寄与度に基づく責任の考え方を踏まえ、複数加害者の1つのまとまりのある行為（弱い関連共同性のある行為といってもよい）についてリスク寄与度に応じた賠償責任を課するべきである[47]。なお、一部に強い関連共同性があれば、それらについて1項前段が適用され、それらの被告らだけで被告らの寄与度について連帯となる[48]。これは、被告らに緊密な一体性があるため一括して扱えると考えられるためである。

　4）　多数潜在的加害者の択一的競合の場合。アメリカの DES 訴訟のように製薬会社が多数に上る事案であり、リスク寄与度に基づく責任を課することが考えられる。3）と同様の効果を与えるべきあろう。

　以上1）～4）のすべてについて、被告らの行為が原告らとの関係で「加害行為が到達する相当程度の可能性」があったことを原告らが主張立証しなければならない。これは1項後段の「共同行為」の要件の問題である。

　従来の私見[49]では1）と2）の場合を考えていたが、3）と4）についても考察が必要である。

　本件は、累積的、重合的、択一的、重畳的のいずれか不明の場合であるが、重合的である可能性が高く、3）に当たると考えられる。本件では、加害者が80社以上存在することから、重合的競合という特質に注目すべきである。

　3）や4）の法的根拠については、上述したように、719条1項後段は「数人が」共同の不法行為をした場合の規定であり、著しく多数の加害者が共同不法行為をした場合は719条1項後段自体の問題とはならないこと、寄与度

---

47)　ただし、被告が当該原告との関係でリスク寄与度を争うことは認められるべきであると解する。Hymowitz 判決はこれを認めないが、認めないときは不法行為責任を課しているとは言い難くなるであろう。

48)　この点は西淀川第1次訴訟判決と同様である。

49)　2）の場合について大塚・前掲（注32）883頁。

が著しく小さいと認められる事業者について大気汚染防止法25条の2の趣旨を用いることを踏まえている。

　3）や4）の問題状況においては被告企業らに連帯責任を課することが不適当と考えられる一方、原告らとの関係を踏まえつつ、被告それぞれのリスク寄与度に応じた賠償をさせることについては何らの不公平もないはずである。被告らはそれぞれのリスク寄与度について賠償をしたところで、それぞれが本来負うべき責任を果たしたにすぎないからである。このような場合については、原告が訴訟によって請求する道を閉ざすのではなく、被告らが本来果たすべき責任を果たさせることを検討するのがわれわれ学界及び実務界の使命ではなかろうか[50]。

〔付記〕

　野村豊弘先生には、私が学習院大学に着任したときから30年近く様々な面でご指導いただき、大変お世話になってきたことに心より感謝申し上げます。先生におかれましては、今後とも私ども後進のご指導をくださいますようよろしくお願い申し上げます。

---

[50] なお、本判決は、原告らに対し、石綿被害救済法の改正によって対処する道を示してはいるが、——確かに同法にはなお不十分な点が残されているが——、改正作業には様々なステークホルダーが参加することになるため、この点に過度に期待することは禁物である。不法行為法において、建設アスベストによる被害者の救済を正面から図ることが必要であろう。

民法 719 条 1 項後段をめぐる
共同不法行為論の新たな展開
── 建設アスベスト訴訟[1]を契機として

前田　陽一

I　序
II　原因競合の諸類型（準備作業その 1）
III　択一的競合・累積的競合をめぐる従来の議論（準備作業その 2）
IV　建設アスベスト問題と 1 項後段に関する学説・裁判例
V　若干の考察と試論

I　序

　筆者は、2011 年の論文[2]（以下「前稿」という）で、①明治期からの共同不法

---

1) アスベスト訴訟に関連する共同不法行為論を扱う近時の主な文献（公刊順）として、前田達明＝原田剛『共同不法行為法論』259 頁以下（成文堂、2012）（アスベスト訴訟における被告側主張との関係につき吉村・後掲論文・立命 344 号 262 頁（注 36）参照）、松本克美「共同不法行為と加害行為の到達問題」立命 339＝340 号 515 頁（2012）、淡路剛久「権利の普遍化・制度改革のための公害環境訴訟」淡路剛久ほか編『公害環境訴訟の新たな展開』39 頁以下（日本評論社、2012）、同「首都圏建設アスベスト訴訟判決と企業の責任」環境と公害 42 巻 2 号 39 頁（2012）、吉村良一「『市場媒介型』被害における共同不法行為論」立命 344 号 212 頁（2012）、同「アスベスト被害の救済」環境と公害 42 巻 4 号 62 頁（2013）、同「建設アスベスト訴訟における国と建材メーカーの責任」立命 347 号 1 頁（2013）。
2) 前田陽一「共同不法行為論・競合的不法行為論の再検討」加藤一郎先生追悼『変動する日本社会と法』511 頁（有斐閣、2011）。

行為論の展開を検討した上で、②近時の新たな問題として、じん肺訴訟やアスベスト訴訟における、特定の複数の職場を長期間にわたり転々として曝露した被害者の問題を検討した。すなわち、①については、「時代の変化に伴って出現した多様な紛争類型に対応すべく、様々な解釈操作が重ねられる中で、議論が区々に分かれ混迷」しながらも、「大きな方向としては、新たな問題（原因競合に関する問題が少なくない）に対処すべく、幾つかの段階を踏みながら、その適用範囲を拡張してきた」共同不法行為論の発展の諸段階を概観しつつ、上記②の問題については、《場所的時間的関連性（近接性）を欠く》複数の全部惹起力のない加害行為が《累積的に競合して（遅効性の）損害が発生》したことによる個別的因果関係の立証困難への対処という点で、従来の（場所的時間的関連性〔近接性〕のある）大気汚染公害における民法 719 条 1 項後段類推適用論では対応できない新たな問題である、として、原因競合論と民法 719 条 1 項後段をめぐる議論の観点から、《職場間の共同不法行為責任》の成否について検討を加えた。

　これに対し、最近の建設アスベスト訴訟で問題となっているのは、多数の建設現場を長年にわたり転々として、不特定多数の企業が製造または販売したアスベスト建材等を現場で加工する際などにアスベストに曝露した被害者に対する《不特定多数のメーカー等》の責任であり、上記②の問題と類似する点もあるが、大きく異なる点もあるため、前稿では検討の対象外とした。

　すなわち、建設アスベスト問題は、《場所的時間的関連性（近接性）を欠く複数の全部惹起力があるかどうか不明な加害行為が累積的に競合して（遅効性の）損害が発生》した点では類似する面がある（アスベスト被害には曝露の閾値がなく「択一的競合」の可能性もある点は、建設アスベスト問題については特に留意する必要がある[3]）一方、決定的な相違点として、上記②の問題は、各職場で原因物質に曝露したという「到達の因果関係」が明らかに存在し、累積的

---

[3] 原因競合の諸類型について後で検討するように、この点と次に述べる「到達の因果関係」が不明である点から、建設アスベスト問題は、「累積的競合・択一的競合不明型」として検討すべきである。後掲（注16）およびその本文も参照。

競合の「加害者の特定性」が明らかに認められるのに対し、建設アスベスト訴訟では、どのメーカー等のアスベストに曝露したかという「到達の因果関係」が明らかではなく、累積的競合における「加害者の特定性」が明らかには認められないため、直ちに同列に論ずることができないのである。

本稿は、建設アスベスト問題によって提起された「到達の因果関係（原因物質への曝露）」や加害者の「特定性」が明らかには認められない場合の民法719条1項後段をめぐる問題[4]について、前稿を踏まえながら検討を行うものである（叙述の必要上、前稿と重なる部分がある。なお、以下では、民法719条1項後段を「1項後段」、同項前段を「1項前段」と略記する）。

以下では、まず、準備作業として、原因競合の諸類型を概観・検討する（II）とともに、原因競合の中でも本稿の課題との関連性が深い「択一的競合」「累積的競合」に関する従来の議論をやや詳しく検討する（III）。次いで、建設アスベスト問題と1項後段に関する学説・裁判例を検討した（IV）上で、「累積的競合・択一的競合不明型」と建設アスベスト問題について、若干の考察を加える（V）ことにする。

II 原因競合の諸類型（準備作業その1）

序で述べた「累積的競合」「択一的競合」を含めた原因競合の諸類型は、本稿の課題の前提問題ないし関連問題であるので、本論に入る前の準備作業として、簡単に概観・検討したい。

1 原因競合の諸類型と四宮説

まず、共同不法行為論の前提問題として原因競合の諸類型を整理した四宮説[5]を紹介・検討する（後述する私見との対比をするために、各類型の順番が四宮自身によるものと一部前後するとともに、亀甲括弧で四宮説を敷衍・補充した部分

---

[4] アスベスト訴訟の原告側は、1項前段の成立も主張し、従来の学説の一部にもそのような主張がみられるが、本稿は1項後段の類推適用の可否の問題に焦点を合わせる。

がある。設例は、ABの2つが原因でABとも帰責事由がある場合を基本とする）。

(1) 第1に、いずれも全部惹起力のない複数の原因が競合した場合として、四宮は、「必要的競合の一体型」と「必要的競合の割合的惹起型」の2つを挙げて、以下のように論じた[6]。

① 「必要的競合の一体型」（後述する大塚説では「乗法型」、私見では「必要条件的競合」という）は、いずれも全部惹起力のない〔単独では損害を全く発生させなかった〕複数の原因ABが共に原因となることでCに損害を発生させた場合（ABの正面衝突の〔はずみで歩行者Cを轢いた〕場合や、ABの廃水が化学反応で有害化した場合）である。四宮は、1項前段によりABの全部（連帯）責任になると論じた（後述のように私見では同条を持ち出す必要はないと考える）。

② 「必要的競合の割合的惹起型」（後述する大塚説では「加法型」、私見では「累積的競合」に含まれる）は、いずれも同質性があるが全部惹起力のない〔単独では損害を一部しか発生させない〕複数の原因ABが〔累積的に〕競合することでCに損害を発生させた場合（単独でも有害なABの廃水が相加してCの池の魚を全滅させた場合）であり、因果関係の分割による寄与度の認定ができる場合がある点で①と異なるとした。四宮は、②－1　寄与度の認定ができる場合には、寄与度を基本にした（違法性も加味した）分割責任とする一方、②－2　寄与度が不明の場合には、1項後段の被害者保護の趣旨から、ABが寄与度の立証をしない限り、「頭割り」の分割責任とした（後述のように、後者の点には疑問がある）。

(2) 第2に、いずれも単独で全部の損害を発生させる原因力（全部惹起力）のある複数の原因が競合した場合として、四宮は、「択一的競合」と「重畳的

---

5) 四宮和夫『不法行為』420頁以下、796頁以下（青林書院、1987）。共同不法行為論の前提問題として原因競合を網羅的に検討した先行業績として、塚原朋一「共同不法行為に関する諸問題」『新・実務民事訴訟講座4』187頁（日本評論社、1982）があるが、四宮説はこれを踏まえながら、より明快な類型化を行った。なお、原因競合については、より古くは、淡路剛久『公害賠償の理論〔増補版〕』132頁以下（有斐閣、1978）、前田達明『不法行為帰責論』298頁以下（創文社、1978）も参照。

6) 四宮・前掲（注5）423頁以下、796頁以下。

競合」の2つを挙げて、以下のように論じた[7]。

③　「択一的競合」は、全部惹起力のある複数の原因ABのうち、いずれかが原因となってCに損害を発生させたが、どれが原因かが不明の場合(ABいずれの投げた石がCに当たったか不明の場合)である。〔ABとも因果関係はそのままでは認められないが〕1項後段の適用があることにより、ABとも、因果関係が推定され、〔因果関係の不存在の立証による免責の余地のある〕全部（連帯）責任になるとした。

④　「重畳的競合」は、全部惹起力のある複数の原因ABが同時に競合してCに損害を発生させた場合(単独でCの池の魚を全滅させるに足りるABの廃水が同時に競合した場合)である。「あれなければこれなし」の形式的判定では因果関係が否定されるものの、ABとも因果関係が認められることに学説上異論はなく、〔民法719条を持ち出すまでもなく〕ABの全部（連帯）責任になるとした。

(3)　第3に、上記第1・第2の双方に関係する類型として、四宮は、⑤「必要的競合の割合的惹起型(②)」であるか「択一的競合(③)」であるかが不明の場合（後述する私見では「累積的競合・択一的競合不明型」）、すなわち、製薬会社ABの強い副作用のある薬品を服用して健康を害したCがどの会社の薬品を服用したか不明の場合について、択一的競合の可能性もある点を踏まえて、1項後段の「拡張適用」により、〔減免責の余地のある〕全部（連帯）責任になるとした[8]（後述する私見では択一的競合の可能性もある点に別の意味づけをする）。

(4)　第4に、第2の④重畳的競合以外で、複数の原因が全部の損害を惹起する力を超えて競合した場合として、四宮は、「全部惹起力と過剰型」と「必要的競合と過剰型」の2つを挙げて、以下のように論じた[9]。

⑥　「全部惹起力と過剰型」（後述する私見では「部分的重畳的競合」）は、全部惹起力のある原因と一部惹起力しかない原因が競合した場合（10/10の全部

---

7)　四宮・前掲（注5）420頁以下。
8)　四宮・前掲（注5）796頁以下。
9)　四宮・前掲（注5）424頁。

惹起力あるAの排出行為と2/10の惹起力しかないBの排出行為が競合した場合）であり、全部責任と限度責任の一部連帯になる（Aの全部責任とBの2割についての一部連帯になる）とした。

⑦「必要的競合と過剰型」（後述する私見では、「累積的競合」に吸収される）は、全部惹起力のない数個の原因のうち一部だけでも全部の損害を発生させた場合（A・A'・Bの排出行為のうち、A・A'だけでも全部の損害が発生した場合）であり、⑥のBと同様に、⑦のBも、部分的な責任を負うとした。

⑥のBも、⑦のBも、部分的責任を負う理由として、四宮は、いずれのBも過剰の部分であるので「あれなければこれなし」の形式的判定からは因果関係が否定されることになるが、過剰にみえる部分であってもAと同様にCに作用している以上はBの因果関係を否定すべきでないと論じた。

なお、四宮説は、⑥⑦とも、Bが単独でも一部の損害を発生させる場合を前提としている点に注意が必要である。従前の学説には、かかる場合と、B単独では全く損害を発生させない場合とを区別して、後者の場合については⑥⑦ともBの因果関係を否定して免責する説もみられる[10]。

2　原因競合の諸類型に関する本稿の立場

その後の学説では、大塚直が、原因競合論のレベルで割合的責任を検討する上で「乗法型」（四宮説の①「必要的競合の一体型」）と「加法型」（四宮説の②「必要的競合の割合的惹起型」）の区別の重要性を指摘する一方、瀬川信久は、共同不法行為が問題となった事案類型が「必要条件的競合」（四宮説の①「必要的競合の一体型」）から「累積的競合」（四宮説の②「必要的競合の割合的惹起型」）へと変化したことが共同不法行為論の転回をもたらしたと論じた[11]。そこで、四宮の類型論に多くを負いつつ、大塚や瀬川の議論をも参考に、本稿の問題

---

10)　淡路・前掲（注5）133頁。
11)　大塚直「原因競合における割合的責任論に関する基礎的考察」星野英一先生古稀祝賀『日本民法学の形成と課題（下）』877頁以下（有斐閣、1996）、瀬川信久「共同不法行為論転回の事案類型と論理」平井宜雄先生古稀記念『民法学における法と政策』657頁（有斐閣、2007）。

意識に即した原因競合の一応の類型（および用語法）として、以下の区別を提示したい[12]。各類型については、淡路剛久の分析[13]を参考に、議論の実益性を重視して、民法719条との関係や立証責任を意識した検討を行うとともに、本稿の類型相互の関係を明らかにするために本稿の帰結を一部先取りしている。

(1) 第1に、いずれも全部惹起力のない複数の原因（加害行為）が競合した場合として、以下の2類型がある（2つとも瀬川の用語法を参考にした）。

ⓐ 「必要条件的競合」（四宮の①「必要的競合の一体型」、大塚の「乗法型」に対応）は、複数の原因（加害行為）の何れもが損害が全部発生するための必要条件であるとともに、単独では（原因の1つでも欠ければ）損害を全く発生させなかった場合である。ABによる正面衝突の事故の弾みでCが負傷した場合がその例であり、四宮は、1項前段の適用により全部（連帯）責任を認める。上記の事例について、他の学説も、主観客観併用説を前提に強い客観的関連共同性を認めるものが多く[14]、1項前段の適用それ自体には問題はない。しかし、各加害行為が1つでも欠ければ全部の損害が発生せず、いずれもが全損害の発生原因になっていることを被害者が立証できる場合は、1項前段を持ち出すまでもなく、原因競合論のレベルないしは競合的不法行為論として全部（連帯）責任を導くことができよう。

ⓑ 「累積的競合」は、複数の全部惹起力のない原因（加害行為）が累積して一つの損害が全部発生した場合である。この場合は、理論的には、さらに、(ア)単独でも一部の損害が発生しうる複数の原因（加害行為）が累積することで損害が全部発生した場合（四宮説の②「必要的競合の割合的惹起型」、大塚説の「加法型」に対応）と、(イ)一定の影響（権利利益侵害）はあるが単独では直ちに損害

---

12) 前田・前掲（注2）515頁（注2）で述べたところを細部で修正している。
13) 淡路・前掲（注5）124頁以下。
14) 淡路剛久「共同不法行為」石田喜久夫・西原道雄・高木多喜男還暦記念（中）『損害賠償法の課題と展望』358頁以下（日本評論社、1990）、平井宜雄『債権各論II』196頁（弘文堂、1992）、澤井裕『事務管理・不当利得・不法行為〔第3版〕』349頁以下（有斐閣、2001）など。

が顕在化するとは限らない複数の原因（加害行為）が累積することで損害が全部発生した場合（「重合的競合」という用語には㋐よりも㋑のニュアンスがある）の２つを区別しうるが、都市型大気汚染やじん肺・アスベスト被害では、両者が混在するなど、実際上の区別が困難であろう。さらに、㋒四宮説の⑦「必要的競合と過剰型」についても、同様のことがいえよう。そこで、本稿では、これらを包含した冒頭の意味で「累積的競合」を捉えることにした。

　四宮は、㋐について、寄与度不明の場合は頭割りによる分割責任、寄与度が立証された場合は寄与度を基本とした分割責任とした。しかし、後で検討するように、「累積的競合」については、１項後段の類推適用により、（加害者による寄与度が立証された場合に）減免責ないし分割責任の余地のある、全部（連帯）責任とすべきである（《場所的時間的近接性》による「弱い関連共同性論」に依拠するものでない点も後述する）。

　(2)　第２に、いずれも全部惹起力のある複数の原因が競合した場合として、以下の２類型がある（用語法・帰結とも四宮説に基づく）。

　ⓒ　「択一的競合」（四宮説の③）は、（特定性のある）複数の全部惹起力のある行為の何れか一つが原因となった場合である。四宮説の紹介で触れたように、そのままでは結果との因果関係は認められない。しかし、１項後段の適用がある場合には、複数の行為の何れについても因果関係が推定され、（加害者による因果関係の不存在の立証による）免責の余地のある全部（連帯）責任となる。特定性など１項後段の要件で問題となる点については後で検討する。

　ⓓ　「重畳的競合」（四宮説の④）は、全部惹起力のある複数の原因（加害行為）が競合して一つの損害を発生させた場合である。四宮を含む多くの学説が論ずるように、「あれなければこれなし」の形式判断で因果関係を否定することは不当である。全部惹起力のある原因がいずれも被害者に作用していることを被害者が立証した場合は、いずれについても因果関係を認め、民法719条を持ち出すまでもなく、減免責の余地のない全部（連帯）責任とすべきである。

　(3)　第３に、全部惹起力のある原因（加害行為）と全部惹起力のない原因（加害行為）の双方が関係する類型として、「部分的重畳的競合」と「累積的競合・択一的競合不明型」がある。

ⓔ 「部分的重畳的競合」（四宮説の⑥「全部惹起力と過剰型」）は、全部惹起力のある原因（加害行為）Ａと一部惹起力しかない原因（加害行為）Ｂが競合して一つの損害を与えた場合である。四宮が論じたように（より古くは淡路が論じたように[15]）、Ａの全部責任と、Ｂの限度責任の一部連帯責任になるべきである。ただし、淡路説を参考に立証責任をも考慮に入れるならば、Ａに全部惹起力のあることを被害者が立証したが、Ｂに全部惹起力があることまでは立証できなかった場合、Ｂは、民法719条1項後段の類推適用により、寄与度の立証に成功しなければ全部（連帯）責任を負い、寄与度の立証に成功して初めて限度責任になるべきである（被害者がＡＢとも一部惹起力しか立証できない場合、ⓑ「累積的競合」になることはいうまでもない）。

ⓕ 「累積的競合・択一的競合不明型」（四宮説の⑤「必要的競合の割合的惹起型（②）」であるか「択一的競合（③）」であるかが不明の場合）は、四宮の事例を敷衍すれば、1回の服用でもある程度の副作用が出る薬をＣが2回服用したことでさらに強い副作用が出たが、ＡＢ会社の薬をそれぞれ1回ずつ服用したか、ＡＢいずれか一方を2回服用したかが不明の場合である（建設アスベスト問題もこの類型にあたる[16]）。四宮は、累積的競合に相当する「必要的競合の割合的惹起型（②）」の寄与度不明の場合には頭割りの分割責任としているが、この場合は択一的競合の可能性もある点を踏まえて、1項後段の「拡張適用」により、減免責の余地のある全部（連帯）責任になると論じた。

これに対し、私見（詳細は後述）では、そもそも「累積的競合」について1項後段の類推適用により、（減免責ないし分割責任の余地のある）全部（連帯）責任と考えるので、「累積的競合・択一的競合不明型」について、「択一的競合」の可能性があることを四宮のような形で考慮して、「累積的競合」と類型を区別する必要はない。では、「累積的競合・択一的競合不明型」は、「累積的競合」に吸収されて独自の意義を持たないことになるのか。

「累積的競合・択一的競合不明型」には、従来の「累積的競合」で問題となっ

---

15) 淡路・前掲（注5）133頁。
16) 累積的競合だけでなく択一的競合の可能性もある点について、淡路・前掲（注1）『公害環境訴訟の新たな展開』43頁。前掲（注3）も参照。

てきた、①大気汚染公害や②近時の複数職場での粉じんやアスベストへの曝露とは大きく異なる点がある。①は、地理的な関係や風向などから個別の「到達の因果関係（原因物質への曝露）」の推認が可能な（少なくともその立証が困難ではない）事案類型であり、②は明らかに認められる事案類型であるのに対し、上記の四宮の事例を敷衍した薬害の事例や、建設アスベスト問題は、「到達の因果関係（原因物質への曝露）」が明らかでない点が大きく異なる。この点を踏まえて、後で再度検討することにする。

III 択一的競合・累積的競合をめぐる従来の議論（準備作業その２）[17]

原因競合の諸類型の中で本稿の課題との関連性が深いのが択一的競合と累積的競合である。両者に関する従来の議論についても準備作業としてやや詳しく検討しておく。

1 択一的競合（１項後段）に関する従来の議論

(1) 明治民法起草者の穂積陳重・梅謙次郎・富井政章は、以下の説明をしている。

穂積は、①「大勢ガ寄ツテたかツて人ヲ打」ったが「誰ノ拳ガ當ツタノカ分ラヌ」場合、「害ヲ加ヘタ者」だけを「証明」するのが難しいので、「現ニソコヲ襲ヒマシタ者ハ分ツテ居ルガ……其損害ヲ加ヘタ者ハ誰ヤラ分ラヌデモ皆一緒ニ連帯責任ヲ負ハセル」趣旨である、とする一方、②「共同行為者」という文言について、「数人同時ニサウシテ同一ニ不法行為ヲ同ジ者ニ向ツテ為ス」ということの表現が難しく、（議長の箕作がいうように）「共同」という

---

17) 神田孝夫「共同不法行為」星野英一編集代表『民法講座６』565頁（有斐閣、1985）に多くを負いつつ、その後の議論の展開も検討した、前田・前掲（注２）と一部重複する。なお、択一的競合に関する従来の議論を概観するものとして、渡邉知行「『加害者不明の共同不法行為』について(4)(5・完)」名大法政論集148号449頁、151号449頁(1993)も参照。

のは「重イ」かもしれない[18]、とした。梅は、数人が石を投げて一つが当たるなど「同時」に不法行為をして他人に「一ノ損害」を生じさせたが、誰が損害を与えたか分からないために、あたかも「共同ノ行為ニ因リテ損害ヲ生シタルモノノ如ク観做」して連帯責任を課すことで、そうしないと誰に対しても賠償請求できなくなる被害者を特に保護した[19]、とした。富井も、（意思の共通なく）十人が同時に加害行為をしてその一人によって失明させられたが、その一人が誰か分からない場合の規定である[20]、とした。

穂積・梅・富井とも、同一の被害者に対する同一の複数の行為のどれが損害を加えたかが不明であるという択一的競合である点に重点があり、「同時」という点にはあまり本質的な意味を与えていない。穂積の②と梅の説明からは、「共同行為者」の「共同」には重い意味はなく、《「共同行為」によって損害が発生したと看做す》という程度の意味しかない。穂積の①の後半は、「特定性」の要件を示唆するものとして注目される。

(2) その後の学説は、1項前段について主観的共同説をとる初期の学説のなかで、（累積的競合も含まれる）各自が加えた損害部分が不明の場合について、立法論としては規定が必要であるが、解釈論としては1項後段を適用することはできないとする岡松参太郎と、1項後段の適用を認める菱谷精吾の対立がみられた[21]。しかし、1項前段に関する客観的共同説を主張して通説化への先駆けとなった横田秀雄が、①1項後段を択一的競合の規定と捉えた上

---

18) 法務大臣官房司法法制調査部監修『日本近代立法資料叢書5　法典調査会民法議事速記録（五）』394頁、396頁、398頁（商事法務、1984）。
19) 梅謙次郎『民法要義巻之三〔初版〕』894頁以下（明法堂、1897）。「連帯責任アルモノトセサレハ被害者ハ竟ニ誰ニ向テカ其賠償ヲ請求スルコトヲ得ンヤ故ニ立法者ハ特ニ被害者ヲ保護シ右ノ行為者全體ヲシテ連帯ノ責任ヲ負ハシメタルナリ」。
20) 富井政章『債権各論完』207頁以下（信山社、1994〔1912年の講義案の復刻版〕）。
21) 菱谷精吾『不法行為論〔改訂増補第二版〕』152頁以下、155頁以下（清水書店、1908）、岡松参太郎『註釈民法理由債権編〔初版〕』次494頁（有斐閣書房、1897）。後記2(1)で述べるように、旧民法は複数の工場からの煙害のように寄与度不明の同一損害を複数加害者が与えた場合に対応する規定になっていたことが、このような議論の背景にあろう。

で、②因果関係不存在の証明による免責をいち早く明確に主張して[22]からは、②については反対説が主張された時期もあった[23]が、①は学説の共通理解となっていった。

　(3)　戦後の学説では、加藤一郎が、上記②の免責を認める説を支持してそれが通説化につながった。一方、加藤は、数人が押し合っているときに誰かがナイフで刺した場合を例にして、「前提となる集団行為について客観的共同」があれば1項後段の「共同行為者」の要件を満たすとした[24]が、この点についてはその後も議論が進んでいる。

　(4)　すなわち、「共同行為者」について、加藤が論ずるような緩和された共同性の要件すら不要であって、「偶然の関係」でもよいとする説（幾代通・四宮・平井宜雄・澤井裕など）[25]が増えていった。さらに、次に述べる「特定性」のある択一的競合であれば、「場所的時間的近接性」を不要であるとする説（淡路・能見善久など）[26]も増えていった（裁判例でその旨を判示するものとして、福岡高判平成13・7・19判時1785号89頁）。

　このように「偶然の関係」でもよいとするなど、共同性の要件が希薄化していく中で、「共同行為者」の範囲が無限定に拡がらないように、「共同行為

---

22)　横田秀雄『債権各論〔初版〕』891頁以下（清水書店、1912）。

23)　末弘厳太郎『債権各論〔初版〕』1110頁（有斐閣、1918）は免責を認めたが、鳩山秀夫『増訂日本債権法各論下』983頁以下（岩波書店、1924）、我妻榮『事務管理・不当利得・不法行為』196頁（日本評論社、1937）は、免責を否定した。

24)　加藤一郎『不法行為〔増補版〕』211頁（有斐閣、1974）。

25)　幾代通『不法行為』215頁（注3）（筑摩書房、1977）、幾代通＝徳本伸一『不法行為法』229頁（注3）（有斐閣、1993）、四宮・前掲（注5）794頁、平井・前掲（注14）210頁以下、澤井・前掲（注14）358頁。

26)　明示的に述べる説として、淡路剛久「投薬証明のないスモン患者と製薬企業の共同不法行為責任」ジュリ733号120頁(1981)、能見善久「共同不法行為責任の基礎的考察（8・完）」法協102巻12号2240頁(1985)、橋本佳幸ほか『民法Ⅴ』292頁〔大久保邦彦〕（有斐閣、2011）。明示はしていないが同旨の説として、四宮・前掲（注5）794頁、平井・前掲（注14）211頁、加藤雅信『新民法大系Ⅴ〔第2版〕』367頁（有斐閣、2005）、吉村良一『不法行為法〔第4版〕』253頁（有斐閣、2010）、前田陽一『不法行為法〔第2版〕』132頁（弘文堂、2010）、潮見佳男『不法行為法Ⅱ〔第2版〕』219頁（信山社、2011）。

者」全員の「特定」を必要とする説が幾代によって主張されて支配的になった。その一方で、特定性による限定だけでなく、1項後段の共同行為者の「行為」自体の性質という別の側面からも限定を加えようとする説もみられるようになった。

　すなわち、特定性については、(ア)「『加害者はこの数人のだれかであり、この数人以外に疑いをかけることができる者が1人もいない』という程度までの証明」を要するという幾代説に依拠した説明の仕方をする説[27]が多い。その一方で、(イ)損害発生の「(ある程度の)可能性」や「危険性」などの「行為」自体の性質から「共同行為者」の要件を絞った上で、「『共同行為者』として特定した者以外の者によってはもたらされなかったことの証明」を要すると主張する説(淡路・四宮)[28]も登場した。このような説の中には、(ウ)法益侵害を惹起する「危険性」や「具体的危険性」という行為自体の性質から限定しつつ、特定性について(ア)の説明の仕方をする説(潮見佳男・大久保邦彦)[29]もみられる。

　このように近時の学説は、ニュアンスの違い(「共同行為者」の範囲の「特定」についてどの程度の立証を要するか、「共同行為者」の行為の性質自体からも限定するのか等)はあるものの、「共同行為者」に当たる者を、それ以外には該当者がいないことも含めて、被害者が特定して立証すべき点について、あまり異論はなかった[30]が、最近の建設アスベスト問題に関する議論には、「特定性」の要否をめぐる議論が一部みられる。すなわち、1項後段は、択一的競合の

---

27)　幾代・前掲(注25) 215頁(注3)、幾代＝徳本・前掲(注25) 229頁(注3)、澤井・前掲(注14) 358頁、吉村・前掲(注26) 253頁、潮見・前掲(注26) 219頁。

28)　淡路・前掲(注26) 120頁以下(「損害惹起の蓋然性」という表現も用いている)。四宮・前掲(注5) 794頁。ただし、淡路説は、後述する建設アスベスト問題については、純粋な択一的競合の問題でないとして特定性の要件を緩和している。なお、「場所的時間的近接性」を一要素として考慮して侵害惹起の危険性を問題とする、前田達明『民法VI$_2$ 不法行為法』191頁以下(青林書院、1980)も参照。

29)　潮見・前掲(注26) 219頁、橋本ほか・前掲(注26) 292頁〔大久保〕。

30)　前掲(注25)、前掲(注26)の引用文献のほか、内田貴『民法II〔第3版〕』534頁(東京大学出版会、2011)。

みに適用されるものではなく、「共同行為者」とされた者のなかにのみ「損害を加えた」者がいるという限定はされていないとして、「特定性」の要件は不要であるとする主張がみられる[31]が、1項後段が累積的競合にも適用されるとする立場からも「特定性」の要件の必要性について反論がされている（後述）[32]。

2 累積的競合に関する従来の議論

一方、累積的競合に関する従来の議論はどうか。

(1) 旧民法財産編378条[33]の本文は、複数の加害者が寄与度不明の同一の損害について責任を負う場合一般[34]について（分割責任ではなく）「全部義務」を負う旨を規定し、当時の学説は、複数の工場の煙突からの煤煙被害という累積的競合の事例を挙げていた[35]。

明治民法は、上記の場合に明文で対応する規定を欠いたため、初期の学説には、（累積的競合も含まれる）各自が加えた損害部分が不明の場合に1項後段の適用を認めようとする議論が一部みられた（前記1(2)の菱谷）が、その後は

---

31) 松本克美「侵害行為者の特定と共同不法行為責任の成否」立命333＝334号1397頁以下（2011）。

32) 吉村・前掲（注1）立命344号258頁。

33) 「本節ニ定メタル総テノ場合ニ於テ数人カ同一ノ所為ニ付キ責ニ任シ各自ノ過失又ハ懈怠ノ部分ヲ知ル能ハサルトキハ各自全部ニ付キ義務ヲ負担ス但シ共謀ノ場合ニ於テハ其義務ハ連帯ナリ」。

なお、但書の「共謀」の場合の「連帯」には、「時効中断」や「附遅滞」の絶対効による被害者保護の点に差異があった（井上正一『民法正義財産編第二部巻之壱』496頁（新法註釈会、1891））。

34) 富井政章『民法論綱人権之部上巻』397頁以下（岡島宝文館、1890）は、〔同一の〕損害賠償責任を免れない〔過失はあるが共謀のない〕者が数人いる場合について、各自の過失の割合を定めるのが困難であるから分割責任ではなく全部義務を規定したとして、「同一ノ所為」の文言を「同一の侵害ないし損害」という趣旨に解し、後掲（注35）の学説と同様、累積的競合を含む規定と理解していた。能見善久「共同不法行為責任の基礎的考察(2)」法協94巻8号1226頁以下（1977）も参照。

35) 宮城浩蔵『民法正義債権担保編第壱巻』388頁（新法註釈会、1891）。

途絶えて、戦後の公害問題を契機に復活することになる。

すなわち、大気汚染公害のような場所的時間的近接性を有する累積的競合について、四日市公害判決（津地四日市支判昭和47・7・24判時672号30頁）の1項「前段」による「弱い関連共同性」論（因果関係の不存在の立証による「免責」の余地のある全部連帯責任）を経て、淡路[36]や西淀川第1次訴訟（大阪地判平成3・3・29判時1383号22頁）の1項「後段」の（類推）適用による「弱い関連共同性」論（因果関係の不存在や寄与度の立証による「減免責」の余地のある全部連帯責任）で対処されるに至った。

四日市公害判決は、加害行為の《場所的時間的近接性》に照らして「弱い関連共同性」（すなわち「社会通念上全体として一個の行為として認められる程度の一体性」）を認める一方、淡路説は社会観念上の一体性があれば異時的でもよい[37]とし、西淀川第1次訴訟は、加害行為に場所的時間的な拡がりが一定程度ある中で「弱い関連共同性」を認めるなど、場所的時間的近接性は緩やかに解される傾向にある。

しかし、緩和されているとはいえ、あくまでも「弱い関連共同性」という要件が1項前段の「強い関連共同性」と対になる形で設定されていることに留意する必要がある。近時の学説には（競合的不法行為に関してではあるが）1項後段の類推適用について《場所的時間的近接性》の必要性を改めて強調する見解[38]もみられる。

(2) これに対し、複数の職場を長年転々として粉じんやアスベストに曝露した場合のような、《場所的時間的近接性を欠く累積的競合》については、従前の「弱い関連共同性」では対応することができない。

現に、近時の裁判例（福岡高判平成13・7・19判時1785号89頁）は、(i)「複数の行為が相加的に累積して被害を発生させていること（客観的共同）」と、(ii)「各行為者が他者の同様の行為を認識しているか、少なくとも自己と同様の行

---

36) 淡路・前掲（注5）127頁以下（初出は判タ271号8頁以下〔1972〕）。

37) 淡路・前掲（注5）129頁。なお、同「共同不法行為（日本不法行為法リステイトメント）」ジュリ898号94頁、95頁注(1)（1987）も参照。

38) 潮見・前掲（注26）209頁。

為が累積することによって被害を生じさせる危険があることを認識していること（主観的要件）」の2要件を満たす場合に、1項後段を類推適用する新たな解釈論で対応している。場所的時間的近接性を欠くために、それを補うものとして1項「後段」について前記(ii)の主観的要件を設定するという弥縫策ともいえるものであり、このような《場所的時間的近接性を欠く累積的競合》を直接対象とした理論的検討は必ずしも十分にされてこなかった[39]。

関連する問題として、投薬証明のないスモンや筋萎縮症は、択一的競合と累積的競合の両方の要素を含みうるものであるが、スモンに関する学説[40]は、択一的競合を中心に1項後段の適用を論ずるものであり、筋萎縮症に関する裁判例[41]は、《物理的時間的近接性》を要件とするものであった。

(3) その一方で、《場所的時間的近接性を欠く累積的競合》を直接の検討対象とするものではないが、上記を含む関連共同性が認められない場合に関するいくつかの理論的検討がみられる。すなわち、①1項前段の適用範囲を限定する学説や、②1項後段を（類推）適用する「弱い関連共同性」論をとらない学説の中には、関連共同性が認められない範囲が広くなるため、かかる検討を深めたものがある。さらに、近時は、③関連共同性のない競合的不法行為について比較的幅広く1項後段の類推適用を認める説もみられる。

(ア) ①の学説（前田達明）[42]は、減免責の余地のない全部連帯となる責任が広くなり過ぎないよう主観的共同を要件として1項前段を狭く解釈する代わりに、関連共同性がない場合に1項後段を幅広く類推適用することで一定の保護を与えようとしたが、後に、《物理的時間的近接性》等による限定を加える

---

39) 1項後段の類推適用を示唆するものとして、吉田邦彦『多文化時代と所有・居住福祉・補償問題』620頁（有斐閣、2006）。

40) 淡路・前掲（注26）論文。

41) 福島地白河支判昭和58・3・30判時1075号28頁は、1項後段の「共同行為者」について物理的時間的近接性を要件の一つとし、東京地判昭和60・3・27判時1148号3頁は、特定の医師によりほぼ同時期ないし一定期間内に継続投与されたことをもって製薬会社間に1項後段の「共同行為者」としての社会的一体性を認めた。

42) 前田達明『判例不法行為法』175頁以下（青林書院、1978）、同・前掲（注28）191頁以下。

ようになった(なお、最近の改説については後述する)。

　(イ)　②の第1の学説(平井)[43]は、「弱い関連共同性」論をとらない代わりに、「競合的不法行為」について、損害の一部について事実的因果関係が及ぶことが立証されれば、加害者側が「損害の可分性」と「事実的因果関係の及ぶ部分」を立証して減免責がされない限り、全部連帯責任が認められるとすることで、1項後段の類推適用によらずに、これと同様の結果を導いている。

　一方、②の第2の学説(四宮)[44]は、「弱い関連共同性」論をとらない代わりに、謙抑的な形で1項後段を活用する。すなわち、前述のように、「累積的競合・択一的競合不明型」にほぼ相当する場合は、1項後段の「拡張解釈」により全部(連帯)責任としているが、「累積的競合」にほぼ相当する場合は、全部惹起力がないことから1項後段の「趣旨」により、寄与度が不明のときは頭割りで平等と推定した(加害者側が寄与度を立証した場合にはその割合による)分割責任とするにとどめる。

　(ウ)　これに対し、③の学説(大塚)[45]は、平井が「一般原則」を理由に損害の一部についての事実的因果関係の立証で全部連帯責任を認めることに対する理論的な疑問や、四宮が頭割りを原則とすることによる一部加害者の無資力の危険などを考慮して、競合的不法行為について限度責任を原則としつつ、寄与度不明の場合には1項後段を類推適用すべきものとしている。③の立場は、競合的不法行為による寄与度不明の損害について、加害者の特定性の要件も考慮しつつ[46]、比較的幅広く1項後段の類推適用を認める(①の初期に近

---

43)　平井・前掲(注14) 208頁、212頁(累積的競合には減責の余地を認めるが、必要条件的競合には認めない立場であろう)。

44)　四宮・前掲(注5) 796頁以下、420頁以下。寄与度不明の場合に頭割りの分割責任とする立場として、能見善久「共同不法行為(不法行為法改革の方向)」ジュリ918号93頁(1988)のほか、ヨーロッパ不法行為法原則(PETL)第3：105条も参照。

45)　大塚・前掲(注11) 882頁以下、特に885頁、同「差止と損害賠償」ジュリ1362号78頁以下、79頁注[51][52][53] (2008)(民法改正研究会『民法改正と世界の民法典』〔信山社、2009〕所収)。平井説への批判につき、潮見・前掲(注26) 199頁参照。

46)　大塚・前掲(注11) 883頁、同「共同不法行為論」淡路剛久＝寺西俊一編『公害環境法理論の新たな展開』181頁参照(日本評論社、1997)。

い)ものである。

　近時の学説には、同様の立場をとりつつ、競合的不法行為に対する1項後段の類推適用の範囲をより限定するために、侵害行為と行為者の範囲の特定とともに、(①の後の立場と同様)《場所的時間的近接性》を要件とするもの(潮見)[47]もある。

IV　建設アスベスト問題と1項後段に関する学説・裁判例

1　従来の学説

　建設アスベスト問題と1項後段に関わる従来の学説はどうか。
　(1)　前田達明と原田剛の共著書[48]は、1項後段(「弱い関連共同性」)について、かつての前田説で要件とされた《物理的時間的近接性》は特に問題とせず、①「各被告の行為がそれだけで損害をもたらし得る『危険性』を有すること」、および、②「各被告の行為が現実に損害の原因となった『可能性』があること」について原告側が主張立証責任を負うのに対し、被告側は「現実に損害の原因とならなかった事実、あるいは、なったとしても一部であるという事実」の主張立証による免責・減責の抗弁をすることができる、とする。その上で、①は、病理学的ないし疫学的因果関係で足りるとする一方で、②は、「現実的危険性」ないし「原告と被告との"接点"」である、として、大気汚染公害では汚染物質到達地域での居住、薬害では当該被告製品の服用、じん肺訴訟では当該被告の関与する現場での作業を原告が主張立証すべきである、とする。

---

47)　潮見・前掲(注26) 150頁、204頁以下、210頁(共同不法行為の効果として減免責を認めず「弱い関連共同性」論をとらない立場をとる。しかし、同様の帰結を競合的不法行為への1項後段の類推適用として醇化しようとしており、少なくともこの点は大塚と軌を一にする)。

48)　前田=原田・前掲(注1) 267頁、263頁。

同書自体は、建設アスベスト訴訟に直接言及するものではないが、同書の分析は、原告が作業した現場とそこで使用されたのが何れの被告の製品であるかについて原告側が主張立証責任を負う、とする被告側提出の意見書の一部を構成していることが指摘されている[49]。

　(2)　淡路[50]も、「弱い関連共同性」がある場合に1項後段の適用ないし類推適用をする議論を基本とする点では前田＝原田説と共通するが、①「弱い関連共同性」に《場所的時間的近接性》を要する立場を一応の前提として検討する点や、②1項後段により、個別の「到達の因果関係」を推定する点では、前田＝原田説と異なる（淡路説のほうが従来の「弱い関連共同性」論の枠組みに近い）。

　淡路は、1項後段の「特定性」の問題と「到達の因果関係」の立証の問題について相互に関連させながら、以下のように論じている。

　まず、「到達の可能性のあるすべての製造業者を特定しなければならないか、という問題」について、択一的競合だけでなく累積的競合や必要条件的競合の可能性もあることから、「共同行為者のすべてを特定する必要はなく、共同行為者とされた者のいずれかの行為あるいは累積された行為がアスベスト疾患を引き起こした可能性（つまり到達の可能性）が高度の蓋然性をもって証明された場合には、共同行為者として同定された各製造業者と被害との間の個別的因果関係を推定してよい」、とする。その上で、上記の可能性についての「高度の蓋然性」の証明があれば、前田＝原田説における「現実的危険性」があったというべきであって、到達したこと自体が証明されれば民法709条で解決すれば足りることになる、とする。

　(3)　松本克美は、1項後段について、択一的競合のみに適用されるものではなく、「共同行為者」とされた者のなかにのみ「損害を加えた」者がいるという限定はされていないとして、「特定性」の要件を不要とする[51]とともに、1項後段の適用（加害者不明）・類推適用（弱い関連共同性）を問わず、特定の

---

49)　吉村・前掲（注1）立命344号262頁（注36）。
50)　淡路・前掲（注1）『公害環境訴訟の新たな展開』42頁以下、45頁付記。同・前掲（注1）環境と公害42巻2号43頁以下も参照。

加害者の行為によって特定の被害者に「到達」したことを被害者が証明することは必要条件ではないとして、「現実的危険性」ないし「原告と被告との"接点"」の証明を要する前田＝原田説に疑問を呈する[52]。

(4) 吉村良一は、1項後段の適用ないし類推適用の要件として、①被告が「損害を惹起しうる（その危険性を有する）行為を行っていたこと」、②「そのいずれか一つ又は複数の行為から損害が発生したこと」、③「個別の因果関係立証が困難ないし不可能であること」、④「可能性のある者の範囲が限定されていること」、を挙げた[53]上で、以下のように論じた。

①について[54]は、製品の性質や流通の仕組みからみて原告の現場で使用される可能性がない場合を除き、市場を通じて全メーカーに①の要件の「危険性」があるというべきであるとした。その上で、前田＝原田説が、「特定」の被告の製品との「接点」を問題とすることは、1項後段の意義を否定するものであり、被害者に過酷な証明を要求する点で公平性を失すると批判した。淡路説については、「到達の可能性」を問題とした点は、①について「曝露の可能性」があれば足りるとする吉村説と同様であるとする一方、淡路が「場所的時間的近接性」を問題とした点は、これを不要とする吉村説とは異なるが、到達と曝露の可能性を基礎づけるものとしての「場所的時間的近接性」をかなり緩やかに判断している点では大きな差はないとする。

④について[55]は、松本説への批判として、択一的競合・累積的競合を問わず、「義務者が無限定に拡がらないため」の要件として「特定性」は必要である、としつつ、「被害を発生させる危険性のある行為を行った者」が他にいないことを100％立証する必要はなく、「高度の蓋然性（80〜90％）」を立証すれば足りるとして、アスベスト製品のデータベース登載企業全部を「共同行為者」

---

51) 松本・前掲（注31）1397頁以下。これを支持するものとして、平野裕之『民法総合6〔第3版〕』295頁注499（信山社、2013）。

52) 松本・前掲（注11）533頁、534頁（注36）。

53) 吉村・前掲（注1）立命344号232頁（258頁も参照）。

54) 吉村・前掲（注1）立命344号246頁、253頁以下。

55) 吉村・前掲（注1）立命344号256頁以下、249頁以下。

とすれば、特定性の立証を満たしている（ただし連帯責任であるから「『特定』された全員を被告とする必要はない」）、とする。

(5) 以上の学説をどうみるか。

㋐ 上記のいずれの説も個別的な因果関係の立証を要しない点では共通しているが、前田＝原田説は、到達ないし曝露の可能性に関する立証を最も具体的に要求する点で、淡路・松本・吉村の各説と大きく異なる。

一方、淡路説と吉村説は、松本説とは異なり、(緩和された形ではあるが)「特定性」の要件を問題とする点でも軌を一にするが、以下に述べるように、相違点もみられる。

淡路は、「共同行為者」全てを特定する必要はないとしつつ、個別的な「到達の因果関係」の推定を導く前提として、「共同行為」(的なもの)についての「到達の可能性」を「高度な蓋然性」をもって立証するのに必要な限度での「共同行為者の特定」を要求する点で、「特定性」・「到達の可能性」の各立証を絡めた議論をしている。《場所的時間的近接性》を問題とした上で、「共同行為者とされた者のいずれかの行為あるいは累積された行為」（という共同行為的なもの）についての「到達の可能性」を「高度の蓋然性」をもって立証することで個別的な「到達の因果関係」を推定するものであり、従来の「弱い関連共同性」論に引きつけた議論とみることができる。

これに対し、吉村は、《場所的時間的近接性》を問題とせずに、個々の行為について損害惹起の「危険性」を問題とする点や、特定性について、淡路のように「共同行為」(的なもの)についての「到達の可能性」の立証の程度に絡めて論ずるのではなく、あくまでも損害惹起の危険性を有する「共同行為者」該当者が他にいないことについての「高度の蓋然性」を問題とする点で、1項後段の本来適用である択一的競合に引きつけた議論をしている点が異なる。後述のように、吉村は、上記とは別に、「弱い関連共同性」論に基づく議論もしているが、これは淡路とは異なり、主観客観併用説によるものである。

㋑ このように淡路説・吉村説は、理論的には異なる枠組みに立つが、従来の「弱い関連共同性論」や「択一的競合論」を建設アスベスト問題の性質

に即して修正緩和するものであり、被害者側の立証の負担軽減の点では実質的に大きな差はないといえよう。

　一方、前田＝原田説は、大気汚染公害を中心に形成されてきた「弱い関連共同性論」を前提としているが、《場所的時間的近接性》を問題としないことで、淡路説のような「共同行為」（的なもの）についての「到達の可能性」を立証の対象とせずに、個別の行為について、しかも、「現実的危険性」（ないし個別の加害者・被害者の「接点」）を立証の対象としている。

　大気汚染公害は、地理的関係や風向などから、個別的な「到達の因果関係」の推認が可能であり（少なくともその立証は困難ではなく）、むしろ、累積的競合におけるどの程度の損害を加えたかが不明であることの立証困難の克服に重点を置いて、「弱い関連共同性」論が形成された経緯がある。すなわち、1項前段のような関連共同性はないが、《場所的時間的近接性》のある複数の行為が累積的に競合して寄与度不明の「一体化」した損害が発生したことから、「弱い関連共同性」のある「共同行為」と損害との因果関係の立証をもって、各被害者の「全損害」との個別的因果関係を推定して「全部（連帯）責任」（1項後段の類推適用により減免責の余地のあるもの）を導くにあたって、個別の「到達の因果関係」の立証についても（結果として）緩和されたにすぎない。前田＝原田説が、大気汚染公害とともに「弱い関連共同性」論の分析対象とする近時の複数職場における粉じん曝露（じん肺）の問題では、個別の「到達の因果関係」はより明白である。

　これに対し、建設アスベスト問題は、加害行為の態様から個別の「到達の因果関係」が不明確である（共同行為者の範囲も不明確である）点に特色があるが、前田＝原田説は、前述のように、個別の行為について、しかも、「現実的危険性」（ないし個別の加害者・被害者の「接点」）を立証の対象としているので、従来の「弱い関連共同性」論や「択一的競合」論よりも被害者側に具体的な立証を求めているといえる。

2　従来の裁判例

　建設アスベスト問題と1項後段に関する従来の裁判例はどうか。

(1) 横浜地判平 24・5・25（裁判所 HP）[56]は、1 項前段の共同不法行為の成立を否定した上で、以下の理由により、1 項後段の適用ないし類推適用による共同不法行為も否定した。

① 「石綿含有建材データベースに……登録されている会社は、被告企業ら以外にも少なくとも 40 社以上はある……上、廃業し……た会社もあることを考慮すると、被告企業ら以外にも、各原告の……疾患発症の原因となった石綿含有建材を製造等した可能性のある者がいる」ので、「同項後段の択一的競合関係は、共同行為者とされる者以外に疑いをかけることのできる者はいないという程度までの立証を要するものとすれば、……同項後段の特定として足り……ない」。また、「1 項後段の類推適用として、一部の競合行為者しか特定できない場合でも、一定の割合で特定された競合行為者の連帯責任を認め得るとの立場に立ったとしても、被告企業らにそのような共同不法行為を認めることはできない」。

② 「原告らは、石綿関連疾患（少なくとも肺がん、中皮腫）の発症には石綿粉じん暴露の閾値がないから、被告企業らは、択一的競合の関係にあ」り、「石綿含有建材を製造等した以上は、各原告の損害を発生させる可能性がある」と主張するが、「同項後段の適用又は類推適用のために、択一的競合関係にある共同行為者の範囲を画するものとして、石綿含有建材を製造等したことがあるというだけで足りるものとは解されない」。「被告企業 44 社の石綿含有建材の製造の種類、時期、数量、主な販売先等は異なり、一方で、各原告又は被相続人の職種、就労時期、就労場所、就労態様は異なる」ので、「各原告又は被相続人の損害を発生させる可能性の程度は、各被告ごとに大きく変わり得る」のに、「それらを捨象して、……製造等した企業であれば、どの原告又は被相続人に対しても、いわば等価値にその損害を発生させる可能性があるとはいうことができ」ず、「原告らの主張では、択一的競合関係にある共同行為者の範囲を画していない」。

---

[56] 同判決の共同不法行為論に応接するものとして、淡路・前掲（注 1）環境と公害 42 巻 2 号 39 頁、吉村・前掲（注 1）立命 347 号 1 頁。

③　「原告らは、各被告企業が、単独では被害を発生させない石綿含有建材を流通させたにとどまるとしても、他の被告企業らの行為との相加的累積（客観的共同）と自己と同様の行為の累積による危険の認識（主観的要件）があれば、……1項後段が類推適用されると主張する」が、「原告らの主張が、各原告又は被相続人について、それぞれ、被告企業44社が客観的共同の関係にあるというのであれば、それには、〔①及び②と〕同様の問題がある」。

④　「原告によって、その職種、就労時期、就労態様等から、ある程度、使用した可能性のある建材、蓋然性のある建材を選別することができるはずであり」、「その建材を製造等した被告企業の間では、……1項後段の共同不法行為の成立を考える余地も出てくる」のに、「原告らは、上記のような原告又は被相続人ごとの被告企業の限定をあえて行ってこなかったものであ」り、「1項後段の適用又は類推適用による共同不法行為が成立するということはできない」。

(2)　東京地判平成24・12・5（判時2183号194頁）[57]も、1項前段の共同不法行為の成立を否定した上で、以下の理由により、1項後段の適用ないし類推適用による共同不法行為も否定した。

①　「1項後段は、……関連共同性を欠く数人の加害行為により損害が生じ、その損害が当該数人中の誰かの行為によって生じたことは明らかであるが、誰が生じさせたか不明の場合（択一的競合の場合）において、因果関係を推定し、当該行為者に連帯して賠償責任を負わせる趣旨の規定であ」り、「当該行為者において因果関係の不存在を立証することができない限り、損害賠償責任を負うこととなるという効果の強さに照らすと、同項後段を適用する前提として、加害行為が到達する相当程度の可能性を有する行為をした者が、共同行為者として特定される必要があり、かつ、その特定は、各被害者（各原告等）ごとに個別的にされる必要がある」。

---

[57]　同判決の共同不法行為論に応接するものとして、吉村・前掲（注1）環境と公害42巻4号62頁、立命347号1頁。なお、筆者は判例評論661号21頁（判時2208号159頁）(2014)に同判決の評釈を掲載した。

② 「原告らは、従事してきた建築現場の種類などの個別的な事情が各原告等によって異なるにもかかわらず、……全ての原告等に対し、国交省データベースに掲載されている全ての石綿含有建材の製造販売企業が、共同行為者に当たると主張している」が、「加害行為が到達する可能性がゼロではない限り同項後段の『共同行為者』に該当するという……このような見解は、因果関係の存否の証明責任を転換するという同項後段の効果に鑑みると、責任を負う者の範囲を不当に拡げることになるものであって、相当でな」い。

「各原告らが共同行為者として特定した……企業の中には、加害行為が到達した相当程度の可能性に欠けるどころか、可能性が極めて低いと考えられるものも多く含まれており、そのいずれもが、個々の原告等との関係において、加害行為が到達する相当程度の可能性を有する行為をしたと認めることはできないというべきである」。

③ 「同項後段の上記趣旨に照らせば、……累積的競合又は寄与度不明の場合にあっても、各被害者との関係で、加害行為が到達する相当程度の可能性を有する行為をした者が共同行為者として特定されることが前提であると解される」。

(3) 横浜地判・東京地判をどうみるか。

両判決とも、択一的競合ないし累積的競合に関する1項後段の適用ないし類推適用について、従来の択一的競合論の延長線上で、(ア)単にアスベスト製材を製造していたというだけでは、到達・曝露による損害発生の可能性は抽象的にとどまり、同項を適用ないし類推適用する「共同行為者」には該当せず、(イ)原告が被告としたメーカーをもって全部連帯責任を負うべき「共同行為者」として特定されたことにならないので、各原告の個別的な事情ごとにより具体的な立証を要する旨の立場をとる点で基本的に共通する。上記(ア)(イ)の議論は、共同行為者の選別(該当性)の問題と、該当者の範囲画定(特定性)の問題を区別する学説(淡路・四宮を嚆矢とし、近時は、潮見・大久保・吉村：Ⅲ1(4)、Ⅳ1(4)参照)を踏まえたものである(上記(ア)が前者、(イ)が後者に対応する)が、(ア)(イ)の双方について、ニュアンスに差異もある。

横浜地判は、被告以外に40社がデータベース上に存在し、廃業した企業も

ある旨を指摘して特定性を否定した(ややミスリーディングな)部分もある(①)が、むしろ、(a)原告の個別事情ごとに「ある程度」の「可能性」ないし「蓋然性」のある被告企業を選別し(④)、(b)それ以外に、そのような「共同行為者」として「疑いをかけることのできる者はいないという程度までの立証」による範囲画定・特定(①)を求める点に主眼があると考えられる。

一方、東京地判は、上記(a)の点について、「到達する可能性がゼロではない」というだけでは「共同行為者」として連帯責任を負う範囲が拡がりすぎるとして(さりとて、一部の学説のような「具体的危険性」まで絞らずに)、「加害行為が到達する相当程度の可能性を有する行為をした者」を「共同行為者」該当者とした上で、上記(b)の点については、原告ごとに個別的に立証して「共同行為者として特定」する必要があるとするにとどまる。要件を満たす「共同行為者としての特定」をもって、それ以外にそのような者がいないことの立証を兼ねる趣旨と思われる。

いずれにせよ、両判決の判示するところは、少しでも可能性のある者を共同行為者として「特定」しようとすれば、「可能性」が極めて低い者まで含まれてしまう一方、共同行為者を一定以上の「可能性」ある者に限定しようとすれば、他に「疑いをかけることのできる者はいないという程度」の「特定性」の立証に達していないとする反論が出かねないというトレードオフの問題を被害者側に押し付ける点に疑問がある(後記V(3)(ア)参照)。以下では、この点も意識しながら考察したい。

V 若干の考察と試論

本稿の中心課題である「累積的競合・択一的競合不明型」と建設アスベスト問題について考察するにあたり、関連する問題である「択一的競合」や「累積的競合」についても、これまでの検討を踏まえた考察を加えておきたい。

(1) 「択一的競合」について

(ア) 建設アスベスト問題では、製造または販売した企業が多く、各被告が各原告との関係で損害を発生させた可能性が低い点が問題となるが、これに

関連して、択一的競合であるだけで何らの共同性が認められず、損害を発生させた可能性がある者が 100 人いて 100 分の 1 しか損害発生の可能性がなかった場合はどう考えるべきか（つとに能見が指摘していた問題である[58]）。

　加害者側の立証による免責の余地があることを考慮しても、前掲・東京地判平成 24・12・5 が「択一的競合」について論ずるように、損害を発生させた可能性がゼロでないというだけで、1 項後段の「共同行為者」の要件を満たす者として個別的因果関係を推定して全部（連帯）責任を認めることは、要件と効果のバランスを失する点で相当でないと考えられる。近時の学説や裁判例が、「ある程度の可能性」「危険性」「具体的危険性」「相当程度の可能性」などの表現で、抽象的な可能性だけでは「共同行為者」に該当しないとするのは、そのような趣旨に基づくものといえる。

　（純粋な）「択一的競合」について、どの程度の可能性を要件とするか（主張立証責任の配分をどうするか）は難問であるが、「特定性」の問題にも関係するので(ｲ)でも触れることにする。あくまでも試論であるが、以下のように考えたい。原告側が、被告について、抽象的にとどまらない一定以上の可能性を有するとして「共同行為者」に一応該当することを主張立証したとしても、個別の被告側が、全部（連帯）責任を負わせるに足りない可能性しかないことを主張立証した場合は、「択一的競合」であっても、1 項後段の「共同行為者」該当性がその限度で否定される（その限度で全部連帯責任から外れる）ことになる。しかしその場合も、誰に対しても賠償請求できなくなる択一的競合の被害者を特に保護した 1 項後段の「趣旨」（Ⅲ 1 (1)の梅の説明を参照）に照らして、頭割りによる分割責任、または、市場占有率などの統計的な根拠があるときはその確率に応じた分割責任になる[59]（因果関係不存在の立証による免責の余地もある）。

---

[58]　能見善久「複数不法行為者の責任」司法研修所論集 82 号 36 頁以下（1990）。
[59]　能見・前掲（注58）37 頁、渡邉・前掲（注17）名大法政論集 151 号 479 頁以下のほか、近時の比較法研究として、新美育文「リスクと民事責任における因果関係」加藤一郎先生追悼『変動する日本社会と法』321 頁（有斐閣、2011）参照。

(イ)　一方、「共同行為者」として全部（連帯）責任を負うべき者を全て特定すること（「共同行為者」として全部（連帯）責任を負うべき者が他にはいないことを立証すること）が困難な場合はどう考えるべきか（この点もつとに能見などが論じてきた点である[60]）。幾代のいう「疑いをかけることのできる者はいないという程度までの立証」をどこまで緩和できるかが問題となる。

　学説では、市場占有率各45％で計90％の2社について特定性を認める能見説、被害者が特定した「共同行為者」のなかに真の加害者がいることが因果関係の認定ができる証明度（「高度の蓋然性」ということになろう）に達することを要する渡邉説、「共同行為者」に当たる者が他にいないことを「高度の蓋然性（80～90％）」をもって立証すればよいとする吉村説などがみられる[61]。

　上記の各学説の基本的方向性、殊に「高度の蓋然性」の立証に関連づける吉村の基本的な考え方は、「純粋な」択一的競合については、後述する累積的競合とは異なり、真の加害者が他にいることで被告の攻撃防禦上重大な支障が生じうる点で「特定性」の緩和に一定の限界がある[62]ことを踏まえながら立証困難に対処するものとみることができ、妥当である。

　他方で、「不存在の立証」は困難な場合がありうることや、前稿でも論じた[63]ように、1項後段は、《択一的に競合して一つの損害を全部発生させた特定の複数の（権利利益侵害の面で）同質の原因たる行為》について、あたかも《「共同行為」のようにみなして》（Ⅲ1(1)の梅の見解）、その「みなし共同行為」との因果関係の存在をもって各自について因果関係を推定して全部（連帯）責任を負わせる（因果関係の不存在の立証があれば免責する）趣旨の規定と捉えられることから、次のように考えたい。

　①　「共同行為者」として範囲を画定された者の「みなし共同行為」と損害

---

60) 能見・前掲（注58）31頁、渡邉・前掲（注17）名大法政論集151号475頁、477頁、大塚・前掲（注46）176頁。
61) 能見・前掲（注58）31頁、渡邉・前掲（注17）名大法政論集151号477頁、吉村・前掲（注1）立命344号258頁以下。
62) 大塚・前掲（注46）176頁参照。
63) 前田・前掲（注2）537頁。

発生との因果関係が「高度の蓋然性」をもって立証される程度に「共同行為者」が「特定」されることを基本とする。

②　上記(ア)の「到達の可能性」の要件の立証と関係づけるならば、損害を発生させた可能性がゼロではない者のうち、抽象的で極めて低い可能性しかない者を全て除外した残りを全て「共同行為者」として立証するとともに、上記の「共同行為者」以外の何れかの者が損害を発生させた蓋然性が極めて低いことも立証することで、「到達の可能性」と「特定性」の両方の要件の立証に代えることができよう（これに対し、被告側による分割責任や免責の主張立証がありうることも(ア)で述べたとおりである）。

(2)　「累積的競合」について

(ア)　前稿でも論じた[64]ように、累積的競合については、旧民法から明治民法に移行する際に法の欠缺が生じ、初期の学説で一旦問題とされた後に、大気汚染公害を契機にして、少なくとも「弱い関連共同性」がある場合には1項後段を（類推）適用して減免責の余地のある全部（連帯）責任を負わせる解釈が多くの裁判例や学説で認められている（Ⅲ2(1)）。四宮説のように、1項後段の（類推）適用を、択一的競合以外に殆ど認めない立場は謙抑的に過ぎ、前田・大塚・潮見のように、択一的競合以外の関連共同性のない不法行為の競合にも、一定範囲で認める方向で考えるべきである。問題は、学説上の議論が分かれている《場所的時間的近接性》のない累積的競合への（類推）適用の可否である。

「弱い関連共同性」論は、「強い関連共同性」論とともに、「共同行為」との因果関係を問題とすることによる立証の負担緩和を意図していたので、累積的競合に1項後段を（類推）適用する場合も、場所的時間的関連性という緩和された形であるが、関連共同性のある「共同行為」を要件とする必要性があり（1項後段だけでなく前段も併せた類推適用であり「規範統合」だとする澤井の指摘[65]は的確である）、また、かかる要件は、当初のコンビナート公害の紛争事

---

64)　前田・前掲（注2）536頁以下。
65)　澤井・前掲（注14）359頁。

案に適合的でもあった。

　しかし、広範囲・長期間の都市型大気汚染の西淀川判決などで場所的時間的関連性の要件が希薄化する傾向にあることや、近時は１項後段の本来適用について場所的時間的近接性を要件としない学説が増えていることに照らして、次のように考えたい。

　①　累積的競合への１項後段の類推適用は、(1)で述べた１項後段の趣旨を、《累積的に競合して一つの損害を全部発生させた複数の（権利利益侵害の面で）同質の原因たる行為が特定されているが、「誰がどの程度の寄与をして一つの損害が全部発生したかが不明」である場合》の立証困難への対処に拡張して、（減免責の余地のある）全部（連帯）責任を認めたものであって、場所的時間的近接性は本質的な要素ではない。

　②　前稿や上記の議論は、あくまでも個別的な「到達の因果関係」が一応あること（少なくとも立証が困難ではないこと）を前提に、累積的競合の上記①の立証困難を（《場所的時間的近接性》を要件としない）１項後段の類推適用で克服しようとするものである（逆にいえば、前稿では検討が不十分であったが、個別の「到達の因果関係」の立証が困難な「累積的競合」については、「弱い関連共同性」論の存在意義が残ることになるが、この点は後述する）。

　前述のように、大気汚染公害は、地理的関係や風向などから、個別的な「到達の因果関係」の推認が可能であり（少なくともその立証は困難ではなく）、前稿で主な検討対象とした複数職場での粉じんやアスベストへの曝露の問題は、各職場で原因物質に曝露した「到達の因果関係」が明らかに認められる。

　これに対し、建設アスベスト問題のように「到達の因果関係」が不明の場合にも直ちに（「弱い関連共同性」論に依拠せず）１項後段を類推適用できるかどうかは別の問題であり、次の「累積的競合・択一的競合不明型」で論ずることにする。

　③　四宮と同じく分割責任を主張する能見が指摘する[66]ように、「累積的競合」については、一部しか損害を惹起していないことが明らかであるのに、

---

66)　能見・前掲（注26）2240頁。

場所的時間的近接性などの要件加重もなく、全損害について因果関係を推定するのは、全部惹起力のある択一的競合と均衡を失するようにみえるかもしれない。しかし、因果関係の有無が不明な択一的競合と異なり、累積的競合は一部について損害を惹起していることは明らかである。例えば、5人の何れが全損害を与えたか不明で5分の1の確率しかない択一的競合の場合の(免責の余地ある)全部(連帯)責任と、5人の何れもが一部の損害を与えたことは明らかであるがどの程度か不明で、5分の1ずつの割合かもしれないし、ある者は5分の4かもしれない累積的競合の場合の(減免責の余地ある)全部(連帯)責任との間にそれほど不均衡があるとはいえない。また、誰が損害を加えたか不明の場合の規定を誰がどの程度の損害を加えたかが不明な場合に類推適用して全部(連帯)責任とすることは、分割責任とするよりも、解釈論として自然であり、加害者の無資力の危険との関係[67]からも妥当であろう。

ただし、累積的競合で寄与度が著しく小さい加害者まで全部(連帯)責任とすることは要件と効果のバランスを失するので、寄与度が著しく小さいことを主張立証した加害者については、寄与度の具体的な割合の立証に成功しなくても、全部(連帯)責任から外れて分割責任とする余地もあろう(責任割合は、「控え目な算定」と類似の発想で大きめに認定してもそれを超えることのない割合や、同種の多数の加害者がいるときは頭割りによることも考えられる)。

(イ) 「特定性」については、前述のように、(純粋な)択一的競合の場合における真の加害者が他にいることによる被告の攻撃防禦上の支障という問題は存在しない。したがって、(1)の択一的競合で論じたような「みなし共同行為」と損害発生との「高度の蓋然性」をもって立証される程度に「特定」される必要はなく、部分的に特定された「みなし共同行為者」の損害発生に対する「寄与度」が「高度の蓋然性」をもって立証されれば、その限度での(減免責の余地のある)全部(連帯)責任を認めることができよう(大阪地判平3・3・29判時1383号22頁、大阪地判平7・7・5判時1538号17頁などの裁判例でこのような寄与度の限度での連帯責任が認められている)。

---

67) 大塚・前掲(注45)ジュリ1362号78頁、79頁注(51)(52)。

(3) 「累積的競合・択一的競合不明型」について

(ア) 「累積的競合」は、「全部惹起力」はないが、「到達の因果関係」はある場合であり、「択一的競合」は、「全部惹起力」はあるが、「到達の因果関係」が不明である場合である。

これに対し、「累積的競合・択一的競合不明型」は、「到達の因果関係」が不明である点で「累積的競合」と異なり、「共同行為者」の何れかが損害を「全部惹起」したかどうか不明である（累積的競合の可能性もある）点で「択一的競合」と異なる。

前述のように、累積的競合について、四宮説とは異なり、1項後段を類推適用して（減免責の余地のある）全部（連帯）責任を認めるべきことからすれば、「累積的競合・択一的競合不明型」についても、効果については同様に考えることができる。問題は、そのような効果をにらみつつ、どのような要件で「累積的競合・択一的競合不明型」への1項後段の類推適用を認めるかである。

(イ) まず、「到達の可能性」についてはどうか。

吉村説のように「択一的競合」の場合の「到達の可能性」と同列に扱う議論がありうる一方、「累積的競合」と同様に、個別の「到達の因果関係」が通常の証明度で立証される必要があるという議論もあるかもしれない（前田＝原田説はここまで極端ではないがこの方向にやや引きつけた解釈である）。しかし、どちらかの類型に引きつけた解釈をするにしても、「累積的競合・択一的競合不明型」の特質を考慮すべきであろう。

すなわち、いずれかの者が損害を「全部惹起」した「択一的競合」の可能性があることや、「択一的競合」の規定の趣旨（Ⅲ1(1)の梅の説明を参照）が、個別の「到達の因果関係」の立証が困難であるために誰に対しても賠償請求ができなくなる被害者を保護する点にあることに照らせば、「累積的競合」と同じ扱いをして個別の「到達の因果関係」の立証を求めるのは相当ではなく、「択一的競合」に引きつけた解釈をすべきである。他方で、いずれかの者が損害を「全部惹起」したのではなく「一部惹起」したにすぎない「累積的競合」の可能性もあるにもかかわらず、かつ、（純粋な）「累積的競合」とは異なり個別の「到達の因果関係」が不明であるにもかかわらず、全部（連帯）責任の効

果を与えることとの均衡に照らせば、(純粋な)「択一的競合」よりも「到達の可能性」の要件を加重することが相当であると考えられるが、被害者側の立証の困難も考慮すべきであろう。そこで、あくまでも試論であるが、(純粋な)「択一的競合」の要件論を上記の点を踏まえて修正し、次のように考えたい。

原告が、被告について、「抽象的にとどまらない一定以上の可能性」を有するとして「共同行為者」に一応該当することを主張立証したとしても、個別の被告側が、全部(連帯)責任を負わせるに足りる「相当程度の可能性」に達していないことを主張立証した場合は、その限度で「共同行為者」該当性が否定される(その限度で全部連帯責任から外れる)ことになる。その場合も、(1)(ア)で述べた1項後段の「趣旨」(Ⅲ1(1)の梅の説明を参照)に照らし、頭割りによる分割責任、または、市場占有率などの統計的な根拠があるときはその確率に応じた分割責任になる。択一的競合と同じく因果関係不存在の立証による免責の余地があるだけでなく、累積的競合と同じく、因果関係の一部不存在ないし寄与度の立証による減責の可能性もある。

原告側の立証は、「択一的競合」と同様、「特定性」の問題とも関連するので(ウ)でも触れたい。

(ウ) では、「特定性」についてはどうか。

「累積的競合・択一的競合不明型」は、「累積的競合」の可能性もあるため、(純粋な)「択一的競合」ほどは、真の加害者が他にいることによる被告の攻撃防禦上の問題は大きくない。そこで、「択一的競合」の要件論を基本としつつ、上記の点を考慮して、次のように考えたい。

① 「共同行為者」として範囲を画定された者の「みなし共同行為」と損害発生との因果関係が「高度の蓋然性」をもって立証される程度に「共同行為者」が「特定」されることを原則とする(Ⅳ1(2)の淡路説と理論枠組みは異なるが同様の結論である)。

② 例外として、部分的に特定された「みなし共同行為者」の損害発生に対する「寄与度」が「高度の蓋然性」をもって立証されれば、その限度での連帯責任を認めることも考えられるが、「択一的競合」の可能性もあることから、上記の寄与度には一定の限界がありうる(例えば5～6割程度以上)。

③　「共同行為者」の要件の立証との関係では、損害を発生させた可能性がゼロではない者のうち、抽象的で極めて低い可能性しかない者を全て除外した残りを全て「共同行為者」として立証するとともに、上記の「共同行為者」以外の者の何れかの行為または累積した行為によって一部でも損害を発生させた蓋然性が極めて低いことも立証することで、「到達の可能性」と「特定性」の両方の要件の立証に代えることができよう（これに対し、被告側による分割責任や減免責の主張立証がありうることも(イ)で述べたとおりである）。

(4)　「累積的競合・択一的競合不明型」と建設アスベスト問題

以上を前提に建設アスベスト訴訟についてどう考えるべきか。上記の一般論以上に困難な問題であり、不十分な考察にとどまるが、さしあたりの試論として以下の指摘をしたい。

(ア)　「特定性」・「到達の可能性」の各要件を建設アスベスト訴訟について検討する上で困難な問題は次の点にある。すなわち、少しでも可能性のある者を「共同行為者」として特定しようとすれば（東京訴訟の原告のように建材データベース掲載企業全部をもって「共同行為者」として特定すれば）、「到達の可能性」が極めて低く、全部（連帯）責任を負わせるべき「共同行為者」と解すべきでない者までが含まれるおそれがある。反対に、「共同行為者」として特定する範囲を限定すれば（横浜訴訟の原告のように、「市場占有率が高く、全体としてみれば、国内において使用されてきた石綿含有建材のほぼ全てを網羅している」企業を被告として特定すれば）、他に「疑いをかけることのできる者はいないという程度」の「特定性」の立証に達していないとする反論が出かねない（横浜地判は被告企業の他にも建材データベースには40社以上あるとしてそのような反論をした）。

上記のようなトレードオフの問題が基本的にあるとしても、少なくとも上記のような横浜地判の反論は正当ではない（むしろⅣ2(3)で指摘した点に横浜地判の主眼があると考えるべきである）。(3)で検討した以下の一般論は、トレードオフの問題を原告側に一方的に押し付けることのないようにするための試みでもあった。

原告側が、損害を発生させた可能性がゼロではない者のうち、抽象的で極

めて低い可能性しかない者を全て除外した残りを全て「共同行為者」として立証するとともに、上記の「共同行為者」以外の者の何れかの行為または累積した行為によって一部でも損害を発生させた蓋然性が極めて低いことも立証することで、「到達の可能性」・「特定性」の両面において、全部（連帯）責任を負うべき「共同行為者」に一応該当する（1項後段類推適用）。これに対し、個別の被告側が、全部（連帯）責任を負わせるに足りる「相当程度の可能性」に達していないことを主張立証した場合は、（後で検討する新しい「弱い関連共同性」論によらない限り）その限度で「共同行為者」該当性が否定されて（その限度で全部連帯責任から外れて）、(1)(ア)で述べた1項後段の「趣旨」（Ⅲ1(1)の梅の説明を参照）に照らし、頭割りによる分割責任、または、市場占有率などの統計的な根拠があるときはその確率に応じた分割責任になる（上記の立証とは別に、被告側による個別的因果関係の全部または一部不存在ないし寄与度の立証による減免責の余地もある）[68]。このような一般論からは、建設アスベスト問題について、次のように考えることができよう。

① 上記の原告側の立証は、各被害者の職種・就労時期・就労場所・就労態様と、各企業が製造または販売した石綿含有建材の種類・時期・数量（市場占有率）・主な販売先等との《対応関係》で大きく異なる部分がある（横浜地判、東京地判参照）ので、過大な負担にならない範囲で、各被害者またはある程度の被害者類型ごとに立証が行われるべきである。

② 上記の《対応関係》に照らして、建材データベース中の企業であるが、可能性が全くないか抽象的で極めて低い可能性しかない企業を全て除外した残りの企業をもって「共同行為者」として立証するとともに、除外された企業の何れかの行為または累積した行為によって一部でも損害を発生させた蓋

---

68) 以上のような原告・被告の双方の主張立証のほか、(3)で検討したように、累積的競合・択一的競合不明型は累積的競合の可能性もあることに照らして、例えば、原告側が、何れかの行為または累積した行為によって7割の寄与度をもって損害を発生させた者を「共同行為者」として特定して7割の限度での連帯責任の主張をし、それに対し、個別の被告側が、相当程度の可能性がないことの立証による分割責任の主張や、個別的因果関係の全部または一部不存在ないし寄与度の立証による減免責の主張をすることも考えられる。

然性が極めて低いことも立証することで、「到達の可能性」・「特定性」の両面において、全部（連帯）責任を負うべき「共同行為者」に一応該当する（1項後段類推適用）[69]。これに対し、被告側が、全部（連帯）責任を負わせるに足りる「相当程度の可能性」に達していないことを主張立証した場合は、その限度で「共同行為者」該当性が否定されて（その限度で全部連帯責任から外れて）、分割責任になる（上記の立証とは別に、被告側による個別的因果関係の全部または一部不存在ないし寄与度の立証による減免責の余地もある）[70]。

③　そこで、問題は「相当程度の可能性」であるが、建材を1回扱っただけで、可能性のある企業が20社～40社に上る場合は、個別の企業についての「到達（曝露）の可能性」は、単純な確率論だけで判断する限り、かなり低く、「相当程度の可能性」に達しているとは言い難い。しかし、10箇所や20箇所の異なる現場を転々とした場合の確率計算は変わってくる（可能性のある企業数を x、現場の数を y とすれば、$1-(1-1/x)^y$ で計算される[71]）。

---

[69]　共同行為者として「特定」された者すべてを被告とする必要があるかという問題について、渡辺・前掲（注17）名大法政論集151号478頁、吉村・前掲（注1）立命344号250頁は、その必要はないとし、吉村は、1項前段後段とも連帯責任だからだとする。東京訴訟では建材データベース掲載の全企業を共同行為者と特定しつつ42社のみを被告としたが、判決はその点について特に問題としていない。交通事故と医療過誤の競合による死亡について病院のみを被告とした事件で、最判平成13・3・13民集55巻2号328頁は1項前段の共同不法行為の成立を認めているが、1項後段の択一的競合については全部惹起力のある「真の加害者」が被告から外れる可能性があるという問題があるので、吉村のように1項前段と同列に解しうるかについては反対論も十分成り立ちうる。ただし、累積的競合・択一的競合不明型については、上記のような問題が相対的に小さいことも指摘できる。

[70]　前掲（注68）を踏まえれば、例えば、ある被害者について、前述の《対応関係》に照らし、3割の寄与度に対応する企業が極めて多数でいずれも極めて抽象的な可能性しかないような場合には、原告側が、何れかの行為または累積した行為によって7割の寄与度をもって損害を発生させた企業を「共同行為者」として特定して7割の限度での連帯責任の主張をし、それに対し、個別の被告側が、前掲（注68）で述べた立証による分割責任や減免責の主張をすることも考えられる。

[71]　永野厚郎判事のご教示に負う。

10社の場合、10の現場であれば0.651、20の現場であれば0.878。20社の場合、10の現場であれば0.401、20の現場であれば0.642。30社の場合、10の現場であれば0.288、20の現場であれば0.492。40社の場合、10の現場であれば0.224、20の現場であれば0.397と、いずれも「到達(曝露)の可能性」は「相当程度の可能性」に達しているといえよう。

　確かに、個別の《対応関係》をも考慮すれば、上記の確率論よりもかなり低く、分割責任の主張が認められる余地はあるとしても、1回限りでなく多数の現場で曝露したことは重要な要素である。

　(イ)　では、被告によって「相当程度の可能性」に達していないという立証がされた場合を含め、原告が別の方法で全部(連帯)責任を追及することはできないか。

　前掲・福岡高判平成13・7・19(Ⅲ2⑵参照)は、複数職場での粉じん曝露によるじん肺について、①累積的競合という客観的共同の要件だけでなく、②自己と同様の行為との累積による被害発生の危険の認識という主観的要件をも加えて、1項後段を類推適用した。前述のように、これは、「弱い関連共同性」論が要件とする《場所的時間的近接性》を欠いていたために、②をもって補完したものと考えられるが、(到達の因果関係がある)「累積的競合」に関する前稿および本稿の立場からすれば、《場所的時間的近接性》や②のような要件を問題とすることなく1項後段の類推適用が認められるので、上記の類型の解決としては不要(過剰)な議論と考えられる。

　しかし、個別の「到達の因果関係」の立証が困難で《場所的時間的近接性》を欠く場合については、「累積的競合」に関する前稿および本稿の1項後段類推適用論でも、従来の「弱い関連共同性」論でも、対応ができないので、この場合については(横浜訴訟の原告側主張にもみられるように)福岡高判の議論が参考になる。主観客観併用(総合)説は、従来は1項前段の「強い関連共同性」について論じられてきたが、吉村が主張する[72]ように、「弱い関連共同性」論にもこれを用いることが考えられるのである。

---

72)　吉村・前掲(注1)立命347号30頁。

すなわち、累積的か択一的か不明な原因競合で不可分一体の損害が発生したが《場所的時間的近接性》を欠く点で客観的関連共同性の要素が不十分である場合についても、それを補うものとして、《自己と同様の行為との競合による被害発生の危険の認識（可能性）》という主観的要件をも要求することで、「弱い関連共同性」による1項後段の類推適用が可能になれば、「共同行為」と損害発生との因果関係の立証をもって、個別の「到達の因果関係」を含む、個別の損害発生との因果関係が推定されることになる。

上記(ア)で論じたように、個々の《対応関係》をも考慮すれば、「相当程度の可能性」に達していないため分割責任になりうる場合であっても、上記の主観的要件を原告側が立証することができれば（立証の具体的な内容や程度の問題は残るが）、全部（連帯）責任を追及することができよう（これに対し、被告側は個別の因果関係の全部または一部の不存在もしくは寄与度の立証による減免責を主張しうる）[73]。

原告側が上記のような主張をする場合においても、横浜地判が論ずるように、「特定性」の立証が問題になるが、この場合についても、上記(ア)の②の立証で足りると考える[74]。

---

[73] 部分的に特定された「共同行為者」が寄与度の限度での減免責の余地のある連帯責任を負う場合もありうる（大阪地判平3・3・29判時1383号22頁、大阪地判平7・7・5判時1538号17頁参照）。

74) 最後に1項前段・後段に関する本稿の立場を整理しておく。①1項前段の共同不法行為：（主観客観併用による）「強い関連共同性」を有する「共同行為」との因果関係の立証により個別的因果関係が擬制されることで減免責の余地のない全部連帯責任となる。②1項前段・後段の規範統合（ないし両者の類推適用）の共同不法行為：（主観客観併用による）「弱い関連共同性」を有する「共同行為」との因果関係の立証により（個別の到達ないし全損害との因果関係の立証を要せず）個別的因果関係が推定されることで減免責の余地のある全部連帯責任となる（部分的に特定された「共同行為」について寄与度の限度での減免責の余地のある連帯責任もありうる）。③1項後段の本来適用：関連共同性はないが《特定された択一的競合》関係がある「みなし共同行為」との因果関係の立証により（個別の到達ないし全損害との因果関係の立証なく）個別的因果関係が推定されることで免責の余地のある全部連帯責任となる。④1項後段の（②とは別の）類推適用：②のような関連共同性はないが（各自に個別の到達の因果関係があることを前提に）誰が「どの程度の」損害を加えたかが不明の《特定された累積的競合》関係がある場合に、③に準じて、かかる「みなし共同行為」との因果関係の立証により「全損害との」個別的因果関係が推定されることで減免責の余地のある全部連帯責任となる（部分的に特定された「みなし共同行為」について寄与度の限度での減免責の余地のある連帯責任もありうる）。累積的競合・択一的競合不明型も1項後段の（②とは別の）類推適用であり、効果の点でも④との共通点が多いが、要件・効果の双方で③の可能性もあることを考慮した修正がされる。

アメリカの医療過誤訴訟と現代的課題

樋口　範雄

I　はじめに
II　医療過誤という「過失」
III　医療過誤としてのインフォームド・コンセント
IV　州議会制定法による不法行為改革
V　合衆国憲法の専占法理による医療過誤訴訟の制限
VI　ファーロウ教授による医療過誤訴訟の再検討
VII　結びに代えて——アメリカの医療過誤訴訟の現状とわが国の課題

I　はじめに

「医療過誤に対する不法行為訴訟は、過失による不法行為（の一種）である。したがって、過失による不法行為に関する通常のルールが適用される」[1]。

これは、アメリカを代表する不法行為法の概説書、ドッブズ教授による著書において医療者の責任に関する章の冒頭に置かれた文章である。しかし、著書は、これに続けてこうもいう。

「しかしながら、医師や弁護士のような専門家は伝統的に患者や依頼人に対し特別な地位に立つと考えられてきた。彼らの関係は必ずしも契約によるものでないが、契約でないとしても、なお同様の分野における専門家が払うべき注意義務の基準に最低でも適合するような専門的サービスを提供することを、暗黙に（あるいは当然に）引き受けるものとされてきた。そのため、医

---

1) Dan B. Dobbs, Law of Torts §242, at 631 (West, 2000).

療専門家やその他の専門家が負う注意義務については、特別なものがあると表現され、またそれが適用されてきたのである」[2]。

　この著書はその名も「不法行為法」(The Law of Torts)というのであるから、このような記述は、医療過誤訴訟に関心を有するわが国の読者にも(医療過誤の不法行為的側面を記述するものとして)当然なものと受け取られるかもしれない。だが、そこでは、すでにわが国と異なるいくつかの特色が表れている。
　第1に、アメリカでは医療過誤を債務不履行(契約違反)として訴えることは稀である。同じ著書も注の中で、A professional like a doctor might be held on a misrepresentation or a contract theory (医師のような専門家も時として不実表示や契約法理で訴えられることがある)[3]と述べて、それを明らかにする。might be という表現は、通常はありえないが稀にそういうこともあるという意味である。
　このことが、医療過誤についてもまず契約で考えようとするわが国の法律家には理解しにくい。たとえば、患者が入院中に手術の過誤で死亡したとする。日本の法律家なら、当然、患者は病院との間で診療契約を結んでおり、過誤による死亡はその違反となるはずだと考える。だが、その際の「過誤」とは、実は不法行為による「過誤」と異ならない。そこで、わが国の原告側弁護士は、請求原因として債務不履行と不法行為の2つを主張し、その間の請求権競合が問題となる。
　ところが、アメリカの法律家から見ると、これは奇妙に見えるはずである。まず、「過誤」の内容が同一であるなら、なぜ2本の請求原因を立てるのか。立証責任や時効の関係で意味があると説明されても、時効を除けば、実務上は大きな差異はない(何しろ、日本ではいずれによるにせよ損害賠償の内容にも差がないとされているのであるから)。

---

2) Ibid.
3) Id. at n 5.

また、契約であるというなら、通常は、アメリカなら契約書を取り交わすのが普通だが、それもないという（先の例なら、入院の同意書はあるかもしれないが、それが契約書だと通常の患者や医師は考えているのだろうか。通院のケースなら、文書は普通ないからもっと違和感が明確になる）。しかも、そこで考えられている契約内容は、要するに医師が医療水準に則った診断治療を行うというものであり、それは、まさに契約で定める以前に、アメリカでも医者であれば当然負うべき注意義務を果たすというにすぎない。なぜ、それを契約と呼ぶ必要があるかが理解できないのである。だが、日本ではまず「契約」となる。その結果、アメリカならインフォームド・コンセント違反で訴えるのも不法行為だとされるが、日本なら説明義務違反として債務不履行となる。

　問題は、このような違いが、法律家の用いる概念の違いにすぎないのではなく、医療過誤に対する実際上の法的な取扱いに大きな影響を与え、結果を異ならせるところである。本稿はそれを探求する試みであるが、そのために、まずアメリカの医療過誤訴訟、それもあくまでも不法行為法としての医療過誤訴訟の現状を記述する[4]。ただし、その前に、なぜアメリカでは診療契約という概念からスタートする発想（日本でなら当然とされる発想）がないのかをもう少し説明する必要がある[5]。

【アメリカで医療過誤が契約違反とされない理由】

　その答えは、要するに、わが国でいう契約とアメリカ法上の contract、日本の不法行為とアメリカの torts が似て非なるものであるということに尽きる。

---

4) 樋口範雄『アメリカ不法行為法』（弘文堂、2009）では、製造物責任については1章を割いて説明したが、医療過誤訴訟を扱うことはできなかった。本稿はその補充としての役割も果たす。

5) 以下の説明については、樋口範雄「医師患者関係と契約──契約と Contract の相違」棚瀬孝雄編『契約法理と契約慣行』77-109頁（弘文堂、1999）、同『医療と法を考える──救急車と正義』9頁以下（有斐閣、2007）、同『アメリカ契約法〔第2版〕』15頁以下・68頁以下（弘文堂、2008）などを参照されたい。

アメリカで医師患者関係について（あるいは病院と患者の関係について）、まず契約とする発想をとらない理由は、アメリカのcontractが次のような性格のものだからである。

　①アメリカの契約は、取引（deal）のための手段である。したがって、合意だけでは成立せず、何らかの取引が行われた証拠である約因（consideration）を必要とする[6]。たとえば、2012年のロンドン・オリンピックの開会式に登場したポール・マッカートニーの出演料が1ポンド（日本円で120円）と報じられたが[7]、その報道はやや不正確である。英米法では、出演契約を有効とするために形式的であれ何らかの対価（約因）が必要とされるからであり、それを1ポンドにしただけであって、実質はボランティア（無料）で出演したのである[8]。

　日本の医師会は、医療の営利性を強く否定しているが、この点では、診療関係を契約としないアメリカ法の方が医療は単純な取引ではないと見ているわけである。しかし、日本の契約は取引のための手段ではないもの（無償の贈与、寄託など）も含むから、日本の法律家が診療関係を契約とするのは、取引対非取引という構図によるためではない。

　②アメリカの契約が取引のための手段であることから、アメリカでは、契約はその取引によってそれぞれの当事者がどのようなリスクを負うかを明確に定めることが当然とされる（それぞれの当事者が、自ら負うリスクあるいはコストを上回る利益を見込んでいるからこそ契約を結ぶ。逆にいえば、リスク内容を明確に把握し限定することが必須となる）[9]。したがって、契約内容は明確なもの

---

6)　約因法理とその意義については、樋口・前掲（注5）『アメリカ契約法』82頁以下。

7)　たとえば毎日新聞2012年7月31日付け。

8)　このエピソードが伝えることは、第1に、おそらくこのような合意も弁護士が介在して契約書を取り交わしたからこそ約因としての1ポンドを定めたのであろうから、契約をきちんとする社会を表す。第2に、実質は無料出演でも、英米法では、それでは有効な契約にならないので、法的な有効性を確保するために、形式的に取引の形をとらねばならないということである。

9)　リスク・プランニングとしての契約という考え方については、樋口・前掲（注5）『アメリカ契約法』9頁以下。

でなければならない。診療契約でいえば、「手術を A という術式ではなく、B という術式で行うこと」と明確に定めるなら、それは契約内容となる[10]。

しかし、「医療水準に則った診療を行う」という内容の契約は、彼らにとって契約ではない。

第1に、その実質的内容は外在的に定まるものであり、当事者は何らその内容を自ら決めているわけではない(私的自治の発現はどこにも見られない)。しかも内容が一義的に明確であるともいえない。それによって何が定められたかはただちに当事者もわからないようなものである。その反面、医療水準に則った診療を行うこと自体は、医療に当然伴う社会的なルールであり、まさにそれに反すれば注意義務違反として不法行為(過失)が問題となる。

第2に、したがって、法的意味での契約があるとすれば、通常の医療では考えられないようなことを、特に当事者が明確な形で定める場合である。たとえば、「必ず治療を成功させる」という約束とか、「一定の状態に回復させる」という約束や、逆に、「治療について何ら責任を負わない」という約束などである。特定の治療法を約束するというようなケースもそれに含まれる。

しかし、容易に想像されるように、このような特約は結ばれないのが普通であり、仮に結ばれても、その法的効力が否定される場合が多い。それこそが医療の特色だといってもよい。

その背景には現在の医療の不確実性がある。医療が発展したといっても、それはまだ一種の統計学の範疇にある。同じ治療法でも効果のある患者と効果のない患者がいる。逆に副作用が出る患者もいる。しかもそれについて医学的に十分な説明ができない。したがって、「絶対直りますからね」という医師や看護師の言葉は契約ではなく励ましであることが多い。特定の治療法の約束も常に拘束力を持つともいえない。その約束内容が、医療水準や標準的な治療法を下回るのが明らかであれば、その実施は医師の過失となって、契約(患者の同意)で免責されることはない。たとえば、アメリカでも「常に治

---

[10] Hull v. Ratino, 1989 WL 128492 (Tenn. App. 1989). (約束していた内容の整形美容手術ではない手術をしたこと自体が、医療水準に則っていないとした)。

療について責任を負わない」という約束は、ずっと昔から公序に反して無効とされている[11]。

　稀に契約違反が認められるのは、患者をだますような「約束」を医師がした場合であり、誇大宣伝をしやすい整形美容などの分野などで時として例外的に認められているに過ぎない[12]。

　③アメリカの契約について忘れてならない点として、契約法が交換取引の保護の手段となっている反面で、その対価の定め方に干渉しないことがある。「裁判所（法）は約因の相当性について判断しない」というのはそれを指す。先にロンドン・オリンピックの例を示したが、客観的にいえば、ポール・マッカートニーの出演料が1ポンドであるはずがない。しかし、ポールがまさにそれでいいといったのである。したがって、約因の内容に法（裁判所）は干渉しない。まさにその内容で法律上有効とされる。それこそが契約の自由の重要な側面であり、約因法理はその意味で契約の自由を守る柱である。

　だが、医師患者関係は、そのような意味での契約の自由を尊重すべき関係ではない。たとえば、ある医師がきわめて優秀であるとして、その診療を受ける順番をオークションにかけてよいだろうか。あるいは、1ポンドしか支払えない患者にはAの診療、100万ポンド支払う患者にはBの診療を行ってよいだろうか。そうだとすると、医療の分野では、アメリカ的な意味での契

---

11)　Tunkl v. Regents of University of California, 383 P.2d 441 (Cal. 1963).
12)　アメリカの医療過誤訴訟において、契約違反が認められた先例として最も有名な事例は、Hawkins v. McGee, 146 A. 641 (N.H. 1929)（当時はまだ実験段階にあった植皮手術を十分な説明もしないで患者に行った例。やけどで見にくい形状となった部分を真っ白にすると医師が約束したもの）と、Sullivan v. O'Connor, 296 N.E.2d 183 (Mass. 1973)（整形美容手術で、女性患者に現状より美しくすると約束したもの）であるが、それぞれ契約責任を認めることで、同種の行為を抑制しようとしたものと考えられる。前者はインフォームド・コンセント法理が定着するはるか以前の事件であり、契約違反での売ったエルを認める実際的必要性があった。後者は、不法行為としての過失は認められないと陪審が認定しており、しかし同じ陪審がこのような誇大な約束をする医師に対し何らかの責任を問うことをよしと判断したものである。いずれも、例外的に契約責任を不法行為法の代わりに用いた例と見ることができる。

約法理ではなく、別種の法や、さらにそもそも法ではなく専門家としての医療倫理が支配すべき領域がそこにあることになる。

このようにして、アメリカでは、医療を契約で考えることに対し、伝統的に抵抗感が強い。繰り返しになるが、そこにはアメリカ法上の契約が、日本法上の契約とは大いに異なる側面があることが反映している。

この結果、アメリカでは医療過誤訴訟は、原則として契約訴訟ではなく、不法行為訴訟となる。以下、その内容の概略を記述する。

II 医療過誤という「過失」

1 医療過誤という「過失」の特殊性

冒頭でも述べたように、アメリカ法において医療過誤は、「過失」（negligence）という不法行為の一種だとされる。アメリカ不法行為法では、故意による不法行為と過失による不法行為が峻別されており[13]、その点すでに日本法とは大きく異なるが[14]、過失による不法行為の要件を見ると、その点では、日本法と大きな差異はないと見ることができる[15]。

---

13) 樋口・前掲（注4）『アメリカ不法行為法』35頁以下。
14) 日本法では、故意による不法行為と過失による不法行為の区別がほとんどないといってよい。損害賠償もいずれにせよ損害賠償だとされて、アメリカのように前者に対し特に懲罰賠償を加えることはないし、成立要件の違い（アメリカの故意による不法行為では損害の立証がなくとも不法行為が成立することなど）、立証責任の差異（アメリカ法では故意による不法行為では、加害者の抗弁の方がむしろ問題となる）、アメリカ法における両者に特有な抗弁の存在（故意による不法行為では、正当防衛や緊急避難が問題になり、過失相殺はなされないが、過失による不法行為では被害者の過失の存在が大きな要素となる）など、大きな違いがある。アメリカの不法行為法は、不法行為の抑止を明確な目的としており、そう考えれば、故意による不法行為に対し厳しいルールを適用するのは当然となる。他方で、不法行為法の目的が一定の行為の自由を確保するところにあるとすれば、過失責任主義の下で、過失による不法行為についてはむしろ被害者に厳しいルールを作って、社会的に見て有用な行為の過剰な抑制を控えるルールが作られている。

【過失による不法行為──一般論】
　アメリカ不法行為法における過失による不法行為の成立要件は以下の4つである。
　①注意義務（duty of care）－被告が原告に対し注意義務を負うこと
　②過失（negligence）－その注意義務に違反すること
　③因果関係（causation）－過失と原告の損害との間に因果関係があること
　　　それには2種類があり、事実的因果関係（causation in fact）と相当因果関係（proximate cause）の両方がなければならない
　④損害（damage）－被告に法的に賠償すべき損害があること

　そして、最も重要な点は、これら4つの要件のすべてを原告が立証しない限り、原告は勝訴できないことである。したがって、過失による不法行為について、通常のルールとしても原告に厳しい形がとられている。
　ところが、医療過誤訴訟については、それに加えて次のような特色がある[16]。

【医療過誤訴訟の特殊性】
　①医療過誤について、注意義務の基準は専門家としての水準とされ、その結果、陪審審理が選択される場合でも（しかも実際にそのようなケースがほとんどである）、陪審は自らを含む通常人の基準（reasonable person）で判断することが許されない。それに代わって、当該地域における（地域的限定についてはすぐ後で述べるように争いがあるが[17]）専門家たる医師がどのような診療を行っていたかが基準となる。
　②注意義務の存在についても原告に立証責任があるから、①の趣旨は、専門家としての水準が何かについても、原告に立証責任が負わされるというこ

---
15) ただし、それは、それぞれの要件のあてはめについて、日米が同じという意味ではないから、過失による不法行為について日米が同じということを意味しない。
16) 以下の点については、Dobbs, supra note 1, §§ 242 & 243, at 631 ff.
17) 同一地域ルールから全国ルールまで違いがある。後掲340頁参照。

とである。

　③実際の訴訟でそれが何を意味するかといえば、原告側で、医療水準を証言する専門家証人（expert witness）を用意し、その証言に基づく立証を行わない限り、注意義務の立証段階で訴訟が棄却されるということである[18]。当該地域において医学的に標準的な診療とは何かを証言してくれる原告側証人を用意するのは必ずしも容易でない。とりわけ「当該地域」を狭い範囲に限定すると（たとえば同じ市町村や郡）、原告側に立って証言してくれる専門家（医師）を探すのはきわめて難しいことになる。

　④陪審に対する説示内容も、通常、原告側に厳しいと見られるものが多い[19]。まず、陪審には、「同様の状況にある他の医師たちであれば行ったような行為から逸脱していた場合に限って、過失と認定できる」ことが説示され、さらに、次のような説示を付け加えることも多いといわれる。

　「被告である医師は、最高の注意義務を負っているわけではなく、あくまでも医師としての通常の注意義務を負っているに過ぎない」。

　「医師は診療の結果が悪かっただけで責任を負わされることはない」。

　「善意で行った行為について判断の誤りがあったとしても責任を負わされることはない」。

　「医学は、正確性を欠いた科学であり、医師は患者の健康の保険者でもなければ、その回復を保証する存在でもない」。

　裁判官のこのような説示に対しては、この種の説明を繰り返し行うことが陪審に与える影響、さらには過失判断が客観的なものであるはずにもかかわ

---

18)　通常の過失による不法行為なら、たとえば自動車事故の例でいえば、原告が自ら事故の模様を証言するだけで、注意義務の存在や過失の立証として十分な場合がある。そのようなケースでは専門家証人を立てる必要はない。これらのケースでは、陪審もまた通常の生活を送っている中で十分に注意義務の内容とその違反について判断できると考えられているからである。だが、医療過誤訴訟をはじめとする専門家責任を問う場面では、専門家証人を呼んで証言してもらうことが必須となる。

19)　Dobbs, supra note 1, §243, at 634-635.

らず、善意というような主観的要素を強調することが陪審に判断基準自体を見誤らせることなど、当然批判もなされる。だが、先に引用したような説示が裁判官からなされる例は少なくないという。

2 医療過誤における過失基準の地域性・専門性

「同様の状況にある他の医師たち」が行っているような医療から逸脱したか否かが医療過誤における注意義務の基準だとすると、そこでの「同様の状況における」(in similar situations) という文言の意義が重要になる。

【地域的要素と専門性】

まず地域的要素について、かつての裁判所は、これをまさに被告となった医師が医業を行っている「当該市町村」と解していた[20]。これを「同一地域ルール」(the same locality rule、あるいは単に locality rule) と呼ぶ。これは医療設備も十分でなく医療知識の遅れがちな田舎の医師たちに配慮したルールだった。しかし、このようなルールをわざわざ作らなくとも、陪審は、当該診療所で医療設備が十分でないならその事情を斟酌することは可能であり、他方で、医学教育がアメリカ全体で標準化され、さらに医学雑誌等による新しい治療法の紹介がオンラインでなされるような状況の変化を目の当たりにして、このようなルールは多くの州で議会制定法や裁判所の判例変更によって改められた[21]。

ただし、現在のルールが、ほとんどの州で全国基準 (nationality rule) かといえばそうではない。裁判所の判示では、「同じまたは同様の地域」、とか「この州において」というように、全国としないところもある。だが、「全国ルール」でも、当該地域の事情を考慮しないかといえばそうではないので、その違いは見た目ほど大きくない。むしろ重要なのは次の2点である。

---

20) 以下について、Dobbs, supra note 1, § 244, at 635-637.
21) ただし、少数の州ではまだとられている。一例として、Morris v. Thomson, 937 P.2d 1212 (Idaho 1997).

第1に、地域性の考慮は、注意義務の実体的な基準の内容に影響を与えている以上に、どこから専門家証人を連れてこられるかという専門家証人の適格性に関する手続的影響が大きい。かつての「同一地域ルール」では、まさに原告は同じ市町村の中で、原告側に立って証言する医師を見つける必要があった。それが「同じまたは同様の地域」であるなら、そのような地域的限定は外れる。州外でも「同様の地域」から、あるいは同一州内でも遠方の地域から、医師を見つけてくることができる。

　第2に、医師の資格を定める委員会によって専門医とされている医師については、被告となった医師がどこで開業していようとも、当該専門についての単一の全国基準が適用される。これはまさに同じ基準で専門医として自らを標榜する資格が与えられているからである。この場合には、全国どこからでも同じ専門の医師を、原告側証人として依頼することができる。

3　専門家証人の役割とその例外

　アメリカの医療過誤訴訟においてまず原告側にとって重要なことは、当該診療に関係する注意義務の基準を明確かつ特定的に示す専門家証言によって立証することである[22]。次に、それによって明らかになった基準に照らして違反があったと専門家が証言してくれることである。

　専門家が、自分の判断として過失ありというような結論を提示するだけでは十分でない。専門家による証言の意義は、あくまでも注意義務の内容を当該診療に関連して特定されたものとして明らかにするところにある。したがって、次のような証言をしてもそれだけでは原告の助けにはならない。

　「自分なら被告のような手術はしなかった」。
　「自分の判断では、被告の治療は間違っている」。
　「自分ならその手技は用いず、もっとよい手技を用いた」。
　「自分の知っているあらゆる医師が、この治療は間違っていると同意するだろう」。

---

22)　Dobbs, supra note 1, §246, at 639-642.

そうではなく、たとえば次のような証言が必要とされる。

「医療水準上、当該診療にはなされていなかった（特定の）検査が求められる」。

「医療水準上、麻酔薬の処方量はもっと少量のものが求められている」。

このような証言に対し、被告側が十分に反論できなければ、当該事件についての注意義務の基準が立証されると同時に、被告はそれに従っていなかったわけであるから、過失が認定できることになる。

【専門家証人を不要とする例外】

医療過誤訴訟において通常は専門家による証言は必須とされるが、それを不要とする例外がいくつか認められてきた[23]。

①被告の医師の証言が、それ自体、注意義務の基準を明示するような内容であれば、原告はそれに依拠することができる。

②当該診療分野で権威のあるとみなされている医学書によって、注意義務の基準を立証することが認められる場合がある（ただし、それだけでは個別の事件での注意義務違反を立証したことにならない点に注意を要する）。

③医療過誤が薬剤や医療機器に関連して生じた場合、薬剤の能書（添付文書）や医療機器の取扱説明書によって、注意義務の基準を立証することができる場合がある。

④学会等で、標準的な手技のガイドラインが作られている場合、それをもって注意義務の基準とする場合がある。

⑤たとえば、外科医が、手術の後、ガーゼを体内に置き忘れたようなケースでは、医療水準以前の問題であるとして、専門家証人による注意義務の立証を不要とする例がある[24]。

---

23) Dobbs, supra note 1, § 247, at 642-647.
24) Ravi v. Coates, 662 So.2d 218 (Ala. 1995). (スポンジが体内に残されたケースで、医師は、スポンジを数えるのは医療慣行として看護師の役目だという抗弁を出したが、認められなかった)。

⑥さらにごく少数ではあるが、専門家証人による証言がない場合でも、通常のリスク効用基準を適用して過失判断をした判例がある[25]。

1974年のワシントン州の判例 Helling v. Carey がリーディング・ケースとされる[26]。この事件では32歳の原告が緑内障でほとんど失明したが、長年かかっていた眼科医が眼圧のテストさえしておれば早期に発見できたとして訴えたものである。医師は、40歳未満の場合、この病気は稀であって、眼圧のテストをすることは通常の医療ではないと抗弁したが、検査は簡単であり、時間もかからず、何ら危険性もない。それに対し、緑内障のリスクはきわめて大きいとして、ワシントン州裁判所は、医療界の水準とは別個に、裁判所として過失を認めることができると判示した。

この判例に従った例は少ないが、血液製剤によってエイズに罹患した患者が訴えたケースでは、血液バンクから適切に提供された血液製剤について当時の医療水準に則った取扱いがなされていたという抗弁に対し、それだけで過失がないと判断するのを拒んで陪審に判断を委ねた例がある[27]。ここでも、専門家証言による医療水準ではなく、通常の過失基準が適用されたと見ることができる。

4 過失推論則 (res ipsa loquitur) の適用

過失推論則 (res ipsa loquitur) とは、状況証拠によって過失認定を許す法理である。ラテン語を英訳すれば The thing speaks for itself (事実それ自体が語る)。過失とされる特定の行為を原告が主張立証しなくとも、原告の被害が過失によって引き起こされたと認め、さらにそれが被告の過失によると認定するのを認める[28]。過失の要件について、原告に厳しい立証責任を負わせる

---

25) 過失のとらえ方としてアメリカで主流となっているリスク効用基準については、樋口・前掲 (注4)『アメリカ不法行為法』83頁以下参照。

26) Helling v. Carey, 519 P.2d 981 (Wash. 1974).

27) United Blood Services, Div. of Blood Systems, Inc. v. Quintana, 827 P.2d 509 (Colo. 1992); Snyder v. American Ass'n of Blood Banks, 676 A.2d 1036 (N.J. 1996). いずれも陪審は医療側の過失を認めた。

原則からすれば、異例の法理である。さらに、この法理が適用されるなら、専門家証人による注意義務の基準の立証も不要となる。いわばその段階を飛ばして、いきなり過失の有無に訴訟を進めることができる。その他、法理の要点は、以下のようになる。

①res ipsa 法理が適用されるためには、(1)過失の内容はわからないとしても、経験上、事故が何らかの過失によって生じた蓋然性が高いこと、(2)過失をおかした者が被告である蓋然性が高いこと、という2つの条件が満たされる必要がある。蓋然性が高いといっても、それは証拠の優越の程度で十分である。だが、実際に裁判所がその適用を認めるのは多くない。

②res ipsa 法理の効果として通常認められているのは、陪審に対し、過失を認定することが許されるという点であり、決して、認定する義務を課すものではない。そのため過失推定則とは訳せない。いわんや過失ありとみなすという原則でもない。

ただし、不法行為訴訟の手続きにおいて、原告の過失の立証が十分になされていないという理由で略式判決や指示評決の形で被告勝訴の判決が出されるのを防止する効果を有する[29]。言い換えれば、陪審の判断を仰ぐ機会を与える効果をもつということである。だが、それでもなお過失を立証する責任は相変わらず原告にとどまり、陪審は、被告が何ら反証を提示しない場合ですら、過失を否定するのも自由である。

ただし、少数の州では、res ipsa 法理の効果として、少なくとも被告側に何らかの形で反対の証拠を提出する責任を認めるところがある。立証責任の転換とまではいえないが、被告に証拠提出責任を負わせるから、それがなされなければ陪審は被告に過失ありと認定しなければならない。また、このような効果をもたせない多数の州でも、res ipsa 法理の適用が認められれば、

---

28) 以下の記述については、樋口・前掲（注4）『アメリカ不法行為法』111頁以下、およびDobbs, supra note 1, §§ 243 & 249, at 647-652.
29) 略式判決や指示評決については、浅香吉幹『アメリカ民事手続法〔第2版〕』95頁、141頁（弘文堂、2008）参照。いずれも陪審の判断を不要として裁判官限りでの第1審裁判所判断をする手続である。

実際上は、被告の方で何らかの反証を提示させる大きなインセンティブとなる。したがって、res ipsa 法理の最も重要な効果は、新たな証拠を提出させて実質的な裁判が行われるようにするところにあるともいえる。

【res ipsa 法理と医療過誤訴訟】

ところが、res ipsa 法理は、医療過誤訴訟には適用がないと時にいわれることがあった。たとえば、1993年の判例で、ジョージア州の裁判所は「ジョージア州における医療過誤訴訟については res ipsa 法理の適用はない」という被告の主張をそのまま引用している[30]。しかし、そのジョージア州でも例外的に res ipsa 法理の適用を認めた例もあり、一般に、大多数の州において、医療過誤訴訟について res ipsa 法理の適用を排除するルールがあるとはいえない。

だが、実際には、医療過誤訴訟において res ipsa 法理が適用されるのは稀といってよい。すでに見たように、res ipsa 法理は、特定の過失を示すような事実を立証することなしに過失認定の可能性を認める法理であるから、実は一般的にいっても多用される法理ではない。あくまでも、その事故の事実だけで何らかの過失がなければ起こりえないだろうという種類の事故であるとされなければならない。そして、多くの場合、事故は過失がなくとも起こりうるからである。

医療過誤の場合はそれがいっそうあてはまる。たとえ手術の結果が予想に反してひどいものだったとしても、それだけで過失があったことにはならない。医療は多くのリスクを抱えたままで、それでも行われているものだからである。

ただし、次のような明らかな過失のケースについては、専門家証人がいなくとも、陪審に過失を認定する権限を認めてきた。それを res ipsa 法理の適用というか、あるいは、医療水準（とそれによる注意義務）を問題にする以前

---

30) Kapsch v. Stowers, 434 S.E.2d 539 (Ga. 1993). （ただし、この事件では、専門家証人の証言に基づいて過失が認められている）。

に、陪審の常識と経験からの判断をすることが許されて、過失があるとされるからだというかは、言葉の問題に過ぎない。

①患者の手術の部位を誤って行われた手術（右足と左足など）。
②患者の体内に、手術器具などを置き忘れること。
③手術とは無関係な身体の部分に、手術後に何らかの障害が生じていること。

本項の最後に、医療過誤訴訟の中でも res ipsa 法理が適用されたものとして名高い Ybarra case について言及する[31]。それは単に何らかの過失があっただろうと思われる場合であるばかりでなく、それが誰によって起こったかもわからない状況だったという点で、通常なら res ipsa 法理の適用が否定されたはずのケースである。

この事件では、虫垂炎で入院し手術を受けた患者が全身麻酔から覚めたところ、首から腕にかけて鋭い痛みを感じ、その後麻痺状態にまでなった。患者は、それが何によって生じたかはいっさいわからず、この治療や手術に関係したすべての人を訴えて訴訟を起こした。カリフォルニア州の第 1 審裁判所でも控訴審でも敗訴した。ところが、州最高裁は、res ipsa 法理を適用すべきだとする主張を受け入れて破棄差戻しの判決を下したのである。

州最高裁判所は、本件の場合、全身麻酔で手術を受けていた原告には、事故の原因について知るすべがなく、被告たちの方にはそれが容易であり、証拠を提出する責任を被告全員に課すことによって事実を明らかにすることができるとして、原告を勝たせた。

だが、この有名な判決は、その後の裁判所も学者も多数が賛成していない[32]。

第 1 に、共同被告全員に連帯責任が課されているが、全員が共謀しているのならともかく、明らかに、その中にはまったく過失に関与していないばか

---

31) Ybarra v. Spangard, 154 P.2d 687 (Cal. 1944).
32) 「好きだというものもいるが、たいていは嫌いだという」。See, e.g., Twerski & Henderson, Torts: Cases and Materials 191 (2d ed. 2008).

りでなく、誰がどのように過失をおかしたのかも知らない人が混じっていると考えられる。そのような人にとって、明らかにこの判決は正義に反する[33]。

第2に、これは1940年代の事案であるからであり、ディスカバリー（開示手続）が発達した現代であれば、証言録取手続（deposition）の中で問題解決を図るべきだとする批判がある[34]。

第3に、Ybarra判決の射程距離は実はきわめて限定されているとするものがある。本件のように、全身麻酔で無意識状態になり、身体生命を病院や医師に預けた患者のケースについて、手術とは無関係な障害が発生した場合には、病院や手術に立ち会った医師にいわば保護者(custodian)たる義務が生じており、その内容として患者に対し適切な注意義務を果たすか、または少なくとも適切な説明をする責任があると考えるべきだとする[35]。逆にいえば、res ipsa 法理ではなく、別種の法理で妥当な解決を図るべきだったとするのである。

以上を要するに、医療過誤訴訟において、res ipsa 法理が適用される場面が多いかといえば、やはりそれはきわめて例外的な場合にとどまるというべきである。

III 医療過誤としてのインフォームド・コンセント

1 わが国のインフォームド・コンセント法理

わが国の医療過誤訴訟におけるインフォームド・コンセント法理については、大きな特色がある。

第1に、実際に医療過誤訴訟において医師の説明義務違反を問うものが多い。しかも、それが認められてその部分では原告勝訴となるケースが少なく

---

33) Dobbs, supra note 1, §249, at 651.
34) Kenneth S. Abraham, The Forms and Foundations of Tort Law 97 (Foundation Press, 2d ed. 2002).
35) Dobbs, supra note 1, §249, at 651.

ない。たとえば、2006年に刊行された医事法判例百選は「医療過誤」と題して51例の判例を扱っているが、その章の冒頭は「説明義務と同意」と題されており、そこに17件を収める[36]。言い換えれば、(この百選の選定したケースの)医療過誤訴訟の中で3分の1は、説明義務と同意という観点が重視された事件だということである。同様に、医療過誤について細分類した概説書でも、問診や説明義務違反が多数の頁を占めている[37]。

第2に、医師の説明義務は、診療契約の内容に含まれるものとして、ここでも契約上の義務違反としての扱いがなされている。ただし、何を説明しなければならないかは明確でないから、それを契約上の債務だとしても、アメリカ法と異なる明確かつ迅速な解決が図られているわけでもない。

これに対し、アメリカの医療過誤訴訟に関する概説書や文献を読むと、インフォームド・コンセント法理は、明らかに不法行為法理の一種として扱われている。しかもそればかりでなく、それが大きな扱いを受けていないように見える。インフォームド・コンセントはまさにアメリカ発祥の言葉であり、訴訟社会のアメリカであるから、インフォームド・コンセント違反を訴える訴訟がどんどん起きてもよさそうである。だが、実態はそうではない。むしろ、その言葉を輸入した日本において、インフォームド・コンセント違反を訴える例(そしてそれが認められる例)が多いように見えるのは不思議な現象である。

2　アメリカのインフォームド・コンセント法理

医療過誤責任を追及する2番目の請求原因として、医師が患者に対し情報提供を怠る場合がある[38]。このような場合、医師が行った診断や治療に過失が

---

36)　宇都木伸ほか編『医事法判例百選（別冊ジュリ183号）』（有斐閣、2006）参照。

37)　たとえば、植木哲ほか編『医療判例ガイド』（有斐閣、1996）でも、説明義務違反と損害賠償に相当のページが割かれ、各論の判例紹介の冒頭は問診が問題となった事例である。

38)　John L. Diamond, Lawrence C. Levine & M. Stuart Madden, Understanding Torts §7.03, at 97 (3d ed. LexisNexis 2007).

あるからではなく、いわゆるインフォームド・コンセント違反としての医療過誤が問題となる。

ところが、実際にはインフォームド・コンセント違反訴訟はアメリカでは必ずしも多くない[39]。インフォームド・コンセント法理を打ち立てた先例として名高い1972年のカンタベリー事件でも、最終的には原告は敗訴に終わった[40]。後に紹介する、アメリカの医療過誤訴訟の全面的再検討を論ずるファーロウ教授の論文でも、インフォームド・コンセント法理についてまったくふれるところがない[41]。要するに、アメリカの医療過誤訴訟の中で、2番目の請求原因といいながら、インフォームド・コンセント法理は実際には大きな地位を占めていないのである。

それにはおそらくいくつかの説明が可能である。

第1に、1960年代以降、アメリカではかつてのパターナリズム的な医師患者関係を背景とする医療倫理が、患者の自己決定権を中心とするものに置き換えられた。まさにインフォームド・コンセントという言葉と実践が医療現場に行き渡り、それによる訴訟が起きないような状況になっている、という推測もありうる。しかし、後に述べるように、何をもって十分な説明とするかの基準についての争いがあるところを見ても、少なくとも患者から見て、すべてのアメリカの医師が常に十分な説明をしているかには疑問が残る。

そうだとすると、第2に、医療倫理としてのインフォームド・コンセントが実践されない場合があったとしても、インフォームド・コンセント法理は訴訟を起こすほどの請求原因にならないことが考えられる。たとえば、アメリカの医事法の教材も、次のように、インフォームド・コンセント法理への

---

39) 以下の記述について、樋口範雄『続・医療と法を考える――終末期医療ガイドライン』180頁以下（有斐閣、2008）参照。

40) Canterbury v. Spence, 464 F.2d at 772 (D.C. 1972). この事件やその後のインフォームド・コンセント法理の発展につき、三瀬朋子「医師付随情報の開示とインフォームド・コンセント」国家学会雑誌118巻1＝2号111頁（2005）。この事件の概要は113頁以下。

41) Barry R. Furrow, The Patient Injury Epidemic : Medical Malpractice Litigation as a Curative Tool, 4 Drexel L. Rev. 41 (2011).

法律論としての価値について大きな疑問を提起しているからである[42]。

　第1に、ごく小さなリスクまで開示・説明する義務があるかは往々にして疑わしい[43]。

　第2に、医師が患者に情報提供しなかったという点を立証するのが難しい場合がある。記録は医師のもとにあり、患者は通常、たとえ盲目的にではあろうと、同意文書に署名している。そして情報提供しなかった点の立証責任は患者にあるのである。

　第3に、適切な情報を得ていれば異なる決定をしたと立証し、しかも異なる決定の下でもっとよい結果が出ていたはずだという点を立証する困難が、常に大きな障害として立ちはだかる（カンタベリー青年の麻痺は、手術のためではなくて、ベッドからの落下による可能性もあるし、元々の病状がこの時に現れたのかもしれない）。したがって、インフォームド・コンセント違反に基づく訴訟で勝てると考えるような患者は少数であり、実際に訴訟に持ち込むのはもっと少数であり、さらに勝訴となると極小となる。これを立証する経験的データがあるわけではないが、少なくとも次の記述はそれを示唆する。『医療過誤訴訟に関するある調査研究によると、医師を相手に訴える訴訟のうちの1％および病院を訴える訴訟の2％だけが、患者への情報提供欠如に分類される』[44]。

　この記述によれば、アメリカでは、インフォームド・コンセント法理によっ

---

42) Garrison & Schneider, supra note 3, at 69-70.
43) インフォームド・コンセント法理では、どのような情報を提供すべきか、その判断基準はいかなるものかについて争いがある。先にふれた、インフォームド・コンセント法理の先例であるカンタベリー判決では、被告の医師の証言として、当該手術に伴う麻痺のリスクは1％程度という記述がある。その当時、その程度のリスクまで説明するのが医療として当然だったかには疑問がある。最終的にカンタベリー事件で陪審が医師の勝訴という判断を示したことには、そのような事情がある。
44) Peter H. Schuck, Rethinking Informed Consent, 103 Yale L.J. 899 (1994) からの引用である。

て訴えて勝てる原告はきわめて少数であり、実際にもほとんどいない[45]。

そして、それには次のような説明が可能である。

3　インフォームド・コンセント法理への障壁

日本法でなら医療過誤について通常問題になりうる説明義務違反について、インフォームド・コンセント法理の母国であるアメリカ法が大きな問題としないのはなぜか。

①かつて、説明や同意なしに診療(たとえば手術)を行うことは、battery(不法接触・暴行)という故意による不法行為とみなされていた。この不法行為の成立要件は、故意による、損害または不快を与える接触(intentional, harmful or offensive contact)とされており[46]、診療行為であっても患者の同意なしに行われれば、まさにこの要件にあたる。

batteryは故意による不法行為であるため、原告側からすれば立証が容易である[47]。たとえ損害が立証できなくとも勝訴できる上に、懲罰賠償が認められる可能性も高まる[48]。だが、その後、アメリカでは一般に説明義務違反の事

---

45)　この教材はこの後に次のように続ける。「もしもこのようなことが事実だとすれば、インフォームド・コンセント法理は、実は効果のないものだったのだろうか。確かに医師は患者に対し、従来よりも病状や選択肢についてもっと説明するようになり、患者に対する態度もずっと患者を尊重するように変わってきた。それは法のおかげなのだろうか。医師は、インフォームド・コンセント法理が実は怖いものでないことを知らなかったため、訴えられるリスクをべらぼうなほど過大に評価してしまったのではないか。他方で、インフォームド・コンセント法理が仮にまったく生まれていなくとも、社会の文化的な変化によって医師の態度は変わっていたのではなかろうか」。

　ここで主張されているのは、インフォームド・コンセントとは、アメリカでも当初は(特に医師には)重要な法律上の請求原因になりうるものとして捉えられ、訴訟をおそれたこともあって、医療の実践の場でインフォームド・コンセントがとられるようになったが、実際には、それは杞憂に近いものだったのであり、さらに、そのような訴訟のおそれがなくとも、アメリカでは医療倫理が自己決定中心に変化したのではないか(少なくとも法の強制が必須だったとはいえないのではないか)ということである。

46)　樋口・前掲(注4)『アメリカ不法行為法』36頁。

47)　Diamond et al., supra note 38, §7.03[A], at 97.

件は battery でなく、過失による不法行為(negligence)で処理することになった。現在でも例外的に battery が適用される事例は、まったく説明なしに手術が行われた場合や、脅迫や詐欺で同意がとられた場合、同意した内容と著しく異なる手術が行われたケースなどがありうるが、現代において実際にそのような場合はほとんど生じない[49]。

②そこで、説明義務違反についての主戦場は、インフォームド・コンセント法理違反という過失による不法行為となった。その結果、原告は、次の5つの要件をすべて立証しなければ勝訴できない[50]。

(1) 医師が必要とされる情報を提供しなかったこと。
(2) 当該手術によって片足を失ったことのような、現実の損害。
(3) 患者が知らされていないリスクによってその損害が生じたこと。
(4) 患者がそのリスクを知らされていれば当該手術を断っていたであろうということ。言い換えれば、現実の損害と説明義務違反に事実的因果関係があること。
(5) そのリスクを知らされていれば、合理的な患者(通常の患者)なら、提案された治療を拒否したであろうこと。

そして、これらをすべて立証するのは、以下で述べるように困難だった。

③まず、必要とされる情報、言い換えれば、患者に提供すべき情報の範囲について争いがあった。過半数の州では、「医師基準」がとられ、同様の状況にある医師であれば説明をしたか否かが基準とされた。そこでは、原告側は、当然、医師による専門家証人によって、それを立証しなければならない。

だが、1972年のカンタベリー判決以来、患者の自己決定にとって重大な情報(material information)はすべて説明すべきだとする判例が現れた。いわゆる「患者基準」である。このルールを採用した州では、この部分について医師による専門家証言が不要となる。患者基準の中でも、まさに当事者たる

---

48) ただし、一般に過失による不法行為に比べて時効(出訴期限法)が短く、故意の内容によっては、加害者(医師)の賠償責任保険の適用が否定されるという側面もある。Ibid.
49) Dobbs, supra note 1, §250, at 654.
50) Ibid.

患者自身が重要か否かを問題とする主観基準と、同様の立場にある患者にとって重要か否かを問題とする客観基準に分かれるが、実際上の大きな違いはないという[51]。しかし、これに対しては、せっかく裁判所が患者基準をとっても、州議会による(不法行為法改革を標榜する)制定法で医師基準を復活させる例があり、従来通りの立場を維持する州の裁判所を合わせて、多数の州では医師基準がとられている。

いずれにせよ原告側に、与えられなかった情報が重大なものであること、医師基準をとる州では、それが与えられないことが情報提供に関する医療水準に合致しないことにつき専門家証人を呼んだうえで立証しなければならない。

④患者にとって最大の困難は、因果関係の立証である[52]。そこでは、患者自身がそのリスクを知らされていれば当該手術を断っていたであろうということと、そのリスクを知らされていれば、合理的な患者(通常の患者)なら、提案された治療を拒否したであろうことの両方を立証しなければならない。ここでは、主観的な因果関係と客観的な因果関係の両方の立証責任が原告に負わされている。

インフォームド・コンセント法理の適用の前提には手術自体には過失がないことが前提となっているので、仮に医師による手術の説明が不十分であったとしても、十分な説明があったら手術を拒んだであろうという立証は難しいはずである。

ルイジアナ州だけは、自己決定の機会が失われたということだけで損害と認めてくれるというが[53]、他の州では、「十分な説明があったら」→「手術を拒否」→「したがって、現に生じているような損害が生じなかった」という論理が立証できないと、事実的因果関係が立証されたことにならない。そこでの

---

51) Diamond et al., supra note 38, §7.03[B][2], at 99. 通常、当該患者の主張は、他の患者であっても主張するようなものだからである。

52) Dobbs, supra note 1, §250, at 657. なおこれらの問題点については、三瀬・前掲(注40) 111頁に詳しい。

53) Lugenbuhl v. Dowling, 701 So.2d 447 (La. 1997).

損害とは、あくまでも現に生じた身体への損傷であり、十分な説明がないから慰謝料というような日本的解決にはならない。

⑤以上の説明だけで、患者側にとってインフォームド・コンセント法理だけで勝訴する可能性が低いことは十分に了解できるはずであるが、さらに裁判所では、医師にとって有利なルールを作り上げてきた。それが、「治療効果を維持するための例外」(therapeutic exception) である[54]。これは、リスクの説明をすれば、患者が怖がって当該手術を受けなくなるおそれがある場合、そして患者の判断が医療的に見て明らかに間違ったものであるときに、医師に説明しない特権を認めようとするものである。その場合、医師は家族に説明することになる。もっとも、この例外はかつては強くいわれていたが、患者の自己決定を中心とするアメリカの医療倫理の中で、実際に、現在どれだけ重要性をもっているかは疑問がある。裁判所も、従来からこのような例外を認めるのには慎重であったとされる。

しかし、このような抗弁が持ち出されるのは、患者の立証責任が果たされて情報提供に関する過失とそれによる損害が認められるケースだけであるから、そもそも原告側の立証責任が果たされないケースがほとんどであるなら、この問題は大きなものとならない。

IV　州議会制定法による不法行為改革

1　医療過誤訴訟の「危機」

以上のように、アメリカにおける医療過誤訴訟は、明らかに患者にとって訴えにくい訴訟である。たとえば、法律的にみて過失を伴う医療事故のうち、実際に訴えが提起される件数は8分の1だとする調査研究がある[55]。ところが、1970年代以降、医療過誤訴訟の増加が喧伝され、しかも医師に対する賠償責任保険の保険料が急増する現象が繰り返し現れた[56]。そのたびに医療過

---

54) Dobbs, supra note 1, § 250, at 656.

誤訴訟の危機に対する対策を立てるよう医療界や保険会社が州議会に働きかけて、大多数の州で何らかの「不法行為法改革」法が制定された。目的は明確で、いずれも医療過誤訴訟を提起する障壁をさらに高く築くところにあった。

2 改革の内容

医療過誤訴訟を提起しにくくするための法改革の内容は多岐にわたり、州毎に異なる[57]。次のような分類はその一例である[58]。

(1) 実体法上の改革

①注意義務の基準を、判例が被告の医師と「同一地域ルール」から「全国ルール」等へ拡大して改めたことに対し、それを制定法で「同一地域ルール」に戻すもの。

②同じくインフォームド・コンセント法理に基づく訴訟について、いかなる情報を提供すべきかについて判例が患者基準をとったものを、医師基準に

---

55) Paul C. Weiler, Howard Hiatt, Joseph P. Newhouse & William G. Johnson, A Measure of Malpractice: Medical Injury, Malpractice Litigation, and Patient Compensation (Harvard U Press 1993)(大規模なカルテ調査により、過失を伴う医療事故27,179件について、実際に訴えが提起されたり請求がなされたのは3,862件だったとする)。また、樋口範雄「不法行為法の『危機』と『改革』の意義――アメリカの医療過誤訴訟を例にとって」棚瀬孝雄編『現代の不法行為法――法の理念と生活世界』225頁（有斐閣、1994）参照。

56) 医療過誤訴訟の増加が問題視されてきたのは1840年代にまで遡ることができるという。その数の増加は医師数の増加や医療技術の複雑化など他の要因と比較衡量して分析すべきだとする指摘として、Dobbs, supra note 1, §253, at 664 n. 2. また保険料の急激な引き上げは、医療過誤訴訟の急増によるのではなく、むしろ保険会社の投資運用の失敗によるのではないかという指摘もある。

57) 州毎にどのような制定法があるかを見るには、たとえば、David W. Louisell and Harold Williams, Medical malpractice (New York, NY: M. Bender, 1960-) が便利である。

58) Dobbs, supra note 1, §253, at 665-666.

戻すもの。
　③res ipsa 法理（過失推論則）の適用を医療過誤訴訟について排除したり制限するもの。
　④医療過誤訴訟について、出訴期限法を厳しくするもの。出訴期限を短くするほか、その始期について discovery rule（患者が過失による医療事故だということを知った時期からにするルール）の適用を否定したり、明確な除斥期間（repose）を定めるもの。

(2)　救済法上の改革
　①損害賠償額に上限を定めるもの。精神的肉体的苦痛に対する損害賠償の額の上限を定める例や、全体としての賠償額について上限を定めるものがある。
　②副次的給付不算入ルール（collateral source rule、患者が医療事故によって受け取った給付を損益相殺しないルール）の適用を排除するもの[59]。
　③損害賠償額の支払いについて一括ではなく分割払いを認めるもの。

(3)　手続法上の改革
　①医療過誤訴訟を提起する前に医療専門家パネルによる判断を前置するもの。この判断によって和解する場合もあるが、どうしても原告が訴えを提起するときは、この判断が（被告側から）証拠として提出されるのを認める。
　②仲裁手続を定めて、そもそも訴訟に行けないことにするもの。
　③訴訟提起前に、被告側に特別な通知を要求するもの。
　④濫訴防止のため、原告側弁護士に対し、「まったく意味のない訴えではない」との証明書を求めるもの。

---

59) このルールの内容については、樋口範雄「Collateral Source rule と日米不法行為法－損害の重複填補の調整あるいは無調整－」学習院大学法学部研究年報 20 号 171 頁（1985）を参照されたい。

なお、これらの系列の改革法とは別個に、すべての州で制定された法律として、いわゆる「よきサマリア人法」（Good Samaritan statute）がある[60]。これまた内容は州によって異なるが[61]、原則として、医師が医療の場でない場面で急病人に出会って診療を行った場合、その処置に過失があっても免責する内容になっている。これは善意の救命行為を促進するための法律であり、その際に訴えられるおそれ（legal risk）を明確に限定しておこうというものである[62]。アメリカ医師会は州議会に対しこのような法律制定を強く訴えて、1959年のカリフォルニア州から始まり、すべての州で「よきサマリア人法」が制定されるに至った。医療過誤訴訟へのおそれが医師の意識の中でいかに強かったかを示す。

　その後、上記のような法律を解釈した判例の中には、一方で、よきサマリア人法を診療の場面にも拡大して適用する例が散見されたり[63]、逆に、不法行為法改革法について、たとえば病院で滑って転んだためにけがをした例などは、その法律の適用される「医療過誤」ではないとして、医療過誤訴訟を制限する法律を適用しない例などがある[64]。診療中の医師の性的な非行に関しても、訴訟制限を定める法律の適用について判例は分かれている[65]。

　以上を要約するに、州法による不法行為で医療過誤責任を追及するについては、伝統的に判例法理としても原告側に厳しい立場がとられてきたばかりでなく、さらに州議会による制定法で医療過誤訴訟が抑制されているというのが、アメリカ法の現状である。

---

60)　Dobbs, supra note 1, §252, at 663.
61)　これについても州毎の法の内容を知るには、前掲（注57）の Medical Malpractice が便利である。
62)　もっとも、アメリカでも実際にこのように善意で診療した医師が後に訴えられた事例はまずないという。Dobbs, supra note 1, §252, at 664. それでもこのような法律が各州で制定された背景には、本文でも述べたように、それだけ「医療過誤訴訟のおそれ」が意識過剰なほど医師の間に行き渡っていたという証拠である。
63)　Dobbs, supra note 1, §252, at 663-664.
64)　Dobbs, supra note 1, §253, at 666.
65)　Dobbs, supra note 1, §253, at 666-667.

V　合衆国憲法の専占法理による医療過誤訴訟の制限

　本稿で対象としてきた医療過誤とは、典型的なもの、すなわち医師が手技に失敗し、それによって損害を被った患者が医師（または医療機関）を訴える場面を想定していた。

　だが、医療事故にはそれ以外の態様もある。たとえば、薬剤を処方された患者が想定外の副作用によって被害を受けたり、医療機器の不具合によって被害を受けることがある。

　このような場面でも、近年のアメリカ法では、患者が訴えを提起するのを抑制する場合がある。しかもその一部は合衆国憲法に基づく専占法理によるという[66]。専占法理とは、連邦法と州法が抵触する場合に前者を優先させる合衆国憲法の最高法規条項に基づく法理である。医療過誤訴訟を含む不法行為訴訟は州法上の訴えであるから、後者(州法)に含まれる。専占法理は、医療の場面で何らかの連邦の規制がある場合、州法（不法行為法）に基づく訴え自体を制限する効果を有する。

　もっとも、1992年以前、連邦政府の機関によって何らかの規制が行われているという理由で、被害者が不法行為訴訟を提起すること自体を否定した最高裁判例はなかった。ところが、合衆国最高裁は、1992年以降、そのような判示をするに至った。それは医療の場面に限らずさまざまな製品の安全性について連邦政府による規制がある場合、それに適合しながらも事故が生じた場合、被害者が州法（不法行為法）に基づいて訴えるのを認めない例が出てきたということである。だが、その製品が医療に関係するケースでは、広い意味で医療過誤に関する訴訟が妨げられることになる。

　最近の例としては、2011年、合衆国最高裁は予防接種の副作用についてワクチンを製造した会社を訴えた事件で訴訟自体が認められないとした[67]。こ

---

[66]　連邦法の専占法理 (federal preemption) については、樋口範雄『アメリカ憲法』174頁以下（弘文堂、2011）。

[67]　Bruesewitz v. Wyeth LLC, 131 S. Ct. 1068, 562 U.S. (2011).

の事件では、3種混合ワクチン（DTP：diphtheria, tetanus, and pertussis）の予防接種を受けた6ヶ月の子が副作用によって重い障害を負った。1986年のNational Childhood Vaccine Injury Act（NCVIA、子どもへの予防接種健康被害に関する連邦法）によって健康被害救済制度が作られており、それによる給付申請が認められなかった両親は製薬会社に対する訴訟を提起した。だが、この法律には、副作用が不可避のものである場合、ワクチンの製造が適切でかつ適切な指示書や警告書がつけられているときには、いっさい民事責任は認められないとの規定が付けられていた。連邦最高裁は6対2で明示の専占（連邦政府の規制の専占）を認め、製造物責任の中で、製造過程の瑕疵（たとえば不純物の混入など）と警告の瑕疵（注意書きの不備）について訴えることは可能だが、ワクチン設計の瑕疵（design defect）について訴訟を提起することはできないと判断した。

同様に、2001年のBuckman Co. v. Plaintiffs' Legal Committeeでも[68]、整形外科で用いる骨ねじ（bone screw）という医療機器に基づく事故に関する訴えが退けられている。さらに、2008年のRiegel v. Medtronic, Inc.でも、1976年に制定された医療機器に関する規制法に明示の専占規定があることを根拠に8対1で専占を認めた（つまり、医療機器の欠陥を理由とする訴訟を提起できないとした）[69]。

これらの事件では、訴えられているのは医師や医療機関ではない。だが、たとえば医薬品の副作用に基づく訴訟では、無過失責任に基づく医薬品副作用救済制度が備えられており、それによる救済を得た場合には、製薬会社に対し不法行為訴訟は提起できないことになっている。医療機器や薬品について、医師や医療機関がそれを適正に使用していた場合、彼らに過失責任が問われる可能性はまったくないといってよい。だからこそ、原告側は、製造物責任を問うことになるのだが、それに対しても近年のアメリカ法の動向は時に厳し過ぎると見えるような姿勢を示しているということである[70]。

---

68) Buckman Co. v. Plaintiffs' Legal Committee, 531 U.S. 341 (2001).
69) Riegel v. Medtronic, Inc., 552 U.S. 312 (2008).

VI　ファーロウ教授による医療過誤訴訟の再検討

　ファーロウ（Barry R. Furrow）教授は、アメリカを代表する医事法のホーンブック（概説書）や医事法のケースブックの編者として著名である[71]。そのファーロウ教授が著したアメリカの医療過誤訴訟に関する論文を紹介して[72]、本稿を閉じることにする。これまで述べてきたように、訴訟社会と呼ばれるアメリカでは、医療過誤訴訟についても否定的な評価や紹介が多くなされてきた。だが、ファーロウ教授は、実態はそうでないことを本論文で力説している。同時に、この論文では、医療事故の後の対応についてわが国でも問題となっている医療 ADR や、事故の報告義務、患者や家族への説明責任、謝罪のあり方など、同様の課題が取りあげられており、それらについて参考にすべき点が多いと考えられるからである。

---

70)　ただし、2009 年の Wyeth v. Levine, 555 U.S. 555 (2009) では、連邦最高裁は大方の予想を覆し 6 対 3 で専占を否定した。この事件では、偏頭痛に悩む患者が吐き気止めの薬を処方されたところ、それが動脈に入って壊疽を起こし、片腕を切断した患者が製薬会社を訴えた。被告の会社は、薬の警告文（注意書き）は FDA（連邦食品薬品局）によって承認されたものであり、それによる専占（FDA の規制の障害となるという理由での専占）を認めるべきであり、FDA 自身が 2006 年に自ら専占の宣言を関連規則の前文に明記していたと主張したが、連邦最高裁は、製薬会社がより強い警告文に変更することは妨げられていなかったとして訴えを認めた。このように、すべての事件で、医薬品や医療機器に関する不法行為訴訟が専占されているわけではない。この事件については、樋口範雄「アメリカにおける製造物責任訴訟と連邦法による専占」森島昭夫＝塩野宏編『変動する日本社会と法（加藤一郎先生追悼論文集）』769 頁（有斐閣、2011）参照。なおこの問題については、佐藤智晶『アメリカ製造物責任法』（弘文堂、2011）が詳しい。

71)　Barry R. Furrow, Thomas L. Greaney, Sandra H. Johnson, Timothy Jost & Robert L. Schwartz, Health Law (Hornbook Series) (West Group 1996); Do, Health Law: Cases, Materials and Problems (American Casebook Series) (West Group; 6th ed. 2008). 医療保険改革を扱う最新のケースブックとして、同じ編者らによる Health Care Reform (West Group; Supplement edition 2012) がある。

72)　前掲（注 41）参照。

1 ファーロウ教授の論旨

　論旨は論文の表題から明白である。The Patient Injury Epidemic : Medical Malpractice Litigation as a Curative Tool、すなわち、「医療事故による患者への被害は伝染病のような状況だ。それを治療するために、医療過誤訴訟は有用だ」というものである。

　ファーロウ教授は「不法行為法改革」(tort reform) と呼ばれる運動の中で、主たるターゲットとされてきた医療過誤訴訟への批判は、多くが騒々しく騒ぎ立てる政治的宣伝であり、不正確な情報を基にして、医療過誤訴訟の大半は濫訴（根拠のない訴え）であり、その抑制こそ医療費の削減につながるというような主張を繰り返しているとする。そこから出てくる具体策は、典型的には訴訟によって認められる損害賠償額の削減（上限の設定）や、そもそも訴訟に訴えない代替的紛争解決（ADR）の勧めであるとする。特にADRでは、医療事故の被害者ははじめてその手続きを経験するのに対し、加害者側はリピート・プレーヤーであり、その点だけ見ても、加害者側に有利だという。

　ファーロウ教授は、確かに原稿の医療過誤訴訟には「改革」が必要だが、それはこれまでいわれてきたものとは異なる次のような「改革」だと主張する。

①事故が生じた場合にそれが明るみに出されるための方策（透明性の確保）。
②事故に対する請求の件数の増加。
③早期の紛争解決。

　ファーロウ教授が力説するのは、むしろ医学が高度化するにつれて現代医学が危険性を増している事実である。それを証拠づけるのが、入院患者の3分の1は何らかの医療事故に遭うという最近の調査や、有名なIOM (Institute of Medicine、アメリカ医学研究所) による年間で10万人が医療事故で死亡しているという推計や、さらに従来想定していた以上の医療事故が実は起きていて、それらが届け出られないままになっているという最新の調査結果である。しかも医療事故の原因は多様化しており、ただ、航空機事故などと異なり、

通常の医療事故では1件について1人が死亡するだけで、それが全国の何千という医療機関に散らばっているために、事故の重大性が見えにくいという。

医療技術と産業化の進展により、現代の医療は複雑化し、それだけ医療事故も発生しやすくなっているにもかかわらず、アメリカにおいてこれまで強く主張されてきたのは訴訟の抑制だった。そうではなく、医療過誤訴訟の増加はまさに現代の医療の危険性が増したからであり、それには十分な理由があるとする（単なる訴訟の抑制は、本当の理由に対処しない備忘策に過ぎないというわけである）。

第1に、医療の進歩のおかげで昔ならあきらめていた事態への対処が可能になり、それだけそれが事故であるとして責任を問われる場面が増加した。昔ならあきらめていた未熟児の出生、がんの治療、高齢者に対する一定の延命措置などがその例となる。しかも、これらの事例では、被害者が生存していればなお治療は続くので、医療費を含む損害賠償額も増加することになる。

第2に、医療の産業化も不法行為責任拡大の要因となる。アメリカの医療も、従来考えられてきた伝統的な医師患者の関係というより、病院や通院施設、長期滞在施設などで提供されるようになり、看護師、薬剤師を含めて、医師ばかりでなく多様な職種の人たちや医療機関自体が訴訟の対象となっている。

第3に、医療費の支払いシステムが、公的なものであれ（たとえば高齢者用のメディケアなど）私的なものであれ（たとえば企業等を通じて加入する医療保険など）複雑化し、いずれにせよ、診療に関する医師の裁量権が狭まったばかりでなく、医師が医師賠償責任保険の保険料を保険者や患者に転嫁することも難しくなった。そのことが医療事故後の交渉を難しくさせている側面がある。

第4に、これらの要素の結果として医療に関する賠償責任保険の市場は不安定性を増し、とりわけ自動車事故に関する保険のように大きな市場でないためもあって、医療保険の危機と呼ばれる現象が周期的に起きやすくなっている。

ところが、これまでの医療過誤訴訟をめぐる不法行為法改革は、総じて、被告と保険会社に有利な改革だった。しかも医療安全を高める効果もなかっ

た。したがって、あるべき法改革は医療安全を高めるような、医療の質を高めるようなものでなければならない。

ファーロウ教授は、そのためには医療過誤の事実を明らかにすること（従来、医療過誤の届出自体が実際よりもはるかに少数であること。透明性の確保）と、過誤を減少させるようなインセンティブを医療過誤訴訟に担わせるべきであり、また医療過誤訴訟をそのための手段として利用できるものとして改革すべきだと主張する[73]。

2 医療過誤訴訟への従来の批判

ファーロウ教授によれば、従来の医療過誤訴訟に対する批判は以下の3種類に整理できる。

①被害者への救済として不完全であり非効率的である。そこには二面があり、本来、救済されるべき被害者が放置されているという意味で不完全という面と、過剰な（あるいは不当な）救済を受けているケース（つまり、過失のない事件に対し救済が与えられている例）があるという。ファーロウ教授は、このうち前者は正しいが、後者は必ずしもそうでないとする。先に述べたように医療過誤に関する実態調査は、むしろ過失のあるケースでも訴えの提起される事件はごく一部にすぎないことを示しているからである。しかも、医療機関の側において何らかの医療過誤を認識しても、それに対する医療が行われ、しかもそれに対する医療費にも保険が適用されて、過誤をおかした医療機関や医師の負担にならないので、訴えがない限り、医療機関に対する医療安全へのインセンティブがそれだけ減じていることになる。

なお、被害者救済という点で効率的な補償制度の一例は、自動車保険（ただ

---

73) アメリカについてよくいわれることであるが、ここではアメリカにおける不法行為訴訟の存在基盤は、被害者への救済を手厚くするということよりむしろ、アメリカが行政国家ではなく、政府による安全規制に対し信頼を置けないと考えている点に求められるとのマーク・ギャランターの主張を引用している。Marc Galanter, Real World Torts: An Antidote to Anecdote, 55 Md. L. Rev. 1093, 1160 (1996) cited in Furrow, supra note 41, at 50 n. 41.

し、自分で自分のためにかける損害保険タイプ）だとする。だが、このような保険は、自動車の運転はアメリカ社会で必須であるために被保険者数（契約者・保険料支払者）が膨大であること、自動車事故のタイプは一定範囲で類型化されていること、さらに自動車の事故で生じた損害であること（因果関係）が比較的明確であること、などから、その運営費用が相対的に安価である。これに対し、医療事故の場合には、それらの要素が薄く、一言でいえば情報の不完全性が著しいという障害があるという。そのことは法的解決にも影響し、法的な基準もそれだけ不明確となり、ディスカバリーの費用がかさむなど、訴訟にも多大な費用がかかる。その点については、ファーロウ教授も認めたうえで、何らかの改善策を提示しようというのである。

②アメリカの不法行為法の第一義的な目的は事故の防止にある。第2の批判は、医療過誤訴訟が医療過誤の防止や減少にも役立っていないというものである。ここでも2つの問題があり、1つは、実際に生じている医療過誤のうち一部しか提訴されないという点であり、もう1つは、事故率に応じた保険料の算定が確立していない点である。

ファーロウ教授は、これらの批判には正当な部分があるが、誇張が大きいとする。前者に対しては、むしろ弁護士がもっと訴えを提起すべきだという。そもそも医療機関や医療者は、訴訟の結果よりむしろ訴訟が提起されたこと自体に反応する。どのような事件が正当な訴訟となりうるかを知るためには、医学会が充実させてきている標準治療ガイドライン（practice guideline）を利用するのも一案だという。後者についても保険者は一定の努力をしており、特に、アメリカではすでに全国医師データバンク（NPDB: National Practitioners Data Bank）が設置されて、そこでは少数（11％）の医師が医療過誤訴訟において支払われている損害賠償額の半額の賠償責任を負っていることが明らかになった例が紹介されている。これらの事実が消費者である患者や保険者に明確になれば（透明性の確保）、十分に医療過誤訴訟は過誤を今後繰り返さないためのインセンティブになりうるというのである。

③第3の批判は、医療過誤訴訟では陪審審理が用いられることの多い点と関連させて、医療過誤のような複雑な争点を素人に判断させるのは、医療機

関や医療者にとって不公正だというものである。ファーロウ教授は、この批判も、実証研究によってむしろ逆の結論が出ているとする。陪審の判断は、医療専門家パネルによる判断とおおむね一致しているからである。証拠法や損害賠償についてのルールについて何らかの改善は必要かもしれないが、この第3の批判も、実は根拠がないとする。

3　医療過誤訴訟の意義

ファーロウ教授は、アメリカでこれまで批判にさらされてきた医療過誤訴訟には大きな意義があるとして4点を掲げる。

① 2010年のランド財団の調査が明らかにしているように、医療過誤訴訟と医療機関内の医療安全強化活動には大きな相関関係がある[74]。保険者も当然ながら医療過誤訴訟を契機として事故の減少への圧力を加えるインセンティブを有する。さらに、医療者や保険者は、何が過失かについて明確な定義を求めているが、それが訴えを通して明らかになる場合も多いとする。ともかく、医療過誤訴訟の存在は、医療機関内での医療安全活動を促進し、よき医療実務（good medical practice）を実現させる。最も強力な証拠は、アメリカ麻酔医学会が医療過誤訴訟に学んだ調査を行い、そこから一定の教訓を導き出していることであり、同様の例は産科医についても当てはまるという。

② 過去30年の間に、不法行為法に関する新たな法理がいくつか誕生し、それらは患者のリスク減少に役立っているという。例としては、伝染病などを

---

[74]　ただし、ランド財団の報告書では、医療過誤訴訟の存在が、ピア・レビューによるリスク・マネジメント活動、さらに事故の原因分析（root-cause analysis）を促進するが、かえって有害事象の数を増加させ、ひいては間接的に医療過誤訴訟を増やす効果ももちかねないと論じている。これについて、ファーロウ教授は、医療過誤訴訟がありうるからこそ、時間もかかる医療安全促進活動を医療機関が行うインセンティブとなっているという別の証拠と矛盾するという。さらに、ピア・レビューの内容について訴訟での証拠とならず、そこでの証言に法的免責を認める各州の制定法も、実際には、すでに医療過誤訴訟については被告側に有利な制度になっている点を、議会関係者が見誤っていたとする。Furrow, supra note 41, at 58.

扱う医師に対する第三者への警告義務や、自らの技量では不十分だと判断される専門的な病気についての転医の紹介義務、治療に際して自らの経験等の情報をインフォームド・コンセントの中に入れる法理、利益相反について患者にやはり情報提供をする法理などがあげられている。同様に、医療過誤訴訟について、loss of chance（機会の喪失）法理の適用が認められ、たとえ50％以上の確率で生存が可能だったわけではない場合でも、損害賠償責任が認められる例が出てきた。

③患者が医療機関内でひどい扱いを受けるケースがある。そのような患者にとって医療過誤訴訟は、彼らが声を上げる手段となる。とりわけ過失による精神的加害（infliction of emotional distress）という不法行為によって、特に弱い患者が虐待されたり、あるいは放任されたりしていた場合に対する救済が図られるようになった。医療者および医療機関は患者に対し信認義務（fiduciary duty）を負う存在と見られるようになってきた背景にも、これら訴訟の影響がある。

④医療過誤訴訟は、これまで医療安全に対し鈍い対応しかしてこなかった医療機関の責任を明らかにした。その結果、これら医療機関が、自ら医療事故を発見し、それに対する再発防止を先導するような体制がとられるようになった。そのような活動による医療における安全文化（safety culture）の醸成と定着こそが重要である。

4　医療過誤訴訟を通じた医療安全の推進

ファーロウ教授の論文は、医療過誤訴訟を通じて、医療安全を推進しようとするものである。そしてそのための一定の役割をすでに果たしているという立場であるが、しかし、それが十分なものであるとまでは主張していない。そこで次のような改善策が提案される。それは要するに、事故の事実をもっと明らかにしてそのうえで医療安全対策をとるような方向性をとろうということである。ファーロウ教授はその仕組みに医療過誤訴訟も組み入れようというのである。

第1に、医師ばかりでなく医療機関もまた患者に対する信認義務を負うも

の (fiduciary) であるという認識が広まってきているが[75]、信認義務の内容として、医療の中で生じた予想外の傷害・有害事象について、患者に説明する義務があるという。事前の説明義務の中には、病院毎の施術の比較まで説明すべきだというところまで行く可能性すらある。何といっても、信認関係では、患者の利益を第一に考えるべきだからである。

　第2に、そうだとすると医療事故を患者に対し隠蔽するようなことがあれば、それは重大な問題となる。法律効果としても、時効の開始を阻害する効果や、さらには懲罰賠償の付加や、過失の推定の効果をもたせることも考えられるとする。

　第3に、しかしながら、医療過誤・医療事故については、たまたま損害が生じなかったニアミスや、それが医療側にも過誤だと容易に認識できないような事象も存在する。それらは医療過誤訴訟による対処はできないケースである。そこでそれを補完する医療事故や有害事象の届出制度を行政的制度として構築し、それらを分析する仕組みが必要になる。また医療安全を考える際に、製造業その他での品質管理に関する多様な工夫の応用も必要となる。

　ただし、アメリカにおけるこれまでの経験では、自発的な報告制度は機能しなかった[76]。したがって、医療安全のためには医療事故に関し強制的な報告制度を作り上げる必要がある。その模範となるのは、連邦の退役軍人病院のシステムであり、2005年以来そこでは医療事故の開示・報告が義務づけられている。そこで医療事故情報を共有し、分析し、再発防止策を明らかにすることが重要だというのである。

　この報告義務を怠って、その事件が医療過誤訴訟に結びついた場合、時効が停止し、懲罰賠償が付加され、かつ過失の推定が働くような効果、つまり医療過誤訴訟と結びつけた効果を与えることによって強制力を発揮させるこ

---

75) これはアメリカばかりでなく、オーストラリアやカナダでもそのような傾向が見られるという。Furrow, supra note 41, at 67 and note 121.
76) フロリダ州の例で、100万ドルも費やす計画を立てながら、90%の州立病院が事故や有害事象がまったくなかったと報告してきた例が引用されている。Furrow, supra note 41, at 70.

とをファーロウ教授は提案している。

　第4に、義務づけを行った場合、大きな課題は、何を報告すべきかが十分明確にならない点であり、これまでのいくつかの試みによる定義は、たとえば「防止可能だった」という要件が入るなど、狭すぎたとされる。医療安全のためには、法律上の過失の有無とは無関係に、まず医療の実態をデータとして集め、それを統計的に処理するような対応（たとえばデータ・マイニングというような手法も利用すること）が必要だとする。

　第5点。ファーロウ教授は、医療過誤訴訟の大多数が実際には和解で終わることと、それ自体はよいことだが、必ず守秘契約が結ばれる点も問題とする。これは医療事故の実態を公的な調査や分析から隠すことになるので、このような契約条項は禁止すべきだというのである。

5　医療過誤賠償責任保険の役割

　医療安全の推進のためには、保険者の役割も欠かせない。保険者はまさに医療事故が減少することが自らの利益にもなるので、強力なインセンティブを有しているからである。保険の加入時および保険料の改定時など、医療機関や医師について、医療安全の質を確認することによって、彼らに事故防止を強く働きかける影響力も有している。さらに、いったん事故が生じた際にも、原告と保険者が早期に話し合い情報交換することで、紛争のコストを回避・減少することもできると指摘されている。

6　医療過誤訴訟に関わるその他の論点

　ファーロウ教授は、その後、医療過誤訴訟に関連してアメリカで近年提案されているさまざまな試みについて、簡単にコメントを付けて、この論稿を閉じている。それらは以下のようなものであり、わが国においても論じられているものが少なくない。

　①医学の専門学会がリスクの大きい診療について包括的な安全プログラムを策定し、その結果、毎年2,800万ドルも賠償が支払われていたのに、それが250万ドルにも急減した例として、出産の際の事故に関する産科学会の取

り組みが紹介されている。そこでは、分娩時の措置が標準化され、モニタリング装置の利用などで事故が激減したという。

②学会等が策定する診療の標準ガイドラインについても、批判がないわけではないが、医学的証拠が積み重ねられて改善されれば、事故防止に結びつくはずだとする。オバマ政権による保険改革法にもそのような調査研究と改善措置に対する連邦予算の支出案が含まれており、逆にそのような標準的な処置が行き渡れば、それに従わない医師の責任も問いやすくなるとする。

③不当な診療請求が行われる場合、実はその処置によって患者の安全も脅かされている場合があるという。この場合、不当請求への監視は医療安全を高めることにもつながる。

④医療過誤には「ありえない」というタイプの事故がある。間違った部分を手術してしまうケースなどがその例であり、それらには過失の推定や、少なくとも res ipsa 法理の適用を検討すべきだとする。

⑤医療過誤訴訟における賠償額を限定する不法行為改革の大きな理由の１つは、陪審の恣意的な判断で賠償額が定まる点にあった。ファーロウ教授は、この点の改革は必要であり、陪審に対し賠償額を認定する際の裁判官からの説示や指針、標準的な額の提示などを検討してよいとする。アメリカでは、同じような損害を受けながら、被害者が受け取る賠償額は標準化されてこなかったわけであり、負傷や障害のあり方により標準化された賠償額表が参考に示されることを考えるべきだとする。

⑥いわゆる ADR（裁判に代わる代替的紛争解決）については、メディエーション（調停）は患者が自発的に参加し訴訟で訴える権利を放棄するものではないという条件が守られる限り、早期の紛争解決のために推進すべきだとする。逆に、仲裁は訴訟を排除する目的のものであり、特に加害者側は仲裁手続を何度も利用するリピート・プレーヤーとして利点を有することになるので問題が大きいとする。賠償額が通常秘密とされ、理由も明らかにされない点も疑問とする。

⑦保険者や医療機関側から早期に和解提案を出すこと、謝罪をすること、さらに和解案に医療安全のための改善案を入れることなどが提案され、また

実施されているところがある。これらについては、いずれも有用だとされるが、謝罪については、少なくとも調査結果の示すところでは賠償額減少の役に立っており、そのため「戦略的な謝罪」が行われているのではないかとの批判があることが紹介されている。

⑧「医療裁判所」(health courts) という提案もある。これは裁判所ではなく、実際には医療専門家の判断が介在した和解機関である。その提案を受け入れると患者は不法行為訴訟を訴えることはできなくなる。ファーロウ教授は、それなら、既存の少額裁判所で軽症の医療事故について扱う方がよいのではないかという。さらに、イギリスでは(やはり少額の医療事故について)行政審判で一定の補償を決定し、しかも不法行為訴権を失わせないという試みがあるので、それは検討に値するという。

⑨医療機関が、使用者責任ではなく、まさに医療を提供する組織体としての自己責任を問われる組織責任(enterprise liability)については、ファーロウ教授はその拡大に賛成であり、医学の進歩に従い、医学的証拠に基づく標準的治療が整備されていけばいくほど、それを提供していない医療機関自体の責任が問われるようになるはずだとする。

VII　結びに代えて —— アメリカの医療過誤訴訟の現状とわが国の課題

アメリカの医療過誤訴訟について、そもそも過失による不法行為訴訟として、原告にすべての要件の立証責任を負わせるうえに、さらに注意義務の基準について専門家証人による立証を必要とすることで、原告にとっては訴えにくい構造を有していた。さらに1970年代以降、各州の議会で「不法行為法改革」(tort reform) と称する制定法が作られて、実体法、手続法、救済法のいずれの側面でも、医療過誤訴訟を抑制するさまざまな措置がとられてきた。

そもそも、アメリカの医事法では、access, quality and cost (医療へのアクセス・医療の質・医療のコスト) を適正に図ることがその目的とされる。このような観点から、医療過誤訴訟を抑制する議論は、(その真偽はともかく)次の

ように整理することができる。

①医療過誤訴訟が大きな影響を及ぼす結果、そのリスクの大きな領域、たとえば産婦人科や外科などでは、賠償責任保険の保険料が高騰して、もはや医師や病院がその支払いをまかないきれなくなり、そもそも保険の提供自体が行われなくなって、医師がその領域から撤退したりした。医療過誤訴訟によって、その領域における医療へのアクセスが減少するという議論がある。

②医療の質の点でも、医療過誤訴訟は医療事故の抑制に役立たない。むしろ、過剰な検査その他が行われ、それらもまた一定のリスクを伴うために、医療事故を増加させる。あるいはリスクのある分野での医療が減少して、全体として医療の質を低下させる。

③コストの点も同様である。医療過誤訴訟を恐れて意味の少ない検査が行われれば、それらは医療費を増大させる。

要するに、医療過誤訴訟は、どの点から見てもアメリカの医療を衰退させる悪役だと主張されてきた。

だが、このような考え方が大きな影響力を有するとしても、同時に、それに抵抗する動きも根強い。ファーロウ教授の論稿はそれを代表するものの1つである。このような立場によれば医療過誤訴訟は重要な社会的役割を担っている。先の3つの指標についていえば、

①医療へのアクセスという点では、そもそも国民皆保険システムのないアメリカの医療制度こそが問題である[77]。賠償保険の保険料増加によるいわゆる保険危機は、アメリカの医療賠償責任保険の構造やさらに保険会社の投資

---

77) その修正を目指すいわゆるオバマケア(医療保険改革法)が2012年6月、連邦最高裁で合憲とされたのは記憶に新しい。医療保険改革の内容については、樋口範雄「医療へのアクセスとアメリカ医療保険改革法の成立」岩田太編著『患者の権利と医療の安全』101頁(ミネルヴァ書房、2011)。合憲判決は、National Federation of Independent Business v. Sebelius, 567 U.S. ___ (2012), 132 S. Ct. 2566 (2012). 樋口範雄「保険改革法合憲判決」樋口範雄ほか編『アメリカ法判例百選(別冊ジュリ213号)』34頁(有斐閣、2012)に簡単な解説がある。

運用の失敗によるものであり、医療過誤訴訟が主たる原因ではない。

②医療の質という点でも、医療過誤のすべてが明るみに出ているわけではなく、ごく一部だけが訴訟を通じて明らかになっている点こそが問題である。むしろ、医療過誤訴訟のおかげで、医療の質の問題が公に議論される。医療過誤訴訟の改革は、むしろそこに医療安全措置につながるような仕組みを採り入れるような改革をすることこそが望まれる。要するに、医療過誤訴訟は、医療事故の減少に一定の役割を果たしてきており、そのような役割をさらに広範囲に果たすための改革が必要である[78]。

③コストについては、医療過誤訴訟になってよい過誤の事例が明らかにされていないために、そして過誤があればそれに対する医療的対処が当然行われるために、医療費が増大している。医療過誤訴訟を通して医療過誤が減少すれば（不法行為が抑制されれば）、医療安全が高まり、医療費もむしろ減少する。

　このような議論を見て気づくのは、アメリカにおける医療過誤訴訟をめぐる議論が、結局のところ、医療過誤の実態を明らかにする効果を上げているか、さらにそれに対処する中で医療過誤を減少させるのに役立っているか否かを主軸として争われているところである。そこには、医療過誤訴訟もまた社会的な利益を増進するための手段でなければならないという前提がある。単なる被害者救済ではなく、実際にそのような効果を発揮しているか否かが問題だということである。先の、access, quality and cost をめぐる議論はまさにそれを示す。そして、その賛否については机上の議論ではなく、何らかの実証的な調査研究が行われる。医療の世界では、evidence based medicine（証拠に基づく医療、根拠に基づく医療）が喧伝されているが、医療過誤訴訟をめぐる政策のあり方にも、evidence based policy（証拠に基づく政策）が求められている。

---

78) ファーロウ教授の議論では、医療事故を明るみに出す医療過誤訴訟の役割が重視されている。だが、訴訟を提起しない限り、医療事故が明るみに出ないということ自体にも問題があるように考えられる。

翻ってわが国の医療過誤訴訟はどうか。あるいはそれをめぐる法律家の議論のあり方はどうか。とりわけ高齢社会を迎えて国民皆保険システム自体の存続さえ難しくなりつつある 21 世紀のわが国において、法的な議論があまりにも些末な部分に偏りすぎていないかと思うのは、私の誤解だろうか。たとえば、わが国の医療過誤訴訟は医療の安全確保やその改善に役立っているのだろうか。それともそれを阻害しているのだろうか。

　医療過誤訴訟ばかりではないが、法と政策を組み合わせた戦略がこの国には求められており、もちろん戦略を立てるには、まず事実を広く収集し、さらにそれを統計的に分析する必要がある。アメリカに比べれば医療過誤訴訟の数はわが国においてはるかに少ない。アメリカ以上に、それは氷山の一角に過ぎない。したがって、医療過誤訴訟だけ問題にして、医療安全の改善を図ることがどれだけ可能かはアメリカ以上に疑問となる。しかし、他方で、医療過誤訴訟についてアメリカで論じられる論点は、わが国の状況にも当てはまる側面が少なくない。アメリカにおけると同様に重い課題がわが国の医療過誤訴訟のあり方にも突きつけられていると考えるべきである。

消費者契約法10条による無効判断の方法

道垣内　弘人

I　はじめに
II　「信義則の具体化」と「任意法規の指導形象機能ないし半強行法規化」
III　「民法第1条第2項に規定する基本原則に反して消費者の利益を一方的に害するもの」であるか否かの判断方法
IV　まとめ

I　はじめに

1　無効判断の方法をめぐる混乱

(1)　ある契約条項が、消費者契約法10条により無効とされるか否かは、実際には、どのような方法で判断されるのであろうか。この問題については以前から一定の議論があるが、なお混乱しているように思われる。

(2)　具体的に近時の判決から一例を挙げよう。

生命保険契約約款においては、保険料を猶予期間末日までに支払わないときには、保険契約が同日の経過によって当然に効力を失う旨を定める「無催告失権条項」が置かれている。しかるに、この条項が消費者契約法10条により無効になるかが問題になった。

控訴審である東京高判平成21年9月30日判タ1317号72頁は、無催告の当然失権が約定されているにもかかわらず、「実務上、書面による保険料払込

の督促をし、その督促に当たっては保険料の支払がないまま払込猶予期間を過ぎると保険契約が失効することを明瞭に理解させるための措置を講じて」おり、本件でも、次月に2カ月分の保険料の振替を行うこと、および、振替ができないと、本件保険契約が失効することなどを記載した通知書を送付しているが、「本件で問題になっているのは、本件無催告失効条項自体が消費者契約法10条の規定により無効となるかどうかであって、被控訴人が約款外の実務においてそのような措置をとっていること（なお、これは保険契約上の義務として行っているものでないことが明らかであるから、保険契約者のためには恩恵的なものにすぎない。）は、本件保険約款自体の有効性を判断する際に考慮すべきであるということはできない」とし、結論として、「本件無催告失効条項は、消費者契約法10条の規定により無効になるというべきであり、本件無催告失効条項によって本件各保険契約が失効することはないというべきである」としたのである。

　この判断において注目されるのは、消費者契約法10条の規定により無効となるかどうかの判断において、約款外の実務においてとられている措置を考慮すべきではない、とする点であり、この点については、学説から強い批判があった。そして、上告審である最判平成24年3月16日民集66巻5号2216頁は、

　　「本件失効条項によって保険契約者が受ける不利益は、決して小さなものとはいえない」が、1か月という猶予期間が与えられており、さらに、「仮に、上告人〔生命保険会社〕において、本件各保険契約の締結当時、保険料支払債務の不履行があった場合に契約失効前に保険契約者に対して保険料払込みの督促を行う態勢を整え、そのような実務上の運用が確実にされていたとすれば、通常、保険契約者は保険料支払債務の不履行があったことに気付くことができると考えられる。多数の保険契約者を対象とするという保険契約の特質をも踏まえると、本件約款において、保険契約者が保険料の不払をした場合にも、その権利保護を図るために一定の配慮をした上記イのような定め〔1か月の猶予期間〕が置かれていることに加え、上告人において上記のような運用を確実にした上で本件約款を適用している

ことが認められるのであれば、本件失効条項は信義則に反して消費者の利益を一方的に害するものに当たらないものと解することができる。」
とした。そして、結論として、そのような事情の存否につきさらに審理を尽くさせるため、原判決を破棄し、事件を原審に差し戻したのである。

2 本稿の目的

本稿は、上記事件の具体的解決について、何らかの見解を示そうとするものではない。しかし、上記事件の控訴審判決を見る限りでも、消費者契約法10条による無効判断の方法については、いまだ不安定なところが残っているように思われる。

そこで、本稿では、これまで学説等で主張されてきたところ、および、下級審裁判例に現れてきたところの整理にとどまるものの、消費者契約法10条による無効判断の方法についてまとめておくことにしたい。

II 「信義則の具体化」と「任意法規の指導形象機能ないし半強行法規化」

1 立証責任の転換を主張する学説

消費者契約法10条については、それが、「任意法規の指導形象機能ないし半強行法規化」という考え方に基づくものか否かについて対立があるとされる[1]。そして、これを肯定する場合には、任意規定からの逸脱により、ほぼ当然に当該条項は無効となると誤解されているようにも思われる。

しかし、「任意法規の指導形象機能ないし半強行法規化」を強調する学説が主張しているのは、せいぜい立証責任の転換までであり、任意規定からの逸脱がそのまま無効を基礎づけるという主張が存在するわけではない。

---

1) たとえば、山下友信「消費者契約法と保険約款」生命保険論集139号18頁(2002)参照。

「任意法規の指導形象機能ないし半強行法規化」を強調する論者の一人である松岡久和教授は、次のように述べている。すなわち、

「任意規定の多くは、対等平等な当事者が合理的に利害を調整するならば得られたであろう標準的な規律（あるべき規律）として、長い歴史の中で生成・精錬されてきたものであるから、そのような規定が適用される場合と比べて消費者の権利を制限したり義務を加重する条項は、特段の合理的な理由がない限り、消費者に不当な不利益を課すものと評価される。」[2]

ここで、松岡教授は、任意規定からの逸脱の意味を条項の不当性の推定機能ととらえているにとどまる。事業者の側に、「民法第1条第2項に規定する基本原則に反して消費者の利益を一方的に害する」ものではない、という立証責任がある、というだけである。

2 別個要件であることを強調する学説

(1) 他方、立案担当部局である消費者庁企画課は、次のようにいう。

「法文上『民法第1条第2項に規定する基本原則に反し』と明記していることから、本条に該当し無効とされる条項は、民法のもとにおいても民法第1条第2項の基本原則に反するものとして当該条項に基づく権利の主張が認められないものであり、現在、民法第1条第2項に反しないものは本条によっても無効にならない。」[3]

上記の叙述には後に述べるように批判されている点もある。しかし、任意規定に比べて消費者の権利を制限する条項についても、「民法第1条第2項に規定する基本原則に反して消費者の利益を一方的に害するもの」という要件についてきちんと判断され、その要件が充足されなければ、当該条項を無効とすることができないことは、多くの論者によって指摘されている。

中田裕康教授は、「本条は『任意規定に比し』という客観的基準と『信義則

---

[2] 松岡久和「消費者契約法10条」潮見佳男編著『消費者契約法・金融商品販売法と金融取引』88頁（経済法令研究会、2001）。

[3] 消費者庁企画課編『逐条解説　消費者契約法〔第2版〕』222頁（商事法務、2010）。

に反して消費者の利益を一方的に害する』という基準の二重構造をとることによって、法的安全の要請と消費者保護との調和を図ったものと理解すべきである。」[4]とし、落合誠一教授は、「第1の要件〔任意規定からの逸脱――引用者注〕に該当する契約条項であっても、本条により無効とされるのではなく、第2の要件である『民法第1条第2項に規定する基本原則に反して消費者の利益を一方的に害するもの』に該当すると評価されて、はじめて無効となる。」[5]としているのである。

　このような見解が、消費者契約法10条の文言からすると、素直であろう。つまり、同条は、第1の要件として、＜民法、商法その他の法律の公の秩序に関しない規定の適用による場合に比し、消費者の権利を制限し、又は消費者の義務を加重する消費者契約の条項であること＞と挙げ、さらに、第2の要件として、＜民法第1条第2項に規定する基本原則に反して消費者の利益を一方的に害すること＞を規定しているのである。

　(2)　実際、多くの裁判例においても、上記の第1の要件と第2の要件とは、明確に別個に判断されている。

　以下、公表された裁判例について見ると、次のとおりである。

① 東京地判平成15年11月10日判時1845号78頁

　進学塾の受講契約の中途解約を一切許さず、支払済みの受講料の返還を認めない特約について。

　「ア」として、「本件冬期講習受講契約及び年間模試受験契約は、それぞれ準委任契約であり、民法上は当事者がいつでも契約を解除することができるとされているが（民法651条、656条）、本件解除制限特約は解除を全く許さないとしているから、同特約は民法の公の秩序に関しない規定の適用による場合に比し、『消費者の権利を制限』するものであるということができる。」として、第1の要件の充足を肯定。

---

4)　中田裕康「消費者契約法と信義則論」ジュリ1200号74頁（2001）。
5)　落合誠一『消費者契約法』149頁（有斐閣、2001）。

その判断の後に、「イ」以下で、「冬期講習については、原告が本件冬期講習契約を解除した平成14年10月22日は、一番早く開始される講習……の26日前であり、かつ、一番遅く開始される講習……の2か月以上前であった。そして、原告は、いずれの講習の教材も受領していなかった」こと、「年間模擬試験についても、……解除日である10月22日から3週間以上の間隔がある」ものであること、「提携している予備校主催の模擬試験についても、……上記解除日から1か月以上の間隔があ」り、「被告が受験料を提携予備校へ振り込む前の解約であったと推認するのが相当であ」ることから、「申込者からの中途解除により講師の手配や講義の準備作業等に関して影響を受けることがあるとしても、当該冬期講習や年間模試が複数の申込者を対象としており、その準備作業等が申込者一人の解除により全く無に帰するものであるとは考えられない以上、申込者からの解除時期を問わずに、申込者からの解除を一切許さないとして実質的に受講料又は受験料の全額を違約金として没収するに等しいような解除制限約定は、信義誠実の原則に反し、『民法第1条第2項に規定する基本原則に反して、消費者の利益を一方的に害する』ものというべきである。」と判断し、第2の要件の充足を認めている。

② 大阪高判平成16年12月17日判時1894号19頁
賃貸借契約終了時に賃借人に原状回復義務を負わせる特約について。
まず、「ア」として、「民法は、賃貸借契約の終了に際し、……善良なる管理者の注意義務に違反した場合には損害賠償等一定の責任が生じるが、原状回復義務を負わないと規定しているといえ」るが、「本件原状回復特約は、自然損耗等についての賃借人の原状回復義務を約し、賃借人がこの義務を履行しないときは賃借人の費用負担で賃貸人が原状回復できるとしているのであるから、民法の任意規定の適用による場合に比し、賃借人の義務を加重していることは明らかである。」とし、第1の要件の充足を肯定。
その判断の後に、「イ」として、「本件原状回復特約により自然損耗等についての原状回復費用を賃借人に負担させることは、賃借人の二重の負担の問題が生じ、賃貸人に不当な利得を生じさせる一方、賃借人には不利益であ」

ること、「賃貸人が一方的に必要があると認めて賃借人に通知した場合には当然に原状回復義務が発生する態様となっているのに対し、賃借人に関与の余地がなく、賃借人に一方的に不利益であ」ること、「賃借人は、敷金額20万円、賃料5万5000円という各金額を前提に、本件原状回復特約による自然損耗等についての原状回復義務を負担することと賃料に原状回復費用を含まないこととの有利、不利を判断し得る情報を欠き、適否を決することができない」ことを考慮して、「本件原状回復特約は信義則に反して賃借人の利益を一方的に害するといえる。」として、第2の要件の充足を認めている。

③　神戸地判平成17年7月14日判時1901号87頁
いわゆる敷引特約について。
　まず、「義務の加重」と題して、「民法上、賃借人に賃料以外の金銭的負担を負わせる旨の明文の規定は存しない。そうすると、民法において、賃借人が負担する金銭的な義務としては、賃料以外のものを予定していない」し、「学説や判例の集積によって一般的に承認された不文の任意法規や契約に関する一般法理によっても、敷引特約が確立されたものとして一般的に承認されているということはできない」から、「本件敷引特約は、賃貸借契約に関する任意規定の適用による場合に比し、賃借人の義務を加重するものと認められる。」として、第1の要件の充足を肯定。
　その判断の後に、「信義則違反」と題し、次のように述べる。すなわち、「敷引金の性質について、一般的には、〔1〕賃貸借契約成立の謝礼、〔2〕賃貸目的物の自然損耗の修繕費用、〔3〕賃貸借契約更新時の更新料の免除の対価、〔4〕賃貸借契約終了後の空室賃料、〔5〕賃料を低額にすることの代償などと説明されている」が、〔1〕につき、「賃貸借契約は、賃貸目的物の使用収益と賃料の支払が対価関係に立つ契約であり、賃貸人としては、目的物を使用収益させる対価として賃料を収受することができるのであるから、賃料とは別に賃貸借契約成立の謝礼を受け取ることができないとしても、何ら不利益を被るものではない。」、〔2〕につき、「賃借人に賃料に加えて敷引金の負担を強いることは、賃貸目的物の自然損耗に対する修繕費用につい

て二重の負担を強いることになる。これに対し、賃貸人は、賃料から賃貸目的物の自然損耗の修繕費用を回収することができるのであるから、別途敷引金を受け取ることができないとしても、何ら不利益を被るものではない。」、〔３〕につき、「賃借人のみが賃貸借契約の更新料を負担しなければならない正当な理由を見いだすことはできず、しかも、賃借人としては、賃貸借契約が更新されるか否かにかかわらず、更新料免除の対価として敷引金の負担を強いられるのであるから、不合理な負担といわざるを得ない。一方、賃貸人としては、賃貸借契約が更新された後も、目的物を使用収益させる対価として賃料を受け取ることができるのであるから、賃料とは別に賃貸借契約の更新料を受け取ることができないとしても、不利益を被るものではない。」、〔４〕につき、「賃借人が使用収益しない期間の空室の賃料を支払わなければならない理由はない」、〔５〕につき、「本来、賃借人は、賃貸期間に応じて目的物の使用収益の対価を負担すべきものであるから、賃貸期間の長短にかかわらず、敷引金として一定額を負担することに合理性があるとは思えない。さらに、賃借人は、敷引特約を締結する際、賃貸期間について明確な見通しがあるわけではなく、また、敷引金の負担によりどの程度賃料が低額に抑えられているのかという情報を提供されない限り、敷引金の負担により賃料が低額に抑えられることの有利、不利を判断することも困難である。一方、賃貸人としては、目的物の使用収益の対価を適正に反映した賃料を設定すれば足りるのであるから、敷引金を受け取ることができなくても不利益を被るものではない。」とし、さらに、「敷引特約は、賃貸目的物件について予め付されているものであり、賃借人が敷引金の減額交渉をする余地はあるとしても、賃貸事業者（又はその仲介業者）と消費者である賃借人の交渉力の差からすれば、賃借人の交渉によって敷引特約自体を排除させることは困難であると考えられる。これに加え、上記のとおり、関西地区における不動産賃貸借において敷引特約が付されることが慣行となっていることからしても、賃借人の交渉努力によって敷引特約を排除することは困難であり、賃貸事業者が消費者である賃借人に敷引特約を一方的に押しつけている状況にあるといっても過言ではない。」と述べ、それらを総合考慮して、「本件敷引特約は、信義則に違

反して賃借人の利益を一方的に害するものと認められる。」としている。

④　大阪地判平成19年3月30日判タ1273号221頁
いわゆる敷引特約について。
まず、「義務加重の要件について」と題し、「民商法上、賃借人に賃料以外の金銭的負担を負わせる旨の明文の規定は存しない。……保証金は、賃借人の債務不履行の担保であり、賃貸借契約終了に際して、賃借人が賠償すべき額を除いて全額返還すべきものであることは、一般的に承認された不文の任意法規になっているといえる。……少なくとも、本件のような、賃料の4か月分を超え、保証金額の6割を超える高額、高率の敷引特約が、確立されたものとして一般的に承認されているということはできない。」として、「本件敷引特約は、賃貸借契約に関する任意規定の適用による場合に比し、賃借人の義務を加重するものと認められる。」と述べ、第1の要件の充足を認めた。
その次に、「信義則違反の要件について」と題し、「敷引金の性質については、〔1〕賃貸借契約成立の謝礼、〔2〕賃貸目的物の自然損耗の修繕費用、〔3〕賃貸借契約更新時の更新料の免除の対価、〔4〕賃貸借契約終了後の空室賃料、〔5〕賃料を低額にすることの代償などと説明されている」ところ、「〔1〕〔3〕については、賃貸物件の供給が十分になされている現代社会の都市部において、賃借人のみが謝礼的な金銭の支払を負担することについては合理性を見いだし難く、〔4〕については、賃借人が実際に使用収益しない期間の空室賃料を負担すべき合理的な理由がない。……〔2〕については、……そもそも賃貸借契約においては、賃料設定にあたり自然損耗の修繕費用が考慮されているのが通常であり、賃借人に賃料に加えて自然損耗の修繕費用を負担させることは、賃借人に二重の負担を強いることになるものであるから、自然損耗について賃借人に負担させる合理性を見いだし難い」、そして、「〔5〕について……本件敷引金のうち5万円の部分については、賃料の5000円減額に対応するものであ」るから、「本件敷引金のうち5万円の部分については、その内容自体が合理的と認められ、消費者の利益を一方的に害するものとはいえないが、残りの25万円の部分については、〔1〕ないし〔5〕の

いずれの点から見ても、その内容は、消費者の利益を一方的に害するものと認められる。」としている。そして、「賃貸事業者（又はその仲介業者）と消費者である賃借人の交渉力の差からすれば、賃借人の交渉によって敷引特約自体を排除させることは困難であると考えられる」という事情も含めて総合考慮して、第2の要件の充足を認めている。

⑤　京都地判平成20年1月30日判タ1279号225頁
賃貸借契約の期間満了時における更新料特約について。
まず、「ア」として、「『賃料は、建物については毎月末に支払わなければならない』と定める民法614条本文と比べ、賃借人の義務を加重しているものと考えられるから、消費者契約法10条前段の定める要件（本件更新料約定が「民法、商法その他の法律の公の秩序に関しない規定の適用による場合に比し、消費者の義務を加重する消費者契約の条項」であること）を満たすものというべきである。」とし、第1の要件の充足を肯定。
次に、「イ」として、「そこで、同条後段の要件（本件更新料約定が「民法第1条第2項に規定する基本原則に反して消費者の利益を一方的に害するもの」であること）について検討するに」としたうえで、「更新料の金額は10万円であり、契約期間（1年間）や月払いの賃料の金額（4万5000円）に照らし、過大なものではないこと」、「賃借人である原告は、契約期間の定めがあるにもかかわらず、いつでも解約を申し入れることができ、その場合には、……解約を申し入れた日から、民法618条において準用する同法617条1項2号が規定する3か月を経過することによって終了するのではなく、解約を申入れた日から1か月が経過した日の属する月の末日をもって終了するか、又は、被告に1か月分の賃料を支払うことにより即時解約することもできることとされている」こと、「本件更新料約定の内容（更新料の金額、支払条件等）は、明確である上、原告が、本件賃貸借契約を締結するにあたり、仲介業者である京都ライフから、本件更新料約定の存在及び更新料の金額について説明を受けていること」、「本件賃貸借契約における更新料が、……なお、更新拒絶権放棄の対価及び賃借権強化の対価としての性質を有しているもの

と認められること」を総合的に考慮して、第2の要件の充足を否定している。

⑥　京都地判平成20年4月30日判タ1281号316頁

　借家契約終了時において、賃借人が賃貸人に対し、月額賃料の約2.5倍の「補修分担金」を支払う特約（ただし、賃借人に故意または重過失のない限り、追加支払義務は発生しない）について。

　まず、〔2〕、〔3〕において、「本件補修分担金特約は、……消費者たる原告が賃料の支払という態様の中で負担する通常損耗部分の回復費用以外に本来負担しなくてもいい通常損耗部分の回復費用の負担を強いるものであり、民法が規定する場合に比して消費者の義務を加重している特約といえる。」として第1の要件を肯定。

　次に、〔4〕において、「賃貸人が賃借人に負担させるべき分担金額を一方的に決定しているというべきである。」、「本件補修分担金特約は軽過失損耗部分の回復費用を定額に設定しているところ、形式的に見ると、軽過失損耗部分が同定額を超えた場合には賃借人に利益となる余地がある。しかし、……賃借人に軽過失があって、軽過失損耗が発生することは通常それほど多くなく、一般的にその回復費用が月額賃料の2.5倍であると考えることはできない。」、「その額の妥当性について消費者である原告に判断する情報がないこと」、そして、「以上の事実にあわせて通常損耗にともなう回復費用について賃料とは別個に賃借人に負担させるものであること」を総合考慮して、第2の要件の充足を認めている。

　(3)　以上のように、裁判例においては、第2の要件である「民法第1条第2項に規定する基本原則に反して消費者の利益を一方的に害するもの」であるか否かの判断は、第1の要件とは独立に行われているのである。

3　任意法規に反することの意味

　(1)　しかし、さらに問題は残っている。第2の要件への充足性が別途検討されるのであれば、その要件を充足する規定は、信義則違反のものであり、とくに消費者契約法10条が存在しなくても、その効力は否定されるのではな

いか、ということである。

　立案担当部局である消費者庁企画課が、「現在、民法第1条第2項に反しないものは本条によっても無効にならない。」[6]と述べていることは既に見た。

　これに対しては、学説上、多くの批判があり、民法では必ずしも無効とならないものについても、無効となる余地を認めたものだと解するべきだと主張されている[7]。そうでないと、民法1条2項の他に、消費者契約法10条を制定することには大きな意味を見出しがたいことになるというわけである。

　しかし、そうであるとしても、それでは、どのようにして第2の要件の充足性を判断するのか、そのとき、第1の要件を充足していることはどのような意味を有するのか、ということは問題になる。

　この点で、日本弁護士連合会消費者問題対策委員会は、任意規定に反するものでなくても、無効となりうる、という文脈においてではあるが、次のようにいう。

　「そもそも本条前段は、第17次国生審報告において『信義誠実の原則違反』という判断基準を避けて『民法、商法その他の法令中の公の秩序に関しない規定の適用による場合よりも（中略）、消費者の正当な利益を著しく害する条項』という代替基準が提案された名残として残存しているものである。しかし、『民法第1条第2項に規定する基本原則に反して消費者の利益を一方的に害するもの』という包括的な判断基準の採用に伴い、任意規定からの逸脱という視点はこれに包含されたものと理解すべきである。」[8]

　この叙述は、任意規定との比較の要件をかなり小さいものとしているが、それならば、逆に、第1の要件には特段の意味がないことになる。これも法解釈として必ずしも素直ではない。

---

6)　消費者庁企画課編・前掲（注3）222頁。

7)　中田邦博「消費者契約法10条の意義」法セミ549号38～39頁（2000）、山本敬三「消費者契約法の意義と民法の課題」民商123巻4＝5号541頁（2001）、日本弁護士連合会消費者問題対策委員会編『コンメンタール消費者契約法〔第2版〕』192～193頁（商事法務、2010）など。

8)　日本弁護士連合会消費者問題対策委員会編・前掲（注7）186～187頁。

(2) 以上からすると、これらの点には、まだ議論すべき点が残っていると言える。

III 「民法第1条第2項に規定する基本原則に反して消費者の利益を一方的に害するもの」であるか否かの判断方法

1 通常の場面における信義則違反の判断

(1) ここまで問題を2つ指摘した。すなわち、第2の要件である「民法第1条第2項に規定する基本原則に反して消費者の利益を一方的に害するもの」であるか否かの判断において、1つは、当該事案における具体的な事情をどこまで考慮すべきなのか、ということであり、もう1つは、第1の要件を充足していることはどのような意味を有するのか、という問題である。そして、これらの背後には、民法1条2項の他に、消費者契約法10条が制定されたことはどのような意味を有するのか、という問題がある。

そうすると、これらの問題を検討するにあたっては、消費者契約法10条ではなく、民法1条2項が通常の場面で適用される場合に、どのようにしてその違反が判断されているかを、あらかじめ確認しておくことが必要であろう。

(2) 信義則違反の判断については、既存の裁判例を類型的に整理する試みが多く行われているが[9]、ここでは、その効果から見ると、ほとんどの事例は、ある特定の状況において、特定の法条または契約条項に基づく権利の行使に一定の制約を課すというものになっていることに注目すべきである。したがって、ある契約条項に基づく権利の行使が問題になっているときも、その契約条項を無効とすることによって、その権利の行使を否定するのではなく、当該事情のもとで当該契約条項に基づく権利の行使を主張することが認めら

---

9) これまでの議論のまとめとして、谷口知平＝石田喜久夫編『新版注釈民法(1)〔改訂版〕』86～92頁〔安永正昭〕（有斐閣、2002）参照。

れない、あるいは、当該契約条項の解釈として当該事情のもとでは権利が発生しない、というかたちの判断がされているのである。

このことは、信義則が、「権利の行使及び義務の履行」に関わるという条文の文言にも適合的である。

また、具体的な判断の類型化においても、「クリーンハンズの原則」、「禁反言の法理」、「権利執行の原則」などが説かれるが、これも、当事者の行動過程において、その後にどのような行為が期待されるのか、という判断である。

2　消費者契約法における判断と具体的事情

(1)　これに対して、消費者契約法10条における「民法第1条第2項に規定する基本原則に反して消費者の利益を一方的に害するもの」に該当するか否かの判断は、権利が行使されている状況ごとの判断ではない。当該場面における権利行使を抑制するものではなく、契約条項の無効を導くものだからである。

そして、このことを過度に強調したのが、冒頭で検討した生命保険契約の当然失権条項の効力をめぐる紛争に関する控訴審判決であったといえよう。同判決は、「本件無催告失効条項が消費者契約法10条の規定により無効であるかどうか」は、「個別の当事者間における事情を捨象して、当該条項を抽象的に判断すべきである」とし、その理由として、「同条に規定する消費者契約の条項を含む消費者契約の締結について、適格消費者団体による差止請求が可能であるのも（同法12条3項及び4項）、条項を抽象的に判断することにより、当該条項の有効無効の判断が可能であるからである」としていた。

(2)　しかしながら、このような結論は、まず、消費者契約法12条3項または4項による差止めの可否の判断における「第8条から第10条までに規定する消費者契約の条項」という文言の解釈を、消費者契約法10条によって当該契約条項が無効とされる場合の判断とまったく同じであることを前提とするものであり、そのことに理由がないばかりか、実際の裁判例にも反するものである。

すなわち、差止めの可否は、不法行為においても問題になるが、金銭によ

る損害賠償が認められるための要件と差止めが認められるための要件はおのずから異なり、後者の方がより厳格であることは判例の一致するところである（最判昭和61年6月11日民集40巻4号872頁、最判平成7年7月7日民集49巻7号1870頁）。したがって、消費者契約法においても、ある契約条項を無効とするときの消費者契約法10条の該当性判断と、ある契約条項を用いた契約の申込み等を差し止めるときの同条の該当性判断とは、後者の方が厳格になることは十分にありうる。したがって、後者の判断においては、個別的な当事者の事情が考慮に入れられないとしても、全体としてより厳格な判断をすることによってバランスがとられる可能性も存在するのである[10]。

(3) 差止めの判断においては、その性質上、個別的な当事者の事情が考慮に入れられない。しかし、そのときですら、裁判例においては、消費者の理解の程度を判断の事情に組み込むために、一定の工夫がされていることも指摘しておきたい。

⑧ 京都地判平成21年9月30日判時2068号134頁

これは、賃貸借契約終了時の定額補修分担金特約についての事例であるが、判決は次のようにいう。すなわち、「被告が、建物賃貸借契約締結に際し、賃借人に、定額補修分担金について、退去時において入居時と同様の新装状態に回復することが必要で、そのうちの一部として定額補修分担金を負担してもらう旨の説明をしていたことが認められるものの、その有利な点、不利な点を判断するために必要な情報（一般的に生じる原状回復費用の種別と額、賃借人の軽過失による原状回復費用が定額補修分担金の額に満たない場合には本来負担しなくてもよい通常損耗部分の原状回復費用を負担させられる結

---

[10] 逆もあり得る。⑦京都地判平成21年4月23日判時2055号123頁は、「差止請求の対象である当該契約条項を含む契約の他の契約条項（本件では貸付利率等）によって当該契約条項が法10条に該当し無効・有効の判断が分かれる場合であって、当該契約条項を使用した契約締結を差し止めるべき必要性が高い場合には、当該契約条項を使用した契約締結を差止めの対象とすることも許容するのが法12条の趣旨であると解される」としている。

果となることなど）を提供していたと認めるに足りる証拠はない。

そうすると、賃借人が消費者である場合、賃借人は、定額補修分担金の額が自己に有利か不利かを判断するのに十分な情報なくして定額補修分担金条項に合意することが多くなり、賃借人と賃貸人との間に、顕著な情報の質及び量の格差があることになる。

以上によれば、定額補修分担金は、その額によっては賃借人に有利となることもあり得るが、現実にそのような例があるとは窺えず、定額補修分担金の額の設定方法や賃貸人と賃借人との情報の格差を考慮すると、その額が賃借人に有利に定められることは期待しがたく、軽過失による損耗の原状回復費用はもとよりこれに通常損耗の原状回復費用を加えた額を超えるように定められることが、構造的に予定されているとさえいえるものである。」

⑨　大阪高判平成21年10月23日判例集未登載（ウエストロー・ジャパン2009 WLJPCA10236001）

これは貸金の早期完済違約金条項についての事例であるが、判決は次のようにいう。すなわち、「本件条項Ａは、同条項を含む金銭消費貸借契約が利息制限法所定の制限の範囲内の利率を定めるものである場合にも、他の契約条項又は本件条項Ａが適用される具体的状況によっては、民法又は商法の規定による消費者の義務を加重するものとして機能することになるものと認められるところ、本件条項Ａあるいはこれを含む１審被告作成に係る金銭消費貸借契約書（乙6～8）を見ても、そのような事態が生じ得ることは一見して明らかであるとはいえず、消費者にとってはそのようなことを理解することは困難である。のみならず、証拠（甲3、5の1、2、甲15、17）によれば、１審被告は、約定日ごとに利息と元金最低支払額又は随意の元金を支払い、最終弁済日までに残元金を完済する方式を自由返済と称し、これを１審被告における金銭消費貸借契約の特色として宣伝しており、実際に本件条項Ａを含む金銭消費貸借契約を締結した事例においても、弁済方法を自由返済としていることが認められるが、本件条項Ａのような早期完済違約金条項は、上記の自由返済の概念とは必ずしも整合せず、このような契約条項は消費者を

いたずらに混乱、困惑させるものであるといわざるを得ない。」
　このように、これまでの裁判例は、より一般的なレベルではあるが、消費者が十分な理解を得られる状況であったのかを、事業者側のこれまでの行動に照らして判断しているのである。決して、「当該条項を抽象的に判断すべきである」とされているわけではない。
　このような裁判例の態度は、二当事者の訴訟においては、当該当事者の具体的な事情を考慮することを前提とし、それを団体訴訟の場面に置き換えたものだと考えることができよう。
　(4)　もっとも、この点で、別の考え方もあり得ないではない[11]。これは、消費者契約法による消費者保護について、約款に着目して、その内容をコントロールするものととらえるのか、個別的な合意をコントロールするものととらえるのか、という考え方の対立を背景に有する。つまり、約款のコントロールの側面を強調する場合には、同法10条による無効は、約款条項の無効であり、紛争当事者の個別的な事情は、ある条項が少なくとも同条によって無効となるか否かにおいては考慮されないと考えるべきであるという立場もあり得よう。
　しかし、このように考えるときも、事業者側のこれまでの一般的な行動を考慮要素から排除する理由にはならないことを指摘すべきである。事業者側が一般的にとっている行動は、すべての消費者との関係でその権利が制約され、または、義務が加重されているかという判断において排除される理由はない。
　(5)　これに対して、個々の消費者との関係で、事業者により具体的にとられた行動については、約款の条項の有効・無効を判断するにあたっては考慮されるべきではない、という立場は、理解できないわけではない。しかし、

---

11)　以下の叙述は、本稿の概要を、第2回東アジア民法フォーラム（2012年8月18日、於延辺大学（中国））において報告した際、ユン・ジンス教授（ソウル国立大学）から質問を受け、さらにそれを踏まえて、河上正二教授・丸山絵美子教授からご教示を受けたことをきっかけに補足したものである。三教授にお礼を申し上げるが、私の見解は、三教授とは必ずしも同じではない。

消費者契約法は、約款を利用しない個別契約にも適用されるものであり、約款が利用された場合にだけ判断方法が異なるという理由は見出しがたい。

この点で、潮見佳男教授は、「当該契約の下で前提とされた事情——この中には、契約締結後の履行過程で発生することが想定される事情も含まれる——を考慮に入れて、当該条項の不当性が判断されるべきであると考えている」としながら、「もっとも、約款を用いた消費者契約では、こうした見方はそのままでは妥当しない。いかに消費者契約であるとはいえ、約款使用による一元的処理を通じての取引の合理化・効率化の要請を考慮に入れて、不当性を判断することが求められるからである。その結果、契約の定型的基礎事情は考慮されるものの、前者の意味での個別事情は考慮されるべきではない。本判決〔最判平成 24 年 3 月 16 日——道垣内注〕も、この理解を基礎に据えている。」と主張する[12]。

たしかに、潮見教授の引用する平成 24 年最高裁判決は、生命保険会社の約款運用の状況を考慮することの必要性を説きつつ、差戻審に対して、「上記(3)ウのような運用を確実にしていたかなど、消費者に配慮した事情につき審理判断する」ことを求めている。これは、当該事件の当事者間においてどのような運用がされたのか、ではなく、類型的な事情のみを考慮することを求めているようにも思われる。

しかし、「約款使用による一元的処理を通じての取引の合理化・効率化の要請を考慮に入れて、不当性を判断することが求められること」と、個別の事情を考慮することとは矛盾しない。

個別の事情を考慮することは、事業者側に不利に働く場合と、有利に働く場合とがありうる。まず、不利に働くのは、一般的には信義則に反するような結果をもたらさないために、十分な説明とバックアップ措置（生命保険契約の無催告失権条項に関して言えば、払込の督促）を講じていたが、当該具体的事件においては、たまたまそのような措置が講じられていなかった、という場合である。このとき、いくら一元的処理が必要であっても、措置が講じられ

---

12) 潮見佳男「判批」ジュリ 1453 号 68 頁（2013）。

なかったのは偶然のことであり、一般的には措置が講じられていたことを理由に、当該契約条項を信義則に反しないものとする必要はないように思われる。約款を利用することにより、事業者を有利に扱う必要はないのである。

もっとも、仮に一般的には個別的な当事者に対する事業者の行動が考慮されたとしても、なお、保険契約などの場合には別個に考える余地があるのではないか、という問題もある。たとえば、札幌地判平成2年3月29日判夕730号224頁は、生命保険に加入する当初に個別的に約款変更の合意をしても保険の団体性からして効力がないとしている。そうしないと保険の団体性に反する結論になるというわけである。そうであるならば、保険契約約款のある条項の効力について、個別当事者の事情を考慮するならば、保険契約者ごとに契約内容が異なるという事態が生じうるのであり、保険の団体性に反することになるのではないか、という問題が生じるのである。

しかし、仮にそうだとしても、それは、消費者契約法10条の本来的趣旨や、約款の本質から生じるものではなく、保険契約の特殊性から生じると考えるべきである。原則に変化はないというべきであろう。

次に、有利に働くのは、一般的には上記のような措置が講じられていなかったが、当該当事者との関係では、そのような措置が講じられていた、という場合である。このとき、消費者を保護する必要ない。「約款使用による一元的処理を通じての取引の合理化・効率化の要請を考慮に入れ」ることによって、事業者が不利になるのはおかしいと思われる。

3 総合的な考慮の実際

(1) それでは、具体的にはどのような判断手法がとられるか。

学説では、「当該契約条項によって消費者が受ける不利益とその条項を無効にすることによって事業者が受ける不利益とを衡量し、両者が均衡を失していると認められる場合」か否かというものを用いるという見解が主張されている[13]。

---

[13] 日本弁護士連合会消費者問題対策委員会編・前掲（注7）195頁、松岡・前掲（注2）91頁。

ただし、ここにいう「均衡を失している」というのは、たとえば、51対49ならば、そのように評価されるというものではなく[14]、「一方的に」である必要があり、「消費者と事業者との間にある情報、交渉力の格差を背景として不当条項によって、消費者の法的に保護されている利益を信義則に反する程度に両当事者の平衡を損なう形で侵害すること」[15]、「事業者が消費者の正当な利益に配慮せず、自己の利益を専ら優先させて消費者の利益を害する結果をもたらすこと」[16]ということになる。

(2) また、任意規定の適用によるときの消費者の地位が、直接に、ここにいう「消費者の法的に保護されている利益」・「消費者の正当な利益」となるわけではない。このことを認めるならば、結局、第1の要件を満たす限り、原則として、第2の要件を満たすことになる。そのような見解が条文の文言と整合的でないことは既に指摘したところである。

もっとも、第1の要件が充足されていること、すなわち、＜民法、商法その他の法律の公の秩序に関しない規定の適用による場合に比し、消費者の権利を制限し、又は消費者の義務を加重する消費者契約の条項であること＞が何らの意味も有しないわけではない。任意規定の内容は、両当事者の利益の均衡点を示していると一応は考えることができ、そこからの乖離は一定の不均衡をもたらしているとは考えることができるであろう。しかし、それはあくまで、「不均衡」を推定するだけであり、「合理性を欠いた不均衡」を推定するものではない。

また、任意規定どおりの内容が規定されていても、当事者の具体的事情に鑑みると、不均衡をもたらしていることもあるかもしれない。しかしながら、仮に当事者が契約においてその点を合意していなければ、(もちろん、補充的契約解釈などはあるものの) 両当事者の権利義務内容は、任意規定の内容どおりになる。このとき、「任意規定は無効である」とは言えない (できるのは、当該

---

14) ⑩大阪高判平成21年10月29日判時2064号65頁や⑪京都地判平成22年10月29日判夕1334号100頁は、「合理性のない不均衡」という言葉を用いている。
15) 消費者庁企画課編・前掲 (注3) 222頁。
16) 落合・前掲 (注5) 152頁。

任意規定の合理的解釈のみである）。そうすると、同内容を明示の契約条項にしていたときに、その条項を無効とするのは、おかしい。したがって、任意規定に反していることが、無効という結論を導くための最小限の要請となるのである。

(3) ⑫最判平成 23 年 7 月 15 日民集 65 巻 5 号 2269 頁は、「当該条項が信義則に反して消費者の利益を一方的に害するものであるか否かは、消費者契約法の趣旨、目的（同法 1 条参照）に照らし、当該条項の性質、契約が成立するに至った経緯、消費者と事業者との間に存する情報の質及び量並びに交渉力の格差その他諸般の事情を総合考量して判断されるべきである」として、総合的な考慮のガイドラインを示している。

このように、消費者側に情報・交渉力がなく、当該条項の合理性の有無について自覚的な判断ができないときに、それを利用して、事業者が不当な利益を挙げているか、を重視することは、消費者契約法 1 条が、「この法律は、消費者と事業者との間の情報の質及び量並びに交渉力の格差にかんがみ、……消費者の利益を不当に害することとなる条項の全部又は一部を無効とすることにより」としていることに合致するものである。

そして、この判断においては、当該当事者の具体的な事情も考慮されている。⑬最判平成 23 年 7 月 12 日判時 2128 号 43 頁も、いわゆる敷引特約に関し、「賃貸人が契約条件の一つとしていわゆる敷引特約を定め、賃借人がこれを明確に認識した上で賃貸借契約の締結に至ったのであれば、それは賃貸人、賃借人双方の経済的合理性を有する行為と評価すべきものであるから、消費者契約である居住用建物の賃貸借契約に付された敷引特約は、敷引金の額が賃料の額等に照らし高額に過ぎるなどの事情があれば格別、そうでない限り、これが信義則に反して消費者である賃借人の利益を一方的に害するものということはできない」として、当該当事者の具体的事情を考慮して判断すべきことを明らかにしている。

学説においても、重要なのは、当該消費者の知識・関心等の程度である、との認識のもと、「当事者の情報力・交渉力の格差の程度・状況」、「消費者が、当該条項に合意するように勧誘されたか」、「当該物品・権利・役務が、当該

消費者の方から特別に求めたものか」、「消費者に当該条項の基本的内容を知る機会が与えられていたか」を留意すべき考慮事情として挙げる見解があるが[17]、この見解も、当然に、問題となっている事件における当該当事者の具体的事情を考慮するものである[18]。

　既に挙げた裁判例においても、②大阪高判平成16年12月17日は、「賃借人は、敷金額20万円、賃料5万5000円という各金額を前提に、本件原状回復特約による自然損耗等についての原状回復義務を負担することと賃料に原状回復費用を含まないこととの有利、不利を判断し得る情報を欠き、適否を決することができない」という点を、第2の要件の充足を肯定する方向に働く事情として挙げているが、これは、賃料相場や通常の原状回復費用を説明することによって、「有利・不利を判断する情報を有し、適否を決することができる」状態になることを前提としているし、⑥京都地判平成20年4月30日が、「その額の妥当性について消費者である原告に判断する情報がないこと」を挙げる点も、同様に評価できよう。より明確に、⑤京都地判平成20年1月30日は、「本件更新料約定の内容（更新料の金額、支払条件等）は、明確である上、原告が、本件賃貸借契約を締結するにあたり、仲介業者であるAから、本件更新料約定の存在及び更新料の金額について説明を受けていること」を、第2の要件の充足を否定する方向に働く事情として挙げている。

　(4)　若干問題になるのは、考慮される事情の時的限界である。落合誠一教授は、次のように述べる。

　　「当該契約条項が信義則違反となるかの判断は、当該消費者契約締結時を基準とし、その時点までの一切の事情が考慮される。契約条項は、契約時までの事情を考慮してなされる当事者間のバーゲニング（取引）の結果で

---

17)　落合・前掲（注5）151〜152頁。さらに、前掲（注1）の文献参照。
18)　山本健司「契約適合性判定権条項など4類型の契約条項について」消費者契約における不当条項研究会『消費者契約における不当条項の横断的分析〔別冊NBL128号〕』23頁注(13)（2009）は、「10条の適用が問題となったこれまでの裁判例では、約款条項自体の不当条項性が問題となり得る事案でも、一般事情と個別事情を判断要素として区別せずに併存させた上で総合的な利益考量をしている裁判例が多いように思われる」とする。

あることを前提とするから、当事者が考慮しなかった契約締結後の新たな事情を根拠として当該条項を無効とするのは、基本的には好ましいことではないからである。」[19]

この指摘は説得的な点を含むが、落合教授が、契約締結後の事情を根拠として無効とするのは好ましくない、とのみ主張している点を看過して、その裏返しとして、契約締結後の事情を根拠として有効であるとすることもできないという主張を含んでいると解釈してしまうと、問題があるように思われる。

すなわち、ここまで述べてきたように、消費者契約法10条によって当該契約条項が無効とされるための要件充足の肯否を判断するにあたっては、消費者の理解の程度が重視されなければならないが、ここにいう「理解」にあたっては、契約締結後も継続して消費者に情報を提供し、確認しているのか、という点は重要な意味を有するからである。

たしかに、契約締結後の情報提供は、いわば「後の祭り」にすぎない場合もある。しかし、たとえば、消費者からの自由な解約が認められているときで、かつ、対価の支払いが契約継続期間に応じたものとなっている場合において、事業者の有する解除権の発生事由についての消費者の理解が契約締結後に深まることは、「当該契約条項が信義則違反となるかの判断」において重視してよいはずである。このときは、契約締結後になって解除事由が不当であると判断した消費者は、自由に契約から離脱できるからである。

たとえば、通常の売買契約のように、消費者からの自由な離脱が認められず、確定的な代金額の支払義務が発生しているような場合と、上記の場合とは、異なって考えるべきなのである[20]。

---

19) 落合・前掲（注5）150～151頁。
20) なお、消費者契約法立法以前の議論だが、沖野眞已「『消費者契約法（仮称）』の一検討(6)」NBL 657号57頁以下（1999）は、問題を的確に整理している。

IV　まとめ

以上まとめると、次のようになる。

(ア)　消費者契約法10条は、第1の要件として、＜民法、商法その他の法律の公の秩序に関しない規定の適用による場合に比し、消費者の権利を制限し、又は消費者の義務を加重する消費者契約の条項であること＞を挙げ、さらに、第2の要件として、＜民法第1条第2項に規定する基本原則に反して消費者の利益を一方的に害すること＞を規定しており、2つの要件は別個にその充足性が判断される。

(イ)　消費者契約法10条における「民法第1条第2項に規定する基本原則に反して消費者の利益を一方的に害するもの」に該当するか否かの判断においては、消費者側に情報・交渉力がなく、当該条項の合理性の有無について自覚的な判断ができないときに、それを利用して、事業者が不当な利益を挙げているか、が1つの重要なポイントであり、当該事案で問題となっている具体的な当事者の具体的状況が重視される。個別の当事者間における事情を捨象して、当該条項が抽象的に判断されるわけではない。

しかし、当該具体的な事情のもとで、権利行使が信義則に反するか否かを決定するという、信義則適用の通常の場面とは異なる判断となる。

(ウ)　この判断においては、第1の要件が充足されているからといって、「不均衡」が推定されることはあるが、「合理性を欠いた不均衡」は推定されない。任意規定に反していることは、無効という結論を導くための最小限の要請となっている。

(エ)　当該契約条項が信義則違反となるかの判断は、当該消費者契約締結時を基準とし、その時点までの一切の事情が考慮されるのが原則であるが、たとえば、消費者からの自由な解約が認められているときで、かつ、対価の支払いが契約継続期間に応じたものとなっている場合において、事業者の有する解除権の発生事由についての消費者の理解が契約締結後に深まることは、「当該契約条項が信義則違反となるかの判断」において重視される。

消費者契約法の規律と民法の法理
——携帯電話利用契約の中途解約に関する裁判例を契機に

野澤　正充

  I　問題の所在
  II　解除の「時期等の区分」の解釈
  III　「平均的な損害」の解釈
  IV　定期契約の中途解約に関するその他の問題
  V　結　語

I　問題の所在

1　消費者契約法と民法の抵触

　2001年4月1日に消費者契約法が施行されてから、早くも10年以上が経過した。この間、同法の解釈をめぐっては、さまざまな問題が提起され、それに対する裁判例も少なからず公にされている。なかでも、消費者契約法9条1号の解釈に関しては、平成18年(2006)11月27日に公にされた学納金不返還特約に関する5つの最高裁判決[1]がその具体的な適用を認め、同号に定める「平均的な損害」の意義を明らかにした。また、不当条項規制の一般規定である消費者契約法10条に関しては、敷引特約や更新料に関する最高裁判決[2]が、その判断基準を明確にしている。

---

1)　最判平成18・11・27民集60巻9号3437頁、同3597頁、同3732頁、判時1958号61頁、同62頁。

このように、消費者契約法が実務に定着し、その規定の解釈が確立するに従い、消費者契約法が、民法の法理とは異なる、「消費者契約に特有の特別法の原理」を定めたものである、との見解が有力に展開されている[3]。この見解は、後に詳述するように、特定商取引に関する法律や割賦販売法における規律を一般化し、消費者契約法もそのような「特別法の原理」に立脚するものであって、民法の法理は必ずしも妥当しない、との理解を前提とする。しかし、消費者契約法の規律が民法の法理とは異なる前提に立ち、民法の適用を排除するものであるか否かは、なお慎重に検討されるべきである。

ところで、平成24年に公にされた2つの下級審裁判例は、上記のような消費者契約法と民法の関係を争点としたものであり、この問題を論じる上で参考となる。そこで、この2つの裁判例を概観しよう。

2　2つの裁判例

(1) 結論の違い

いずれの事案も、携帯電話利用サービス契約に係る定期契約（以下、「定期契約」という。）において、契約者が中途解約したときの解約金条項（以下、「解約金条項」という。）が消費者契約法に反して無効であるか否かが争われたものであり、原告は適格消費者団体（X）で、被告は電気通信事業を目的とする会社（KDDI〔以下、「Y_1」とする〕およびエヌ・ティ・ティ・ドコモ〔以下、「Y_2」とする〕）である。

まず、京都地裁平成24年7月19日判決（判時2158号95頁——以下、「7月19日判決」という。）の事案は、Y_1と消費者との間の通信サービス契約約款第80条に定められた、「定期契約者は、更新日以外の日に定期契約の解除があったときは、別記20に定める場合を除き、料金表第1表第4（契約解除料）に

---

[2] 敷引特約に関して、最判平成23・3・24民集65巻2号903頁、最判平成23・7・12判時2128号43頁。また、更新料に関して、最判平成23・7・15判時2135号38頁。

[3] 学説の概要については、丸山絵美子「契約の解除と違約金条項」消費者法判例百選98頁（2010）、および、奥田昌道編『新版注釈民法(10)II』646-647頁〔能見善久＝大澤彩〕（有斐閣、2011）参照。

規定する料金〔税抜額9,500円（税込額9,975円）──筆者注〕の支払いを要します」という条項（解約金条項）が、消費者契約法9条1号および10条に違反するか否かが争われた。そして、京都地裁は、「本件解約金条項中、〔1〕本件定期契約が締結又は更新された日の属する月から数えて22か月目の月の末日までに解約がされた場合に解約金の支払義務があることを定める部分は有効であるが、〔2〕本件定期契約が締結又は更新された日の属する月から数えて23か月目以降に解約した場合に別紙2の『平均的損害の額』欄記載の各金額を超過する解約金の支払義務があることを定める部分は、上記超過額の限度で、法9条1号により、無効である」と判示し、Xの請求を一部認容した。

しかし、この7月19日判決よりも前に公にされた京都地裁平成24年3月28日判決（判時2150号60頁）（以下、「3月28日判決」という。）は、Y_2の用いた、Y_1の解約金条項とほぼ同一内容の解約金条項が消費者契約法9条1号および同10条に違反しないとして、Xの請求（解約金条項の使用の差止請求および不当利得返還請求）を棄却した。

この2つの裁判例が、同様の事案であったにもかかわらず、その結論を異にしたのは、消費者契約法9条1号の理解ないし解釈の差異に基づく。すなわち、同条同号は、「当該消費者契約の解除に伴う損害賠償の額を予定し、又は違約金を定める条項であって、これらを合算した額が、当該条項において設定された解除の事由、時期等の区分に応じ、当該消費者契約と同種の消費者契約の解除に伴い当該事業者に生ずべき平均的な損害の額を超える」場合には、「当該超える部分」を無効とする旨を定めている。この文言のうち、両判決の理解が異なるのは、①「平均的な損害」の算定に当たっての「当該条項において設定された解除の事由、時期等の区分」の有無と、②「平均的な損害」の算定の基礎となる「損害」の内容である。この2つの点を、より詳細に比較する。

(2) 時期の「区分」

平均的な損害の算定に当たっての解除の「時期等の区分」について、7月

19日判決は、「1か月あたりの解約に伴う逸失利益に、解約時から契約期間満了時までの期間を乗じる方法によりY_1に生じる平均的損害を算定すると、解約時期の違いによって、平均的損害の額には著しい差異が生ずる」との認識を出発点とする。そして、「事業者が解除の事由、時期等による区分をせずに、一律に一定の解約金の支払義務があることを定める契約条項を使用している場合であっても、解除の事由、時期等により事業者に生ずべき損害に著しい差異がある契約類型においては、解除の事由、時期等により同一の区分に分類される複数の同種の契約における平均値を用いて、各区分毎に、解除に伴い事業者に生じる損害を算定すべきである」とし、具体的には、「解約時期を1か月毎に区分して、各区分毎に、Y_1に生じる平均的損害を算定すべきである」とした。その結果、同判決は、上記のように、「本件解約金条項中、〔1〕本件定期契約が締結又は更新された日の属する月から数えて22か月目の月の末日までに解約がされた場合に解約金の支払義務があることを定める部分は有効であるが、〔2〕本件定期契約が締結又は更新された日の属する月から数えて23か月目以降に解約した場合に別紙2の『平均的損害の額』欄記載の各金額を超過する解約金の支払義務があることを定める部分は、上記超過額の限度で、法9条1号により、無効である」とした。

これに対して、3月28日判決は、「法9条1号の『平均的な損害』の算出にあたって基礎とする消費者の類型は、原則として当該事案において事業者が損害賠償の予定又は違約金についての条項を定めた類型を基礎とすべきであり、解除の時期を1日単位に区切ってそれぞれの日数ごとに事業者に生じる金額を算定するというような当該事業者が行っていない細分化を行うことは妥当でない」との認識を出発点とする。そして、「消費者につき、事業者の定めた類型を前提として総体的に捉える判断手法を採用した場合、例えば、解除の時期等の差異により事業者に生じる損害の額が著しく異なるような消費者契約において、事業者が解除の時期等を問わず一律に高額な損害賠償の予定又は違約金を定めている場合であっても、『平均的な損害』の算出においては、解除の時期を問うことなく、消費者を総体として捉えることになる」とした。その結果、同判決は、同社の解約金条項が、「顧客の具体的な特性、

料金プラン及び解約の時期等を一切問わず、一律に契約期間末日の9975円の解約金の支払義務を課している」と解し、「『平均的な損害』の算定については、本件契約を締結した顧客を一体のものとみて判断すべきである」とした。

ここで問題となるのは、事業者が解約金条項において解除の時期を区分していないとき、または一定の時期を区分しているときに、裁判所が、それとは異なる時期を区分することができるか否かである。この問題につき、3月28日判決は、「当該事業者が行っていない(時期の)細分化を行うことは妥当でない」としたのに対し、7月19日判決は、「解約時期を1か月毎に区分して、各区分毎に、Y_1に生じる平均的損害を算定すべきである」とした。そこで、いずれの解釈が適切であるかが問題となる。

(3) 「平均的な損害」

上記の「区分」に加えて、「平均的な損害」の算定の基礎となる「損害」についても、両判決では差異がみられる。すなわち、7月19日判決は、民法416条の規律に従い、「中途解約されることなく契約が期間満了時まで継続していればY_1が得られたであろう通信料収入等(解約に伴う逸失利益)を基礎とすべきである」とする。これに対して、3月28日判決は、このような逸失利益(基本使用料の中途解約時から契約期間満了時までの累積額)を算定の基礎とせずに、「基本使用料金の割引分の契約期間開始時から中途解約時までの累積額についてのみ、『平均的な損害』の算定の基礎とすることができる」とした。そこで、中途解約に伴う逸失利益が「平均的な損害」の算定の基礎となるか否かが問題となる。

3 結論の提示と検討の順序

上記の2つの問題につき、本稿の結論[4]をあらかじめ提示すれば、次のようになる。すなわち、①解除の「時期等の区分」については、事業者の定めた区分に従うべきであり、事業者が区分を定めなかった場合にも、裁判所がその時期を区分することは妥当でない、と解される。また、②「平均的な損害」の算定の基礎となる「損害」には、基本使用料の割引分の契約期間開始時か

ら中途解約時までの累積額(基本使用料の累積割引額)、および、中途解約されることなく契約が期間満了時まで継続していれば得られたであろう基本使用料、通信料収入等の逸失利益が含まれると考える。ただし、事業者に生じた損害を二重に評価することは妥当でないため、基本使用料の累積割引額と逸失利益とは、選択的な関係にあると解される。

以上の結論は、後述のように、消費者契約法9条1号の趣旨および沿革に沿うものであり、同法の背景にある一般法である民法の規定にも合致する素直な解釈である。

以下では、上記の2つの問題を順に検討する(Ⅱ、Ⅲ)。なお、その他の問題(契約の更新後における中途解約の問題および消費者契約法10条の適否)については、後に一括する(Ⅳ)。

Ⅱ 解除の「時期等の区分」の解釈

1 損害賠償額の予定

まず、本件解約金条項の法的性質について、3月28日判決と7月19日判決は共に、消費者契約法9条1号にいう「解除に伴う損害賠償の額の予定」または「違約金」に該当するとした。すなわち、7月19日判決は、本件解約金条項が、「本件定期契約の解約に伴い解約金として9975円を支払う義務があることを定める契約条項であり、契約者は、本件定期契約を契約期間の途中で解約し、被告との間の契約関係の解消を望む場合には、解約事由の如何を問わず、上記解約金の支払いを余儀なくされる」とする。また、3月28日判決も、解約金条項が「実質的な内容としても、契約上の対価についての合

---

4) 本稿は、7月19日判決の控訴審における、筆者の意見書を基にしたものである。なお、本稿の執筆時(2012年10月現在)には、ソフトバンクに対する同様の訴訟の判決は出されていなかったため、本稿は、KDDIとエヌ・ティ・ティ・ドコモに対する判決とを検討の対象とした。しかし、その後、ソフトバンクに対する訴訟の第1審判決が公にされている(京都地判平成24・11・20判時2169号68頁)。

意ということはできず、契約期間内の中途解約時の損害賠償の予定又は違約金についての条項であると認められる」とした。

したがって、以下では、本件解約金条項が「解除に伴う損害賠償の額を予定し、又は違約金を定める条項」に該当することを前提とする。

2　民法420条の趣旨

損害賠償額の予定について、民法420条1項は、次のように規定する。すなわち、「当事者は、債務の不履行について損害賠償の額を予定することができる。この場合において、裁判所は、その額を増減することができない」。また、同3項は、「違約金は、賠償額の予定と推定する」とする。それゆえ、同3項によれば、本件解約金条項が「違約金」であっても、損害賠償額の予定と推定されることとなる。しかし、いずれにしても消費者契約法9条1号では、「解除に伴う損害賠償の額の予定」と「違約金」の両者を対象とし、「両者を合算した額が事業者に生じる『平均的な損害』の額を超えてはならない」としている[5]。

ところで、民法420条1項後段は、裁判所が、当事者が予定した損害賠償の「額を増減することができない」とする。その趣旨は、賠償額の予定が、「近世取引法の獲得した契約自由の原則の具体的な一内容」であることによる[6]。すなわち、同規定の母法であるフランス民法典1152条は、「合意が、その履行を怠る者は損害賠償として一定の金額を支払う旨を定めているときは、より多い、又はより少ない額を他方の当事者に付与することができない」と規定する[7]。これは、「損害賠償額の予定を裁判官が改訂できない」とするものであり[8]、契約自由の原則に基づき、「当事者間の合意を尊重すべきである」ことを考慮したものである[9]。そして、民法420条1項は、損害賠償「額」

---

[5]　能見＝大澤・前掲（注3）666頁。
[6]　我妻栄『新訂債権総論』132頁（岩波書店、1964）。
[7]　規定の訳は、法務大臣官房司法法制調査部編『フランス民法典－物権・債権関係』（法務資料第441号）による。
[8]　能見＝大澤・前掲（注3）587頁。

の予定を規定しているものの、当事者の合意を尊重すべきであるとの契約自由の原則によれば、その範囲は広い。すなわち、通説は、「当事者の普通の意思は、責に帰すべき事由の有無も、損害の有無及び額についても、一切の紛争を避ける趣旨と解するのが適当である」とする[10]。そうだとすれば、「解除の事由、時期等の区分」も、それが損害賠償の額に係わるものであるため、当事者の合意が裁判所も拘束し、裁判所がこれを任意に変更(ないし改訂)することは許されないと解される。

　もっとも、民法420条1項については、今日では、裁判所の介入を一切排除するものではなく、「公序良俗による制限を加え、賠償額の予定が暴利行為となるときはその全部または一部を無効」[11]とすべきであるとされる。しかし、同条の趣旨である契約自由の原則の尊重からは、その例外は狭く、損害賠償額の予定を定める当該条項が公序良俗に反し、または暴利行為に当たる場合に限られる[12]。そして、本件解約金条項は、公序良俗(民90条)に反するものではなく、また暴利行為に当たるものでもないことは明らかである。というのも、公序良俗違反ないし暴利行為が認定されるためのハードルは高く、たとえば、学納金不返還特約を消費者契約法9条1号に反して無効であるとした最高裁も、同法施行以前の事案においては、当該特約が公序良俗に反しないとしているからである[13]。

　なお、先のフランス民法典1152条も、1975年7月9日の法律第597号により、次のような第2項を追加している。「ただし、裁判官は、合意された違約金が明らかに過大又は過小である場合には、それを減額し、又は増額することができる。反対の約定はすべて、書かれなかったものとみなされる」。それゆえ、今日では、裁判所による契約の改訂(予定された賠償額の増減)が認められる。ただし、その要件は厳格であり、「明らかに」(manifestement)過大

---

9) 能見＝大澤・前掲(注3) 589頁。
10) 我妻・前掲(注6) 132頁。
11) 我妻・前掲(注6) 133頁。
12) 能見＝大澤・前掲(注3) 611-612頁。
13) 最判平成18・11・27民集60巻9号3732頁参照。

または過小でないと、裁判所は、当事者が定めた損害賠償額の予定を変更することはできない。

3　消費者契約法9条1号と民法420条の関係

　上記の民法420条1項の趣旨は、消費者契約法9条1号の解釈に際しても妥当するか、両規定の関係が問題となる。

　まず、民法420条1項は、「債務の不履行について損害賠償の額を予定する」場合に限られているのに対し、消費者契約法9条1号の適用には、そのような限定はない。すなわち、同号では、「損害賠償の発生原因について限定はないから、必ずしも債務不履行による場合に限定」されず、「例えば、債務不履行の存在を要せず契約を解約できる合意がある場合に、その解約から生じる損害の額を予定する場合も本号に含まれる」とされる[14]。その意味では、消費者契約法9条1号が、消費者の利益を確保するため、その適用範囲を民法よりも拡張していることは明らかである。

　ただし、当然のことではあるが、消費者契約においても契約自由の原則が尊重される。それゆえ、消費者契約法9条1号が、少なくとも民法420条を前提とし、契約自由の尊重という同条の趣旨を否定するものではないことは明らかである。そして、その趣旨は、損害賠償「額」の予定のみならず、「解除の事由、時期等」にも及ぶことは、消費者契約法9条1号の文言からもうかがわれる。すなわち、同号は、一般的な「解除の事由、時期等の区分に応じ」て「平均的な損害の額」を算定するのではなく、「当該条項において設定された解除の事由、時期等の区分」を前提とする。より具体的には、「『当該条項において設定された解除の事由』とは、当該損害賠償額予定条項または違約金条項が定める解除の事由を指」し、「このことは、解除の『時期』について妥当する」とされる[15]。そうだとすれば、事業者と消費者との合意に基づき、「当該条項において設定された」時期の区分と異なる区分を裁判所が設定

---

14)　落合誠一『消費者契約法』137頁（有斐閣、2001）。
15)　落合・前掲（注14）137-139頁。

することは、民法420条1項およびその背後にある契約自由の原則に反するものである。

　その意味では、消費者契約法は、事業者に対し、「自らが多数の消費者との間で締結する消費者契約における損害賠償の予定又は違約金についての条項を定めることを要求している」のであり、たとえば、「解除の時期を1日単位に区切ってそれぞれの日数ごとに事業者に生じる金額を算定する」というような、解除の時期について「当該事業者が行っていない細分化を行うことは妥当でない」とする3月28日判決は、適切であると解される。

　なお、消費者契約法9条1号は、「当該条項において設定された解除の事由、時期等の区分に応じ」と定め、契約条項に解除事由や時期が区分されていることを当然の前提のように規定する。しかし、国民生活審議会消費者政策部会・消費者契約法検討委員会の委員であり、同法の立法に携わった山本豊教授は、同規定が「このような法文になった」理由を次のように述べている。すなわち、「解除の理由や時期に応じて解約金の額が区分されて規定される外国語会話受講契約や旅行契約などの事例に引きずられて立案した結果であると推測される」[16]。そして、現実には、本件解除条項のように、解除の時期が区分されていない契約も無数に存在する。そうだとすれば、消費者契約法9条1号からは、当事者が必ず「解除の事由、時期等の区分」を設定しなければならないものではなく、まして、当事者の定めていない区分を、裁判所が任意に設定することを許すものでもない。

4　小　　括

　消費者契約法9条1号および民法420条1項は、契約自由の原則を前提に、当事者の合意を尊重するものである。それゆえ、消費者契約法9条1号の「平均的な損害」の算定に当たっては、本件解約金条項に定められた「解除の事由、時期等の区分」を前提にすべきであり、それが定められていない場合にも、裁判所が任意にそれを設定することは許されない、と解すべきである。

---

16)　山本豊「判批」判例タイムズ1114号75頁（2003）。

そして、本件解約金条項は、3月28日判決が指摘するように、「顧客の具体的な特性、料金プラン及び解約の時期等を一切問わず、一律に契約期間末日の9975円の解約金の支払義務を課」すものである。そうだとすれば、7月19日判決のように、「解約時期を1か月毎に区分して、各区分毎に、Y_1に生じる平均的損害を算定」することは、消費者契約法9条1号および民法420条の趣旨に反し、ひいては契約自由の原則に反するものであって、許されないと解される。

なお、実務的にも、当事者、とりわけ事業者の予定していない解除の時期の細分化は、不特定かつ多数の消費者と契約する事業者に過大な負担を強いるものであり、不測の損害を与えるものである。

III 「平均的な損害」の解釈

1 2つの考え方

消費者契約法9条1号の「平均的な損害」に逸失利益が含まれるか否かについては、学説上も、また実務上も、見解が分かれている。すなわち、下級審裁判例には、逸失利益も考慮要素に含めるもの[17]と、これを否定するもの[18]とが存在する。そして、前述のように、7月19日判決は、「中途解約されることなく契約が期間満了時まで継続していればY_1が得られたであろう通信料収入等（解約に伴う逸失利益）を基礎」として、「平均的な損害」を算定したが、3月28日判決は、このような逸失利益を基礎とせずに、「基本使用料金の割引分の契約期間開始時から中途解約時までの累積額についてのみ」、その算定の基礎とすることができるとした。

以下では、逸失利益を算定の基礎とすることを否定する3月28日判決が依拠したであろう、と考えられる見解から検討する。

---

[17] 東京地判平成14・3・25金判1152号36頁。
[18] 大阪地判平成14・7・19金判1162号32頁。

2 逸失利益を否定する見解

(1) 民法416条

損害賠償の範囲を規定した民法416条によれば、債務不履行によって「通常生ずべき損害」（通常損害）であれば、債権者は損害の発生を証明することによりその賠償を受けることができ（1項）、また、「特別の事情によって生じた損害」（特別損害）については、「特別の事情」の予見可能性を要件として、その賠償請求が認められる（2項）。そして、その損害には、積極的損害（既存利益の減少）のほか、消極的損害（「得べかりし利益」＝逸失利益）も含まれる[19]。この民法416条を前提とすれば、本件においても、基本使用料の割引累積額のみならず、中途解約されることなく契約が期間満了時まで継続していれば得られたであろう通信料収入等の逸失利益も「損害」として認めることができる。

しかし、消費者契約法9条1号に関しては、上記の民法416条を前提とせずに、「消費者契約に特有の特別法の原理に親和的なルールとして理解する」[20]見解が、少数ながら存在する。その代表的な見解が、森田宏樹教授による次の見解である。

(2) 森田宏樹教授の見解

森田教授は、消費者契約法9条1号が、「事業者に通常生ずべき損害」ではなく、「事業者に生ずべき平均的な損害」と規定したことに着目する[21]。そして、「『平均的な損害』の概念は、従来、割賦販売法や特定商取引法において契約の解除に伴う損害賠償額の制限に関して採られていた、契約の履行前の段階においては解除に伴う損害賠償請求は原状回復賠償に限定されるという法理を、すべての消費者契約に一般化したものとして理解されるべきである」

---

19) 我妻・前掲（注6）118頁。
20) 能見＝大澤・前掲（注3）646頁。
21) 森田宏樹「消費者契約の解除に伴う『平均的な損害』の意義について」潮見佳男＝山本敬三＝森田宏樹編『特別法と民法法理』114頁（有斐閣、2006）。

とした[22]。その結果、「消費者契約の解除に伴う『平均的な損害』として事業者が請求しうる損害額は、契約の履行前の段階では、原状回復賠償に限定」され、「原則として、契約の締結および履行のために通常要する平均的な費用（必要経費）の額が『平均的な損害』額となる」とする[23]。それゆえ、逸失利益は、「平均的な損害」の算定の基礎とはならない。これを本件事案に当てはめると、本件定期契約の中途解約によって事業者が請求しうる損害額は、逸失利益（基本使用料の中途解約時から契約期間満了時までの累積額および通信料の減少分など）ではなく、基本使用料の累積割引額のみとなる。

ただし、森田教授は、この原則の「例外として、契約の目的に代替性がないため、当該契約の締結により他と契約を締結する機会を失ったことによる営業上の逸失利益が生ずる場合には、原状回復を考えるさいには、このような機会の喪失による損害も『平均的な損害』に含めなければならない」とする[24]。それゆえ、事業者が逸失利益を請求するためには、「当該契約の締結により他と契約を締結する機会を失ったこと」を主張立証しなければならない。換言すれば、「平均的な損害」の算定に当たっては、逸失利益がすべて排除されるわけではなく、それを算定の基礎とするには、事業者が「機会の喪失」による損害であることを主張立証しなければならないこととなる。

以上の森田教授の見解は、「契約解除に伴う損害賠償額を原状回復賠償に限定することによって、消費者が望まない契約から離脱することを容易にすることにより、契約の成立段階に起因するトラブルを回避するインセンティヴを事業者に付与する」という考え方を背景とする。そして、森田教授は、このような考えに基づき、消費者契約法9条1号を、「消費者契約に特有な法理」として捉え、民法416条のような「一般原則を修正する規律として」理解する[25]。

---

22) 森田・前掲（注21）140-141頁。
23) 森田・前掲（注21）141頁。
24) 森田・前掲（注21）141頁。
25) 森田・前掲（注21）142頁。

(3) 3月28日判決の法理

　上記の森田教授の見解に依拠したと思われるのが、3月28日判決である。そのことが端的に現れているのは、逸失利益に関する同判決の判旨である。

　3月28日判決は、まず、「基本使用料金の割引分の契約期間開始時から中途解約時までの累積額については、『平均的な損害』の算定の基礎となる」とする。これに対して、「基本使用料金の中途解約時から契約期間満了時までの累積額」は、逸失利益に該当するとする。そして、「これらは、事業者にとってのいわゆる履行利益であり、仮に、本件当初解約金条項及び法9条1号がいずれも存在しない場合には、Y_2は、民法416条1項に基づき、個別の消費者に対して『通常生ずべき損害』として、その賠償を請求することができる」とした。

　しかし、3月28日判決は、森田教授の見解と同じく、一般法である民法におけるとは異なる、「消費者契約に特有な法理」を導く。すなわち、「消費者の保護を目的とする法律としては、(消費者契約法)の制定よりも前から、特定商取引に関する法律(平成12年法律第120号による改正前は訪問販売法)及び割賦販売法が存在するところ、特定商取引に関する法律10条1項4号は訪問販売における契約につき、同法25条1項4号は電話勧誘販売における契約につき、同法49条4項3号及び同条6項3号は特定継続的役務提供等契約につき、同法58条の3第1項4号は業務提供誘引販売契約につき、割賦販売法6条1項3号及び同項4号は割賦販売に係る契約につき、それぞれ、各種業者と消費者との間に損害賠償の予定又は違約金についての合意がある場合であっても、契約の目的となっている物の引渡し又は役務の提供等が履行される前に解除があった場合には、各種業者は、消費者に対し、契約の締結及び履行のために通常要する費用の額を超える額の金銭の支払を請求できないと規定している。これらの規定は、各種業者と消費者が契約を締結する際においては、各種業者の主導のもとで勧誘及び交渉が行われるため、消費者が契約の内容について十分に熟慮することなく契約の締結に至ることが少なくないことから、契約解除に伴う損害賠償の額を原状回復のための賠償に限定することにより、消費者が履行の継続を望まない契約から離脱することを容易

にするため、民法416条1項の規定する債務不履行に基づく損害賠償を制限したものと解することができる」。

そして、同判決は、上記の前提の下に、次のように結論する。すなわち、消費者契約法9条1号は、「損害賠償の予定又は違約金の金額の基準として、『(事業者に)通常生ずべき損害』ではなく、『当該条項において設定された解除の事由、時期等の区分に応じ、当該消費者契約の解除に伴い当該事業者に生ずべき平均的な損害』の文言を用いている。このような文言に照らせば、法9条1号は、事業者に対し、民法416条1項によれば請求し得る損害であっても、その全てについての請求を許容するものではないということができる」。

ただし、同判決は、上記の例外として、森田教授の見解と同じく、事業者に「機会の喪失」が認められる場合には、逸失利益も「平均的な損害」の算定の基礎となることを示唆する。すなわち、「法9条1号は、事業者に対し、消費者契約の目的を履行する前に消費者契約が解除された場合においては、その消費者契約を当該消費者との間で締結したことによって他の消費者との間で消費者契約を締結する機会を失ったような場合等を除き、消費者に対して、契約の目的を履行していたならば得られたであろう金額を損害賠償として請求することを許さず、契約の締結及び履行のために必要な額を損害賠償として請求することのみを許すとした上で、『平均的な損害』の算定においてもこの考え方を基礎とすることとした」と解している。そして、当該事案で問題となる「携帯電話の利用を可能とする役務」の提供は、「ある消費者との間で本件契約を締結した場合であっても、他の消費者に対して同時に行うことが可能であるから、Y_2においては、ある消費者との間で本件契約を締結した場合に、他の消費者との間で本件契約を締結する機会を喪失するということは考えられない」との理由により、逸失利益の賠償を排除している。

しかし、3月28日判決が自ら指摘するように、「特定商取引に関する法律及び割賦販売法の各規定に対し、(消費者契約法)9条1号は、事業者が契約の目的を履行した後の解除に伴う損害と、事業者が契約の目的を履行する前の解除に伴う損害とを何ら区分していない」。そして、消費者契約法9条1号

が、損害賠償額の予定または違約金の金額の基準として、「（事業者に）通常生ずべき損害」ではなく、「当該条項において設定された解除の事由、時期等の区分に応じ、当該消費者契約の解除に伴い当該事業者に生ずべき平均的な損害」の文言を用いたのは、民法の一般法理を排除するためではない。そうではなく、次に述べるように、単に、不特定かつ多数の消費者と契約を締結する事業者に対して、「多数の事案について実際に生じる平均的な損害の賠償を受けさせれば足り、それ以上の賠償の請求を認める必要はない」ことによるものである[26]と解される。

3 逸失利益を算定の基礎とする見解

上記の森田教授の見解、および、同見解に依拠したと考えられる3月28日判決に対しては、消費者契約法の立法の経緯からは必ずしもそのように解することができず、また、現在の学説も、一般的にはそのように解してはいない、ということを指摘することができる。

(1) 消費者契約法の立法の経緯

まず、消費者契約法9条1号の立法の経緯からは、森田教授自らも、「『平均的な損害』というのは、民法416条にいう『通常生ずべき損害』と同義であると解するのが素直」であることを認めている[27]。すなわち、消費者契約法についての「国民生活審議会における検討の最終段階である第17次国民生活審議会（平成11年4月～）の消費者政策部会・消費者契約法検討委員会報告『消費者契約法（仮称）の具体的内容について』（平成11年11月30日）によると、『Ⅳ　契約条項』として『(1)　無効とすべき不当条項　消費者契約において、次のような契約条項を無効とする』とある。そして、消費者契約において無効とすべき条項のうち、その⑦として『契約の解除に伴う消費者の損害賠償の額を予定し、又は違約金を定める場合に、これらを合算した額が、

---

26) 消費者庁企画課編『逐条解説　消費者契約法〔第2版〕』209頁（商事法務、2010）。
27) 森田・前掲（注21）112頁。

事業者に通常生ずべき損害を超えることとなる条項』が挙げられていた」とする。そして、森田教授は、「ここでいう『通常生ずべき損害』というのは、その文言からみて、民法416条にいう通常損害を意味する」とし、「当然に得べかりし利益の賠償を含むもの」と解されるとする[28]。

もっとも、森田教授は、最終的に消費者契約法9条1号が「事業者に通常生ずべき損害」ではなく、「事業者に生ずべき平均的な損害」という文言を採用したことから、民法416条とは異なり、前述のように、「割賦販売法や特定商取引法において契約の解除に伴う損害賠償額の制限に関して採られていた、契約の履行前の段階においては解除に伴う損害賠償請求は原状回復賠償に限定されるという法理を、すべての消費者契約に一般化したもの」である[29]と解している。換言すれば、同条は、民法416条とは異なる、「消費者契約に特有の法理」に基づくものとなる。

ところで、消費者契約法9条1号が「平均的な損害」という用語を用いたのは、森田教授も指摘するように、「同一の事業者が多数の同種の契約を締結することを前提としている」ことによるものである[30]ことには、異論はない。そして、その限りでは、消費者契約の特性が反映されたものである。しかし、そのことから直ちに、同条が、民法の一般法理と異なる、「消費者契約に特有の法理」を採用したものと考えることには、論理的な飛躍がある。

(2) 消費者契約法と民法との関係

消費者契約法の立法の経緯に戻ると、まず、平成10年1月21日に公表された「第16次消費者政策部会中間報告『消費者契約法（仮称）の具体的内容について』のポイント」では、消費者契約法の民事ルールと他の法律との関係について、次のように述べられている。すなわち、「(1) 民商法との関係」として、「消費者契約法は、民商法の特別法と位置づけ」、「(2) 業法の私法規

---

28) 森田・前掲（注21）111-112頁。
29) 森田・前掲（注21）140-141頁。
30) 森田・前掲（注21）115頁。

定との関係」では、「業法の私法規定（業法における民事ルール）は消費者契約法の特別法と位置づける」。さらに、「(3)　行政規制との関係」では、「行政規制は、消費者契約法の適用を妨げない」とした[31]。それゆえ、この記述からは、消費者契約法が民法の一般的な法理を当然に排除するものではなく、また、割賦販売法や特定商取引法における民事ルールは、消費者契約法の特別法であり、これらの業法の民事ルールを消費者契約法において一般化することも、当然には認められないことがうかがわれる。

　そして、森田教授の引用する第17次国民生活審議会消費者政策部会・消費者契約法検討委員会報告「消費者契約法（仮称）の具体的内容について」[32]においては、「Ⅴ　その他」として、消費者契約法と「他の法律との関係」について、次のように述べられている。すなわち、「消費者契約については、この法律の規定によるほか、民法及び商法の規定によるものとする。また、消費者契約について、民法及び商法以外の他の法律に別段の定めがあるときは、その定めるところによるものとする」。そして、この部分に付された「説明」によると、まず、「前段に関して、消費者契約法が適用される消費者契約においても、本法に定めがないものは、民法、商法その他各種の個別法の民事規定が現行法のまま適用される」とする。ところで、消費者契約法9条1号は、事業者が契約の目的を履行した後の解除に伴う損害と、事業者が契約の目的を履行する前の解除に伴う損害とを区分していない。そうだとすれば、法律の適用関係からすれば、民法416条がそのまま適用されることとなろう。また、同説明では、「後段に関して、民法及び商法以外の他の法律の私法規定と消費者契約法の私法規定が競合する場合には、原則として、民法及び商法以外の他の法律の私法規定によるもの」とされる。しかし、消費者契約法と特

---

31)　第16次消費者政策部会中間報告「『消費者契約法（仮称）の具体的内容について』のポイント」http://www.caa.go.jp/seikatsu/shingikai2/kako/spc16/houkoku_c/spc16-houkoku_c-ref_2.html#5）

32)　第17次国民生活審議会消費者政策部会・消費者契約法検討委員会報告「消費者契約法（仮称）の具体的内容について」http://www.consumer.go.jp/kankeihourei/keiyaku/iinkai.html

定商取引に関する法律および割賦販売法とは、本件問題については「競合する場合」ではないから、その適用はなく、むしろ、特別法である業法の民事ルールが消費者契約法9条1号の解釈にそのまま反映されるべきであるとの根拠はない、と解される。

(3) 学説による理解

森田教授の見解以降、学説においても、業法の民事ルールを参考に、消費者契約法9条1号を位置づける見解が散見される[33]。しかし、全体としては、「平均的な損害」の解釈については、民法416条を基礎とする見解が多数であると解される。たとえば、山本敬三教授は、消費者契約法9条1号の「平均的な損害」を次のように説明する。すなわち、「民法416条によると、事業者は、あくまでも実損害——正確にいうと、そのうち通常損害または特別損害でも予見可能性のあるものであり、それを金銭的に評価した額——の賠償が得られるにとどまる。しかし、そうした賠償を得るためには、事業者は少なくとも実損害が発生したこと、およびそれが賠償範囲に入ることを具体的に証明しなければならない」。そこで、「消費者契約法が選んだ定型的な基準が、『平均的な損害の額』で」あり、「これはあくまでも民法416条を前提としつつ、それを定型化した基準を消費者契約に関し強行法規化したものとして位置づけることができる」とする[34]。また、「『平均的な』とは、結局、損害額算定に合理性があり、かつ社会常識にも合致した通常の損害額というような意味」であるとの見解[35]も存在する。この見解も、民法416条の「通常生ずべき損害」を前提に、「平均的な損害」を解釈するものである。このほか、履行利益の賠償を否定した大阪地裁平成14年7月19日判決に対する評釈におい

---

33) 学説については、丸山・前掲（注3）98頁、および、能見＝大澤・前掲（注3）646-647頁参照。

34) 山本敬三「消費者契約法の意義と民法の課題」民商法雑誌123巻4・5号537-538頁（2001）。

35) 松本恒雄＝畔柳達雄＝高崎仁『Q&A消費者契約法解説』134頁〔畔柳〕（三省堂、2000）。

て、山本豊教授も、「民法理論との関係」では、この結論を「正当化することは困難なように思われ」、逸失利益を否定することは「むしろ、契約解除の場合の損害賠償を信頼利益の範囲に限定する少数説の立場と整合的である」とする[36]。

そうだとすれば、消費者契約法9条1号は、民法416条を前提とし、逸失利益も「平均的な損害」の算定の基礎となると解される。もっとも、両規定は、その文言を異にし、消費者契約法9条1号では、「通常生ずべき損害」という文言は用いられてはいない。しかし、その理由は、事業者が不特定かつ多数の消費者との間で契約を締結するという消費者契約の特性に鑑み、「事業者には多数の事案について実際に生じる平均的な損害の賠償を受けさせれば足り」るとしたものである[37]。その意味では、消費者契約法は、民法の一般的な法理を前提に、それを「消費者の利益の擁護」(消費者契約法1条)のために、消費者契約の特性をも考慮して、拡張したものであると解される。

なお、消費者契約法9条1号に関しては、民法416条および420条におけると異なり、債務不履行に基づくものに限らず、広く「解除」に伴う損害賠償額の予定等に適用されるものであり、また、「解除」の主体も限定していないため[38]、その適用範囲が拡張されていると解される。

4 若干の検討

消費者契約法9条1号と民法416条(および民法420条)の関係については、消費者契約法の立法の経緯、および、同法の形式的な適用関係からは、「平均的な損害」の算定に当たっては、(中途解約前における基本使用料の割引累積額のみならず、)民法416条によって認められる逸失利益をもその基礎とすべきであると考えるのが、素直な解釈である。

ところで、消費者契約法も「契約」法であるため、契約自由の原則をはじ

---

36) 山本・前掲(注16) 77頁。
37) 消費者庁企画課・前掲(注26) 209頁。
38) 落合・前掲(注14) 136-137頁。

めとする、民法の契約に関する法理が適用されることは当然である。そして、このことは、消費者契約法2条3項の解釈からもうかがわれる。すなわち、同項は、「この法律において『消費者契約』とは、消費者と事業者との間で締結される契約をいう」と規定され、その解釈として、消費者庁は、「民法における『契約』のうち、本法で定義する『消費者』と『事業者』との間で締結される契約のことをいう」とする[39]。そうだとすれば、消費者契約の前提となるのは、「民法における『契約』」であり、消費者契約法も民法の一般法理を基礎ないし前提とするものである、と解される。

IV 定期契約の中途解約に関するその他の問題

1 更新後における中途解約

本件事案の定期契約においては、契約後2年を経過すると、自動的に契約が更新する。そこで、消費者側（X）は、更新後には、「契約者は既に2年間の契約期間に拘束された」のであるから、解約金を徴収することに「合理性はない」と主張した。

しかし、この点については、7月19日判決が指摘するように、更新前後で問題は異ならないと解すべきである。すなわち、「本件定期契約においては、更新日の属する月に解約の意思表示をしない限り、期間満了日の翌日である更新日に本件定期契約が更新され、新規に本件定期契約を締結したのと同様の効果が生じることとなる」。それゆえ、「更新後の解約においても、更新前と同様、Y_1には契約期間満了時まで契約が継続していれば得られたであろう通信料収入等を基礎とする逸失利益が認められるから、解約に伴いY_1に生じる平均的損害の算定方法も、更新前後で同様である」と解される。

---

39) 消費者庁企画課・前掲（注26）83頁。

2　消費者契約法10条の適否

　本件事案では、解約金条項が消費者契約法10条に反して無効ではないか、という点も争われている。この消費者契約法10条は、次のように規定する。すなわち、「民法、商法（明治32年法律第48号）その他の法律の公の秩序に関しない規定の適用による場合に比し、消費者の権利を制限し、又は消費者の義務を加重する消費者契約の条項であって、民法第1条第2項に規定する基本原則に反して消費者の利益を一方的に害するものは、無効とする」。その適用に関して、最高裁は、①「消費者契約の条項が、民法等の法律の公の秩序に関しない規定、すなわち任意規定の適用による場合に比し、消費者の権利を制限し、又は消費者の義務を加重するものである」か否か、および、②「消費者契約の条項が民法1条2項に規定する基本原則、すなわち信義則に反して消費者の利益を一方的に害するものである」か否か、という2段階の審査を行うことを確立している[40]。そこで、本件解約金条項についても、この2段階の検討を行う必要がある。

　まず、①に関して、最高裁は、「任意規定には、明文の規定のみならず、一般的な法理等も含まれる」とする[41]。本件に関しては、7月19日判決が指摘するように、「民法は、委任契約・準委任契約及び請負契約等の役務の提供を給付内容とする契約において、役務の提供を受ける者が、少なくとも、役務の提供者に生じる損害を塡補する限り、不必要となった役務の受領を強いられることはないという一般法理を定めている」ところ、「本件解約金条項は、解約に伴いY_1に生じる損害の有無及びその多寡にかかわらず、一律に一定の金員の支払義務を契約者に課す点において、解約に伴い相手方に生ずる損害の限度で損害賠償請求権を認める上記一般法理と比較して、消費者の権利を制限し、消費者の義務を加重」するものであると解される。そうだとすれば、本件解約金条項は、①の要件（消費者契約法10条前段）を満たすものである。

---

[40]　最判平成23・3・24民集65巻2号903頁。
[41]　最判平成23・7・15判時2135号38頁。

では、②はどうか。7月19日判決は、前述のように、「本件解約金条項中、〔1〕本件定期契約が締結又は更新された日の属する月から数えて22か月目の月の末日までに解約がされた場合に解約金の支払義務があることを定める部分は有効であるが、〔2〕本件定期契約が締結又は更新された日の属する月から数えて23か月目以降に解約した場合」に、「平均的な損害の額」を「超過する解約金の支払義務があることを定める部分は、上記超過額の限度で、法9条1号により、無効である」とした。それゆえ、「法9条1号により無効であると説示した部分については、解除に伴いY₁に生じる損害を超過する解約金の支払義務を定めており、その内容は合理性を欠くといえるので、消費者の利益を一方的に害する条項であり、法10条により無効である」とした。
　しかし、前述のように、7月19日判決のように解除の時期を「区分」することは適切ではなく、本件解約金条項には合理性があるため、消費者契約法10条に反しないと解される。
　なお、本件解約金条項は、本件定期契約において一義的かつ具体的に記載され、消費者もその内容を明確に認識した上で契約を締結したものであることがうかがわれる。そうだとすれば、本件解約金条項については、当事者間に「情報の質及び量並びに交渉力」（消費者契約法1条）において看過できないほどの格差が存すると考えることもできない。

Ⅴ　結　語

　まず、携帯電話利用契約の中途解約における解約金条項の適否に関する本稿の結論を要約すると、以下のようになる。
　①　消費者契約法9条1号および民法420条1項は、契約自由の原則を前提に、当事者の合意を尊重するものである。それゆえ、消費者契約法9条1号の「平均的な損害」の算定に当たっては、本件解約金条項に定められた「解除の事由、時期等の区分」を前提にすべきであり、それが定められていない場合にも、裁判所が任意にそれを設定することは許されない。
　②　消費者契約法9条1号の「平均的な損害」の算定に当たっては、中途

解約前における基本使用料の割引累積額のみならず、民法416条によって認められる逸失利益をもその基礎とするのが適切である。

③　本件解約金条項の内容には合理性が認められるとともに、同条項は本件定期契約において一義的かつ具体的に記載され、消費者もその内容を明確に認識した上で契約を締結したものであるから、本件解約金条項は、消費者契約法9条1号および10条に反するものではない。

そして、より広く、消費者契約法と民法の関係については、消費者契約法の規律が民法の法理を前提とするものであり、業法に特有の法理を消費者契約法一般に及ぼすことには、なお慎重な検討を要するであろう。

【追記】

本稿は、2012年10月に執筆したものである。その後、すでに注記したように（注4）、京都地判平成24・11・20判時2169号68頁が公にされた。また、エヌ・ティ・ティ・ドコモ（Y_2）に対する訴訟の控訴審判決が出された（大阪高判平成24・12・7判時2176号33頁）。そして、2013年3月29日、大阪高裁が、KDDI（Y_1）に対する訴訟の控訴審判決を出した。同判決は、消費者契約法9条1号の「区分」が、「当該条項によって設定されたもの」であり、これを「裁判所がさらに細分化することを認める趣旨であるとは解されない」こと、および、同規定が「民法416条を前提」とし、「逸失利益を含むと解すべきである」ことを認めている（消費者団体であるXの控訴を棄却し、Y_1の原判決における敗訴部分が取り消された）。

テリーの分析法学と信託理論

能見　善久

I　はじめに
II　オースティンの分析法学
III　テリーの基本的考え方
IV　テリーの法学と信託法理の意義

I　はじめに

　19世紀末から20世紀初頭にかけて、東京帝国大学などで英法を教えたアメリカ人法律家のテリー（Henry Taylor Terry (1847-1936)）の法学理論については、すでに優れた研究があり[1]、また、本稿で扱う信託理論についても、先行する業績があるので[2]、ここに付け加えるものは多くはない。しかし、テリーの分析法学との関係という視点から見ると、テリーの信託理論、さらにはその前提となる私法理論について、もう少し違った姿が描けるのではないか。これが本論文の問題関心である。

　テリーの私法理論（信託も含まれる）は、「法の体系化（arrangement of law）」

---

1) 瀬川信久「危険便益比較による過失判断」星野英一先生古稀祝賀『日本民法学の形成と課題（下）』823頁以下（有斐閣、1996）。
2) 加毛明「受託者破産時における信託財産の処遇(1)——二つの『信託』概念の交錯」法協124巻2号400頁以下（2007）。

の構想の中で展開されたものである[3]。「法の体系化」とは、判例法のもとで秩序だった体系なしに発展してきた英米法に体系性を与えて、実務にとって分かりやすい、明解な法の姿を示そうとする試みである。これは法典化にも至る考え方であり、テリーも法典化のことを意識しているが、法典化が実現するか否かはともかく、その前にその内容となる部分を整理して、法の体系的な姿を示そうというのが、テリーの考えた「法の体系化」である。このような「法の体系化」の中に組み込まれる法は、テリーによれば、分析的・論理的に明解な概念と明瞭な原理によって記述されたものでなければならない。そこで、信託についても、判例法の中から分析的・論理的に明解な形で信託の法理が示されることが要求される。このような視点から論じられたのがテリーのエクイティ論であり、信託に関する見解である。

II　オースティンの分析法学

1　基本的な考え方

はじめに、テリーが影響を受けたオースティン（1790-1859）の分析法学の特徴を概観しておこう[4]。1828年にロンドン大学で開講されたオースティン

---

3) Terry, Some Leading Principles of Anglo-American Law, Expounded with its view to its Arrangement and Codification (1884) の序文および最終章で、「法の体系化」および「法典化」の構想について論じている。以下、本書を Some Leading Principles として引用する。また、Terry, Arrangement of the Law, 15 Ill.L.R.61 (1920-1921) を参照。

4) Terry, Some Leading Principles, Preface によれば、Austin の著書に接して、テリーは以前に別の著書で書いた内容をかなり変更したという。特に、権利・義務の分析に大きな影響を受けたようである。また、同書の序文および本文によれば、Erskine Holland の影響を受けたことも書かれている。そのほか、テリーはドイツ法についてもかなり精通しており、たとえば、権利義務の発生原因の1つとして、「法律行為（juristic act）」に言及しており、この概念はテリーの「法の体系化」においても重要な位置を占める。

の講義を整理した The Province of Jurisprudence Determined[5]および Lectures on Jurisprudence[6]が、オースティンの分析法学の考え方をまとめたものである。これらの著書は、近代的な法実証主義の基礎を築いたともいわれている。その特徴は、①法を命令（command）として捉えること、しかも一定の行為（不作為を含む）を義務付ける命令ととらえる（A law is a command which obliges a person or persons to a course of conduct.）。従って命令の名宛人にはこれに対応した義務（duty）があり、そして、法命令に従わない者、すなわち義務を履行しない者にはサンクション（sanction）が加えられる[7]。②このような特徴でとらえられる法と道徳が区別される（このように法の領域を確定することが province of jurisprudence の意味である）[8]。③このようにして定められた法の領域において、法的概念の厳密な定義のもとに、法原則を明らかにし[9]、これをもとに法のシステムを体系的・包括的にアレンジすることが法

---

5) 引用は、Austin, Province of Jurisprudence Determined, 1st ed., (1832) を用いる（以下では、Province として引用する）。

6) Austin, Lectures on Jurisprudence, 4th ed. (1873) は、2巻からなる。第1巻は、未見であるが、Lecture XII から Lecture XXVII が収録されていると思われる。第2巻は、Lecture XXVIII から Lecture LVII までである。Province of Jurisprudence が Lecture I から Lecture VI までを収録しており、全体の導入部分となっている。これらの講義の全体を見るには、学生用の簡略版である Austin, Lectures on Jurisprudence, or The Philosophy of Positive Law, the student's edition, abridged by Campbell, (1875) が便利である。なお、Province of Jurisprudence には、Austin 自身による全講義（Lecture I から LVII まで）の要約 An outline of the course lectures on General Jurisprudence or the Philosophy of Positive Law がついている（これは、Outline として引用する）。

7) Austin, Province of Jurisprudence Determined, supra note 6, pp.6,18 を参照。従って、命令は、同時にその名宛人の義務（duty）を想定する（p. 7）。

8) Austin, Province, pp.1 (Lecture I) 以下において、厳密な意味での法とそうでないものを区別して、法の領域を確定すべきことが論じられている。

9) Austin, Outline, p.iii 以下では、一般的な法（general jurisprudence）と特定領域の法（particular jurisprudence）を区別し、前者において、一般的な法概念である「権利」「義務」「自由」「違法行為」「過失」「帰責性」などについてその意味を明らかに、これらに関する一般的な法原則を抽出する作業が目的であることが示される。

学（Jurisprudence）の課題である[10]。道徳や歴史的偶然を排除した法の体系こそが科学的であるとする。

①は、法実証主義的な視点から何を法として捉え、何を法でないとして排除するか、その基準を設定するものである。オースティンによれば、「本来の意味での法、または本来的な意味で法と呼ばれているものは、命令である（Laws proper or properly called, are commands.）」。「命令ではない法は、本来の意味の法ではない」。「法ないし法的ルールの本質的要素は、……命令である。……そして、『命令』とは、『サンクション』とか『服従の強制』を意味する。また、『義務（duty）』とか『債務（obligation）』を意味する」[11]。

従って、これは、②とも関連するが、②の視点は単に法と道徳を区別するだけでなく、法の中に無造作に入り込む自然法的な考え方も排除するものである。この視点は、法と自然法（神の法 Divine Law）を簡単に結び付けるブラックストンの考え方に対する批判も含んでいる。オースティンは「神の法（Divine Law）」も、その命令内容が明らかなもの（revealed）については、法として認めるが、明らかでないもの（unrevealed）については、法の範囲から慎重に排除する[12]。自然法が実定法の中に入りこむ考え方を否定するものであり、いわゆる自然法を否定する立場である。なお、上記①の特徴を持つものが人の法なのであり、これらの法が内容的に適当かどうかは問わない。奴隷制度も、たとえ不合理であっても、法として存在しうると考える。

③は、19世紀の知的思想状況を考える必要があるが、オースティンは、道徳などを排除した本来の意味の法を素材に、法を分類し、概念を明確にし、

---

10) オースティンは、体系化についても述べてはいるが、一般的な法に関する諸概念の分析が中心なので、法のシステムがどのように構成されるべきかという意味での体系化についてはあまり述べていない。しかし、コモンローとエクイティーの2つの法領域が存在することについては批判的な見解を述べている。

11) Austin, Province of Jurisprudence Determined, Preface p.x (1832) において、講義の内容のエッセンスが書かれている。

12) Austin, Province, p.31 (Lecture II) 以下で、「神の法」を論じるが、この部分はわかりにくい。なお、「自然法（natural law）」という概念は、神の法を意味する場合と、単なるモラルに基づく場合とがあるとし、後者は法から排除される。

体系化を図ることが「科学」であると考えていた。これが、まさに「分析 (analysis)」なのであるが、これはダーウィンの進化論を経た後の19世紀後半の「科学」観とも、20世紀初頭の「科学」観とも異なると思われるが、主観的・恣意的なものを排除する客観主義[13]という点ではその後の科学観とも通じるものがある。

2 具体的な分析

(1) 「権利」と「義務」

オースティンの法の本質的要素が、「命令」とそれに反した場合の「サンクション」であることから、命令の名宛人である者 (B) の「義務 (duty)」とそれに対応し、命令の内容を要求できる者 (A) の「権利 (right)」の考察、その両者の対応関係の分析が、彼の法理論 (jurisprudence) の 1 つの重要な内容となる。

義務 (duty) は、ある行為をするか (積極的)、ある行為をしないか (消極的) を内容とする。義務は、相対的な義務 (relative duty) と絶対的な義務 (absolute duty) に分類される。相対的な義務とは、義務に対応する特定の権利が存在する場合である。絶対的義務とは、対応する権利が存在しないものである[14]。また、権利 (そしてそれに対応する義務も) は、侵害行為の結果生まれる権利と、侵害行為と関係なく生まれる権利がある。前者は、侵害行為へのサンクションという意味でサンクション的権利 (sanctioning right) ないし救済的権利 (remedial right) という。後者は、侵害行為と関係なく法によって与えられる権利であり、主たる権利 (primary right) と呼ばれる[15]。

権利の対象ないし目的は、人、物、行為、不作為である。オースティンは、上述したような権利ないし義務の定義・分類を使って、「物の法 (Law of

---

13) Austin, Province, p.132 では、法の内容の善悪は考慮しないのが「法の科学 (science of jurisprudence)」であるとする。善悪の問題は、むしろ「効用 (utility)」の問題としては考慮される。

14) Austin, Province, p.25.

15) Austin, Outline, p.lxxv.

Things)」や「人の法 (Law of Persons)」を分析していくのである。詳細は省略するが、テリーとの関係で注意すべきは、オースティンは、権利と義務の関係について考察しているが、かなり抽象的なレベルの議論をしているに過ぎないことである。テリーのように、より具体的な場面を想定して権利を細かく分類することはしていない。

(2) 衡平法 (equity) の位置づけ

　オースティンは、エクイティも法として認めるが、法の1分野としての独立性を認めない[16]。エクイティは、類推や衡平という視点から造り出された法であるが、このような理由で作り出されるルールは、かえって法の理性(rationale of law) を曖昧にする、とオースティンは批判をする。要するに、エクイティはオースティンの分析的な法体系の中には組込みにくいのである。また、エクイティは、コモンロー裁判所が社会の変化に適切に対応しなかった怠慢から生じたものであり、本来適切に対応していればエクイティが独立する法領域となることもなかったのである。信託も十分にコモンローの中で対応できたはずだ、とオースティンは言う[17]。これは、衡平法裁判所とコモンロー裁判所を統一した1873年の Judicature Act 以前の主張としてはかなり大胆なものである。後で、見るように、テリーも、基本的にエクイティの位置づけに苦労しているが、共通の考え方が基礎にある。ただ、テリーは、オースティンよりは、積極的に、エクイティとくに信託を彼の「法の体系 (arrangement of law)」の中に組み込もうとしている。

---

16) Austin, Outline p.xiv.
17) Austin, Lecture on Jurisprudence, vol. 2, pp.635 et s. (Lecture XXXVI).

III テリーの基本的考え方

1 「法の体系化（Arrangement of the law）」

　テリーは、膨大な判例法が集積している英米を念頭においての議論であるが、法の理解または発見を容易にするために、「法の体系化（arrangement of the law）」が必要であるとする。その意味では、「法の体系化」は、実際的・実務的な要請からくるのであるが、法の理解を容易にするためには、その体系化が十分に哲学的、科学的、論理的にできていなければならないとする。このような「法の体系化」の考え方は、テリーの初期の著作の中にすでに見られる。たとえば、日本に滞在中の 1884 年に書かれた『英米法の重要な諸原則』(Some Leading Principles of Anglo-American Law) の序文でテリーは「法の体系化」がなぜ必要なのかを詳しく述べている[18]。また、最終章（第 16 章）では、「法の体系化または法典化」について、具体的にその方法論を論じている。

　まず、「法の体系化」の必要性についてテリーが述べるところを見てみよう（序文）。テリーによれば、英米法は、その内容はともかく、その形式は混乱しており、今や耐え難い状況になっているという。ここでは判例法の形で示される法が、判例の量が飛躍的に増大するにつれ、その内容が何であるかを知ることが益々困難になりつつあるという。「このような状況に対する唯一の救済策は、法の全体領域の完全で体系的な整理である (The only remedy for this that I see is a complete and systematic arrangement of the whole body of the law)」。このような作業は、法典化によって最もよく実現するであろうが[19]、法典化の前に、そこにどのような内容を盛り込むか、その実質的な内容を明らかにすることが重要である。そして、現時点では、法典の中身となる材料が完成していないのはもちろん、そもそも、法的な概念の明確な定義、法の

---

18) Terry, Some Leading Principles, Preface を参照。なお、本書を本文ないし脚注で引用する際には、本書の§数で引用する。

諸原則の明確な提示も十分であるとはいえない。従って、これを実現することこそが課題である。これがこの書物の目的であるとテリーはいう。

「法の体系化」のために、どのような基本的視点で、どのような方法論に基づいて、作業をするのかについては、テリーは、オースティンの考え方に言及している[20]。「基本的な法原則や法の考え方を、分析によって発見し、整序だった方法で提示するという任務は、Jurisprudenceと呼ばれており、いろいろな著者によって行われているが、中でも英語で書かれたものとしてはオースティンのものが最高である（The task of discovering by analysis and setting forth in an orderly manner the fundamental principles and ideas of the law is that which has been assumed by various writers on what is called Jurisprudence, among whom Austin is the greatest who has written in English.）」。テリーがこの本で書こうとしているのも、オースティンの行ったのと同じことである。しかし、オースティンは、ローマ法や大陸法を多く材料としており、英米の判例法を十分に検討していない。これに対してテリーは、まさに英米法を対象として分析法学の視点から、法原則を明らかにし、体系的に整理することが必要であるとする。テリーの1884年の著書が『英米法の重要な諸原則』という題名となっているのも、このようなテリーの思いがある。また、オースティンらの著作は、抽象的なレベルでの法の原理の提示にとどまっており、その具体的な適用の帰結までは示されていない。そこでテリーは、オースティンらの分析法学（analytical jurisprudence）の考え方を具体的に展開し、法の基本的な原則を明らかにすることによって、実際に実務においても、法を知

---

19) Terryが法典化も視野に入れていたことは興味深い。Benthamの影響もあるかもしれないが、日本における近代国家形成の真っただ中にいて、法典化に関心を持ったことも考えられる。なお、テリーが、ニューヨーク州の民法草案（フィールド・コード）やカリフォルニア民法典を知っていたこと、そしてそれを評価していたことも興味深い（§607参照）。フィールド・コードについては、姜雪蓮「フィールド・コードと信託法理」学習院大学大学院法学研究科法学論集19号29頁以下（2012）を参照。

20) Terryは、Austinのほかに、Thomas Erskine Holland (1835-1926) のElements of Jurisprudence, 1880にもしばしば言及している。Hollandもイギリスの分析法学の代表者である。

る上で大いに役立てようとするのである。

　さらに、「法の体系化」のための具体的な作業としては、第1に、これまで使われてきた「法的概念」を分析し、正確で論理的な内容を与えることがなされる。現に使われている法的概念は、歴史的に形成されてきたものであり、偶然の事情や、その概念が歴史的に使われたときの前提条件が今やなくなっていることもある。このような場合に、より正確で、論理的な概念を使う必要があるという。第2に、法的概念が明確にされたら、次には、これを使って「法の原則（legal principle）」を表し、これを「体系的に整序（systematic arrangement）」する。まず、「法の原則」が一般的な形（general principle）で示され、次いで、その例外が位置づけられる。このようにして示される「法の原則」の全てを集めて、体系的な順序で並べることによって、「法の体系化」が完成する。ここまでは、オースティンの科学的な法学（science of jurisprudence）とほぼ同じである。

　これらの「法の原則」は、厳密に「法的（legal）」でなければならず、これらの原則を正当化する「正義（justice）」や「便宜（expediency）」とは区別されなければならない。こうした正当化の根拠は、立法をする場合や、裁判所が個別の事件において法を適用すると言いながら実際には法を定立するような場合には有効であるが、既存の法を記述し、体系化をする場合には、必要がない。正義などの原則は、「法の外の原則（extra-legal principle）」であるから、「法の体系化」の際には、居場所がない。オースティンも法の内容の善悪の問題や「道徳の原則（moral principle）」を本来的な法とは区別していた。テリーの考えも基本的にこれと同じである。

　テリーは、エクイティのもとで発展した詐欺の場合の返還を認める擬制信託についても、詐欺行為は取り消されて返還義務が生じる部分はともかく、その根拠がエクイティないし衡平に基づくという部分は、法の体系化の中には入らないとする。すでにここに、エクイティの扱いに触れられていることが興味深い。テリーの「法の体系化」にとって、エクイティをどのように扱うかが大きな問題だったのである。彼が日本で書いたエクイティについての論文には、まだ、この考え方ははっきりとは表れていないが、後に、「法の体

系化」の構想をまとめ上げるにあたっては、この問題を大きく扱っている。

2　義務・権利・不法

　法の体系化は、いろいろな法分野において行われる必要があるが、テリーが重点を置いているのは、私法実体法（private substantive law）の分野の体系化である。そして、ここでの体系化は、義務（duty）、権利（right）、不法（wrong）の概念の厳密な分析に基づかなければならないことを強調する。

　まず、義務について。義務は、法がある行為をすることまたはしないことを命じる場合に、その命令の名宛人が負うものである。そこで要求される行為または不作為は、義務の内容をなす（たとえば、「人を殺してはならない」という命令では、それが名宛人にとっての義務となる）。この義務の内容となる行為・不作為の違反によって、ある結果（「人の死亡」という結果）が生じることは、作為・不作為の義務そのものとは区別される。しかし、「義務」を規定する場合に、この結果を、その中に取り込むことは可能である。これらの問題は、結果まで含めて義務違反を定義するかという注意義務論に係わるものであり、テリーの不法行為理論を議論する上では重要であるが、テリーの信託理論を検討する本稿にとっては重要ではないので、詳細な検討は省略する。

　次に、権利について。テリーは、権利は4つが区別されるべきであるという[21]。そして、これらを、「対応権（correspondent rights）」、「許容権（permissive rights）」、「保護権（protected rights）」、「権能権（facultative rights）」と名付ける。

　「対応権」とは、義務に対応する権利のことである（§113）。ある者Aが、他の者Bに対して、一定の作為・不作為の義務がある場合には、後者Bは、前者Aに対して権利を有することになる。権利の内容は、義務の内容の反射である。権利と義務は互いに対応する。このような「対応権」とそれに対応する義務は、契約によって生じることもあれば、それ以外の原因で生じることもある。契約で生じる場合は、「債権（obligation）」と呼ばれる（日本法でい

21）　この分類は、Some Leading Principlesにおいて初めて試みられたことが、同書の序文に書かれている。

う「契約上の債権・債務」とほぼ同じである)。オースティンが権利・義務という場合には、このような「対応権」を想定していた。この種の権利は、義務を負う者によって侵害されることがある(作為義務を負っているのにその行為を行わない、不作為義務を負っているのにその行為をする場合)。しかし、権利者がこの権利を自ら実行＝行使する(exercise)ことはできない。権利の内容、従って、義務の内容を実行することは、義務者にしかできない。このように「対応権」は、特定の義務と直接的に対応しているのであり、この場合の権利と義務は同一の関係を別の視点から見たときの言い方の違いにすぎない(§114)。

「**許容権**」とは、法がある者に、一定の行為をすることを許容し、あるいは、一定の行為をしないことを許容する場合に、その者が有する権利のことである(§116)。許容権とは、義務を負わされていない状態だといってもよい。たとえば、「自由に発言する権利」は、権利者がこれを行使してもよいし、行使しなくてもよい。それは権利者の自由である。この権利については、対応する義務がない。従って、この権利の実現は専ら権利者によって行われる。対応権のように義務者によって行われるのではない。「自由に発言する権利」のほか、「財産権(property)」も、多くは許容権である。なお、許容権に関しては、その権利の侵害も想定できないとテリーはいう。たとえば、この権利者が牢屋で身体を拘束されたとしても、これは「自由な発言の権利」の侵害ではない。単に、「身体の拘束」でしかない。しかし、侵害が想定できないというテリーの見解は疑問である。

「**保護権**」とは、何か一定の行為をする権利、あるいは、相手方に一定の行為を要求する権利ではなく、むしろ権利者の一定の状態が保護されるものである(§§119、123)。たとえば、人の生命、自由などがその例である。人は、生きている、自由でいるという「状態」が保護される。そのために、自ら何かの行為を積極的にするわけではない。その意味で、権利の行使ということは生じない。しかし、権利者は、これらの権利の侵害からは保護される必要がある。たとえば、Aが羊を所有し、隣人Bが猛犬を所有する場合に、Aは、羊を所有したことで当然に他人に対して一定の行為を要求することができる

のではないが（従って、この状況で「対応権」はない）、しかし、隣人が猛犬を所有するようになって、Aの羊がその危険にさらされる状況になると、BがAの羊を侵害しないようにする義務が発生する。一定の状況のもとでのみ対応する義務が発生する。また、この対応する義務は内容的には状況に応じていろいろであり、対応権のように対応する義務の内容が特定しているわけではない。このようにして保護されるのが、Aの保護権である。人の身体、自由、安全、名誉などが保護権として上げられる。テリーによれば、所有権（right of ownership）は、許容権と保護権の両方の側面を有するという。その許容権の側面は、その物の占有を取得する権利（right to possess）、利用する権利である。すなわち、所有者は、何らの義務なく、自由にこれらの権利を行使できる。保護権の側面は、占有している状況、物の物理的状況についての権利である。これらの状況が他人によって侵害される危険が生じると、その侵害が生じないように、他人に求めることができるようになる。

「**権能権**」は、他の種類の権利を自由に処分することのできる権能である（§127）。一般には、物に対する処分権能（power）がある場合がこれに該当すると考えられそうだが、処分されるのは、厳密には、物ではなく、物についての権利である。その意味で、他の種類の権利を処分することのできる権能のことをいうのである。この権能権には、対応する義務はない。土地についての権利を処分する権能が与えられている場合などが、その例である。もっとも、テリーは、後にはこのような処分権能とは異なる例を権能権の例として上げている。たとえば、当時のアメリカ、イギリスでは法人設立が国家の特許によって初めて認められていたが（特許主義）、このような法人設立の許可を得た者は、法人設立の権能権を有するとする。権利なくして行為を行うと、その行為が違法になるというのが「許容権」の特徴であるが、権能権の場合には、そもそも、そのための権利（法人設立の許可）なくしては、その行為をすることが不可能の場合である（法人設立ができない）。

伝統的に、物に対する権利（right in rem）（以下では「物的権利」と呼ぶことにする）と人に対する権利（right in personam）（「人的権利」と呼ぶことにする）という区別があるが、テリーは、この２つの領域についても、前述した４種類

の権利を使って分析する。すなわち、物的権利については、どのような物的権利があるかを整理して（§338以下）、その上で、それぞれの物的権利に対応してどのような義務が考えられるかを分析する。物的権利は、原則として保護権であるので、それに対応した義務は一義的に決まっているわけではなく、物的権利の侵害の危険の状況のもとで決まる。要するに、この問題は、不法行為の注意義務の問題になる。人的権利については、幾つかの種類の人的権利があるので、それぞれの場合の対応する義務を明かにする。人的権利は、「債権（obligation）」、「人的権利としての権能権（facultative right in personam）」、「エクイティ上の権利（trust）」の3つに分類され、そこでの権利に対応する義務の検討がなされる（§480以下）。いずれについても詳細は省略する。

この他、不法（wrong）についての分析が続くが、本稿のテーマと関連が薄いので、これも省略する。

以下に、1920年の論文で示されたテリーの「法の体系化」の全体の構造を掲げておこう[22]。

First. The Law of Persons in General.
 I. The Antecedent Law.
  1. Definitions and General Principles.
  2. Rights and Duties.
   (a) Rights in rem.
   (b) Duties corresponding to rights in rem, and exceptions to those duties.
   (c) Rights in personam and their corresponding duties.
    (1) Legal obligations.
    (2) Equities, which are either equitable obligations or equitable liens, the latter being facultative rights.（ここに信託が含まれる）
  3. Wrongs.
 II. The Remedial Law.
Second. The Law of Special Classes of Persons.（法人など。詳細略）

---

22) Terry, Arrangement of the Law, 15 Ill.L.R.61 (1920-1921) の末尾に示された体系。Some Leading Principles でも、ほぼ同様な体系が、より詳細に示されている。

3 エクイティの位置づけ

(1) テリーの法の体系の中で、エクイティはどのように位置づけられるのか。法の論理的、分析的な体系化を図るという基本的な考え方からすると、コモンローとエクイティの二重構造を存続させるという余地はない。両者は統合され、その上で、エクイティの法理として発展してきたものの中で存続に値するものが選び出され、法の全体的な体系の中での位置づけが考えられることになる。そこで、エクイティの最も中心的な法理である信託がテリーの体系の中でどのように位置づけられるかが関心の対象となるのである[23]。この問題、すなわち「法の体系（arrangement of law）」の中でのエクイティ法理の位置づけという問題関心は、テリーの初期の著作、たとえば『英米法の重要な諸原則』の中にすでに見られるのであるが（§601）、まだ、後の著作において論じられるほど明確な方針が確立していない。1918年のEquityに関する論文の中で、最も明確な形で述べられている。

(2) テリーの「法の体系化（arrangement of law）」は、オースティンの基本的な考え方をより具体的なレベルにおいて展開するのであるが、そこで、エクイティ、とりわけ信託についても、法の体系化の中でどう扱うべきかが具体的に問題とされる。

まず、テリーは、エクイティの法理の中の、「先行的な衡平法上の権利（antecedent equitable rights）」と「救済的権利」とを区別する[24]。「先行的な権利」という表現は分かりにくいが、すでに、判例法の中で内容の確立した権利をいう。後者の救済的権利とは、たとえば、詐欺の場合の取り消しと財産の返還などの救済法理の権利のことであり、ここでもエクイティは擬制信託などを認めて、詐欺者を擬制受託者として扱うことで、詐欺被害者を救済するのであるが、こうした法理は一般的な救済法の中で扱われるべきもので、

---

[23] Terry, Equity, 12 Ill LR 519 (1918) 参照。以下では、これを Equity（1918年論文）として引用する。

[24] Equity（1918年論文）、p.519 では、antecedent rights のことを primary rights と、remedial rights のことを secondary rights とも呼んでいる。

エクイティとして独自に考察する必要がないとする。そこで、エクイティ上の独立の法理として発展してきた「先行的な衡平法上の権利」のみが法の体系化の際には対象となる。すなわち、この部分が「法の体系化」の中で残されるエクイティの法理ないし権利である。こうして、エクイティに対する基本的な視点が設定される。

4 信託について

(1) 基礎権 (basis-right)

信託は、法の体系化の中に残される法理であるが、分析的・論理的な観点から、信託の法律関係の明確化が図られる。それが、「基礎権 (basis-right)」という概念を用いた信託の構造の説明である。それは、信託における受益者の権利が信託財産そのものに対する権利ではなく、受託者が信託財産に対して有している権利（これが基礎権）の上の権利であるという考え方が元になっている[25]。受益者の権利の対象となっているという意味で、換言すれば、受益者の権利が乗っかっている基礎という意味で、「基礎権」という表現が用いられている。

テリーがこのような概念を用いる理由は、上記のような信託の分析的・論理的な構造の理解に基づくが、換言すれば、従来の信託法理が分析的・論理的な観点からすると不明確であるという認識からくる。伝統的な信託法理では、信託財産が土地（ないし土地の所有権）である場合に、受益者の権利を「エクイティ法上の所有権」などと呼ぶことが多かったが、信託財産が債権であったり、何らかの権能であったりすると、もはや受益権を「エクイティ上の所有権」とは呼べない。単に「エクイティ上の何らかの権利」ということなる。このような受益権概念の不明確さをなくすために、信託財産が何であっても、共通して使える概念として「基礎権 (basis-right)」という概念が使われるのである[26]。また、そもそも、受益権は、直接信託財産を構成する物に対する権利ではなく、受託者が信託財産に対して有する権利（これが基礎権）についての

---

25) Terry, Some Leading Principles, §517、Equity (1918 年論文)、p.520 を参照。

権利でしかない。受益権は、信託財産に対しては間接的な権利なのである。このことを明らかにする意味も、基礎権という概念にはあるように思われる。

なお、基礎権概念を用いることと論理必然的な関係があるわけではないが、信託財産が物である場合に、伝統的な信託法理のいう「二重の所有権」という考え方は、エクイティとコモンローという二重の法体系を前提にしないと説明できないが(論理だけの問題ではなく、政策などの価値判断もある)、統一的な法の体系化 (arrangement of law) を目指すとなると、このような説明を維持することは困難である。そこで、基礎権概念による信託の説明からも、二重所有権的法律構成は否定されることにつながりやすい[27]。

(2) 信託の構造

こうした基礎権概念を用いて、テリーは信託を次のように説明する。すなわち、「権利の保有者 (holder of a right)」は、本来、自分の利益のために、これを享受したり、処分したりすることができる。しかし、時に、「他者」がこの「権利の上の権利 (a claim on the right)」を有し、衡平法裁判所における強制を背景に、この他者の利益のために、権利保有者が権利を行使したり、処分したりすることを要求することができる。このような関係における各当事者、各人の権利については、現行法上は一般的な名称が存在しない。信託に関しては、伝統的に、他者の権利の対象は「信託財産 (trust property)」、その保有者を「受託者 (trustee)」、受託者の権利の上に権利を有する者を「受益者 (cestui que trust)」、受益者の有する権利を「信託 (trust)」と呼んでいる[28]。

しかし、テリーにいわせれば、この表現は狭すぎる。以上のような構造を持つものは信託のほかにも存在するからである。そこで、テリーは、信託以

---

26) テリーは、狭義の信託よりも広くエクイティ上の法律関係を説明するために、信託に特化した概念ではなく、より一般化した概念として「基礎権」概念を用いるとも述べているが、本当の狙いは、本文で述べた点にあると思われる。

27) しかし、二重所有権的説明を否定することが、基礎権概念の主な目的であったわけではないと思われる。

外でも使えるように、次の用語を提唱する。他者の権利の対象となる権利のことを「基礎権(basis-right)」(伝統的な信託法理でいう「信託財産」に相当する)、基礎権を有する者を「基礎権保有者 (basis-right holder)」(「受託者」に相当)、基礎権に対して権利を有する者を「エクイティ上の権利者 (equitable claimant)」(「受益者」に相当する)、エクイティ上の権利者が有する権利のことを「エクイティ (equity)」(現在であれば「受益権」である。テリーの用語法のままだと分かりにくいので、以下では、「エクイティ＝受益権」と表現することにする)と呼ぶ。

以上の基本的構想は、1884年の『英米法の重要な諸原則』、1907年に法学協会雑誌25巻4号掲載の「Equity」、1908年のLecture on Equity、アメリカ帰国後の1918年にロー・レヴューに執筆されたEquityにおいて示されているが、テリーの「法の体系(arrangement of law)」の構想の進展に伴って、微妙に変化してきている。エクイティや信託を全体の法体系(コモンローを含んだ)の中に、どのように位置づけるかという関心は、後になるほど強くなり、1918年のEquityの論文では、それが最大の関心事となっている。このような変化についても、注意しながら、テリーのエクイティおよび信託の議論を見ることにしよう。

まず、「基礎権 (basis right)＝信託財産」についてである (§517)。一般には使われない言葉であるが、テリーは、1884年の著書の中ですでに「基礎権 (basis-right)」という表現を使っている。しかし、そこではなぜ、このような

---

28) テリーが使うこれらの用語のうち、受益者の権利を「信託 (trust)」と呼ぶのは、制度としての信託と混同することになるので適当でない。しかし、19世紀の後半においても、英米の信託理論では、「受益者の権利」を適切に表す表現は確立していなかった(Lewin、Underhill、Storyなど)。体系的に記述されているフィールド・コードの中の信託法規定でも、「受益権」というテクニカル・タームは登場しない。フィールド・コードについては、姜・前掲 (注19) を参照。「受益者」については、cestui que trust というのが伝統的な表現であったが、ストーリーによって beneficiary という表現が使われ、19世紀後半にはそれが徐々に広がっていた (姜雪蓮『信託における忠実義務の展開と機能』205頁 (信山社、2014))。

表現を使うのかについての説明は必ずしも明確になされていない。この概念は、信託では、「受益者の権利」が「受託者の信託財産についての権利」を対象としていることから、「受益者の権利」から見ると、その基礎をなす権利という意味で使われているようである[29]。これは、換言すれば、受益権が直接信託財産に対する権利ではないことを意味する[30]。

　基礎権は特定性のある権利でなければならない（§517）。しかし、それは物権である必要はなく、債権でもよい。さらには、単なる権限ないし権能でもよい。また、特定性という場合に、fund（包括財産）についても特定性があれば、ファンド自体が基礎権の対象となる[31]。このファンドに対する権利という考え方は、実は、信託にとって極めて重要である。テリーは、信託財産が第三者に譲渡された場合で、第三者が善意有償取得者であるために、信託を第三者に主張できないときに、譲渡された財産の対価として受託者が取得した財産は、信託財産を構成するという（§522）。要するに、日本の信託法でいう物上代位の考え方である。イギリスの信託法理でも、現在は、物上代位(substitution)という概念を使ってこれを説明するが、19世紀にはまだ物上代位の考え方は定着していない。しかし、テリーは、これをファンド概念を使って説明するのである。そして、譲渡前の元の財産は受託者の手を離れ第三者に移転するが、その代わりに受託者が取得した対価が信託財産を構成する。従って、物上代位を説明するには、それを構成する財産はいろいろ変化するが、1つの器としてのファンドがあることになる。これが特定性を有する場合には、基礎権の対象となる。この考え方は、信託財産が受託者のもとにあって

---

29) Equity（1918年論文）では、このような説明が明確にされている。

30) しかし、受益権が信託財産に対する権利ではないとしても、受託者の有する基礎権の上の権利であるとすると、受益者の権利が受託者に対する人的権利（債権）であるということと整合的でない。テリーは、一方で受益者の権利は受託者に対する債権であるという立場を取るので、そのことと受益権が基礎権の上の権利であることとをどのように整合的に説明するのかが問題となる。この点は、テリーが受益権を人的権利と物的権利の中間の性質を有すると考えていたことと関係する。後述する。

31) Equity (1918年論文), p.520.

も、それが受益者の権利の対象となり、受託者が倒産してもその破産手続きの中に組み込まれないことや、受託者の個人的な債権者による強制執行を受けないことなど、いわゆる「信託財産の独立性」を説明する際の重要な理論的前提となる。しかし、テリーは、結論としては受託者の破産によって信託財産は影響を受けないという立場を取るようであるが、ファンドの考え方から説明するのか明かでない[32]。

　「エクイティ＝受益権」は、基礎権保有者＝受託者に対する「債権(obligation)」という場合もあれば、衡平法上の担保権(equitable lien)という場合もある。「債権」という場合には、一方の当事者(エクイティ＝受益者)が基礎権保有者＝受託者に対する権利を有し、相手方(基礎権保有者)がこれに対応する義務を負う。衡平法上の担保権の場合には、エクイティ＝受益者は、裁判所によって基礎権が売却されることを求めることができ、そして、その売却金が一定の方法で使われること(受益者への弁済、債権者たちへの弁済など)を求めることができる。この場合には、これら一連の行為は裁判所によって行われるので、基礎権保有者＝受託者としては、受益者の権利に対応する何らかの義務があるわけではない。

　受益者が受託者に一定の行為を求める権利は、『英米法の重要な諸原則』では、「信託上の債権(trust obligation)」という表現で呼ばれていた。現在の信託法でいう信託債権(第三者の信託に対する債権)とは異なり、ここでは受益者の権利のことを意味している。

　「エクイティ＝受益権」は、受託者が有する基礎権という権利に対する権利であり、基礎権保有者＝受託者が所有する「物」に対する直接的な権利では

---

[32] 加毛・前掲（注2）論文によると、Lectures on Equity において、このような結論をとっているということであるが、本稿を書くにあたって、同書を参照することができなかったので、テリーがどのような理由で、信託財産の「倒産隔離」「信託財産の独立性」を認めているのか明かにできない。しかし、加毛論文には、この点について、触れるところがないので、ファンドの考え方を理由としているわけではないかもしれない。テリーの1918年の Equity の論文においても、ファンドで物上代位までは説明しているが、倒産隔離にまで言及していない。

ない。基礎権が物に対する所有権である場合には、「エクイティ＝受益権」の行使は、何らかの意味で「物」に関わらざるを得ないが、しかし、エクイティ＝受益権は、間接的に、「物」に及ぶだけであって、直接、「物」に対する権利ではない。それゆえ、テリーによれば、エクイティ＝受益権は、「物的権利（right in rem）」ではなく、人的権利（right in personam）に属することは明かであるとする。従って、「法の体系化」にあたっては、エクイティ＝受益権は、他の債権と同様に、人的権利の1つとして位置づけられるべきことになる。

この説明からも明らかなように、テリーが受益権の性質を債権とするのは、受益権においては、受益者が受託者に対して一定の行為を請求できる権利を有するという意味において人的権利ないし「債権（obligation）」と見るべきだということから導かれている。基礎権概念から導かれているわけではないことに注意する必要がある。いずれにせよ、受益権の性質は、重要な問題なので、もう少し詳しくテリーの見解を検討しよう。

(3) 受益者の権利の性質
(i) 受益者の権利は基本的に人的権利

テリーは、受益権は、基本的に人的権利（right in personam）であるという立場を一貫してとっている。これは、基礎権概念から導かれる帰結ではなく、むしろ、テリーの権利・義務の分析および権利・義務に関する基本的な立場からくる。すなわち、受益者は、基礎権保有者（受託者）に対して、一定の行為を請求できる人的権利（right of personam）を有する。もっとも、1884年の著書『英米法の重要な諸原則』では、このような受益権は人的権利であるが、単純な人的権利ではなく、プラスアルファがあるとする。また、受益権は債権と物権の中間の性質を有するともいう[33]。それはどのような意味であろうか。まず、『英米法の重要な諸原則』で述べるところを見よう。次のよう

---

33) Terry、Equity、法学協会雑誌25巻4号 463頁（1907）（以下では、Equity（法協論文）として引用する）。

に説明する。

「§478　衡平法上の権利。すべての衡平法上の権利は人的権利（right in personam）である。もっとも、後で示されるように、信託は単なる人的権利ではない。それは、人的権利プラス他の要素がある。換言すれば、それは人的権利であるが、他の法的な状況と特別な関係で結合している人的権利である（it is such a right placed in a special connection with other legal state）。しかし、コモンロー上の権利と衡平法上の権利との間にある違いが、単なる歴史的または手続的なもの以上の何かであるのは、衡平法上の権利が前述のように、一定の状況と特別の関係にある人的権利であるという点においてである。そして、この部分は、哲学的に体系化される法のシステムの中に組み込むことが許されると考えられる。そこで、信託の権利がそうであるように、特別な関係性の中にある人的権利を扱う前に、このような特別な関係と切り離して、権利そのものを考察する必要がある。……その限りにおいては、コモンロー上の権利と衡平法上の権利を区別する必要はない。……こうして、債権（obligation）の性質は、単純に債権の問題として、信託における債権の特殊な問題と区別して検討し、説明することができる。

このことから、私が明かにしようとしている法の体系化の中で、信託の名のもとで扱われるのは、現行法のもとで考えられているものよりはずっと狭くなる。信託として扱われているもののかなりの部分は、債権（債務）という項目、人的な権能的権利に包含される。信託としては、人的権利と他の要素の結びつきから生じる特殊性の部分だけが扱われる。」。

(ii) **信託受益者の権利の特殊性**

しかし、信託において見られるこのプラスアルファは何なのか。「他の法的な状況と特別な関係で結合している人的権利」とはどのような意味なのか。この信託ないしエクイティに特有な部分を除いては、受益者の権利は、通常の債権と同じであるというのであるから、テリーの信託の理解を明かにするためには、この特有な部分を解明することが決定的に重要である。しかし、『英米法の重要な諸原則』の中で述べられている説明は明解ではない。

テリーは、信託の通常の債権と比較しての特殊性について、「信託」の節

(§516以下)を論じるところで扱うと言っているので、そこを見ると、次のような議論がなされている。

①第1に、信託の基礎権の対象は、特定性のある権利でなければならない。権利の対象が特定性のないものである場合には、信託は成立しない。単に、債権が成立するにすぎない。このように述べていることの意味は、実は、後の著述において敷衍され、信託の特徴を示す重要な指標となるのであるが、『英米法の重要な諸原則』の中では十分に展開されてない。

②第2に、「衡平法上の財産権 (equitable property right)」のことが述べられている (§521)[34]。テリーは、このような「エクイティ上の財産権」が認められることがあるので、エクイティの上の権利が全てコモンロー上の権利に解消できるわけではないと考えている。ここでいう「エクイティ上の財産権」とは、基礎権の対象が何らかの財産権 (property right) であり、かつ受益者の受託者に対する債権は、その基礎権ないしその一部を受益者に移転することを請求することが内容であること、その結果、受益者は自分が基礎権を有するが如く、その基礎権を行使することができる場合に、認められる。この場合の受益者は、物的権利を有する場合と同様な扱いを受けるという点で、単なる債権とは異なる、と考えているようである。しかし、その意図するところは明確でない。

③第3に、基礎権の対象となる財産 (信託財産) が善意有償取得者でない第三者に取得された場合には、受益者は第三者に対して信託を主張しうることを上げる (§522)。これも受益者の権利が単なる債権の場合とは異なる点である。

④第4に、ファンドと代位のことが簡単に触れられている (§522)。受益者が受託者による信託財産の処分において、信託財産の取得者に対して信託を主張できない場合に、受託者が取得した対価がファンドを構成し、そのファンドの上に基礎権が及び、従って、受益者の権利もそのような基礎権に及ん

---

34) この部分が、加毛・前掲 (注2) 論文401頁で、「受益者の権利はエクイティ上の財産権 (an equitable property right) と呼ばれる」と述べている部分に対応する。

でいくという考え方である。これは、信託財産の独立性から信託の物上代位を説明しているのであるが、このような物上代位は、通常の債権には認められないのであるから、まさに信託の受益権について認められる特殊性である。このことは、後の論文において、より明確に議論されるのであるが、『英米法の重要な諸原則』では、必ずしも明解な議論がされていない。以上が、テリーが『英米法の重要な諸原則』の中で述べる信託の特殊性である。

受益権の特殊性は、1907年の法学協会雑誌に掲載された論文「Equity」において、若干整理された形で論じられているが[35]、基本的には『英米法の重要な諸原則』で述べられた内容と同じである。ここでも、テリーは、信託の受益権が人的権利（債権）であることを述べた後、しかし、受益権は、債権とはいろいろな点で異なるとし、中でも次のような点において、受益者の権利の特殊性があるとして3点にわたって述べる。

第1に、「受益権は、特定性のある基礎権の上の請求権でなければならない (It must be a claim upon a specific identifiable basis-right)」。基礎権の対象が特定性のある権利である場合には、受益権は物的権利と類似するという。ただし、ファンドが存在する場合には、それを構成する個々の権利の特定性は不要である。ファンドの中身は入れ替わっても、ファンドとしての同一性が維持されていれば、その上にエクイティ上の権利が及んでいく。『英米法の重要な諸原則』の中で上げられている上述①と②とほぼ同じである。

第2は、受託者が基礎権＝信託財産を第三者に譲渡した場合に、第三者が善意有償取得者でない限り、受益者は第三者に信託を主張できる点である。これも、上述の③に相当する。

第3は、受託者によって基礎権＝信託財産が第三者に譲渡され、信託をその第三者に追及できない場合にも、受託者が取得した対価・利益が基礎権の内容となるとして、受益者は権利を行使できる。要するに、物上代位の問題である。『英米法の重要な諸原則』であげる④の根拠とほぼ同じである。そして、これを受けて、受益権の性質について次のようにまとめる。「以上のよう

---

35) Terry、Equity（法協論文）453頁以下。

に、エクイティは物的権利と債権の中間的な性質（a nature intermediate between a real right and an obligation）を有するように見える。それは、人的権利であって、特定人に対してのみ強制可能である債権と類似する。それは、一定の場合には、信託財産が第三者に譲渡されても、そこまで追及できる点で、特定の財産に対して権利を行使できる物的権利にも類似する。」。要するに、受益権は人的権利と物的権利の中間的性質を有するという立場である。

以上に対して、Equity（1918年論文）では、ニュアンスが変わってきた。これまでとほぼ同じ議論を展開している部分もあるが、重点の置き方、説明の仕方が微妙に変化している。「法の体系化」を意識し、信託法理の特殊性を強調することを控えたという印象を受ける。その例証として、第1に、これまでテリーは、受益者の権利は人的権利であるが、物権的権利としての要素もあるという言い方をしてきたが、それが薄れた。受託者がその権限に違反して信託財産を第三者に譲渡した場合に、受益者は善意有償取得者以外の第三者に対しては信託を主張できることを、信託の物権的要素として説明してきたが、1918年の論文では、受益権が物権だからではなく、この場合には、受益者のエクイティと第三者のエクイティを比較して、前者のエクイティが勝るからであるという説明をしている[36]。受益者と善意有償取得者でない第三者との間では、エクイティは対等ではなく、受益者が勝るので、受益者が権利を取得するということになる。このような考え方は、一方で受益権の債権としての性格を徹底することを意味する。また、従来は、「エクイティ上の財産権」の議論を物権的要素の例証として上げていたが、これは表面的な類似性でしかなく、このことから信託の受益権が物権的な性質を有するとはいえないという立場をとる[37]。受益者が信託財産の占有を要求できるような信託においても（これが従来、「エクイティ上の財産権」である例とされていたが）、この場合に、受益者が占有者としての権利を第三者にも主張できるのは、受益

---

36) Terry, Equity（1918年論文），pp.522-523.

37) Terry, Equity（1918年論文），p.524.

権の物権的性質のためではなく、コモンロー上の占有の効果である。かくして、信託受益権の特殊性は薄められる。これは、おそらく、「法の体系化」の中で、信託の特殊的な性質を説明しにくいこと、物権と債権の中間的性質という曖昧な説明は難しいと考えたからではないだろうか。とはいえ、テリーは、信託の特殊性を捨てたわけではない。最後に残るのが、通常の債権（obligation）と、受益者の債権の違いとして存在する、ファンドとしての信託財産との結びつきである。現在の信託法理でいえば、信託の受益権（受益債権）は、受託者の全ての財産を引き当てにするのではなく、信託財産だけを引き当てにするという考え方である。これは、信託財産の独立性を前提とする考えでもある。この点については、もう少し詳しく説明しよう。

(iii) ファンドとしての信託財産（信託財産の独立性の前提）

まず、ファンド一般について、テリーは次のような説明をする[38]。ファンドには、他の財産から識別可能なファンド（distinguishable fund）と識別不能なファンド（indistinguishable fund）がある。識別可能なファンドは、通常は特定の財産によって構成される。しかし、ファンドを構成する財産は時間とともに変動することがある。それでもファンドとしての同一性が維持されていれば識別可能なファンドである。このような識別可能なファンドも、コモンローでは、1つの物（1つの無体物）としては認められない。しかし、エクイティでは、ファンドは1つの無体物として扱われる。それゆえ、1つのファンドの上に権利が成立しうる、財産権が成立しうる。基礎権の対象となりうる。この場合、基礎権の対象はファンドを構成している個々の財産ではなく、ファンドそのものである。このように、テリーのいうファンドは、構成部分の変動する集合物の概念に近い。これに対して、識別不能なファンドは、金額でのみ表示されるもので（テリーは具体例を挙げていないが、たとえば、「1000ドルの財産」といったようなものであろう）、これは債務（debt）になるだけであり、英米法ではファンドとしては認められないという。

ファンドとしての特徴が表れるのは、ファンドを構成する物が受託者に

---

[38] Terry, Equity (1918年論文), p.520.

よって売却され、買主が善意有償取得者であるために、受益者としてはもはや信託財産の買主に対して信託を主張できないが、受託者が対価として受領した金銭は信託財産としてのファンドを構成するという場合である。いわゆる信託の物上代位である。

もう1つ重要なのは、テリー自身はファンド概念との関連性を意識していないが、実際にはファンドの問題と密接に関連するのが、受益権が通常の債権とどこが違うのかについての考え方である。テリーは、1918年の論文で興味深い考え方を論じている。テリーによれば、通常の債権は債務者の全ての財産を引き当てにするが、受益権は債権だとしても、信託財産だけが引き当てになる[39]。

残念ながら、テリーは、これ以上、ファンドの考え方を発展させていないが、ファンドという考え方は、信託にとって極めて重要である。テリーは、ファンドが基礎権の対象となりうる、信託財産になりうるという認識にまで到達したのであるが、実は、信託財産はすべてファンドなのである。信託財産が1つの不動産で始まったとしても、それが処分され、金銭に変われば、その金銭がそれまでの不動産に代わって信託財産となるが、信託財産としては同一性を保っている。すなわち、「ファンドとしての信託財産」という考え方に到達するのである。信託財産の独立性の議論をするにも、信託財産がファンドとして他の財産から識別可能であることが前提となる。このように、ファンドの考え方は、これを一歩進めると、信託財産の独立性の問題に到達する。信託財産の独立性は、受益権を単純な人的権利ととらえると、説明することが難しい。テリーは、受益権を債権ととらえつつ、基礎権の考え方を導入することで、受益権を直接に信託財産に対する権利として構成することを避けながら（受益権の物権的性質を薄めることになる）、しかし、受益権が同時に基礎権に対する権利でもあるとすることで、信託財産の独立性の理論的な説明に近づいたように思う。この基礎権の考え方とファンドの考え方が結びつくことで信託財産の独立性の理論的説明は完成するのである。テリーは、その一

---

39) Terry, Equity (1918年論文), p.523.

歩手前まで到達したといえよう。

IV テリーの法学と信託法理の意義

　テリーは、3つの領域において、大きな貢献をした。すなわち、信託、不法行為、所有権の3つである。本稿は、このうちの信託について若干の検討をした。この検討から得られたテリーの信託法理の意義は、次のようにまとめることができる。

　第1に、分析法学の考え方を基礎に、信託の合理的な構造を明らかにしようとしたことである。そして、その結果として、コモンローとエクイティという法の二重構造の中で信託を理解するのではなく、両者を統合した「法の体系化（arrangement of law）」の中で信託を位置づけようとした。このような考え方は、実は、すでにフィールドによってニューヨーク州の民法典草案の中で試みられていた[40]。フィールド草案も、エクイティとコモンローの二重構造を廃止し、信託を債務法（Law of Obligation）の中に位置づけようとしたのであった。もっとも、フィールドは、コモンローとエクイティの統合や、統合した後の信託の位置づけについて、あまり理論的な説明をしていない。これに対して、テリーは、まさにこの点についての理論的な考察と説明を加えた点に意義があるであろう。

　第2に、信託の構造を、基礎権（basis-right）という概念を用いて説明しようとしたことである。この点にも、分析法学の影響が見られるが、これによって、結果的には、信託の伝統的な見解である「二重領有説・二重所有権説（double ownership）」の考え方を否定することになった。そして、さらに、テリー自身は信託受益権を人的権利（right in personam）と見るいわゆる債権説を支持することになった。もっとも、基礎権を使って説明すると、受益権は受託者の有する基礎権の上の権利となり、基礎権を制限するという見解に至る可能性もあるので、基礎権概念による説明は、物権説を導く可能性も秘め

---

[40] フィールド・コードの中の信託に関する規定については、姜・前掲（注19）50頁。

ているのである。いずれにせよ、信託の構造を分析的に明らかにした点が評価されるべきであろう。

　第3に、テリーは、ファンド (fund) の概念を用いて、信託財産の独立性の考え方に理論的な基礎を与えたことも大いに評価されるべきであろう[41]。ファンドの概念、そして、ファンドは受託者の総財産の中にあるのであるが、これが受託者の他の財産から区別されて独立性があるというところまで至れば、まさに信託財産の独立性の考え方を確立させたといえるであろう。しかし、テリーは、ファンドを使って物上代位を説明しているが、倒産隔離までは説明していないようであり、道半ばという感がある。とはいえ、ファンドの考え方を明らかにした点は重要である。

　信託以外の残りの2つの分野のうち、不法行為の問題については、すでに瀬川教授の優れた研究があり、後の不法行為法学への影響についても研究されている。所有権概念については、テリーは分析法学の立場から、所有権も分析的に考察しており、その後のホーフェルトの所有権理論や、さらには最近までアメリカの所有権理論の主流である「権利の束」理論の基礎を作ったともいえるが[42]、この点の考察は、本稿ではできなかった。別の機会に行いたい。

---

41) Lewin, Practical treatise on the law of trusts でも、trust estate や fund の考え方は登場しているので、fund の考え方がテリーの独創とはいえないが、より理論的に深い分析をしたのはテリーである。

42) Anna di Robilant, Property: A Bundle of Sticks or a Tree?, 66 Vand. L. Rev. 869 (2013).

受託者の「忠実義務の任意規定化」の意味

沖野　眞已

I　現行信託法における「受託者の義務の任意規定化」
II　忠実義務の規定
III　任意規定性の内容
IV　おわりに

I　現行信託法における「受託者の義務の任意規定化」

　平成18年（2006年）に信託法は80余年ぶりの大幅な改正を受け、新たに「信託法」（平成18年法律第108号）が制定された[1]。多岐にわたる改正の1つの柱が受託者の義務の規定の拡充と合理化・現代化であったことに異論はない[2,3]。改正の特色の1つに、受託者の義務に関して、ときに、その「任意規定化」があげられる[4]。たとえば、新井教授は、旧信託法の改正、現行信託法の制定の経緯を概観し、「規定の任意法規化」が「受益者の権利の保護・強化」、「多様な信託の利用形態への対応」と並ぶ、改正を指導した3つの基本

---

1)　現行信託法（平成18年法律第108号）は、それ以前の旧信託法（大正11年法律第62号）を、実質的には改正するものとして、形式的には新しい法律として、制定された。旧信託法は、平成18年の信託法の制定に伴い、公益信託に関する規定の部分（旧信託法66条以下）を残し、他を削除する形で改正され、法律の題名も「公益信託ニ関スル法律」に改められた（平成18年法律第109号1条）。以下では、平成18年法律第109号（信託法の施行に伴う関係法律の整備等に関する法律）による改正前の「信託法」を「旧信託法」という。

理念の1つであったことを指摘し、新信託法の基本理念の1つとして「受託者の義務に関する規定の任意法規化」をあげる[5]。また、道垣内教授は、信託の設定の文脈での信託の意義に関する検討の中で、それに関わる「新信託法のもとにおける変化」の1つに受託者の一定の義務、すなわち、善管注意執行義務、利益相反行為避止義務、分別管理義務が「任意規定だと明記されるに至ったこと」をあげる[6]・[7]。

すでに上記の道垣内教授の指摘に表れているように、一口に「受託者の義

---

2) 現行信託法の立案担当者であった寺本判事は、現行信託法の解説において、実質的改正事項が多岐にわたるとしつつ、あえてその要点をあげればそれは3点に集約できるとして、その第1に、「旧法の過度に規制的なルールを改め、受託者の義務の内容を適切な要件の下で合理化している点」をあげる。他の2つは、受益者の権利行使の実効性・機動性を高めるための規定や制度の整備、新たな類型の信託の制度の創設、である（以上につき、寺本昌広『逐条解説　新しい信託法〔補訂版〕』（商事法務、2008）（以下「寺本・逐条」で引用する。）13頁）。

3) 現行信託法の制定にあたっては、法制審議会に信託法部会が設けられ検討が行われているが、対応する法務大臣からの諮問は、「現代社会に広く定着しつつある信託について、社会・経済情勢の変化に的確に対応する観点から、……信託法の現代化を図る必要があると思われるので、その要綱を示されたい。」というものであり、信託法の現代化の具体的課題の1つに、「受託者の負う忠実義務等の内容を適切な要件の下で緩和」することがあげられている（諮問第70号、寺本・逐条7頁参照）。

4) 寺本・逐条は、現行信託法の制定による実質改正の要点の記述において、「任意規定」、「任意規定化」という表現こそ用いないものの、受託者の義務の規定の合理化を「当事者の私的自治を基本的に尊重する観点から」のものと説明している（寺本・逐条13頁）（前掲（注2）参照）。また、忠実義務に関しては、31条2項、32条2項を念頭に、30条を含めて「任意規定である」と説明している（寺本・逐条118頁注2）。

5) 新井誠『信託法〔第3版〕』（有斐閣、2008）（以下、「新井・信託法」で引用する。）34頁、35頁、37頁。その限界に関して、同63頁～64頁も参照。

6) 道垣内弘人「信託の定義・信託の設定」新井誠＝神田秀樹＝木南敦編『信託法制の展望』（日本評論社、2011）25頁。また、同28頁では、「受託者の義務の任意法規化」の見出しのもとにこれがどう評価されるかが論じられている。

7) 能見善久「シンポジウム　信託法改正の論点　総論」信託法研究30号6頁～7頁（2005）も参照。

務の任意規定化」といっても、その対象をみると、法文上、信託行為に別段の定めがあるときは、その定めるところによる、あるいは、その定めによって禁止が解除される旨を定めているのは、善管注意義務(信託法29条2項ただし書。以下、現行信託法の規定は条名のみをあげる。)、利益相反行為避止義務(31条2項1号、32条2項1号)、分別管理義務の方法(34条1項柱書ただし書)、自己執行義務と委託のときの注意義務(第三者への委託につき28条1号、委託が認められる場合の注意義務につき35条4項)についてである[8]。法文上は、忠実義務の一般規定(30条)や公平義務(33条)については、信託行為の定めに関する言及はない。

　また、法文上に言及があるものについても、旧信託法と比較して「任意規定化」と言えるかという問題もある。自己執行義務に関する第三者委託についてはすでに旧信託法において信託行為に別段の定めがあるときは第三者委託の禁止が及ばない旨が明文で定められていた(旧信託法26条1項)ので、任意規定「化」には該当しない[9],[10]。これに対し、例えば、善管注意義務については、確かに明文こそなかったが、強行規定ではないという見解が有力であったから[11]、これを前提とする限り、任意規定「化」の内容は、任意規定とされたという点ではなくその旨が明文化された点にあることになる[12]。これに対し、忠実義務のうち、旧信託法が明文を置いていた信託財産の固有財産

---

8) 道垣内・前掲（注6）25頁。
9) 自己執行義務については、受託者の義務ではなく権限の問題として規定されている(28条。寺本・逐条109頁)。ただし、その規定内容は、原則として第三者への委託ができるが例外的に委託が禁止されるという形ではなく、一定の場合に第三者への委託ができるという形をとっており、その意味では、自ら執行することが原則となっており、また、委託権限がないにもかかわらず第三者に委託したときは、受託者の責任に関して、分別管理義務違反の場合と類似の規定が設けられており(40条2項。40条4項との対比)、この点でも自己執行義務の概念が維持されていると言えるだろう。その理由は、信託が当該受託者への信頼を基礎としていることに求められる。ただ、旧信託法の制定時に比し、分業化や専門化が進んだという社会状況と多様な信託を許容するという判断のもとで、委託権限はかなり広汎に認められており(28条2号)、その内実の点で自己執行義務は例外的な位置づけとなっている。

化禁止、信託財産についての受託者の権利取得禁止については、任意規定であるという見解もあったものの、強行規定であるとする見解がむしろ一般的

10) 旧信託法との比較では、受託者が複数の場合の合手的行動義務がある。旧信託法下では、受託者複数の場合には、信託事務処理は受託者が共同でなすことが原則とされ、かつ、信託行為の別段の定めが許容される旨が定められていた(旧信託法 24 条 2 項)。これに対し、現行法は、信託事務処理の執行とそのための意思決定との規定をそれぞれ設け、意思決定については過半数(多数決決定)によるのを原則と定め、また、執行については適法な意思決定に基づく限り各自執行とするとともに、職務分掌の場合の規律を明らかにし、それぞれについて、信託行為の別段の定めがあるときはそれによることを定めている(80 条 1 項、3 項、4 項、6 項)。

11) 四宮和夫『信託法〔新版〕』(有斐閣、1989)(以下、「四宮・信託法」で引用する。)247 頁。寺本・逐条 112 頁も参照。ここに「強行規定ではな」いとされるのは、信託行為によって加重軽減ができることを指しており (四宮・信託法 247 頁)、その点では、現行法の 29 条 2 項ただし書の想定と共通している (寺本・逐条 112 頁~113 頁参照)。ただし、四宮・信託法 247 頁は、「義務」の加重軽減ではなく、「責任」の加重軽減と表現している。その具体例においても、加重については、信託の引受けの際に受託者が特殊の能力のあることを宣言したときは、とくに高度の能力を要求されるとして、注意義務自体の高度化や加重を問題にしていると見受けられるのに対し、軽減については、単なる過失に対しては責任を負わないとすることが例示され、かつ、あわせて故意に対しても責任を負わないとするのは公序良俗に反して無効であると述べられており、義務自体の軽減よりも義務違反の場合の責任の軽減を問題としているように見受けられる (四宮・信託法 248 頁注 (三))。
　善管注意義務については、委任に関する民法 644 条と同様、多面的・多層的な構造がある (中田裕康「信託法改正要綱の意義」信託 226 号 15 頁 (2006)〔債務の内容か注意義務の程度か、債務の内容と帰責事由の関係をどう理解するか、という問題のあることを指摘する〕)。現行信託法 29 条は、旧信託法 20 条が「受託者ハ信託ノ本旨ニ従ヒ善良ナル管理者ノ注意ヲ以テ信託事務ヲ処理スルコトヲ要ス」としていたのを、「受託者の注意義務」という見出しのもとで、信託の本旨に従い信託事務を処理する義務と、信託事務を処理するに当たって用いるべき注意について善良な管理者の注意をもってなすべき旨とを、それぞれ 1 項、2 項に書き分けている。これにより、善管注意義務は、信託事務処理において用いるべき注意の水準としての性格がより前面に打ち出された形となっている (寺本・逐条 112 頁〔注意義務の程度とする〕参照)。それでもなお、上記の問題の交差する状況は存続していると思われる。

12) このように言うことは、明文化の意義を軽視するものではない (その意義につき道垣内・前掲 (注 6) 25 頁参照)。

であったと見受けられ[13]、それを前提とすると実質改正を伴った任意規定「化」であったと言える[14]。

---

13) 後述 II 1 参照。

14) 分別管理義務については、旧信託法は、固有財産との間の、また、他の信託財産との間の分別管理を定め、ただし書において金銭については各別にその計算を明らかにするをもって足りると定めていた（旧信託法 28 条）。ただし書との対比で本文を見れば、金銭以外の財産については計算を明らかにするのでは足りず、それとは別の分別管理が要請されていることになる。これが分別管理の方法を定めたのか、それとも、分別管理義務自体を定めたのかは必ずしも明らかではない。

　旧法下、分別管理義務の規定が任意規定かどうかについて見解は分かれている。その前提としての 28 条の理解についても必ずしも一枚岩ではないように見受けられる。例えば、四宮・信託法は、分別管理の方法については規定がなく、金銭については分別管理の例外として混合保管を認めたものだという理解を示している（四宮・信託法 221 頁～223 頁）。そのうえで、分別管理義務には、独立性の確保に最低限必要な特定性の確保と、忠実義務違反に対する防壁のための財産の分離という二面があり、前者の観点の特定性確保については、固有財産、他の信託財産いずれとの間を問わず、強行規定であって信託行為によって分別管理義務を排除することはできないのに対し、後者の観点からの分離については、固有財産との間の分離は旧信託法 22 条との対応からも厳格に解され強行規定であるが、信託財産との間の分離については信託行為による排除が認められるとする。以上によれば、①分別管理義務には、信託財産と固有財産との間の分離、他の信託財産との間の分離、信託財産であることの特定と表示が含まれ、②信託財産であることを対抗するために必要な登記・登録の具備もまた分別管理の一内容であり、かつ、③固有財産との関係での独立性確保のための最低限の要請は強行規定であり、また、④（旧）28 条ただし書による金銭についての例外処理は、あくまで他の信託財産との間について許容されるにとどまることになる（四宮・信託法 220～221 頁、225 頁注（五）（五 a））。

　これに対し、能見・信託法（能見善久『現代信託法』（有斐閣、2004）をいう。以下、同じ。）は、分別管理義務は、分別か否かというオール・オア・ナッシングではなく、どの程度の分別が要請されるかという問題であるとし、また、（旧）28 条ただし書についても「物理的分別」でなく「計算上の分別」をすればよいとするものだと説明し、また、そのような「計算上の分別」による分別管理が（旧）28 条ただし書において当然に許容されるのは他の信託財産との間の分別についてであるとする（能見・信託法 98 頁～100 頁）。ここには、「計算上の分別」も分別管理の一方法であるとするとらえ方が示されている。そのうえで、そのような緩和された分別管理も、信託行為の定めや受益者の同意があるならば、固有財産との間についても認められるとされている（能見・信託法 100 頁）。

一方、土地信託の信託登記について、分別管理として本来信託登記をすることまでがその義務内容であるが、特約で信託登記を省略することが許されるのではないかとも指摘され、より一般的に、信託行為または受益者の合意により、分別管理義務を全面的に排除することも許されると解してよいという見解が示されている（能見・信託法98頁～99頁）。

現行信託法の立案担当者の解説は、旧信託法28条につき、ただし書は金銭につき計算上の分別を定めたもの、対して本文は──無形財産の取扱いや、登記・登録などの表示の扱いについてのその理解は不分明ながら──基本的に物理的な分別を定めたものであるという理解に立ち、また、旧法下の学説において、金銭についてを含めて物理的な分別管理──計算上の分別管理に対比される──が強行規定であり、他の信託財産との間では──金銭についてただし書の計算上の分別管理が当然に認められるとともに、本文についても──任意規定であるとする見解が有力であるととらえたうえで、現行34条はこれを改め、分別管理義務自体は強行規定であるという考え方に立ち、分別管理の方法を信託財産の種類ごとに明らかにしたもので、34条1項柱書ただし書の信託行為の別段の定めによる許容は、あくまで、「分別して管理する方法」についてのものであって、分別管理義務自体を免除するような定めを設けることはできない、としている（寺本・逐条137頁、139頁注9）。

34条は、金銭については計算上の分別をデフォルトの分別管理の方法としている（34条1項2号ロ）。また、登記・登録がなければ信託財産であることを対抗できない財産についての登記・登録については、信託行為の定めによっても免除することができないとしている（34条2項）。さらに、現行信託法では、固有財産との間で、また、他の信託財産との間で、いずれに属するかの識別ができなくなった財産については、識別不能となった当時における各財産の価格の割合に応じた共有持分を措定し、それがそれぞれに属するものとみなす扱いを定めている（18条1項、他の信託財産との間にについき同条3項）。したがって、混合保管がされるような場合にあっても、信託財産の状況が帳簿によって明らかにされている限り、共有持分という形となって財産の種類が変容するが、信託財産として特定することはできることになる。そして、信託財産に係る帳簿等の作成や保管（37条1項、4項）は、受益者に有利な定めは許容されるがこれを軽減・免除することは許されない片面的な強行規定であると解されている（寺本・逐条148頁。また、分別管理の方法に関し、計算上の分別管理とは、例えば、37条の規定に基づき信託財産に係る帳簿等を作成することであると説明され（寺本・逐条139頁注6）、両者が連携してとらえられている。）。

このような現行信託法の規定や立案担当者解説から透けて見えるのは、分別管理義務を信託財産の特定を確保するための義務であり、その表示をする義務、登記・登録をする義務を含むととらえたうえで、この信託財産であること──現物ないし原物ではなく共

有持分という形をとることも許容されたうえで――を特定しその独立性を確保するための最低限度を備える部分が、強行規定であるとする考え方である。このようにとらえられる分別管理義務については、その有無を語ることができ、かつ、分別管理義務自体は強行規定であって免除することはできない、ということになる（村松秀樹＝富澤賢一郎＝鈴木秀昭＝三木原聡『概説　新信託法』（金融財政事情研究会、2008）（以下、「村松ほか・新信託法」で引用する。）108頁注1参照。また、道垣内・前掲（注6）29頁も参照）。この意味での分別管理義務と並んで、分別管理の方法という中には、忠実義務違反の防波堤のための分別管理義務という面を基礎として、例えば、金銭以外の動産については固有財産や他の信託財産との間で外形上区別することができる状態での保管する方法が、デフォルトの保管方法として規定されている（34条1項2号イ）と理解される。旧法下で、どの程度の分別をするかであると指摘された問題は、この分別管理の方法のレベルの問題であると整理されていることになる。

　規定上は、信託行為の別段の定めによって免除することができないのは、信託の登記・登録がなければ信託財産であることを対抗できない財産についての登記・登録についてであるが（34条2項）、上記の考え方によるならば、計算上の分別自体も信託行為の定めにより免除することはできず、例えば金銭についても信託行為の定めによってできるのは計算上の分別にとどまらず物理的な分別を求めるなどの方法にとどまることになる。この点は――分別管理義務における計算を明らかにする方法と帳簿の作成・保管義務との関係、特に後者が当然に前者を満たすことになるかは、1つの問題ではあるものの――37条の帳簿等の作成・保管義務が片面的強行規定と解されることで（も）担保されているが、34条1項2号ロの金銭についての計算上の分別についても信託行為の定めによって免除することはできないことになる（寺本・逐条138頁注3、村松ほか・新信託法112頁注5、参照）。34条2項は、その意味では網羅的ではない。計算上の分別は、金銭のみならず、代替物や債権等を含めて、信託行為の定めによっては免除することができないはずであるにもかかわらず、34条2項のような規定が置かれなかったのは、37条によって側面から支えられているということのほか、信託行為の定めによって物理的分別やプレートの貼付表示などの追加的な分別管理方法がありうることを示す方に意が用いられたためと説明することとなろう。

　このように、信託行為の定めによって免除できない分別管理方法についての34条2項の定めは、網羅的・制限的なものではなく、代表的・典型的なものを規定したにとどまる。したがって、受益証券発行信託において受益証券不発行の受益権の場合のように、それ自体が信託財産（当該受益権発行信託からすれば他の信託財産）であるときにその信託財産であることを対抗するためには、信託財産に属する旨の受益権原簿への記載または記録が対抗要件とされている（206条1項。同様に、信託財産に属することの記録・記載が対

また、何よりこのような「任意規定化」に関しては、任意規定性の範囲の問題があることが指摘されており[15]、全面的な義務の排除はできないことが指摘されている。例えば、忠実義務について、これを完全に免除するという合意があるときは、それはもはや信託ではないと解するのが合理的であり、

抗要件となるものに、株券不発行株式（会社法154条の2）、証券不発行新株予約権（会社法272条の2）、社債券不発行社債（会社法695条の2）がある。振替株式、振替社債、振替受益権などを含め、詳細は、村松ほか・新信託法34頁～35頁参照）ものについては、信託財産に属する旨の記録または記載をし、かつ、その計算を明らかにすることが、分別管理義務の方法であることが定められている（34条1項3号、信託法施行規則4条）が、この方法もまた信託行為の定めでは免除できないと解することになろう（道垣内弘人『信託法入門』（日経文庫、2007）（以下、「道垣内・入門」で引用する。）147頁）。これらの記載・記録（振替受益権等の場合には振替口座簿への記載・記録）については、現状では、信託財産に属することを示すものであって、どの信託の信託財産に属するかまでは公示されず、その点の特定は各信託における信託財産に係る帳簿等を通じて行うことになるため、記載・記録とともに計算上明らかにすることが求められる（村松ほか・新信託法34頁本文および注5、111頁）。34条2項に相応する規定が設けられていないのは、免除ができないのが、記載・記録かつ計算上明らかにするというもので、登記・登録によってどの信託に属する信託財産かまで明らかにされることとなる不動産等の14条の登記・登録とは事情がやや異なること、現在は34条1項3号において法務省令（信託法施行規則）により当該財産の種類に即した適切な分別管理の方法を定めることとされている財産が上記の記載・記録を要する財産にとどまっているが、将来はそれにとどまらず、信託行為の定めによって免除できない方法ばかりが定められるとは限らないことという事情によるため、と説明することができよう。

　なお、旧法下の学説において言及されていた、信託の登記・登録を特約で省略することが認められるかという問題については、34条2項により信託行為の定めによって免除することができないのは明らかであり、受益者の同意によっても免除はできないものと解される。ただ、立案担当者解説は、「完全な免除」は許されないがそれを必要とする事象が生じたときに速やかに具備することとし、直ちには具備しないものとするという定め（「一時的な猶予」）は有効であるとして、「免除」の概念に幅をもたせている（寺本・逐条138条、村松ほか・新信託法112頁～113頁および112頁注6）。

　かくして、分別管理義務については「任意規定化」と一括りにできない複雑な対応関係だと言うべきだろう。

15）　道垣内・前掲（注6）25頁。

「忠実義務が任意規定化された」という言明は正確な表現ではないと指摘されている[16]。善管注意義務についても、信託行為の別段の定めがあれば加重とともに軽減についてもその定めによることとされているが（29条2項ただし書。212条1項との対比）、「信託という制度がいやしくも他者の利益のために受託者が財産の管理等を行うものである以上、『いい加減でいいです』と一般的に定めることは許されないと解すべき」であると指摘されている[17]・[18]。

このように、「受託者の義務が任意規定化された」という表現を用いること

---

16) 中田裕康「新信託法の特質」新井＝神田＝木南編・前掲（注6）『信託法制の展望』17頁注(32)、同・前掲（注11）信託226号16頁。
17) 道垣内・入門135頁。立案担当者の解説においても、信託が「受託者に対する信認関係を基礎とする財産管理制度であることに鑑みると」、信託行為の定めにより、受託者の善管注意義務を「完全に免除することは、信託の本質に反し許され」ず、29条2項ただし書の文言はこのような考え方に基づくものと説明されている（寺本・逐条113頁注3。村松ほか・新信託法91頁注4も参照）。信託行為の定めによる軽減として想定されていたのは、財産の保管に関する注意の標準として、善管注意義務と自己の財産におけるのと同一の注意義務とを対比させ（寺本・逐条112頁参照）、信託によっては、友人を受託者として特定の財産については自己の財産におけるのと同一の注意をもって保管してくればよい、とする信託もありうると想定され、そのような信託を許容しないものではないことを明らかにするという観点である。その場合には、善良な管理者の注意の水準までは要求しないという意味で善管注意義務を排除することになるが、それとて当該信託においてはそれが合理的であるという事情が背景にある場合であるはずである（道垣内・入門136頁参照）。善管注意義務を排除する必要や合理性のある場合はきわめて限定的であり、信託行為の定めとしては、善管注意義務を排除するというより、それに沿った信託事務処理は何かを定めるものが一般的であろう（29条2項ただし書の予定する特約とは、一般的には、信託事務処理の仕方を具体化する定めであって、そのような定めがある場合には受託者はそもそもそれ以上の義務を請け負っていないという、道垣内・入門135頁、また村松ほか・新信託法91頁注4も参照。ここには債務の具体的内容を特定するための標準なのか注意義務なのかといった問題があることにつき、中田・前掲（注11）信託226号15頁、また、委任の場合を中心に善管注意義務の意味に関して、道垣内弘人「善管注意義務をめぐって」法学教室305号37頁（2006）、参照）。

なお、善管注意義務については特に、義務の免除・軽減の問題と責任の減免の問題があり、また、受益者の承認・同意の扱いの問題がある（前掲（注11）も参照）。

には慎重さが必要である。少なくとも、全面的な「任意規定化」でないことは見解の一致があると言ってよい。では、「任意規定化」というこの言明はどのような意味でとらえられるのだろうか。全面的ではないというのは、通常、契約の一般法理によれば、ある法律の規定の内容と異なる内容を当事者が決める場合に当事者が決めた内容に従う、というのが任意規定であるとするならば、その限界は、公序良俗違反の法律行為は無効であるという形で、公序良俗による限界付け（民法90条）がある。全面的な任意規定化ではない、というのは、このような、当事者による自由な法律関係の形成の許容の枠が公序良俗によって限界づけられていることとどのような関係にあるのか、信託ゆえにさらなる限界付けがあるとすれば、信託ゆえの限界づけとはどのようなものなのだろうか。現行法はそれにどのように対応しているのだろうか。本稿は、受託者の義務のうち、特に主要な改正の1つであった忠実義務について、「任意規定化された」という言明の意味、すなわち、「忠実義務の任意規定化」の内実を探ることを目的とする。

忠実義務を含め受託者の義務については、信託業法に規定があり、実際上きわめて重要であるが、本稿では信託法の規定に限定して考察を行う。

II 忠実義務の規定

まず、前提として、改正の内容がどのようなものだったのかを改めて押さえておこう。

---

18) 善管注意義務については、信託業法28条2項は、「信託会社は、信託の本旨に従い、善良な管理者の注意をもって、信託業務を行わなければならない。」として、旧信託法20条と同様の体裁を維持し、かつ、現行信託法29条2項ただし書に相当する規定を置いていない。これは、信託行為の定めによる軽減を許容しない趣旨であるとされる（小出卓哉『逐条解説信託業法』（清文社、2008）143頁、道垣内・入門135頁、村松ほか・新信託法91頁）。業法上の規定の私法上の効力は1つの問題であるが、ここでは立ち入らない。また、信託業法との関係では、信託法における「任意規定化」に対し信託業法ではより厳格な規制がされており、受託者の義務に関する規定の「任意規定化」は限定的であるという指摘がある（新井・信託法37頁）。

1　旧信託法における忠実義務

　旧信託法は、22条を置いていた。旧22条は、受託者は「何人ノ名義ヲ以テスルヲ問ハス」信託財産を固有財産とすること、信託財産について権利を取得することができないと定め、例外として、信託財産を固有財産とすることについてやむを得ない事由があるときは裁判所の許可を得てでき、信託財産について権利を取得することについて相続その他包括名義によることは妨げられない旨を定めていた。その違反の効果について明文の規定はなかった。

　旧22条は、信託財産の固有財産化の禁止、信託財産についての権利取得の禁止という2つの場面を定める限定的な規定であったが、学説では、これは受託者の忠実義務の代表的な場面を定めるものであって、その前提・基礎には一般的な忠実義務があると解されていた。有力な見解によれば、忠実義務とは、「受託者はもっぱら信託財産（受益者）の利益のためにのみ行動すべきである」という内容の義務と定式化され、3つの派生原則を含む。第1に、信託の利益と受託者個人の利益とが衝突するような地位に身を置いてはならないという利益相反行為の禁止、第2に、信託事務の処理に際して自ら利益を得てはならないという利得の禁止、第3に、信託事務の処理に際して第三者の利益を図ってはならないという第三者の利益企図の禁止の3つの原則である。旧22条は、第1の原則に即したもので、そのうち自己取引と間接的取得の両類型中の限定された場面について厳しい忠実義務を要求したものと説明される[19)・20)]。

---

19) 四宮・信託法231頁～232頁、同「受託者の忠実義務」同『信託の研究』（有斐閣、1965）213頁（初出、『末延三次先生還暦記念・英米私法論集』（東京大学出版会、1963））。
20) このほか、旧法下では、旧9条が、受託者の利得禁止を定めるもので、これも忠実義務の規定であるとする見解も示されていた。すなわち、旧9条は、受託者は、共同受益者の一人となる場合を除き「何人ノ名義ヲ以テスルヲ問ハス」「信託ノ利益ヲ享受スルコト」ができないと定めていた。旧9条は、受益者として指定された者が当然に受益権を取得する旨を定める旧7条が受益権の取得を示す表現として「当然信託ノ利益ヲ享受ス」という表現を用いていることや、旧9条が受託者が共同受益者の一人となることが許容されることを明文で明らかにしていることから、基本的には、特定の受託者が全部受益者となる

ことの禁止を定めるものと理解されていた。学説では、そのような受託者・受益者の兼資格禁止と並んで、受託者の利得禁止という忠実義務の規定をも9条が併せ持つとの見解が示されていた。しかし、旧9条が本来的には単独の受託者が全部受益者となることを禁止したもので、相当に異なる2つの性格が1つの条に示されていると見ることは困難であり、忠実義務を定めた規定であると解することはできないとする見解の方が有力であった（議論状況を含め、四宮和夫「信託法第九条の意味内容——受託者の受益権担保取得の問題を手がかりとして」同・前掲（注19）179頁以下を参照。このほか、同・前掲（注19）209頁、四宮・信託法123頁も参照）。

　旧9条に対応する現行信託法の規定は、8条である。同条は、「受託者の利益享受の禁止」という見出しのもと、「受託者は、受益者として信託の利益を享受する場合を除き、何人の名義をもってするかを問わず、信託の利益を享受することができない。」と定めている。旧9条と比較すると、現代語化されたことを除けば、「共同受託者ノ一人タル場合ヲ除クノ外」が「受益者として信託の利益を享受する場合を除き」に改められた点が改正点である。暫定的・一時的に特定の受託者が全部の受益権を取得することまでは否定されないことを明らかにする趣旨であり、受託者が受益権の全部を固有財産で有する状態の継続が1年にいたったときは信託が終了することを定める163条2号と連動している。

　もっとも、8条の意味内容は必ずしも明らかではない（大村敦志・東京大学教授のご指摘による。以下はそれを敷衍したものである）。旧9条の主眼は受益権取得の禁止であった。旧信託法では、見出しはなく、受益権の取得について同じ表現が用いられていたのでこのような理解は自然であった。これに対し、現行法では、受益権の当然取得については、「受益権の取得」の見出しのもと、（当然に）「受益権を取得する」という表現が用いられ（88条1項）、規定の位置も、8条が総則に置かれているのに対し、受益権の取得は受益者等の章（第4章、88条以下）に置かれ、旧法にみられた両者の関連は切り離されている。何より、内容の点で8条は、163条2号の制約のもと一時的・暫定的な全部受益権の取得を容認しているから、8条の「信託の利益を享受することができない」を受益者となることができない、ないし、受益権を取得することができない、と読むのは困難である。8条の意味として、信託の利益の享受不可という表現および見出しからは、忠実義務を定めるもののようでもあるが、忠実義務については30条で一般規定が用意されており、また、忠実義務の具体的な規律のうち利益取得行為の禁止については明文化があえて見送られたという経緯がある（寺本・逐条130頁〜134頁）。とすると、これを受託者の地位に基づき、またはその職務により利益を取得することの禁止と読むことも難しい。

　では8条にはどのような意味や役割があるのだろうか。立案担当者の解説では、傀儡をたててその名義で全部の受益権を実質的に受託者が有するような信託は、1年を待たず即時に信託は終了するとされている（寺本・逐条53頁注5）。即時終了という効果である

任意規定性に関しては、信託行為の定めによる禁止の解除、受益者の同意による禁止の解除が論じられており、両方を認めるもの[21]、受益者の同意があれば有効な取得ができるとするもの[22]があったが、議論の力点は受益者の同

ならば、8条からではなく、163条2号からその脱法行為の否定として構成されるようにも思われる。むしろ、即時終了というよりそのような信託は8条の趣旨を潜脱するものとして無効と解されるのではないか。また、受託者が全部の受益権者となるが、一時的・暫定的な要素がない場合にも、8条の趣旨を潜脱するものとして、163条2号によるまでもなく、信託は効力を有しないと解すべきではないだろうか。このような理解は、8条と163条2号とがあわさって全部受益権の取得制限に関する規律を形作っていると考えるものであるが、見出しを含めた表現との対応など必ずしもすっきりとしたものではない。また、旧法下の違反の効果を無効とする見解に対し、現行法は「そのような強力な効果の発生を認めることとしていない」と解説されること（村松ほか・新信託法20頁本文および注1）との関係も詰める必要があろう。

　立案担当者の解説では、8条はまた、「受託者の立場にかんがみれば当然のことを定めたもの」であり、「結局、受託者の利益享受の禁止を定めた8条は、信託にとって極めて当然のことを確認しているに止まる」が、「それは信託にとっては極めて重要なことであるため、総則に規定が置かれたものと思われる」とされている（村松ほか・新信託法20頁注1）。ここには、信託の基本原理ともいうべき考え方を8条が表明しているという理解が示されているが、その基本原理自体は必ずしも明瞭にはされていない。信託が、単に他人の事務処理や他人の財産管理ではなく、その実質を有しながら、管理者を名義主体とし、所有と管理の分離ではなく、所有（名義）と利益享受の分離を図る点に特色を有する制度であることからすると、受託者が名義主体でありながら利益を享受しないのは信託の根幹をなすものであり、そのような基本原理（名義主体と利益享受主体との分離）を8条は体現しており——と同時に、受益権者となるというルートによる利益享受が許容されることとその限界とを明らかにしており——、それゆえに総則に規定されていると解したい（30条の前段階に8条を見る道垣内・入門150頁、同「信託設定と遺留分減殺請求——星田報告へのコメントをかねて」能見善久編『信託の実務と理論』（有斐閣、2009）64頁［信託において受託者が固有の利益を有しない旨を定める規定と理解する］も参照。もっとも、このように解することには、「信託」の利益、「何人の名義を問わず」といった8条の表現との関係をどう理解するかという問題がある）。

21) 中根不羈雄「信託法第二十二條解説」信託協会会報9巻1号48頁～50頁（1935）、植田淳「忠実義務を排除する特約の有効性について——信託受託者の場合」神戸外大論叢53巻4号28頁（2002）。

意の点にあり[23]、また、立法論としては別段、解釈論としては裁判所の許可が要求されていること等から強行規定と解さざるを得ないという見解[24]が有力

---

22) 入江真太郎『信託法原論』249頁(巖松堂書店、1928)。また、任意規定説を支持するとの言明として、米倉明「信託法第二二条——強行規定の妥当範囲の限定について」同『信託法・成年後見の研究』277頁、294頁(新青出版、1998)(初出、『実定信託法研究ノート』(トラスト60研究叢書、1996))(前稿[米倉明「信託法第二二条一項本文の解釈について」同・前掲(信託法・成年後見の研究)252頁、275頁(初出、信託160号(1989))では、旧22条1項本文は強行規定であるとの見解がとられていたので、改説ということであろう。また、前稿では、信託行為の定めによる禁止解除ではなく、受益者の同意による禁止解除の考え方について任意規定説という名称が与えられているので、支持が表明されている「任意規定説」もその意味であろうと推察される)。

23) 米倉・前掲(注22)の2文献に顕著である。これに対し、現行法では、任意規定性の主眼は信託行為の定めの方にあると思われる。

　旧法下で受益者の同意・承認に力点が置かれたのは、旧22条の趣旨は受益者の利益の保護にあると説明されそこから禁止の解除を導こうとされたこと、類似の状況の規律として民法108条が引き合いに出され、同条においては「本人」の許諾があれば許容される(民法108条については平成16年の民法改正により従前の解釈が明文化された)こと(「本人」に相当するのが委託者か受益者かという問題があるが、民法108条の許諾は代理権授与行為におけるそれではなく個々の代理行為の際の事前の許諾であり、受益者に焦点が置かれる)、受託者はその義務を受益者に対して負うものと構想されることなどが与っていると思われる。それと並んで、一部に、信託行為の定めによる許容についての警戒心も見られることが注目される。すなわち、立法提案として、信託法研究会による「信託法改正試案(第四試案)」22条2項は、受託者に対し、信託財産の固有財産化、信託財産に関する権利取得に加え「その他受益者と利益相反する行為」を禁止したうえで、やむを得ない事情がある場合の裁判所の許可と並んで、その行為について受益者の承認を得た場合を例外としている。同条3項は、受託者同一の複数の信託間の受益者の間の利益相反行為の禁止を定め、その例外にはこれら2つのほか、信託行為に別段の定めがある場合をあげている。両者の違いは、実際に発生する弊害の度合いに着目したためと説明されている(松本崇「受託者の基本的義務」私法47号28頁～29頁(1985))。22条2項の提案に関しては、——利益相反行為をなすにあたっての個別の同意である受益者の承認と対比され(松本・上記28頁)——忠実義務を信託行為によって予め包括的に排除することは、信託の本質に反することと考え、採らないと説明されている(四宮・信託法235頁注

であった[25]。

それらの強行規定とする見解にあっても、強行規定とされる範囲については、これを限定する試みがなされていた[26]。

一一)。解釈や立法により任意規定である旨を明らかにするだけでは歯止めに欠けるという懸念は他でも表明されていた（神田秀樹「商事信託の法理について」信託法研究22号72頁 (1998)、植田・前掲 (注21) 30頁）。
24) 四宮・信託法234頁、四宮・前掲 (注19) 228頁〜229頁、能見・信託法83頁、新井誠『信託法〔第2版〕』162頁 (有斐閣、2005)。
25) 本文の整理区分に直ちには当てはまらないが、従来の議論とは別の視角から、信託の本質との関係で、信託設定行為において信託の本質に関わる義務が排除されているときは、信託設定意思がなく、当該法律関係は信託たる性質を有しないこととなるのであって、受託者の義務に関する限り、強行法規は存在しないとする、道垣内弘人「信託の設定または信託の存在認定」道垣内弘人＝大村敦志＝滝沢昌彦編『信託取引と民法法理』(有斐閣、2003) 22頁注21も、参照。
26) 例えば、次のような考え方が示されている。旧22条の定める類型以外の双方代理型の行為（受託者が同一の複数の信託の間の信託財産の取得など）については、（具体的・実質的には）利益対立のない場合、信託行為に許容する定めがある場合、受益者の承認がある場合にはいずれも認められる(四宮・信託法236頁注一。双方代理型以外を含め、能見・信託法85頁)。旧22条の定める類型かどうかに関して、信託財産を固有財産と「為シ」とは受託者の裁量判断による行為を指し、委託者兼受益者の指図に従うだけの場合(証券運用の特定金銭信託における自行預金預入れの例)にはこれに該当せず、また、信託財産「ニ付キ権利」を取得するというのは他物権の取得を言い債権の取得（土地信託における信託財産たる建物について賃借人となるという例）を含まない（米倉・前掲 (注22)（信託法第二二条一項本文の解釈について) 252頁以下、273頁以下。前者につき、大宮克巳「信託法上強行規定とされているものについて――信託法第22条を中心とした実務上の問題点」信託法研究14号24頁〜25頁(1990)、後者につき、青木徹二『信託法論』(財政経済時報社、1928) 232頁〜233頁も参照)。旧22条の強行規定性が妥当する自己取引の範囲は、定型的な取引であって信託財産に不利益を与える可能性のないものは含まれない（能見・信託法84頁〜85頁、米倉・前掲 (注22)（信託法第二二条) 280頁)。さらに、受益者の利益保護という同条の立法趣旨から、受益者の利益を害するだけで受益者に利益を与えることがないもの（「有害専一型」）に限られる（米倉・前掲 (注22)（信託法第二二条) 280頁、293頁)。

2　現行信託法の規定

(1) 規律の概要

　現行信託法は、忠実義務についての一般規定(30条)と、その具体的な規律としての利益相反行為の禁止(31条、32条)という2層から成る。このうち利益相反行為の禁止は、信託財産に帰する受託者の行為に関する規律(31条、狭義の利益相反行為)と固有財産にのみ帰する受託者の行為に関する規律(32条、いわゆる競合行為)の2種である。効果についての特別の規律は、利益相反行為の禁止に関し、狭義の利益相反行為類型（31条1項各号）の行為の効力（31条4項〜7項）、競合行為についてのいわゆる介入権（32条4項、5項）が、忠実義務全般に関し、その違反による損失填補において受託者の得た利益額を損失額と推定するいわゆる利益吐き出し的損失填補(40条3項)が、それぞれ定められている。また、手続・プロセスに関し、利益相反行為につき適正の確保の観点から事後の通知が要求されている（31条3項、32条3項）。

　「任意規定性」に関しては、利益相反行為の禁止に関し、狭義の利益相反行為および競合行為のそれぞれにつき、信託行為の許容の定め（31条2項1号、32条2項1号）、受益者の承認（31条2項2号、32条2項2号）が明文化されている。

(2) 改　正　点

　旧22条からの改正点という観点から要約すると、次の諸点をあげることができる。

　①まず、忠実義務は旧22条の場面に限らないことが明らかにされた。同条は利益相反行為の禁止を定めたものと理解されていたが、現行法では狭義の利益相反行為について類型が補充・拡充されるとともに、根底をなす忠実義務の一般規定が設けられた。また、競合行為についても明文化され、広義の利益相反行為の2類型の1つ、また忠実義務の一般規定に対する具体的な規律の1つとして位置づけられた。

　②次に、狭義の利益相反行為の規律の対象となる類型に関し、旧22条以外

の類型も明文化された。総じて拡充である。旧22条1項本文の禁止対象類型（信託財産を固有財産としまたは信託財産につき権利を取得すること）は一見31条1項1号前半に該当し、旧22条の対象類型は現行法にすべて含まれるようにも見えるが、対応関係は必ずしも明瞭ではない。具体的には、旧22条は、行為の主体や第三者に効果が及ぶ場面かどうかについては沈黙したまま、受託者が信託財産を固有財産とすること、信託財産についての権利を取得することを禁止し、かつ「何人ノ名義ヲ以テスルヲ問ハス」としていた。現行法では、行為と効果が受託者のみで完結するのかどうかを1つの軸として対象行為の切り分けがされている。31条1項1号は、受託者のみが行為主体となりその効果が受託者の内部にとどまる類型として切り出されており、違反行為の当然無効という効果(31条4項)もこの想定を裏打ちしている。そのため、第三者から信託財産についての権利を取得する場面は31条1項4号の類型となる。また、現行法では「何人ノ名義ヲ以テスルヲ問ハス」という表現は削除され、その一方で、「第三者」との間の行為という類型が創設され、そこで受託者の「利害関係人」の概念が示されているので(31条1項4号)、旧法22条の想定場面の一部はここでも31条1項4号による余地があるうえ、全面的には31条1項各号にはとりこまれていない可能性がある[27]。

---

27) 何人の名義をもってするを問わないという旧22条のこの部分が現行法のどこで受けられているのかは明瞭ではない。そもそも、旧22条のこの表現によってどこまでのことが含まれていたのかも幅がある。傀儡のような場合のみを指すのか、それとも同居の親族や配偶者のように経済的な利益が共通と見られる場合も含むのか、などである。旧22条の「何人ノ名義ヲ以テスルヲ問ハス」については、脱法行為の防止の趣旨であり、受託者個人に間接的方法で取得させることも禁止されると説明され、具体例として、自分の子に取得させて実質上自己が取得したと同一の結果を収める場合や、第三者と通じていったん第三者を買主とし他日再譲渡を受ける場合があげられていた（四宮・信託法233頁、234頁注四）。現行法では、31条1項1号の禁止の脱法行為として、脱法行為一般の規律によることになろう。

　受託者が信託財産をその子や配偶者との間で取引をする場合については、信託業法29条2項各号においては、「利害関係人」と信託財産との間の取引が自己取引と並んで明示されている（信託業法29条2項1号）のに対し、信託法31条での対応ははっきりしない。

③第3に、禁止の効果が明文化され、狭義の利益相反行為の場合には、受託者の行為の効果が受託者の内部にとどまるときは無効（31条4項）、その行為が第三者に効果を生じさせるときは第三者の主観的要件（悪意重過失）を加えての取消し（31条7項）という禁止違反の効果が定められた。旧22条についてもその違反行為は（法律行為の場合には）無効というのが一般的な見解であったから、この点は明文化と詳細化ということになる。禁止違反となる行為の効果の明定は、禁止対象行為の性格を規定することにもなる。狭義の利益相反行為の対象類型は、受託者の権限の制約（27条参照）の性質をもつ類型であるという位置づけと考えられる[28]。

　そして、禁止の解除に関して、狭義の利益相反行為につき、④禁止の例外として、信託行為の許容の定め、受益者の承認が明文化された（31条2項1号、2号）。「任意規定化」に関わるのはこの部分である。競合行為についても同様の例外が設けられている。また、禁止の解除に関しては、一方で、⑤例外として旧22条が用意していた裁判所の許可の手法は廃止された[29]。他方で、例外についてはさらに拡充が図られ、⑥信託目的達成に合理的に必要な行為であって、かつ、受益者の利益を害しないことが明らかであるかまたは正当な理由があるというときは、信託行為の定めや受益者の承認がなくとも例外と

　31条1項1号の「固有財産に帰属させる」を実質上固有財産に帰属させるのと同じである場合を含むと読むことも考えられなくはないが、同条同項4号が第三者との間の行為を対象とし受託者の「利害関係人」と受益者との間の利益相反を受託者と受益者の利益相反と同列にとらえている点からすると、4号で対応する趣旨と読めなくもない（寺本・逐条120頁では、受託者の子や配偶者が利益を得る場合があげられ、受託者が「間接的に利益を得る」場合とまとめられている）。また、忠実義務の一般規定である30条は、31条1項に類型化されていない利益相反行為の受け皿としての役割も含意されていることからすると、30条で対応する趣旨とも解しうる。

28) 代理における自己契約・双方代理（民法108条）や親権者の利益相反行為（民法826条）に関する解釈上の扱いに類する。ただし、代理と信託とでは、そもそも異なる構造と理解されうることにつき、佐久間毅「受託者の『権限』の意味と権限違反行為の効果」信託法研究34号33頁〜41頁（2009）、道垣内弘人「而してその実体は？（その2）」法学教室345号118頁（2009）。

して認められる旨が定められた（31条2項4号）。

最後に、⑦例外の場合を含め事後の受益者への通知というプロセス面で受託者に要求される行動が加えられた。

III 任意規定性の内容

1 議論の焦点の移行

旧22条をめぐっては、信託行為の定めと受益者の承認とで対象を異にするという議論や、それを含め固有財産との間と信託財産間とで扱いを異にするという議論などがあった。現行法では、規定上はそのような区別をすることなく、一律の規定となっている。また、旧22条をめぐって、強行規定性を限定すべく対象行為を解釈によって限定する試みが種々なされていたが、現行法では、任意規定化を含めた例外規定の明文化によって、22条の「弊害」の除去をその禁止対象行為の限定によって図る必要性が大きく減少した。また、現行法では、禁止対象類型に該当するときは、例外規定が発動するときであっても、受益者への通知は課される。受益者への通知というプロセス面での適正化の措置を発動させるには禁止対象類型を限定するのではなく、禁止対象類型に該当するが例外規定に該当するという方が通知の規律がかかることになる。例えば、旧法下でも、信託財産の固有財産化に関し、市場価格の明確な財産を市場価格で購入する場合のように受託者が不当な利益を得る余地の

---

29) ここには、現行信託法全体を通じて、旧信託法にみられた裁判所の後見的役割についてこれを最小限に抑え、原則として信託の関係者によるガバナンスに委ねるという、裁判所に期待される役割の転換が背景にある。なお、旧法下でも、もともと信託業法では裁判所の許可による手法は用意されず、一定の行為（一定の要件下での取引所の相場のあるものについての固有財産化）について例外とされていた（平成16年の全部改正前の旧信託業法10条。能見・信託法78頁～79頁）。これを背景に商事信託についての立法論では裁判所の許可による手法は不要であると指摘されていた（商事信託研究会『商事信託法の研究』（有斐閣、2001）75頁、商事信託法要綱434条2項、参照）。

ない行為、定型的な取引であって信託財産に不利益を与える可能性のない行為などは旧22条の適用範囲外であると論じられていた[30]。現行法では、31条2項4号に該当しうるが、その場合、禁止の範囲にはいったん入るが例外として除すことで、通知義務の対象となる。

かくして、議論の焦点は、任意規定性の限界へと移ることになる。

2　限界の具体化の試み

忠実義務をおよそ排除することが信託とは相容れないことは、異論を見ないと言ってよい[31]。任意規定性についてはその制約・限界がある。それがどのようなものであるのかについて、これを明らかにする試みがすでにいくつかなされている。

第1は、31条1項各号の狭義の利益相反行為に関する信託行為の定めによる許容に関して、定め方、特に行為の特定性や幅の観点からの制約である。すなわち、「一般論としていえば、例外として許容される行為が他の行為と客観的に識別可能な程度の具体性をもって定められ、かつ、当該行為について、これを許容することが明示的に定められていなければならず」、受益者の承認による例外 (31条2項2号) において「当該行為について重要な事実の開示が必要とされることに鑑みても、信託行為に単に『自己取引ができる』という程度の定めがあるだけでは足りない」という指摘がある[32]。

しかし、これに対しては、受益者は信託行為で定まった内容に従って受益権を取得するにすぎないと考えられるから、31条2項2号と同列に論じることはできず、基本的には、対象となる行為を個別的・具体的に列挙する必要

---

30)　前掲 (注26) 参照。

31)　前掲 (注16) および対応する本文、田中和明『詳解信託法務』(清文社、2010) 210頁ほか。法制審議会信託法部会では、忠実義務を完全に排除することはできない旨を明定することが検討されたが、見送られた経緯につき、寺本・逐条118頁～119頁注3。

32)　寺本・逐条125頁注8、佐藤哲治編著『Q&A信託法 —— 信託法・信託法関係政省令の解説』(ぎょうせい、2007) 158頁、新井誠監修、鈴木正具＝大串淳子編『コンメンタール信託法』(ぎょうせい、2008) 128頁 [木村仁]。

はなく、対象行為が特定されている限り、その効力を認めるべきである ―― ただし、あまりに概括的な定めであり、かつ、一方的に受託者に有利な条項については、当該条項の効力が疑われることもある ―― という指摘がある[33]。

第2は、対象行為の内容面を問題とし、いわばその相当性を要求する考え方である。すなわち、忠実義務の排除によって、受益者に現に損失を生ぜしめる、つまり受益者の利益を現に害するような場合は、受益者の利益に奉仕すべき義務を負うという信託法の根本理念に反するから、信託行為の定め(および受益者の承認)は無効であり、これに対し、受益者側に損失がない限りはそれによって受託者が利得をすることがあっても有効性は否定されないと主張されている。この観点から例えば、不当な廉価での信託財産の固有財産化や使用、証券の過剰売買を許容する定めや承認は無効となるとされている[34]。

また、より具体的に許容される行為を類型化する、ないし抽出する試みがある。それが、信託業法において、「受託者の保護に支障を生ずることがない場合」(信託業法29条2項)として信託業法施行規則41条3項1号から3号までに掲げられている場合を「すべての信託類型に関する一応のガイドライン」とし、「これを無視して、あらゆる忠実義務を一律に排除する特約は無効である」とする見解である[35]。一応のガイドラインとなる行為は、①委託者、受益者またはそれぞれからの指図権の委託を受けた者のみの指図により取引を行う場合など、②信託の目的に照らして合理的に必要であると認められる場合であって、一定の取引を取引所市場において行う場合や前日の公表最終価格に基づく算出価格や鑑定評価を踏まえた調査価格あるいは通常の取引の条件と比べ受益者に不利にならない条件で行う場合、③個別の取引ごとに当該取引について重要な事実を開示し、受益者の同意を得て取引を行う場合であ

---

33) 村松ほか・新信託法 96 頁注 12。
34) 旧法下のものであるが、植田・前掲(注 21) 31 頁～35 頁。構成としては、民法 90 条により無効であるとする。
35) 新井・信託法 270 頁～271 頁、新井監・鈴木＝大串編・前掲(注 32) 130 頁［木村］。

る[36]）。

　第 3 に、他の規定による歯止めの指摘がある。すなわち、善管注意義務による歯止めや忠実義務の一般規定(30 条)の適用、権限違反行為の規定(27 条)の適用、さらには民法の規律の適用（代理権の濫用に関する民法 93 条ただし書の類推適用）である。

　まず、善管注意義務については、利益相反行為を許容する信託行為の定めは、受益者ないし信託財産に損害を与えることまで許容するものではなく、例えば不当に廉価での固有財産化は許容されない。これは、当該定めによって自己取引の禁止は解除されその行為は無効とはならないが、善管注意義務違反として損失塡補責任を生じさせる。価格のみならず、個別具体的な取引条件の相当性は、信託行為の定めによる禁止解除においては、善管注意義務の問題として判断されうると指摘されている[37]。

　次に、忠実義務の一般規定については、信託行為に自己取引等を許容する定めがあっても、例えば、その取引によって不当な利益をあげるような場合には、30 条の忠実義務違反になりうることが指摘されている。31 条 1 項や 32 条 1 項は忠実義務違反となる行為の一部を定めるものにすぎず、そこで扱われていない行為は 30 条による規律が及ぶから、ある自己取引をすることは 31 条 2 項で許容されていても、不当な利益をあげることについては 30 条の忠実義務に反する。ただし、その場合の法律構成については、31 条としては禁止が解除されるが 30 条違反となるという構成と、自己取引等について許容

---

36) 信託業法 29 条 2 項は、信託行為の定めによる許容に関しては、信託行為において自己取引等同項各号に掲げる取引を行う旨と当該取引の概要について定めがあることを、受益者の承認に関しては、当該取引に関する重要な事実を開示しあらかじめ書面または電磁的方法による受益者の承認を要求したうえで、かつ、内閣府令で具体化される「受益者の保護に支障を生ずることがない場合」であることを要求している。

37) 能見・前掲（注 7）13 頁〜14 頁、寺本・逐条 125 頁注 7、注 8、村松ほか・新信託法 96 頁注 12、小野傑＝深山雅也編『新しい信託法解説』（三省堂、2007）183 頁［坂勇一郎］、道垣内弘人ほか「パネルディスカッション　新しい信託法と実務」ジュリ 1322 号 18 頁［沖野眞已］（2006）。

する定めは30条違反となる取引まで許容したものとは解釈できず、そのため当該行為を許容する定めはなく、31条2項1号に該当しないという構成があることが示されている[38]。

また、受託者の「権限」は、権利者に対する信託内部での制約であって、権限違反行為は代理であれば無権代理ではなく代理権濫用に対応する次元の問題であるという1つの理解可能性を前提に据えた場合に、信託行為で許された売却行為であっても代金を着服するような場合には、行為の実質をも考慮して「信託の目的の達成のために必要な行為」に該当しないとして、27条による売却行為の取消しが認められると説かれている[39]。

信託法は民法に対し特別法の地位にあり、一般に、信託法に規律されていない事項について民法の適用がありうる。民法93条ただし書の類推適用については、代理権の濫用の場合についての確立した判例法理であり、受託者の行為や権限は代理人としてのそれではないものの、代理人による権限濫用行為について相手方（第三者）の主観的要件のもとで無効とする法理は、受託者が自己または第三者の利益を図る意図をもって行った場合についても妥当しうることが示唆されている[40]。しかし、代理権濫用と同様の規律（民法93条ただし書の類推適用）によることに対しては、軽過失の相手方の保護が否定されることが、そもそも禁止された行為についての扱い（重過失でない限り保護される）とバランスを失することや、受益者が契約の効力を否定できるか、財産の取り戻しをどのように行うか、効力の否定がいつまで許されるかなど、総じて法的処理が不明確であって不安定であるという問題点が指摘されている[41]。

---

38) 道垣内・入門156頁、162頁。
39) 佐久間・前掲（注28）45頁、道垣内弘人「ぼろは着てもこころの錦（その2）」法学教室347号74頁～75頁（2009）。
40) 寺本・逐条124頁～125頁注5。
41) 佐久間・前掲（注28）45頁、道垣内・前掲（注39）75頁（ともに、むしろ信託法27条による処理を説く。前掲（注39）参照）。

3　若干の検討

以上を踏まえて、若干の検討を行いたい。

(1)　忠実義務の任意規定化をめぐる複雑さ

忠実義務の任意規定化は、複雑な様相をみせている。忠実義務については、一般規定、狭義の利益相反行為、競合行為のそれぞれにおける「任意規定化」「任意規定性」の問題がある。また、「任意規定化」という場合、信託においては、信託行為における別段の定めと、受益者の同意・承認による禁止の解除の2つがある。これらの局面の違いを念頭に置く必要があるだろう。また、任意規定性への制約については、たとえば信託行為の定めによってどこまでの許容が可能かといった、当該規定（信託行為の許容の定めがあるときは禁止が解除されるという規定）による任意規定化自体の限界の問題と、それをクリアしてなお忠実義務の一般規定や善管注意義務の発動があるといった、当該規定の外で当該行為への制約がある。

このような複雑さを念頭に置きつつ、以下では、狭義の利益相反行為についての、信託行為の定めや受益者の承認による禁止の解除について考察する。

(2)　信託行為の定め・受益者の承認の限界

信託行為の定めや受益者の承認という信託の関係者の意思によってもおよそ忠実義務を負わないとすることはできない。信託行為の定めや受益者の承認の限界については、その法律構成ないし性質の問題と限界の範囲の問題がある。

まず第1に、法律構成ないし問題の性質である。

関係者の意思による法律関係形成の自由への制約であることから、公序良俗（民法90条）を基礎とする考え方がないわけではない。しかし、この問題は、基本的には、公序良俗（民法90条）の問題ではなく、信託という法律行為や制度の必須の中核や基本原理との抵触の問題であり、信託として許容されるかという問題であろう。ただ、ここでも、信託行為の定めによる場合と

受益者の承認の場合とで区別して考える必要があると思われる。

　信託行為の定めによる場合を考えると、信託行為において忠実義務をおよそ排除する旨が定められており、それが当事者の意図を示したものであるなら、その取り決めは信託ではないし、また他人の事務処理でもなく、その法律行為がなお効力を有するとすればたとえば負担付き贈与などと構成されることになろう。換言すれば、忠実義務を負わないとする当事者（特に委託者）の意思は、公序良俗に反するとしてその効力が否定されるわけではない。ただそれはもはや信託ではないというにとどまる。これに対し、なお信託であることが当事者の意思であるとするならば、当該定めはそれと矛盾したもので、信託行為全体と統一的に矛盾なく解釈するならば、より制限的な内容と解釈されるか、広範な内容のままであれば当該定めについて錯誤があることになろう[42)・43)]。

---

42)　寺本・逐条118頁〜119頁注3参照。
43)　アメリカ法についての議論であるが、John H. Langbein, *Mandatory Rules in the Law of Trusts*, 98 Nw U.L. Rev. 1105 (2004); Melanie B. Leslie, *Trusting Trustees : Fiduciary Duties and the Limits of Default Rules*, 94 Geo. L.J. 67, 112-119 (2005)、参照。
　　前者は、信託の設定における委託者の別段の意思が認められないという意味での強行規定には、委託者の意思を否定する規律と委託者の意思や目的を実現する規律との2種があるとし、信認義務をおよそ排除することができないとする規律や、信託事務処理における誠実さの要請を排除することができないとする規律、免責条項の範囲を制限する規律、信託の存在や条項を受益者に対して開示する規律を、委託者の意思を否定するのではなくむしろ委託者の真の意思や目的を実現するための規律であると論じる。これらは、もし排除が許されるとすると、受託者が信託財産を恣にすることを許すことになる。これらの規律が強行規定であるというのは、委託者が受託者を受益者に指名し、利益享受をさせることを禁止するわけではなく、委託者がそのような意図を有するならそれを明らかにすべきことを求める、したがって、これらの強行規定は、警告的・予防的な性質であって、委託者や真に意図された受益者を、誤解から守る規定であると言う（John H. Langbein, *Burn the Rembrandt? Trust Law's Limits on the Settlor's Power to Direct Investments*, 90 Boston U.L. Rev. 375, 384-385 (2010) も参照。なお、意図を否定する規律──最も典型的な意味での強行規定──の例としては、委託者の投資指図が不合理で受益者受益原則に反するにもかかわらず委託者の死後も長く信託財産の投資や処分を拘束する

そこにいう信託に必須の中核や基本原理の中身を考えると、狭義の利益相反行為の禁止やそれを含む一般的な忠実義務は、他人の事務の処理を委ねられた関係において共通するものであるが、信託の場合には、財産に関わる処理が委ねられ、かつ、その財産についての名義を受認者に移転する点に特色がある。受託者は、名義主体でありながらそれゆえの——信託財産からの、その受託者たる地位からの、信託事務処理からの——利益の享受は否定される。この名義主体と利益享受主体の分離が信託の特色であり、それが受託者固有の債権者による強制執行等の禁止や倒産隔離効などの責任財産の独立性を支えている。「受益者のため忠実に」行為をすることを要求する忠実義務は、利益を享受しないというこの部分を支えるものとして、信託に必須であると考えられる[44]。財産を託された受認者が名義主体となるだけに、信託において

こと——「死者の手」の長期拘束——を否定する規律が、論じられている）。

　後者は、会社の文脈との対比で、信託の場合には、受託者の機会主義的な行動への市場による制約が全く存在せず、（実質的・経済的な）所有とコントロールとの結合が欠けており、受益者は（株主以上に）その監視に期待できず受託者の機会主義的行動は探知されにくい、また、株主と異なり受益者には売却をし損切りをして離脱する方法がなく受託者の行動の影響が大きいという事情をあげ、"no further inquiry rule"（受託者の自己取引は、当該取引が公正［fair］なものであったことを示しても受託者は責任を免れることができず、忠実義務違反に対する厳格な責任を負うという規律）を正当化し、続けて、忠実義務違反に対する広範な免責規定をとりあげ、それは委託者が設定した信託という関係とおよそ矛盾し、そのような定めが効力を認められるとすれば、受託者は信託財産を自己の財産として用いる権能を認められることになるが、もし、十分な情報を与えられたうえで、委託者がそのような権能を受託者に授与することを望んだのであれば、それは信託を設定しようとしたものとは言えないと言う。信託法は、時に応じた忠実義務からの離脱が受益者の最善の利益にかなうことがあるのを認めており、そのような場合には、受託者による自己の利益となる取引の効力が認められるが、それは、信託証書において個別に許諾がされ、委託者がそのような一部の放棄についてその性質および将来の効果について完全な情報を有していたことが明らかにされ、かつ、問題の取引が委託者が受託者が従事するであろうと予想した範囲のものであった場合でなければならない、とする。特に強調されるのは、そのような定めが効力をもつために、委託者が十分な情報を有していたことの必要性・重要性である。

44）道垣内・前掲（注25）20頁、同・前掲（注6）24頁参照。

は、財産に関する他の事務処理の委託の関係におけるのと異なり、他人の名義の財産であることによる制約が働かないため、それらの関係以上に、忠実義務の排除は自由な利益享受をもたらし、信託としての法律関係に値しないことになる。

　以上に対し、受益者の承認については、いささか様相が異なると考えられる。すなわち、そもそも、信託行為の定めと受益者の事前承認による禁止の解除とでは、その意義や局面が異なる。まず、信託行為は信託を設定する法律行為であり、その定めは、信託において財産がどのように管理処分等されるのかその設計図を示すものである。言い換えれば、信託は、信託行為の定めに従って財産を管理処分等する仕組みである。信託目的を達成するために何をすべきか、何ができるかを当該信託に即して明らかにするのが信託行為である。これに対し、受益者の事前承認は、利益享受主体である受益者が、すでに信託であることは前提となったうえで、信託の設計図には書かれておらず予防措置の効いている類型の、自らに（信託財産に）不利益となる可能性のある行為について、そのリスクをとるかどうかの判断をするというものである。受益者がその判断の結果を引き受けるためには、取引条件などその判断を行うに十分な重要な情報が開示され、かつ、その開示が受益者に理解可能な形でされる必要がある。忠実義務の完全な排除は、信託たることを否定するものであるから、信託を終了させる趣旨でない限り、受益者の承認でなしうる事項ではない。そのような承認は無効ということになろう。また、受益者の承認は、より特定した行為について、そのリスク判断ができるだけの「重要な事実の開示」と理解のもとになされるものであるから、広範な禁止解除についての受益者の承認はこの理解の欠如、承認の前提基盤の欠如を推認させ、その点から承認の要件を欠くこととなろう。

　信託行為の定めであれ受益者の承認であれ忠実義務をおよそ排除することは信託である以上はなしえない。ではどこまでなら許容されるのか。その限界付けに関しても、まず確認すべきは、これらによる禁止の解除の性質である。信託法における明文による「任意規定化」は、狭義の利益相反行為であって31条1項各号に列挙された類型についての禁止と、32条1項に定められ

た競合行為の禁止についてのものである。31条1項の狭義の利益相反行為が禁止されるのは、代理等においてと同様、利害の相反する二者（一方が自身である場合を含む。）間の双方に身を置くために、濫用のおこりやすい、また判断の適正さに疑いの生じやすい行為となるためであり、そのような事情が類型的に認められる抽象的な危険のある行為について禁止するというものである。そのような禁止においては、同時に、そういった類型にあたる行為であっても個別具体的には行われるのが適切であるものが存在することもまた想定され、その禁止の解除の方途が用意されるのが一般である（民法108条の場面における本人の許諾や民法826条の場面における特別代理人など）。したがって、狭義の利益相反行為の禁止は、およそ該当行為を行わせないことに主眼があるのではなく、危険の具体化・現実化の予防と行為が行われるための透明性の確保にある[45]。そのような措置として、信託行為の定めと受益者の事前承認の方途が設けられている。

　利害の相反する行為の禁止が解除されるのは、そのような行為が信託目的の達成に必要であったり有用であったりするためで、直接・間接に受益者の利益にかなうためであろう。受益者の利益――受益者の利益専一（sole interest）との対比においてその最善の利益（best interest）と言われることがある――の判断は、受益者の承認と信託行為の許容の定めの場合とで、様相の違いをみせる。

　受益者の承認については、受益者の利益につき受益者自身に判断を委ね、その判断を尊重するというものと考えられる。また、受益者の承認は、その都度取り得るものであるし、そのようなリスク判断のための重要な事実の開示・説明は、具体的に行われる必要があろう。したがって、たとえ結果的に当該行為が受益者の損失となったとしても、受益者の判断の基盤が整っている限り、狭義の利益相反行為の禁止の解除の効力が否定されることはないと考えられる。仮に、受益者の判断の時点で、信託目的の達成のための必要性がなく、受益者を害することが明らかな行為であったとしたら、受益者の承

---

[45]　一例として、樋口範雄『入門・信託と信託法』（弘文堂、2007）143頁参照。

認が真の承認意思によるのか、重要な事実が適切に開示されていなかったのではないか、受益者の誤解（錯誤）があったのではないかが疑われよう[46]。

これに対して、信託行為の定めについては、そもそも受益権の内容、受益者の利益の内容も信託行為によって定められ、受益者が有するのはその範囲での受益権や利益である[47]。また、信託行為の定めは、信託設定という当初の固定した時点で、信託の設計図を示すものである。したがって、そこでの定めは、信託設定時において、受託者が行う信託財産の管理や信託事務処理（競合行為にあっては固有の行為を含む。）として予想される範囲として、行為が明らかにされるものであるから、受益者の承諾の場面におけるほどの個別・具体性は要求されないと考えられる[48]。

信託行為の定めに関する限界については、信託行為における許容は、明示的であり、かつ、許容される行為かどうかを特定できるものでなければならないと言われる。上記の信託の必須の要素・基本原理からの要請を基礎に、予防措置たる禁止の解除であるからには、基本的に正当であろう。ただ、「明示的」であるという意味については、信託行為の定めから明確に導き出せることが必要であって、信託行為の解釈の方法として、黙示の許容がおよそ排除されるということにはならないように思われる——ここには「黙示」の意味の問題がある。許容される行為かどうかの特定が必要であるのは当然である。これに加えて、「許容される行為が他の行為と識別可能な程度の具体性をもって記載されることが必要」とされる点については、他の行為との識別可能性は、「特定の財産について（あるいは信託財産すべてについて）自己取引ができる」旨を記載することでも図りうることを考えると、特定性と異なる有意義な基準なのか疑問である。包括性の問題点を識別可能性で解消することはできないと言うべきであろう。

特定性の度合いについては、信託の種類、目的、信託財産の種類・範囲に

---

46) 道垣内ほか・前掲（注37）ジュリ1322号18頁［沖野］。
47) 前掲（注33）および対応する本文を参照。
48) 道垣内ほか・前掲（注37）ジュリ1322号17頁〜18頁［沖野］。同19頁（井上聡。私法である信託法の問題としては、基本的に相当概括的でもいいとする。）も参照。

よって異なると言うべきだろう[49]。

　では、対象行為の相当性や内容面が問題にならないのかと言えばそうではないだろう。受託者に無制限の自由な利益享受を可能とする定めは、信託性を失わせるという外延とともに、信託行為が受益者の権利や利益を含めた信託の基本設計を行うものであるとはいっても、信託は受益者のない信託の特例を除き、受益者の利益のために信託財産の管理等・信託事務処理等が行われる仕組みであることに変わりはない。そして、受託者が、報酬等を除き、信託から利益を得ないことが信託の仕組みの根幹にあり、忠実義務が重要であること、信託行為の定めはある程度概括的になることから考えると、信託目的達成のために合理的に想定される行為であることが、内容面での視点になるのではないか（下記、31条2項4号との対比を参照）。信託目的達成に必要な行為をすることが信託事務処理の内容である（2条1項参照）から、信託行為の定めにおいては、信託行為に定められていること自体が合理的な必要性のある行為としてとらえられているものと推認されようし、またそのように信託行為の定め自体が解釈されることになろう。

　信託行為の定めによる許容については、信託業法のリストはそのようなものが私法上も許容されるだろうと考えられ、またそこに見出せる受益者の保護の視点は1つの手がかりではあろうが、より一般的には、31条2項4号の規定が手がかりになるように思われる。同号は、信託行為の定めによる許容や受益者の事前承認がなくとも禁止が解除される場合として、信託目的達成のための合理的必要性と、受益者の利益を害しない明白性または事情の総合判断による正当な理由の存在を定めている。31条2項4号とは別に1号や2号が置かれていることは、4号を満たさない場合であっても、1号や2号により禁止を解除することができることを示している。このうち、信託目的達成のために合理的な必要性があることは、信託行為の定めや受益者の承認による場合にも通じる要請であろう。もっとも、上記のとおり、個々の信託に

---

[49]　小野＝深山・前掲（注37）183頁［坂］、道垣内ほか・前掲（注37）ジュリ1322号17頁～18頁［沖野］。

より、また、信託行為の定めと受益者の承認とでは、行為の特定性の度合いの違いはありうるし、受益者の承認においては合理的な必要性は、開示される重要な情報の1つであろう[50]。

(3) 31条以外の規律による歯止め

31条2項の信託行為の定めによって許容されるのは、その行為をすることであり、いわば権限のなかった行為について権限のある行為として扱われるというにとどまる。その権限行使において、善管注意義務や31条1項に定められた以外の忠実義務（30条。不当な利得の禁止など）までが、排除されるものではない。したがって、例えば、信託財産である特定の不動産について、受託者が買い受ける（有償で固有財産とすることができる）旨やテナントとなることができるという旨の信託行為の定めがされている場合、受託者が固有財産としたり、テナントとなることは禁止されていないが、廉価での固有財産化や使用収益まで許容されているかは別問である。

問題は、これが、善管注意義務や30条の忠実義務の問題として処理されるのか、それとも、信託行為の定めは善管注意義務を満たした固有財産化や賃借権取得を許容している[51]、あるいは、不当な利益を得ないことを前提に固有

---

50) 31条2項1号をめぐっても、2号や4号との相関的な位置づけや整理が考えられる（道垣内ほか・前掲（注37）ジュリ1322号19頁［井上］参照）。

51) 信託行為の定めに関して識別可能性を説く見解は、多くが善管注意義務に委ねられることが受益者の保護の趣旨を損ねるという懸念に出るものである。ただ、やはり、「特定の不動産を買い受けることができる」、「相当価格で、特定の不動産を買い受けることができる」、「……の事情のときは、相当価格で、特定の不動産を買い受けることができる」、「……の事情のときは、鑑定調査をふまえて決定された相当な価格で、特定の不動産を買い受けることができる」等々、信託行為の定めの具体度はさまざまに考えられる中で、識別可能性では基準とはならないだろう。懸念に対応するとすれば、本文のような構成が考えられるのではないか。なお、善管注意義務によるとしても、実際は、取引条件の概要等は記載するのでなければ——あわせて善管注意義務の内容を信託行為で具体化することになる——適切に自己取引を行うことは困難であるとの指摘として、村松ほか・新信託法96頁注12。

財産化や賃借権取得を許容しているのであって、31条2項1号において信託行為の定めにより許容されている場合に該当しない（当該定めの範疇の外である）と解するべきなのか、である。損失塡補責任の内容と発動の要件（善管注意義務によるときの帰責事由の問題など）、行為の効果や第三者との関係などを含め、それぞれの構成の場合の違いを詰める必要があるが、31条2項1号による禁止解除の明確性から、善管注意義務は別に考えるべきであり、また、31条1項や32条1項に定める以外の忠実義務については30条の解釈として処理するのが適切ではないかと思う。

これに対し、受益者による承認については、例えば不当な廉価での固有財産化については、対価に関する情報は受益者に開示されるべき重要な事実であり、不当とされる事情があるときにその承認は、錯誤に基づくものであったり、また、その情報が示されなかったか受益者に理解のできる適切な形で説明等がされなかったといった事情が存在することが少なくないだろう。そのような場合にはそもそも31条2項2号の承認を欠くことになる。承認が認められても、その承認の及ばない範疇について、忠実義務の一般規定や善管注意義務による義務と責任が存するのは、信託行為の定めの場合と同様である。

このように考えると、ある行為が31条1項に該当し、2項1号によって許容されている場合にも、個別・具体的な状況下で30条の問題となることがある。では、30条はどのような場面を想定するものと解されるのか。31条が類型的な利益相反行為についての規律であるのに対し、30条の「忠実」は実質的な内容であって、総合判断によるとされている。その場合も、その行為をすることにつき信託行為に許容の定めがあるときや、受益者の事前の承認を得たときは、「忠実」に行動していないと評価されることはないと言われる[52]。問題は許容されている「その行為」とは何であろう。上記のとおり、自己取引を許容する定めがあっても、その取引を行うことによって不当な利益を得ることまでは許容されていないから、不当な利益取得行為の面はなお30条

---

52) 寺本・逐条118頁注2、村松ほか・新信託法93頁。

の忠実義務違反となる。

　30条の適用範囲については、31条、32条との関係で、受託者の行為が31条1項や32条1項に該当する場合には両条の問題であって、この両条によっては捕捉しきれない行為のみが30条の一般規定の対象となると説明されている[53]。この説明によっても、上記のとおり、ある特定の行為のある側面のみが31条や32条の対象となっている場合に他の側面についての30条の適用が排除されるわけではない。

　30条自体に眼を向けると、同条はきわめて雑多な面をもっている。一般的な忠実義務の宣明であるとともに、31条、32条以外の忠実義務を受ける規定でもある。後者については、信託事務処理において得られた情報の固有財産のための利用行為など、禁止の類型化が難しいために30条に委ねられているものがある。また、明文の置かれなかった利益取得行為の禁止がある[54]。さらに、31条では掲げられていないが、なお類型的な利益相反行為と目されるものがありうる。例えば、同一受託者の複数の信託の間での31条1項4号型の行為などである（A信託に属する信託財産責任負担債務についてそれを担保する担保権をB信託に属する信託財産に設定するような場合）。異なる受益者間の利益相反であって、第三者間の利益相反であるという観点から、忠実義務の問題としてとらえるべきか議論はある。また、忠実義務の問題と考える場合にも31条1項4号の類推適用が考えられるが、30条の適用も考えられよう。

　30条はその効果や手続について31条のような詳細を定めていない（40条3項による利益の損失推定規定の適用は明文がある）。30条の適用が問題となりうる場面や行為の多様性からすると、その効果も一律ではないように思われる。上記の複数の信託財産の間の間接取引については、これが、31条1項4号型の行為であると理解するなら、30条による場合も、その規律（行為の効力や通知など）については31条の規律が参照されるべきであろう。

53) 寺本・逐条118頁注1、田中・前掲（注31）212頁。
54) 寺本・逐条132頁。詳細な整理と分析として、吉永一行「忠実義務論に残された課題に関する一考察——法制審議会信託法部会における議論の整理と分析を通じて」米倉明編著『信託法の新展開——その第一歩をめざして』（商事法務、2008）125頁以下、参照。

最後に、代理人の権限濫用で問題となるような、受託者が、26条の権限内であって31条1項の該当性を欠く（そもそも31条1項に当たらないか、2項1号によって禁止がはずれる）行為において、自己または第三者の利益を図る意図を有していた場合の扱いである。これについて、民法93条ただし書の類推適用が言及され、しかし、これに対してはその規律によるのでは相手方に善意無過失であることが要求されて、信託法の他の規律と整合性を欠くと指摘され、27条による処理が主張されている。40条3項（利益吐き出し的損失塡補責任）の適用可能性や、30条のもとで効果について解釈の余地があり、行為の効力が否定されうる余地があることを考えると、30条の問題として、27条や31条の処理をとりこんでいく方向が考えられるのではないかと思われる。もっとも、特に受益者による取消しについては、明文の規定なくして取消しが認められるかは、信託にとどまらず、懐疑的にならざるを得ないから、これを克服できるかが1つの鍵であろう。

IV おわりに

本稿は、受託者の義務の任意規定化が平成18年の信託法改正の1つの特色とされる中で、それがどのような内容をもつものかを探ることを目的としたものである。「任意規定化されたからといって、完全に自由であるというわけではなくて、信託であると認められるためには最低限どこまでの内容が必要かという問題が存在すること」、「緩和の限界が存在するはず」であり、それは「信託とは何か、信託の本質はどこにあるか、という議論に支えられて明らかになってくるわけで、今後の解釈に委ねられていることにな」ること、「これがはっきりしないと真に安定した信託制度はでき」ず、「じっくりとした議論が必要で」あることは、法案段階から指摘されていた[55]。本稿は、この指摘や問題意識を共有しつつ、「任意規定」「化」の内容を多少なりとも明らかにしようと試みたものである。

---

55) 道垣内弘人「信託法改正と実務」ジュリ1322号13頁（2006）。

本稿での考察の概要を示すと、次のとおりである。

旧法と比較すると、現行法は、忠実義務の「任意規定」「化」へと舵を切ったといえる。ただし、その「任意規定化」は、条文上は、狭義の利益相反行為と競合行為についてのものである。

任意規定化といっても、忠実義務の全面的な排除が認められるわけではない。信託行為の定めによるときは、信託行為の当事者の意思いかんにより、およそ信託たりえないか、当該定めが無効であるかのいずれかである。受益者の承認によるときは、承認そのものについて瑕疵ある意思表示（ないし準法律行為）として効力が否定されうるし、そもそも重要な事実の開示の要件をみたさず承認の存在が否定されうる。

そのような完全な忠実義務の排除に至らない場合に、どこまでが許容されるかについては、信託行為の定めによる場合と受益者の承認の場合とでは、異なる。前者による場合には、信託の設計についての自由の範囲内で、信託設定時において想定される、信託事務処理の内容を定める観点から、信託目的達成のための必要な行為として抽象的・概括的に定めることが認められる。名義主体でありながら受託者に自由な利益享受を認めないことが信託の根幹をなすことから、受託者による信託財産からの自由な利益享受を可能とする定めは許容されない。どの程度の定めがさらに求められるかは、信託の種類、目的、信託財産の種類・範囲等により異なる。これに対し、受益者の承認は、信託設定後、随時の個別・具体的な行為を対象とするものであって、重要な事実の開示がされたうえでのリスク判断という性質を有する。リスクを引き受ける同意としての有効性を支える観点から、限界の判断がなされることになる。

31条2項、特に1号の信託行為の定めについては、それによって禁止が解除される場合も、なお個別・具体的事情下において当該行為のもつ別の側面が30条に反すると判断される余地がある。また、善管注意義務違反となりうることまで当然に排除されるわけではない。また、受託者が自己または第三者の利益を図る濫用的な意図を有していた場合については、30条によることも考えられる。そもそも30条は多様な役割を担わされており、その効果につ

いて、31条や27条に類して、行為の無効をもたらす余地がある。30条による処理は40条3項の適用可能性を開くものの、その一方、第三者が絡む場合には、第三者の主観――悪意または重過失――を要件とする受益者による取消しという構成となるが、明文なくして取消しが認められるかというより一般的な問題がある。

以上は、31条の狭義の利益相反行為を専らその対象としたものである。競合行為については、それ自体として別途考える必要があると思われる[56]。

本稿は、抽象的・観念的な検討にとどまり、また、問題の整理にとどまっている。個別具体的な検討の必要性と意義を改めて確認し[57]、競合行為の規律、忠実義務の一般規定の検討とともに、今後の課題としたい[58]。

---

56) 会社法上の株式会社における取締役の忠実義務に関して、自己取引の規律は広い意味での「横領」の防止にその機能と合理性の基礎が認められるのに対し、競業規制の規律は受託者の義務の範囲を画する機能をもち、契約の不完備性にその理由が見出され、両者ではその規律のありよう（一律であって会社の種類・状況や受認者の種類・地位を問わないのかどうか）や限界付けが異なるという指摘がある（田中亘「忠実義務に関する一考察――機能に応じた義務の設計方針」落合誠一先生還暦記念『商事法への提言』（商事法務、2004）225頁以下）。この指摘が、信託の受託者について当然に当てはまりうるのかは軽々に断じることはできないが、少なくとも、忠実義務として一律に論じるのではない形での検討は必要であろう。

57) 友松義信「信託受託者の競合行為に関する一考察」能見編・前掲（注20）『信託の実務と理論』105頁、神作裕之「信託受託者の競合行為：コメント」能見編・同121頁は、競合行為に関する委託者が運用指図を行う特定金銭信託での貸付け、信託による不動産や不動産信託受益権の売却や買付、運用について、競合行為の問題を具体的に検討する。

58) アメリカ法においては、忠実義務は、「任意規定」であるが、信託行為の定め（や受益者の承認）によって完全に排除することはできないとされ、その限界づけとして、受託者が、誠実に（in good faith）、公正に（fairly）、信託目的に従い（in accordance with the purposes of the trust）、受益者のために（for the benefit of the beneficiaries）行為をすることまでは排除することができない、とされている（第3次信託法リステイトメント78条コメントc(2)、統一信託法典105条(b)(2)(3)など。樋口範雄『アメリカ信託法ノートII』（弘文堂、2003）146頁も参照）。この限界づけは、信託受託者だけではなく、信認

義務一般について眼にするものである。また、類似の指摘は、イングランド法についても見られる（Simon Gardner, AN INTRODUCTION TO THE LAW OF TRUSTS, third ed., 172-174 (2011)。受益者の最善の利益のために（in the object's best interests）誠実に（honestly）行動するという中核は排除できないとされる）。英米法において、任意規定とされることの意味や、限界として言われる「誠実に（in good faith あるいは honestly）」や「公正に（fairly）」の具体的意味内容は、必ずしも明瞭ではないように思われる（投資判断に関する注意義務についてであるが、アメリカ信託法の実態に関し、任意規定性の一般的な強調にもかかわらず、判例における実態は、投資に関する注意義務について、単なる任意規定とはいえず、一種、立証責任の転換のような効果をもった規定となっていることを描写する、樋口範雄「信託法の任意性の意義──米国のプルーデント・インヴェスター・ルールの実際的機能」前田庸先生喜寿記念『企業法の変遷』（有斐閣、2009）375 頁、396 頁参照）。検討課題としたい。

また、日本法において、「利益相反」の語の使用における二義性が指摘されている（道垣内・入門 150 頁、道垣内ほか・前掲（注37）ジュリ 1322 号 21 頁～22 頁［道垣内］参照）。語の指す意味については、「利益」の概念もはっきりしない面がある。「利益」相反、受益者の「利益」のため、受託者の「利益」取得の禁止といった各所で語られる「利益」が何を意味しているのか。ときに同じく「利益」と訳される利益相反、利益取得禁止は、英米法での表現は、conflict of interests, no profit である。「利益」の概念について、英米信託法における interest, profit, benefit の概念をも整理しつつ、信託の根幹と考えられる受託者の「利益」享受の禁止の内容についてさらに検討する必要があるように思われる（名義と利益享受の分離という場合の「利益」の意味につき、横山美夏「信託から、所有を考える」信託法研究 36 号 74 頁（2011）［その不透明さを指摘しつつ信託財産およびその収益の経済的効用が想定されているとする]）。

信託財産の引渡請求権

山下　純司

Ⅰ　問題の所在
Ⅱ　旧信託法下の議論
Ⅲ　イングランド法
Ⅳ　現行信託法の解釈

Ⅰ　問題の所在

1　はじめに

　信託を設定する合意がなされたにもかかわらず、委託者が受託者に信託財産を引渡さない場合、受託者は委託者を訴えて、信託財産の引渡しを強制できるか。本稿ではこの点を中心に、信託契約締結後の受託者の権利義務関係について考える。最初に、この点に関する従来の議論を整理し、問題点を明らかにする（Ⅰ）。その後、平成18年に現行信託法が成立する以前の旧信託法化での議論（Ⅱ）、および信託の母法であるイングランド法の議論（Ⅲ）を参照する。最後に、それらの議論から得られた示唆をもとに、現行信託法についての解釈論的な提案を行う（Ⅳ）。
　本稿での基本的な主張は、次のようなものである。
　①委託者が受託者に対して信託財産を引渡す義務を負うかどうかは、信託契約締結の後、委託者が受託者に、誰との関係で、どのような信託財産の管

理義務を負わせているかという問題と関連する。

②受託者が受益者との関係で信託財産の管理義務を負う場合、受託者は信託財産を自己の管理下にできるだけ早く移す義務があり、とくに信託財産が動産の場合には対抗要件としての引渡しを受けておかなければならない。こうした場合には、委託者は受託者に対して、信託財産を引渡す義務を負うものと解される。

③これに対して、信託契約締結後、受託者が委託者との関係でのみ信託財産の管理義務を負うに過ぎない段階では、受託者は委託者に対して信託財産の引渡しを請求できない。

上記の点に関連して、予め補足しておく点が、二、三ある。

第一に、「受託者が委託者との関係でのみ信託財産の管理義務を負うに過ぎない段階」というのは、委託者と受益者が同一であるという、いわゆる自益信託の場合を指すのではない。ここで念頭に置いているのは、最初の受益者が未だ存在しない場合、もしくは信託行為の特約により、受託者としての義務に期限や条件が付されている場合である。

第二に、このような「最初の受益者が未だ存在しない場合、もしくは信託行為の特約により、受託者としての義務に期限や条件が付されている場合」にも、受託者は委託者との関係では信託財産の管理義務を負うという解釈は、信託法上明文の根拠があるわけではない。しかしそれは、委託者と受託者が信託契約を締結したという事実から直接に導かれる最低限の義務ではないかと思う。強いて根拠を挙げるなら信義則ということになろう。

第三に、本稿で中心に扱うのは、信託財産の引渡しが物権変動の対抗要件となっている場合、つまり信託財産が動産である場合のみである。したがって本稿の議論は、信託財産が不動産の場合は、受託者は委託者に登記請求権を行使できるかという問題に置き換えて理解する必要がある[1]。

前置きはこれくらいにして、早速本論に入ることにする。

---

1) その意味では、本稿は信託財産の引渡請求権全体を扱うものではない。しかし、本稿の議論は不動産の引渡請求権を考察する際にも、ある程度の示唆を与えるものと信ずる。

2　現行信託法における従来の議論[2]

委託者が受託者に対して信託財産の引渡義務を負うかという点について、現在の学説は、これを信託契約の諾成契約性との関係で論じている。

平成18年に新たに制定された現行の信託法の下では、委託者となるべき者と、受託者となるべき者との間で、(i)「財産の譲渡、担保権の設定その他の財産の処分をする旨」と、(ii)「一定の目的に従い財産の管理又は処分及びその他の当該目的の達成のために必要な行為をすべき旨」の合意がなされれば、信託契約が成立し、ただちに信託の効力が生ずる(信託法3条1号、4条1項)。

立案担当官による逐条解説[3]によれば、これらの条文は、信託契約が諾成契約であることを明らかにしたものであるという。すなわち、平成18年法制定前の信託法(以下、「旧信託法」と呼ぶ)の1条は、「本法ニ於テ信託ト称スルハ財産権ノ移転其ノ他ノ処分ヲ為シ他人ヲシテ一定ノ目的ニ従ヒ財産ノ管理又ハ処分ヲ為サシムルヲ謂フ(傍点は筆者)」と規定していたため、信託契約は要物契約であるとの見解が有力であった。しかし、この見解によると、委託者から受託者に対する信託財産の処分があるまでは、ａ) 受託者に忠実義務等の各種義務が発生しないことになり受益者の利益が害される恐れがあるし、かつ、ｂ) 委託者はいつでも信託設定の意思表示を撤回できることになり受託者その他の関係者の利益が著しく損なわれる。いずれも不都合なので、現行信託法は信託契約が当事者の合意のみで成立する立場を採用したのだという。後者の説明(ｂ)からは、受託者の委託者に対する信託財産引渡請求が認められそうである。

これに対して、現行信託法の立案に法制審部会長として関与した能見善久教授は、信託契約が上記のような意味で「諾成契約」であることを認めつつも、一定の場合には、委託者は受託者との関係で信託財産の引渡義務を負わ

---

[2] 能見善久=道垣内弘人編『信託法セミナー(1)　信託の設定・信託財産』5頁以下(有斐閣、2013)参照。

[3] 寺本昌広『逐条解説　新しい信託法〔補訂版〕』37頁、41-42頁(注1)(商事法務、2008)。

ないと主張する。信託というものは本来受託者の利益のために行われる制度ではなくて、委託者あるいは受益者のための制度であるから、委託者が受託者から信託財産の引渡しを請求されるのは信託の姿としては適当ではなく、特に、委託者兼受益者のいわゆる自益信託の場合には引渡請求権は否定するべきであるというのである[4]。

このような有力な批判はあるものの、少なくとも現行信託法の解釈としては、信託契約が締結されれば、委託者は受託者に対して、信託財産引渡義務を負うとする見解の方が優勢であるように思われる。先に挙げた信託法3条1号の条文からは、委託者は信託契約を締結した段階で、受託者に対して財産処分をする旨を約束していることになり、受託者は委託者に対して信託財産を引渡すよう求める債権を有している。さらに、信託財産が現存する特定物の場合には、物権変動の意思主義により、信託契約と同時に信託財産の所有権が受託者に移転していると解される[5]。したがって、受託者は委託者に対して信託財産を引渡すよう請求する債権的さらには物権的な権利を有するというわけである[6]。

3 権利義務の相関という視点の欠如

従来の議論には、どのような問題があるだろうか。

まず、委託者の信託財産引渡義務を肯定する理由として、委託者に信託設定の意思表示の撤回を許すと、「受託者その他の関係者の利益が著しく損なわ

---

4) 能見善久「新しい信託法の理論的課題」ジュリ1335号8頁以下(2007)。能見=道垣内・前掲（注2）5-6頁。
5) 能見=道垣内・前掲（注2）18頁の道垣内弘人教授の指摘。ただし、同教授がこの見解を支持しているかは明らかではない。
6) なお、新井誠『信託法〔第3版〕』120-123頁（有斐閣、2008）は、信託契約の諾成契約化の意義は、委託者が信託資金が即座に用意できない状況での信託設定に効力を認めるなど限定的なものであり、立法論としては信託契約を要物契約と理解するべきであると指摘しつつも、同125-126頁では、諾成的信託の成立を認めながら信託財産の引渡義務を否定することは、委託者による信託財産の二重譲渡を許すことになって妥当でないとする。

れる」という理由を挙げる立案担当官の見解には疑問がある。信託の受託者は、自らが受益者となる場合を除いて、信託の利益を享受することはできないのであり（信託法8条）、もっぱら受益者との関係で忠実義務を負っている（同30条）。したがって受益者以外の「受託者その他の関係者」の利益のために、信託財産の引渡しを請求するという権利は受託者には存在しない[7]。

しかし、「信託は本来、委託者あるいは受益者のための制度である」ということを根拠に、自益信託の場合には委託者兼受益者は信託財産の引渡しを拒むことができるという結論を導く能見教授の主張にも、問題がある。信託の受託者は、委託者が信託行為により設定した「信託の本旨」に従って信託事務を処理する義務を負うのであり（同29条1項）、委託者の指示に直接に従うものではない。つまり、受託者がまずもって重視するべきなのは、委託者の信託契約締結当時の意思なのであって、今現在の意思ではない。この関係は、委託者と受益者が別々の他益信託の場合には当然のことであるが、委託者と受益者を同一人が兼ねる自益信託の場合でも、基本的には変わらないと考えられる。そうすると、「信託は本来、委託者あるいは受益者のための制度である」としても、そのことから、信託契約締結後に翻意した委託者兼受益者の意思に受託者が従うべきことにはならないし、委託者兼受益者に信託財産の引渡しを拒む権利が生じるとは直ちにはいえない[8]。

以上の検討結果は、受託者が委託者に対して信託財産の引渡請求権を有しているかという問題は、その時点で受託者が誰に対してどのような義務を負っているかという問題と、関連していることを示唆する。たしかに、現行信託法の文理解釈としては、信託受託者は信託契約と同時に、委託者に対し

---

[7] 信託財産受託のための準備費用や、受託すれば得られたはずの報酬については、損害賠償で処理すればよい問題である。

[8] もっとも、信託は委託者と受益者の合意で終了できるから（信託法164条1項）、自益信託の場合には、委託者兼受益者の単独の意思表示のみで終了できることになり、信託財産の引渡請求が効を奏さない場合が多いであろう。しかし、信託行為の終了事由は制限することが可能であるし（同3項）、信託事務処理を開始しないことと信託を終了することは同じではない。

て信託財産の引渡しを求める債権を取得し、場合によっては信託財産自体の所有権を取得していると考えざるを得ない。しかし受託者は、これらの権利を自己のために行使することは許されず、場合によっては行使すること自体が受託者の義務に反するのではないかが問題となる。従来の議論には、そうした視点が乏しかったのではないだろうか。

II　旧信託法下の議論

1　信託契約を諾成契約とする説

　旧信託法下では、信託契約を諾成契約とする見解と、要物契約とする見解が対立していた。本章ではこの点を、信託財産の引渡請求権の議論との関連で考察する。

　旧信託法制定当時、学説では、信託設定行為を処分行為と原因行為に分けて理解するかどうかが、一つの問題だった。遊佐慶夫教授[9]は、信託を設定するためには財産権の移転その他の処分がなければならず、受託者が信託財産を取得するための法律行為がまず必要であると説き、処分行為がそれ自体一個の法律行為であるという理解を示している。また、これに対して信託の原因行為とは、受託者が信託目的に従って信託財産を管理処分し、又はこれに伴う事務を処理し、もしくは事業の経営を為すべき義務（積極義務）と、信託の目的に違背しては信託財産の管理処分その他の事務処理を為すべきでないという義務（消極義務）とを負担する行為であるという。

　遊佐教授によれば、処分行為は無因行為であり、原因行為とは切り離して効力が決せられる。すなわち、信託は処分行為と原因行為が相まって設定されるものであるから、いずれか一方が欠けても信託は成立しないのだが、両行為は必ずしも同時になされる必要はなく、成立時期に一定の順序があるわけでもない。一方の不成立、無効又は取消しは、当然に他方に影響を及ぼす

---

9)　遊佐慶夫『信託法制評論』24-31頁（厳松堂書店、1924）。

ものではなく、各行為の成立および効力は独立して観察されるべきものであるという。

このような理解に立つと、信託の原因行為が先に行われた場合、すなわち信託設定の合意のみで、信託財産の処分がなされない場合には、信託は成立していないが、信託設定合意は法的に成立しているということになる。この信託設定合意を「信託契約」と呼ぶならば、信託契約は諾成契約であることになる[10]。遊佐教授は、信託契約を諾成契約とは主張していないが、信託契約を諾成契約とする入江眞太郎教授などは、このような理解に基づく信託契約の「諾成性」を主張している[11]。

2 信託契約を要物契約とする説

これに対して、信託契約を要物契約と理解する旧法下の学説は、その「要物性」の理解が一様ではない。

(1) 青木説の要物性理解

青木徹二教授[12]は、信託契約は要物契約であるとするが、ここでの信託契約とは、受託者が一定の目的に従いある財産の管理又は処分を為す債務を負担することを内容とする債権契約のことである。青木教授は、信託契約は、受託者が委託者より財産権の移転その他の処分を受けることによって成立する点で要物契約であるという。しかし、財産権の移転のその他の処分のためには独立した物権契約が必要であるとし、債権契約としての信託契約は、物

---

10) 大阪谷公雄「信託法に於ける受益期待権の成立に就いて」法学論叢 21 巻 5 号 714 頁以下(1929)も参照。この論考は、次章で見るフレッチャー事件の検討から示唆を得る形で、諾成的信託契約の成立時点から受託者には受益者を保護すべき義務が生じると主張する。

11) 入江眞太郎『全訂信託法原論』177 頁以下（厳松堂書店・大同書院、1933）。同「信託行為論」法学論叢 39 巻 6 号 889-893 頁(1938)。後者に詳述されているように、入江教授は、遊佐教授の無因複合行為説の延長線上で自己の学説をとらえている。

12) 青木徹二『信託法論』（財政経済時報社、1926）92-97 頁。

権契約を伴って初めて成立するものとする。

　もっとも、青木教授は、信託を独立した二つの行為として、二つのいずれか一方が欠けると信託は成立しないが、二つの行為のいずれか遅く成立した方の成立時点で信託は成立するとも主張する。また、信託契約が成立する前には一種の予約的な双務契約が成立し、その予約の履行として財産権の移転その他の処分がなされる可能性も認めている。

　全体として見た場合、青木説における信託契約の「要物性」とは、単なる合意だけでは信託関係は成立せず、処分が必要であるという程度の意味に用いられていることになる[13]。つまり、信託契約を諾成契約であると主張した入江教授らと、主張していることに大きな違いはないことになる。

(2) 田中説の要物性理解

　これに対して、田中実教授は、信託設定の合意のみがなされたにすぎない場合は、法的拘束力が生じないとする見解[14]を発表し、そのような意味で、信託契約は要物契約であると主張した。田中教授は、次のように論じている。

　信託契約を諾成契約として理解する学説では、当事者間の信託設定の合意により信託契約は成立するが、その効力発生は受託者に対して信託財産の移転その他の処分のなされた時ということになる。これはあまりにも技巧的な解釈であり、実際的な意義にも乏しい。信託契約は、要物契約と解するのが明快であり、これは信託が無償契約であることからくる特質である。このように信託契約を要物契約と理解した場合、信託設定の合意のみがなされたに過ぎない場合は法的拘束力を生じないものと見るべきであり、ただ一種の道義的・社会的な約束が成立するに過ぎない。このような信託成立にいたる前段階の当事者間の関係を一種の予約とみる青木教授のような見解もあるが、それは信託契約を以て諾成契約とするのと結果的に同じになってしまうか

---

13)　四宮和夫『信託法〔新版〕』97頁（有斐閣、1989）。
14)　田中実「信託行為の一考察－信託法研究ノートから－」慶応大学法学研究37巻2号1頁以下（1964）。

ら、自己矛盾であり、採用できないという。

　田中説における信託契約の「要物性」は、要物契約という語の一般的な理解に沿うものであり、かつその主張は、従来の学説とは一線を画している。しかし上記の説明では、信託財産処分時以前に信託契約が法的拘束力を有するという解釈を、「技巧的な解釈であり、実際的な意義にも乏しい」とする実質的な根拠は十分示されてはいない。

(3) 四宮説の要物性理解

　田中教授の議論を受けて、四宮和夫教授は信託契約の要物性についての詳細な議論[15]を展開した。四宮教授は、要物契約という語に、青木教授と田中教授とでは全く異なる内容が与えられていることを指摘し、それぞれ「返還義務・管理義務の発生に関する要物性」「契約の拘束力に関する要物性」と名付ける。

　前者の「返還義務・管理義務の発生に関する要物性」とは、信託財産の処分がなされないうちは受託者は管理義務は発生しないという点をとらえて信託契約を要物契約とするものであるが、この意味の要物性は利用型契約(賃貸借・使用貸借)や管理型契約(信託・寄託)について等しく認められるものだから、この点を捉えて信託契約を要物契約と呼ぶことは適当ではない。

　これに対して、信託財産の処分がなされるまでは信託契約に法的拘束力が発生しないという「契約の拘束力に関する要物性」については、信託契約の構造と有償・無償の区別から以下のような複雑な帰結を四宮教授は主張する。

　①自益信託の場合の信託契約は、受託者に対する拘束力に関しては、有償の場合は諾成契約、無償の場合は要物契約となる。これに対して委託者に対する拘束力に関しては、有償・無償を問わず、委託者は撤回することができる。

　②他益信託の場合の信託契約は、受託者に対する拘束力に関しては、有償

---

15)　四宮和夫「信託契約の要物性について(1)(2)」信託63号3頁以下 (1965)、同65号3頁以下 (1966)。

の場合は諾成契約、無償の場合は要物契約となる。委託者に対する拘束力に関しては、第三者たる受益者の受益の意思表示がない間は委託者の撤回権は貫徹するが、受益の意思表示がなされると有償・無償を問わず撤回権が制限される[16]。

このような複雑な帰結が導かれるのは、四宮教授は、信託契約には財産的変動の部分と委任的部分があるという前提から出発し[17]、委任的部分の法的拘束力について、有償・無償によって受託者に対する法的拘束力が変化し、さらに第三者の利益が絡むかどうかで委託者に対する法的拘束力が変化すると考えるからである。

3 旧法下での信託設定合意

以上のような旧法下での議論からは、次のようなことが分かる。

第一に、原因行為と処分行為を区別して考える説（青木説も含む）は、信託設定合意が処分行為を伴わなくても、法的拘束力を認めていた。原因行為としての債権契約は、処分行為と独立して有効に成立しうるからである。したがって、その効力として委託者の信託財産引渡義務が生じるか否かは明示的に論じられていないものの、その可能性が排除されてはいなかった。

第二に、田中説は、原因行為と処分行為の区別を否定し、処分行為を伴わない信託設定合意には法的拘束力が生じないと主張した。田中説からは、委託者の信託財産引渡義務が生じる余地はない。しかし、田中説が信託設定合

---

16) 旧信託法7条では、「信託行為ニ依リ受益者トシテ指定セラレタル者ハ当然信託ノ利益ヲ享受ス但シ信託行為ニ別段ノ定アルトキハ其ノ定ニ従フ」と規定するが、これは処分行為もなされた場合のことであり、債権契約としての信託契約の拘束力には同条は当然には適用がないとする（四宮・前掲（注15）信託65号7頁）。

17) この点について、前掲（注14）の田中論文は、信託行為は財産変動的部分と委任的部分は不可分的に結合されているから、それぞれについて有償・無償を考えることはできないという批判をしているが、四宮教授は、財産権に信託目的による拘束を加えつつ、委託者の財産圏から分離する物権的行為と、それによって発生する財産関係を現実のものとするために為される受託者による信託財産の管理と受益者への給付という行為を、分けて考えることができるとしている（四宮・前掲（注15）信託65号5頁）。

意の法的拘束力を否定する理由は、信託が無償行為であるという点を除くと根拠に乏しいものである。

 第三に、四宮説は、田中説の問題意識に影響を受けつつも、独自の類型論を主張した。委託者が信託財産の引渡義務を負うかどうかは、委託者の撤回権の問題として議論されており、自益信託と他益信託の区別のほか、他益信託の場合に受益者が受益の意思表示をしたかどうかで撤回の可否を判断している。

 このように、委託者の信託財産引渡義務を認めるかどうかについて、旧法下では十分な議論があったわけではなく、信託設定合意に法的拘束力を認めるべきか否かという形で議論がされていたに過ぎない。そして、信託契約の要物性について詳細に論じた四宮教授は、委託者の撤回権について要物性の議論と直接に結びつけてはいない。そこでは、第三者が受益者として利害関係を有している場合かどうかで、きめ細かい類型論が展開されている。

 こうしてみると、現行信託法では信託契約は諾成契約であることが明らかにされたから、委託者は信託財産引渡義務を当然に負うという議論は、いささか乱暴ではないかと思えてくる。現行信託法の下でも、もう少しきめ細かい利益考量を行う必要があると思うわけである。そのための手掛かりを、今度は比較法に求めることにしよう。

III イングランド法

1 信託的処分の柔軟化

 イングランドでは、信託設定合意に基づき、受託者が委託者に信託財産の引渡しを請求できるかが、古くから争われてきた。英米法においては、信託の設定とは財産処分の一形態であり、従って少なくとも明示信託においては、財産処分を伴わない信託設定という概念は語義矛盾に近い。この意味では、イングランドの信託設定には要物性が認められる。信託目的物を引渡す以前の信託設定合意には法的拘束力が認められないのかというと、そういうわけ

でもない。

　この問題についてのリーディング・ケースとでもいうべき有名な事件が、フレッチャー対フレッチャー事件である[18]。

　エリス・フレッチャーは2人の子ジョンとヤコブのために、6万ポンドを信託することにし、捺印契約を行った。それによると、彼の遺言執行者は彼の死から12カ月以内に、受託者に6万ポンドを支払い、それは信託によって管理され、ジョンとヤコブが21歳まで生存していれば、その財産を受け取るというものである。捺印証書の存在は明らかにされておらず、エリスの死後数年たって発見された。また、エリスはこの捺印契約とは別に、全財産を彼の妻、ジョン、ヤコブその他3人の子のため信託する別の遺言を死の直前に残している。

　ジョンは21歳になる前に死亡し、ヤコブのみが21歳に達した。しかし、受託者は、上記捺印契約に基づき信託財産の引渡しを請求すべきかどうか、裁判所の判断に従う意向を示したため、ヤコブが遺言執行者を相手に訴えを起こした。

　裁判所は、大枠以下のような論理により、ヤコブの訴えを認めた。いったん受託者と受益者の間に信託の関係が設定され、委託者から受託者に財産が移転した後は、委託者の財産処分権限は失われ、受託者は信託目的のためだけに当該財産を保有することになる。第三者に利益が帰属するという捺印契約について、第三者を受益者として信託することも可能であり、その場合、捺印契約の諾約者である委託者は法的な責任を負っているから、要約者である受託者は、受益者のために委託者を訴えることができる。受託者が訴えない場合は、受益者が訴えを起こすことができる。

　イングランドの信託法では、委託者から受託者への信託財産の処分がなされなければ、信託は成立しない。しかし、信託財産を処分するという捺印契約そのものが信託されるという法的構成により、受託者は委託者に6万ポンドの引渡しを請求できると同時に、請求をする義務を負うことになるとした

18）　Fretcher v. Fretcher (1884) 4 Hare, 67. なお、大阪谷・前掲（注10）も参照。

のがフレッチャー事件ということになる。

2　将来財産の信託設定合意

　フレッチャー事件は、捺印契約が信託されているという法的構成により、6万ポンドの引渡請求権を肯定した。そこでは、6万ポンドという特定額の金銭についての信託設定が問題となっている。これに対して、将来発生する不特定の財産について、信託設定を合意をすることができるかどうかが争われたのが、プライス事件である。これも有名な事件であるが、多少複雑な事案なので、長めに紹介する。

(1)　プライス事件[19]の事実と判旨

　1887年、被告であるM.G.プライスは、夫となるP.M.プライスとの婚姻に際して、婚姻継承的財産設定（Marriage Settlement）を行い、自らが現在及び将来有する全財産について受託者に信託した。それによると、当該信託の信託財産は、被告が生きている間は被告が単独で受益権を有している（ただし、信託財産の処分権限は禁じられる）。そして、被告が死亡した場合には、夫が生きていれば夫が次順位の受益者となり、夫婦の間に子がいればその子がその次の受益者となるというふうに、残余受益権の設定がなされた。夫婦の間に子供がおらず、被告が再婚もしないまま無遺言で死亡したような場合、残余受益権は、最近親者（next to kin）が取得するものとされた。

　夫のP.M.プライスは、被告との間に子を儲けることのないまま1907年に死亡したが、それに先立つ1904年、彼は、自身が両親から承継する財産の一部を妻に贈与する旨の捺印証書を作成していた。これにより被告は、彼と彼の両親の死後、4700ポンドの基金に対する3分の1の持分等を取得した。問題となったのは、これら基金に対する持分の扱いである。これらの財産が、被告の婚姻後取得財産として1887年の婚姻継承的財産設定により信託財産の対象となるのか、もしそうなら、受託者は受益者のため、被告に対して、

---

19) [1917] 1 Ch. 234. ただし判決は1916年。

当該財産を自らに譲渡するよう履行を強制し信託財産を回復する等の手続をとるべきかについて、受託者が原告となり裁判所に諮問が行われた。

これに対して裁判所は、受託者は信託財産の引渡し等を請求すべきでないとした。その理由は、被告の死後当該信託の受益者となる最近親者は、無償財産取得者(volunteer)に過ぎず、信託の設定に関する捺印証書に関して特定履行を請求することも、損害賠償を請求することもできない地位にあること、そして、原告が被告に対して信託を設定する契約の履行を強制できるとすると、受益者が直接の手続では受けられない救済を、間接的に認めることになって許されないということである。

(2) プライス事件の前提知識

プライス事件では、問題の財産は信託設定時には存在していない将来の財産である。このような財産は発生前に信託することはできないという前提があるため、フレッチャー事件と異なり、信託財産の処分がなされる以前の信託設定合意の効力が問題となった。

この場合の合意の法的拘束力は、イングランド契約法一般の規律に服する。そこで約因の問題と、契約関係の相対性の問題が生じる。婚姻継承的財産設定の合意は、配偶者とその子らには約因が認められるが、傍系親族は約因を有さないため無償財産取得者になる。同時に、この者は合意の当事者ではないから、合意から生じた権利を強制し得る立場にない[20]。プライス事件における信託設定合意は、二重の意味で法的拘束力が否定されるわけである。

もっとも、プライス事件では、委託者受託者間に捺印契約が締結されている。一般の契約理論からすれば、捺印契約は有償・無償の区別なく法的拘束力が生じる。従って、受託者は、委託者に婚姻後取得財産の引渡しを求める

---

20) 近時では、本稿で紹介した議論とは別に、直接の契約関係にない第三者に契約上の権利主張を認める the Contract (Rights of Third Parties) Act 1999 の立法が、信託設定合意の拘束力にどう影響したかという問題が議論されている。

権利があるはずである[21]。そこで、受託者はこの権利を行使できないのかが問題となる。

以上のような前提の下で、裁判所は、受託者は委託者に対して引渡請求権を行使できないと判断したのがプライス事件ということになる。その理由は既に述べたように、受益者は委託者との関係では直接の救済を受けられない無償財産取得者に過ぎないところ、受託者に引渡請求権を認めることは、受益者が直接の手続では受けられない救済を、間接的に認めることになってしまうという点にある。

(3) プライス事件の評価

プライス事件に対する現在の学説は、どちらかというと批判的である[22]。つまり、将来生じる財産についての信託設定合意にも法的拘束力を認め、受託者から委託者に対して信託財産の引渡しを請求することを認めるべきだとする見解が、現在のイングランド法では優勢である。もっとも、立法論としてはともかく、解釈論としてプライス事件の先例的意義を否定することには困難が伴う。

例えば、エリオット[23]は、プライス事件が判示したのは、受託者は婚姻後取得財産の引渡しを求めて委託者を訴える義務を負わないということであり、訴える権利がないとは述べていないと指摘して、受託者は、信託財産の外で、委託者に対する引渡請求権を有していると主張した。しかしこのように考えると、信託を設定するための権利を受託者が自分自身のために行使することになってしまうため、説得的でない。

---

21) ただし、捺印契約から生ずるのはコモン・ロー上の権利であるから、救済手段としては、特定履行の請求はできず、損害賠償請求に限定されることになる。
22) プライス事件では、特定履行請求だけではなく損害賠償請求も否定したわけだが、その際に、エクイティ上の救済が認められない者は、コモン・ロー上の救済も認められないという論理に依拠したことは、明確な誤りであったと一般に説明されている。
23) D.W. Elliott, The Power of trustees to enforce covenants in favour of volunteers. 76 LQR, pp.100-114 (1960).

そこで、ヘイトン[24]は、受託者は委託者のために引渡請求権を保持しているという可能性を検討した。このように考えた場合、仮に受託者が信託を設定しない委託者を訴えて損害賠償を受領したとすると、受託者は当該金銭を委託者のために復帰信託として管理することになる[25]。そうすると、受託者は信託財産の引渡しを拒む委託者を訴えても無意味なので、引渡請求をすべきでないというプライス事件の帰結は支持されることになる。

これに対して、プライス事件の帰結を、そこで展開された議論と共に正面から否定するホーンビーの見解[26]がある。受託者は受益者のために婚姻後取得財産の引渡しを求める権利を保持しており、その権利が信託財産となっていた。つまり、信託は完全に設定されていたのだと考えるわけである。仮に、信託が既に設定されているのであれば、受託者は引渡請求権を当然に行使できることになる。もっとも、このような見解には、信託の設定を安易に認めすぎる点で疑問も示されている[27]。

以上のように、イングランドにおいても、信託設定合意がなされた場合に、受託者から委託者に対して信託財産の引渡請求権が認められるかが議論されているが、そこでは、引渡しを請求する権利自体が信託財産となるか、受託者がだれのためにその権利を保持しているかといった点が重視されている。

3 プライス事件の射程の限定

ここで、プライス事件についての他の見方も紹介しておこう。プライス事件で問題となった婚姻継承的財産設定（marriage settlement）という合意が、結婚した女性の財産的自由を過度に制約するものであったことを指摘し、そ

---

24) D. Hayton, P. Matthews & C. Mitchell, *Law of Trusts and Trustees,* 18th ed. (Butterworths, 2010), p.252 ; D. Hayton & C. Mitchell, *Commentary and Cases on The Law of Trusts and Equitable Remedies*, 12th ed. (Sweet & Maxwell, 2005), pp.246 -248.
25) A.J. Oaklay, *The Modern law of trusts*, 8th ed. (Sweet & Maxwell, 2003), p.173.
26) J.A. Hornby, Covenants in favour of volunteers, 78 LQR 228. 1962.
27) A.J. Oaklay, *The Modern law of trusts*, 8th ed. (Sweet & Maxwell, 2003), p.176.

の射程を限定的にとらえようとするのが、ガードナー[28]の見解である。この主張を理解するためには、婚姻継承的財産設定の歴史的な意義についての多少の知識が必要となる。

(1) 婚姻継承的財産設定の意義[29]

婚姻継承的財産設定は、「婚姻を約因として、または前提として、婚姻当事者とその子孫のためになされる継承的財産設定」[30]と説明される。婚姻継承的財産設定は、夫婦財産が原則として夫に帰属するというコモン・ローの伝統的立場において、妻の財産的独立を確保するための手段として利用された。すなわち、妻が現在あるいは将来取得する財産を信託財産とし、その生存中は単独受益者としてそこから生じる利益を享受できるようにしていたのである。

しかし、これは同時に、家産承継の手段でもあった。それぞれの家から夫あるいは妻に贈与あるいは相続された財産は、すべて信託財産として管理される。もし夫婦が子を儲けないまま離婚あるいは死別した場合、その財産は最近親者に帰属するという形で、家に戻されるわけである[31]。

このように婚姻継承的財産設定には、妻の夫からの財産的独立を確保するという機能がある反面、子の財産的独立を奪い、婚姻後も財産的支配を及ぼすための手段でもあった。この状況が変化し始めるのは、女性の能力や社会的役割に対する見方が変化した19世紀のヴィクトリア朝(1837-1901)であるとされる。妻の財産的独立を認める気運が高まった結果、1870年と1882年の

---

28) Gardner, *Law of Trusts*, 2nd ed, OUP, pp.78-79.
29) W.R. Cornish and G. de N. Clark, *Law and Society in England 1750-1950* (Sweet & Maxwell, 1989), pp.367-369, pp.398-402；中村淑子訳「O・カーン=フロイント『英国の夫婦財産法』」関西大学法学論集39巻6号230頁以下（1990）も参照。
30) 田中英夫編『英米法辞典』544頁（東京大学出版会、1991）。
31) こうした家産承継のための婚姻継承的財産設定は、夫側家系、妻側家系を問わず利用されたようであり、必ずしも妻の財産的独立の阻害要因という一面だけでは割り切れないものがあるが、ここでは深入りしない。

既婚女性財産法[32]が制定された。もっとも、同法律は夫婦財産の一部について、妻にエクイティ上の特有財産（separate use）を認めるもので、言ってみれば婚姻継承的財産設定によって認められていた妻の財産的独立を、同制度を利用しない既婚女性一般にも広く認めるものであった。

これ以降、婚姻継承的財産設定は徐々に数を減らしていったが、家産承継の手段としては依然として利用価値があった。すなわち、婚姻する女性に信託設定を約束させることで、財産処分の権限を放棄させ、収益受益権のみを享受させるために用いられていたのである。最終的に、妻が自身の財産についての自由な処分権限を獲得するのは、女性に財産権の享受に差別的に課される期限前処分（anticipation）や譲渡（alienation）へのあらゆる制限が禁じられる1935年[33]と1949年[34]の立法によってである。

(2) プライス事件の問題点

プライス事件で問題となった婚姻継承的財産設定は、1887年に行われており、これは既婚女性財産法が制定された後である。同法によって、妻の財産的独立は、婚姻継承的財産設定を利用してもしなくても、同程度には保護されるようになった。つまり、プライス事件の婚姻継承的財産設定は、もっぱら家産承継の手段としてのみ利用価値があった。当然、プライス事件における婚姻継承的財産設定には、妻による財産の期限前処分や譲渡を禁ずる条項が含まれており、判決が下されたのは1916年当時、そうした条項は法的に有効なものとして扱われていた。

しかし、ガードナーも指摘するように、現代の我々の目から見れば、こうした婚姻継承的財産設定の問題点は明らかである。家産承継を目的として、設定者が将来取得する財産について全て信託財産とすることを強制し、配偶者や子がいなくなった後も、自らが取得した財産を自由にすることができな

---

[32] Married Women's Property Act 1870, Married Women's Property Act 1882.
[33] Law Reform (Married Women and Tortfeasors) Act 1935.
[34] Married Women (Restraint upon Anticipation) Act 1949.

い。このような合意は、設定者の財産的自由を過度に拘束するものであるから、裁判所がその効力を制限しようとしたことに違和感はない。

おそらく、プライス事件の判決が下された当時でも、こうした問題点は意識されていたであろう。わが国の信託法の解釈に示唆を得るに当たっては、こうした点も意識しておく必要がある。

IV 現行信託法の解釈

1 ここまでの議論からの示唆

わが国の旧法の議論、及びイングランド信託法を参照した上で、現行信託法制定時に論じられた「信託契約をもって要物契約であるとした場合には、当事者の合意があるのみで信託財産の処分がされていない段階であれば、信託契約の効力が未発生であることになるから、委託者はいつでも信託設定の意思表示を撤回できることになる」という説明を検証すると、ここでの「信託契約」とは、旧法における議論の「原因行為」や「委任的部分」、イングランド信託法における「信託設定合意」に対応していることが分かる。そして、旧法でもイングランド信託法でも、この種の合意が常に撤回可能とは考えられていなかったことは既に検討したところから明らかである。

そこで、わが国の現行信託法の解釈について考えよう。受託者が、委託者に対して信託財産の引渡しを請求できるかどうかを考えるに当たっては、ａ）委託者・受託者間の信託設定合意に法的拘束力が認められるかと共に、ｂ）そうした合意に基づいて受託者は信託財産の引渡しを請求する根拠となるような権利を取得するか、ｃ）そうして取得した権利を、受託者がだれのために保持しているか、という三つの観点が重要であるように思われる。

現行の信託法では、ａの点について、すなわち信託契約という信託設定合意に一定の法的拘束力を認めていることには疑いが無いものと思われる。問題はその先、ｂとｃにある。ここからは具体例を挙げながらｃ→ｂの順に検討しよう。

2　対抗要件具備義務の観点から

　委託者Sが、受託者Tとの間で、甲という種類の動産1個について、Bを受益者として信託契約を締結したとする。このとき、TがSに対して、甲1個の引渡しを請求できるかを考えよう。最初に、TはSに対して引渡しを求める根拠となる権利を取得しているものと仮定して、そうした権利を、受託者はだれのために行使しなければいけないかを考える (→ c)。その後、信託契約はTにそうした権利を発生させるのかを考える (→ b)。

(1)　引渡しを求める権利は誰のためか
　引渡しを求める根拠としては、①特定された『甲』の所有権がTに移転していることに基づく物権的な引渡請求権と、②信託契約から生じる債権的な引渡請求権が考えられる。①は甲の特定後にしか問題とならないが、②は甲が特定されているか否かに関わらず問題となり得る。そこで、信託目的物特定の前後で分けて考えることにしよう。

①　信託目的物特定後
　種類物としての甲が特定されて『甲』という特定物として扱うことができるようになったため、所有権がTに移転したという場合には、『甲』はすでに信託財産としてTに帰属していると考えることができる。そのように考えないと、『甲』は固有財産としてTに帰属していることになり、Tの債権者との関係で不都合が生じる。

　この、『甲』の所有権がTに移転し信託財産となっているにもかかわらず、Sが『甲』の引渡しをしていないという状況で、もっとも恐れるべき事態は、Sが倒産することである。動産物権変動の対抗要件たる引渡し（民法178条）が完了していないため、Tは『甲』の所有権を、Sの破産管財人あるいは債権者に対して主張することができない。こうしたリスクを避けるためには、Tは『甲』の所有権を取得したら、できるだけ早く引渡しを受けることが望ましい。

問題は、委託者であるＳが、『甲』の引渡しを拒んでいる場合に、ＴがＳに『甲』の引渡しを請求し、裁判に訴えて強制履行をすることができるのかである。この点、私は受託者Ｔがいつから受益者Ｂとの関係で信託法上の義務を負っているかを基準に考えるべきだと思う。

　仮に、Ｔが受託者として受益者Ｂとの関係で義務を負っているとすれば、Ｔは『甲』をＢのために管理しなければならない。もし、Ｓから『甲』の引渡しを受けておかなかったために、信託財産となっていたはずの『甲』を失ったとすれば、ＴはＢとの関係で善管注意義務違反に問われる可能性が高い。そうすると、『甲』の所有権を取得したら、できるだけ早く引渡しを受けておくことが、Ｔの受託者としての法的義務であり、そのためにはＳとの関係で『甲』の引渡しを請求できなくてはおかしい。

　これに対して、Ｔが受益者Ｂに対して受託者としての義務を負っていない段階では、Ｓが『甲』の引渡しを拒んでいるにも関わらず、Ｔが『甲』の所有権に基づき引渡しを請求できると考えるべきではないように思われる。なぜなら、この段階での『甲』は、ＳＴ間の内部的な合意に基づき「信託財産」と扱われているにすぎないのであるから、Ｔは、委託者であるＳのためだけに『甲』を信託財産として保持していると考えられるからである。もちろん、Ｓが『甲』を引渡さずに倒産するなどして『甲』が失われたとしても、ＴはＳから責任を問われることは無いと考えられる。

② 信託目的物特定前

　信託契約で、信託財産を種類物甲１個と指定しているような場合、甲が特定されていない段階であっても、債権的な引渡請求権が受託者Ｔから委託者Ｓに対して生じないかが問題となる。仮に、そのような債権的引渡請求権が発生しているとすると、ＴはＳに対して、「種類物甲１個を信託財産として引渡せ」という債権を有していると考えることができる。この債権は、すでに信託財産としてＴに帰属しているものと考えることができる。そのように考えないと、この債権はＴの固有財産に帰属することになり、Ｔが破産した場合などには破産財団に属することになり、妥当な結論にならない[35]。

TがSに対してこうした債権を有している段階で、Sが倒産してしまった場合を考えよう。TがSに対して有しているのは債権的な権利に過ぎないから、Tは割合的な救済を受けられるに過ぎない。そうならないためには、TはSに対して、甲を早く特定し、特定された『甲』について引渡しを行うように求める必要がある[36]。

　問題は、委託者Sが甲の特定や引渡しを拒んでいる場合である。この場合に、受託者Tは、Sに対して甲1個の引渡しのため強制履行をすることができるのかが問題である。ここでも、Tがいつから受益者Bに対して義務を負っているのかが重要である。

　もし、Tが受益者Bとの関係で受託者としての義務を既に負っている場合、TはSではなく、Bの利益のために行動しなければならない。もし、Tが適切に行動していれば甲を信託財産とすることができたのに、そのように行動しなかったとすれば、TはBから善管注意義務違反の責任を問われる可能性がある。そうならないためには、受託者TはSに対して甲1個の引渡しを請求できなければおかしい。

　これに対して、Tが受益者Bに対して受託者としての義務を負っていない段階では、TはSのためだけに当該債権を管理していると考えることができる。この場合、TはSとの内部的な合意に基づき、債権実現の義務をSとの関係でのみ負っているのであるから、Sの意思に反して甲の引渡しを求めることはできないと考えるべきであろう。

35）能見＝道垣内・前掲（注2）29頁で藤田友敬教授は、引渡請求権が信託財産となるという法律構成を提案している。ただし、信託法3条1号にいう財産処分の要件との関係など、問題点も指摘されている。

　私見では、引渡請求権自体が信託財産になっているというよりも、その請求権の発生根拠となるような「処分」を求める債権ないし「処分」の結果としての物権が、信託財産になっていると見るべきではないかと思う。請求権が「財産」であるという見方はあまり一般的でないと思われるのに加え、将来引渡請求権が具体化する合意を想定した場合、引渡請求権より前に債権的あるいは物権的な「合意」を管理するべき義務が受託者に生じると考えるのが自然だからである。

36）甲がSの手元にない場合には、他所から調達してくるよう求めることになる。

(2) 引渡しを求める権利は生じているか

前(1)の議論は、受託者Tが委託者Sに対して、特定した『甲』の所有権ないし甲1個の引渡しを求める債権を、信託契約に基づいて取得していると仮定してのものであった。そこで、そもそも信託契約を締結すると、所有権移転や債権発生という法的効果が当然に生じるのかを検討しておく必要がある。しかし、ここまでの検討から、この点はある程度明らかになっているように思われる。

仮に、信託契約を締結したとしても、それだけではSからTへの特定した『甲』の所有権の移転も、TからSへの甲1個引渡しを求める債権的権利も、生じていないと考えたとしよう。ここで、もしTが、受益者Bとの関係で受託者として甲を管理する義務を負っているとすると、Tは義務だけ負って、その義務を果たす手段としての権利が無いことになる。これは、委託者としてのSの通常の意思に反すると考えられる。そうならないためには、Tが受益者Bとの関係で受託者としての義務を負うと考えられる時点で、甲が特定しているなら所有権の移転を認め、そうでない場合には「種類物甲1個を信託財産として引渡せ」という債権が発生していることを認めるべきであるように思われる。

そして受益者は、信託行為に別段の定めがある場合を除き、当然に受益権を取得する（信託法88条1項）。したがって、信託法のデフォルト・ルールとしては、Bは信託契約の締結と同時に受益者となるのが原則であり、Tは受託者としての義務をBとの関係で負うことになる。そうだとすると、信託法の解釈としては、信託契約の締結と同時に、『甲』の所有権の移転や甲1個の引渡しの債権が発生すると考えるべきではないだろうか。

(3) 分析結果の一般化とまとめ

ここまでは種類物たる動産で考えてきたが、同じような考え方は不動産等、他の信託財産についても当てはまる。分析をより一般化すると、次のようなことが言えるように思われる。

まず原則としては、受託者は、委託者との間で信託契約を締結した場合、

信託財産を、委託者の倒産リスクから守るため、信託財産の対抗要件をできるだけ早く具備することが望ましい。したがって、受託者が委託者に対して、信託財産が動産である場合に引渡しを請求できるか、不動産である場合に移転登記を請求できるかは、信託財産を委託者の責任財産から分離するという受託者の義務との関係でとらえるべきである。

受託者が受益者との関係で義務を負うに至って以降は、受託者は信託財産を受益者のために管理することになる。したがって委託者が動産の引渡しや不動産の移転登記への協力を拒んだ場合、受託者は受益者のために、対抗要件の具備に必要な行為の協力を求めることができると解するべきである。もっとも、信託財産が空の状態において、受託者から委託者に対抗要件具備のための請求権が立つかどうかは検討を要する。

受託者が受益者との関係で義務を負っていない段階では、受託者は信託財産を委託者のために管理していると考えるべきである。したがって、委託者が信託財産の引渡しを拒んでいる場合に、受託者が委託者に信託財産の対抗要件具備を強制できると解するべきではない。

3 おわりに

ここまで信託契約の締結によって、受託者は信託財産の引渡請求権を負うかという問題を、理論的な観点から検討してきた。最後に、より実際に近い例における解釈論上の課題を挙げておこう。

第一に、信託銀行などの信託契約書では、必要に応じて委託者の引渡義務が契約条項として明示されるという[37]。他方で、信託財産の引渡しがあるまでは、信託銀行は受託者としての義務を一切負わない旨の条項を定めることもあるという[38]。仮にこのような二つの条項が同一の信託契約書にある場合、

---

37) 能見＝道垣内・前掲（注2) 7頁の田中和明氏、9頁の井上聡弁護士の発言など。
38) 能見＝道垣内・前掲（注2) 10頁の井上弁護士の発言参照。なお、同11頁で、能見教授は、信託財産が来ない限り忠実義務は発生しないという形の対応は、「虫がよすぎる」と評している。

問題は無いだろうか。この場合に、信託銀行が有している引渡しの請求根拠となる権利は、どのような性質のもので、誰のために行使されているのか。権利行使に当たって、信託銀行は一切義務を負わないのか、慎重に判断する必要がある。

　第二に、民事信託、とくに家族間での贈与目的の信託などでは、信託契約書が作られたとしても、受託者が委託者に対して信託財産の引渡しを請求できる場合は、限られるのではないだろうか。民事信託では、受託者が受益者との関係で義務を負うのは、少なくとも実際に信託財産の引渡しがすんでからというのが、委託者の通常の意思のように思われるからである。信託法上規定のある民事信託の例として遺言代用信託があるが、この場合の委託者は受益者変更権(90条)を行使することによって受益者の権利を失わせることができる。このような信託では、信託契約が締結されたからといって直ちに信託財産の引渡請求権が発生すると考えるべきではないように思われる。

　第三に、土地信託の場合を考えよう。土地信託の多くは自益信託であり、委託者と受益者が同一である。しかし、委託者と受益者が同一であることは、信託財産たる土地の登記請求権を否定する直接の理由とならないことは、既に述べたとおりである。受託者は、予め定められた信託の本旨に従って権利行使をすべきなのであり、委託者兼受益者のその時々の意向に従って行動するわけではないからである。ただし、受託者が土地の移転登記を待って初めて義務を負うことを信託契約で明言しているような場合には、この限りでないように思われる。

　(本論文は、科学研究費助成金の成果の一部である)。

罹災都市借地借家臨時処理法とその廃止

山田　誠一

I　はじめに
II　罹災都市法の成立まで
III　罹災都市法の成立と内容など
IV　罹災都市法の問題点
V　むすび

I　はじめに

　罹災都市借地借家臨時処理法（昭和21年法律第13号）（以下、「罹災都市法」という）は、大規模な災害の被災地における借地借家に関する特別措置法（平成25年法律第61号）（以下、「被災地借地借家法」という）[1]附則2条1号により、廃止された[2]。

　罹災都市法とは、罹災建物が滅失した当時における建物の借主（2条から8条、および、14条）、および、罹災建物が滅失した当時から引き続きその建物の敷地に借地権を有する者等（10条から13条）について、民法、および、借地借家法の特則を定めるものであった[3]。ここでの罹災建物とは、罹災都市法の制定当初は、「空襲その他今次の戦争に因る災害のため滅失した建物」をいう（1条）ものであったが、その後の二度の改正[4]により、「政令で定める火災、震災、風水害その他の災害のため滅失した建物がある場合」にも準用される

---

1)　平成25年9月25日施行。

ことになった（25 条の 2 前段)[5]。

本稿では、罹災都市法はどのような法律であったか、そして、罹災都市法

---

[2] 岡山忠広「大規模な災害の被災地における借地借家に関する特別措置法について」NBL1005 号 11 頁（2013）は、被災地借地借家法の制定に伴い、罹災都市法を廃止することについて、「旧法［罹災都市法］を改正するのではなく、新法［被災地借地借家法］を制定することとしたのは、①新法においては、優先借地権制度を始めとした旧法の定める制度の多くを廃止した上で、新たな制度を設けるなど、旧法の全面的な見直しを行っていること、②旧法は、もともとは第二次世界大戦により被災した借地権者や建物の賃借人を保護するために、昭和 21 年に制定された応急的・時限的立法であったものであり、見直し後の法律が災害時における借地借家関係を規律する一般法であることを明確に示すためには、旧法を改正するよりも、新法を制定することが望ましいと考えられたことによる」とする。

[3] 罹災都市法 9 条は、疎開建物が除却された当時におけるその敷地の借地権者等について、同法 2 条から 8 条までを準用すると定めていたが、本稿では、この点についての検討は省略する。なお、ここでの疎開建物とは、「今次の戦争に際し防空上の必要により除却された建物」をいうものである（同法 1 条）。

[4] 昭和 22 年法律第 106 号、および、昭和 31 年法律第 110 号。

[5] 昭和 22 年法律第 106 号により改正された罹災都市法 25 条の 2（新設）前段は、「第 2 条乃至第 8 条、第 10 条乃至前条及び第 35 条の規定は、別に法律で定める火災、震災、風水害その他の災害のため滅失した建物がある場合にこれを準用する」と定めた。この準用について、原増司＝青木義人＝豊水道祐『罹災都市借地借家臨時処理法解説〔第 3 版〕』6 頁（巌松堂書店、1948）は、「元来この法律は今次の戦争による災害のため滅失した建物又は今次の戦争に際し防空上の必要により除去された建物の敷地に関する法律関係を調整する目的で制定されたものであるが、終戦後各地に相次いで起った火災、震災、風水害その他の災害についても、罹災者の保護、都市復興の促進のため、被害建物の敷地に関する法律関係の調整につき格段の措置を講じなければならない必要のあることは、今次の戦争による災害の場合と何等異なるところはない。そこで終戦後今日までにおきた諸種の災害や又近い将来に起り得べき災害についても、本法の各条を準用し、これらの災害によって生ずる法律関係を適当に調整して、前述の要請に応えることとした」と解説する。その後、昭和 31 年法律第 110 号による改正された罹災都市法 25 条の 2（一部改正）前段は、「第 2 条乃至第 8 条、第 10 条乃至前条及び第 35 条の規定は、政令で定める火災、震災、風水害その他の災害のため滅失した建物がある場合にこれを準用する」と定め、本法を適用する災害を法律で定めることから、政令で定めることに改めた。

にはどのような問題があったかを検討することにする。

II 罹災都市法の成立まで

1 借地借家臨時処理法と戦時罹災土地物件令

罹災都市法は、第2次大戦直後の昭和21年に成立した。それは、借地借家臨時処理法（大正13年法律第16号）、および、戦時罹災土地物件令（昭和20年勅令第411号）と、主要な部分で関係する[6]。借地借家臨時処理法、および、戦時罹災土地物件令それぞれの概要は、次のようなものである。

2 借地借家臨時処理法の成立とその概要

借地借家臨時処理法[7]は、大正12年（1923年）9月1日の関東大震災の翌年、

---

6) これらの関係については、升田純『大規模災害と被災建物をめぐる諸問題』67頁（法曹会、1996）は、「臨時処理法［罹災都市法］は、そもそも大正12年9月1日に発生した関東大震災において多数の建物が倒壊、焼失し、借地・借家関係が混乱したが、民法、旧借地法、旧借家法、旧建物保護法等によってはこの混乱を処理しきれなくなり、応急的な立法として制定された借地借家臨時処理法（大正13年法律第16号）に起源をもつものである。その後、第2次世界大戦によって、全国にわたり、多数の建物が空襲、強制疎開によって滅失するという事態が生じたため、戦時の臨時応急の立法として昭和20年7月12日に戦時罹災土地物件令（昭和20年勅令第411号）が制定され、同日公布、施行されたが、これによって戦時の借地・借家関係の混乱を避け、借地人、借家人の権利の保全が図られた（実際にはその後間もなく敗戦により戦争が終結したため、終戦後において借地人、借家人の権利の保全、戦災地の復興が図られた）。臨時処理法は、戦時罹災土地物件令が戦時中の臨時応急の立法であり、昭和21年9月30日に失効することになっていたので、その善後措置を講じ、罹災者の保護、罹災都市の復興の促進、土地建物に関する権利関係の整理・調整等の観点から、応急的、時限的立法として、同年8月27日に制定され、同年9月15日から施行されたものである（臨時処理法の制定によって、借地借家臨時処理法、戦時罹災土地物件令が廃止された）」とする。なお、借地借家臨時処理法、戦時罹災土地物件令、および、罹災都市法それぞれの成立の経緯についての法制史的研究として、小柳春一郎『震災と借地借家』（成文堂、2003）がある。

成立した。

　同法3条1項は、「大正12年9月ノ震災ニ因リテ滅失シタル建物ノ借主ハ其ノ建物ノ敷地又ハ其ノ換地ノ上ニ新ニ築造セラレタル建物ニ付其ノ完成前賃借ノ申出ヲ為シタルトキハ他ノ者ニ優先シテ之ヲ賃借スルコトヲ得滅失シタル建物ノ敷地又ハ其ノ換地ノ上ニ築造セラレタル假設建築物ノ借主亦同シ」と定めた。これは、関東大震災により滅失した建物の借主は、その建物の敷地の上に新たに築造された建物について、賃借の申出をすることにより、他の者に優先して賃借することができることを定めたものである。

　また、当時、建物保護ニ関スル法律(明治42年法律第40号)（以下、「建物保護法」という)[8]は、建物登記による借地権の対抗力について、1条1項が、「建物ノ所有ヲ目的トスル地上権又ハ土地ノ借地権ニ因リ地上権者又ハ土地ノ賃借人カ其ノ土地ノ上ニ登記シタル建物ヲ有スルトキハ地上権又ハ土地ノ賃貸借ハ其ノ登記ナキモ之ヲ以テ第三者ニ対抗スルコトヲ得」と定め、同条2項が、「建物カ地上権又ハ土地ノ賃貸借ノ期間満了前ニ滅失又ハ朽廃シタルトキハ地上権者又ハ土地ノ賃借人ハ其ノ後ノ期間ヲ以テ第三者ニ対抗スルコトヲ得ス」と定めていた。これに対して、借地借家臨時処理法7条は、「借地ノ上ニ存スル借地人ノ建物カ大正12年9月ノ震災ニ因リ滅失シタル場合ニ於テハ其ノ借地権ハ借地権ノ登記及其ノ土地ノ上ニ存スル建物ノ登記ナキモ之ヲ以テ大正13年7月1日以後其ノ土地ニ付権利ヲ取得シタル第三者ニ対抗スルコトヲ得」と定めた。これは、借地の上に存する建物が関東大震災により滅失した場合、借地権の登記と建物の登記のいずれもがなくても、その借地権は、大正13年7月1日以降にその土地について権利を取得した第三者に対

---

7)　借地借家臨時処理法は、小柳・前掲（注6）411-412頁、および、升田・前掲（注6）74-75頁に掲載されている。同法は、大正13年7月13日衆議院本会議において法案可決、同月17日貴族院本会議において法案可決、同月22日公布、その後、大正13年勅令第174号により、大正13年8月15日から東京府および神奈川県の借地借家法施行区域において施行された（小柳・前掲（注6）101頁による）。

8)　昭和41年法律第93号による改正前のもの。なお、昭和41年法律第93号は、建物保護法1条2項を削除したものであり、この削除については、幾代通=広中俊雄編『新版注釈民法(15)』362-363頁［幾代通］（有斐閣、1989）参照。

抗することができることを定めたものである。

借地借家臨時処理法3条は、関東大震災によって滅失した建物（旧建物）の賃借人と旧建物の敷地に新たに築造された建物（新建物）の関係に関する規律について、同法7条は、同じく、関東大震災によって滅失した建物の敷地に関する規律について、民法および建物保護法の特則を定めるものであった。

3 戦時罹災土地物件令の成立とその概要

戦時罹災土地物件令[9]は、第2次世界大戦中の昭和20年、公布され施行された。

同令2条は、「本令ニ於テ罹災土地トハ空襲其ノ他戦争ニ起因スル災害ニ因リ滅失シタル建物ノ敷地ヲ謂ヒ借地権トハ借地方法ニ於ケル借地権ヲ謂フ」と定め、同令3条1項は、「罹災土地ニ付存スル借地権ノ存続期間ハ建物ノ滅失シタル時ヨリ進行ヲ停止シ戦争終了後命令ヲ以テ定ムル期間ヲ経過シタル時又ハ戦争終了前ト雖モ借地権者ガ防空法第5条ノ5ノ規定ニ基ク行政官庁ノ許可ヲ受ケ当該借地上ニ新ニ仮設建築物ニ非ザル建物（以下本建築物ト称ス）ノ築造ヲ始メタル時ヨリ更ニ其ノ進行ヲ開始ス」と定め、同条2項は、「前項ノ停止期間中借地権者ハ其ノ権利ヲ行使スルコトヲ得ザルモノトシ地代又ハ借賃支払ノ義務ハ発生セズ」と定めた。そのうえで、同令4条1項は、「建物ノ滅失シタル当時其ノ建物ニ居住シタル者ハ前条第1項ノ停止期間中本建築物ノ所有以外ノ目的ノ為当該建物ノ敷地ヲ使用スルコトヲ得但シ第4項ノ規定ニ依ル使用ヲ為ス者アル場合ニ於テハ此ノ限ニ在ラズ」と定め、同条2項は、「前項ノ場合ニ於テハ当該建物ニ居住シタル者ガ使用ヲ始メタル時新ニ其ノ土地ニ付賃貸借アリタルモノト看做ス」と定め、同条3項は、「前項ノ賃貸借ハ賃借人又ハ転借人ガ当該土地ノ使用ヲ止メタル時消滅ス」と定め

---

9) 戦時罹災土地物件令は、原＝青木＝豊水・前掲（注5）167-173頁、小柳・前掲（注6）412-413頁、升田・前掲（注6）76-79頁、および、我妻栄編集代表『旧法令集』232-233頁（有斐閣、1968）に掲載されている。同令は、昭和20年7月12日勅令第411号として発出され、戦時緊急措置法（昭和20年法律第38号）にもとづいて、昭和20年7月12日に公布、施行された（小柳・前掲（注6）148頁による）。

た。これらは、空襲などの戦争に起因する災害により滅失した建物の敷地（滅失建物敷地）についての借地権は停止し、建物が滅失した当時その建物に居住していた者（滅失建物居住者）は、その借地権の停止期間中、本建築物の所有以外の目的のため、滅失建物敷地を使用することができ、その場合において、滅失建物居住者が使用を始めたとき、滅失建物敷地について新たに賃貸借があったものと看做すことを定めたものである。

　同令4条1項および2項が定める内容は、以上の通りであるが、これらは、借地権の存しない土地についても、「類推適用」されると理解されていた。すなわち、「(1)第一次に、その土地［借地権が存していた土地であって罹災土地であるもの］上に存した罹災建物の罹災当時の居住者は、土地所有者及び借地権者の承諾なくして、本建築物所有以外の目的のため（即ち仮設建築物所有の目的のためや、菜園に使用する目的のため）使用できる（旧令［戦時罹災土地物件令］第4条第1項）。而してこの居住者は、罹災土地の使用を始めた時、土地所有者から新に賃借権を取得したものとみなされる（旧令第4条第2項）が、この賃借権は、右居住者又は同人より土地所有者の承諾を得て転借した者が、土地の使用を止めた時、消滅する（旧令第4条第3項）」と同令4条1項から3項までが定める内容を述べたうえで、「右(1)の使用関係は、借地権のない土地上の罹災建物の居住者（即ち罹災土地の所有者がその土地上に建物を所有していた場合におけるその建物の居住者）についても認むべきであるので、右(1)の使用関係即ち旧令第4条第1項乃至第3項は、借地権の存しない罹災土地についても、類推適用される」と解されていた[10]。

10）　罹災都市法29条の解説においてであるが、戦時罹災土地物件令4条1項から3項までについて、原＝青木＝豊水・前掲（注5）127-128頁が述べているところである。罹災都市法29条の解説において、戦時罹災土地物件令4条1項から3項までについて述べられているのは、罹災都市法29条1項本文が、「罹災建物の敷地につきこの法律施行の際に現に存する旧令第4条第1項の規定による賃借権は、建物所有を目的とするものについてはこの法律施行の日から1箇年間、その他のものについてはこの法律施行の日から6箇月間に限り、なお存続する」と定めたためである。なお、戦時罹災土地物件令について、帝国議会における罹災都市法の審議において、奥野健一政府委員（司法省民事局長）が、同様の理解を述べたことについては、小柳・前掲（注6）152頁を参照。

また、同じ理解に立つ下級審裁判例がある。事案は次のようなものである。Xが、土地（本件土地）および本件土地上の建物（旧建物）を所有し、昭和19年5月25日、旧建物について、Xは、Aとの間で賃貸借契約を締結し、Aが居住していたところ、昭和20年5月26日、戦災により、旧建物は焼失した。Aの夫Yは、昭和20年12月22日復員して妻Aの許に復帰し、昭和21年2月1日から、本件土地上に建物（新建物）を所有し、本件土地を使用していたというものである。そこで、Xが、Yを被告として、新建物を収去して本件土地を明け渡すことを求めて訴えを提起した。第1審判決[11]と第2審判決[12]はともに、Yは、戦時罹災土地物件令4条1項および2項にもとづき、本件土地のうち旧建物の敷地について、賃借権を取得したと判断した。この事案では、夫の応召中に妻が賃借した建物の罹災後に夫が復員した場合において、夫が、戦時罹災土地物件令4条の罹災建物滅失当時の居住者にあたるかが争われたものであり、第1審判決および第2審判決ともに、夫が、戦時罹災土地物件令4条の罹災建物滅失当時の居住者にあたると判断したものであるが、戦時罹災土地物件令4条1項および2項が、条文上は、土地の賃借人が借地上に建物を所有し、その建物が滅失した場合に、滅失建物の居住者に対して滅失建物の敷地についての賃借権を認めようとするものであるにもかかわらず、特に問題とするまでもなく、土地の所有者がその土地上に建物を所有し、その建物が滅失した場合に、滅失建物の居住者に対して滅失建物の敷地についての賃借権を認めたものである。「類推適用」というべきであろう。

また、同令6条は、「第3条ノ規定ノ適用ヲ受クル借地権ハ其ノ登記及当該

---

11) 東京地判昭和26年3月23日下民集2巻3号406頁。なお、本判決は、新建物を収去して本件土地を明け渡すことを求めるXの請求に対して、本件土地の新建物の敷地を除く部分の明渡しを命じた。

12) 東京高判昭和28年12月24日下民集4巻12号1966頁。本判決は、戦時罹災土地物件令4条1項および2項にもとづく賃借権は、罹災都市法29条にもとづき、同法施行の日から2年を経過した昭和23年9月14日限り消滅したとし、また、罹災都市法32条および2条にもとづく賃借の申し出については、Xの拒絶につき正当な事由があると判断し、Xの請求を認容した。

土地ノ上ニ存スル建物ノ登記ナキモ之ヲ以テ建物ノ滅失シタル時以後当該土地ニ付権利ヲ取得シタル第三者ニ対抗スルコトヲ得」と定めた。これは、空襲などの戦争に起因する災害により滅失した建物の敷地についての借地権は、借地権の登記と建物の登記のいずれもがなくても、建物滅失以後その土地について権利を取得した第三者に対抗することができることを定めたものであった。

戦時罹災土地物件令4条は、空襲などの戦争に起因する災害によって借地上の建物（旧建物）が滅失した場合における旧建物の居住者と旧建物の敷地に関する規律について、同令6条は、同じく、空襲などの戦争に起因する災害によって借地上の建物が滅失した場合におけるその借地に関する規律について、民法および建物保護法の特則を定めるものであった。それに加えて、同令4条からは、その「類推適用」により、空襲などの戦争に起因する災害によって土地上の建物で土地の所有者が所有するもの（旧建物）が滅失した場合における旧建物の居住者と旧建物の敷地に関する規律について、民法の特則としての性格を有するものが導かれていたことも指摘しなければならない。

III 罹災都市法の成立と内容など

1 罹災都市法の成立

このようななかで、罹災都市法が成立した。同法附則28条によって、借地借家臨時処理法[13]、および、戦時罹災土地物件令[14]は廃止された。

罹災都市法の意義、および、その内容の要点については、次のように述べるものがある。まず、その意義については、「今次の戦争［第2次世界大戦］による罹災又は建物疎開のため至大な損害を被った都市は、多数に上るので

---

13) 原＝青木＝豊水・前掲（注5）124頁は、借地借家臨時処理法の廃止について、「借地借家臨時処理法は、大正12年の関東大震災により災害を蒙った都市における借地借家関係の調整を図るため制定された法律であるが、同法は、既にその目的を充分達成したので、本法施行の機会に廃止したのである」とする。

あるが、これ等の都市の復興を図るには、この機会にこれ等の都市の欠陥を是正し理想的な都市を建設するという恒久的復興対策と、急速に罹災又は疎開の善後措置を講じ罹災者、建物疎開立退者等の生活を安定させるという応急的復興対策との両者を並行して且つ矛盾なく遂行しなければならない。この都市復興対策を実現するため第90回臨時帝国議会［会期は、昭和21年6月から10月まで］に提案され可決成立した法律が特別都市計画法及び罹災都市借地借家臨時処理法である」として、罹災都市法は、特別都市計画法（昭和21年9月11日法律第19号）[15]とともに、都市復興対策を実現するためのものであって、しかも、「罹災都市借地借家臨時処理法は、右応急的復興対策のため罹災都市における借地借家の法律関係について現下の事態に対処した臨時的措置を講じ、罹災都市の急速な復興を図るために立案された法律である」として、特に、罹災都市の急速な復興を図るためのものであると位置づけられている[16]。そして、罹災都市法の内容の要点は、「㈠罹災建物の旧借主……に対し、従前の借家の敷地……に優先的に借地権を取得する途を拓」くこと、「㈡……建物を築造する資力のない罹災建物の旧借主……については、その罹災……建物の敷地に新たに築造された建物に対して優先的に借家権を取得する途を拓」くこと、「㈢……建物の罹災……の結果、建物保護に関する法律又は借地法における保護を受けることのできなくなった罹災地……に存する借地権を保護し、この借地権者をして安んじて建物を築造することを得せしめ」

---

14) 原＝青木＝豊水・前掲（注5）124-125頁は、戦時罹災土地物件令の廃止について、「戦時罹災土地物件令は、戦時中罹災土地の合理的利用の促進を図るため制定された戦時緊急措置法に基く勅令であるが、同令は、戦時中の臨時応急的な立法で終戦後の今日の事態に副わぬ点があるので、同令にかわるものとして、本法［罹災都市法］を制定したのであるし、且つ又同令の根拠法たる戦時緊急措置法は、先の第89回臨時議会において廃止され（昭和20年法律第44号）、同法に基く勅令は昭和21年9月30日限り失効する（昭和20年法律第44号附則第2項、昭和21年勅令第81号参照）ので、本法施行の機会に廃止したのである」とする。

15) 特別都市計画法は、我妻編集代表・前掲（注9）98-100頁に掲載されている。なお、同法は、昭和29年法律第120号により廃止された。

16) 原＝青木＝豊水・前掲（注5）1-2頁。

ること、および、「㈣戦時中罹災地の合理的利用を促進するため、戦時罹災土地物件令が制定されたが、……この機会に同令を廃止し、これに伴う所要の善後措置を講じ、殊に同令に基き罹災地を建物所有の目的で使用している罹災者等に対して右㈠と同様に借地権を取得する途を拓」くこと等であるとしている[17]。

以下では、これらのうち、優先的な借地権の取得（2）、優先的な借家権の取得（3）、および、建物が滅失した結果、建物保護法による保護を受けることのできなくなった敷地上の借地権の対抗力（4）について、検討を行なうこととしたい。

2　優先的な借地権の取得（2条・3条関係）

罹災都市法25条の2によって読み替えを伴って準用される2条は、1項が「政令で定める火災、震災、風水害その他の災害のため滅失した建物がある場合において、その建物が滅失した当時におけるその建物の借主は、その建物の敷地又はその換地に借地権の存しない場合には、その土地の所有者に対し、第25条の2の政令施行の日から2箇年以内に建物所有の目的で賃借の申出をすることによって、他の者に優先して、相当な借地条件で、その土地を賃借することができる。但し、その土地を、権原により現に建物所有の目的で使用する者があるとき、又は他の法令により、その土地に建物を築造するについて許可を必要とする場合に、その許可がないときは、その申出をすることができない」と、2項が「土地所有者は、前項の申出を受けた日から3週間以内に、拒絶の意思を表示しないときは、その期間満了の時、その申出を承諾したものとみなす」と定めるとともに、3項が「土地所有者は、建物所有の目的で自ら使用することを必要とする場合その他正当な事由があるのでなければ、第1項の申出を拒絶することができない」と定めた（4項は省略）。

これは、建物（旧建物）が滅失[18]した当時の旧建物の借主[19]（旧建物借主）は、

---

17)　原＝青木＝豊水・前掲（注5）2-3頁。
18)　政令で定める災害による滅失である。

①旧建物の敷地(当該土地)に借地権が存在しない場合には、②当該土地を権原により現に建物所有の目的で使用する者がある場合、③当該土地に建物を築造するについて必要とする許可がない場合、および、④当該土地の所有者(土地所有者)が建物所有の目的で自ら使用することを必要とする場合その他正当な事由[20]がある場合を除いて、土地所有者[21]に対して申出をすることによって、その者との間で、他の者に優先して、相当な借地条件[22]で、建物所有の目的で、土地を賃借することができることを定めるものである[23]。すなわち、本条は、1項本文が定める要件がみたされた場合においては、旧建物借主が、土地所有者に対して、賃借の申出をすると、土地所有者の拒絶の意思表示がなく一定期間が経過すると土地所有者の承諾がみなされ(2項)、土地所有者の拒絶には、正当事由が必要であり、正当事由がない場合は、拒絶に

---

19) 滅失した建物の賃借人、賃貸人の承諾を得た転借人、使用借主がこれにあたる(升田・前掲(注6)169頁)。

20) 旧建物借主の賃借の申出を土地所有者が拒絶するための正当な事由である。升田・前掲(注6)199頁は、拒絶の正当事由について、「優先的借地権[罹災都市法2条にもとづいて取得する借地権]の場合には、罹災借家人[旧建物借主]が罹災前に有していた権利を超える内容の権利を取得することになるから、そのためには、特に罹災借家人に借地権を認めるべき合理的な理由、根拠が必要であると考えるのが相当であって、特段の事情がない限り、土地の所有者にその土地の利用を認める方向で正当事由を運用することが妥当であろう」とする。

21) 災害の後に当該土地の所有権が移転する場合においては、建物が滅失した当時の当該土地の所有者ではなく、旧建物借主が賃借の申出をする時における当該土地の所有者である(升田・前掲(注6)180頁)。

22) 借地条件には、賃料の額、支払時期、支払方法、敷金、権利金等の借地に伴う一時金の額、借地の対象となる土地の範囲、建築できる建物の種類、構造、規模、用途等が含まれる(升田・前掲(注6)208頁)。これらは、賃借の申出をした旧建物借主と、土地所有者との間の協議で決めることができるが、協議が調わない場合には、罹災都市法15条にもとづいて、非訟事件手続法の裁判によって決めることができる。なお借地期間は、罹災都市法5条1項が、10年と定めている。

23) 政令で定める地区において、滅失した建物についての規律である(罹災都市法27条2項)。

は効力がないとする（3項）ことによって、土地所有者が承諾をしなくても借地契約が成立することを定めるものである[24]。土地所有者に対して借地契約の締約強制を定める規定である[25]。

また、本条1項本文は、他の者に優先して賃借することができると定めている。これは、本条によって取得する賃借権は、その賃借権が設定された後において、当該土地の使用、収益が競合する関係にある権利を取得した者[26]に対して、当該土地上の建物の登記、借地権等の対抗要件を備えることなく、対抗することができるというものである[27]。これは、罹災都市法2条にもとづ

---

24) 原＝青木＝豊水・前掲（注5）27-28頁は、「罹災建物の旧借主の右貸借の申出に対し土地の所有者が承諾をすれば、これによって賃貸借が成立することは問題ないが、更に土地所有者が積極的に承諾の意思表示をしなくても、次の場合［土地所有者が賃借の申出を受けた日から3週間以内に拒絶の意思表示をしないとき、または、土地所有者が右3週間以内に申出を拒絶しても申出を拒絶するについて正当な事由がないとき］には承諾をしたものとみなされ、賃貸借が成立する。これによって旧借主は土地所有者を強制して賃借権を取得し得ることになるのである」とする。また、升田・前掲（注6）207-208頁は、「罹災借家人［旧建物借主］が臨時処理法［罹災都市法］2条の規定による賃借の申出を」した場合、「罹災土地［当該土地］の所有者が申出を承諾し、あるいは承諾をしたものとみなすことによって借地契約が成立するものとし、……借地契約の成立の時期は、罹災土地の所有者が申出を承諾した場合には、その承諾の時点で、［正当事由なく］申出を拒絶した場合、あるいは申出の日から3週間の期間内に拒絶をしなかった場合には、申出の日から3週間の期間が経過したときに承諾をしたものとみなされるから、その承諾をしたものとみなされる申出の日から3週間を経過した時点で借地契約が成立することになる」とする。借地契約の成立時期については、最判昭和24年2月8日民集3巻2号31頁も参照。

25) 星野英一『民法概論Ⅳ』219頁（良書普及会、1986（合本新訂））は、「罹災都市借地借家臨時処理法によって、賃貸人の意思にかかわりなく、賃借人側の一方的意思表示により借地権の成立する場合のあることに注意する必要がある」とする。

26) 当該土地の譲受人がこれにあたる（最判昭和30年2月18日民集9巻2号195頁は、「罹災都市借地借家臨時処理法第2条に基く賃借権は対抗力を有し、したがって、その登記及び地上建物の登記がなくても、右賃借権設定後その土地につき所有権取得の登記をした第三取得者に対抗し得ると解するのが相当である」とする）。また、当該土地の賃借権、地上権、永小作権の設定を受けた者がこれにあたる（升田・前掲（注6）227頁）。

いて取得する賃借権の優先的効力とよばれる[28]。そして、一般に、不動産賃借権が対抗力を有する場合には、賃借人は、賃貸目的不動産を占有する者に対して、不動産賃借権にもとづいて、賃貸目的不動産の明渡しを求めることができる[29]が、罹災都市法2条にもとづいて借地権を取得した者も、当該土地を占有する者に対して、当該借地権にもとづいて、当該土地の明渡しを求める

---

27) 原＝青木＝豊水・前掲（注5）32頁は、「この賃借権は、対抗要件を具備しなくても、その設定を受けた時対抗要件を具備したのと同一の対抗力を有する」とする。また、升田・前掲（注6）229頁は、「罹災借家人［旧建物借主］が賃借の申出によって優先的借地権を取得したとしても、本来、その借地権を罹災土地［当該土地］の所有者以外の第三者に対して主張するためには、借地権につき対抗要件を備えている必要がある。例えば、建物の罹災後に、罹災土地の所有者が他に賃借権等の権利を設定することがあるが、罹災借家人は、本来、これらの権利を有する者に対して、対抗要件を備えなければ借地権を主張することができないところ、優先的借地権［罹災都市法2条にもとづいて取得する借地権］の場合には、罹災借家人が建物を建築し、その登記を経る時間的余裕がないし、借地権の登記をするために土地の所有者の協力を得ることは期待できないから、優先的借地権が認められても、その意味が乏しくなる。そこで、優先的借地権については、借地上の建物の登記、借地権の登記といった対抗要件を備えなくても、借地権に対抗力を認める必要があり、……優先的効力は、対抗要件を備えなくても対抗力を認めることを内容とするものである」とする。

28) 罹災都市法2条にもとづく借地権の効力について、星野英一『借地・借家法』420頁（有斐閣、1969）は、この「借地権の対抗要件については、罹処法［罹災都市法］に特別の規定がないので、民法605条、建保法［建物保護法］第1条によるように見える。下級審判決にもその趣旨のものがある（……）。しかし、反対の趣旨の下級審判決が多く（……）、最高裁判決も後説をとった（……）ほか、これを前提とするものもある（……）。起草者もこう考えていたようである（……）。学説も、少数を除き（……）、これをとる（……）。下級審判決のいうように、こう解しないと、地主は、いわばその意に反して借地権を設定させられ、またはさせられそうになっているから、土地を第三者に売却する可能性があり、これによってその対抗力が消滅するのでは優先賃借権［罹災都市法2条にもとづく借地権］を規定した趣旨がくつがえされるからである（……）」とする。

29) いわゆる借地権にもとづく妨害排除請求の問題である。例えば、不動産賃借権にもとづく妨害排除請求については、中田裕康『債権総論〔第3版〕』288-291頁（岩波書店、2013）参照。

ことができることになる[30]。

　罹災都市法2条は、以上の通りであるが、同法3条は、建物が滅失した当時のその建物の借主は、①滅失した建物の敷地に借地権が存する場合には、②当該土地を権原により現に建物所有の目的で使用する者がある場合、③その土地に建物を築造するについて必要とする許可がない場合、および、④当該土地の借地権者が建物所有の目的で自ら使用することを必要とする場合その他正当な事由がある場合を除いて、借地権者に対して申出をすることによって、その者との間で、他の者に優先して、相当な対価で、当該借地権の譲渡を受けることができることを定めるものである[31]。

　借地上の建物が滅失した場合に、滅失した建物の借主に、借地権を取得させるための民法の特則を設ける点で、罹災都市法3条は、戦時罹災土地物件令4条1項および2項（上記Ⅱ3参照）と同様であり、さらに、土地の所有者が所有する建物が滅失した場合に、滅失した建物の借主に、借地権を取得させるための民法の特則を設ける点で、罹災都市法2条は、前述した戦時罹災土地物件令4条1項および2項を借地権の存しない土地についても「類推適用」するとの理解（上記Ⅱ3参照）と同様であるということができる。

---

30) 最判昭和29年6月17日民集8巻6号1121頁は、罹災都市法2条にもとづく「賃借権をその設定されたときに当然対抗力をそなえこれを侵害するものに対しては妨害排除を求めうる物権的な効力を帯有せしめた特殊な性格の賃借権であると解した原判決の判示を正当とする」との見解を示し、罹災都市法2条にもとづく賃借権を理由として建物収去土地明渡しの訴えを認容した第1審判決に対する控訴を棄却した原判決に対する上告を棄却した。また最判昭和30年2月18日・前掲（注26）は、罹災都市法2条にもとづく賃借権を理由として建物収去土地明渡しの訴えを認容した原判決に対する上告を棄却した。これらについて、升田・前掲（注6）238頁は、「対抗力を有する借地権に基づく妨害排除請求権が認められるが、優先的借地権[罹災都市法2条にもとづく借地権]についても、……対抗力が認められるものであるし、優先的借地権が認められる趣旨を考慮すると、優先的借地権に基づく妨害排除請求権を認めることができると解するのが合理的である」とする。また、山田誠一＝岡山忠広＝山野目章夫＝山谷澄雄「座談会　震災からの復興と被災関連二法」ジュリ1459号33-34頁[山田発言、および、山野目発言]（2013）も参照。

3 優先的な借家権の取得（14条関係）

罹災都市法25条の2によって準用される14条は、1項本文が「政令で定める火災、震災、風水害その他の災害のため滅失した建物がある場合において、その建物が滅失した当時におけるその建物の借主は、その建物の敷地又はその換地に、その建物が滅失した後、その借主以外の者により、最初に築造された建物について、その完成前賃借の申出をすることによって、他の者に優先して、相当な借家条件で、その建物を賃借することができる」と定め（ただし書は省略）、2項が、「前項の場合には、第2条第2項及び第3項の規定を準用する」と定めた。

これは、建物（旧建物）が滅失[32]した当時の旧建物の借主（旧建物借主）[33]は、旧建物の敷地に最初に築造される建物（新建物）の所有者（新建物所有者）が、新建物を自ら使用するなどの正当な事由[34]がある場合を除き、新建物の完成前に、新建物所有者[35]に対して申出をすることによって、その者との間で、他の者に優先して、相当な借家条件[36]で、新建物を賃借することができることを

---

31) 原＝青木＝豊水・前掲（注5）35-36頁は「本条[3条]は、第2条と相俟って罹災建物の旧借主に借家権取得の途を拓いたのであるが、借地権取得の方法として、第2条が、土地に借地権の存しない場合に賃借権の設定を受けることを認めているのに対し、本条は、土地に借地権の存する場合にその借地権の譲渡を受けることを認めたものである」とする。また、「借家が災害によって滅失した場合、罹災借家人[旧建物借主]が借家の敷地であった罹災土地[当該土地]につき借地権を取得できる途は、罹災借家人が臨時処理法[罹災都市法]所定の申出をする際に罹災土地に借地権が設定されているかどうかによって、その法的な構成が異なるのである。罹災土地に借地権が設定されていない場合には、……罹災土地の所有者に対して借地権の設定を求めるため、建物所有の目的で賃借の申出をする必要があるが（2条1項）、既に借地権が設定されている場合には（……）、罹災土地の所有者に対して借地権の設定を求めても実際上意味がなく、借地権を有する者に対して借地権の譲渡を求めるため、譲渡の申出をする必要があるとされている（3条）」とする升田・前掲（注6）254頁を参照。
32) 政令で定める災害による滅失である。
33) 旧建物の賃借人、賃貸人の承諾を得た転借人、使用借主がこれにあたる（升田・前掲（注6）140頁）。

定めるものである[37]。

　すなわち、本条は、1項本文が定める要件がみたされた場合においては、旧建物借主が、新建物所有者に対して、賃借の申出をすると、新建物所有者の拒絶の意思表示がなく一定期間が経過すると土地所有者の承諾がみなされ（2項による2条2項の準用）、土地所有者の拒絶には、正当事由が必要であり、正当事由がない場合は、拒絶には効力がないとする（2条による2条3項の準用）ことによって、土地所有者が承諾をしなくても借地契約が成立することを定めるものである。建物の所有者に対して借家契約の締約強制を定める規定

---

34) 旧建物借主の賃借の申出を新建物所有者が拒絶するための正当な事由である。升田・前掲（注6）156頁は、拒絶の正当事由について、「従前と基本的に同一の種類、規模、用途の賃貸用の建物が建築される場合には問題となることは少なく、正当事由が認められないことが多いであろう。しかし、従来アパート等の集合住宅である借家であったのに、土地の所有者が自宅を再築しようとした場合には、他に自宅を有している場合のような特段の事情がない限り、申出の拒絶に対して正当事由が認められることが多いであろう。また、従来住宅であったのに、土地の所有者が事務所ビル、店舗ビルを再築しようとした場合には、住宅の借家人がそのような事務所、店舗等の建物に優先的借家権［罹災都市法14条にもとづいて取得する借家権］を取得することができるかどうかについては疑問がないではなく、地域性、土地の有効利用の必要性等の事情によって、正当事由が認められよう」とする。

35) 申出をするのが建物完成前であるので、申出をする時点においては、申出の対象となる建物の所有者となろうとしている者である（升田・前掲（注6）146頁）。

36) 借家条件には、賃料の額、支払時期、支払方法、敷金の額、権利金等の賃貸借に伴う一時金の額、借家権の存続期間、一棟の建物の中に複数の建物部分がある場合の借家の対象になる建物部分等が含まれる（升田・前掲（注6）152頁）。また、升田・前掲（注6）153頁は、「臨時処理法［罹災都市法］14条の規定に基づき成立する借家契約における賃料は、災害によって消滅した従来の借家契約における賃料と継続性があるものではなく、同条によって新たに成立した借家契約における賃料であるから、新規賃料であると解すべきである」とする。これらは、旧建物借主と新建物所有者との間の協議で決めることができるが、協議が調わない場合には、罹災都市法15条にもとづいて、非訟事件手続法の裁判によって決めることができる。

37) 政令で定める地区において、滅失した建物についての規律である（罹災都市法27条2項）。

である[38]。2条が定める借地契約と、締約強制の点で、共通する。

　また、本条1項本文は、他の者に優先して賃借することができると定めている。これは、本条によって取得する賃借権は、その賃借権が設定された後において、当該建物の使用が競合する関係にある権利を取得した者に対して、当該建物の借家権の対抗要件を備えることなく、対抗することができるというものである[39]。これは、罹災都市法14条にもとづいて取得する賃借権の優先的効力とよばれる[40]。そして、罹災都市法14条にもとづいて借家権を取得した者は、当該建物を占有する者に対して、当該借家権にもとづいて、当該建物の明渡しを求めることができる[41]。2条が定める借地契約と、優先的効力の点で、共通する。

　借地上の建物が滅失した場合に、滅失した建物の借主に、その建物の敷地に新たに築造された建物について借家権を取得させるための民法の特則を設ける点で、罹災都市法14条は、借地借家臨時処理法3条1項（上記II2参照）

---

38)　星野・前掲（注25）233頁参照。
39)　原＝青木＝豊水・前掲（注5）95頁は、「この賃借権は、対抗要件を具備しなくても、設定を受けた時、その対抗要件を具備したのと同一の対抗力を有する」とする。また、升田・前掲（注6）161頁は、「この優先的借家権［罹災都市法14条にもとづいて取得する借家権］の内容は、基本的には、その優先的借家権が設定された後において、建物の使用を競合する関係にある権利を取得した者、例えば、建物の賃借権の設定を受けた者に対して、対抗要件を備えることなく対抗することができること（具体的には、借家権については、建物の引渡しによって対抗要件を備えることが普通であるが、その引渡しを得ることなく、対抗することができることになる。借地借家法31条1項参照）、建物の賃借権を主張することができなくなる可能性のある権利を取得した者、例えば、建物の所有権を譲り受けた者、抵当権の設定を受けた者に対して、対抗要件を備えることなく対抗することができることである」とする。
40)　罹災都市法14条にもとづく借家権の効力について、星野・前掲（注28）643頁は、「罹処法［罹災都市法］14条による建物優先賃借権は占有がなくても第三者に対抗することができるとされる」とする。
41)　升田・前掲（注6）163頁は、罹災都市法14条にもとづき借家契約が成立し、「その後に建物が完成し、借家権が設定された建物の使用を妨害する者がある場合には、妨害排除等を請求することも可能になる」とする。

と同様である。

4 滅失した建物の敷地上の借地権の対抗力（10条関係）

さらに、罹災都市法25条の2によって読み替えを伴って準用される同10条は、「第25条の2の政令で定める火災、震災、風水害その他の災害のため滅失した建物がある場合において、その建物が滅失した当時から、引き続き、その建物の敷地又はその換地に借地権を有する者は、その借地権の登記及びその土地にある建物の登記がなくても、これを以て、第25条の2の政令施行の日から5箇年以内に、その土地について権利を取得した第三者に、対抗することができる」と定めている。

これは、建物（旧建物）が滅失[42]した当時の旧建物の敷地（当該土地）の借地人[43]は、政令施行の日から5年間、その当該土地について、借地権[44]を、当該土地の建物の登記等[45]を行なわなくても、当該土地について権利を取得した第三者[46]に、対抗することができることを定めるものである[47]。

災害により借地上の建物が滅失し、対抗要件を失った借地権について、対抗力を認め、借地人の地位を安定させるための民法の特則を設ける点で、罹

---

42) 政令で定める災害による滅失である。
43) 災害によって建物が滅失した当時の借地権者に限られ、その借地権者から災害後に借地権の譲渡を受けた者は、あたらない（升田・前掲（注6）105頁参照）。
44) 借地権について、升田・前掲（注6）105頁は、「震災等の災害以前に建物の登記等によって対抗力が認められていたかどうかを問わないと解されている」とする。
45) 借地借家法10条2項は、借地上の建物が滅失した場合について、借地上の建物を特定するために必要な事項、滅失があった日、および、建物を新たに築造する旨を、土地の上の見やすい場所に掲示することによって、建物の滅失の日から2年間、対抗要件を備えることを定めているが、罹災都市法10条は、このような対抗要件の具備を行なわなくても、借地権を対抗することができることを定めるものである。
46) 第三者について、升田・前掲（注6）106頁は、「臨時処理法［罹災都市法］10条の規定によって対抗される第三者は、土地について権利を取得した第三者であり……、対抗問題が生ずる第三者であると解することができる」とする。
47) 政令で定める地区において、滅失した建物の敷地の借地権についての規律である（罹災都市法27条2項）。

災都市法10条は、借地借家臨時処理法7条（上記Ⅱ2参照）、および、戦時罹災土地物件令6条（上記Ⅱ3参照）と同様である。

5　昭和30年代における罹災都市法の見直し作業

借地法等の一部を改正する法律（昭和41年法律第93号）は、借地法、借家法、建物保護法、および、民法の各一部を改正した[48]。この改正に至る検討作業のなかで、罹災都市法の見直しについても検討が行なわれた。しかし、罹災都市法の見直しは、ここでは実現しなかった[49]。

まず、法務省は、借地借家法改正について検討を加えてきた[50]ところ、昭和

---

48) 本改正について、川島一郎「借地借家法の改正について」法時38巻10号11頁（1966）は、「改正項目としては、第1の借地法関係が建物に関する借地条件の変更、土地賃借権の譲渡または転貸、地代借賃増減請求の場合の特則の3つ、第2の借家法関係が借賃増減請求の場合の特則、賃借人の死亡による賃貸借の承継の2つ、第3の民法関係が地上権に関する特則の1つ、第4のその他が建物保護法第1条第2項の削除の1つとなっている」とする。

49) 小柳・前掲（注6）は、この点について「罹災法［罹災都市法］見直しは、まず昭和30年代における法務省での借地借家法改正作業の中で取り上げられた……。相当入念な検討がなされたが、この時には、罹災法改正は実現しなかった」とし（260頁）、「昭和30年代の罹災法見直し作業は、結局のところ罹災法改正には結実しなかった」とする（350頁）。昭和30年代の罹災都市法の見直し作業については、小柳・前掲（注6）260-350頁が、詳細に検討を加えている。

50) 我妻栄『債権各論中巻1』532頁（岩波書店、（参照したものは、第19刷）1976）は、その補注において、この検討の背景について、「昭和31年頃から借地・借家に関する法令を全面的に改正しようとする気運を生じた。借地に関する法制は、内容の近代化をはかる必要があるだけでなく、民法、借地法、建物保護法、罹災都市借地借家臨時処理法などに分かれ、相互の関係が複雑であり……、ことに借地法は、修正に修正を積み重ねたものなので、すこぶるわかり難い。借家に関する法制にも、それに似たところがある。そこで、これを統一した制度としてすっきりとした内容のものにすることが各方面から要望されたからであった」とする。また、この頃の法務省における検討作業の様子をうかがうことができるものとして、加藤一郎＝川島一郎＝鈴木禄弥＝長谷部茂吉＝広瀬武文＝堀内仁＝柚木馨＝我妻栄「座談会　借地借家法改正の動向」法時29巻3号30-75頁（1957）がある。

32 年、論議された問題点をとりまとめ、これに対する意見を求めるため、大学その他の学識経験者あてに、「借地・借家法改正の問題点」(以下、「問題点」という)と題する文書を送付した[51]。「問題点」は、「第三、罹災建物の賃借人の保護」において、「一、建物が災害により滅失した場合において、賃借人が特にその土地において自ら建物を使用することを必要とする事由があるときは、その災害の規模の大小にかかわらず賃借人は、裁判所に対し、一定期間(たとえば 2 月)内に限り、その建物の敷地につき借地権の設定又は譲渡の請求をなし得るものとするのが適当ではないか。現在は、政令で定めた災害の場合にのみかかる請求を認めているが、最近は比較的小規模の災害についてもこれを認めているのみでなく、災害の規模の大小によることは罹災者にとつては不公平であるから、災害による建物の滅失の場合には広くこれを認めるのが相当と思われるがどうか」とし、続けて、「二、1 右の請求があった場合に、土地所有者又は借地権者が自らその土地を使用することを必要とするとき、その他正当な事由があるときは、裁判所は、その請求を認容しないものとするのが適当ではないか。2 土地所有者又は借地権者は、賃借人のためにする借地権の設定又は譲渡に代え、次のような措置を講ずることもできるものとするのが妥当ではないか。イ 賃借人に対し、その土地に相当な建物を築造して賃貸すること。ロ 土地所有者については賃借人に対しその土地を譲渡すること。3 賃借人が、右の措置を承諾しないときは、裁判所は、一、の請求を認容しないものとするのが適当ではないか」とし、これらを受けて、「四、以上の措置を講ずることにより、罹災都市借地借家臨時処理法は廃止してはどうか」とした(三は、省略)[52]。ここでは、罹災都市法が定め

---

[51] 「借地・借家法の改正について」ジュリ 133 号 57 頁 (1957) 参照。なお、「問題点」は、ジュリ 133 号 57-61 頁に掲載されている。

[52] 「問題点」前掲(注 51)60-61 頁。なお、「問題点」は、関連して、「第一 借地関係 二 借地権の対抗要件について」において、「1 建物保護法による対抗要件によっては、権利関係(借地権の内容、他の権利との順位等)が明確を欠き、取引の安全・円滑を害するおそれがあるので、これを認めないことにし、登記のみにこれを限定するのが妥当ではないか。2 借地権の対抗要件を登記のみに限定するとすれば、借地権者が裁判所の許可を得て単独でその登記をなし得るような措置を講ずる必要はないか」とする (57 頁)。

る優先的な借地権の取得の規律（上記2参照）が、手直しを加えられるものの維持され、また、同じく優先的な借家権の取得の規律（上記3参照）も、その性格づけがかわるものの、その考え方は維持されているということができる。

その後、借地借家法改正準備会[53]は、昭和34年12月に、「借地借家法改正要綱試案」[54]を、昭和35年7月に、「借地借家法改正要綱案」[55]を発表した。「借地借家法改正要綱試案」、および、「借地借家法改正要綱案」における罹災都市法の廃止とそれに関連する見直しの内容は、次のようなものであった。「借地借家法改正要綱試案」中には「借地借家法案要綱」があり、そのうちの「第3章　罹災建物の賃借人の保護」は、第44（借地権設定等の請求）として、「1　賃借建物が火災、震災、風水害その他の災害により滅失した場合には、

53) 借地借家法改正準備会は、法務省民事局内に設けられた（我妻・前掲（注50）532頁参照）。また、法務省民事局参事官室「『借地法・借家法改正要綱試案』」の説明」法務省民事局参事官室編『借地・借家法改正要綱試案——「試案」の説明、各界意見の分析を中心に（別冊NBL21号）』18頁（商事法務研究会、1990）は、借地借家法改正準備会について、「戦後、昭和30年代にはいって、都市化現象を背景に、その法体系の全面的な見直しの空気が高まり、そのなかで法制審議会の我妻栄民法部会長をはじめとする民法部会の構成員の一部と当省［法務省］の担当官から成る借地借家法改正準備会が4年間の検討を経て昭和35年に公表した「借地借家法改正要綱案」が多くの注目を集めたが、借地権を物権化する構想などが必ずしも評価されず、結局、昭和41年に、……緊急に対処を要する項目に限った両法［借地法および借家法］の部分的な改正が行われるにとどまった」とする。

54) 「借地借家法改正要綱試案」は、ジュリ196号61-68頁（1960）に掲載されている。「借地借家法改正要綱試案」については、鈴木重信＝環昌一＝平賀健太＝古山宏＝星野英一＝水田耕一＝村上朝一＝我妻栄「研究会　借地借家法改正要綱試案をめぐって」ジュリ196号30-54頁、197号18-48頁（1960）、および、我妻栄＝広瀬武文＝長谷部茂吉＝川島一郎＝有泉亨「座談会　『借地借家法改正要綱試案』をめぐって」法時32巻4号94-118頁（1960）がある。

55) 「借地借家法改正要綱案」は、法務省民事局参事官室編・前掲（注53）201-211頁に掲載され、その抜粋が、升田・前掲（注6）334-339頁に掲載されている。「借地借家法改正要綱案」については、水田耕一「借地借家法改正要綱案について」ジュリ210号32-38頁（1960）、および、我妻栄＝広瀬武文＝長谷部茂吉＝川島一郎＝鈴木重信「座談会　借地借家法改正要綱の検討」法時32巻13号36-49頁、14号66-81頁（1960）がある。

建物の滅失当時における賃借人（建物が賃貸人の承諾を得て転貸されていたときは、転借人とする。以下、「賃借人」という。）は、その土地において営業を継続する必要がある場合その他自ら建物を使用することを必要とする特別の事由がある場合に限り、裁判所に対し、その敷地につき借地権の設定若しくは譲渡又は転借地権の設定の請求をすることができるものとすること。ただし、その建物が賃借人の責に帰すべき事由により滅失した場合は、この限りでないものとすること。2以下（略）」とし、それとともに、第45（請求の不認容）として、「1　裁判所は、左の場合には、第44第1項の請求を認容することができないものとすること。一　土地所有者又は借地権者が自ら土地を使用することを必要とするとき、その他借地権の設定若しくは譲渡又は転借地権の設定を拒絶する正当な事由があるとき　二　土地所有者又は借地権者が賃借人に対し、相当な期間内にその土地に相当な建物を築造して賃貸すべき旨の申出をしたとき　三　土地所有者が賃借人に対し、その土地を売り渡すべき旨の申出をしたとき　四　土地所有者又は借地権者が賃借人に対し相当な条件で直ちに使用し得る相当な土地又は建物を提供するとき　2以下（略）」とし、さらに、第50（賃借人の優先権）として、「1　第44第1項の請求を認容する裁判によって賃借人が取得した借地権又は転借地権は、その請求後その裁判までの間に当該土地又は借地権につき利害関係を生じた者の権利に優先するものとすること。2（略）」とした[56]。これらは、「借地借家法改正要綱案」においても同じである[57]。これらは、いずれも、基本的には、「問題点」と共通であり、罹災都市法が定める優先的な借地権の取得の規律については、手直しを加えるものの維持し、また、同じく優先的な借家権の取得の規律についても、その性格づけがかわるものの、その考え方を維持しよ

---

56) 「借地借家法改正要綱試案」・前掲（注54）66-67頁。
57) 「借地借家法改正要綱案」・前掲（注53）208-209頁。「借地借家法改正要綱試案」中の「借地借家法案要綱」の「第3章　罹災建物の賃借人の保護」のうちで、「借地借家法改正要綱案」において修正が行なわれたのは、第44の3項のみであり、その修正は、解釈上の疑義を避けたものであって、実質的な修正ではない（水田・前掲（注55）37頁、および、小柳・前掲（注6）335頁参照。）。

うとするものである。

　これらの罹災都市法の廃止とそれに関連する見直しはいずれも実現しないまま、借地法等の一部を改正する法律（昭和41年法律第939号）は、借地法、借家法、建物保護法、および、民法の各一部を改正した[58]。我妻栄『債権各論中巻1』は、その補注で、この改正法で取り上げられなかった重要な点のひとつとして、罹災都市法をあげ、次のように述べている[59]。すなわち、「戦後30年に近い今日、これ［罹災都市法］を存続することは、立法の体裁としても、内容的にも、適当ではない。そこでこれを廃止して、今日比較的大きな災害について政令で適用されているのを改めるべきだが、(1)政令をまたずに当然適用すべきだ。そうでないと、不公平を生じ、また災害から政令の施行まで空白ができ不都合を生ずる。(2)大災害に限らず、個々の災害にも適用すべきだ。但し、借家人がその場所で営業を営んでおり、それを継続する必要

---

58) この間の事情について、我妻・前掲（注50）532-533頁は、借地借家関係法令についての各方面からの要望に答えるために、「法務省の民事局内に借地借家法改正準備会が設けられ、昭和34年10月に『借地借家法改正要綱試案』を作成して公表し、各方面の意見を求め、翌年（昭和35年7月）『借地借家法改正要綱案』として発表するとともに、これに基づいて法律案を作成しようとした。しかし、これに対しては、主として地主団体などからの反対がすこぶる強かったので、法務省関係者は、全面的改正を時期尚早と判断して断念し、緊急対策として最小限度の範囲で各法律の修正をすることに態度を改め、この観点から要綱案の内容をしぼって、これを法制審議会民法部会財産法小委員会の議にかけた。そして、同小委員会が審議決定し、民法部会の決議を経た上で、最後に法制審議会から、昭和39年2月17日に、『借地法等の一部を改正する法律案要綱』として法務大臣に答申され、それに基づいて、冒頭に記載した法律［「借地法等の一部を改正する法律」（昭和41年法律第93号）］が成立したわけである」とし、さらに、「借地借家法改正準備会が5年に余る研究の結果作成した借地借家関係法令の全面的統一的改正要綱は、結局その僅かな部分が法律になったに過ぎないが、要綱はすこぶる意欲的なもので、基本的な問題について一応の解決を与え、示唆に富むもの」であるとする。また、星野英一「借地借家法改正問題」ジュリ312号61-62頁（1964）、および、川島・前掲（注48）11頁も参照。さらに、昭和37年11月以降の罹災都市法見直しの検討の経緯については、小柳・前掲（注6）339-350頁が、たいへん詳しい。

59) 我妻・前掲（注50）557頁。

のある場合に限る。もっともこの点は大きな議論を呼んだ。(3)現行法は、借家人に優先的な借地（家主たる地主に対し）または借地権の譲渡（家主たる借地人に対し）を請求しうるという最終的な権利から規定しているが、この立法技術は、多くの人の納得をえることが難しい。家主が建物を再築したら貸してくれという最小限度の請求権を出発点として、各場合の事情によって、より大きな請求ができる旨を規定すべきだ。ただし、これを実行するためのいわゆる争訟的非訟手続は、更に一層困難になることを覚悟しなければならない」というものである[60]。

6　罹災都市法の適用

　罹災都市法は、見直しが実現されないまま、平成25年まで、すなわち、被災地借地借家法による廃止まで、存続した。その間、適用対象は、空襲その他今次の戦争に因る災害のため滅失した建物がある場合、別に法律で定める災害のため滅失した建物がある場合（昭和22年法律第106号による改正によっ

---

60) なお、我妻栄＝川島一郎＝広瀬武文＝古山宏＝有泉亨＝星野英一「座談会　借地・借家法の改正――借地・借家法改正案要綱から落とされた問題点」ジュリ297号76頁[我妻発言]（1964）では、罹災都市法を廃止してこれに代わる制度を設けることを見送ったことについて、次のように述べられている。「ただぼくは、最後にこれを見送るということであきらめてしまったのにはこういう事情もあります。いまは、戦前からの借家関係というものは、行き詰まりの状態でしょう。借家人にいわせれば、修繕もしてくれないし、雨漏りはするし、どうにもならない。家主のほうにしてみれば、家賃は上げられないし、どうにも困る、焼けてでもくれたらという気持ちが腹の中にあるのです。……そういう状態は何といってもアブノーマルなものです。そういうアブノーマルな現実を前にして、焼けたら借地権をよこせといえるという規定は合理的なものかどうか問題ですね。やはりもう少しノーマルな状態でないとこれはだめなのかという感じもするのです。正直、焼けてでもくれたら問題は片づくと思っている家主さんや地主さんは相当いると思う」とし、「賃料不払いなり無断転貸なら、やはり弁護士さんを頼んで争わなければならない。焼けてくれたら天の賜だと思って喜ぶというような非常にアブノーマルな状態ですから、それも大災害ということなら一様にあきらめるということになるのだけれども、ぽつんと一軒焼けてやれやれと思っていたら、それがまだまだ糸を引いてくるという法律は、現在の時点ではちょっと無理だなという感じもするのです」とする。

て追加)、および政令で定める災害のため滅失した建物がある場合(昭和31年法律第110号による改正によって変更)であり、別に定める法律、および、政令によって、順次、追加され、拡大された。このうち災害を別に定める法律は10あって[61]、それらによって被災年月日昭和20年8月27日から同昭和31年3月20日までの16の災害(風水害、震災、火災)について適用することとし[62]、災害を定める政令は17あって、それらによって被災年月日昭和31年4月23日から同平成16年10月23日までの17の災害(火災、風水害、津波、震災)について、適用することとした[63]。なお、東日本大震災については、罹災都市法の適用は見送られた[64]。

---

[61] これらの10の法律は、被災地借地借家法附則2条2号から11号により、廃止された。

[62] 岡山忠広「被災関連二法の概要」ジュリ1459号40頁(2013)による。

[63] 岡山・前掲(注62)40頁による。このうち、最後の2つが、平成になってからのものであり、被災年月日平成7年1月17日、適用地区神戸市ほか32市町の震災(阪神淡路大震災)に適用する旨を定める平成7年2月6日政令第16号、および、被災年月日平成16年10月23日、適用地区新潟県長岡市ほか9市町村の震災(新潟県中越地震)に適用する旨を定める平成17年4月15日政令第160号である。平成7年2月6日政令第16号を制定する際の事情については、升田・前掲(注6)68-73頁参照。

[64] 岡山・前掲(注62)41頁は、「2011(平成23)年3月11日に発生した東日本大震災については、同震災により多数の建物が全半壊する被害が発生したことから、被災した建物の賃借人の保護等を目的として、罹災都市法を適用することも考えられた。しかし、関係市町村から罹災都市法の適用を求めないとの回答が示されたこと等を踏まえ、東日本大震災について罹災都市法の適用は見送られた」とする。また、「罹災都市借地借家臨時処理法改正研究会報告書」(以下、「改正研究会報告書」という)NBL981号56頁(2012)は、「このような政府の対応[東日本大震災に罹災都市法の適用を見送ったこと]を批判するような声は上がらず、むしろ被災地の弁護士会からは、現行法の不適用を求める意見が出され、政府が現行法を適用しないこととしたことが評価されている」とする。被災地である仙台弁護士会および東北弁護士会連合会から出された意見については、山田=岡山=山野目=山谷・前掲(注30)17頁[山谷発言]を参照。

IV 罹災都市法の問題点

1 優先的な借地権の取得について

　優先的な借地権の取得については、次のような問題点を指摘することができた。すなわち、①借家権者等であった者が、災害を契機にして、借地権者の地位を取得することは、借家権者等の保護として過大であり、それが相当な条件によるものであっても、借地権を負担することとなる土地の所有者の不利益を合理的に説明することは困難であること、②罹災都市法の適用対象となる大規模災害以外の原因で建物が滅失した場合には、借家関係は終了するが、このような場合に、借家権者等の保護のための優先的な権利は一切認められていないことを考慮すると、罹災都市法の適用対象となる大規模災害の場合の借家権者等の保護は、均衡を失するものとなっていること、③災害で滅失した建物が、それに多数の借家権者がいたような集合賃貸建物である場合においては、その建物の敷地に複数の借地権が成立することが考えられるが、そのときの法律関係をめぐって解決困難な複雑な問題が生ずることである[65]。

2 優先的な借家権の取得について

　優先的な借家権の取得については、次のような問題点を指摘することができた。すなわち、①滅失建物の借家権者等から申出があった場合、滅失建物の賃貸人等は、拒絶するための正当な事由がない限り契約の締結を強制され、

---

65)　「改正研究会報告書」・前掲（注64）43頁参照。このほかに、優先的な借地権の取得について、問題点を指摘するものとして、安永正昭「大震災に伴う借地・借家の法律関係」ジュリ1070号156-157頁（1995）参照。なお、優先借地権、および、借地権優先譲受権の廃止を主張するものとして、日本弁護士連合会「罹災都市借地借家臨時処理法の改正に関する意見書（2010年10月20日）」があった（この意見書については、山田＝岡山＝山野目＝山谷・前掲（注30）16-17頁［山谷発言］を参照）。

それによって成立する法律関係が、後述の④の通り、複雑であり不明確なものとなることは、滅失建物の賃貸人等にとって過重な義務を課することになること、②大規模な災害の被災者が、元の地域に戻りコミュニティーを維持しつつ復興を進めることにとって、滅失建物の借家権者が、元の敷地に新たに築造された建物に戻ることは、必ずしも不可欠なことではないこと、③大規模な災害の後の住居の問題については、仮設住宅や公営住宅などと公的な支援によって解決されることが小さくないこと、④大規模災害からの復興の計画のなかで、敷地が統合・再編される場合、または、再建建物が集合賃貸建物である場合において、借家の申出により成立するとされる借家契約によって、どこにどのような権利が成立するのかは明らかでなく、複雑で不安定な法律関係となることが不可避であることである[66]。

3 滅失した建物の敷地上の借地権の対抗力について

さらに、滅失した建物の敷地上の借地権の対抗力についても、次のような問題点を指摘することができた。すなわち、借地上の建物が滅失したことを奇貨として土地の「地震売買」がされることを防止するために、大規模災害の場合に特別の借地権の対抗力に関する特例は必要であるが、何らの公示をせずに5年間もの長期間にわたって対抗力を認めることは、取引の安全を大きく害することである[67]。

V むすび

罹災都市法は、本稿の冒頭（I）で既に述べたように、廃止された。それは、長く待たれていた見直しがようやく行なわれたものということができる。こ

---

66)「改正研究会報告書」・前掲（注64）55頁参照。このほかに、安永・前掲（注65）157-158頁も参照。

67)「改正研究会報告書」・前掲（注64）49頁参照。また、安永・前掲（注65）154頁は、「復興の観点を強調するのであれば、5年もの長期間、登記も何もなくて「対抗力」を保障することが本当に必要であるかは検討の余地がある」とした。

の見直しによって、罹災都市法の問題点（上記IV参照）は解決された[68]。こうして、第2次大戦後のわが国において大きな役割を果たした罹災都市法は、その歴史的な任務を終えることとなったと評価することができる。

---

68) 罹災都市法を廃止した被災地借地借家法は、滅失した建物の借家人について、8条が従前の賃借人に対する通知の規定を定め、滅失した建物の敷地上の借地権の対抗力について、4条が借家権の対抗力の特例を定めた（被災地借地借家法4条および8条について、岡山・前掲（注2）10頁、11頁、および、同・前掲（注62）43頁を参照。また、4条について、吉政知広「被災地借地借家法における借地権に関する特例」ジュリ1459号49-50頁（2013）を参照）。

平成8年民法改正要綱の再検討

本山　敦

はじめに
I　平成8年民法改正要綱の「来し方」
II　平成8年民法改正要綱の「行く末」
むすびに：平成8年民法改正要綱の「さらにその先」

はじめに

　平成8 (1996) 年2月、法制審議会総会は「民法の一部を改正する法律案要綱」(以下、「平成8年民法改正要綱」あるいは「同要綱」という。) を決定した。同要綱は、周知のように、いわゆる「選択的夫婦別氏制度」の導入や、いわゆる婚外子の相続分平等化といった内容を含むものであった。

　平成8年民法改正要綱は、一度も国会で審議されることなく、現在に至ったが、実は、同要綱は、部分的にではあるが、その一部が実現しつつある。

　そこで、本稿では、同要綱の「来し方」を振り返るとともに、同要綱の「行く末」を考えてみることとしたい[1]。

---

1)　平成19 (2007) 年までの状況については、野村豊弘「平成8年改正要綱を読み直す」ジュリ1336号2頁(2007)。なお、野村教授は、法制審議会の幹事、委員、部会長、会長として法制審議会に永く関与されてこられた。

I　平成8年民法改正要綱の「来し方」

1　平成8年民法改正要綱の政治的軌跡

　平成8年民法改正要綱は、法制審議会総会の決定後、国会で一度も審議されることなく、長期にわたって、いわば「野ざらし」状態にあった。
　ところが、平成21(2009)年の衆議院選挙で民主党が大勝し、政権交代が実現したことを受けて、同要綱は日の目を見るかに見えた。
　なぜなら、民主党が同選挙に際して公表した『政策集　INDEX　2009』には、「選択的夫婦別姓の早期実現　民法を改正し、選択的夫婦別姓を導入します。」と謳われていたからである。そして、民主党政権下で法務大臣に就任した千葉景子参議院議員は、就任直後、同要綱の実現に言及した。しかし、民主党＝国民新党＝社民党の3党連立政権の中にあって、国民新党が同要綱に反対していた。結局、連立与党内の足並みが揃わず、同要綱に関する実質的な検討は一切なされることがなかった[2]。
　そして、平成22(2010)年の参議院選挙に際して民主党が公表した『Manifesto　マニフェスト　2010』からは、「選択的夫婦別姓」等の文言は姿を消すのである。
　その後、平成24(2012)年の衆議院選挙で自民党が圧勝したが、自民党の公約・政策には、夫婦別姓等の平成8年民法改正要綱に関連する内容は全く含まれていない。

2　平成8年民法改正要綱の立法的軌跡

　前述のように、平成8年民法改正要綱は、政治的に無視されているところ、同要綱の一部が、いわば「搦め手」から実現するに至っている。
　具体的には、同要綱「第六　協議上の離婚　一　子の監護に必要な事項の

---

[2]　拙稿「96年要綱から現在まで」月報司法書士470号3頁（2011）。

定め」の内容が、平成23（2011）年の民法等改正により、同法766条の改正として結実した。該当する同要綱の部分と改正民法766条1項を対比しよう。

平成8年民法改正要綱	平成23年民法改正
第六　協議上の離婚 　一　子の監護に必要な事項の定め 　　1　父母が協議上の離婚をするときは、子の監護をすべき者、父又は母と子との面会及び交流、子の監護に要する費用の分担その他の監護について必要な事項は、その協議でこれを定めるものとする。この場合においては、子の利益を最も優先して考慮しなければならないものとする。	民法第766条　①　父母が協議上の離婚をするときは、子の監護をすべき者、父又は母と子との面会及びその他の交流、子の監護に要する費用の分担その他の子の監護について必要な事項は、その協議で定める。この場合においては、子の利益を最も優先して考慮しなければならない。

いわゆる「養育費」や「面会交流（面接交渉〔権〕）」については、改正前の民法766条1項にはそれらの文言が存在せず、同条項の「監護について必要な事項」の解釈として、実務上、養育費や面会交流が認められてきた。明文規定が存在しなかったことから、調停・審判の場では、養育費の支払いを拒む非親権者（非監護親）、面会交流を拒絶する同居親に対する説明・説得がしばしば困難であった。これらの明文規定化は、離婚とそれに伴う親権紛争の現場から、強く求められていた事項であった。

とは言うものの、平成23（2011）年の民法改正は、児童虐待防止に向けた親権制度の見直しであり、主眼は親権停止制度（民法834条の2）の導入であった。実際、立案担当参事官による説明においても、民法766条の改正はまるで付け足しのように言及されているに過ぎない[3]。意地の悪い見方をすれば、児童虐待防止法と親権停止制度を目玉とする親権法の改正のドサクサに紛れ

3）　飛澤知行編著『一問一答　平成23年民法等改正——児童虐待防止に向けた親権制度の見直し』1頁（商事法務、2011）。

て[4]、平成8年民法改正要綱の一部分を平成23年民法改正に押し込んだというように言うこともできよう。もっとも、たとえドサクサ紛れであったとしても、面会交流（面会及びその他の交流）と養育費（子の監護に要する費用）を明文規定化したことは、実務においても理論においても一般的には好意をもって受け止められており[5]、経緯はさておき、同要綱の一部が実現したことは歓迎されていると評価できよう。

しかしながら、平成8年民法改正要綱が列挙した多数の改正項目のうち、約17年を経て実現したのは面会交流と養育費だけ、とも言えるのである。

さらに、面会交流および養育費の取り決めに関する改正法施行後1年間の実態調査による、それぞれの取り決め率は55％および56％であって、必ずしも満足のいく結果となっていないとの指摘がされている[6]。明文規定化は第一歩に過ぎず、面会交流および養育費の取り決め率の向上、内容の充実が求められていると言えよう。

3　平成8年民法改正要綱の司法的軌跡

つぎに、平成8年民法改正要綱の項目が、立法によってではなく、司法（裁判）によって、どのように事実上あるいは実質的に実現されてきたかを瞥見する[7]。

---

4)　新しい親権停止制度（民法834条の2）を含む親権制限事件については、最高裁判所事務総局家庭局「親権制限事件の動向と事件処理の実情　平成24年1月～12月」裁判所HPを参照。

5)　改正民法766条1項が、養育費や面会交流の権利性（誰の誰に対する権利であるか）を明らかにせず、それらを取り決めるかどうかを離婚する父母の意思に委ねてしまっており、委ねた結果として取り決めが行われず、子の権利・利益が守られていないことについては、かねてから根強い批判がある。

6)　読売新聞2013年8月19日朝刊1面。

7)　平成8年民法改正要綱では、「第五　夫婦間の契約取消権」において、民法754条の削除が掲げられているが、データベースで検索した限りでは、同条に関する事件は平成6年4月19日判夕854号261頁以降公表されていない。同条に依拠する争訟はほとんど無くなっているのではないかと推測される。

(1) 財産分与の１/２ルール

　平成 8 年民法改正要綱の「第六　協議上の離婚　二　離婚後の財産分与 3」は、財産分与におけるいわゆる１/２ルールを掲げた。この１/２については、現在、裁判実務において定着しているという指摘が裁判官の論者によってされている[8]。

　財産分与の１/２ルールについては、従来からの実務上の解釈・運用を前提とすれば、進むべき方向性として、間違ってはいないかもしれない。しかし、従来からの前提は、戦前の妻の無能力を出発点とし、戦後の主婦婚の広まりや雇用の場面での男女格差の存在を基礎に、夫婦間の稼得能力に大きな隔たりがあった中で、離婚の場面で妻を保護するために構築されていた。

　民法は夫婦別産制（民法 762 条 1 項）で夫婦の財産関係を別個独立のものと明確に規定しているところ、従来の財産分与理論は、夫婦の財産を「実質的共同財産」と構成し、別個独立性を否定する地点から組み立てられている理論であって、民法が追求しようとする夫婦財産関係とは相容れないように解される[9]。

　問われるべきは、財産分与の１/２ルールというような、割合や金額といった小手先の問題ではなく、夫婦の財産関係の規律のあるべき姿を再構築することではないのだろうか。

　戦後約 70 年、いわゆる均等法から約 30 年を経てなお、財産分与理論は妻の保護・救済に汲々としているだけで、何ら発展していないように思える。

(2) 5 年別居離婚

　平成 8 年民法改正要綱の「第七　裁判上の離婚　一　(エ)」は、離婚原因におけるいわゆる 5 年別居離婚を掲げた。これに関連して、下級審裁判例では、

---

[8]　沼田幸雄「財産分与の対象と基準」野田愛子＝梶村太市総編集『新家族法実務大系 1　親族[Ⅰ]―婚姻・離婚―』484 頁以下（新日本法規、2008）は、「少なくとも平成以後は、実務的には 2 分の 1 ルールはかなり定着しているものとみてよいと思われ」ると指摘する（498 頁）。

[9]　拙稿「家族法と共有」月報司法書士 477 号 2 頁以下（2011）。

別居期間6年で離婚を認めた高裁判決が現れるに至った[10]。しかし、離婚訴訟における別居期間の認容基準が緩和されつつあるような傾向は現出していないと思われる[11]。これについては、近時、離婚事件の公表裁判例がほとんど無いことから、現実を踏まえた分析ができない状況にある。

後出(3)で言及する平成25(2013)年9月4日最高裁判所大法廷決定は、その決定文中で、「平成期に入った後においては、いわゆる晩婚化、非婚化、少子化が進み、これに伴って中高年の未婚の子どもがその親と同居する世帯や単独世帯が増加しているとともに、・離・婚・件・数、特に未成年の子を持つ夫婦の・離・婚・件・数・及・び・再・婚・件・数・も・増・加・し・て・い・るなどしている。これらのことから、婚姻、家族の形態が著しく多様化しており、これに伴い、婚姻、家族の在り方に対する国民の意識の多様化が大きく進んでいることが指摘されている。」と言及した（傍点は引用者による）。

引用部分のうち、特に、「離婚件数」と「再婚件数」に言及している部分に着目したい。いわゆる「有責配偶者からの離婚請求」事件において、現在までの判例の到達点によると、有責配偶者からの離婚請求が認容されるために必要な別居期間は10年程度と解されている[12]。

判例は別居期間10年程度、平成8年民法改正要綱は同5年以上、しかし、諸外国に目を転じると、婚姻破綻と認定される別居期間はもっと短くなっている[13]。もちろん、単純に長短を論じるものではないが、国民一般は5年ないし10年といった長期の別居期間が必要と考えているのかどうか、調査した上で、別居期間の設定を行うべきであると考える。離婚件数が高止まりし、再婚件数も増えている状況にあって、5年ないし10年もの間、別居状態でいなければ、婚姻破綻の兆表として認められないというのは、「国民の意識の多様

---

10) 東京高判平成14年6月26日家月55巻5号150頁。
11) もっとも、公表される離婚事件（人事訴訟）が非常に少ないこともあり、傾向自体を把握することが困難であるとも言える。
12) 能見善久＝加藤新太郎編『論点体系　判例民法　9　親族〔第2版〕』173頁［宮崎幹朗］（第一法規、2013）。
13) 大村敦志ほか編著『比較家族法研究』95頁［森山浩江］（商事法務、2012）。

化」に照らして妥当するものであるのか、どうかである。

このような問題は、理論よりも、離婚をしようとする（可能性のある）当事者が何を望んでいるかを基礎に制度設計がされるべきであろう[14]。

(3) 婚外子の相続分平等化

平成8年民法改正要綱の「第十　相続の効力」は、婚外子（非嫡出子）と婚内子（嫡出子）の相続分（民法900条4号ただし書前段。以下、本件規定という。）について、平等化を掲げた。

その前年、最大決平成7年7月5日（民集49巻7号1789頁）は、本件規定を合憲と解した。本件規定の合憲性について、学説では、最大決平成7年以前より、違憲説が優勢であったし、最大決平成7年以降も、違憲説が多数を占めていたと言ってよいと思われる。しかし、最高裁は、その後も合憲判断を繰り返した。そして、17年後の平成25年9月4日になって、最高裁判所大法廷決定（以下、「最大決平成25年」という。）は、ようやく本件規定が憲法14条1項に違反すると判断し、判例変更を行った[15]・[16]。

相続分差別の平等化については、違憲判断に伴って生じるいわゆる「遡及効の問題」が意識されていたことから[17]、むしろ立法的解決が望まれてい

---

14) 制度設計にあたり、実態を知る上で参考になるのが裁判例における別居期間の傾向である。しかし、近時、離婚事件（人事訴訟）の公表裁判例がほとんど無いことに加え、最高裁判例が10年程度の別居期間を要求しているため、それよりも短い別居期間の当事者による離婚請求は抑制されることから、傾向を知るのは困難である。本文中に記したように、婚姻破綻の理由がどうであれ、それなりの期間、当事者が別居状態にあるのであれば、不可逆的な婚姻破綻と捉えることができるのかという、国民の意識を探求し、別居期間はそれに根拠を求めるべきであろう。

15) 金法1978号37頁、金判1425号18頁。

16) 拙稿「婚外子相続分差別違憲決定」金判1430号8頁（2013）。また、同決定に対する憲法学からの研究として、蟻川恒正「婚外子法定相続分最高裁違憲決定を読む」法教397号102頁以下（2013）。

17) 中村心「もしも最高裁が民法900条4号ただし書の違憲判決を出したら」東京大学法科大学院ローレビューVol.7，191頁以下（2012）、齊藤笑美子「婚外子相続分区別と憲民関係」法時85巻5号43頁以下（2013）。

た[18]。学説では違憲説が大勢を占める中、最高裁は合憲判断を積み重ねてきた。その背景には、違憲判断を出した場合に生じる前記「遡及効の問題」への懸念があったものと推測される。しかし、立法的解決の目途が立たない事態に至り、最高裁は立法的解決を断念し、違憲判断を行うに至ったものと思われる[19]。

その後、本件規定は平成25年法律第9号で削除され、相続分の平等化は立法的にも実現した。

さて、この違憲判断は、平成8年民法改正要綱の掲げた項目以外の項目に波及することも考えられる。この問題については後述する（II 2・5）。

II 平成8年民法改正要綱の「行く末」

1 婚姻適齢の男女平等化

平成8年民法改正要綱の「第一 婚姻の成立 一 婚姻適齢」は、婚姻適齢を男女とも18歳とし、平等化することを掲げている。

同要綱後の動きとして、いわゆる国民投票法（日本国憲法の改正手続に関する法律）の制定、同法を受けた成年年齢引下げの議論が生じた。

仮に、同要綱に従って婚姻適齢を男女とも18歳にし、かつ、成年年齢を18歳に引き下げてしまえば、①「婚姻適齢の男女差別」という問題、②両性の

---

18) ただし、相続は相続開始時を基準とするから、立法によって民法を改正し、相続分を平等にすることは、将来のある時点（例えば平成○○年4月1日）以降に開始した相続について婚外子と婚内子の相続分を平等にするというに止まり、上記時点以前に開始した相続については平等にせず差別を放置（維持）するという結果を招くことになる。

19) 平成24年の衆院選で自民党が与党に返り咲き、翌平成25年の参院選でいわゆる「ねじれ」が解消され、今後しばらくは自民党政権が継続することとなった。同党はかねてから平成8年民法改正要綱を無視してきたのであるから、「選択的夫婦別氏」の実現は言わずもがな、婚外子の相続分平等化も、同党政権下では望むべくもない。最高裁は、婚外子相続分平等化の立法的解決がさらに遠のいたと見て、違憲判断という司法的解決に踏み切ったと見ることは、想像の域を超えているであろうか。

合意のみに基づいて成立する（憲法24条1項）はずの婚姻に未成年者の場合、父母の同意が必要とされている（民法737条）問題という2つの問題を一挙に解決することができるのである。しかし、成年年齢引下げの議論は後退し、婚姻適齢の平等化の議論も盛り上がりに欠ける[20]。

現行の男性18歳、女性16歳という婚姻適齢の男女差別について、理念的観点は別として、現在までのところ社会的な需要という意味での立法事実は存在しないのではないか。したがって、婚姻適齢の改正については、社会から議論が発生するのを待つということでよいようにも思われる[21]・[22]。

2　再婚禁止期間の短縮

平成8年民法改正要綱の「第一　婚姻の成立　二　再婚禁止期間」は、現在6か月とされている再婚禁止期間（待婚期間）を100日間に短縮することを提案した。

再婚禁止期間を定める民法733条1項は、嫡出推定を定める民法772条を受けて、父性推定の混乱を回避するための規定と解されている。最高裁平成7年12月5日判決[23]は、国会が民法733条1項の6か月を100日に改正しないことを立法不作為と構成し、原告が国家賠償訴訟を提起したという事件で

---

20)　門広乃里子「婚姻適齢——未成年者の婚姻について」戸籍時報688号9頁以下（2012）は、婚姻適齢を男女とも父母の同意不要で18歳とし、また、家庭裁判所の許可を得て16歳以上18歳未満の者でも婚姻できるとする立法論を提示する。憲法24条1項と家裁の許可との関係をどう説明するのか、また、家裁の業務を増加させる方向性が妥当か、などについて疑問がある。

21)　今後、婚姻の成立要件の検討に着手する場合には、いわゆる同性婚の問題をまったく無視して、男女間（異性間）の婚姻のみを前提にして現行法を改正しようとすることの是非が問われる可能性もある。表立った立法事実が無いという意味においては、婚姻適齢の男女平等化も同性婚も、それほど径庭はない。

22)　（成年）年齢に関しては、一元的でなく多元的な（成年）年齢を志向する議論もある。大村敦志「民法4条をめぐる立法論的覚書——『年少者法（こども・わかもの法）』への第一歩」法時59巻9号1頁（2007）。

23)　判時1563号81頁。

あった。最高裁は原告の請求を斥けている。

その後、平成19（2007）年に、いわゆる「民法300日問題」が話題となり、それに包含される形で、再婚禁止期間短縮問題が再燃することになった[24]。結局、民法300日問題では、最小限の実務的対応を行うだけの解決が図られた。再婚禁止期間の短縮は手付かずで終わった。

近時、再婚禁止期間を短縮しない国会の立法不作為を問う国家賠償訴訟が続けられている[25]。地裁・高裁は原告の請求を棄却し、現在、上告中である。

再婚禁止期間は、理論的には、100日でよいと解される。現行の6か月から100日に短縮した場合、例えば戸籍実務に対する影響なども、大きいものとは思われない。したがって、100日に短縮する方向は支持されてよい。

むしろ、問題は、親子関係（特に父子関係）の決定方法について、全体的な見直しを行わずに、単に再婚禁止期間を短縮するという小手先の対応に終始するだけでよいのか、という点にある。再婚禁止期間は嫡出推定制度を前提としているが、前提となっている嫡出推定制度自体に様々な制度疲労が生じている。その制度疲労を放置して、再婚禁止期間だけをメンテナンスするというのでは不十分に思えるのである。

例えば、死後懐胎事件[26]、代理出産事件[27]、GID父事件[28]など、民法上の親子関係の決定方法の「あり方」に再考を迫るような諸事件が立て続けに起きている。また、実子と養子という二分法についてでさえ、疑問を突き付けるような事件も現れている[29]。

24) 拙稿「いわゆる『300日問題』とは何か ―― その背景と対応」法教325号6頁（2007）。
25) 岡山地判平成24年10月18日判時2181号124頁、広島高岡山支判平成25年4月26日未公刊。
26) 最判平成18年9月4日民集60巻7号2563頁。
27) 最決平成19年3月23日民集61巻2号619頁。
28) 東京高決平成24年12月26日判タ1388号284頁、最決平成25年12月10日裁判所HP。
29) 女性から男性に性別の取扱いの変更を受けたAと生来の女性Bが婚姻し、Bが第三者から精子の提供を受けてCを出産した。A・BがCを特別養子とする審判を申し立てたところ、神戸家審平成24年3月2日家月65巻6号112頁は認容した。

家族法学、殊に親子法学は、法的親子関係の制度設計について、その再構築を視野に入れた検討に着手すべきであろう。

3　夫婦別氏

いわゆる夫婦別氏問題は、1980年代から90年代にかけて、家族法学において、もっとも取り上げられた話題であった。

そして、平成8年民法改正要綱の中でも、自民党が最も反発してきた事項が、この問題であった。自民党の与党復帰を受けて、立法的解決は当面望めない状況に立ち至ったと考えられる。各地で、いわゆる政策形成訴訟と思われるが、夫婦別氏を実現しない国会の立法不作為を問う国家賠償訴訟が提起されている。しかし、賠償請求が認容される見込みはまず無いと思われる[30]。

夫婦別氏に関する議論は既に出尽くしており、世論調査の数字の変動ぐらいしか、新しい情報は存在しない。国民は、平成24年の衆院選、翌平成25年の参院選で、この問題に敵意を持っている政党に政権を付託したのであって、観念的・抽象的には、国民の多数は夫婦別氏など望んでいないのかもしれない。

そうすると、議論を進めるためには、議論のための新たな枠組を設定しない限り、展望は開けないように思われる。筆者は、この問題が専らジェンダーの問題として語られてきたことが、保守層からの反発を招くとともに、国民多数の関心事とならなかった要因ではないかと考える。

もとより、氏そして名は、国民全体・全員に関わる事項であって、婚姻の場面だけが肥大化して語られるべき問題ではないはずである。氏および名について、それらの取得、設定、変動、変更について、住民登録、社会保障、納税など社会制度全般との関係性において、いかにあるべきかを論じられるべきものであろう。

---

30) 東京地判平成25年5月29日判時2196号67頁。

4 失踪宣告と再婚

平成8年民法改正要綱の「第八 失踪宣告による婚姻の解消」は、東日本大震災を経験した今日、民法(家族法)と災害の関係を考える貴重な素材であるように思われる。

この問題の歴史は古い。すなわち、例えば、漁師の夫が漁に出て台風に遭遇した。遭難した夫について失踪宣告がされた。妻は某男と再婚した。しばらくして、失踪した元夫の生存が判明し、失踪宣告が取り消された。その結果、妻は重婚状態となるのかどうか、という問題である。

民法32条1項には、「失踪の宣告後その取消し前に善意でした行為の効力に影響を及ぼさない」とあるから、妻の再婚を「行為」とした上で、妻の善意悪意によって後婚の効力が異なってくるという解釈論が成り立ち得ることになる[31]。しかし、そもそも同条項の「行為」が再婚のような身分上の「行為」を包含するのかどうか疑問である。なぜなら、同条2項が財産について定めているのだから、同条1項の「行為」は財産上の行為を指すと理解するのが素直であろう。また、妻の善意悪意で後婚の効力が変わってくるというのも、どうであろうか。妻が元夫の生存を知りながら、再婚するというような可能性はまったくゼロではないにしても、通常は考えがたい。ほとんどの場合、再婚する妻は元夫の生存について善意であろう。このように考えるならば、同条は婚姻(再婚)のような身分行為には適用がなく、したがって、元夫が生還し、失踪宣告が取り消された場合については、妻は重婚状態となってしまう、というように考えざるを得ない。

だが、当然ながら、重婚状態を放置することはできない。そこで、平成8年民法改正要綱は、「再婚後にされた失踪の宣告の取消しは、失踪の宣告による前婚の解消の効力に影響を及ぼさないものとする」として、この問題の解決を図ることにしたのであった。

---

31) 各種解釈論の詳細については、川井健『民法概論1 民法総則〔第4版〕』62頁以下(有斐閣、2008)。

かかる「失踪宣告＋再婚＋失踪宣告取消し」というような事態は、頻繁に起こるものではない。戦後、間もない時期であれば、夫について戦死の知らせがあった後、しばらくして夫が引き上げてくるという、いわゆる「生きていた英霊」のようなケースも珍しくなかったと思われる。今日では、津波による行方不明といった自然災害に起因するケースぐらいしか、このような事態を現出させる契機は存在しないのかもしれない。
　そうであるとすると、そもそもそのようなレアケースを想定して、民法を改正し、わざわざ「前婚非復活主義」を明定する意味に乏しいようにも思われる。平成8年改正要綱第八は不要不急の改正事項というべきであろうか。
　仮に不要不急の改正事項であるとしても、ひるがえって、東日本大震災を経験したわれわれとして、民法（家族法）中に、あるいは民法の外側に特別法として、自然災害などの危難時に備えた制度を構想することが必要であるのか、必要でないのか、危難を想定したこの制度を契機にして、考えてみることはしてもよさそうに思える。東日本大震災は、「震災婚」という言葉も、「震災離婚」という言葉も生み出した[32]。悲惨な事態ゆえに形成される家族も瓦解する家族も共に存在する。そのような状況下で民法（家族法）にできること、そのような状況に備えて民法（家族法）が用意しておくべきことは何か、について学界（学会）が検討できることも何かしら存在するように思われる。

5　表現：「嫡出である」「嫡出でない」

　前述の通り、最大決平成25年により、婚外子の相続分平等化が実現した（Ⅰ3(3)）。
　嫡出推定（民法772条）のような「制度」の是非についてはひとまず脇に置くとして、「＜嫡出＞である子」「＜嫡出＞でない子」（民法790条）といった「表現」については、再考の必要性があると思われる。
　平成8年民法改正要綱は、既存の法文の表現を維持し、表現の変更には特

32）　拙稿「親族法上の諸問題」ジュリ1434号4頁（2011）。

段意を払わなかった[33]。しかし、＜嫡＞は、語源的には「正」の意味があることから[34]、子の法律上の地位を表すのに相応しい中立的な表現とは評価しえない。

他方、「嫡出でない子」に代わって、広く用いられるようになってきた「婚外子」も、「非嫡出子」より多少はマシかもしれないが、その対句は「婚内子」であって、これは「(婚姻の)内側にいる子とその外側にいる子という分類にほかならない」。親の婚姻は、子が選択できる事柄ではないし、子の力によって左右できる問題でもない。この点は最大決平成25年も指摘している。そうであれば、婚姻を基準に子の呼称を分別するのも適切ではないと解される。用語の淵源となっている嫡出推定(民法772条)は、婚姻を媒介にして子の父を推定する制度であるのだから、嫡出推定を「父性推定」、嫡出である子は「父性推定される子」、嫡出でない子は「父性推定されない子」というように、それぞれ呼称を改めるべきであろう。

むすびに：平成8年民法改正要綱の「さらにその先」

まず、既存の制度から挙げるならば、親族法では養子制度全般、特別代理人制度など、相続法では、遺言制度全般、遺留分制度全般などの見直しがそれぞれ必要であろう。

今後、人口が減少し、ひいては家族も減少する中で、家族の再生産を支える枠組みである親族法と、家族の財産を分配する仕組みである相続法が、縮小する日本社会の中でどのような役割を担っていくのかにつき、制度の全体構想というアプローチと、制度を織り成す各種の小制度のリニューアルというアプローチの双方から、検討を続ける必要がある。

---

33) 面会交流については、従来、面接交渉と称されることが多かったが、平成8年民法改正要綱は「面会及び交流」という表現を採用した。そもそも、面接交渉という表現は既存の法文に存在しなかったので、平成8年民法改正要綱は既存の表現から自由であったといえる。

34) 白川静『新訂 字統〔普及版〕』614頁(平凡社、2007)。

平成8年民法改正要綱は小制度のリニューアルを目指し、既に見たように、その一部については実現したが、一部については実現の目途が立たずに20年近い時日を経ることとなった。以来、日本社会はさらに大きな変化に見舞われているのであり、家族法改正についての全体構想こそが、問われているのではないか。

　奇しくも、婚外子相続分違憲決定で、最高裁大法廷は、「家族の変化」と「家族に関する意識の変化」を指摘した。もちろん、それら変化が本当に生じているかどうかという、そもそも論もあり得なくもないが、それら変化を措定した上で、今後の家族法の全体構想を模索することはあり得る。そして、その模索は家族法学界の責務の一つであると考える[35]。

---

35) 野村豊弘先生は、2007年11月から2010年11月まで、日本家族＜社会と法＞学会の理事長を務められた。その期間中の2008年11月、同学会学術大会において、筆者を責任者とするシンポジウム「特別養子制度20年：子どもの幸せを求めて」を実現できたことは、不肖の弟子として、身に余る光栄であった。今後とも、家族法の諸問題について、既存の制度を見直し、これからの日本社会に相応しい制度を提言し続けることをもって、先生の学恩に報いることとしたい。

親権・懲戒権・監護権
—— 概念整理の試み

大村　敦志

はじめに
I　親権と居所指定権・懲戒権・職業許可権
II　親権と監護権・管理権
おわりに

はじめに

　2011年5月27日に、児童虐待防止を主目的とする親権法の一部改正が実現した。改正法では、親権が「子の利益」のために行われるものであること（新820条）、懲戒権の行使もこの目的の範囲内においてのみ行いうること（新822条）が明示された。また、従前から存在する親権喪失の制度に加えて、新たに親権停止の制度（834条の2）が設けられた。これによって、2年以内の期間につき親権を一時停止することが可能になった（同条2項）[1]。この改革は大規模な改正ではなかったが、1996年の婚姻法改正要綱が実現せず、また、2003年に親子法改正が中断するなど、近時、家族法改正が停滞気味であるこ

---

1)　民法等の一部を改正する法律（平成23年法律第61号。平成23年6月3日公布、平成24年4月1日施行）。同法では、このほかに未成年後見制度の整備などが行われるとともに、児童福祉法の関連規定の改正も行われた。このうち民法の改正に関しては、飛澤知行編『一問一答　平成23年民法等改正 —— 児童虐待防止に向けた親権制度の見直し』（商事法務、2011）がある。

とを考えるならば、久々の朗報であったと言える。しかし、親権法に限ってみても、懸案の共同親権をはじめ検討すべき問題はなお少なくない[2]。そもそも今回の改正においても残された課題がないわけではない。

たとえば、今回実現しなかった提案として、①親権の義務性の明示、②懲戒権の削除、③親権の一部停止などがある。これらは法制審議会の部会などで検討されたものの、最終的な成案を得るには至らなかった[3]。その理由（の一部）は、作業の前提となるべき「親権」概念の整理が十分に行われていないことに求められるのではないか。すなわち、①に関しては、親権とは何か、権利か義務か、いかなる権利かといった根本問題が問われることになる（①'）。②に関しては、懲戒権を削除するのであれば、これと併置された居所指定権あるいは職業許可権をどうするかという問題が直ちに浮上する。この問題に取り組むには、親権と居所指定権・懲戒権・職業許可権の関係が明らかでないことが障害になる（②'）。③に関しては、親権者の監護権のみの喪失・停止の可否が検討されたが、そのためには、監護の概念を明確にするとともに、管理権のみが喪失の対象になっているのはなぜかも考えなければならない（③'）。

このうち、①'については従来から議論がなされてきたものの、なお意見の一致を見るには至っていない[4]。本稿においては、この難問はひとまず棚上げにし、②'③'について若干の考察を行うことを試みたい。なお、その際、最近の研究状況を検討するのではなく、沿革からの検討、対比による検討によって[5]、筆者自身を含む現在の学説の平均的な理解に疑問を呈することを主眼

---

2) ただし、離婚後の子の監護に関する規定（766条）に、「父又は母と子との面会及びその他の交流」という文言が挿入された。

3) 野村豊弘先生は、法制審議会児童虐待関連親権制度部会の部会長を務められ、筆者は委員としてこの立法に参加した。この場を借りて、先生のご指導に感謝を表したい。なお、本稿は筆者の個人的見解を述べるものであり、部会や部会長の公式の見解ではない。

4) 古くは穂積重遠の「親義務」論に発し、今日まで様々な議論が展開されてきた。最近のものとして、西希代子「親権(2)——親権の効力」大村敦志ほか編『比較家族法研究』273頁（商事法務、2012）を参照。

とする。親権法のさらなる改正に際しては、今回の改正をさらに進めることも課題となりうるであろうが、ささやかながら、その際の基礎資料の一つとなることを期待したい。

以下ではまず、親権と居所指定権・懲戒権・職業許可権の関係（Ⅰ）、続いて、親権と監護（権）・管理権の関係（Ⅱ）について、それぞれ検討する。

Ⅰ 親権と居所指定権・懲戒権・職業許可権

民法820条は、「親権を行う者は、（子の利益のために──新法で追加）子の監護及び教育をする権利を有し、義務を負う」と定める一方で、821条～823条にはそれぞれ居所指定権・懲戒権・職業許可権について定める規定が置かれている。これらの規定の関係については、820条の一部を具体化したのが821条～823条であるというのが一般的な見方であろう[6]。

もっとも、学説の理解にはニュアンスの差があり、「820条自体が抽象的に規定している監護・教育に関する権利義務という部分が重要であり、そのレ

---

5) ここでいう沿革からの検討とは、明治民法の規定に関する歴史的な検討を指す。筆者は、2008年以来、「民法親族編を読む」という講義を継続して行っており、本稿ではこの講義を通じて気づいた知見の一部を援用する（具体的には、講義ノートによる部分があるが、ノートの性質上引用はしていない。なお、この講義シリーズは2013年度に完結し、その後に『民法読解親族編』として刊行される予定であるが、本稿の一部はその一部を先取りして公表する形になる）。また、対比による検討とは、民法の内外に存在する諸制度との比較や類推によって、当該制度の性質を明らかにすることを指す（なお、この方法の利用の一例として、別途、現行法と旧民法・明治民法との対比のほか、韓国・中国の家族法との対比などを含む『比較の中の家族法』〔仮題〕を準備中である）。前者は通時的に、後者は共時的に、民法の総体としての理解を深めることを主目的としつつ、そこから立法への示唆を引き出そうという趣旨である。

6) 内田貴『民法Ⅳ 親族・相続〔補訂版〕』211頁（東京大学出版会、2004）、前田陽一＝本山敦＝浦野由紀子『民法Ⅵ 親族・相続』165頁〔本山〕（有斐閣、2010）、犬伏由子＝石井美智子＝常岡史子＝松尾知子『親族・相続法』172頁〔石井〕（弘文堂、2012）など。なお、古い学説の整理については、於保不二雄＝中川淳編『新版注釈民法⑵親族⑸〔改訂版〕』60-61頁〔明山和夫＝國府剛〕（有斐閣、2004）を参照。

ベルで問題が扱われるという場面が少なくない」とした上で、「むしろ、この3つの条文は歴史的経緯から残ったものにすぎないという側面があり、全体として見直しをすることも考えられる」と指摘するものもある[7]。

あらかじめ述べるならば、以下は、この学説の述べる二つの点を明確化する作業であると言える[8]。すなわち、820条（以下では、より一般化して「総則規定」と呼ぶ）が重要だというのはどういうことか（1）、また、三つの条文（以下では、「各則規定」と呼ぶ）が残った「歴史的経緯」とはいかなるものか（2）を考えてみたい。

1 親権と所有権

(1) 総則規定の変遷

まず、日本における総則規定の変遷をたどることから始めよう。旧民法人事編の第9章「親権」は第1節「子ノ身上ニ対スル権」、第2節「子ノ財産ノ管理」に大別され、第3節「嫡母、継父及ヒ継母ニ特別ナル規則」が付加されている。このうちの第1節には、親権者を定める規定（旧民人149条）が置かれているが、その後に、総則規定を置くことなく、各則規定が設けられている。

これに対して、明治民法の第4編「親族」第5章「親権」の構成は、基本的には現行民法のそれと同型になっている。すなわち、第1節「総則」に親権者を定める規定を置いた上で、第2節「親権ノ効力」にいわゆる身上監護と財産管理に関する規定を配置している（第3節は「親権ノ喪失」）。そして、第2節の冒頭に現行820条に対応する旧879条が置かれ、「親権ヲ行フ父又ハ母ハ未成年ノ子ノ監護及ヒ教育ヲ為ス権利ヲ有シ義務ヲ負フ」と定めていた。

では、明治民法（＝現行民法）に新たに旧879条（現行820条）が設けられた

---

[7] 窪田充見『家族法——民法を学ぶ〔第2版〕』276頁（有斐閣、2013）。なお、二宮周平『家族法〔第3版〕』212頁（新世社、2009）は、立法論として、居所指定権・懲戒権の削除を提案する。

[8] 以下に指摘することのうち相当の部分は、すでに学説によって断片的に指摘されている。本稿の目的は、概念の整理のためにそれらを再編する点にある。

のはなぜか。その理由は判然としない。しかし、この点を理解するための手がかりがないわけではない。当時の二つの学説を見てみよう。

第一は、起草者の梅謙次郎の見解である。彼の教科書には、「監護の意義は説明を要せすして明かなりと雖も教育の意義に付いては聊か説明を要するものあり」とされており、「如何なる程度の教育を授くへきか」「如何なる学校に入れて之を教育すへきか」「如何なる職業に必要なる教育を授くへきか」「宗教的教育を為すへきや否や若し宗教的教育を為すへしとせは如何なる宗教を採るへきか」等のすべてが親権者の判断に委ねられるとされている[9]。梅が言うほどに「監護」の内容は明らかであるとも思えないが、法典調査会では、「監護と云ふのはどう云ふことかと言へば滅多に飛出されたり遠方に往つたりしてはいかぬと云ふので次の教育と云ふ言葉を呼出す言葉である」[10]という梅の発言が見出される。この説明は、次条の居所指定権を想定した説明である。言い換えれば、総則規定は、これに続く各則規定——具体的には、居所指定権（旧880条、現行821条）や懲戒権（旧882条、現行822条）——を導くための規定に過ぎないということであろう。

第二に、これとは違うより立ち入った説明もなされている。奥田義人は、「監護とは消極に子の不利益を防衛するをいひ、教育とは積極に子の利益を増進するをいふ。積極に利益を増進するは即消極に其不利益を除く所以にして其間判然たる区別を許さす相合して以て子の身体を保護すること」[11]を指すとしている。ドイツ法の解釈論を導入したものであると思われるが、梅の説明に比べると、総則規定を抽象的・包括的なものととらえていることがわかる。これによれば、総則規定が置かれることによって、親権には、各則規定の定めるものよりも広い範囲のものが含まれると解することになる。

---

9) 梅謙次郎『民法要義巻之四』351頁（明法堂、1899）。原文はカタカナ書きだが、ひらがな書きに改めた。以下、条文以外は同様。

10) 法務大臣官房司法法制調査部監修『日本近代立法資料叢書6　法典調査会民法議事速記録六』428頁［梅発言］（商事法務研究会、1984）。

11) 奥田義人『民法親族法論』344頁（有斐閣、1898、復刻版、信山社、2003）。

(2) 所有権との対比

　一見すると二つの見解は対立しているように見える。しかしながら、両者の相違は、見方によればそれほど大きなものではない。そのことを理解するには、所有権との対比が有益かもしれない[12]。

　所有権は、目的物の使用・収益・処分を自由に行う権利（支配権）である。いわゆる近代的所有権が確立される歴史的な過程においては、このことを示す必要があり、かつ、法令による所有権制限の可能性を開くためにも、その前提としてこのことを示す必要があった（フランス民法544条、日本民法206条）。しかし、絶対的な支配権の存在が承認されているのであれば、改めて確認するまでもない。他方、所有権は、目的物の使用・収益・処分に対する妨害を排除する権利（請求権）でもある。このことは物権の通有性として理解されており、特別な必要がない限り、わざわざ明文の規定を置く必要もない。

　では、親の子に対する権利義務（ここでは敢えて「親権」という言葉は使わないでおく）についてはどうか。奥田の理解によれば、旧879条（現行820条）はこの権利義務の内容を明示したものであるということになろう。これに対して、梅は、そのようなことについては殊更に明示する必要はない、という理解に立っていると言えるのではないか。

　この点は、旧民法に関する磯部四郎の次のような説明を介在させると、よりはっきりする。磯部によれば、「父母は其子を養育するの義務あり。是れ第6章第1節の規定（旧民法人事編中の親子関係の成立に関する規定——筆者注）に依り法律の負担せしむる所の義務なり。……父母其子を養育するや自然の愛情に基くへきは勿論たるも之に多少の権力を与へさるへからす。……父母として其子を養育するの義務を尽すか為めに必要なる方法として之を与ふるに外ならす」[13]。すなわち、親の子に対する権利義務は、親子関係そのものか

---

12)　親権の義務性を強調する今日的な立場からは、親権と所有権とを同一の次元で論ずることは困難であるように感じられるかもしれない。しかし、所有権の義務性を強調するならば、両者の違いは相対的なものとなるだろう。実際のところ、明治民法の下で、穂積重遠『親族法』552頁（岩波書店、1933）は、所有権の義務性（ワイマール憲法を参照）と対比しつつ、親権の義務性を説いていた。

ら発生するのであり、それは親権以前のものである。

次の項で述べるように、磯部のような理解（梅はこれに近い）と奥田のような理解とでは、その依拠する「親権」概念にズレが認められる。しかし、親は子に対して、各則規定には納まらない権利義務を有すると解する点では一致している。それは、親子の関係を親の子に対する支配権（とそこから帰結する義務）とする理解と整合的であるように思われる。

さて、所有権には、もう一つの側面、すなわち請求権としての側面がある。直前に触れた磯部（と梅）と奥田との間に認められる「親権」概念のズレはこの点に関わっており、この点を明らかにするには各則規定に対する考察に進まなければならない。

2　親権と強制履行

(1) 各則規定の変遷

日本の各則規定の変遷は次のように整理できる。予め対照表を掲げておこう。

	旧民法人事編	明治民法	現行民法
居所指定権[14]	150 条	880 条	821 条
懲戒権	151 条・152 条	882 条	822 条
兵役許可権		881 条	×
職業許可権		883 条	823 条

各則規定に現れたのは 4 種の権利であった。規定の細部に拘らず規律対象のみを比較するならば、旧民法以来存在する居所指定権・懲戒権は現行民法に引き継がれているのに対して、明治民法の採用した兵役許可権・職業許可権のうち、前者は廃止、後者のみが現行民法に引き継がれているということ

---

13)　磯部四郎『民法釈義人権之部』531-532 頁（長島書房、1891、復刻版、信山社、1997）。
14)　旧民法では、住家退去許可権であるが、便宜上、居所指定権と同視する。

になる。

しかし、このような見方にとどまる限り、重要な差異が捨象されてしまうことになる。規定の変遷の中で失われたものが何であるのかを直視する必要があるが、それには一つの視点が有用である。見出しに掲げた「強制履行」がその視点である。

(2) 婚姻の効果との対比

人の人格・人身に密接に関連する民法親族編において「強制履行」は意外な重要性を持っている。いささか回り道になるが、この点を明らかにするために、婚姻の効果との対比を行っておきたい。

婚姻の効果として生ずる主要な義務には、同居・協力・扶助義務と貞操義務がある。前者についてはこれを正面から定める規定（752条）があるが、後者についてはそうした規定は存在しない。ただし、貞操義務違反が離婚原因とされていることによって、この義務の存在は間接的に示されていると言える。以上は、多くの学説の説くところである。さらに、貞操義務を正面から規定すべきことを説くものもある。

筆者自身もこのような見解に与しているが[15]、現行法の解釈論あるいは将来の立法論としてはこれでよいと考えている。しかし、そこには、なぜ貞操義務が正面から規定されていないのかという説明が欠けている。この点は次のように説明されるべきである。

そもそも夫婦の義務につき、明治民法はどのような規定を置いていたのか。この点を確認することが出発点となる[16]。まず、同居義務が定められていた（旧789条1項「妻ハ夫ト同居スル義務ヲ負フ」、同2項「夫ハ妻ヲシテ同居ヲ為サシムルコトヲ要ス」）。次に、扶養義務が定められていた（「夫婦ハ互ヒニ扶養ヲ為

---

15) 大村『家族法〔第3版〕』41頁（有斐閣、2010）。
16) 旧民法には、夫婦の義務に関する規定は置かれていない。その理由は次のように説明されている。その理由は明らかではないが、「夫婦の交りは人の大倫たるを以て互へに信実を守りて相扶持し夫は婦を保護し婦は夫に順従すへきは自然の慣習に属し法律の規定を待て後に定まるへきものにあらす」（磯部・前掲（注13）239頁）。

ス義務ヲ負フ」)。また、貞操義務を正面から定める規定はなく義務違反は離婚原因とされていた（旧813条2号「妻カ姦通ヲ為シタルトキ」、同3号「夫カ姦淫罪ニ因リテ刑ニ処セラレタルトキ」）。

　このような書き分けは意図的になされていた。すなわち、強制履行の可能な義務については明文の規定を置くが、そうでないものについては義務違反が離婚原因になると書くほかない、という区別がなされていたと見てよい。

　まず、起草者たちは（旧民法草案を含めて）当時の立法例を精査したようである。その結果として、真実（貞操）、保護・貞順や助力・敬愛などをリストアップしているが、梅は「是等は何うも法律上の規定としては如何にも面白くないので事柄は誠に其通りでさうなくてはならぬのでありますけれども何うも面白くない……」と述べ、結局、「独逸民法草案には詰る所財産上の効力の外は丁度本案に採つた位の事柄しか規定になつて居りませぬ私共の見まする所では之が穏当である」としている[17]。

　この説明の中にすでに「法律上の規定」を置くという意図が現れているが、置かれた規定の全体像については次のような説明が与えられている。すなわち、梅は、貞操義務・扶助義務・保護従順義務を道徳上の義務とし、貞操義務違反から刑事上の制裁・民事上の制裁が生ずるほか、扶助義務から法的な義務としての同居義務・扶養義務が、保護従順義務から夫の後見、妻の無能力が、それぞれ導かれるとしている[18]。

　今日では、同居義務については強制履行はできないと解されている。これは、すでに戦前の判例・学説に見られた考え方である。しかし、梅は、そうは考えていなかった。

　梅は、夫婦間の義務を民法典に掲げるにあたり、「掲げた所が直ちに制裁を付することも余程六け敷い」、「直接に其義務を履行せしむると云ふことは実際出来る話でもなし」という点を考慮に入れつつ[19]、その対象を絞り込んでい

───────

17）　法典調査会・前掲（注10）270頁［梅発言］。
18）　梅・前掲（注9）143頁。
19）　法典調査会・前掲（注10）270頁［梅発言］。

た。反対から見れば、民法典に規定の置かれた義務については、制裁や履行強制を念頭に置いたものであったことがわかる。扶養義務はもちろん同居義務についても履行強制が可能と考えていたのである。

実際のところ、梅は、「本案に於ては矢張り強制を許す積りで以てそれで別段に規定を置かぬで斯様に規定して置きました」と述べている。さらに、「夫が自分の力でいけぬときには巡査に頼んで捜索願をするさうすると巡査が女房を掴へて来て夫に引渡すそれで結構である」とも述べている[20]。

なお、一々は引用しないが、明治民法の起草者たちは、特に親族編において、効果のはっきりしない規定は置かず道徳に委ねるという方針を打ち出しており、この立場からの議論が各所で繰り返されていたことを付言しておこう。

ところが、すでに一言したように、同居義務については強制を認めないという考え方が現れる。これに続いて、戦後の改正によって協力義務なるものも導入された。その結果として、現行752条からは履行強制ができる義務のみを書き込んだという性格が失われることになったのである。

前置きが長くなったが、親権の各則規定についても同様の事態が生じたのである。ここでもう一度、旧民法の関連規定に戻ろう。人事編150条、151条、152条は次のように定めていた。

人150条
　未成年ノ子ハ親権ヲ行フ父又ハ母ノ許可ヲ受クルニ非サレハ父母ノ住家又ハ其指定シタル住家ヲ去ルコトヲ得ス
② 子カ許可ヲ受ケスシテ其住家ヲ去リタルトキハ<u>父又ハ母ハ区裁判所ニ申請シテ帰家セシムルコトヲ得</u>
人151条
　父又ハ母ハ子ヲ懲戒スル権ヲ有ス但過度ノ懲戒ヲ加フルコトヲ得ス
人152条

---

20) 法典調査会・前掲（注10）277頁、278頁［梅発言］。

子ノ行状ニ付キ重大ナル不満意ノ事由アルトキハ<u>父又ハ母ハ区裁判所ニ申請シテ其子ヲ感化場又ハ懲戒場ニ入ルルコトヲ得</u>
② 　入場ノ日数ハ六个月ヲ超過セサル期間内ニ於テ之ヲ定ム可シ但父又ハ母ハ裁判所ニ申請シテ更ニ其日数ヲ増減スルコトヲ得
③ 　右申請ニ付テハ総テ裁判上ノ書面及ヒ手続ヲ用ユルコトヲ得ス
④ 　裁判所ハ検事ノ意見ヲ聴キテ決定ヲ為ス可シ父、母及ヒ子ハ其決定ニ対シテ抗告を為スコトヲ得

　ここで重要なのは下線部（筆者による）である。旧民法においては、居所指定権（住家退去許可権）・懲戒権を定める規定（150条1項、151条）が置かれているだけではなく、それを強制する（公権力を借りて実現する）ことを許す規定（150条2項、152条）が置かれていたのである。というよりも、これの規定を置くことに主眼があった。
　一連の規定につき、磯部は次のように説明している。「親権は元来父母其子を養育するの方法たるに属するを以て其目的を達するには種々の配慮手段を要すべしと雖も、此等は風俗慣習及ひ父母の愛情に依頼すへきものにして法律を以て規定すへきにあらす。……法律は唯た父母其義務を尽すか為め最も重要なるものを規定するを以て足れりとす。本条に定めたる監護及ひ次条以下に定めたる懲戒の権即ち是なり」[21]。
　明治民法になると、このうち、150条2項に対応する規定は削除されることになる。この点については、次のような説明がされている。「其理由は一体此義務の性質上強制履行の出来る性質のものであります。夫れで別段明文を掲げておきませぬでも是丈けの権利を認めた以上は其父は裁判所に請求して内に帰らせることは出来ると思います」。では、なぜ旧民法（あるいは当時の諸外国の立法）では特に規定が置かれていたかというと、「外国では一般の原則として人の行為に付ては強制履行を許さぬと云ふ原則が行れて居る所が随分多うございます。そう云う所では何んとか書てないと強制履行は出来ぬと為り

---

21) 磯部・前掲（注13）541頁。

ます」という点に求められている[22]。

しかし、居所指定権に従わない子に対して、強制履行を行うということは今日では考えられてはいない。また、2011年改正では、現に「懲戒場」が存在しないという理由で、旧民法152条以来の「懲戒場」に関する規定も削除された。その結果として、居所指定権や懲戒権が強制履行を認める（というよりも国家の物理力の積極的な利用を認める）ことを明示するためのものであったことが忘れられつつある。

なお、職業許可権と兵役許可権にも一言しておこう。当初、兵役許可権は職業許可権とあわせて、「子ハ親権ヲ行フ父又ハ母ノ許可ヲ得ルニ非サレハ営業ヲ営ミ兵役ヲ出願スルコトヲ得ス」（原案895条）という規定が提案されていた。

そもそもこのような規定が提案された理由は、次のように説明されている。「兵役に服すると居所も自分の意の如くならぬ。親の意の如くならぬ。父の許可を受けて居所を定むると云ふ前々条の規定と矛盾します」（梅・法典調査会439頁）。これは形式的な説明だが、より実質的には次のような説明がされており、興味深い。「今日の世になると小さい子供に至るまで兵隊に為ると云ふことを非常に名誉に思ふて居ります」が、「日本の男子が皆兵隊に為つて学問をせぬで居ると国力が衰へますから今の内は学問をして大きく為つたら兵役に就くと云ふことに為つたら宜しい」[23]。

これに対しては直ちに反対論が提出される。「無い方が宜しい……（書き方も――筆者注）如何にも報国心が無いやうに見える」[24]（横田・法典調査会440頁）というのである。しかし、採決では削除論は少数にとどまり、未成年者に限るということにされ、（この段階では成年者も含むとされていた）職業許可権と分離して新たな規定が立てられることとなった。

実質論は別にして、兵役許可権（および職業許可権）は、親の支配権として

---

22) 法典調査会・前掲（注10）433頁［梅発言］。
23) 法典調査会・前掲（注10）439頁［梅発言］。
24) 法典調査会・前掲（注10）440頁［横田國臣発言］。

の親権(およびその実現のための具体的な権利たる居所指定権)の論理的な帰結として出てきた規定であったことは注目されてよいだろう。

以上のまとめを兼ねて、前述した「親権」概念における(磯部と横田における)理解のズレについて一言しておこう。

明治民法879条のような規定のない旧民法では、親の子に対する権利義務は、親子であることを理由に父母双方に帰属すると考えられていた。ところが、明治民法に879条が置かれた。これによって、親であることから当然に生ずる権利義務(厳密にはそのうち広義の監護教育に関するもの)は「親権」の中に包摂されたというべきであろう。このことを図示すると次のようになる。

```
旧民法                  明治民法
親子  →  監護の義務     親子
親権  =  監護の手段     親権  =  監護の義務
                              (監護の手段)
```

こうして見ると、前述の磯部の見解は旧民法の構造に、奥田の見解は明治民法の構造に適合的であるように見える。梅の立場はやや微妙であり、実現手段を伴わない権利義務を定めることを無用とする点では磯部に近いと見ることができる。

いずれにしても、明治民法879条(現行民法820条)が置かれたことによって、親の子に対する権利義務は実定法的な基礎を持つことになった。その上で、親権の強制手段としての性質が希薄化しつつあるというのが、親権総則・各則をめぐる現在の状況と言うべきであろう。

II 親権と監護権・管理権

民法820条は、「親権を行う者は、(子の利益のために ── 新法で追加)子の監護及び教育をする権利を有し、義務を負う」と定める一方で、766条は、「父母が協議上の離婚をするときは、子の監護をすべき者(、父又は母と子との面

会及びその他の交流、子の監護に要する費用の分担その他の子の――新法で追加修正）監護について必要な事項は、その協議で定める」と定めている。両者の関係については、766条自体が「前3項の規定によっては、監護の範囲外では、父母の権利義務に変更を生じない」（同条4項）と定めているが、それ以上のことは定められておらず、「監護の範囲」とは何を意味するのかは必ずしも明らかではない。

学説には様々な見解があるが[25]、最近の多数説は、766条の「監護」を820条のいわゆる「身上監護権」と同視し、かつ、これを親権から財産管理権を除いたものとする見解（図式化すれば、監護〔＝身上監護権〕＝親権－財産管理権、となる）である[26]。もっとも、一歩立ち入ってみると、なお不明な点が残る。というのは、820条のいう「身上監護権」そのものが明確でないのに加えて、監護者に身上監護権が付与されたとして、親権はどうなるのかという問題が残るからである。「監護者が親権者と別に定められる場合の親権者の親権が何を意味するのか、両者の関係はどうなるのかといった点については、必ずしも明確ではない」[27]のである。

そこで、以下においては、監護者の指定によって親権者の親権はどうなるか（1）、また、管理権とは何か（2）、身分行為その他の代理権は親権に含まれるのか（3）という三つの問題を取り上げることとする。最初の問いは、仮に「監護権＝親権－財産管理権」であるとして、監護権者のいる場合には、「残された親権＝本来の親権－監護権」となるのかということにほかならない。また、第二・第三の問いは、そもそも「親権＝監護権＋財産管理権」であるといってよいかということに通ずる。

---

25) 島津一郎＝阿部徹編『新版注釈民法㉒親族(2)』98-100頁［梶村太市］（有斐閣、2008）を参照。

26) 内田・前掲（注6）133頁、二宮・前掲（注7）144頁など。大村・前掲（注15）172頁も同旨である。

27) 窪田・前掲（注7）122頁。なお、犬伏ほか・前掲（注6）95-96頁［石井］も参照。

1　監護とは何か

(1)　監護規定の変遷

よく知られているように、現行766条は明治民法の812条に由来する。次のような規定であった。

旧812条
　協議上ノ離婚ヲ為シタル者カ其協議ヲ以テ子ノ監護ヲ為スヘキ者ヲ定メサリシトキハ其監護ハ父ニ属ス
② 父カ離婚ニ因リテ婚家ヲ去リタル場合ニ於テハ子ノ監護ハ母ニ属ス
③ 前二項ノ規定ハ監護ノ範囲外ニ於テ父母ノ権利義務ニ変更ヲ生スルコトナシ

明治民法においては、父がある限り、原則として親権は父に帰属する(明民877条1項)。しかし、監護に関しては、「子の監護は通常夫婦共同して之を為すへきものとす」という前提に立ち、その上で「是れ父母が同棲せる場合に於ては最も当に然るへき所なりと雖も若し離婚の結果父母相別るるときは子の監護を誰に託すへきか」との問いが立てられていた[28]。

ところで、親権者のほかに監護をする者を定める必要はどこに求められるのだろうか。おそらくは実際の育児は母に委ねた方がよい場合があるという判断によるものだろう。梅は「一定の年齢に達せる男子は概して父の監護を受くるを利とす之に反して女子及ひ幼孩の男子は寧ろ母をして其監護を為さしむるを利とす」[29]としている。

このこととの関係で、ここでいう「監護」とは何かが問題になる。この点につき、梅は次のように述べている。「子の教育、懲戒、其代表及ひ其財産の管理の如きは総て第五章の規定に従ひ親権を有する者の権内に属すへく決し

---

28)　梅・前掲（注9）206頁。
29)　梅・前掲（注9）206頁。

て本条の規定に依りて監護権を有する者の権内に在らさるものとす」[30]。以上の叙述からは、もともと「監護」はいわゆる身上監護のうち狭義の監護のみを指しており、教育・懲戒等を含むものではなかったことがわかる。

　この説明は、特に修正が加えられたのでない限り、現行法にもそのままあてはまるはずである。しかし、解釈論・立法論として、「子の監護」制度をより強化すべきことは早い時期から説かれていた[31]。さらに、立法論としては、身上監護権に一定の財産を管理する権限を付加することが必要であることも指摘されていた[32]。もっとも、これらの指摘は、現行民法の「監護」は明治民法のそれと同じであることを前提に立つものであった。

　ところが、こうした論調のもとで、その後次第に、監護権という用語は広く用いられるようになっていく。その内容も、まず、教育・懲戒を含むようになり（広義の監護権）、続いて、身上監護に必要な財産管理をも含むかのようになっている（最広義の監護権）。こうなると、残る親権はあまりに狭い形式的な権利となる。ここに、面接交渉権が改めて必要とされる原因の一つを見いだすことができる。

　なお、監護権＝身上監護権という理解が浸透するようになると、父母の一方が「親権－身上監護権」（＋面接交渉権？）を持ち、他方が「身上監護権」（＋若干の財産管理権？）を持つことによって、実質的な（しかし近似的な）共同監護・共同親権が実現しうることにもなる。しかし、実際には、このような分属が行われている例はそれほど多くはない。

(2) 里親等との対比

　明治民法に見られたように、監護の権限を事実上の権限として理解するならば、法的な意味での身上監護権はなお親権者に存することとなる。

　この場合の親権者の権限は、補充的な監督権限となると解することもでき

---

30) 梅・前掲（注9）208頁。
31) 我妻栄『親族法』141-142頁（有斐閣、1961）。
32) 我妻・前掲（注31）329-330頁。

るが、親権者の身上監護権が失われるわけではない。また、仮に、身上監護権に後述の財産以外の法律行為に関する代理権が含まれるならば、この代理権は親権者にも留保されることとなる。

「監護」の権限に本来的に含まれていた脆弱さは、今日においては、里親等の権限の脆弱さとして顕在化しているように見える。周知のように、児童福祉法は、保護者の児童虐待等の場合につき、親権者・未成年後見人の意に反する場合にも裁判所の承認を得て、里親委託等の措置をとることができるとしている（同法28条1項、27条1項3号）。そして、里親等は「受託中の児童等で親権を行う者又は未成年後見人のあるものについても、監護、教育及び懲戒に関し、その児童等の福祉のため必要な措置をとることができる」こととされている（同法47条3項）。

ところが、親権者によって、この権限行使が妨げられることが少なくない。これを封ずるには、里親委託措置等がとられ、里親等に監護等の権限が付与された場合には、その限度において親権者の権限が停止されるとすることが必要である。この結論は解釈論としても導出不可能ではないが、明確化をはかるために、2011年の改正においては、「前項の児童等の親権を行う者又は未成年後見人は、同項の規定による措置を不当に妨げてはならない」（同法47条4項）という規定が設けられた。

ここではこの規定の(書き振りの)当否は問わない。ただ、翻って考えると、ここに見られるような事態は、民法766条による監護者についても潜在していることを指摘するにとどめる。

2 管理権とは何か

(1) 管理規定の変遷

現行法は明治民法とともに、管理権なき親権を認めている。管理権の喪失を定める現行835条は明治民法897条1項をそのまま引き継いでいる。また、管理権の辞任を定める現行837条は、明治民法899条を双方化した(母だけでなく父についても適用することとした）ものにほかならない。

明治民法が管理権喪失規定を置いたのは、親権全体ではなく財産の管理権

のみを喪失させれば足りる場合があると考えてのことである。「子の財産を危くするやうなことであるから親権の喪失を許しても宜ささうなものに思ひますがどう云ふものでありませうか」という質問に対して、起草者は次のように答えている。「親は子を大変に愛して居つて愛情等に於ては少しも親たる所に欠ける所はない。……随分教育抔のことに付ても訳の分る人であつて如何にも親権を行ふに適して居る人である。唯財産の管理が大変に下手な人である」。こうした場合に、「財産がなくなつては子が困る許りでなく間接に親も困るし家族も困るやうなことが沢山ある。子が戸主である場合には最も困る」。そこで「管理丈けはさせない。併ながら教育、監護のことは矢張り任せて置くと云ふのが適当であると思ひまし」た。あわせて、「管理の失当と云ふことは親権濫用にもならず著しき不行跡にもならない積りであります」（梅・同頁）とも述べている[33]。

では、管理権を失った親権者はどのような権限を持つのか。あるいは、ここでいう管理権とは何か。これらの点は必ずしもはっきりとしない。

(2) 母・後見人との対比

現行835条は父母の双方を規律対象としているが、実際には、母の管理権行使に対する疑念が強かった。管理権辞任規定がもともとは母のみを対象にしていたのはその現れであろう。

そもそも母は親権を自由に行使しうるわけではなかった。一定の重要な財産行為については、親族会の同意が必要とされていたのである（旧886条）。たとえば、父が管理権を喪失した場合、家に在る母が単独で管理権を行使することとされていたが（旧897条2項）、この場合にも旧886条が適用された。

なお、ここでいう一定の重要な財産行為は現行13条の掲げる行為（被保佐人の行為のうち保佐人の同意を要するもの）と対応するが、後見人がこれらの行為をするには、現行法では「後見監督人があるときは」その同意を得なければならないとされているだけだが、明治民法においては、母の親権行使の場

---

33) 以上のやりとりは、法典調査会・前掲（注10）485-486頁［穂積八束発言、梅発言］。

合と同様に、親族会の同意が必要とされていた（旧929条）。つまり、母と後見人の管理権行使には親族会の監督が及んでいたのである。

もちろん、現行法の下で、母の親権行使についてのみ制約を課すことは考えられない。しかし、仮に、親権の一部が単独で行使されることを認めるのであれば、全く自由な行使を認めるのではなく、一定の場合に制約を課すことは考えられないではない。このことは、管理権だけでなく身上監護権についてもあてはまる。

3　財産以外に関する法律行為の代理権

(1)　代諾養子規定の変遷

身分行為をなしうるのは本人のみであり、親権者による代理にはなじまない。また、本人による身分行為の可否は成年年齢によって一律に画されているわけではない。具体的には、婚姻は18歳以上（男子）・16歳以上（女子）、養子縁組は15歳以上であれば可能である。これらの規律は、基本的には明治民法以来のものである[34]。

これに対する例外をなすのが代諾養子である。すなわち、これも明治民法以来であるが、15歳未満の者については、法定代理人が本人に代わって縁組の承諾をすることができるとされている（797条1項、旧843条1項）。この規定に対しては、今日では大きな異論は提示されていないが、明治民法起草の際には非常に激しい議論が戦わされていた[35]。

一言で言えば、明治民法の起草者たちは代諾養子に違和感を持っており、まず取消請求権を、これが否決された後には特別な離縁請求権を提案していた。ここでは彼らの違和感の強さを示す発言を引いておこう。

まず、起草者の穂積は次のように述べている。「親と云ふ者は子の利益を図らなければならぬ。子に対しても矢張り正当の義務と云ふものがあるべき訳

---

34)　もっとも、婚姻適齢は男子満17歳、女子満15歳であった（旧765条）。

35)　中川善之助＝山畠正男『新版注釈民法(24)親族(4)』104頁［山畠正男］、209-210頁［中川良延］（有斐閣、1994）に、簡潔な紹介がなされている。

でありますから、それ故に幼者を知らない中に自然の関係に違つて他人の子に遣つて仕舞うと云ふことは是れ丈けの条件を持つてでなければ遣れないと云ふことをどうも定めなければならぬと思ひまする」[36]。取消権がなければ、代諾養子は正当化されないというわけである。

さらに梅も次のように述べている。「自分の意思に反し自然に反する所の身分で生涯居らねばならぬ。少し言葉を酷にして言ふと、奴隷同様な身分を此法典で存すると云ふことは如何にも残念」[37]と。また、「離縁の方に入れて下さらなければ私一人と雖も総裁に向つて再議に付することを申述べる積りであります。若し総裁が御承諾が無ければ天下に向つて訴へなければならぬ」[38]といった発言も記録されている。

結局、起草者の意見は容れられなかったわけであるが、親権者であれ、子の身分を勝手に変動させることはできない、という考え方が強く主張されていたことは、もう一度省みられてよいことであろう[39]。

(2) 改正臓器移植法との対比

代諾養子との関連で興味深いのは、2009年の改正臓器移植法である。新法は、従前、15歳未満の者はドナーとなりえないとされていたのを改めた。しかし、その際に、法定代理人の代諾を認めるというのとは異なる構成を採用した。

すなわち、旧法では、医師が死体から臓器を摘出するにあたっては、死者が生前に「～を提供する意思を書面により表示している」(旧6条1項)ことが必要であるとされていた。これに対して、新法は、この場合(新6条1項1号)に加えて「～を提供する意思を書面により表示している場合及び当該意思がないことを表示している場合以外の場合」(同項2号)を加えたのである(1号

---

36) 法典調査会・前掲（注10）706頁［穂積陳重発言］。
37) 法典調査会・前出（注10）708頁［梅発言］。
38) 法典調査会・前出（注10）714頁［梅発言］。
39) 我妻・前掲（注31）269頁はこの問題を意識しており、代諾養子は「諸刃の剣」であるとしている。

の場合には、遺族が拒絶しないことが必要、2号の場合には、遺族の承諾が必要)。

これは、明示的に拒絶の意思表示をしなかった者については、臓器摘出が可能であるとしたことを意味する。このような基本的な転換の是非については、ここでは論じない。こう改めたことによって、代諾という危険な法律構成の利用が回避されたことのみを確認しておく。

おわりに

以上、舌足らずの観もあるが、今後の検討の際に参照に値するいくつかの材料は提示しえたのではないかと思う。最後に、総則・各則規定それぞれの再編につき、考慮すべき点をまとめて示し、むすびに代えたい。順序が逆になるが、各則から始めて総則に及ぶことにしよう。

なお、冒頭で述べたように、本稿の検討対象はごく限られたものである。親権の性質(820条)、さらに、財産管理に関する諸規定(824条〜832条)や親権の帰属・行使に関する諸規定(819条・820条)は、検討の対象外に置いている。これらについて別途考えなければならないことは言うまでもない。

旧民法・明治民法における各則規定が、親権の対外的効力に着目して定められたことを考慮するならば、この観点からの規定はもはや不要であると言えるだろう。国家の力を借りて居所指定権・懲戒権を実現するための規定は削除してよい。もっとも、有名無実であった懲戒場に関する規定が削除された現在では、この種の規定は残存していない。そして、この種の規定がないのであれば、総則規定が置かれている今日、居所指定権・懲戒権について従来の規定を存置しておく必要は乏しい。

ただし、このことは、直ちに各則規定は不要であることを意味するわけではない。具体的には次の2点が問題になる[40]。

一つは、親権の対外的効力を明示しておくべき場合が、なお存在するということである。821条の居所指定権は、親権者が子の引渡請求をする際の根拠

---

40) なお、823条の職業許可権に関しては、5条・6条と統合することが考えられる。

とされることが多いが、821条を削除するとしても、この取扱いに変更を生ずるものではないことは明示した方がよい。たとえば、第三者に対する妨害排除請求が可能なことを示す規定を置くことは検討に値するだろう。

もう一つは、822条の懲戒権を削除することによって「しつけ」に支障がでるという誤解を避ける必要がある。親権を行う者は子に対する「しつけ (discipline)」を行うことができる、という規定を置くことも考えられるが、その場合には、しつけは、「暴力 (violence)」の行使をふくまず、子の人格を「尊重 (respect)」して行われなければならない旨を注記することも必要だろう。

総則規定については、766条との関係を整理した上で、監護・教育の内容についても明確化をはかることが望まれる。

第一に、820条の「監護・教育」と766条の「監護」とが同一のものを指すこと、かつ、いずれもが事実上の権限を指していることを明示することが望まれるのではないか。第二に、親権者以外の者に「監護」が委ねられる場合、親権者の「監護」権限がどうなるのかを明示すること。具体的には、親権者の「監護」権限が失われない場合があることを正面から認めた上で、その場合に、親権者と監護者の権限の調整をはかる規定を置く方がよい[41]。

第三に、子の監護を行う者は、財産に関する法律行為につき代理権を持つか、また、子の行う法律行為につき同意権を持つか。この点に関しては、一方で、財産に関する法律行為は親権者が行うことを前提としつつ、重要な行為には一定の制約を課することが考えられる。他方、軽微な行為については監護を行う者にも代理権を認めることは考えられないではない。しかし、子の生活に関する費用は親権者（あるいは親）が負担すべきであると考えるならば、実際上の必要は乏しいのではないか。よく問題とされる幼児に対する医療行為についても、医療行為を受ける契約自体は親権者が自己の名において

---

41) 当事者の合意によって、第三者に監護を委ねることを認めるか、その場合に、親権者の監護はどうなるか、という問題もある。再編家族における親権行使にもかかわる問題であり、検討を要するが、現行法の下でこれが可能であるかどうかについては疑義があるので、明文の規定によって対処すべきであろう。

締結すれば足りる[42]。

　ここで第四の問題が登場する。医療行為をはじめとする子の人身・人格に関する行為につき、(本人が意思表示をすることができない場合に)本人に代わって承諾をすることができるか、(本人が意思表示をすることができる場合に)本人の承諾に同意を与えることができるか、という問題である。この点に関しては、重大な行為と軽微な行為とを分けて、重大な行為については裁判所や第三者機関の関与を求めるなどのより慎重な手続を定める、軽微な行為については「監護」の内容に含めるという仕分けをすべきではないか[43]。

　以上は雑ぱくな整理の試みに過ぎず、さらに精密な検討が期待される。また、現在の学説の到達点から後退するように見える点もあるかもしれない。しかし、立法にあたっては、関連の規定がどのように変遷して現在に至っているのかを明らかにし、確かな出発点に戻るとともに、見失われた関連性やあり得た選択肢を見出すという作業が必要であるのではないかと考える次第である。

---

42) 飛澤・前掲（注1）24頁が述べるのは、治療行為（事実行為）に関する同意についてである。
43) 重大な行為と軽微な行為の間に、通常の行為を観念すべきかもしれない。

共同相続における遺産である不動産利用に関する相続開始後の法律関係
―― 使用貸借構成をめぐる分析と提言

川　淳一

I　本稿の目的
II　本稿の構成
III　昭和41年判決と平成8年判決
IV　使用貸借構成の利点
V　使用貸借構成の問題点
VI　提　言

I　本稿の目的

　共同相続において、共同相続人のうちの一部の者が遺産である建物を現実に占有している場合の法律関係は、どのようなものと解すべきか。周知のように、この問題について、最判平成8年12月17日（以下、平成8年判決と称する）[1]は、他の共同相続人は「持分」の過半数によって当然には明渡しを求めることができないという最判昭和41年5月19日(以下、昭和41年判決と称する)[2]を前提としたうえで、さらに、少なくとも一定の場合に使用貸借契約関係を認定することによって、問題の建物を占有している相続人は他の相続人に対して他の相続人の「持分」に相当する部分についての賃料相当額の不当利得返還義務を負うこともないという法解釈を明らかにしている。

この法解釈（以下、使用貸借構成と称する）に対して、学説の中には、当初、批判的なものもみられた[3]。しかし、その後の議論の趨勢は、使用貸借構成を一応所与のもとして議論をすすめる方向にあるように思われる[4]。

筆者も、この使用貸借構成が持っているいくつかの側面における利点とでもいうべきものを否定するものではない。しかし、問題となる場合、すなわ

---

1) 民集50巻8号2778頁。この判決に対する解説・評釈として、野山宏「判批」ジュリ1111号197頁（1997）、同「判解」曹時50巻6号129頁（1998）、西尾信一「判批」銀行法務21・534号56頁（1997）、高木多喜男「判批」度重判解（平8年度）（ジュリ1113号）86頁（1997）、高橋朋子「判批」法教202号118頁（1997）、右近健男「判批」判タ940号92頁（1997）、中川淳「判批」判評463号（判時1606号）31頁（1997）、升田純「判批」NBL633号65頁（1998）、岡本詔治「判批」リマークス〔16〕84頁（1998）、石黒清子「判批」民主解（平9年度）（判タ978号）76頁（1998）、髙橋眞「判批」家族法判例百選〔第6版〕（別冊ジュリ162号）144頁（2002）、同「判批」家族法判例百選〔第7版〕（別冊ジュリ193号）146頁（2008）、中川淳「判批」戸時644号54頁（2009）、合田篤子「判批」判例プラクティス民法Ⅲ125頁（2010）などがある。また、本判決を契機とする論稿として、岡部喜代子「相続人の一人が共同相続財産を占有する場合の法律関係について」洋法41巻2号261頁（1998）がある。また、この判決で採用された使用貸借構成を判決に先立って提示したものとして、司法研修所編（田中壮太＝岡部喜代子＝橋本昇二＝長秀之）『遺産分割事件の処理をめぐる諸問題』司法研究報告書45輯1号338-340頁（1994）がある。
2) 民集20巻5号947頁。この判決に対する解説・評釈として、奈良次郎「判解」曹時18巻7号142頁（1966）、金山正信「判批」判評96号（判時459号）7頁（1966）、品川孝次「判批」上法10巻3号87頁（1967）、谷田貝三郎「判批」民商56巻1号107頁（1967）、星野英一「判批」法協84巻5号89頁（1967）、村田博史「判批」民法判例百選1総則物権〔第6版〕（別冊ジュリ195号）150頁（2009）などがある。
3) たとえば、高木・前掲（注1）13頁は遺産分割までの居住の利益保護の必要は認めるものの、「他の相続人との間に使用貸借関係の成立まで認める必要はない」とし、高橋朋子・前掲（注1）119頁も「かりに本判決の射程が、単なる同居相続人が相続開始後も建物を占有しているにすぎない場合にも及ぶと解さざるをえないのであれば、相続人間にもたらす不平等は大きなものになるのではなかろうか」としている。
4) たとえば、髙橋眞・前掲（注1）〔第7版〕147頁は、執筆要項上の制約もあり、本判決を積極的に支持していると言い切れるかは微妙であるようにも思われるが、一応本判決を所与としたうえで、その延長線上の問題を検討している。

ち、共同相続において共同相続人の一部の者のみが遺産である建物を現実に占有している場合すべてに使用貸借構成が適用可能というわけではなさそうであること、および、そもそも問題の場面での法律問題は、「遺産の使用関係はどのようなものであるべきなのか」というよりもむしろ「遺産分割という目的に向けた遺産管理はどのようなものであるべきなのか」ということであるということを考えると、使用貸借構成を所与のものとして議論をすすめることには、やはり問題があるように筆者には思えるのである。

本稿の目的は、このような基本的立場から使用貸借構成の現時点における意義と限界を確認すること、および、その確認を踏まえたうえで、共同相続における遺産である建物の相続開始後の法律関係をどのように構成すべきかを改めて考えてみることである[5]。

II 本稿の構成

以下、第一に、昭和41年判決と平成8年判決の事案の概要と判旨を整理して提示する。これら2つの事件の概要はもはや公知というべきであり、したがって、ここで改めてその概要と判旨を述べるのは、不要の謗りを受けるようにも思われる。しかし、筆者には、これら2つの事件における事案のそれぞれは、本稿で扱おうとしている事案類型の両極を構成しているように思われるのであって、そのことをまず確認することには十分な意義があると考える。

第二に、そのようにして明らかにした2つの事案類型を念頭においたうえで、使用貸借構成の利点というべきものを、2つの観点、すなわち、実際上の問題の処理という観点と遺産共有に関わる法理論の状況という観点から明

---

[5] なお、本稿は、拙稿「共同相続財産の管理」民法の争点（新・法律学の争点シリーズ1）354頁（有斐閣、2007）、および、「共有」千葉恵美子＝潮見佳男＝片山直也編『Law Practice 民法I』182頁（商事法務、2009）において断片的に提示してきた私見を、現時点において一応まとめたという性格の論稿である。

らかにする。結論を先取りして提示すれば、(1)実際上の処理という観点からいうと、使用貸借構成が適用可能な事案類型においては、使用貸借構成は、遺産を現実に占有している一部の相続人が他の相続人に対して他の相続人の「持分」に相当する部分についての賃料相当額の不当利得返還義務を負わないことを既存の法的根拠によって基礎づけることができるという点で利点を有し、(2)法理論の状況という観点からいうと、そのような根拠付けを、遺産共有の法性論という難問にいわばマスクをしたままで展開することができるという点で利点を有する、ということである。

第三に、今度は、使用貸借構成の問題点とでもいうべきものを挙げる。これも結論を先取りすれば、実際上の処理という観点からは、使用貸借構成はすべての事案類型に適用可能なわけではなく、しかも、適用の難しい事案類型においても使用貸借構成によってもたらされるのと同様の帰結が必要な場合はありそうだということが問題になる、ということである。

以上のような作業を経て、最後に、それではどのような法解釈の方向性が適切であるかに関する私見を述べることにする。

III 昭和41年判決と平成8年判決

1 昭和41年判決

まず、昭和41年判決の事案の概略はこうである。指物師（桑樹匠）だった被相続人Aは、生前、共同相続人の一人であり、指物師を継いだ次男であるYと問題の土地・建物（A所有）に一時同居していたが、その後、Aとその配偶者であるX_1が転居し、Yが居住および仕事場としての使用を継続するという形で別居するに至っている（原審認定によれば、この別居に際して、A・Y間に使用貸借契約が成立している）。このような状況のもとで、土地・建物の処分等に関する意見の相違などから次第にA・Y間に不仲が生じ、AからYに対して使用貸借契約の解除等を理由とする明渡し請求が提起され、その係属中にAについて相続開始があり、Aの共同相続人中Y以外の者（生存配偶者X_1

およびY以外の子 X_2～X_8) を原告とする形で訴訟承継がされた。原審認定によれば、「相続分」は X_1 が3分の1、X_2～X_8 および Y が各12分の1である。原審は、使用貸借契約がAの生前に解除されたことを前提に、「相続人が持分の価格に従いその過半数をもつて土地・建物管理の方法として相続財産に属する土地・建物を共同相続人の一人に占有させることを定める等かくべつの事情のない限り、持分の価格の過半数に満たない持分を有するにすぎない共同相続人は、その土地・建物にひとりで居住しこれを占有するについて他の共同相続人に対抗できる正当な権原を有するものと解することはできない」と判示し、本件においては、そのような「かくべつ」の事情についてなんら主張立証がされていないとして、12分の1の持分権を有するにすぎないYは、問題の不動産を単独で占有することはできないとして、X_1らの明渡請求を認容した。

これに対して、最高裁は、つぎのように判示して、原審とは異なる判断を示した。曰く、「共同相続に基づく共有者の一人であつて、その持分の価格が共有物の価格の過半数に満たない者（以下単に少数持分権者という）は、他の共有者の協議を経ないで当然に共有物（本件土地・建物）を単独で占有する権原を有するものでないことは、原判決の説示するとおりであるが、他方、他のすべての相続人らがその共有持分を合計すると、その価格が共有物の価格の過半数をこえるからといつて（以下このような共有持分権者を多数持分権者という）、共有物を現に占有する前記少数持分権者に対し、当然にその明渡を請求することができるものではない。けだし、このような場合、右の少数持分権者は自己の持分によつて、共有物を使用収益する権原を有し、これに基づいて共有物を占有するものと認められるからである。従つて、この場合、多数持分権者が少数持分権者に対して共有物の明渡を求めることができるためには、その明渡を求める理由を主張し立証しなければならないのである」。そして、本件では、ここにいう「明渡」を求める理由の主張立証はされていないとして破棄自判し、X_1らの明渡請求を退けたのである。

2　平成8年判決

つぎに、平成8年判決の事案の概略はこうである。被相続人Aは、生前、共同相続人中の一部の者であるY_1・Y_2と問題の土地・建物に同居していた(なお、調査官解説によれば、この場所で、AとY_1、Y_2は家業(二輪車の修理販売)を共同して経営しており、相続開始の前の時点ではAは引退していて、Y_1、Y_2が事業の中心だったようである[6])。そして、相続開始後もY_1らは問題の土地・建物に居住し続けている。ところが、その一方で、Aは遺言による相続分指定および割合的包括遺贈をしていて、それによるとY_1、Y_2の「相続分」は、相続開始後に譲渡を受けた分を加えても2人分あわせて、16分の3にすぎなかった。このような状況のもとで、Aによる相続分指定および割合的包括遺贈によって、問題の土地建物に、「相続分」に応じて合計16分の12の共有持分を有するX_1〜X_5が、Y_1、Y_2に対して、共有物の分割および賃料相当額の不当利得の返還を求めた(なお、残り16分の1は訴外Bが有している)。原審は共有物の分割請求は認めなかったが、不当利得としての賃料相当額の支払い請求はこれを認めた。すなわち、まず、共有物の分割請求については、本件遺言は、「特定の遺産」について「特定の相続人」に相続させる意思を表明したものとみるべきではなく、単に、相続分の指定と法定相続人でない者への包括的割合遺贈がなされたにすぎず、したがって、遺産分割を不要ならしめる遺産の即時移転効は生じないとして、これを棄却した。しかし、賃料相当額の不当利得返還義務については、「共有持分権者といえども、共有物の占有、使用につき、自己の共有持分に相当する範囲を越える部分については、占有、使用していない他の共有持分権者の損失のもとに法律上の原因なく利得しているとみられるから、格別の合意がない限り、占有、使用していない他の共有者に対して、相応の不当利得返還義務を負担し、その金額は共有物の賃料相当損害金に依拠して算出されるべきものである」としてこれを認容した。

これに対して、最高裁は、不当利得返還義務の部分について、次のように

---

6)　野山・「判解」前掲（注1）129頁参照。

判示して、被相続人と同居相続人の間に使用貸借関係が「存続する」ことを認め、原審の判断を破棄・差戻しをした。曰く、「共同相続人の一人が相続開始前から被相続人の許諾を得て遺産である建物において被相続人と同居してきたときは、特段の事情のない限り、被相続人と右同居の相続人との間において、被相続人が死亡し相続が開始した後も、遺産分割により右建物の所有関係が最終的に確定するまでの間は、引き続き右同居の相続人にこれを無償で使用させる旨の合意があったものと推認されるのであって、被相続人が死亡した場合は、この時から少なくとも遺産分割終了までの間は、被相続人の地位を承継した他の相続人等が貸主となり、右同居の相続人を借主とする右建物の使用貸借契約関係が存続することになるものというべきである。けだし、建物が右同居の相続人の居住の場であり、同人の居住が被相続人の許諾に基づくものであったことからすると、遺産分割までは同居の相続人に建物全部の使用権原を与えて相続開始前と同一の態様における無償による使用を認めることが、被相続人及び同居の相続人の通常の意思に合致するといえるからである」。

3 昭和41年判決と平成8年判決の判例法上の位置づけ

ここで、あとの記述を容易にするために、昭和41年判決と平成8年判決の判例法上の位置づけを確認しておく。

まず、昭和41年判決と平成8年判決の事案の事実という側面での共通点から確認すると、それは、最終的には遺産分割を経ることを要する共同相続財産としての不動産が存する場合であって、具体的相続分（率）算定の基礎となる相続分（法定相続分または指定相続分）を基準として考えると、その不動産について比較少数の「持分」しか有しないと評価される一部の共同相続人が、相続開始後に、その不動産を占有しているときである、ということである。昭和41年判決は、この場合に、問題の不動産を占有している一部の共同相続人の「持分」が今述べた意味で比較少数であるからといって、比較多数の「持分」を有する側の共同相続人は、当然には、占有している共同相続人の占有を排除できないということを明らかにした判決であり、そのこと自体は平成

8年判決も当然の前提としている。いいかえれば、これが、両判決に共通する準則である。

つぎに、昭和41年判決と平成8年判決の事案の事実という側面での相違点を確認すると、それは、相続開始後に問題の不動産を占有している相続人が、相続開始の直前に、問題の不動産に被相続人と同居していたかどうか、という点である。平成8年判決の事案では、相続開始後に問題の不動産を占有していた相続人は、被相続人の遺言によって「持分」という観点からは比較少数の持分権者という立場におかれてはいるものの、相続開始直前まで家業の中心役割を担う者として被相続人と同居している。このことから、最高裁は、相続開始から遺産分割までの間の使用貸借契約関係が存続するということを導き出している。これに対して、昭和41年判決の事案においては、相続開始前に被相続人の方が問題の不動産から退去するという形で同居が解消されていて、しかも、相続開始前の使用関係を基礎づける使用貸借契約の解除の主張がされ、原審においてその解除が有効であることを前提として判断がなされている。このことから考えれば、昭和41年判決は、相続開始から遺産分割までの間存続する使用貸借契約関係というものを仮に想定するとしても、それを少なくとも被相続人と相続開始後占有を継続している共同相続人の間の合意というものによって基礎づけることはそもそも難しい事案だったということができる。要するに、平成8年判決は、相続開始から遺産分割までの間存続する使用貸借契約関係を比較的想定しやすい事案類型であるのに対して、昭和41年判決は、そのような使用貸借契約関係を比較的想定しにくい事案類型だということである。筆者が、昭和41年判決と平成8年判決を相続開始後の一部の共同相続人による遺産の占有の継続ということに関する事案類型の両極と解する所以はここにある。

IV 使用貸借構成の利点

さて、以上、両極の事案類型としての昭和41年判決と平成8年判決の特徴を確認したところで、つぎに、使用貸借構成というものが持っている利点と

いうべきものの確認作業に入る。

1 実際の問題の処理という観点からの利点

まず、使用貸借構成のどちらかというと実際上の問題の処理という側面からの利点を確認すると、その利点というのは、相続開始後遺産分割前の共同相続財産を共同相続人間ではいわば一旦凍結状態に置いておいて、問題の解決を遺産分割に委ねるということを、使用貸借契約関係というごく一般的な法律関係によって実現できるということである[7]。すなわち、相続開始後遺産分割前の共同相続財産というものは、そもそもその性質上、遺産分割という目的のために、できるだけ相続開始時の状態で維持されるべき財産であるということができる。この観点から考えると、使用貸借構成というのは、まさにそのような原状の維持ということを基礎づけるのに適合的な法律構成であることがわかる。というのは、こういうことである。

そもそも使用貸借契約関係にあっては、貸主は借主に対して賃料を請求できない一方で、借主は「契約または目的物の性質によって定まった用法に従い」目的物を管理する義務を負い（民法594条1項）、「通常の必要費」を負担する義務を負う（民法595条1項）。これを今問題にしている場面に当てはめて考えれば、一方では、「借主」たる共同相続人は、その占有する相続財産を遺産分割にむけた保全という目的のために、その財産の性質に適したやり方で管理する義務を負い、他方では、その義務を適切に履行しているかぎり、管理費用の償還を他の共同相続人に請求できない代わりにいわばそれと実質的には相殺する形で他の共同相続人に目的物使用の対価相当額を支払う義務も負わない、という立場に置かれることがわかる[8]。そして、これらを全体として把握すれば、使用貸借構成は、「借主」たる共同相続人を遺産分割にむけて

---

[7] 右近・前掲（注1）93頁は「本判決は、当事者の意思の推定に根拠を求めることによって、紛争の根本的解決は遺産分割に任せるとし、遺産分割手続きを重視することを表明した」として、この観点から平成8年判決を支持している。この点について、髙橋眞・前掲（注1）〔第7版〕147頁も参照。

[8] 床谷文雄＝犬伏由子編『現代相続法』104-106頁［吉田克己］（有斐閣、2010）参照。

相続財産を保全するための管理者とするのに適合的な法律構成であるということがわかるのである。

2　法理論状況という観点からの利点

つぎに、今度は、相続財産をめぐる法理論状況という側面から使用貸借構成の利点を確認すると、それは、今述べた相続財産の原状の維持という結果を遺産共有の性質論という法理論上の難問にまったく触れることなくもたらすことができる、ということである。すなわち、仮に使用貸借構成を用いることなく、遺産分割のための相続財産の原状維持という目的に適う法的帰結をもたらそうとする場合には、どうしても遺産共有の法的性質論からそれを導くほかなくなる。使用貸借契約関係がそこに存在しないとなれば、そこにはいわば裸の遺産共有関係が存在するだけだからである。しかし、これが一筋縄ではいかないのは、周知である。少なくとも、判例の一貫した立場、すなわち、遺産共有はその性質という点において一般の物権法上の共有と比べてなんら特徴的な点はないという立場から、遺産分割のための相続財産の原状維持という目的に適う帰結を導くのは、法解釈上それほど簡単ではないというのは、衆目の一致するところであるように思われる。というのは、遺産共有が一般の物権法上の共有と変わるところがないということの趣旨が、仮に遺産共有は通常の持分による共有そのものであるということであるならば、そもそも持分の過半数を有する者による明渡し請求が当然には認められないということは必ずしも自明であるとはいえないし、さらには、持分の過半数を有する者の意に反して比較少数の持分しか有しない者が問題の遺産を占有し続ける場合に賃料相当額の不当利得が発生しないということを正当化するのもかなり難しいことのように思われるからである。

これに対して、使用貸借構成によるならば、1で確認したとおり、まさに使用貸借契約関係から遺産分割のための相続財産の原状維持という目的に適う帰結を導くことができるのであり、このことは少なくとも思考の節約という点で十分意義のあることであるように思われる。

V　使用貸借構成の問題点

　以上に確認したように、使用貸借構成は、相続財産を遺産分割にむけて相続開始時の原状のまま保全するという目的を、いわばもっとも思考を節約した形で達成できるという点で大きな利点を有する。しかし、そこにはなにも問題はないのか。筆者には、使用貸借構成には、そのカバーできる場面の限界という点にやはりおおきな問題があり、そのことを踏まえて考えると、使用貸借構成というのはいわば過渡的構成であるといわざるをえないように思われる。そして、本来的には、使用貸借構成が現にもたらしている帰結を、使用貸借構成がカバーできない場面も含む形でもたらすことができる法律構成を考えるべきだと思われるのである。それは、こういうことである。

　まず、使用貸借構成、とりわけ平成8年判決における使用貸借構成がカバーできる場面の限界ということである。すでにⅢ2で確認したように、平成8年判決における使用貸借構成は、使用貸借関係の根拠を、相続開始後に共同相続財産たる不動産を現に占有している一部の共同相続人と被相続人の間の合意の推認に置いている。そうすると、その構成がカバーできる場合の限界は、合意の推認が可能な範囲ということになる。この点に関して、平成8年判決が明示的に示している基準は、「共同相続人の一人が相続開始前から被相続人の許諾を得て遺産である建物において被相続人と同居してきたとき」というものである。なるほど、この基準は、遺言等によって別に示される遺産の分配に関する被相続人の意思に言及していないという点では、比較的広い範囲で合意の推認を認める結果をもたらすことになろう[9]。その意味では、合意の推認が可能な範囲はかなり広いということができる。しかし、この基準

---

[9] 実のところ、平成8年判決の事案においては、被相続人は遺言によって包括遺贈および相続分指定をしており、しかも、その遺言によっては占有相続人は他の相続人と比較して特に優遇はされていないのであるが、平成8年判決のフォーミュラによれば、そのような事情は使用貸借関係の成立の有無には影響を及ぼさない。

では、昭和41年判決の事案、すなわち、相続開始の時点では問題の不動産での同居が解消されている事案には使用貸借構成を適用することは難しいといわざるをえない。もちろん、平成8年判決の射程を、一部の共同相続人が相続開始前から問題の不動産を占有してきた共同相続人の被相続人との同居が相続開始直前には途切れている場合までにも及ぶと解することは可能ではあろうが、仮にそう解するとしても、昭和41年判決の事案への使用貸借構成の適用が難しいことに変わりはない。昭和41年判決の事案では、被相続人による生前の使用貸借の解除の意思表示を通じて、被相続人の許諾が相続開始時には消滅していたというべきだからである。

　もちろん、昭和41年判決の事案に使用貸借構成を適用する必要はないといえるのであれば、このことはなんら問題ではない。では、それをどのように考えるべきか。その答えは、おそらくは使用貸借構成がもたらしうる帰結のうち、何に重点をおいて考えるかによって、変わってくるように思われる。仮に、一部の共同相続人による不動産の使用それ自体が保護の対象となるという側面に重点を置いて考えれば、平成8年判決の事案と昭和41年判決の事案の間には、その保護をすべきかどうかという判断に差がありえ、その差は、合意の推認という形を通した被相続人の意思によって正当化できると考えるのは不可能ではないようにも思われる。しかし、本稿におけるように、使用貸借構成が遺産分割のための遺産の保全という目的のために適切な帰結、すなわち、相続財産を相続開始時の原状のまま維持するという帰結をもたらしうるという側面に重点を置いて考えるならば、事情は異なる。遺産分割のために遺産をできるだけ原状のまま保全する必要の度合いは、平成8年判決の事案であっても昭和41年判決の事案であっても違いはないというべきだからである。

　結局、使用貸借構成は、そのもたらす帰結が適切である場合が平成8年判決の事案の場合に限定されないがゆえに、本来採られるべき構成が承認されるまでの過渡的構成といわざるをえず、将来的には平成8年判決の場合以外の場合にも同様の帰結をもたらす法律構成に取って代わられるべきだということになるのである。

VI 提　言

1　基本的立場

　それではこの問題をいったいどのように考えるべきなのか。この問題を解く最初の鍵は、筆者には、そもそも、判例が昭和41年判決から平成8年判決という流れを形成した理由にあるように思われる。そこで、まずその理由を確認することからはじめる。

　昭和41年判決との対比において平成8年判決が語られる場合、平成8年判決に特徴的な点とされるのは、他の共同相続人の同意を得ない一部の共同相続人による相続財産たる不動産の占有がある場合であっても、共同相続人間に不当利得関係が生じない、すなわち、占有をしている共同相続人が他の共同相続人に対してその「持分」の割合による賃料相当額の不当利得返還義務を負わないという帰結をもたらしたという点である。逆に言うと、このことから窺い知れることは、昭和41年判決がベースにしている法律関係、すなわち、共同相続人による相続財産の共有という法律関係のみを前提にする場合には、そのような不当利得関係の発生を否定することは難しいという判断が一般的に存在し、そのことのゆえに使用貸借関係という共有関係とは別の法律関係が導入されたということである。筆者は、これが昭和41年判決から平成8年判決という流れが形成された理由であると考える。もちろん、本稿のⅣ2で確認したとおり、この判断が十分に説得的であるのは確かである。しかし、この判断は異論の余地のないものなのだろうか。筆者には必ずしもそのようには思えない。そこで、つぎに、この点を敷衍して説明する。

　共同相続人による相続財産の共有という法律関係のみを前提とする場合には、他の共同相続人の同意を得ない一部の共同相続人による相続財産たる不動産の占有があるときには、共同相続人間に不当利得関係が生じるのは不可避であるという、今確認した判断の前提にあるのは、いうまでもなく、共同相続人による遺産分割前の相続財産の共有は一般物権法上の共有にほかなら

ないという判例の一貫した立場である。たとえば、比較的最近のものとして、最高裁は、広義の再転相続に関する判示の中で、一般論として、「遺産は、相続人が数人ある場合において、それが当然に分割されるものでないときは、相続開始から遺産分割までの間、共同相続人の共有に属し、この共有の性質は、基本的には民法249条以下に規定する共有と性質を異にするものではない（最高裁昭和28年(オ)第163号同30年5月31日第三小法廷判決・民集9巻6号793頁、最高裁昭和47年(オ)第121号同50年11月7日第二小法廷判決・民集29巻10号1525頁、最高裁昭和57年(オ)第184号同61年3月13日第一小法廷判決・民集40巻2号389頁参照）」と述べている[10]。

　なるほど、この判示を機械的に理解すれば、各共同相続人は共同相続財産に対して「持分」を有し、共同相続財産の管理の仕方は原則としてはその「持分」の過半数による議決によって決められるべきものであり、したがってその「持分」の過半数によって基礎づけられない占有は賃料相当額の不当利得返還義務を生じさせるというのは、当たり前の解釈である。しかし、問題は、ここにいう「持分」とは何かということである。筆者は、共同相続財産の共有が一般物権法上の共有にほかならないということを承認する立場を採る場合であっても、なお、遺産分割前の共同相続財産の共有における「持分」の特殊性とそこにいう共有が遺産分割にむけた財産の保全という目的に拘束されるという性質は、これを承認せざるをえないと考える。そして、それらを踏まえて問題を考えれば、「持分」の過半数による引渡し請求が自明ではないというだけではなく、遺産分割前の共同相続人の「持分」の過半数によって基礎づけられてはいない共同相続財産の占有における「持分」に応じた賃料相当額の不当利得関係の成立も、必ずしも自明ではないと考える。すなわち、使用貸借構成を介在させなくても、一部の共同相続人による占有が遺産分割にむけた財産保全という目的に適う場合には、引渡し請求が認められないというだけではなくて、賃料相当額の不当利得関係も成立しないということができるのではないかと考えるのである。というのは、つぎのよう

---

10) 最決平成17年10月11日民集59巻8号2243頁。

なことである。

　事柄は、今確認した判示から明らかなように、遺産分割前の共同相続財産の共有に民法249条を適用するということにかかわる。そして、ここでの問題は相互に関連する2つである。すなわち、1つは、その適用における「持分」ということの意味であり、もう1つは「使用」ということの意味である。

　まず、「持分」ということの意味から考えると、問題になるのは、それはいわゆる法定相続分（ないしは指定相続分）に応じたものなのか、それとも具体的相続分に応じたものなのかということである。結論からいうと、遺産分割前の共同相続財産の共有にも民法249条を適用するという前提を採るかぎり、それは法定相続分（ないしは指定相続分）に応じたものとするほかないように思われる。民法249条が定めている「使用」はいずれにせよ共有の目的物の占有権原と一体のものというべきであるが、遺産分割に際して明らかになるかもしれない具体的相続分ゼロの共同相続人であっても、それがゼロであるかどうかは遺産分割のプロセスの終わり近くになってみないと現実にはわからないことも考えれば、遺産分割前の共同相続財産の共同の管理主体としてその財産を占有する権原を与えられるべきなのは、当然というべきだからである。

　ただ、ここで注意すべきは、この見解に立つ場合には、各共同相続人が遺産分割前の共同相続財産について法定相続分（ないしは指定相続分）に応じた「持分」を有するというのは、その共同相続財産への受益的な権利を有するかどうかということとは直接には関係していないということである（未分割の共同相続財産へ受益的な権利を有するかどうかと直接関係するのは、民法903条と904条の2の適用を経て算出されたものとしての具体的相続分である）。すなわち、各共同相続人が分割前の共同相続財産に法定相続分（ないしは指定相続分）に応じた「持分」を有するということの趣旨は、財産権の大きさという点でも、現に共有にある段階では誰のものか実はわからない財産を、むしろ誰のものであるかわからないがゆえに共同で管理すべき立場にある、ということ以上でも以下でもないのである。このように考えると、非占有相続人による占有相続人に対する「持分」に応じた賃料相当額の不当利得返還請求というもの

は、そもそも成り立ちがたいということになる。遺産共有にあっては、共同相続人が「持分」を有するということの意義は、財産の共同の暫定的な管理主体であるということに尽き、「持分」の大きさは法的には重要な意味を持たないということになるからである。

つぎに、このことを踏まえて、遺産共有に民法249条を適用する場合の「使用」ないしは占有の意義を検討すると、考えるべき事柄は、「使用」ないし占有が共同相続人の有する「持分」権の受益権的側面によって基礎づけられるのではないというならば、それらは一体何によって基礎づけられるのか、ということである。筆者は、それは、まさに遺産共有の目的そのもの、すなわち、遺産分割のための共同相続財産の保全という目的によって基礎づけられると言うほかないと考える。遺産共有における「持分」権に受益的側面を認めない以上、「使用」ないし占有の基礎として残っているものは、それだけだと思うからである。言い換えれば、遺産分割前の共同相続財産の共有にあっては、未分割遺産についての各共同相続人の「使用」とその前提たる占有というのは、客体への確定的な受益的権利を少なくとも直接に基礎とするものではなく、それゆえに、もっぱら遺産分割という終局的な財産帰属確定にむけられた財産の保全のための管理という目的によって規定される、と考えるのである。

以上を要するに、(1)法定相続分（ないしは指定相続分）に応じた「持分」の意味は、それを有する者が法定相続人である＝未分割の遺産の共同の管理主体であるということに尽きる、(2)したがって、その「持分」は受益的権利に基づく請求＝不当利得返還請求を基礎づけないし[11]、(3)そもそも一部の共同

---

11) ただし、ここで注意すべきは、非占有相続人による占有相続人に対する不当利得返還請求権が成立しないということと、「使用」という仕方で遺産たる不動産を管理している相続人に使用利益が現に発生しているということは別のことであり、したがって、その発生している使用利益をどのように清算すべきかという問題は残っているということである。この点について、筆者は、発生している使用利益を遺産の価値の具体化であると解し、かつ、民法885条1項の趣旨を拡張して、使用利益は占有相続人が管理のために投下した費用に充当され、原則として差し引きゼロとされると解すべきであると考える。

相続人による未分割の共同相続財産の占有が認められるかどうかにも、法定相続分（ないしは指定相続分）に応じた「持分」の大きさは意味を持たず、それが認められるかは、もっぱら、それが遺産分割にむけた共同相続財産の保全という目的に適うかどうか、具体的には遺産たる不動産を可能なかぎり相続開始時と同じ状態に保つという目的に適うかどうかによって判断されるべきである、ということである。

2 具体的解釈論

筆者の基本的立場は今述べた通りであるが、それでは、これに即して具体的な解釈論を展開すると、どうなるだろうか。昭和41年判決と平成8年判決の事案を念頭に置きつつそれらを提示すると、次のようになる。

第一、価格を基準として比較少数「持分」権者たる共同相続人による、共同相続人全員の協議を経ない未分割の共同相続財産の占有であっても、それが遺産分割のための財産の保全という目的に適うかぎり、価格を基準として比較多数「持分」権者たる共同相続人による明渡し請求は認められず、賃料相当額の不当利得関係も発生しない。

第二、「持分」の価格の過半数による議決（民法252条）があった場合であっても、明渡し請求は認められない。未分割遺産の共同相続人による共有の場合には、「持分」権というのは、未分割遺産への遺産分割という目的に拘束された財産管理権を導くためにいわば暫定的に認められるものであって、そのことのゆえにとりわけその価格の大きさという点では、少なくとも共同相続人の間では、まったく暫定的な意味しか有しない。

第三、これに対して、一部の共同相続人による目的物の占有の現状が遺産分割による終局的帰属決定にむけられた財産の保全として適切でない場合、すなわち、遺産たる不動産を相続開始時と同様の状態に保つという観点から判断してその占有が適切でない場合には、占有をしていない共同相続人から占有をしている共同相続人への明渡し請求は、実質的には認められる。ここで実質的ということの意味は、この場合の手続は、もっぱら遺産分割調停・審判を前提とする遺産分割調停・審判前の保全処分の手続によるべきという

趣旨である[12)・13)]。現状が遺産分割にむけた財産の保全として適切であるかどうかは、結局、具体的相続分などを明らかにする遺産分割に照らしてはじめてわかることだからである。したがって、手続の実際としては、保全処分の手続きによる以上、単純な明渡し請求というのではなく、財産管理人の選任を得て財産管理人による適切な管理を求めるということになろう[14)]。

　第四、明渡し請求を基礎づける内容の遺産分割協議が成立した場合にも、成立時を基準時として、成立した協議の内容に合致するかぎりで、占有をしていない共同相続人から占有をしている共同相続人への明渡し請求および不当利得返還請求は認められる。この場合には、財産保全の目的がすでに達成され、かつ、そのことによって法律関係は一般の法律関係に変化しているからである（なお、遺産分割審判が確定した場合には、審判に与えられている執行力によってこの問題は処理される[15)]）。

　第五、共同相続人全員一致による目的物の管理方法の変更があった場合にも、明渡し請求は認められる。各共同相続人が有する「持分」の大きさが暫定的な意味しか持たないとはいっても、未分割の共同相続財産の遺産分割にむけての保全のための管理というものは、共同相続人全員の利益を越えたなにか別の利益に奉仕するのではない。それゆえ、管理主体の全員一致がある場合には、それに従うべきだといえるからである。ただし、明渡しを求められた共同相続人は、遺産分割調停・審判を前提とする審判前の保全処分を申し立てて、自らを遺産管理人に選任することを求めることによって、事実上、

---

12) 家事事件手続法105-115条。なお、この点で、家事事件手続法105条が「家事審判事件に係る事項について家事調停の申立てがあった場合にあっては、その家事調停事件」が係属する場合にも審判前の保全処分の申立を可能にしたことは、重要である。

13) 問題を遺産分割審判によって処理すべきであるという主張は、すでに星野・前掲（注2）690頁等がなしている。

14) 家事事件手続法105条。なお、床谷＝犬伏・前掲（注8）294-295頁［岡部喜代子］も参照。

15) 家事事件手続法75条。

全員一致の議決を一旦白紙に戻すことができる場合もないわけではない、というべきである。

　第六、共同相続人間の協議を経ることなしに目的物を占有する共同相続人による目的物の変更行為があった場合には、他の共同相続人は単独でその行為の差止めと原状回復を求めることができる[16]。そのような変更行為は、未分割遺産の遺産分割にむけた保全とはいえないからである。また、そのような変更行為を差し止めることは保存行為ということができるからである。また、この場合に占有をしている相続人以外の共同相続人に損害が生じた場合には、当然、不法行為にもとづく損害賠償の問題が生じる。

3　まとめと想定される批判と今後の課題

　以上が、共同相続における遺産である不動産の相続開始後の法律関係に関する筆者の分析と提言である。ここで、それらを、もういちどごく大まかにまとめると次のようになる。すなわち、(1)未分割の共同相続財産を一部の共同相続人が占有する場合の法律関係について、平成8年判決が使用貸借構成を導入することによって、実質的には、占有相続人による、遺産分割にむけた共同相続財産の保全のための遺産管理ということにむけての一歩を踏み出したのは適切である、(2)しかし、遺産分割にむけた共同相続財産の保全のための遺産管理が必要な場合というのは、使用貸借構成が適用可能な場合に限られず、その意味で使用貸借構成には難点が存在し、それゆえに、同じ帰結をもたらす他の構成に置き換えられるべきである、(3)そこで、他の構成としてどのようなものがありうるかを検討すると、遺産共有が基本的には民法249条以下が適用される一般の共有にほかならないということから出発しつつも、その共有における「持分」というものが受益を基礎づける性格のものではなく、もっぱら管理への参加を基礎づけるものであること、および、遺

---

[16]　最判平成10年3月24日判時1641号80頁。なお、床谷＝犬伏・前掲（注8）296頁［岡部喜代子］も参照。

産共有が遺産分割にむけた財産の保全という目的に拘束されるということを承認するならば、使用貸借構成を介在させることなく、必要な場合のすべてにおいて、占有相続人による、遺産分割にむけた共同相続財産の保全のための遺産管理を実現することができそうである、ということである。

このような筆者の行論に対しては、もちろん、さまざまな批判がありうる。その中でももっとも内在的な批判は、遺産共有は民法249条以下が適用される一般の共有に他ならないということから出発するといいながら、筆者は、結局のところ、一般の共有と遺産共有の間に大きな差異を作ってしまっており、その意味で判例の準則から大きく逸脱してしまっているのではないか、というものであるように思われる。とりわけ、遺産共有の場面での法定相続分（ないしは指定相続分）に応じた「持分」はもっぱら遺産分割にむけた管理への参加を基礎づけるのみであって、受益を基礎づけるものではないという見解に対しては、遺産をめぐる法律関係に関する判例の準則の体系からの大きな逸脱であるという批判がありそうである。具体的にいうと、この見解は、可分の財産権は相続開始と同時に法定相続分に応じて各共同相続人に当然に分割帰属するという確立した判例の準則と整合しないのではないかという批判や、未分割の共同相続財産たる不動産から生じる賃料債権は相続財産とは別個の財産とされ、それが生じるごとに、各共同相続人がその法定相続分に応じて分割単独債権として確定的に取得すると判示した最判平成17年9月8日[17]と整合しないのではないかという批判が提示されるのは、十分ありうることであるように思われる[18]。

このような批判に対してどう答えるかであるが、筆者は、それらの批判が、

---

17) 民集59巻7号1931頁。
18) なお、ここにいう「相続分」が法定相続分を指すのか具体的相続分を指すのかについては、解釈が分かれる余地があるのは確かであり、仮に具体的相続分を指すとすれば、本稿における筆者の立場と判例の立場の乖離はあまりないようにも思われる。しかし、たとえば岡部は判例の理解としては、法定相続分と解すべきであろうと指摘しており、筆者もその指摘は妥当であると考える（床谷＝犬伏・前掲（注8）154頁［岡部喜代子］）。本文の記述はこの理解を前提としている。

筆者の見解の判例の準則からの逸脱を指摘するかぎりでは、あまり争わず、むしろそれらの批判は正鵠を射ていると考える[19]。たとえば、未分割の不動産から生じる賃料債権は相続財産とは別個の財産とされ、それが生じるごとに、各共同相続人がその法定相続分に応じて分割単独債権として確定的に取得するという準則は、素直に考えるかぎり、未分割の共同相続財産に対する各共同相続人の「持分」権が受益権的性質を有しているということを前提にしているというべきである。したがって、その見解と、遺産共有の場面での法定相続分（ないしは指定相続分）に応じた「持分」権はもっぱら管理への参加のみを基礎づけるという筆者の見解との相違は明らかであるように思われるからである。

しかし、そのこととそのような批判を受け入れるということはもちろん別のことである。そもそも筆者には、判例における可分の相続財産や未分割の共同相続財産たる不動産から生じる賃料債権の扱いは、少なくとも共同相続人間の公平という見地からは、妥当とは思えない。すなわち、それらの扱いは、結局のところ、具体的相続分によって分割される財産と実質的には法定相続分（ないしは指定相続分）によって分割される財産の並存を認めることに他ならない。しかしながら、筆者には、共同相続人間の公平という見地からは、少なくとも実質的には法定相続分（ないしは指定相続分）を基準とする分割に相等しいものを具体的相続分を基準とする分割と並存せしめる理由は見出しがたいと考えるのである。この立場からいうと、批判されるべきは、むしろ、これらの判例の準則を支えている共同相続における「持分」権のとらえ方であり、さらにはそのとらえ方を支えている、遺産共有の性質は、持分による共有であるという点を越えて、およそすべての点で一般の共有と変わらないという見解だというほかないように少なくとも現時点では思われるの

---

19) ちなみに、本稿において克服されるべきものであると評価した使用貸借構成は、適用場面は限定されるものの、このような批判を一切受けることなく、しかも本稿に提示した結論と同様の結論を導けるという点で、本文にも述べたとおり、実務的には極めて巧妙な解釈であることは確かである。

である[20]。なお検討を続けていきたい[21]。

---

20) この点で注目すべきは、鈴木禄弥が『相続法講義〔改訂版〕』（創文社、1996）で明確に提示するにいたった「暫定的持分権」という考え方である。これをごく大雑把にまとめれば、(1)共同相続において相続人は法定相続分に応じて共有持分権または分割された権利を一応取得するが、そこでの権利の大きさは対第三者との関係でのみ意味を持ち、共同相続人間での問題にはなんら意味を持たない、(2)共同相続人間での権利の大きさに関わる問題は、（おそらくは協議による一部分割も含むものとしての）遺産分割の中ではじめて明らかになるのであり、したがってその問題の処理はすべて遺産分割を待つことになる、というものである。本稿において筆者が提示した考え方は、この「暫定的持分権」に共同相続人による遺産管理のための占有の根拠という意義を付加したものということもできるのであり、そう考えるならば、筆者の考え方の判例の準則との乖離という問題は解消できるようにも思われる。なお、鈴木の「暫定的持分権」という考え方については、さしあたり拙稿「鈴木相続法学における「未分割」の遺産に対する共同相続人の法的地位と広義の再転相続」太田知行＝荒川重勝＝生熊長年編『鈴木禄弥先生追悼論集　民事法学への挑戦と新たな構築』863頁、870-886頁（創文社、2008）参照。

21) もう一つのありうる批判は、判例における使用貸借構成をもっぱら遺産分割にむけた遺産管理という視点から理解するのは事柄の理解として不十分であり、その構成は、むしろ、判例が親族的関係に基づく不動産の占有には一般財産法とは異なる論理に基づく根拠が存在するということを認めたことの現れとして理解するべきではないのか、というものであろう（このような基本的立場を提示するものとして、岡本・前掲（注1）20頁参照）。判例が遺産共有に基づく遺産管理以外の場合にも使用貸借構成を展開していることを考えれば、この理解は、かなりの説得力を有するように思われる（最判平成10年2月26日民集52巻1号255頁）。ただ、筆者には、一般財産法とは異なる論理に基づく占有を基礎づける構成として使用貸借構成が適切なのかという点とそもそもどのような場合にどのような範囲でそのような占有を法的に承認すべきかという点で疑問が残るのであり、やはり、なお検討を続けていきたい。

野村豊弘先生　略歴

昭和18年5月21日生

【学　歴】

昭和37年3月	東京都立日比谷高等学校卒業
昭和37年4月	東京大学教養学部文科一類入学
昭和39年4月	東京大学法学部第一類進学
昭和41年3月	東京大学法学部第一類卒業
昭和41年4月	東京大学大学院法学政治学研究科修士課程入学（民刑事法専攻）
昭和43年3月	東京大学大学院法学政治学研究科修士課程修了（法学修士）
昭和43年4月	東京大学大学院法学政治学研究科博士課程進学
昭和46年3月	東京大学大学院法学政治学研究科博士課程退学
昭和49年3月	東京大学大学院法学政治学研究科博士課程修了（法学博士）
昭和51年9月	ストラスブール第三大学大学院（昭和53年7月まで）

【職　歴】

昭和46年4月	学習院大学法学部専任講師（昭和49年3月まで）
昭和49年4月	同上　助教授（昭和54年3月まで）
昭和54年4月	同上　教授（平成16年3月まで）
平成16年4月	学習院大学大学院法務研究科教授（平成19年3月まで）
平成19年4月	学習院大学法学部教授（平成26年3月まで）
昭和55年4月	学習院大学法学部法学科主任（昭和57年3月まで）
昭和56年4月	学習院大学大学院法学研究科委員長（昭和56年11月まで）
昭和61年4月	学習院大学法学部法学科主任（昭和63年3月まで）
昭和61年4月	学習院大学大学院法学研究科委員長（平成2年3月まで）

平成3年4月	学習院大学教務部長（平成7年3月まで）	
平成7年4月	学習院大学法学部長（平成9年3月まで）	
平成9年4月	学習院常務理事（平成22年3月まで）	

昭和50年10月	上智大学非常勤講師（昭和51年3月まで）	
昭和54年4月	成蹊大学非常勤講師（昭和55年3月まで）	
昭和54年4月	埼玉大学非常勤講師（昭和55年3月まで）	
昭和55年4月	立教大学非常勤講師（昭和55年9月まで）	
昭和60年4月	法政大学非常勤講師（昭和61年3月まで）	
昭和62年3月	パリⅫ大学客員教授（昭和62年5月まで）	
平成元年3月	パリⅫ大学客員教授（平成元年5月まで）	
平成2年4月	立教大学非常勤講師（平成3年3月まで）	
平成3年4月	慶應義塾大学非常勤講師（平成7年3月まで）	
平成6年11月	パリⅫ大学客員教授（平成7年3月まで）	
平成8年6月	筑波大学非常勤講師（平成9年3月まで）	
平成9年8月	筑波大学非常勤講師（平成10年3月まで）	
平成9年11月	パリⅫ大学客員教授（平成10年3月まで）	
平成10年9月	筑波大学非常勤講師（平成12年3月まで）	
平成14年3月	パリⅫ大学客員教授（平成14年4月まで）	
平成18年4月	放送大学客員教授（平成25年9月まで）	

昭和55年4月	国民生活審議会臨時委員（昭和58年8月まで）	
昭和60年4月	法制審議会民法部会幹事（平成6年5月まで）	
昭和60年9月	国民生活審議会臨時委員（平成元年2月まで）	
昭和60年10月	著作権審議会臨時委員（平成13年1月まで）	
平成元年8月	大学設置・学校法人審議会専門委員（平成6年3月まで）	
平成3年10月	文部省学位授与機構審査会専門委員（平成12年3月まで）	
平成6年5月	法制審議会民法部会委員（平成13年1月まで）	
平成9年4月	国民生活審議会委員（平成19年10月まで）	

	（消費者政策部会委員、個人情報保護部会部会長）
平成 9 年 5 月	文部省法学・政治学視学委員（平成16年3月まで）
平成 9 年 8 月	文部省学位授与機構審査会委員（平成12年3月まで）
平成10年 1 月	文部省学術審議会専門委員（平成12年1月まで）
平成10年 7 月	産業構造審議会消費経済部会委員（平成13年1月まで）
平成13年 1 月	文化審議会委員（平成23年1月まで）
	（著作権分科会）
平成13年 2 月	消費経済審議会委員（平成17年2月まで）
	（会長）
平成13年 4 月	法制審議会臨時委員（平成19年1月まで）
	（生殖補助医療関連親子法制部会委員・部会長）
平成13年10月	国民生活センター消費者苦情処理専門委員会委員(現在に至る)
平成14年 5 月	大学評価・学位授与機構大学評価委員会評価員（平成16年5月まで）
平成14年10月	産業構造審議会臨時委員（平成15年1月まで）
平成15年 1 月	産業構造審議会委員（平成19年1月まで）
	（割賦販売分科会・消費経済部会）
平成15年 6 月	文部科学省大学設置・学校法人審議会専門委員(平成20年3月まで)
平成16年 3 月	法制審議会保証制度部会委員(部会長、平成16年9月まで)
平成17年 2 月	文化審議会著作権分科会会長（平成13年1月まで）
平成17年 6 月	産業構造審議会消費経済部会長（平成19年1月まで）
平成17年10月	法制審議会戸籍法部会委員（平成19年1月まで）
平成19年 1 月	法制審議会委員（現在に至る）
平成19年11月	産業構造審議会臨時委員（現在に至る）
	（情報経済部会・ルール整備小委員会）
平成21年11月	法制審議会民法（債権関係）部会委員・部会長代理（現在に至る）

平成22年3月　　法制審議会虐待防止関連親権制度部会委員・部会長（平成23年2月まで）
平成23年2月　　法制審議会会長（現在に至る）

不動産鑑定士第二次試験試験委員（昭和61年～平成元年）
司法試験第二次試験考査委員（平成5年～平成11年）
国家公務員試験委員（平成15年～平成25年）

【学会その他の活動】
平成元年10月　　日本私法学会理事（平成22年10月まで）
平成3年3月　　国際比較環境法センター副会長（現在に至る）
平成4年11月　　日仏法学会理事（現在に至る）
平成6年6月　　比較法学会理事（現在に至る）
平成8年11月　　法とコンピュータ学会理事（現在に至る）
平成9年6月　　環境法政策学会理事（現在に至る）
平成11年4月　　日本エネルギー法研究所理事（現在に至る）
平成11年4月　　日本家族＜社会と法＞学会監事（平成13年11月まで）
平成12年6月　　著作権法学会理事（現在に至る）
平成13年6月　　ALAI日本支部理事（現在に至る）
平成13年11月　　日本家族＜社会と法＞学会理事（平成22年11月まで）
平成13年11月　　法とコンピュータ学会理事長（現在に至る）
平成15年5月　　ソフトウェア情報センター理事（現在に至る）
平成15年6月　　民事紛争処理基金評議員（平成24年6月まで）
平成17年5月　　クレジットカウンセリング協会評議員（現在に至る）
平成18年5月　　著作権法学会会長（現在に至る）
平成19年5月　　ソフトウェア情報センター理事長（現在に至る）
平成19年11月　　日本家族＜社会と法＞学会理事長（平成22年11月まで）
平成21年5月　　交通事故紛争処理センター評議員（現在に至る）
平成22年6月　　比較法学会理事長（現在に至る）

平成23年4月　　日本エネルギー法研究所所長（現在に至る）
平成23年4月　　原子力損害賠償紛争審査会委員（現在に至る）
平成25年3月　　消費者教育推進会議委員（現在に至る）

野村豊弘先生　主要著作目録

I　著書

1970 年
有泉亨編『労働法基本判例集』一粒社
1971 年
遠藤浩・川井健・西原道雄編『演習民法（総則・物権）』（演習法律学大系 4）青林書院新社
1974 年
北川善太郎編『現代契約法入門　新しい契約法を考える』有斐閣
1975 年
五十嵐清・遠藤浩・川井健・島津一郎編『民法学の基礎知識 1』有斐閣
水本浩・甲斐道太郎編『民法の基礎』青林書院新社
五十嵐清・遠藤浩・川井健・島津一郎編『民法学の基礎知識 2』有斐閣
1976 年
遠藤浩・上野隆司編『金銭貸借の基礎［実用編］』青林書院新社
高木多喜男・吉原省三編『銀行取引の法律入門』（有斐閣新書）有斐閣
奥田昌道・玉田弘毅・米倉明・中井美雄・川井健・西原道雄・有地亨編『民法学 1』（有斐閣双書）有斐閣
『国民百科事典〔新版〕』（1976～1979 年）平凡社
1977 年
石田喜久夫編『民法 I（総則・物権）』（判例と学説 2）日本評論社
森島昭夫編『民法 II（債権）』（判例と学説 3）日本評論社
平凡社『国民百科事典〔新版〕』平凡社
1980 年
鈴木禄弥・久貴忠彦・野村豊弘編著『民法判例集』（有斐閣新書）有斐閣
川井健・野村豊弘・神田孝夫・平井一雄・長尾治助・土田哲也『民法　第 4 巻　契約・事務管理・不当利得』（有斐閣新書）有斐閣
1981 年
高木多喜男・吉原省三編『銀行取引の法律入門〔第 2 版〕』（有斐閣新書）有斐閣
谷口知平・加藤一郎編『新版・判例演習民法 1　総則』有斐閣

北川善太郎編『消費者のための契約ガイド』日本消費者協会
山田卓生・野村豊弘・円谷峻・鎌田薫・新美育文・岡孝『分析と展開民法Ⅰ（総則・物権）』弘文堂
徳本鎮・酒巻俊雄編『金融事故の民事責任』一粒社

1983年

遠藤浩・林良平・水本浩監修『現代契約法大系』（全9巻）（1983～1985年）有斐閣

1984年

平凡社『大百科事典』平凡社
鈴木禄弥・竹内昭夫編『金融取引法大系　第5巻　担保・保証』有斐閣

1986年

山田卓生・野村豊弘・円谷峻・鎌田薫・新美育文・岡孝・池田真朗『分析と展開民法Ⅱ（債権）』弘文堂
遠藤浩・福田平編『法令解釈事典（下）』ぎょうせい
藤木英雄・金子宏・新堂幸司編集代表『法律学小辞典〔増補版〕』有斐閣

1987年

川井健・鎌田薫編『基本問題セミナー　民法1　総則・物権法』一粒社

1988年

野村豊弘・栗田哲男・池田真朗・永田眞三郎『民法Ⅲ　債権総論』（有斐閣Sシリーズ）有斐閣

1989年

遠藤浩・水本浩・北川善太郎・伊藤滋夫監修『民法注解　財産法　第1巻　民法総則』青林書院新社
遠藤浩・川井健・西原道雄編『演習民法（総則・物権）』（新演習法律学講座）青林書院新社
川井健・西原道雄・吉野衛・山田卓生・淡路剛久編『民法コンメンタール・総則2』ぎょうせい
竹内昭夫・松尾浩也・塩野宏編集代表『新法律学辞典〔第3版〕』有斐閣
星野英一・松尾浩也・塩野宏編集代表『判例六法　平成2年版』有斐閣
山田卓生・野村豊弘・円谷峻・鎌田薫・新美育文・岡孝・池田真朗『分析と展開民法Ⅱ（債権）〔第2版〕』弘文堂

1990年

川井健・鎌田薫編『基本問題セミナー　民法3　親族・相続法』一粒社
川井健編著『判例マニュアル民法Ⅴ　親族・相続』三省堂

川井健・野村豊弘・神田孝夫・平井一雄・長尾治助・土田哲也『民法(4)契約・事務管理・不当利得〔改訂版〕』（有斐閣新書）有斐閣
1992 年
山田卓生・野村豊弘・円谷峻・鎌田薫・新美育文・岡孝『分析と展開民法Ⅰ（総則・物権）〔補正版〕』弘文堂
1995 年
野村豊弘・栗田哲男・池田真朗・永田眞三郎『民法Ⅲ　債権総論〔第2版〕』（有斐閣Sシリーズ）有斐閣
下森定編『有料老人ホーム契約』（トラスト60研究叢書）有斐閣
1996 年
谷口知平・五十嵐清編『新版注釈民法(13)債権(4)』有斐閣
1997 年
山田卓生・野村豊弘・円谷峻・鎌田薫・新美育文・岡孝・池田真朗『分析と展開民法Ⅰ（総則・物権）〔第2版〕』弘文堂
1998 年
山田卓生・野村豊弘・円谷峻・鎌田薫・新美育文・岡孝・池田真朗『分析と展開民法Ⅱ（債権）〔第3版〕』弘文堂
野村豊弘『民事法入門』（有斐閣アルマ）有斐閣
1999 年
野村豊弘・栗田哲男・池田真朗・永田眞三郎『民法Ⅲ　債権総論〔第2版補訂〕』（有斐閣Sシリーズ）有斐閣
野村豊弘『民事法入門〔第2版〕』（有斐閣アルマ）有斐閣
2000 年
野村豊弘編『法学キーワード』（有斐閣双書）有斐閣
2001 年
総合研究開発機構・川井健共編『生命科学の発展と法』有斐閣
山田卓生・淡路剛久・野村豊弘・藤岡康宏・佐藤義彦編『基本判例民法』有斐閣
2002 年
野村豊弘『民事法入門〔第2版補訂版〕』（有斐閣アルマ）有斐閣
野村豊弘『民法Ⅰ　序論・民法総則』有斐閣
2003 年
山田卓生・野村豊弘・円谷峻・鎌田薫・新美育文・岡孝・池田真朗『分析と展開民法Ⅱ（債権）〔第4版〕』弘文堂

野村豊弘・栗田哲男・池田真朗・永田眞三郎『民法Ⅲ　債権総論〔第2版補訂2版〕』（有斐閣Ｓシリーズ）有斐閣

野村豊弘編『法学キーワード〔第2版〕』（有斐閣双書）有斐閣

野村豊弘『民事法入門〔第2版補訂2版〕』（有斐閣アルマ）有斐閣

2004年

山田卓生・野村豊弘・円谷峻・鎌田薫・新美育文・岡孝・池田真朗『分析と展開民法Ⅰ（総則・物権）〔第3版〕』弘文堂

野村豊弘『民法Ⅱ　物権』有斐閣

2005年

野村豊弘『民事法入門〔第3版〕』（有斐閣アルマ）有斐閣

野村豊弘・栗田哲男・池田真朗・永田眞三郎『民法Ⅲ　債権総論〔第3版〕』（有斐閣Ｓシリーズ）有斐閣

山田卓生・野村豊弘・円谷峻・鎌田薫・新美育文・岡孝・池田真朗『分析と展開民法Ⅱ（債権）〔第5版〕』弘文堂

総合研究開発機構・川井健共編『生命倫理法案〜生殖補助医療・親子関係・クローンをめぐって〜』商事法務

野村豊弘『民法Ⅰ　序論・民法総則〔第2版〕』有斐閣

2006年

野村豊弘『民事法入門〔第4版〕』（有斐閣アルマ）有斐閣

野村豊弘『市民生活の財産法』放送大学教育振興会

中嶋士元也・町野朔・野村豊弘『法システムⅠ　生命・医療・安全衛生と法』放送大学教育振興会

2007年

野村豊弘『民事法入門〔第5版〕』（有斐閣アルマ）有斐閣

野村豊弘・大西純一・中村聡・岩元明久・金子宏直・篠原一彦・田倉智之・片山英二・小松楠緒子・川和功子『コンピュータ社会における人　生命　倫理と法』レクシスネクシス・ジャパン

2008年

野村豊弘『民法Ⅰ　序論・民法総則〔第2版補訂〕』有斐閣

野村豊弘・床谷文雄編著『遺言自由の原則と遺言の解釈』商事法務

2009年

野村豊弘『民法Ⅱ　物権〔第2版〕』有斐閣

2012 年

野村豊弘『民事法入門〔第 5 版補訂版〕』(有斐閣アルマ) 有斐閣

野村豊弘・栗田哲男・池田真朗・永田眞三郎『民法Ⅲ　債権総論〔第 3 版補訂〕』(有斐閣 S シリーズ) 有斐閣

2013 年

野村豊弘『民法Ⅰ　序論・民法総則〔第 3 版〕』有斐閣

Ⅱ　論文

1968 年

「意思表示の錯誤 ―― 要素の錯誤に関する判例の分析」法学協会雑誌 85 巻 10 号

1975 年

「借地法 8 条の 2 第 3 項にいう『他ノ借地条件』とは何か、また『相当ノ処分』とは何か」中川善之助・兼子一監修／遠藤浩他編集『実務法律大系Ⅲ借地・借家〔改訂版〕』青林書院新社

1975（～1976）年

「意思表示の錯誤 ―― フランス法を参考にした要件論(1)～(7 ・完)」法学協会雑誌 92 巻 10 号・93 巻 1 号～ 6 号

1976 年

「錯誤と瑕疵担保責任について」学習院大学法学部研究年報 11 号

「意思表示の錯誤 ―― 錯誤による無効が認められるための要件について」私法 38 号

1979 年

「フランス法における家族の住宅について」学習院大学法学部研究年報 14 号

「私法上の錯誤　フランス」比較法研究 41 号

「フランスにおける最近の民法典改正」日仏法学 10 号

1980 年

「欧米諸国における破綻主義立法の新展開について ―― フランス法を中心にして」中川善之助先生追悼『現代家族法大系 2　婚姻・離婚』有斐閣

1981 年

「家族法の将来」ジュリスト 731 号

「日本私法学会民商合同部会シンポジウム資料『約款 ―― 法と現実・約款紛争(2)　 1 総論、 2 不動産取引』」NBL 240 号

「離婚原因にみられる最近の傾向」Law School 37 号

1982 年
「銀行消費者ローン約款の問題点」金融法務事情 980 号
「約款の現状と消費者保護」国民生活 12 巻 2 号
「日本私法学会民商合同部会シンポジウム『約款――法と現実　3 約款紛争と約款条項総論』」

1983 年
「借地契約の再検討 (上) (下) ―― 借地方式による住宅・宅地供給の課題」NBL 286 号・288 号

1984 年
「法律行為の解釈」星野英一編集代表『民法講座 1 民法総則』有斐閣

1985 年
「区分所有建物の管理」遠藤浩・林良平・水本浩監修『現代契約法大系第 4 巻　商品売買・消費者契約・区分所有建物』有斐閣
「解除と第三者」ジュリスト増刊　民法の争点 II（債権総論・債権各論）（法律学の争点シリーズ 3 - II）
「借地・借家法の改正と正当事由」ジュリスト 851 号

1987 年
「振込規定における公平性の確保」金融法務事情 1164 号
「契約と約款 ―― 意思と規制　フランス」比較法研究 49 号

1988 年
「冠婚葬祭」加藤一郎・竹内昭夫編『消費者法講座 4　取引の公正 II　業種別にみた消費者保護 I』日本評論社

1989 年
「レジャー関連取引における消費者保護」国民生活 19 巻 2 号
「法律行為の解釈（民法の基本問題）」法学教室 104 号
「電子資金取引と消費者保護」国民生活 19 巻 8 号

1991 年
「22　婚姻費用分担請求権と詐害行為取消権」（夫婦・親子 215 題）判例タイムズ 747 号
「60　財産分与請求権と詐害行為取消権」（夫婦・親子 215 題）判例タイムズ 747 号

1992 年
「日本私法学会シンポジウム『現代契約法論 ―― 約款・消費者契約を機縁として　1、総論』」私法 54 号

「借家権の承継」ジュリスト 1006 号
「公序良俗　序説（現代法律行為論研究 1）」法律時報 64 巻 10 号
「フランス遺言法の方式」川井健他編『講座・現代家族法　第 6 巻　遺言』日本評論社
「フランスの判例における代理母と養子縁組」星野英一・森島昭夫編『加藤一郎先生古稀記念　現代社会と民法学の動向（下）――民法一般』有斐閣

1993 年

「時効中断の相手方」手形研究増刊号（475 号）
「人工生殖と親子の決定」石川稔・中川淳・米倉明編『家族法改正への課題』日本加除出版

1994 年

「EDI による取引の法的諸問題」NBL 549 号
「EDI におけるデータの確定と契約の成立（上）（中）（下）」NBL 552 号・553 号・554 号

1995 年

「定期借地権付住宅売買契約の仕組みと購入者保護」ジュリスト 1060 号
「コンピュータを利用した契約脱――EDI をめぐる法的諸問題の概観」みんけん 457 号
「受発注の EDI 化の法的諸問題の概要」法とコンピュータ 13 号

1996 年

「ゴルフ会員権の譲渡と対抗要件」金融法務事情 1442 号（債権管理 75 号）
「ボアソナードの契約に関する基礎理論――錯誤を中心に」中川良延他編『星野英一先生古稀祝賀　日本民法学の形成と課題（上）』有斐閣
「電子情報活動における法的問題」月刊建設オピニオン 1996 年 9 月号
「意思表示の錯誤理論の変遷について」司法研修所論集 96 号

1997 年

「民法実戦ゼミナール②銀行口座をつくる」法学教室 201 号
「電子データ交換と法的課題」ジュリスト増刊　変革期のメディア
「グローバルネットワークを利用する消費者の保護」法とコンピュータ 15 号

1998 年

「民法 100 年　情報　総論」ジュリスト 1126 号
「フランスにおける終身定期金（rentes viagères）制度について」北村一郎編『山口俊夫先生古稀記念　現代ヨーロッパ法の展望』東京大学出版会

「電子取引と消費者」ジュリスト 1139 号
「民法 968 条・969 条」広中俊雄・星野英一編『民法典の百年Ⅳ　個別的観察(3)　親族編・相続編』有斐閣
「法制度の対応――情報の電子化に伴う法的諸問題」月刊建設オピニオン 1998 年 12 月号

1999 年

「サブリース契約――オフィス・店舗その他の事業用建物の賃貸借を中心に」稲葉威雄・内田勝一・澤野順彦・田尾桃二・寺田逸郎・水本浩編集『新借地借家法講座　第 3 巻　借家編』日本評論社
「カードローン約款の解釈」銀行法務 21・564 号

2000 年

「グローバル化時代の電子取引と法――情報技術の発達が法に与えるインパクト　総論」比較法研究 61 号
「大学における民法教育のあり方」NBL 691 号
「倒産手続と民事実体法　序論」別冊 NBL 60 号

2001 年

「サービス・プロバイダーの責任」知財管理 51 巻 3 号（600 号）
「生命科学の発展と法　外国法制　3．フランス(1)法の状況」NIRA 政策研究 14 巻 6 号

2002 年

「人工授精子等における出自を知る権利等」（日本私法学会シンポジウム資料・生命科学の発展と私法（下）――生命倫理法案）NBL 743 号
「22　財産分与と詐害行為取消権」（家事関係裁判例と実務 245 題）判例タイムズ 1100 号

2003 年

「電子取引と契約法理」（著作権法学会シンポジウム報告）著作権法研究 27 号
「生殖補助医療と親子関係をめぐる諸問題　総論」ジュリスト 1243 号

2004 年

「特定商取引法の趣旨と課題」国民生活 2004 年 7 月号
「普通預金の担保化」金融法務研究会『金融法務研究会報告書(10)』

2005 年

「包括根保証」私法 67 号
「預金取引の取引経過の開示請求」金融法務事情 1746 号

「預金取引の取引経過の開示請求について」金融法務研究会『金融法務研究会報告書(12)』
「日本における有責配偶者の離婚請求に関する判例の展開」加藤雅信・瀬川信久・能見善久他編『21世紀の日韓民事法学──高翔龍先生日韓法学交流記念』信山社
2006年
「市場経済化と民法──カンボジア・ベトナムにおける法整備支援」東洋文化研究8号
「預金取引の取引経過の開示請求」金融法研究22号
「総括 生命倫理・生殖医療と法」法とコンピュータ24号
「ドイツにおける生殖補助医療──法的状況と実務」ジュリスト1312号
2007年
「生殖補助医療と法的親子関係に関する一考察」能見善久他編『平井宜雄先生古稀記念 民法学における法と政策』有斐閣
「平成8年改正要綱を読み直す──特集にあたって」ジュリスト1336号
「債務不履行──売買の目的物に瑕疵がある場合における買主の救済 総論、日本法」比較法研究68号
2008年
「遺失物」法学教室332号
2009年
「生殖補助医療に関する一考察──中国法との比較を中心に」岡孝他編『東アジア私法の諸相 東アジア比較私法学の構築のために(学習院大学東洋文化研究叢書)』勁草書房
「電子マネー・決済における消費者保護」法とコンピュータ27号
2010年
「有価証券の譲渡の要件規定と契約上の地位の移転(譲渡)」事業再生と債権管理129号
2011年
「原子力事故による損害賠償の仕組みと福島第一原発事故」ジュリスト1427号
2012年
「原子力損害の賠償について──大規模災害における被害者救済の仕組みを考える」法とコンピュータ30号
「フランス法における相殺と金融取引」金融法務研究会『金融法務研究会報告書(21)相殺および相殺的取引をめぐる金融法務上の現代的課題』

「生殖補助医療により生まれた子の親子関係──日本における議論の展開」伊藤眞他編『石川正先生古稀記念論文集　経済社会と法の役割』商事法務

「世界会議『家族法と子どもの人権』(その3・完) 報告(5)『生殖補助医療により生まれた子の親子関係－日本における議論の展開－』」戸籍時報703号

「星野英一先生と民事立法」論究ジュリスト7号

III　判例研究

[1]　最高裁判所民事判例研究 (判例民事法)

1968 年

昭和42年度98事件「登記なくして土地所有権の譲受を対抗できるとされた事例」(最判昭和42・10・31民集21巻8号2213頁) 法学協会雑誌85巻10号

1969 年

昭和42年度107事件「本人から交付された白紙委任状、印鑑証明書等が、さらに他の者に交付された場合に民法109条により本人の責任が認められた事例」(最判昭和42・11・10民集21巻9号2417頁) 法学協会雑誌86巻1号

昭和42年度115事件「ゴルフ練習場として使用することを目的とする土地の賃貸借に借地法は適用されない」(最判昭和42・12・5民集21巻10号2545頁) 法学協会雑誌86巻2号

昭和43年度22事件「民法162条2項にいう無過失でないとされた事例」(最判昭和43・3・1民集22巻3号491頁) 法学協会雑誌86巻6号

昭和43年度66事件「公衆市場内にある店舗の賃貸借契約の締結時に賃借人の支払った金員が権利金であるとされた例──賃貸借契約が合意解除された場合に賃借人はその権利金の返還を請求できないとされた事例」(最判昭和43・6・27民集22巻6号1427頁) 法学協会雑誌86巻8号

昭和43年度73事件「他人の有する債権──転付命令によって、執行債権者に移転した債権──を譲渡し、その旨債務者に通知した者が、その後その債権を取得した場合──右差押・転付命令の基になった執行債権が不存在のため、執行債務者にその債権が再譲渡(返還)された場合──における前記譲渡および通知の効力」(最判昭和43・8・2民集22巻8号1558頁) 法学協会雑誌86巻11号

1970 年

昭和43年度85事件「確定判決に基づく建物収去土地明渡の強制執行が権利の濫用であるとして請求異議の訴が認められた事例」(最判昭和43・9・6民集22巻9

号 1862 頁）法学協会雑誌 87 巻 1 号

昭和 43 年度 98 事件「土地の継続的な用益という外形的事実が存在し、かつ、それが賃借人の意思に基づくことが客観的に表現されているときは、土地賃借権を時効により取得することができるとされた例 —— ただし、土地賃借権の時効取得を認めなかった原審判決を破棄差戻した例」（最判昭和 43・10・8 民集 22 巻 10 号 2145 頁）法学協会雑誌 87 巻 1 号

昭和 43 年度 146 事件「不動産の時効取得を主張する者がその不動産に抵当権が設定され、その登記があることを知っていたとしても、民法 162 条 2 項にいう善意・無過失というに妨げないとされた例 —— 抵当不動産を時効取得した者が当該不動産の競落人（抵当権に基づく競売における）に対してなした所有権移転登記請求が認められた例」（最判昭和 43・12・24 民集 22 巻 13 号 3366 頁）法学協会雑誌 87 巻 5 号

昭和 44 年度 8 事件「賃借権譲渡に賃貸人の書面による承諾を要する旨の特約の効力 —— 右特約に基づく解除を否定した原審判決を破棄差戻した例」（最判昭和 44・2・13 民集 23 巻 2 号 316 頁）法学協会雑誌 87 巻 7・8 号

昭和 44 年度 24 事件「共有持分権の放棄と登記方法 —— 共有登記のなされている不動産につき、共有者の一人が持分権を放棄した場合には、他の共有者は放棄を登記原因とする持分権の移転登記手続を求めるべきであるとして、放棄者の持分権取得登記の抹消登記手続請求を認容した原審判決を破棄差戻した例」（最判昭和 44・3・27 民集 23 巻 3 号 619 頁）法学協会雑誌 87 巻 7・8 号

1975 年

昭和 48 年度 24 事件「農地の賃貸借を解約する場合に、賃貸人は都道府県知事の許可のあったことを主張すれば足り、農地法 20 条 2 項各号所定の許可をなしうる事由の存在を主張立証する必要はないとされた例」（最判昭和 48・5・25 民集 27 巻 5 号 667 頁）法学協会雑誌 92 巻 4 号

昭和 48 年度 62 事件「抵当不動産を代物弁済により取得した第三者は抵当権の被担保債権の消滅時効を援用することができるとされた事例」（最判昭和 48・12・14 民集 27 巻 11 号 1586 頁）法学協会雑誌 92 巻 9 号

1976 年

昭和 49 年度 18 事件「賃料不払を理由とする不動産賃貸借の解除に催告を要しないとされた事例」（最判昭和 49・4・26 民集 28 巻 3 号 467 頁）法学協会雑誌 93 巻 4 号

1977 年

昭和 49 年度 32 事件「幼女の交通事故死による損害額の算定に関する一事例——一、事故により死亡した女子は、妻として専ら家事に従事する期間についても、家事労働による財産上の利益を喪失したことによる損害を受けたものというべきである。二、妻の家事労働を金銭評価するのが困難な場合には、家事労働に専念する妻は、平均的労働不能年齢に達するまで、女子雇傭労働者の平均的賃金に相当する財産上の収益を挙げるものと推定するのが適当である」(最判昭和 49・7・19 民集 28 巻 5 号 872 頁) 法学協会雑誌 94 巻 2 号

昭和 49 年度 54 事件「交通事故による損害賠償債権を有する者がその債権を保全するため民法 423 条 1 項本文により債務者の有する自動車対人賠償責任保険の保険金請求権を行使するには、債務者の資力が債権を弁済するについて十分でないことを要する」(最判昭和 49・11・29 民集 28 巻 8 号 1670 頁) 法学協会雑誌 94 巻 2 号

1982 年

昭和 55 年度 22 事件「一 原抵当権が虚偽仮装であることにつき善意で転抵当権の設定を受けその旨の登記を経由した者が民法 376 条所定の対抗要件を具備しない場合であっても、原抵当権設定者に対して、原抵当権設定登記の抹消につき不動産登記法 146 条 1 項に定める承諾をする義務を負わないとされた事例／二 民法 94 条 2 項所定の第三者の善意の存否は、同条項の適用の対象となるべき法律関係ごとに当該法律関係につき第三者が利害関係を有するに至った時期を基準として決すべきである」(最判昭和 55・9・11 民集 34 巻 1 号 683 頁) 法学協会雑誌 99 巻 1 号

2 商事判例研究

1967 年

「株式会社の代表権限のない者に会社代表者名義で手形を振り出す権限を認めた例——手形金債権が相殺契約によつて消滅したとされた例」(東京地判昭和 39・12・8 下級民集 15 巻 12 号 2887 頁) ジュリスト 382 号

1968 年

「約束手形の裏書人が所持人に対し手形金の一部についてなした相殺を振出人が援用できるか」(東京高判昭和 40・4・27 下級民集 16 巻 4 号 766 頁) ジュリスト 407 号

「約束手形の裏書人が所持人に対し手形金についてなした相殺を振出人が援用でき

るか――裏書人の所持人に対する手形金債務が相殺によつて消滅していないとされた例」（東京地判昭和40・2・18下級民集16巻2号300頁）ジュリスト411号

1969年

「融通手形の抗弁――債権担保のためにその債権額を超える額面の約束手形を取得した第三者に対して、振出人はその債権額を超える部分について融通手形の抗弁を主張できるとされた事例」（東京地判昭和41・1・25下級民集17巻1・2号20頁）ジュリスト420号

「自動車を一時的に無償で他人に貸与した者が自賠法3条の運行供用者にあたるとされた事例」（東京地判昭和41・10・27下級民集19巻6号505頁）ジュリスト424号

1970年

「所有権留保付割賦売買――まだ完全に所有権を取得していない自動車を割賦買主が転売した場合と民法567条2項の類推適用」（東京地判昭和42・1・26下級民集18巻1・2号63頁）ジュリスト446号

「民法612条2項による解除を理由とする賃貸人の土地明渡請求が認められた事例――土地賃借人が個人企業を会社組織に変更した後に、当該会社の経営の実権が賃借人から第三者に移行した場合」（大阪高判昭和42・3・30下級民集18巻3・4号321頁）ジュリスト449号

1971年

「相互銀行支店長の約束手形振出行為が権限なくされたことを相手方が知つていた場合に、相互合銀行は民法715条の使用者責任を負わないとされた例」（最判昭和43・2・6判例時報514号48頁）ジュリスト479号

1972年

「書籍の割賦販売において、賦払金の遅滞があつた場合に、売主が契約を解除せずに、期限の利益を喪失させ、未払代金を請求するときにも割賦販売法6条が適用されるとして、同条所定の制限を超える違約金の特約を無効とした例」（札幌簡易判昭和44・12・26下級民集20巻11・12号990頁）ジュリスト498号

1973年

「破産者が既存債務支払のためになした商業手形の裏書譲渡が譲渡担保の設定になるとして、それに対する否認権の行使が認められた例」（東京地判昭和44・5・24判例時報586号93頁）ジュリスト523号

「有限会社支店店舗所在の什器、備品、商品の全部を目的とする譲渡担保について破

産法72条による否認権の行使が認められた事例」(東京高判昭和47・3・29判例時報665号57頁) ジュリスト586号

「預託金返還請求権の仮差押と相殺 ―― 期限の利益喪失約款の効力」(東京高判昭和42・4・27下級民集18巻3・4号439頁) 商事判例研究18巻

3 労働判例研究

1967年

「争議予告義務違反の争議行為をした者に対する懲戒解雇が不当労働行為であつて、無効であるとされた例」(横浜地決昭和39・4・27労民集15巻2号393頁) ジュリスト367号

「労働組合の機関決定による組合員の労働学校への参加勧誘を理由とする諭旨解雇が不当労働行為であつて、無効とされた例」(大阪高判昭和40・6・24労民集16巻3号541頁) ジュリスト385号

1968年

「ユニオンショップ協定に基づく解雇が無効とされた事例」(横浜地決昭和40・8・10労民集16巻4号597頁) ジュリスト395号

「経営困難を理由とする工場閉鎖に基づく従業員の解雇が組合壊滅を主たる目的としてなされたものであつて、不当労働行為にあたると認められた事例」(福岡地裁直方支部判昭和40・2・17労民集16巻1号107頁) ジュリスト397号

「1 配置転換命令拒否が争議行為であるとされた事例／2 労働関係調整法第37条の予告を欠く争議行為は労働組合法第7条の『労働組合の正当な行為』に該当しない／3 配置転換命令拒否、新職務就労拒否を指揮した組合執行委員長に対する懲戒解雇が、同人の正当な組合活動を理由とする不利益な取扱いであると同時に組合幹部の解雇による組合への支配介入であつて無効であるとされた事例」(甲府地判昭和41・9・13労民集17巻5号1057頁) ジュリスト402号

1969年

「退職の意思表示が強迫によるものであつて取り消されているから効力を失なつているとされた事例」(東京地判昭和42・12・20労民集18巻6号1267頁) ジュリスト420号

「1 労働組合の上部団体から脱退する旨の決議をしたことをめぐる従業員の間の対立・抗争から生じた企業秩序の不安と不当労働行為／2 ユニオンショップ協定が存在しない場合において、就業規則に規定されたユニオンショップ制の意味」(宇都宮地決昭和42・9・28労民集18巻5号922頁) ジュリスト423号

「ロックアウトと賃金請求権——ロックアウト中に組合が就労を申し入れた場合には、組合員はそれ以後の賃金請求権を失わない」(東京地決判昭和42・7・12労民集18巻4号757頁)ジュリスト426号

「組合の決定に基づき会社幹部の経理上の不正行為に関する調査依頼書を組合の執行委員長名義で親会社の取締役に郵送する行為が正当な組合活動であつて、それを理由としてなした執行委員長に対する懲戒解雇が不当労働行為であつて、無効であるとされた事例」(静岡地判昭和43・2・16労民集19巻1号111頁)ジュリスト429号

「使用者が労働組合に対して組合事務所を無償で供与する契約が無名契約であるとして、使用者の明渡請求を認容した事例」(広島地判昭和43・3・14労民集19巻2号401頁)ジュリスト438号

「原職復帰等を命じた救済命令違反に対する過料の裁判——使用者が救済命令に従つて解雇を取消し、同時に自宅待機を命じ、数日後再解雇した場合に、これを救済命令不履行として過料を科した決定に対する使用者の抗告を棄却した事例」(東京高決昭和43・5・16労民集19巻3号743頁)ジュリスト440号

1970年

「1　不当労働行為(支配介入)が成立するためには、使用者に団結権侵害の意図があることを要しない／2　不当労働行為の成立要件に該当する言動であつても、不当労働行為と評価しない方が具体的正義に合致する場合には、不当労働行為成立の阻却事由がある／3　課長の課員に対する言動が労組法7条3号の不当労働行為に当たるとして会社に陳謝文掲示を命じた地労委の救済命令を維持した中労委の命令を取消した事例」(東京地判昭和43・7・31労民集19巻4号882頁)ジュリスト444号

「賃金控除協定に基づき賃金から組合費が控除された場合に、使用者が組合員個人に対して賃金支払義務を免れるための要件——組合の依頼によつて使用者が退職金から臨時組合費を控除した場合に、使用者には過失があつたから民法478条は適用されないとして、退職者による控除分の支払請求が認容された事例」(福岡地決昭和44・2・12労民集20巻1号117頁)ジュリスト445号

4　民法研究会

1982年

「安全配慮義務違反と主張・立証責任」(最判昭和56・2・16民集35巻1号56頁)ジュリスト758号

1987 年
「売買契約の無効と立替払契約」(名古屋高判昭和 60・9・26 判例時報 1180 号 64 頁) ジュリスト 879 号

1988 年
「詐害行為となる債権譲渡の取消」(東京高判昭和 61・11・27 判例タイムズ 641 号 128 頁) ジュリスト 901 号

5 民法判例レビュー (契約・不動産)

1983 年
「契約　指名債権の二重譲渡／リース契約の解除」判例タイムズ 484 号 (季刊・民事法研究 1)

1985 年
「契約　保証と弁済による代位」判例タイムズ 558 号 (季刊・民事法研究 11)

1986 年
「契約　裁判例の概観」判例タイムズ 619 号 (季刊・民事法研究 16)

1988 年
「契約　立替払契約をめぐる紛争」判例タイムズ 667 号

1990 年
「契約　今期の主な裁判例／他人の債務のための保証契約あるいは担保提供契約の錯誤」判例タイムズ 713 号

1991 年
「契約　今期の主な裁判例／不動産売買契約とその代金支払のための消費貸借契約との関連」判例タイムズ 765 号

1993 年
「契約　今期の主な裁判例／弁済者の代位と消滅時効」判例タイムズ 824 号

1995 年
「契約　今期の主な裁判例／ゴルフ会員権の譲渡性、ゴルフ場完成の遅延を理由とするゴルフクラブ入会契約の解除」判例タイムズ 878 号

1996 年
「不動産　今期の主な裁判例／賃貸借期間満了前における建物賃貸借の終了と敷金・保証金の返還」判例タイムズ 908 号

1997 年
「契約　今期の主な裁判例／消滅時効の中断」判例タイムズ 924 号

1998 年
「不動産　今期の主な裁判例／対抗力のない借地権者に対する明渡請求と権利濫用」判例タイムズ 965 号
1999 年
「不動産　今期の主な裁判例」判例タイムズ 995 号
2000 年
「不動産　今期の主な裁判例／建築基準法上の道路と自動車の通行」判例タイムズ 1039 号
2001 年
「不動産　今期の主な裁判例／借地上の建物の滅失と対抗力」判例タイムズ 1060 号
2002 年
「不動産　今期の主な裁判例」判例タイムズ 1084 号
2003 年
「不動産　今期の主な裁判例」判例タイムズ 1128 号
2004 年
「民事責任　今期の主な裁判例」判例タイムズ 1136 号
「不動産　今期の主な裁判例」判例タイムズ 1150 号
2005 年
「担保　今期の主な裁判例」判例タイムズ 1187 号
「不動産　今期の主な裁判例」判例タイムズ 1187 号
2006 年
「不動産　今期の主な裁判例」判例タイムズ 1211 号
2007 年
「民事責任　今期の主な裁判例」判例タイムズ 1241 号
2008 年
「契約　今期の主な裁判例」判例タイムズ 1256 号
2009 年
「契約　今期の主な裁判例」判例タイムズ 1291 号

6　重要判例解説（ジュリスト）

1974 年
「債権譲渡禁止特約と重大過失ある第三者」（最判昭和 48・7・19 民集 27 巻 7 号 823 頁）ジュリスト 565 号（昭和 48 年度重要判例解説）

1981 年
「安全保証義務違反に伴う損害金算出の始期と遺族固有の慰謝料請求権」(最判昭和 55・12・18 民集 34 巻 7 号 888 頁、判例時報 992 号 44 頁) ジュリスト 743 号 (昭和 55 年度重要判例解説)

1983 年
「特別代理人と未成年者との利益相反行為」(最判昭和 57・11・26 判例時報 1064 号 51 頁) ジュリスト 792 号 (昭和 57 年度重要判例解説)

1985 年
「調停に基づく更新料支払義務の不履行による土地賃貸借契約の解除」(最判昭和 59・4・20 民集 38 巻 6 号 610 頁) ジュリスト 838 号 (昭和 59 年度重要判例解説)

2001 年
「離婚に伴う財産分与 (金銭給付合意) と詐害行為取消しの範囲」(最判平成 12・3・9 民集 54 巻 3 号 1013 頁) ジュリスト 1202 号 (平成 12 年度重要判例解説)

2010 年
「金融機関の預金者に対する預金口座の取引経過開示義務および預金者の共同相続人の一人による権利行使」(最判平成 21・1・22 民集 63 巻 1 号 228 頁、判例時報 2034 号 29 頁) ジュリスト臨時増刊 1398 号 (平成 21 年度重要判例解説)

[7] 最高裁判所民事判例批評 (民商法雑誌)

1980 年
「不法行為の加害者が被害者に対する自己の債権を執行債権として自己に対する被害者の損害賠償債権について受けた転付命令の効力」(最判昭和 54・3・8 民集 33 巻 2 号 187 頁) 民商法雑誌 81 巻 6 号

[8] 最新判例批評 (判例評論)

1974 年
「ゴルフ会員権の法的性質―― ゴルフ場利用権にもとづいて利用妨害禁止の仮処分申請が認められた事例」(東京地判昭和 48・10・30 判例時報 733 号 70 頁) 判例時報 756 号 (判例評論 190 号)

[9] フランス判例研究 (判例タイムズ)

1979 年
「過怠約款と裁判官による賠償額の改訂」(破毀院合同部 1978 年 1 月 20 日判決 D.

1978. I.R. 229 ; G. Cornu, Rev. trim. de. dr. civ., 1978, p.377) 判例タイムズ 383号

10 その他

1971 年
「主要判決・審決の解説　損害賠償請求事件」（広島地判昭和 44・9・11 下級民集 20 巻 9・10 号 648 頁）経済法 14 号

1974（・1982）年
「動機の錯誤」（最判昭和 29・11・26 民集 8 巻 11 号 2087 頁）別冊ジュリスト 46 号民法判例百選 I 総則・物権、同 77 号（第二版）

1975（〜2005）年
「重畳的債務引受」（最判昭和 41・12・20 民集 20 巻 10 号 2139 頁）別冊ジュリスト 47 号　民法判例百選 II 債権、同 78 号（第二版）、105 号（第三版）、137 号（第四版）、同 160 号（第五版）、同 176 号（第五版新法対応補正版）

1979 年
「動機の錯誤」（最判昭和 29・11・26 民集 8 巻 11 号 2087 頁）ジュリスト増刊　民法の判例（第三版）（基本判例解説シリーズ 4）
「最新重要判例解説［民法］——占有承継と民法 162 条 2 項の善意無過失の判定時」（最判昭和 53・3・6 民集 32 巻 2 号 135 頁）Law School 47 号

1985 年
「1984 年主要判例解説　民法　①建物買取請求権の行使が信義則に反して許されないとされた事例（最判昭和 58・3・24 判時 1095 号 102 頁）　②動産執行による時効中断の効力発生時期（最判昭和 59・4・24 民集 38 巻 6 号 687 頁）」法学セミナー 363 号

1986 年
「動機の錯誤——意思表示の動機に錯誤があっても、その動機が相手方に表示されなかったとき、法律行為の要素に錯誤があったものといえるか」（最判昭和 29・11・26 民集 8 巻 11 号 2087 頁）別冊法学教室　民法の基本判例（基本判例シリーズ 2）
「判例解説　公社住宅家賃値上げの法的根拠——東京地判昭和 61・9・3」（東京地判昭和 61・9・3 判時 1204 号 30 頁）ジュリスト 874 号

1987（・1994）年
「不当利得の返還——『野生の王国』事件」（東京高判昭和 52・3・31 最新著作関係判例集 II 巻 1 号 1014 頁）別冊ジュリスト 91 号　著作権判例百選、同 128 号（第

二版)

1988 年

「登記官の過失に基づく国の賠償責任」(仙台高判昭和 63・1・27 判時 1267 号 44 頁) ジュリスト 918 号

1988 (〜2002) 年

「財産分与と詐害行為取消権」(最判昭和 58・12・19 民集 37 巻 10 号 1532 頁) 別冊ジュリスト 99 号 家族法判例百選 (第四版)、同 132 号 (第五版)、同 162 号 (第六版)

1989 年

「他人の添え手による補助を受けてされた自筆証書遺言と民法九六八条にいう『自書』の要件」(最判昭和 62・10・8 民集 41 巻 7 号 1471 頁) 判例セレクト '88 (法学教室 101 号別冊付録)

「ブスコパン遅発性ショック死事件」(大阪高判昭和 59・8・16 判タ 540 号 272 頁) 別冊ジュリスト 102 号 医療過誤判例百選

1989 (〜2005) 年

「動機の錯誤」(最判昭和 32・12・19 民集 11 巻 13 号 2299 頁) 別冊ジュリスト 104 号 民法判例百選Ⅰ総則・物権 (第三版)、同 136 号 (第四版)、同 159 号 (第五版)、同 175 号 (第五版新法対応補正版)

1990 年

「自筆遺言証書における押印と指印」(最判平成元・2・16 民集 43 巻 2 号 45 頁) 判例セレクト '89 (法学教室 113 号別冊付録)

「財産分与と錯誤 (最判平成元・9・14)」ジュリスト 952 号

「相続放棄における要素錯誤の成否およびその主張と権利濫用」(東京高判昭和 63・4・25 高民集 41 巻 1 号 52 頁) 私法判例リマークス 1990 (法律時報別冊 1 号)

「市の共同住宅において、隣接居住者による生活妨害を受けた賃借人に対する市 (賃貸人) の債務不履行責任」(大阪地判平成元・4・13 判タ 704 号 227 頁) 平成元年度主要民事判例解説 (判例タイムズ 735 号)

「連帯保証契約と要素の錯誤」(大阪高判平成 2・6・21 金法 1262 号 66 頁) 金融法務事情 1272 号

1991 年

「動機の錯誤」(最判昭和 29・11・26 民集 8 巻 11 号 2087 頁) 別冊ジュリスト 112 号 不動産取引判例百選 (第二版)

1992 年
「信販会社の購入者に対する立替金請求と民法四一八条の類推適用」（東京地判平 2・10・25 判時 1389 号 75 頁）金融判例研究 2 号（金融法務事情 1331 号）

1993 年
「提携不動産ローンと抗弁権の接続」（大阪地判平 3・4・6 金法 1323 号 39 頁）私法判例リマークス 1993＜上＞（法律時報別冊 6 号）

「相続財産中に含まれる金銭について、相続人がそれを保管する他の相続人に対して、遺産分割前に相続分の割合に相当する額の引き渡しを請求することの可否」（最判平成 4・4・10 判時 1421 号 77 頁）判例セレクト '92（法学教室 150 号別冊付録）

「受遺者の選定を遺言執行者に委託する旨の遺言が有効とされた事例」（最判平成 5・1・19 民集 47 巻 1 号 1 頁）法学教室 156 号

「コンピュータを利用した銀行取引と銀行の免責約款──最二小判平 5・7・19 を中心に」金融法務事情 1369 号

1994 年
「国道四三号線事件」（大阪高判平成 4・2・20 判時 1415 号 3 頁）別冊ジュリスト 126 号　公害・環境判例百選

「物の引渡請求と元の売主の留置権の抗弁」（最判昭和 47・11・16 民集 26 巻 9 号 1619 頁）ジュリスト増刊　担保法の判例 II

「無権代理行為の追認後の新たな無権代理行為の効力」（最判昭和 45・12・24 民集 24 巻 13 号 2230 頁）ジュリスト増刊　担保法の判例 II

1995 年
「表見代理と無権代理人の責任（最判昭和 62・7・7 民集 41 巻 5 号 1133 頁）」金融法務事情 1433 号『戦後 50 年特集　戦後金融判例 50 選』

「立替払い契約と名義貸し責任」（東京地判平成 5・11・26 判時 1495 号 104 頁）別冊ジュリスト 135 号　消費者取引判例百選

1996 年
「アスピリンショックと問診」（広島高判平成 4・3・26 判タ 786 号 221 頁）別冊ジュリスト 140 号　医療過誤判例百選（第二版）

1997 年
「誤振込みによる預金債権の成否」（最判平成 8・4・26 民集 50 巻 5 号 1267 頁、判時 1567 号 89 頁）判例セレクト '96（法学教室 198 号別冊付録）

1998 年
「特別損害の賠償を定めた手付約定の意義」（最判平成 9・2・25 判時 1599 号 66 頁）私法判例リマークス 1998＜上＞（法律時報別冊 16 号）

1999 年
「災害により居住用の賃借家屋が滅失して賃貸借が終了した場合には、いわゆる敷引特約が適用されないとした事例」（最判平成 10・9・3 民集 52 巻 6 号 1467 頁）判例セレクト'98（法学教室 222 号別冊付録）

「動機の錯誤 ── 相手方に表示されなかった動機の錯誤は、法律行為の要素の錯誤にならない」（最判昭和 29・11・26 民集 8 巻 11 号 2087 頁）法学教室増刊　民法の基本判例（第二版）（基本判例シリーズ 2）

2000 年
「競業避止義務違反に対する高額の違約金条項と公序良俗違反（大阪高判平成 10・6・17 判時 1665 号 73 頁）」私法判例リマークス 2000＜上＞（法律時報別冊 20 号）

「表見代理と無権代理人の責任（最判昭和 62・7・7 民集 41 巻 5 号 1133 頁）」金融法務事情 1581 号『社団法人金融財政事情研究会創立 50 周年記念号　金融判例 100』

2001 年
「期間限定の譲渡 ── 小冊子ダリ展覧会用パンフレット事件」（東京地判平成 9・9・5 判時 1621 号 130 頁、判タ 955 号 243 頁）別冊ジュリスト 157 号　著作権判例百選（第三版）

「ゴルフクラブ会則改正後の効力（新岡山カントリー倶楽部）（最判昭和 61・9・11）」金融商事判例別冊『ゴルフ法判例 72』

「貸付・管理・回収　概観」金融判例研究 11 号（金融法務事情 1620 号）

2002 年
「貸付・管理・回収　概観」金融判例研究 12 号（金融法務事情 1652 号）

2003 年
「立替払契約における保証人の錯誤」（最判平成 14・7・11）判例セレクト'02（法学教室 270 号別冊付録）

「貸付・管理・回収　概観」金融判例研究 13 号（金融法務事情 1684 号）

2004 年
「共同研究と著作権侵害」（大阪高裁平成 6・2・25）永井憲一・中村睦男編『大学と法 ── 高等教育 50 判例の検討を通して』大学基準協会

「商品代金の立替払契約における保証人の意思表示と要素の錯誤」（最判平成 14・7・

11 判時 1805 号 56 頁）私法判例リマークス 2004＜上＞（法律時報別冊 28 号）
「国道 43 号線訴訟上告審判決 ―― 道路の騒音・自動車排気ガスによる侵害の差止め
　と損害賠償」（最判平成 7・7・7 民集 49 巻 7 号 1870 頁）別冊ジュリスト 171 号
　環境法判例百選
「貸付・管理・回収　概観」金融判例研究 14 号（金融法務事情 1716 号）
　2005 年
「貸付・管理・回収　概観」金融判例研究 15 号（金融法務事情 1748 号）
「マス・メディア間の名誉毀損 ―― 日本テレビ CM 間引き事件」（東京地判平成 12・
　2・21 判タ 1064 号 179 頁）別冊ジュリスト 179 号　メディア判例百選
　2006 年
「共同相続にかかる不動産から生ずる賃料債権の帰属と後にされた遺産分割の効力」
　（最判平成 17・9・8 民集 59 巻 7 号 1931 頁、金法 1760 号 27 頁）金融判例研究 16
　号（金融法務事情 1780 号）
「医療器具と製造物責任」（東京高判平成 14・2・7 判時 1789 号 78 頁、判タ 1136 号
　208 頁）別冊ジュリスト 183 号　医事法判例百選
　2009 年
「名誉回復等措置(1) ―― 謝罪広告」（東京高判平成 8・10・2 判時 1590 号 134 頁）
　別冊ジュリスト 198 号　著作権判例百選（第 4 版）
　2011 年
「不動産裁判例の動向」現代民事判例研究会編『民事判例Ⅱ 2010 年後期』日本評論
　社
　2013 年
「不動産　借家契約において、賃貸人の増額請求の一部のみを正当とする判決が確定
　し、これに照らすと過払いになっていた賃料の扱い」現代民事判例研究会編『民
　事判例Ⅶ 2013 年前期』日本評論社

Ⅳ　座談会・講演

　1981 年
「民法研究会　欧米・中国における親子法の最近の動向（上）、（下）」Law School 28
　号、29 号
　1982 年
「＜シンポジウム＞大阪空港大法廷判決をふりかえって」（淡路剛久・國井和郎・鎌
　田薫・野村豊弘・井上治典・滝澤正・畠山武道）判例タイムズ 469 号

1991 年

「〈鼎談〉フランスにおける環境影響評価制度」（ミッシェル　プリウル・野村豊弘・大塚直）ジュリスト 986 号

1993 年

「〈座談会〉責任概念の日仏比較研究 ── 第 3 回日仏法学共同研究集会に出席して」（山口俊夫・星野英一・淡路剛久・野村豊弘・小早川光郎・多賀谷一照・芝原邦爾・本江威憙・北村一郎・更田義彦）ジュリスト 1017 号

1996 年

「〈座談会〉誤振込と預金の成否をめぐる諸問題」（小笠原浄二・川田悦男・後藤紀一・野村豊弘・松本貞夫）金融法務事情 1455 号

1997 年

「〈座談会〉定期借家権論をめぐって」（阿部泰隆・岩田規久男・瀬川信久・野村豊弘・吉田克己）ジュリスト 1124 号

1999 年

「〈シンポジウム〉グローバル化時代の電子取引と法 ── 情報技術の発達が法に与えるインパクト ──」比較法研究 61 号

「電子取引と消費者保護について」あどばいざあ 71 号

2000 年

「〈座談会〉消費者信用法制の今後」（森島昭夫・野村豊弘・鎌田薫・山本豊・古賀茂明・近藤智洋）クレジット研究 23 号

2001 年

「悪質な詐欺商法に巻き込まれない対策を考える」（野村豊弘・古賀茂明・かとうかずこ）アエラ 2001 年 3 月 26 日号

「〈シンポジウム〉倒産手続と民事実体法　六総括」私法 63 号

「〈座談会〉特集　二十一世紀の消費者、企業、行政」（野村豊弘・宮本一子・古賀新也他）経済産業ジャーナル 34 巻 6 号

「電子取引と著作権」コピライト 488 号

2004 年

「〈座談会〉「法と日本語」と法学教育」（杉浦一孝・野村豊弘・青木人志・三枝令子・橋本正博・松本恒雄）書斎の窓 535 号、536 号

2005 年

「〈シンポジウム〉生命倫理と法　総論」比較法研究 66 号

「〈座談会〉保証制度の改正」（野村豊弘・多比羅誠・堂園昇平・平野裕之・六信勝

司）ジュリスト 1283 号
  2006 年
「＜座談会＞特集　安心・安全な情報経済社会の実現に向けて」（野村豊弘・青木理恵子・三輪信雄他）経済産業ジャーナル 39 巻 5 号
「＜講演＞ベトナム民法典の主要な改正点」ICD NEWS 27 号
「＜シンポジウム＞著作権侵害による損害の賠償　総論」著作権研究 31 号
  2007 年
「＜シンポジウム＞遺言自由の原則と遺言の解釈」私法 69 号
  2010 年
「＜シンポジウム＞医療事故と損害賠償 ―― 責任の法理と賠償の確保 ―― 総論」比較法研究 72 号
「＜座談会＞アジアの民法 ―― その比較法的意義と特色」（野村豊弘・青木清・大村敦志・鈴木賢）ジュリスト 1406 号
  2012 年
「TOP RUNNER 法制審議会会長　野村豊弘」ジュリスト 1448 号

V　翻訳

  1986 年
フランソワ・シャバス「フランス私法における医療責任」日仏文化 47 号
フランソワ・シャバス「フランス私法における医療責任」日仏法学 14 号
  1993 年
フランソワ・シャバス「フランス法における機会の喪失（perte d'une chance）」日仏法学 18 号
  1998 年
ジャック・ロベール「生命倫理と法」日仏法学 21 号

VI　文献紹介・立法紹介・書評

  1986 年
「紹介　フランス〔民事法〕」比較法研究 48 号
  1987 年
「紹介　フランス〔民事法〕」比較法研究 49 号
  1989 年
「立法紹介　民法　債務者の救済　一九八五年一〇月一一日の法律第一〇九七号」日

仏法学 16 号
　1992 年
「海外金融法の動向 —— 1991　フランス」金融法研究 8 号
　1993 年
「海外金融法の動向 —— 1992　フランス」金融法研究 9 号
　1994 年
「海外金融法の動向 —— 1993　フランス」金融法研究 10 号
　1995 年
「海外金融法の動向 —— 1994　フランス」金融法研究 11 号
「永田眞三郎・松本恒雄・松岡久和著『民法入門・総則』」法学教室 181 号
　1996 年
「海外金融法の動向 —— 1995　フランス」金融法研究 12 号
　1997 年
「海外金融法の動向 —— 1996　フランス」金融法研究 13 号
　1999 年
「＜文献案内＞The Law of Electronic Commerce, The Third edition」法とコンピュータ 17 号
　2009 年
「この本・論点体系　判例民法 1 総則、2 物権、3 担保物権(能見善久＝加藤新太郎編)」NBL 913 号

VII　その他

　1973 年
「動機の錯誤」法学セミナー増刊　セミナー法学全集 2　民法 I 総則
　1974 年
「動機の錯誤について」ジュリスト別冊　法学教室＜第二期＞ 4 号
　1980（〜1983）年
「民法演習」法学教室 1 号〜36 号
　1982 年
「約款取引と消費者の立場　5 月 30 日『消費者の日』によせて」フォト昭和 57 年 5 月 15 日号
　1983 年
「≪研究ノートから≫ヨーロッパにおける約款規制の最近の動向」判例タイムズ 493

号（季刊・民事法研究2）
　1985年
「≪研究余滴≫フランスにおける約款規制の新しい動き」判例タイムズ543号（季刊・民事法研究9）
「私の読書案内　我妻栄　民法案内上、伊佐千尋　逆転――アメリカ支配下・沖縄の陪審裁判」新法学案内'85（月刊法学教室増刊）
　1985（～1986）年
「暮しの法律案内――フランスでは(1)～(12)」ふらんす1985年5月号～1986年4月号
　1985年
「傷心」法学教室58号
「ゲーテの学んだイル河のほとり――ストラスブール第三大学」法学教室61号
　1987年
フランス民法研究会「体系・フランス民法〔債務法〕(6)」判例タイムズ649号（季刊・民事法研究20）
　1988年
法務時評「銀行取引における人間性」手形研究406号
法務時評「コンピュータ取引と現行法制度」手形研究410号
法務時評「ローン提携販売契約における『抗弁権の接続』の問題」手形研究413号
法務時評「CDカード偽造と預金者保護」手形研究416号
　1989年
「特別養子制度と相続に関する諸問題」司法の窓71号
　1990年
甲論乙論「キャッシュ・カードの苦情処理によせて」債権管理30号
　1991年
法務時評「クレジットカードの不正使用と会員の責任」手形研究449号
法務時評「民法478条の解釈と比較法」手形研究453号
「世界の環境法制（上）」（野村豊弘・大塚直）NBL477号
法務時評「複数契約とその関連性」手形研究456号
法務時評「クレジットカードの家族会員」手形研究460号
　1992年
「遺産分割に関する最近の最高裁判決（東京司法書士会判例研究会講評）」判例研究（平成3年度版）

1995 年
「EDI をめぐる法的問題の概観——EDI による取引の法的諸問題」産業と情報 31 号

1996 年
「企業を中心とした情報活動における法的諸問題」建設通信新聞 1996 年 5 月 21 日号 12 面

「契約法から見た有料老人ホーム」大学時報 248 号

「金融商事の目　賃貸建物の管理」金融商事判例 993 号

「金融商事の目　誤振込みと預金契約の成否」金融商事判例 999 号

「金融商事の目　コンピュータプログラムの登録と担保化」金融商事判例 1012 号

1997 年
「金融商事の目　預託会員制ゴルフクラブ」金融商事判例 1006 号

「国際比較環境法センターの設立と江草基金」『斐然十年』

1999 年
「人工生殖と親子」ジュリスト 1151 号

「倒産法改正と担保法（マキシマムロー・ミニマムロー）」NBL 663 号

「電子取引と消費者保護について」あどばいざあ 71 号

「金融商事の目　民事再生手続と担保権」金融商事判例 1075 号

2002 年
「巻頭言」法とコンピュータ 20 号

2003 年
「民法学習の第一歩を踏み出す学生たちへ——新しい民法テキストの意図するもの」書斎の窓 524 号

「巻頭言」法とコンピュータ 21 号

2004 年
「巻頭言」法とコンピュータ 22 号

2005 年
「個人情報保護法の改正を迎えて」教職研修 393 号

「巻頭言」法とコンピュータ 23 号

2006 年
「巻頭言」法とコンピュータ 24 号

「市場経済化と民法——カンボジア・ベトナムにおける法整備支援」東洋文化研究（2006 年 3 月 31 日）

2007 年
「巻頭言」法とコンピュータ 25 号
2008 年
野村豊弘・牧野利秋編集代表『現代社会と著作権法〔斉藤博先生御退職記念論集〕』
「はしがき」弘文堂
「巻頭言」法とコンピュータ 26 号
2009 年
「巻頭言」法とコンピュータ 27 号
「ネットワーク社会が著作権制度に与える影響」文化庁月報 495 号
2010 年
「巻頭言」法とコンピュータ 28 号
2011 年
「巻頭言」法とコンピュータ 29 号
2012 年
「巻頭言」法とコンピュータ 30 号
2013 年
「巻頭言」法とコンピュータ 31 号

Ⅷ　欧文によるもの

《L'abus de droit en droit privé japonais.》in Mario ROTONDI Inchieste di diritto comparato, 1979. CEDAM, p.283-p.301 (coauteur : M. Yoshiyuki, NODA)

《Cronica del derecho civil japonés : 1982.》ANUARIO DE DERECHO CIVIL, tomo 32, Fasc. 1, 1984.

《Les déchets industriels et l'environnement en droit japonais.》in CENTRE INTERNATIONAL DE DROIT COMPARE DE L'ENVIRONNEMENT, Les déchets industriels et l'environnement, sous la direction de Michel Prieur, 1985. Presses Universitaires de France, p.129-p.139. (Publication de la Faculté de Droit et des Sciences économiques de l'Université de Limoges, no° 12)

《Law : III Civil Law, IV Commercial Law.》in An Introductory Bibliography for Japanese Studies. Vol. V, Part 1 : Social Sciences 1979-80, 1986. Bonjin Co., LTD, p.3-p.5, p.12-p.15

《La giustizia e l'ambiente in Giappone.》in Ambiente Economia Diritto, sous la direction de Amedeo Postiglione, 1988, Maggioli Editore, p.223-p.233.

《Le droit au respect de l'environnement.》in Les droits de l'homme : Universalité et renouveau 1789-1989. (sous la direction de Guy Braibant et Gérard Marcou) 1990. L'Harmottan, p.213-p.219.

《L'importance du droit comparé pour la protection de l'environnement : initiation au droit japonais.》in Per un tribunale internazionale dell'ambiente, sous la direction de Amedeo Postiglione, 1990, Dott. A. Giuffré Editore, p.273-p.283.

《Law : III Civil Law.》in An Introductory Bibliography for Japanese Studies. Vol. VIII, Part 1 : Social Sciences 1988-89, 1992. The Japan Foundaition, p.4-p.5, p.14-p.20.

《La responsabilité civile en droit japonais.》Journées de la Société de Législation Comparée. Année 1992, p.89-p.122 (coauteur : M. Takehisa, AWAJI).

《La notion d'erreur en droit civil japonais.》in Centenario del Codigo civil. t. V -1, 1993. p.331-p.342.

《Law : III Civil Law.》in An Introductory Bibliography for Japanese Studies. Vol. IX, Part 1 : Social Sciences 1990-91, 1994. The Japan Foundaition, p.3-p.5, p.13-p.18.

《La circulation du modèle juridique français en Asie. Japon, quatrième partie (droit civil)》in Travaux de l'Association Henri Capitant. t. XLIV, année 1993, La circulation du modèle juridique français, 1995, p.561-p.564.

《Law : III Civil Law.》in An Introductory Bibliography for Japanese Studies. Vol. X, Part 1 : Social Sciences 1992-93, 1996. The Japan Foundaition, p.3-p.4, p.13-p.21.

《Law : III Civil Law.》in An Introductory Bibliography for Japanese Studies. Vol. XI, Part 1 : Social Sciences 1994-95, 1998. The Japan Foundaition, p.4-p.5, p.16-p.20.

《Les exceptions au droit d'auteur limité par les contrats et les mesures technologiques de protection en droit japonais》in Derecho de Autor y Libertad de Expresión, ALAI 2006 Barcelona, 2008, p.583-p.588.

Toyohiro Nomura, Taro Hokugo, Chihiro Takenaka,《Japan's nuclear liability system.》in Japan's Compensation System for Nuclear Damage, 2012, OECD, NEA, p.15-p.28.

あ と が き

　野村豊弘先生は、2013年5月21日にめでたく古稀をお迎えになりました。

　先生は、東京大学法学部・同大学院法学政治学研究科で、星野英一先生のご指導の下で民法・フランス法を研究され、1971年に学習院大学法学部専任講師に就任されました。以来、同大学助教授・教授として、2014年3月にご定年を迎えるまでの43年間の長きにわたり後進の指導にあたるとともに、法学部長や法人常務理事等の要職を歴任され、私立学校の経営にも手腕を発揮されました。

　また、先生は、研究者として、民法、フランス法、情報法等の分野で多くの輝かしい業績を上げられるとともに、後進の育成にも尽力され、比較法学会、日本家族＜社会と法＞学会、著作権法学会、法とコンピュータ学会等の理事長・会長として、学界はもちろん、法曹界・実務界においても指導的役割を果たしてこられました。

　他方、先生は法制審議会会長をはじめ、文化審議会著作権分科会会長や国民生活審議会個人情報保護部会部会長等多くの公職にも就かれて、立法や行政においても多大なる貢献をされました。

　本論文集は、折に触れ、先生の薫陶・指導を受けた者が、先生の学恩に報いようと、先生が古稀をお迎えになられたのを祝って企画したものであります。幸いなことに、先生とご縁の深い多くの方々にご賛同いただき、ご多端の折にもかかわらず、貴重かつ重厚なご論攷を多数お寄せいただきました。ご寄稿いただいた皆様には心より厚く御礼申し上げますとともに、野村先生に本論文集を献呈できることを大変うれしく思っている次第です。

　また、本論文集の刊行につきましては、公益社団法人商事法務研究会の松澤三男代表理事専務理事にご尽力を賜り、出版事情の厳しい折にもかかわら

ず、株式会社商事法務にお引き受けいただき、書籍出版部の皆様、ことに吉田昌美氏には大変お世話になりました。厚く御礼申し上げます。

　最後になりましたが、野村先生におかれましては、ご健康に十分留意されて、ますますご活躍されますことを祈念するとともに、私たち後進に対し、変わらぬご指導・ご鞭撻を賜りますよう、切にお願い申し上げます。

　2014年3月

編集委員を代表して
本山　　敦

野村豊弘先生古稀記念論文集
民 法 の 未 来

2014年4月20日　初版第1刷発行

編　者	能 見 善 久・岡　　　　孝
	樋 口 範 雄・大 塚　　直
	沖 野 眞 已・中 山 信 弘
	本 山　　敦

発 行 者　　藤 本 眞 三

発 行 所　　㈱商事法務
〒103-0025 東京都中央区日本橋茅場町3-9-10
TEL 03-5614-5643・FAX 03-3664-8844〔営業部〕
TEL 03-5614-5649〔書籍出版部〕
http://www.shojihomu.co.jp/

落丁・乱丁本はお取り替えいたします。　　印刷／ヨシダ印刷㈱
© 2014 Yoshihisa Nomi, et al.　　Printed in Japan
　　　　 Shojihomu Co., Ltd.
ISBN978-4-7857-2180-0
＊定価はケースに表示してあります。